Thomas Walden

Hollywoodpädagogik

Thomas Walden

Hollywoodpädagogik

Wie Blockbusterfilme das Lernen
des Lernens organisieren

kopaed (muenchen)
www.kopaed.de

Thomas Walden ist Professor für Medienpädagogik am Institut für Medienpädagogik, IKT und E-learning an der Privaten Pädagogischen Hochschule der Diözese Linz. „Hollywoodpädagogik – Wie Blockbuster das Lernen des Lernens organisieren" ist seine Habilitationsschrift. Er promovierte 2006 an der Fakultät für Erziehungswissenschaft der Universität Bielefeld.

Bibliografische Information Der Deutschen Nationalbibliothek Die Deutsche Nationalbibliothek verzeichnet diese Publikation in der Deutschen Nationalbibliografie; detaillierte bibliografische Daten sind im Internet über http://dnb.ddb.de abrufbar

ISBN 978-3-86736-301-3

Druck: docupoint, Barleben

© kopaed 2015
Pfälzer-Wald-Str. 64, 81539 München
Fon: 089. 688 900 98 Fax: 089. 689 19 12
E-Mail: info@kopaed.de Internet: www.kopaed.de

Inhalt

Prolog

Und jedem Anfang wohnt ein Zauber inne.

Hesse, Hermann: Stufen

„Die Kommentare und Interviews auf dieser Disc sind nur zu Unterhaltungszwecken gedacht"[1]. Aha! Und jetzt? Was heißt das? Diese Bemerkung am Anfang audiovisueller Wiedergabemedien sorgt bei mir für Konfusion. Nicht etwa weil Interviews und Kommentare nur Unterhaltungszwecken dienen, sondern vielmehr weil die Bemerkung bei mir den Gedanken weckt, dass überhaupt etwas nur der Unterhaltung dienen könnte. Was heißt, *nur* zur Unterhaltung? Ist der Terminus „nur zu Unterhaltungszwecken" ein präventiver Freispruch dafür, dass jemand Dinge erzählen kann, die den Idealen der Produktionsfirma des Datenträgers entgegenstehen? Bedeutet dieser Terminus gar eine Legitimation dafür, jedweden Unsinn in einem Interview erzählen zu können und ihn trotzdem verbreiten zu dürfen? Aber kann denn Unterhaltung als Legitimation für irgendetwas her halten? Warum gilt der Terminus „nur zu Unterhaltungszwecken" nur den Interviews und Kommentaren? Was ist mit dem Film? Ist der Film keine Unterhaltung? Was ist überhaupt Unterhaltung? Bedeutet Unterhaltung womöglich die größtmögliche Distanz zu den Phänomenen des Lebens, die mit dem Begriff der Bildung zu tun haben? Verfolgt Unterhaltung rein kommerzielle Interessen? Ist Unterhaltung ein mediales Phänomen und somit nur für Medienpädagogik von Interesse?

Um diese Arbeit zu erstellen wurde ich von vielen Menschen untergehalten, denen ich an dieser Stelle herzlich danken möchte: Barbara und Zoe Cosma Walden für ihre Inspiration und dafür, dass sie mir während des Schreibprozesses stets den Rücken frei gehalten haben. Martin Hoyer, Viktor Fast, Simon Seereiner, Philip Karsch, Petra Pansegrau und Sascha Braun für die vielen konstruktiven Gespräche zum Thema Blockbuster, die mit freundschaftlichem Feuer geführt wurden. Natalia Fast für die Bereitschaft, die ersten Korrekturen dieser Arbeit vorzunehmen. Den Studierenden der Seminare zur Qualitativen Filmanalyse vom Sommersemester 2010 bis zum Wintersemester 2013 für ihre kritischen Anmerkungen und Erweiterungen der Perspektive sowie den Mitgliedern des Coaching Kurses der DGFC 2013/14 für die Aufmunterung. Veronika Kalka für das ‚Schneefrei' im Februar 1978, mit dem diese Arbeit ihren Ausgangspunkt nahm und meinen Eltern, dass sie mir die Liebe zu dem „utopischen Quatsch" nicht austreiben konnten.

---

1 Disney DVD, Alice im Wunderland, Startmenü, 2010

Einleitung

Medienpädagogisch handeln

Gegenwärtig wird die medienpädagogische Debatte stark von technischen Innovationen digitaler Medien befeuert. Hierbei steht der Einsatz von Internet, web2.0, Smartphones, Tablets usw. in Lehr- Lernszenarien im Fokus. Wenngleich technische Innovationen und deren Implementierung in Lehr-Lernszenarien als wesentlich erachtet werden, bleibt auch der so genannte Content, also der Inhalt, ein wesentlicher Bestandteil der Medien und damit des medienpädagogischen Handelns. Inhalte von Medien reflektieren zu können, soll eine der Schlüsselkompetenzen des 21. Jahrhunderts sein, wie beispielsweise die Kultusministerkonferenz vom 08. März 2012 beschlossen hat: „Lehrkräfte benötigen für die Vermittlung von Medienbildung sowohl eigene Medienkompetenz als auch medienpädagogische Kompetenzen. Das bedeutet, Lehrkräfte müssen mit den Medien und Medientechnologien kompetent und didaktisch reflektiert umgehen können, sie müssen gleichermaßen in der Lage sein, Medienerfahrungen von Kindern und Jugendlichen im Unterricht zum Thema zu machen, Medienangebote zu analysieren und umfassend darüber zu reflektieren, gestalterische und kreative Prozesse mit Medien zu unterstützen und mit Schülerinnen und Schülern über Medienwirkungen zu sprechen"[2]. Filmbildung kann als ein Element einer handlungsorientierten Medienpädagogik in einer von Bildern dominierten Welt einen Beitrag dazu leisten. Wie das?

„Medienpädagogik", sagt Dieter Baacke (1997), „ [...] geht aus von der Beobachtung und Interpretation *gegebener* oder sich *entwickelnder Wirklichkeitskonstruktionen*, wie sie die Medien einerseits anbieten, die Mediennutzer andererseits mitbringen"[3]. Rezipienten befinden sich demnach in einem Zwischenraum aus medial gegebener und sich entwickelnder Wirklichkeitskonstruktion. Um einen Umgang mit Medien in pädagogischer Absicht zu gewährleisten, der sich in diesem komplexen Szenario behaupten kann und der den Partizipationsbedürfnissen der Mediennutzer gerecht wird, entwickelt Baacke den Begriff der Medienkompetenz. Medienkompetenz zielt auf eine Handlungsorientierung

---

2   Kultusministerkonferenz, 2012, 7. (Online verfügbar). „Der entscheidende Grund für eine systematische Filmbildung ergibt sich daraus, dass sich unsere Welt von einer Schrift- zu einer Bildkultur entwickelt hat, mit der Folge, dass Weltwissen heute zum großen Teil visuell vermittelt wird. Diese visuellen Botschaften müssen entschlüsselt und gelesen werden können [...]" (Müller-Hansen, 2014, 82).

3   Baacke, 1997, 3 (Hervorh. im Original)

im pädagogischen Umgang mit Medien, deren Zielwert das „gesellschaftlich handlungsfähige Subjekt" in demokratischen Gesellschaften ist[4].

Den Begriff der Medienkompetenz entwickelt Baacke im Rückgriff auf Chomsky und dessen Begriff der kommunikativen Kompetenz. Kommunikative Kompetenz beschreibt die Fähigkeit des Menschen, mit der Sprache „[...] aufgrund eines immanenten [...] Regelsystems eine potentiell unbegrenzte Anzahl von Sätzen zu erzeugen"[5]. Mit dem Begriff der Medienkompetenz ist die Ausformulierung kommunikativer Kompetenzen unter den Bedingungen heutiger medialisierter Gesellschaften gemeint. Diese Kompetenz soll geschult werden. „Wenn diese Fähigkeit durch situative, persönliche, soziale und kulturelle Faktoren nicht im vollen Maße entwickelt ist – so die pädagogisch relevante Schlussfolgerung –, muss dem Menschen durch Bildungsmaßnahmen dazu zu [sic!] verholfen werden, seine Kommunikationskompetenz auszuarbeiten"[6].

Um diese Kompetenzen entwickeln zu können, hat Baacke ein Medienkompetenzmodell vorgeschlagen, das sich in vier Dimensionen differenziert: Medienkritik, Medienkunde, Mediennutzung und Mediengestaltung[7]. Mittels dieser vier Dimensionen soll eine handlungsorientierte Medienpädagogik verwirklicht werden, die den Medienuser als mit und in den Medien handelndes Subjekt wahrnimmt. Nun konstatiert Sander schon 2001, dass der Erwerb von Medienkompetenzen beispielsweise durch Jugendliche höchst unterschiedlich ausfällt[8]. Die Dimensionen der Medienkunde, die die Wissensbestände um aktuelle Medien und Mediensysteme umfasst, sowie die Dimension der Mediennutzung, die rezeptiv, anwendend (z. B. einen Film anschauen), aber auch interaktiv, anbietend (z. B. Aktivitäten im Social Media Bereich) ausfallen können[9], eignen sich Jugendliche, Sander zufolge, mühelos in informellen und jugendkulturellen Kontexten an[10]. Die Dimension der Mediengestaltung hingegen, mit der innovativ die Veränderungen und Weiterentwicklungen des Mediensystems fokussiert wird und die kreativ gestalterische Dimension, die ein „Über-die-Grenzen-der-Kommunikations-Routine" hinausgehen anstrebt[11], bleiben jedoch vom ‚autonomen' Erwerb von Medienkompetenz genauso unberührt wie die Dimension der Medienkritik[12]. Interessanterweise stehen aber ausgerechnet die beiden Dimensionen der Medienkunde und Mediennutzung in pädagogischen Kontexten im Vordergrund[13]. Dort werden also ausgerechnet die Dimensionen der Medienkompetenz

---

4   Vgl. Groeben, 2002, 5
5   Baacke, 1997, 51
6   Hugger, 2008, 93
7   Vgl. Baacke, 1997, 98
8   Vgl. Sander, 2001, 95
9   Vgl. Baacke, 1997, 99
10   Vgl. Sander, 2001, 95
11   Vgl. Baacke, 2001, 99
12   Vgl. Sander, 2001, 95
13   Vgl. Vollbrecht, 2001, 60

geschult, die Jugendliche ohnehin beherrschen: die Nutzung von Tablets und Smartphones, Interaktionen im Social Net usw. Dabei klafft eine zusehends größere Lücke zwischen den Kompetenzen angeblich Lehrender und angeblich Lernender[14], da der Innovationsfreude der IT-Industrie und ganz allgemein der Medienindustrie aktuell keine Grenzen gesetzt scheinen und die medialen Prosumer dankbar fast jede neue technische Innovation erkunden. Da der Überblick in diesen Szenarien für Lehrende aufgrund der schier unerschöpflichen Fülle des Angebots schnell verloren gehen kann, hat sich inzwischen eine medienpädagogische Industrie entwickelt, die ständig bemüht ist, mit den neusten Trends und Entwicklungen Schritt zu halten[15]. Unterdessen ist die Zielgruppe der pädagogischen Anstrengungen ihren Lehrenden jedoch grundsätzlich schon wieder um eine Nasenlänge voraus[16]. Mir scheint, dass bei diesem Ringen um technologische Aktualität der Zielwert der viel beschworenen Medienkompetenz etwas aus dem Blick gerät. „Medienkompetenz ist [...] eine Tugend für Demokraten, ein zeitgemäßes Instrument der Aufklärung, das eine selbst verschuldete Unmündigkeit erkennt und beendet"[17]. Um diesen Zielwert aber realisieren zu können, bedürfen die informell wie institutionell vernachlässigten Dimensionen des Medienkompetenzmodells, also die Dimensionen der Mediengestaltung und der Medienkritik, größerer Aufmerksamkeit. Allein „Mit der Beherrschung der Techniken ist [...] keineswegs gleichzeitig eine reflexive Kompetenz verbunden"[18]. Hier finden sich also noch einige Entwicklungspotenziale für die medienpädagogische Arbeit.

Potenziale zur Entfaltung von reflexiver Kompetenz, birgt die Dimension der Medienkritik. Diese Dimension wird von Baacke in dreifacher Weise ausgefaltet:

„a Analytisch sollten problematische gesellschaftliche Prozesse (z. B. Konzentrationsbewegungen) angemessen erfaßt [sic!] werden können;

b reflexiv sollte jeder Mensch in der Lage sein, das analytische Wissen auf sich selbst und sein Handeln anwenden zu können;

c ethisch ist die Dimension, die analytisches Denken und reflexiven Rückbezug als sozialverantwortet abstimmt und definiert"[19].

---

14 Zur besseren Lesbarkeit verwende ich in dieser Arbeit die maskuline Schreibweise, bzw. den Plural. Mit dieser Schreibweise ist aber immer auch die feminine Form impliziert.

15 Vgl. New Media Consortium, 2013, URL: www.mmkh.de/fileadmin/.../2013-horizon-report-HE-German.pdf⊠, (Stand: 02.04.2014); MMB-Institut für Medien- und Kompetenzforschung, 2013, URL: http://www.mmb-institut.de/monitore/trendmonitor/MMB-Trendmonitor_2013_I.pdf (Stand, 04.04.2014)

16 „Derzeit wächst eine Generation heran, die vor allem die technischen Fertigkeiten von Gleichaltrigen und/oder durch Learning by Doing erwirbt. Heute sind es die PädagogInnen, die von den Kindern und Jugendlichen lernen können, wie Smartphones und iPads bedient werden" (Röll, 2014, 29).

17 Schneider, 2010, 9

18 Röll, 2014, 29

19 Baacke, 1997, 98

Baacke rückt keine der vier Dimensionen in den Vordergrund. Aber Niesyto (2008) konstatiert die herausgehobene Bedeutung der Medienkritik, „[...] da sich medienkritische Aufgaben auch auf die anderen Kompetenzbereiche (Medienkunde, Mediennutzung, Mediengestaltung) beziehen"[20]. Ganguin (2004) spricht von der Dimension der Medienkritik sogar als vierter Kulturtechnik neben Lesen, Rechnen und Schreiben[21]. Sie betont, dass die Aneignung medienkritischer Kompetenz von vielen Faktoren abhängig sei: „So spielen entwicklungs-, sozial- und pädagogisch-psychologische sowie sozialökologische Aspekte eine wesentliche Rolle bei dem Erwerb dieser Fähigkeit. Dass gerade auch das soziale Umfeld für den Aufbau von Medienkritik als ausschlaggebend bestimmt wird, begründet eine pädagogische Einflussnahme"[22].

Ein reflektiertes Handeln mit Medien in diesem Sinne setzt also medienkritische Kompetenzen voraus, die jedoch selten auf informellem Wege erworben werden. Wie aber können diese Kompetenzen erworben werden, die für eine gesellschaftliche Partizipation unerlässlich sind? „Hierzu bedarf es Lernarrangements, die die alltägliche Medienkritik der Kinder und Jugendlichen ernst nehmen und zugleich Anregungen für Differenzwahrnehmungen bieten"[23].

Das Problem dabei ist, dass jugendkulturelle Erzeugnisse allzu oft als Bestandteile profaner Kultur diskreditiert werden, denen im Bildungskanon institutioneller Bildung kein Platz eingeräumt werden muss. Dabei wird übersehen, dass diese oft medialen Erzeugnisse längst zur sozialen Umwelt ihrer Rezipienten gehören und damit ihren Platz in der individuellen Situation beanspruchen. Diesen Platz haben die traditionellen wertvermittelnden Instanzen wie Kirche, Schule, Politik und Elternhaus an die Medien eingebüßt. Meines Erachtens haben diesen Platz beispielsweise Blockbusterfilme lange vor den neuen digitalen Medien eingenommen[24] und sie behaupten ihn auch heute noch in den so genannten konvergenten Medienwelten. Dennoch werden Blockbuster, auch von medienpädagogischer und filmwissenschaftlicher Seite, gerne auf ein bloßes Kino der Attraktionen reduziert, das in erster Linie auf Schau- und Spektakelwerte setzt und mit diesen Mitteln auf kommerziellen Erfolg abonniert wird[25]. Mindestens für die jüngeren Generationen erweisen sich Blockbusterfilme jedoch als Kulturräume, die Bestandteil ihrer Sozialisation werden. Diese Kulturräume werden durch die neuen Medien keinesfalls suspendiert. Vielmehr ist das Gegenteil der Fall: „The moving image not only doesn't vanish; it never goes

---

20 Niesyto, 2008, 131
21 Vgl. Ganguin, 2004, 5, http://www.ph-ludwigsburg.de/fileadmin/subsites/1b-mpxx-t-01/user_files/Online-Magazin/Ausgabe6/Ganguin6.pdf, (Stand: 04.04.02104)
22 Vgl. Ganguin, 2004, 5, http://www.ph-ludwigsburg.de/fileadmin/subsites/1b-mpxx-t-01/user_files/Online-Magazin/Ausgabe6/Ganguin6.pdf, (Stand: 04.04.02104)
23 Niesyto, 2008, 134
24 „Über die Faszination und den Genuss ermöglicht das Kino die Wahrnehmungsbildung, ist deshalb pädagogisch unaufgebbar und bei Jugendlichen beliebtester Lernort" (Vollbrecht, 2001, 52).
25 Vgl. Blanchet, 2003; vgl. Mikos, 2008, 325f.

away. The challenge is no longer catching it but making use of it [...]"[26]. Wie aber lassen sich Blockbusterfilme als Sozialisationsinstrumente nutzen?

Blockbuster lesen

Ich biete in dieser Arbeit eine Lesart von Blockbusterfilmen an, die sich an die pädagogische Medienkritik von Niesyto mit dem Ziel anlehnt, „[...] Kindern und Jugendlichen Lust auf einen qualitätsvollen Umgang mit Medien [...]" zu machen[27], indem sie diese Filme als Teil der sozialen Umwelt von Kindern, Jugendlichen, aber auch der jungen und älteren Erwachsenen sieht.

Sinn dieser Arbeit ist es, eine Lesart von Blockbustern zu entwickeln, die ermöglicht, diese Filme so wahrzunehmen, dass sie Lehrenden Anregungen für Differenzwahrnehmungen bieten. Und das zentrale Ziel dieser Arbeit ist es, die grundlegende Grammatik von Blockbusterfilmen zu dekodieren. Damit ist das Angebot verbunden, Blockbuster – nach der Lektüre – bei Bedarf und/oder Möglichkeit sinnstiftend in Lehr-Lernszenarien implementieren zu können[28]. Die Arbeit will also Kompetenzen vermitteln, die es Lehrenden ermöglichen, die alltägliche Medienkritik von beispielsweise Kindern und Jugendlichen ernst zu nehmen. Dies erscheint mir unter anderem aus dem Grunde relevant, weil in diesen Filmen all die ethischen und moralischen Diskussionen geführt werden, über die die so genannten wertvermittelnden Instanzen ihre Bedeutungshoheit eingebüßt haben[29]. Es hat in den pluralen, flexiblen postindustriellen Gesellschaften den Anschein, dass Ethik und Moral zur Privatsache geworden sind. (Was davon zu halten ist, ist jedoch eine andere Diskussion als diejenige, die ich hier anstoßen möchte.) Blockbuster ermöglichen jedenfalls einen Zugang zu diesen Diskussionsfeldern, weil sie bei allen Schauwerten ethische und moralische Fragen mit diskutieren. Deshalb erscheint es wichtig, diese Filme lesen zu können. „Die Kulturtechnik ‚Film verstehen' wird [...] ebenso wie die Kulturtechnik

---

26 Thompson, 2013, 98
27 Niesyto, 2008, 134
28 Diese Lesart der Blockbusterfilme verstehe ich als Ebene der Sinnzuschreibung für die Filme, also eine Ebene der Wirklichkeit zweiter Ordnung, wie Watzlawick dies nennen würde (vgl. Watzlawick, 2010, 142ff.).
29 Schon ein kurzer Blick auf den begleitenden Buchmarkt vermag zu verdeutlichen, wie diese Filme als konvergente Medien für Diskussionen funktionalisiert werden können: Bassham, G. u. Bronson, E. (Hg.) (2011). Der Herr der Ringe und die Philosophie. Piper Verlag München; Decker, K. S. u. Eberl, J. T. (Hg.) (2005). Star Wars and Philosophy. Carus Publishing Company. Chicago u. La Salle, Illinois; Dunn, G. A. u.a. (Hg.) (2013). Die Philosophie bei die Tribute von Panem. Wiley-VCH Verlag GmbH & Co. KgaA. Weinheim; Bassham, G. (Hg.) (2010). Die Philosophie bei Harry Potter. Wiley-VCH Verlag GmbH & Co. KGaA usw.

,Lesen' als eine Art Schlüsselkompetenz der Medien- bzw. Wissensgesellschaften im 21. Jahrhundert interpretiert"[30].

Aufhänger eines Blockbusters ist zumeist ein zeitgenössisches Thema. Zum Beispiel ist im bis dato erfolgreichsten Film aller Zeiten *Avatar* (Cameron, 2009) die Frage nach dem Umgang mit der Natur das vorherrschende Thema. In *Die Tribute von Panem* (Ross, 2012) ist das Thema die Frage nach medialer Darstellung und sozialer Ungleichheit, in der Trilogie vom *Herrn der Ringe* (Jackson, 2001 – 2003) besteht das Thema im Spannungsfeld zwischen Macht und Selbstaufopferung, in *Star Wars Episode IV – Eine neue Hoffnung* (Lucas, 1977) wird die Frage nach der Entwicklung subjektiven Glaubens gestellt, in *Kung Fu Panda* (Stevenson/Osborne, 2008) ist es das Akzeptieren des Unperfekten, , in *E.T. – der Außerirdische* (Spielberg, 1982) die Frage nach dem Wert der Freundschaft usw. usf.

Die schiere Anzahl der existierenden Blockbuster sowie die jährlich neu hinzu kommenden macht es nahezu unmöglich, alle in den Filmen behandelten Themen stets präsent zu haben. Wie kann die Dimension der Medienkritik dieses Problem trotzdem angehen? Wenn es darum geht, Anregungen für Differenzwahrnehmungen realisieren zu können, hilft es, die Grammatik der Blockbuster zu kennen. Der Grammatik von Blockbustern kann man sich anhand der Frage nähern, wie es den Blockbusterfilmen gelingt, die Themen ihrer zuweilen hochgradig absurden Szenarien (z. B. außerirdische Welten, Gladiatorenspiele mit Jugendlichen, Superhelden, lebende Märchenfiguren usw.) plausibel zu adressieren?

Die zentrale These zu dieser Frage lautet in dieser Arbeit: Blockbuster sind didaktisch höchst konsistent entwickelt und sie bilden pädagogisch gewendet, mindestens im ersten Teil einer Serie ab, wie das Lernen des Lernens im besten Humboldt'schen Sinne[31] didaktisch organisiert werden kann. Die Filme bieten also eine reichhaltige Palette Anschauungsmaterial an, mit denen sich didaktische Fragestellungen illustrieren lassen. Diese These werde ich in dieser Arbeit in mehreren Schritten entwickeln.

Die Arbeit ist in drei Teile aufgeteilt. Im ersten Teil finden sich die theoretischen Grundlagen. Im zweiten Teil der Arbeit präsentiere ich die Ergebnisse der Untersuchung der Blockbusterfilme und im dritten Teil folgt eine Reflexion der Befunde.

Ich eröffne die Arbeit im ersten Teil mit einer Skizze der erkenntnistheoretischen Grundlagen. Hier greift die Arbeit, die sich in der Tradition eines philosophischen Skeptizismus versteht, auf die Ideen konstruktivistischen Denkens zurück. Dies gilt sowohl für die äußere Faktenproduktion bei der Präsentation der Ergebnisse als auch für den Begriff des Lernens, der in dieser Arbeit verfolgt wird. Die Arbeit verhehlt nicht, dass sie eine Konstruktion ist und ihre Ergebnisse stets heuristisch sind, denn „Gewissheit, relativiert jeden Erkenntnisanspruch entscheidend und weist auf ein […] Leitmotiv des Konstruktivismus hin: den *Abschied von absoluten Wahrheitsvorstellungen* und einem emphatisch

---

30 Wiedemann, 2008, 391
31 Vgl. von Humboldt, 1996, XIII 262, 170

verstandenen Objektivitätsideal"[32]. Insofern orientiert sich die Arbeit auch an Niesytos pädagogischer Medienkritik, da sie weniger anstrebt zu belehren, als vielmehr zu animieren. Zu diesem Zweck ist es jedoch unabdingbar einige Begriff zu klären. Der erste dieser Begriffe ist der des Blockbusters, der in dieser Arbeit ganz zentral steht. Diesen Begriff fokussiere ich im zweiten Kapitel des ersten Teils. Eine ungefähre Vorstellung von dem Begriff kursiert allseits, da er durch die Medien ständig befeuert wird. Wissenschaftliche Annäherungen finden sich jedoch im deutschen Sprachraum bislang nur wenige (Blanchet, 2003, Mikos, 2007 & 2008, Peltzer, 2011). Eine favorisierte Lesart des Begriffs ist die zeitgenössische Filmtheorie, wie sie beispielsweise von Blanchet und Mikos entwickelt wird. Sie legen einen Schwerpunkt auf die ökonomischen Aspekte von Blockbustern und konstatieren eine Verkürzung des Narrativen zugunsten einer Visualität. Bei einer Verabsolutierung dieser Lesart verliert der Begriff allerdings an Kontur, weil nach dieser Lesart auch regelrechte Flops als Blockbuster gehandelt werden. Peltzer kritisiert diese Lesart entsprechend und plädiert im Gegenzug „[...] sowohl für die tragende Funktion der Identitätsnarration innerhalb des globalen Hollywood-Kinos als auch für die zentrale Funktion von Spezialeffekten [...]"[33]. Sie kommt zu dem Schluss, dass das Blockbuster-Kino ein Ort „gelingender Identitäten" ist[34] und konstatiert deren hohe Anschlussfähigkeit an gesellschaftlich existente Identitätsbilder. Ich werde in diesem zweiten Kapitel der Arbeit die Lesart der zeitgenössischen Filmtheorie vorstellen, um eine erste Kontur des Begriffs zu gewinnen. Anschließend wende ich diese Konturierung zur Illustration auf das Beispiel *Star Wars* (Lucas, 1977) an. Daran anschließend werde ich im dritten Kapitel aus der Narration dieses Films eine Grounded Theory im Sinne qualitativer Forschung entwickeln[35]. Ich stelle hierbei zuerst das methodische Vorgehen und anschließend die Ergebnisse des theoretischen Samplings vor. Diese Ergebnisse bilden dann die Grundlage der weiteren Untersuchung. Aus den Ergebnissen kristallisiert sich für mich eine Lesart heraus, die es ermöglicht, aus der Art, wie die Narration für die Rezipienten plausibilisiert wird, deren didaktische Konsistenz ableiten zu können. Aber wie können diese Ergebnisse auf weitere Filme übertragen werden?

Als Wurzeln für die Narration seiner Sternenoper benennt Filmemacher George Lucas die Arbeiten des Mythologen und Anthropologen Joseph Campbell[36]. Campbell geht davon aus, dass Mythen in der Geschichte nie zweckfrei erzählt werden, sondern bestimmte Funktionen, unter anderem auch eine pädagogische Funktion, innehaben. Der Mythologe legt mit seinem Buch „Der Heros in tausend Gestalten" (1953) eine global angelegte, vergleichende Studie zu den mythischen Erzählungen alter Kulturen vor. In dieser Studie

---

32 Pörksen, 2014, 4
33 Peltzer, 2011, 94
34 Vgl. Peltzer, 2011, 184
35 Vgl. Flick, 2000
36 Vgl. hierzu auch Röll, 1998, 152 ff.

stellt Campbell fest, dass in allen Mythen und Kulturen dieser Erde ein Erzählschema vorherrscht, das er den Monomythos der Heldenreise nennt. Dieses Erzählschema stelle ich
im vierten Kapitel der Arbeit vor. Es besagt, dass im Zentrum der Heldenreise ein junger,
unbedarfter Held steht, der unter bestimmten Voraussetzungen bestimmte Herausforderungen meistern muss und dabei eine Transformationserfahrung erlebt[37]. Die Heldenreise
stellt nach Campbell die gebräuchlichste Form des Mythos in der Geschichte der Mythologie dar. Aber auch wenn dieses Erzählschema über den Globus, über alle Kulturen hinweg
und durch alle Zeitalter hindurch verbreitet ist, heißt das für Campbell nicht, dass die
Reise des Helden ein objektives Rollenmodell darstellt. Vielmehr argumentiert er ganz im
konstruktivistischen Sinne: „[...] you decide what the meaning of your life is to be. People
talk about the meaning of life; there is no meaning of life – there are lots meanings of dif-
ferent lives, and you must decide what you want your own to be"[38].

Nachdem das Modell der Heldenreise in diesem Kapitel vorgestellt worden ist, überprüfe ich kurz induktiv inwieweit es sich auf die Narration von *Star Wars* übertragen lässt.
Die Überprüfung wird zeigen, dass die Parallelen zwischen der Narration von *Star Wars*
und der Heldenreise unübersehbar sind. Aus diesem Ergebnis resultiert schließlich die
Fragestellung, ob sich das Erzählschema der Heldenreise auch auf weitere Blockbuster
übertragen lässt. Im Falle einer Bestätigung spüre ich in einem weiteren Schritt den Fragen
nach, ob sich das Konzept der Heldenreise nach Joseph Campbell in Blockbustern als Abbildung von Lernprozessen interpretieren lässt und ob Blockbusterfilme ihre didaktische
Konsistenz möglicherweise aus dem Erzählschema der Heldenreise gewinnen?

Mit diesen Fragen im Hinterkopf stelle ich im fünften Kapitel zuerst das weitere methodische Vorgehen der Untersuchung vor. Hierbei handelt es sich um eine Untersuchung
in zwei Schritten: Die Überprüfung, ob sich das Erzählschema der Heldenreise auf weitere
Blockbusterfilme übertragen lässt ist der erste Schritt. Sie erfolgt mittels einer qualitativen
Inhaltsanalyse. Im zweiten Schritt überprüfe ich mittels einer typologischen Analyse nach
Mayring, inwieweit sich eine Interpretation der Filme erarbeiten lässt, die in den Filmen
eine didaktisch konsistente Darstellung von Lernprozessen erkennt.

Zur Darstellung des methodischen Vorgehens gehört an dieser Stelle auch die Vorstellung der Kriterien für die Auswahl des Samples, das aus Filmen gewonnen wird, die in den
Listen der 100 weltweit erfolgreichsten Filme aufgeführt sind[39]. Mit dieser Vorstellung sind
die theoretischen Vorüberlegungen abgeschlossen.

---

37 Vgl. Campbell, 1999.
38 Campbell in: Toms, 1988, 110
39 Als Referenzgröße wähle ich hier die ständig aktualisierten Listen von Box-Office Top 100 Films
    of all Time, [URL]: http://www.filmsite.org/boxoffice.html ,(Stand, 04.04.2014) und Box Office
    Mojo [URL]: http://boxofficemojo.com/alltime/world/, (Stand, 04.04.2014).

Im zweiten Teil, dem zentralen Teil der Arbeit, erfolgt in zwölf Kapiteln die Präsentation der Ergebnisse der qualitativen Inhaltsanalyse und der typologischen Analyse. Im Fokus stehen dabei die Fragen, ob die Blockbusterfilme des Samples dem Erzählschema der Heldenreise folgen und inwieweit sich die einzelnen Aspekte der Heldenreise pädagogisch-didaktisch interpretieren lassen.

Die Darstellung der Ergebnisse habe ich an die vier Phasen der Heldenreise, Aufbruch, Prüfungen, Flucht, Heimkehr, und ihren jeweiligen Unterkategorien angelehnt. Hierbei soll die Heldenreise als ein komplexes System von Akteuren und Operationen erkennbar werden, das sich seiner pädagogischen Relevanz durchaus bewusst ist[40]. Die Ergebnisdarstellung beginnt mit der Vorstellung der Szenariowelt, in der die Narration angesiedelt ist. Eine Relation zwischen Szenariowelt und alltäglicher Lebenswelt (Schütz/Luckmann, 2003) bzw. Alltagswelt (Berger/Luckmann, 2003) herauszuarbeiten ist die Problematik, die im Zentrum dieses Kapitels steht. Denn das Konzept der alltäglichen Lebenswelt bzw. der Alltagswelt bildet die Grundlage der Ergebnispräsentation. Im zweiten Kapitel stelle ich die Heldenfiguren mitsamt ihren Lernausgangslagen und -potenzialen vor. Dabei thematisiere ich die Frage, ob die Handlungen der Helden in ihren gewohnten Welten als Lernen verstanden und sie somit als lernende Helden etikettiert werden können. Kapitel drei thematisiert die von Campbell so bezeichnete Berufung oder den Ruf, wie Vogler (2010) es nennt. Die Berufung oder der Ruf ergeht an die Helden spätestens am Ende der Exposition des Films und ist für sie der Auslöser, um ihre Heldenreise anzutreten. Ruf oder Berufung beinhalten eine Problemstellung, der die Helden nachspüren sollen, die aber nicht ihre zentrale Lernerfahrung darstellt. Insofern deutet sich bereits in Ruf oder Berufung das didaktische Moment des Headfake an, das ich in diesem Kapitel beleuchten werde. In Kapitel vier und fünf werden weitere Protagonisten der Heldenreise sowie auch einige Antagonisten der Helden vorgestellt. Insbesondere die Rolle der Mentoren sowie ihre didaktischen Instrumentenkoffer, mit denen sie in der Narration ausgestattet werden, stehen im Mittelpunkt dieses Kapitels. Im fünften Kapitel stelle ich die weiteren Figuren des Ensembles rund um die Helden vor. Sie lassen sich als Lernpartner interpretieren, die mit den Helden zusammen Lerngruppen bilden. Hierbei fällt ins Auge, wie sehr die Narrationen der Blockbuster beispielsweise daraufhin angelegt sind, Gruppenprozesse adäquat zu erfassen. Auffällig ist aber auch die Autonomie, die sowohl Lernenden als auch Lehrenden bei der Gestaltung ihrer Lernsettings gewährt wird. Zudem fällt ins Auge, dass die Rolle des Mentors in manchen Fällen auf den ersten Blick zwar durchaus klischeebeladen ist, ein genauerer Blick auf die Figur des Mentors eröffnet aber gleichzeitig auch manch innovative Idee für die Rolle von Lehrenden, insbesondere in konstruktivistisch angelegten Lehr-Lernprozessen.

Mit dem sechsten Kapitel setzt die Phase der Prüfungen auf der Heldenreise ein. Dieses Moment nennt Campbell die Schwellen. Sie bedeuten den Übergang von der gewohn-

---

40 Vgl. Campbell, 1996, 15ff.

ten Welt der Helden in ihre Abenteuerwelt. Auf den Schwellen werden die Lerngruppen der Lernenden Helden durch ihre Mentoren nachjustiert und die Helden erhalten von ihnen auch erste kleinere Problemstellungen, die sie nun zu bewältigen haben. Diese Phase lässt sich als ‚Trainee on the job' interpretieren. Im siebten Kapitel stelle ich die Sozialformen des Lernens vor, die den Helden und ihren Lerngruppen auf den Schwellen begegnen. Sämtliche der vier Sozialformen des Unterrichts lassen sich im Blockbuster beobachten. sie werden didaktisch konsistent an die Phasen des Gruppenprozesses orientiert. Der Lernprozess beginnt mit einem lehrerzentrierten Input, nach dem regelmäßig zur Partnerarbeit und dann zur Gruppenarbeit gewechselt wird. Am Ende steht zuweilen die Einzelarbeit in dieser Phase. Die Einzelarbeit entwickelt aber erst in der Phase der Prüfungen in der Abenteuerwelt ihre größte Relevanz. In der Phase auf den Schwellen lässt sich herausarbeiten, welche hohe Bedeutung die Form des kooperativen Lernens für die Autoren der Blockbuster hat. Das achte Kapitel beobachtet die Helden bei ihren Prüfungen in der Abenteuerwelt. Auch in dieser Phase wird die Entfaltung der Gruppenprozesse in den Gruppen um die Helden stringent weiter vorangetrieben. Allerdings ist hier fast keine Struktur beim Ablauf der Sozialformen in der Narration zu erkennen. Stattdessen lässt sich aber für diese Phase der Reise nachzeichnen, dass das Lernen auf der Heldenreise nicht allein einer Reproduktion von Wissensbeständen verhaftet, sondern vielmehr darüber hinausgehend der Produktion „intelligenten Wissens"[41] verpflichtet ist. Der Aufbau der Narration lässt sich in dieser Phase der Heldenreise nämlich dahingehend interpretieren, dass die Helden einen Prozess durchlaufen, an dessen Ende sie gelernt haben, kreativ-schöpferisch tätig zu sein. Den kreativ-schöpferischen Akt vollführen die Helden während ihrer entscheidenden Prüfung, die ich, als Höhepunkt der Prüfungsphase, im neunten Kapitel mit einem eigenen Kapitel bedenke. Ich interpretiere die entscheidende Prüfung dahingehend, dass mit ihr versucht wird, in Form einer Metapher abzubilden, was in der so genannten Blackbox des Lernens geschieht.

Haben die Helden ihre entscheidende Prüfung bestanden, haben sie gleichzeitig das eigenständige Handeln gelernt. Dies stellen sie, wieder vereint mit den Mitgliedern ihrer Lerngruppe, unter Beweis wie ich in den Kapiteln zehn und elf ausführe: Einige Helden müssen nach der entscheidenden Prüfung zuerst fliehen (Kapitel 10), ehe sie über die Schwelle die Abenteuerwelt verlassen. Andere Helden befinden sich nach dem Absolvieren der entscheidenden Prüfung sofort an der Schwelle. Auf alle wartet jedoch an der Schwelle zur Rückkehr die größte Herausforderung, die so genannte Klimax der Narration. Hier müssen die Helden vor den Augen der Öffentlichkeit ihre neu erworbenen Kompetenzen und Wissensbestände unter Beweis stellen, bei der sie die treibenden Akteure sind. Die Klimax oder auch Abschlussprüfung wird im elften Kapitel thematisiert.

Zuletzt folgt in Kapitel zwölf das Happy End, bei dem sich alles in Wohlgefallen auflöst, möchte man meinen. Tatsächlich erhalten die Helden jedoch nach ihrer Rückkehr

---

41 Vgl. Klippert, 2010, 60

über die Schwelle ein mehrperspektivisches Feedback, bei dem ihre Leistungen reflektiert werden. Allerdings wird bei diesem Feedback sogleich auch ein Blick auf vorausliegende Aufgaben gerichtet. Diese Konstellation, mit allen Stufen, die die Helden zuvor auf ihrem Lernprozess durchlaufen haben, rechtfertigt für mich die Interpretation, dass es sich bei der Narration von Blockbustern um die Darstellung eines idealisierten Lernprozesses handelt, der das von Humboldt konstatierte Lernen des Lernens implementiert.

Sämtliche Aspekte der Heldenreise, die in diesem mittleren Teil der Arbeit beleuchtet werden, reichere ich mit vielen Filmbeispielen an. Dies unternehme ich aus zwei Gründen: erstens soll dadurch die weite Verbreitung des Modells der Heldenreise quer durch alle Genres im Blockbusterkino angedeutet werden. Der zweite Grund ist didaktischer Natur: Durch die vielen Beispiele soll die Möglichkeit für den Leser erhöht werden, die Darstellung der Ergebnisse an das eigene Filmwissen anschließen zu können.

Im dritten Teil der Arbeit reflektiere ich abschließend die Lernerträge der lernenden Helden und zeige die Parallelen zu pädagogischen, aber auch neurobiologischen Kontexten auf. Dazu deute ich eine Perspektive zur Evaluation dieser Hollywoodpädagogik an, ehe die Arbeit mit einem kurzen Blick auf die Lernpotenziale der Fortsetzungen einer Blockbusterreihe schließt. Aber selbstverständlich dienen auch diese Fortsetzungen nur der Unter-Haltung.

Teil 1:

Theoretische Grundlagen

I Blockbuster unter Beobachtung

„Alles was gesagt wird, wird
von einem Beobachter gesagt."
(H. Maturana)

In diesem einleitenden Kapitel werde ich eine erkenntnistheoretische Fundierung der anschließenden Untersuchung liefern. Die Arbeit versteht sich als Konstruktion und die Untersuchung wird in konstruktivistischen Denktraditionen angesiedelt. Ausgehend vom Zweck des Geschichtenerzählens über die Konstruktion alltäglicher Wirklichkeit schlage ich eine Brücke zu einer konstruktivistischen Didaktik und schließlich zur Methodologie sowie dem Thema der Untersuchung, um dann im anschließenden Kapitel den Begriff des Blockbusters zu fokussieren.

Die Weitergabe von Geschichten scheint schon lange vor der Idee einer Geschichtsschreibung eine anthropologische Konstante des menschlichen Lebens zu sein. Mit der Weitergabe von Geschichten sollte von jeher das tradierte, erfahrungsbasierte Wissen einer Gesellschaft an nachfolgende Generationen weitergereicht werden. Jedoch wird nicht angenommen, dass die Weitergabe erfahrungsbasierten Wissens die ausschließliche Funktion der Weitergabe ist, wie erfahrungsbasierte Geschichten auch nicht die einzigen Geschichten sind, die weitergegeben werden. Die Spezies des Homo Sapiens konnte sich auch zu allen Zeiten bei der Weitergabe von Geschichten einer fiktiven Sprache bedienen, wie Harari (2013) festhält: „[...] mit der fiktiven Sprache können wir uns nicht nur Dinge ausmalen – wir können sie uns vor allem *gemeinsam vorstellen*. Wir können Mythen erfinden, wie die Schöpfungsgeschichte der Bibel, die Traumzeit der Aborigines oder die nationalistischen Mythen der modernen Nationalstaaten. Diese und andere Mythen verleihen dem Sapiens die beispiellose Fähigkeit, flexibel und in großen Gruppen zusammenzuarbeiten"[42]. Unter dieser Prämisse kommt der Weitergabe von Geschichten in einer fiktiven Sprache also die Funktion zu, Kooperationen zu induzieren. Geschichten in fiktiver Sprache konstruieren demnach Wirklichkeiten, die den unmittelbaren Wahrnehmungs- und Erfahrungsapparat des Menschen übersteigen. Sie verfolgen den Zweck die Leistungsfähigkeit menschlicher Individuen zu emergieren, um auf diese Weise Gesellschaften zu konstruieren, die eine

---

42 Harari, 2013, 37 (Hervorh. im Orig.)

größere Leistungsfähigkeit an den Tag legen können[43]. Berger und Luckmann (2003) führen in ihrer Studie „Die gesellschaftliche Konstruktion der Wirklichkeit" die Entstehung und Erhaltung von Gesellschaft ebenfalls als Bestandteil von Konstruktionen auf. „Wirklichkeit entsteht aus dieser Sicht im Gefüge der Gesellschaft – und das heißt, dass der Einzelne als eine durch diese Gesellschaft und die ihn umgebende Kultur formbare Entität gesehen werden muss. Er beobachtet mit den Augen seiner Gruppe, sieht die Welt vor dem Hintergrund seiner Herkunft, ist eben gerade keine Monade, sondern in jedem Fall beeinflussbar, extrem empfänglich für Außeneindrücke"[44]. Gesellschaft und Individuum stehen nach Berger/Luckmann in Wechselwirkung zueinander: die Gesellschaft beeinflusst die Entwicklung des Individuums und umgekehrt.

Zudem gliedern sie die Wirklichkeit in eine Hierarchie der Wirklichkeitsordnungen, deren oberste die Wirklichkeit der Alltagswelt darstellt. Dabei halten sie fest, dass die Wirklichkeit der Alltagswelt bereits konstituiert wurde, ehe dass diese Alltagswelt betrachtende Subjekt auf den Plan trat[45]. Daneben treten weitere Wirklichkeiten als „umgrenzte Sinnprovinzen" auf, die als „Enklaven" in die Wirklichkeit der Alltagswelt integriert sind[46]. Als eine solche Enklave fassen Berger/Luckmann beispielsweise das Theater auf: „Wenn der Vorhang aufgeht, wird der Zuschauer ‚in eine andere Welt versetzt', eine Welt eigener Sinneinheit und eigener Gesetze, die noch etwas oder auch gar nichts mit den Ordnungen in der Alltagswelt zu tun haben können"[47]. Die Erfahrungen, die in diesen Enklaven von den Individuen gesammelt werden, können in die Alltagswelt durch beispielsweise einen so genannten „Sprung" überführt werden, wobei jedoch die Alltagswelt ihr Übergewicht behält[48]. Ganz ähnlich zu den Erfahrungen im Theater dürften die Erfahrungen beim Betrachten eines Films im Kino ausfallen. Auch hier existiert, ganz kurz dargestellt, der sich öffnende Vorhang und die Zuschauer beobachten gemeinsam eine Geschichte, mit der sie in eine andere Welt versetzt werden. Im Unterschied zum Theater sind die Protagonisten allerdings nicht leibhaftig im – selben Raum anwesend, sondern sie werden mittels eines Projektors auf eine Leinwand projiziert.

Vor dem erkenntnistheoretischen Hintergrund des Konstruktivismus erlebt jeder Zuschauer im Theater oder im Kino, die in der jeweiligen Enklave dargebotene Wirklichkeit individuell. Der Beobachter ist hier „[...] diejenige Größe, die aus keinem Prozess

---

43 Schon Aristoteles wusste über die ideale Größe des besten Staates zu philosophieren (vgl. Aristoteles, Politik, 1326a ff). Nach Harari war Aristoteles aber nicht der erste, der sich über die Größe von Gesellschaften Gedanken machte. „Nach der kognitiven Revolution lernten die Menschen, mit Hilfe des Klatsches größere und stabilere Gruppen zu bilden. Aber auch der Klatsch hat seine Grenzen. Soziologen haben in Untersuchungen herausgefunden, dass eine ‚natürliche' Gruppe, die nur von Klatsch zusammengehalten wird, maximal aus 150 Personen bestehen kann" (Harari, 2013, 40).

44 Pörksen, 2014, 3

45 Vgl. Berger/Luckmann, 2003, 24

46 Vgl. Berger/Luckmann, 2003, 28

47 Berger/Luckmann, 2003, 28

48 Vgl. Berger/Luckmann, 2003, 28f.

des Erkennens herausgekürzt werden kann. Die eine Wirklichkeit verwandelt sich, wenn man diese Überlegungen akzeptiert, unvermeidlich in eine Vielzahl von Wirklichkeiten [...]"[49]. In dieser Aussage spiegelt sich der Kern des konstruktivistischen Denkens wider, das grundsätzlich im Plural gedacht werden soll, weil nicht der Konstruktivismus, sondern nur Varianten konstruktivistischen Denkens existieren. Vereinfacht gesagt verbirgt sich hinter dem Begriff des Konstruktivismus „[...] die Einsicht, daß [sic!] uns die Wirklichkeit, wie sie ‚wirklich' ist, verschlossen bleibt, daß [sic!] unser Gehirn die Welt nicht ‚abbildet', ‚widerspiegelt' ,aneignet', so, wie sie objektiv ist, sondern daß [sic!] wir uns unsere eigene Wirklichkeit konstruieren, daß [sic!] unsere Welt aus unseren Bildern besteht – aus Selbst-, Fremd- und Weltbildern. Unsere Lebenswelt ist ein Konstrukt, sie ist die von uns gelebte und erlebte Welt"[50]. Diese Einsicht ist nicht neu, sondern steht in der Linie einer skeptizistischen Tradition, die in Europa bis zu den Vorsokratikern zurückverfolgt werden kann und die nach dem Mittelalter, also seit der Renaissance, stets die europäische Philosophiegeschichte begleitete[51]. Wie bereits angemerkt existiert konstruktivistisches Denken nicht in singulärer Form, sondern es existiert eine Reihe von konstruktivistischen Denktraditionen. Zu nennen sind hier unter anderem die psychologische Begründung des Konstruktivismus, beispielsweise der Palo-Alto-Schule sowie des Lerntheoretikers Jean Piaget[52], die neben biologischen bzw. neurobiologisch fundierten Entwürfen steht[53]. Zudem existieren der oben skizzierte wissenssoziologisch fundierte Konstruktivismus von Berger und Luckmann und die so genannte Kybernetik zweiter Ordnung[54]. Obwohl die jeweiligen Denkrichtungen untereinander differieren, verfügt der konstruktivistische Diskurs über ein Set miteinander verwobener Denkfiguren, Postulate und Leitmotive[55]. „Das Kerninteresse aller konstruktivistischer [sic!] Autoren besteht in einer fundamentalen Umorientierung. Im Zentrum der Aufmerksam-

---

49 Vgl. Pörksen, 2014, 4
50 Siebert, 2002, 11
51 Vgl. von Glasersfeld, 2003, 9ff.
52 Nach Piaget entwickelt der Lernende „[...] bestimmte Schemata, die ihm als verinnerlichte Muster helfen, unterschiedliche Umwelt-, Problem- oder Handlungssituationen zu bewältigen" (Reich, 2008, 72). „Wir verwenden den Begriff der Assimilation im weiten Sinn einer Integration in schon bestehende Strukturen" (Piaget, 1974, 4). „Dagegen ist Akkomodation eine jeweils situative Anpassung an unterschiedliche Umweltbedingungen" (Reich, 2008, 72. Vgl. dazu auch von Glasersfeld, 2003, 35f.).
53 Der Entwicklungsneurobiologe Gerhard Roth (2011) hält fest: "Grundidee aller konstruktivistischen Ansätze ist die Vorstellung, dass uns in unserer Wahrnehmung ebenso wie in unserem Denken die bewusstseinsunabhängige Welt [...] nicht direkt zugänglich ist. Was als Seh-, Hör- und Tasteindrücke empfunden wird, spiegelt nicht die Beschaffenheit der auf die Sinnesorgane einwirkenden Ereignisse wider, vielmehr sind alle Sinnesempfindungen reine Konstrukte in dem Sinne, dass ihre empfundenen Eigenschaften vollständig auf die Aktivität des Gehirns zurückgehen [...]" (Roth, 2011, 268).
54 Als Vertreter der Kybernetik zweiter Ordnung lässt sich der Physiker und spätere Kybernetiker Heinz von Foerster nennen.
55 Vgl. Pörksen, 2014, 1ff.

keit stehen nicht länger ontologisch gemeinte *Was-Fragen*, sondern epistemologisch zu verstehende *Wie-Fragen*. Zielpunkt der Erkenntnisbemühungen ist eine Umorientierung vom Sein zum Werden, vom Wesen einer Entität zum Prozess ihrer Entstehung"[56]. Siebert (2002) versucht dieses Set von Gedanken auf fünf Punkte zu bringen:

> „ - Zugänglich ist uns nicht die äußere *Realität*, sondern die *Wirklichkeit*, das was in uns etwas bewirkt.
> - Wir entdecken nicht eine vorhandene Welt, sondern wir *erfinden* Welten.
> - *Objektivität* der Erkenntnis ist nicht möglich, wohl aber *Intersubjektivität*, d.h. Verständigung mit anderen.
> - Lernen heißt nicht, Vorgegebenes *abbilden*, sondern Eigenes gestalten.
> - Nicht lineare *Kausalität* bestimmt unsere Welt, sondern *Wechselwirkung*"[57].

In konstruktivistischer Perspektive wird die Welt somit zu einer Sammlung von Konstrukten. Die Untersuchung der Blockbusterfilme, die ich in dieser Arbeit anstrebe, sucht die konstruktivistischen Thesen von der Autonomie des Einzelnen mit denen der sozialen Geprägtheit des Menschen miteinander zu verknüpfen[58]. Sie fokussiert in ihrer Zielperspektive darauf, wie das Lernen des Lernens realisiert werden könnte. Dabei setzt die Arbeit auf den hier genannten Konstrukten auf. Blockbusterfilme werden in dieser Arbeit folglich als Enklaven der Wirklichkeit der Alltagswelt und Träger von Zeichen interpretiert[59]. Diese Zeichen dekodiere ich daher in diesem Kontext, da sie ansonsten „[…] den Status naturalisierter Perzeption annehmen [können]"[60]. Weil die in dieser Arbeit vorgestellten konstruktivistischen Positionen aufgrund ihrer Anlage keinen semiotischen Zugang zu den in dieser Arbeit fokussierten Enklaven der Wirklichkeit bieten, ziehe ich des Weiteren die Nähe zwischen Konstruktivismus und Cultural Studies heran, um diese Lücke zu schließen[61]. Denn in den Cultural Studies unterliegen Zeichen einem Kampf um ihre Mei-

---

56 Pörksen, 20014, 3 (Hervorh. im Original)
57 Siebert, 2002, 26
58 Entsprechend werden die Befunde im Sinne einer konstruktivistischen Pädagogik, aber auch mit Blick auf neurowissenschaftliche Erkenntnisse interpretiert, die wiederum auf der wissenssoziologischen Basis von Berger/Luckmann fundieren.
59 Der Konstruktivismus rückt mit seinem Zugriff auf die Realität in die Nähe anderer soziologischer Theorien, „[…] wie etwa dem ‚Symbolischen Interaktionismus' […], dem Pragmatismus, den Cultural Studies […]" (Vollbrecht, 2008, 149).
60 Hall, 1999, 100
61 Ernst von Glasersfeld konzediert beispielsweise, dass Kommunikate nicht ohne die Kommunikatoren gedacht werden können: „Meiner Ansicht nach ist es unmöglich zu erwarten, dass ein Satz, den ein Mensch sagt, in mir genau jene Gedanken und Begriffsnetze erweckt, die der Sprecher mit seiner Äußerung verbindet. Das heißt: Übertragung, Sendung und Empfänger sind irreführende Metaphern, sofern es sich um den begrifflichen Inhalt handelt. Kommunikation ist nie Transport" (von Glasersfeld in: Pörksen, 2008, 63. Hervorh. im Original.). Damit unterliegen sie einem Aushandlungsprozess. Ein solcher Aushandlungsprozess ist Gegenstand der Cultural Studies.

nungs- und Bedeutungshoheit, der durch einen Aushandlungsprozess, den Hall (1999) als Kodieren/Dekodieren bezeichnet, ausgetragen wird. Dieser Aushandlungsprozess wird deshalb möglich, weil Zeichen nicht selbst Träger von Bedeutungen sind. „Der Hund im Film kann bellen, aber er kann nicht beißen!"[62]. Zeichen verweisen „[…] auf etwas, und ihre Bedeutung liegt dementsprechend nicht in ihnen selbst, sondern ergibt sich aus den Kontexten, in denen das Zeichen steht, in denen es von Kommunikatorinnen oder Kommunikatoren und von Rezipierenden verwendet und von denen aus es also interpretiert wird. Zeichen und ihre damit verbundenen oder verbindbaren Bedeutungen sind damit erlernt, sie sind konventionell und damit Teil von Kultur und Gesellschaft, in der wir aufwachsen und leben […]"[63]. Zeichen müssen demzufolge interpretativ mit Bedeutung aufgeladen werden. Die Produktion von Bedeutungen meint dabei eine Produktion verschiedener Lesarten medialer Texte. Hall konstatiert mindestens drei verschiedene Lesarten: die Lesart innerhalb des dominanten Codes, die oppositionelle Lesart und eine Lesart, die zwischen diesen beiden Lesarten angesiedelt ist, die ausgehandelte Lesart[64].

In diesem Sinne bedeutet Filmanalyse eine Generierung kommunikativer Bedeutungen bzw. Lesarten eines Films, denn „[…] selbst Filmkünstler, die sich als Autoren verstehen, [verfolgen] die Absicht, mit einem Publikum in Kommunikation zu treten, sei es, weil sie etwas mitzuteilen haben, sei es, weil sie von der Arbeit des Filmemachens leben […]"[65]. Auch ein Film ist als Kommunikat eine Aneinanderreihung von Zeichen, das von seinem Produzenten im Kontext einer bestimmten Lesart produziert wird[66]. Diese Lesart muss nicht, wie dargestellt, zwangsläufig die Lesart der Rezipienten widerspiegeln. Zu diesem Umstand kommt hinzu, dass die Wirklichkeit der Alltagswelt nicht konstant ist, sondern einem fortwährenden Wandel unterliegt, so dass sich auch die verschiedenen Lesarten eines Films verändern können. Daher können die Ergebnisse, die durch eine Filmanalyse produziert werden, nur heuristischer Natur sein. „Film- und Fernsehanalyse stellt eine Vermittlungs- und Verständigungsform dar und ist somit Teil der Kommunikation über Film und Fernsehen. Ihre Analyse-Ergebnisse und Interpretationen sind deshalb auch nicht überzeitlich, sondern immer zeitgebunden"[67]. Mit anderen Worten, die Ergebnisse einer Filmanalyse müssen ihre Viabilität[68] zunächst unter Beweis stellen und im Lauf der Zeit immer wieder überprüft werden.

---

62 Hall, 1999, 99
63 Krotz, 2009, 215
64 Vgl. Hall, 1999, 106ff.
65 Mikos, 2008, 21
66 Radikaler Kontextualismus ist eines der „Schlagwörter", die Hepp, Krotz und Thomas als Kennzeichen der Cultural Studies im Munde führen. Der radikale Kontextualismus besagt, „[…] dass kein kulturelles Produkt und keine kulturelle Praxis außerhalb des kontextuellen Zusammenhangs fassbar ist, in dem diese stehen" (Hepp u.a., 2009, 9).
67 Hickethier, 2003, 28
68 Viabilität liegt vor, wenn sich etwas „[…] im Bereich der Erlebenswelt und des zielstrebigen Handelns […]" als brauchbar erweist (Glasersfeld, 2003, 22).

Im Sinne der skizzierten konstruktivistischen Denktradition soll in dieser Arbeit eine Lesart von Blockbusterfilmen entwickelt werden, die die Inszenierung der Lernprozesse der Heldenfiguren in diesen Filmen fokussiert. Entsprechend interpretiere ich auch das Lernen selber in dieser Arbeit aus konstruktivistischer Perspektive. Lernen bedeutet hier folglich einen aktiven Aneignungsprozess bei dem die Lernenden ihren Lernprozess selbst steuern und sich Wissen aktiv aneignen. Zu diesem Zweck müssen Lernsettings organisiert und arrangiert werden, die ein solches Lernen ermöglichen. Eine konstruktivistische Didaktik fördert „[...] nicht nur den ‚Erfahrungsaustausch', sondern auch die Differenzierung kognitiver Strukturen. Eine solche Didaktik propagiert keine ‚Entstofflichung', sondern bemüht sich um Vermittlungen zwischen Sachlogik, Psychologie und Handlungslogik"[69].

Entsprechend verfügen Lehrende im Rahmen einer konstruktivistischen Didaktik nicht mehr über die Deutungshoheit der Wissensgebiete, wie das zum Beispiel im Behaviorismus noch der Fall war, sie können lediglich Angebote machen. Damit Lernen unter diesen Umständen zum Lernerfolg führt, werden Lernende dazu ‚eingeladen', sich aktiv mit Lernangeboten auseinanderzusetzen.

Hieran schließe ich auch eine Perspektive für das Lernen des Lernens an: So wie das Lernen in konstruktivistischer Perspektive einen aktiven Aneignungsprozess postuliert, verstehe ich auch das Lernen des Lernens als einen solchen aktiven Aneignungsprozess. In dieser Arbeit wird die These vertreten, dass die Heldenfiguren in Blockbusterfilmen nicht nur lernen, sondern insbesondere im ersten Teil einer Serie auch das Lernen lernen. Die Kompetenz, das Lernen erlernt zu haben, entsteht dabei durch ein komplexes System unterschiedlicher Lernoperationen. Der Aneignungsprozess, mit dem die Heldenfiguren im Blockbusterfilm lernen und dabei schließlich das Lernen des Lernens lernen, wird daher das zentrale Thema dieser Arbeit sein. Der lernende Aneignungsprozess der Helden im Blockbuster wird dabei im Sinne eines ‚Lernen am Modell'[70] so aufbereitet, das transparent wird, auf welchen Wegen das Lernen des Lernens erlernt werden kann.

Entsprechend der hier aufgeführten Axiome handelt es sich auch bei dieser Arbeit nur um ein Lernangebot, das, um wirksam werden zu können, eine gewisse Aktivität erfordert. Das heißt, ohne wenigstens einen der in dieser Arbeit erwähnten Filme zu kennen, werden

---

69 Siebert, 2002, 74
70 Lernen am Modell geht auf die sozial-kognitive Lerntheorie von Albert Bandura zurück. „Beobachtungslernen kann nach Bandura auf drei verschiedenen Arten Ausdruck im Verhalten finden. Erstens wird neues Verhalten durch Beobachtung gelernt. Zweitens findet durch Beobachtung eine Hemmung oder Enthemmung von Verhalten statt, wenn ein Modell für ähnliches Verhalten belohnt oder bestraft wird. Und drittens bewirkt die Beobachtung von Verhalten die Bahnung von ähnlichem Verhalten, d.h. das Beobachten des Modellverhaltens ist ein Auslöser dafür, dass ähnliches (nicht dasselbe) Verhalten gezeigt wird" (Kiesel/Koch, 2012, 78). Die jüngere neurobiologische Forschung führt das Lernen am Modell auf Spiegelneurone zurück, die den Menschen dazu befähigen sollen, Verhalten zu imitieren. „Von den elementarsten und natürlichsten Akten, wie eben dem Ergreifen der Nahrung mit der Hand und dem Mund, bis zu den raffiniertesten, die besondere Fähigkeiten erfordern,

die vorgestellten Thesen kaum Anschlussfähigkeit erlangen[71]. Und je mehr Filme bekannt sind, desto größer wird die Möglichkeit, dass sich das Muster des in den Filmen dargestellten Aneignungsprozesses herauskristallisiert.

Die Idee dieser Arbeit, Lernprozesse anhand von Filmen und dann nicht einmal anhand so genannter ‚künstlerisch wertvoller' Filme oder Dokumentationen aufzuzeigen, mag auf den ersten Blick geradezu absurd anmuten. Gewöhnlich wird Blockbusterfilmen mit Blick auf das Publikum ein rein kommerzielles Interesse unterstellt, weshalb sie austauschbare Handlungen präsentieren, auf ästhetische Erfahrungen setzen, die als reine Schauwerte gekennzeichnet werden und lediglich den Eskapismuswünschen der Rezipienten entgegen kommen. Es stellt sich aber die Frage, wie fruchtbar eine so einseitige wissenschaftliche Rezeption dieser Filme, die ja Bestandteil der sozialen Umwelt der Individuen sind, tatsächlich ist.

Ohne die kommerzielle Betrachtung von Blockbusterfilmen aus den Augen zu verlieren, verfolgt diese Arbeit deshalb in zweiter Linie die Frage, ob diese Filme, nicht zuletzt aufgrund ihres breiten Publikums und ihres hohen Wiedererkennungswerts, einen Beitrag dazu leisten können, didaktische Problemstellungen illustrieren zu können?

Zum Abschluss dieses Kapitels sei noch eine Bemerkung zur Konstruktion der Blockbuster gestattet: Inwieweit die Konstruktionen dieser filmischen Konstruktionen aktuell voran geschritten ist, dürfte deutlich werden, wenn man den Blick kurz auf die Verwertungskette von Blockbustern richtet. Viele dieser Filme werden eine gewisse Zeit nach ihrer Erstveröffentlichung beispielsweise als Directors Cut noch einmal auf die Leinwände gebracht[72]. Ähnlich fällt die Kette der Zweit- und Drittauswertung der Filme auf dem Heimkino-Markt aus. Die Filme werden beispielsweise zuerst auf DvD oder BluRay in einer eins zu eins Version der Kino Version veröffentlicht. Später werden sie vielfach nachbearbeitet und in ganz unterschiedlichen Formaten herausgegeben. So existiert neben dem schon erwähnten Directors Cut inzwischen eine Reihe von Filmen, die unter dem Label Special-Edition oder auch Ultimate Edition veröffentlicht werden. Neben zusätzlichem Filmmaterial enthalten diese Datenträger zusätzliches umfangreicheres Bonusmaterial über die

---

wie etwa dem Vortrag eines Tanzschrittes, einer Sonate auf dem Klavier oder eines Theaterstücks, gestatten die Spiegelneurone unserem Gehirn, die beobachteten Bewegungen mit unseren eigenen in Beziehung zu setzen und dadurch deren Bedeutung zu erkennen. Ohne einen solchen Mechanismus können wir zwar über eine sensorische Repräsentation, eine ‚bildliche' Vorstellung des Verhaltens anderer verfügen, doch würden uns diese nicht erlauben, zu verstehen, was die anderen wirklich tun" (Rizzolatti/Sinigaglia, 2008, 14).

71   Die untersuchten Filme werden im Anhang aufgelistet.

72   Als Beispiele seien hierzu genannt: Star Wars Episode IV – VI (1997); E.T. (2002); Gladiator (2004); Blade Runner (1992) usw.

Dreharbeiten und Ähnliches[73]. Beispielsweise wurden die Episoden IV – VI (1977 – 1983) der *Star Wars* Reihe in Form einer Special Edition ab 1997 neu veröffentlicht. Die digital remasterten Filme enthielten neben einer Bild- und Tonrestauration auch neues Filmmaterial. Dieses neue Filmmaterial sorgte bei den Fans für heiße Diskussionen, weil Lucas z. B. den Charakter des Han Solo in Episode IV um eine entscheidende Nuance verändert hat[74]. In der Originalfassung des Films existiert eine Szene in der Han Solo einen Kopfgeldjäger kaltblütig erschießt, indem er unter dem Tisch seine Waffe zückt und abdrückt. In der restaurierten Fassung sind die Darstellung und das Ergebnis zwar d, aber in dieser Version schießt der Kopfgeldjäger zuerst. Dadurch wird die Skrupellosigkeit der Figur in den Augen vieler Fans verwässert[75].

Bevor ich nun allerdings auf die spezielle und allgemeine Narration der Blockbusterfilme näher eingehe, stelle ich zunächst den Begriff des Blockbusters sowie seine Implikationen vor und illustriere diese anhand eines prominenten Beispiels.

---

73 Die ‚Herr der Ringe‘ Trilogie wurde ebenso in Form einer Special Edition veröffentlicht, wie dies bei dem Film der ‚Hobbit‘ der Fall ist. Die Filme wurden in dieser Version zwischen 17 und 50 Minuten länger als die Kinoversionen. Die Harry Potter Reihe wurde nach Abschluss der Serie als Ultimate Edition veröffentlicht und auch hier enthält der Datenträger, neben umfangreichen Bonusmaterial, eine längere Version des Kinofilms.

74 Unter dem Stichwort ‚Han shot first‘ finden sich bei Google 30.700.000 Einträge. Google [URL]: https://www.google.de/search?q=han+shot+first&ie=utf-8&oe=utf-8&rls=org.mozilla:de:official&client=firefox-a&gws_rd=cr&ei=-YjmUs7YD8PcswaPmYCYBg, (Stand: 27.01.2014).

75 Lucas wird in diesem Kontext seitens der Fans der Vorwurf des kommerziellen Ausverkaufs unterstellt, weil gemutmaßt wird, dass durch diese Änderung des Films das Alter heruntergesetzt werden konnte, ab dem Kinder den Film rezipieren dürfen. Dadurch konnte der Film, so die Argumentation, einem noch größeren Publikum zugänglich gemacht werden.

II Das Phänomen Blockbuster

II.1 Blockbuster – It's only entertainment, man!?

„Willst Du wirklich wissen, wie Du am Leben bleibst?
Du bringst die Menschen dazu Dich gern zu haben."
Haymitch Abernathy – Die Tribute von Panem

Der Begriff des Blockbusters flottiert derzeit inflationär durch die Medien. Dabei findet der Begriff gemeinhin in erster Linie als Synonym für Erfolg Verwendung. Ob allerdings alles, was mit dem Begriff Blockbuster etikettiert wird, auch tatsächlich erfolgreich ist, wäre zu prüfen. Die leuchtende Aura, die den Begriff Blockbuster umgibt, verschleiert den Blick auf seine geringe Spezifität. Eindeutige Definitionen liegen kaum vor und die, die es gibt, sind zumeist ökonomischer Natur. So zitiert Mikos (2008) Sheldon Hall: „Ein Blockbuster ist ökonomisch definiert als aktuelles Spitzenprodukt des kommerziellen Filmwesens, das entweder einen außerordentlichen Kassenerfolg bereits darstellt oder zu diesem aufgrund der investierten Mittel verurteilt ist"[76]. Angesichts der nicht eben geringen Anzahl an Flops[77], die im kommerziellen Filmwesen produziert werden, lässt sich durchaus hinterfragen, ob diese Definition treffend ist. „Hoch budgetierte Flops wie *Contact* oder *Waterworld* sprechen jedoch dafür, dass diese Gründe nicht ausreichen, um die globale Popularität Hollywoods zu erklären, geschweige denn, zu garantieren[78]. Der Hinweis auf die Ökonomie im Kontext von Blockbusterfilmen lässt sich hingegen nicht leugnen. Die Frage ist aber trotzdem, ob sich der Begriff Blockbuster genauer spezifizieren lässt. Was ist ein Blockbuster?

---

76 Hall, 2002, zit. nach Mikos, 2008, 325
77 Waterworld (Costner, 1995); Die Piratenbraut (Harlin, 1995); Pluto Nash (Underwood, 2002), Green Lantern (Campbell, 2011); Jack and the Giants (Singer, 2013) usw. (vgl.: http://www.filmsite.org/greatestflops.html; letzter Zugriff, 23.11.2013)
78 Peltzer, 2011, 86

II.2 Blockbuster – Marketinginstrumente und Konzeption

In diesem Abschnitt offeriere ich verschiedene Angebote zur Definition des Begriffs ‚Blockbuster'. Ich beginne mit einem etymologischen Angebot. Dem folgen filmhistorische sowie schließlich ein filmwissenschaftliches Angebot. Anschließend veranschauliche ich den Begriff am Beispiel des Films *Star Wars Episode IV – Eine neue Hoffnung*.

Begriffsgeschichtlich wird mit dem Begriff Blockbuster zunächst im zweiten Weltkrieg eine Fliegerbombe verbunden, die in der Lage war, einen ganzen Häuserblock zu zerstören[79]. Die Übersetzung des Begriffs ins Deutsche lässt aber auch die Bedeutung des Straßenreinigers zu.

Erste Konturen als Synonym für erfolgreiche Filme gewann der Begriff Blockbuster in den späten fünfziger und frühen sechziger Jahren[80]. In den späten sechziger Jahren löste dann eine Generation junger Filmemacher die etablierten Kollegen in Hollywood ab. Damit setzte die erste Welle des New Hollywood ein, die den Begriff Blockbuster quasi en passant schärfer zu konturieren vermochte. „Zu ihnen zählten Peter Bodganovich, Francis Coppola, Warren Beatty, Stanley Kubrick, Dennis Hopper, Mike Nichols, Woody Allen, Bob Fosse, Robert Benton, Arthur Penn, John Cassavetes, Alan Pakula, Paul Mazursky, Bob Rafaelson, Hal Ashby, William Friedkin, Robert Altman und Richard Lester"[81]. Dies waren Filmemacher, die sich zusehends als Künstler und unabhängige Filmemacher verstanden, nachdem das Studio-System in Hollywood kollabiert war. Filme wie *Bonnie und Clyde* (Penn, 1967), *Die Reifeprüfung* (Nichols, 1967), *Easy Rider* (Hopper, 1969), *M*A*S*H* (Altman, 1970) usw. spülten Geld in die zuletzt immer weniger Gewinn abwerfenden Kassen der Studios. Die höhere Bildung des jungen Publikums in den sechziger Jahren und die damit einhergehenden höheren Ansprüche an die Unterhaltung sowie der Erfolg des Fernsehens versetzten Hollywood zunächst in eine Krise. Aus dieser Krise wurden die Studios mit der ersten Welle des New Hollywood und ihren erfolgreichen Filmen wieder herausgespült.

Der Begriff des Blockbusters etablierte sich jedoch nachhaltig erst mit der zweiten Welle des New Hollywood in den siebziger Jahren des 20. Jahrhunderts. Federführend daran beteiligt waren laut Blanchet (2003) vier Filme, die er als Post-Code Kino bezeichnet: der *Pate* (1972), der *Exorzist* (1973), der *Weiße Hai* (1975) und *Star Wars* (1977)[82]. Alle Regisseure bzw. Produzenten dieser Post-Code Filme gehörten zur zweiten Welle des New Hollywood. Und erst diese zweite Welle verhalf den Studios zu den traumhaften Einspielergebnissen, die die radikale Kommerzialisierung des Kinos einleitete. Zu dieser zweiten Welle zählten: „Martin Scorsese, Steven Spielberg, George Lucas, John Milius, Paul Schra-

---

79 Vgl. Walter, 2001, [URL]: http://www.abendblatt.de/ratgeber/wissen/article1803466/Woher-stammt-der-Begriff-Blockbuster.html, (Stand: 25.02.2014)

80 Vgl. Hall, 2011, [URL]: www.shura.shu.ac.uk/3620/1/Blockbusters.pdf, (Stand: 24.11.2013)

81 Biskind, 2004, 10f.

82 Vgl. Blanchet, 2003, 149

der, Brian de Palma und Terrence Malick"[83]. Insbesondere zwei dieser Filmemacher taten sich als außerordentlich erfolgreich hervor. Die Rede ist von George Lucas und Steven Spielberg: „Um Lucas und Spielberg, die mit ihren Produktionen und Koproduktionen bis Mitte der Achtzigerjahre den Wettbewerb um die Spitzenplätze der Box-Office-Charts unter sich ausmachen, entsteht im Zuge ihres unangefochtenen Erfolgszugs ein populärer Autorenbegriff [...]"[84]. In diesem Zeitraum gewann der Begriff des Blockbusters auch die volle Bedeutung dessen, was ihn bis ins 21. Jahrhundert trägt. Stilbildend wurde der Begriff in ganz besonderem Maße durch den Film *Star Wars Episode IV – Eine neue Hoffnung*. Dieser Film führte im wahrsten Sinne des Wortes dazu, dass die Leute reihenweise an den Kinokassen Schlange standen. Hierdurch wurde der Begriff Blockbuster einprägsam illustriert: Die Warteschlangen bei *Star Wars* waren in den USA so lang, dass sie teilweise um einen ganzen Häuserblock herum reichten[85]. Die Filme dieser Ära und ihre Filmemacher weckten in Hollywood Goldgräberstimmung. „[...] (Lucas und Spielberg) zeigten den Studios, dass da draußen doppelt so viel Geld zu holen war, wie sie bis dahin angenommen hatten, und dieser Versuchung konnten sie nicht widerstehen. Niemand hatte geahnt, dass man solche Reichtümer scheffeln könnte – wie im alten Rom"[86]. Entsprechend setzte sich nach einem knappen Jahrzehnt eher zufälliger Erfolge von den späten sechziger bis in die Mitte der siebziger Jahre „[...] mit Ausklang der Siebziger eine zunehmend ökonomisierte und systematisierte Zugangsweise im Führungsstil der Studios und bei der Gestaltung von Filmprojekten und damit eine radikalisierte Kommerzialisierung des Hollywoodkinos [...]"[87] durch. Seit den achtziger Jahren bis heute wurde diese Kommerzialisierung in Hollywood stetig professionalisiert und es wurde eine Reihe von Strategien initiiert, die dazu beitragen sollten, dass kommerzielle Flops ausbleiben. Aber, wie die weiter oben genannten Beispielen zeigen, blieb das Filmgeschäft risikoreich und trotz aller filmwissenschaftlichen Versuche existiert noch immer kein Rezept gegen Flops. Dies musste beispielsweise auch das Erfolgsgespann Bruckheimer-Verbinski-Depp im Jahr 2013 erleben, als der *Lone Ranger* an den Kinokassen floppte, obwohl er sowohl hinsichtlich seiner Vermarktung als auch hinsichtlich der an ihn geknüpften Erwartungen als Blockbuster gehandelt wurde[88].

83   Biskind, 2004, 11
84   Blanchet, 2003, 148
85   „Am 25. Mai 1977 lief Krieg der Sterne endlich in zweiunddreißig Kinos des Landes an. Boone riskierte es und startete ihn an einem Mittwoch, statt an einem Wochenende und setzte die ersten Vorstellungen für zehn Uhr morgens in New York und Los Angeles an. Gegen acht, als die Kinos ihre Pforten öffneten, hatten sich in beiden Städten lange Schlangen vor den Kassen gebildet" (Pollock, 1983, 124).
86   Biskind, 2004, 599
87   Blanchet, 2003, 153
88   vgl. International Movie Database, [URL]: http://www.imdb.com/news/ni55894224/, (Stand: 23.11.2013)

Ein Kassenerfolg ist also allein durch eine perfekte Vermarktungsmaschinerie offen-sichtlich nicht zu prognostizieren. Wie aber sehen die Marketing-Instrumente aus, die dazu verhelfen sollen, dass ein Film erfolgreich wird?

Mikos (2007) stellt die These auf, dass der Blockbusterfilm „Entlang eines sorgfältig ge-planten und in seinem zeitlichen Ablauf genau gestaffelten ‚release line-up' […] durch mehrere Produktkanäle und verschiedene Auswertungsfenster hindurch in Umlauf ge-bracht […]"[89] wird. Bei einem Blockbuster wird also nicht nur der Film auf besondere Weise vermarktet, sondern es wird auch eine ganze Produktfamilie an den Film ange-schlossen, weshalb in diesem Kontext auch vom Begriff des Film-Franchise die Rede ist.

Als erstes ‚Auswertungsfenster' des Films dürfte die Form seiner Veröffentlichung gel-ten. Blanchet differenziert zwischen dem ‚Platform Release' und dem ‚Saturation Release'. Beim ‚Platform Release' wird der Film mit einer Hand voll Kopien gestartet und dann schrittweise verbreitet[90]. Ein Beispiel für einen Platform Release ist *Star Wars Episode IV – Eine neue Hoffnung* (1977). Der Film wurde zunächst nur in 32 Kinos US-amerikanischer Metropolen gezeigt, wo er allerdings sofort einschlug wie eine ‚Bombe', so dass die Fox sich gezwungen sah, kurzerhand Kopien für zehn weitere Kinos in Umlauf zu bringen[91].

Beim Saturation Release hingegen wird der Film auf einer maximalen Anzahl von Leinwänden zugleich gestartet. „Heute geht kaum eine Majorproduktion oder aufwändi-gerer Pick-up mit weniger als 2000 Kopien ins Rennen"[92]. Zu Beginn des 21. Jahrhunderts wurden die ersten globalen ‚Saturation Releases' gestartet. Hierunter fallen beispielsweise *Matrix II*, die *Herr der Ringe*-Trilogie, die *Harry Potter* Reihe etc. und selbstverständlich die Episoden I – III von *Star Wars*. Die Idee hinter dem Saturation Release ist die, dass dem Film durch das Marketing so genannte ‚Pre-sold Properties' verschafft werden sollen. Diese Properties sollen durch die Präsenz der aktuellen Marketingkampagne maxima-len Ertrag beim Release des Films erwirtschaften und eine mögliche negative Mund-zu-Mund-Propaganda ausblenden. Zugleich soll durch den ‚Saturation Release' ein positiver Strahlungseffekt aufgrund des hohen ‚Box-Office' erzielt werden und darüber hinaus die-nen die kurzfristig erzielten Einspielergebnisse der Rückzahlung der hohen Investitionen[93].

Die Marketingkampagne von Blockbusterfilmen wird durch atemberaubende Budgets unterstützt. Für die *Herr der Ringe*-Trilogie (2001 – 2003) wurden angeblich 150 Millio-nen Euro angesetzt[94] und auch für den Hobbit kursiert diese Summe in der einschlägigen

---

89   Mikos, 2008, 325f.
90   Vgl. Blanchet, 2003, 166
91   Vgl. Hearn, 2005, 110ff.
92   Blanchet, 2003, 167
93   Vgl. Blanchet, 2003 167 ff.
94   Vgl. Mikos, 2007, 56

Berichterstattung[95]. Die gigantischen Budgets sollen dafür Sorge tragen, dass der Film auch im letzten Winkel der Erde bekannt wird. Aber auch die größten Budgets benötigen gute Ideen, um zukünftige Rezipienten für das Produkt zu erwärmen. 2013 sorgte beispielsweise die Reaktion der ‚Happy Hobbits' auf den Trailer für den zweiten Teil vom Hobbit für Aufmerksamkeit im Internet[96]. Einen Tag nach dem Erscheinen dieses Video im Netz veröffentlichte Peter Jackson ein Video, das zeigt, wie einige Darsteller des Films auf die Reaktion der ‚Happy Hobbits' reagierten[97]. Mittels solch viraler Marketing-Coups erleben die Rezipienten den Film und das Produzenten-Team in Form von parasozialer Interaktion[98] schon fast als alte Bekannte. „Vor allem im Internet wurde über die Filme diskutiert, bevor sie in die Kinos kamen und lange bevor sie auf DVD erhältlich waren […]. Das Internet bietet neue Möglichkeiten der prä-kommunikativen Verständigung, die einen Einfluss auf die Wahrnehmung der Bedeutungsbildung in der späteren Interaktion zwischen Filmtext und Zuschauer haben"[99].

Flankiert werden solche Vermarktungsstrategien zudem durch die den Umsatz befeuernde ‚Crossover Publicity'. Crossover Publicity soll allgemein hohe ‚Wiedererkennungswerte' generieren. Das Handwerk des Blockbusterkinos treibt dabei interessante Blüten im Mediendschungel vor sich her. So wird versucht ‚attraktive Hintergrundstories für Zeitgeistmagazine und Infotainment' zu entwickeln. Wird ein Blockbuster nur von Ferne angekündigt, erscheinen alsbald entsprechende Dokumentationen, scheinbar in der gesamten Medienwelt[100]. Im Zuge von Crossover Publicity wird zum Beispiel pseudowissenschaftlicher ‚Content' erzeugt, insbesondere bei Science Fiction, Abenteuer- und Katastrophenfilmen. Ein Höhepunkt dieser zielorientierten Expansion des Infotainments wurde beispielsweise während des Release von *Titanic* (Cameron, 1997) generiert. Kaum eine Zeitschrift und noch weniger Fernsehsender, die sich nicht mit dem Untergang der Titanic auf die eine oder andere Weise auseinandersetzten. Allerdings beschränkt sich das Interesse nicht auf den Medienkonzern, von dem der jeweilige Blockbuster veröffentlicht wird. „Um ihr Renommee nicht zu sehr zu gefährden, machen gerade branchenfremde Formate in ihren Beiträgen üblicherweise deutlich, dass sie einen Film lediglich zum Anlass neh-

---

95 Vgl. Rousseau, [URL]: http://howmoviemarketingworks.com/2013/01/15/what-was-the-hobbit-promotion-plan/, (Stand : 24.11.2013)

96 Vgl. Happy Hobbit Reacts to Desolation of Smaug Trailer, 2013, [URL]: http://www.youtube.com/watch?v=52ktuLmy8pM, (Stand, 24.11.2013)

97 Vgl. Orlando Bloom, Evangeline Lilly and Lee Pace React to 'Happy Hobbits' Livestream Trailer, 2013, [URL]: http://www.youtube.com/watch?v=mECcfjehOTU, (Stand, 24.11.2013)

98 Vgl. Mikos, 2008, 180ff.

99 Mikos, 2007, 83

100 Dies ist durch einen Begleitumstand heutiger medialer Exposition zu erklären. Die Querverbindungen zwischen den Medienkonzernen umfassen inzwischen alle Medienbereiche. Namen wie ‚Disney Entertainment', ‚AOL Time Warner' mögen hier als prominente Beispiel fungieren. Auch das Medienimperium von Rupert Murdoch und einige weitere glänzen durch illustre Vernetzungs- oder Inkorporationsaktivitäten (vgl. Blanchet, 2003, 184f.).

men, um quasi unabhängig davon über die ‚wahren Begebenheiten und Hintergründe‘ des jeweiligen Kontextes aufzuklären [...] fördern damit aber natürlich ein Klima, indem der Film rückwirkend zu einer Art Ersatzanschauungsmaterial und dessen Besuch zu einer fast zwingenden Begleithandlung für das scheinbar omnipräsente Medienthema wird"[101].

Unter den Aspekt der Crossover Publicity lässt sich im weiteren Sinne auch die Auswertung durch das Merchandising von Blockbustern rechnen. „Der Blockbuster-Kinofilm entfaltet [...] sein finanzielles Potenzial niemals im Alleingang, sondern wird ganz gezielt in einem größeren ökonomischen Bezugsfeld positioniert, das seit Ende der siebziger Jahre zunehmend entlang der horizontalen Integration von Mega-Konzernen organisiert ist. Insofern oszilliert das Leitprodukt der internationalen Filmindustrie bereits auf der Ebene seiner ökonomischen Funktion zwischen einer Vielzahl von Bezugsebenen"[102]. Charaktere und Szenen aus den Blockbusterfilmen werden ikonographisch so in Szene gesetzt, so dass sie auch beispielsweise als Spielfiguren, Bettwäsche, Computerspiele, Bausätze etc. nicht ihren Zauber verlieren. Dabei generieren sie nicht nur Umsatz, sondern tragen immer auch zum Bekanntwerden des jeweiligen Franchise bei.

Neben diesen reinen Vermarktungsstrategien führt Blanchet (2003) noch eine Reihe weiterer Strategien an, die die Prognostizierbarkeit des Kassenerfolgs eines Blockbusters steigern sollen. Sie beziehen sich aber eher auf die Konzeption des Films:

Bei der Konzeptionierung von Blockbustern wird versucht, bekannte Elemente in neuer Variation zu präsentieren, die im Idealfall bereits Erfolge in der Vergangenheit verbuchen konnten. „Zu den prominentesten Erscheinungsformen dieses Strategems zählen neben den üblichen Starschauspielern und namentlich oder über Filmreferenzen präsentierten Regisseuren, Produzenten oder Autoren eines Films [...], das Sequel respektive Filmfranchise, der Zyklus, das Remake und die Bestsellerverfilmung, aber auch die jüngeren Formen des TV-Serien-Remakes oder Spin-offs und der Comic- und Computerspielverfilmung"[103].

Unter die Starschauspieler fallen heute Namen wie George Clooney, Brad Pitt, Harrison Ford, Jennifer Lawrence, Johnny Depp, Julia Roberts, Tom Hanks, Robert De Niro etc. Das System der Starschauspieler ist aber keine Erfindung des Blockbusterkinos, sondern seit den Tagen des Stummfilms[104] in Hollywood ständige gängige Praxis, und für große Produktionen quasi ein *must*.

Auch bekannte Produzenten, Autoren oder Regisseure waren schon immer Bestandteil der Vermarktungsstrategie. An die Plätze von John Ford, Frank Capra, Anthony Mann

---

101 Blanchet, 2003, 185
102 Mikos, 2008, 326
103 Blanchet, 2003, 160
104 Schon in der Stummfilmära waren Namen von Stars wie Rudolfo Valentino, Mary Pickford, Douglas Fairbanks usw. weltweit bekannt.

usw. traten seit den siebziger Jahren die schon erwähnten Namen wie George Lucas, Steven Spielberg, Lawrence Kasden und Martin Scorsese. Aber auch Namen wie Robert Zemeckis, Tim Burton, James Cameron, Ron Howard, Zack Snyder, Christopher Nolan, J.J. Abrams usw. lassen sich mittlerweile dazu rechnen.

Neben dieser Herausstellung bekannter Namen gehören zur Konzeption der Blockbuster Merkmale, die auf die Bekanntheit einer Marke setzen, wie zum Beispiel das Sequel. Das Sequel agiert aus einer Position heraus, bei dem sich die ‚Marke' bereits etabliert hat. Daher wird dies auch als *brand* bezeichnet. *Der weiße Hai I – IV, Rocky I – VI, Harry Potter I – VII.2*, die *Herr der Ringe-, Hobbit-, Matrix-, Fluch der Karibik-, Spider-Man, Iron-Man-Trilogien* etc. sind Filme, die nach einem erfolgreichen Start jeweils eine Reihe von Fortsetzungen (Sequels) nach sich zogen[105].

In eine ähnliche Kerbe schlagen die so genannten Remakes und Reboots bekannter Filme, teilweise auch klassischer Kinofilme, wie beispielsweise *King Kong* (zuletzt von Peter Jackson 2005 in Szene gesetzt), *Titanic, Robin Hood, Zorro, Dr. Doolittle, Spider-Man, Star Trek, Casino Royale* usw. Auch hier wird auf den Bekanntheitsgrad einer Marke gesetzt[106].

Des Weiteren ist die Neuverfilmung von Klassikern ist regelmäßig auf den Leinwänden zu bewundern. Als Beispiele hierfür können *Dracula, Frankenstein, Die Maske des Zorro, Godzilla, Alice im Wunderland, Shaft, Die Mumie, Kampf der Titanen, Planet der Affen: Prevolution* usw. angeführt werden[107].

In jüngerer Vergangenheit erleben aber auch TV-Produktionen in Form des TV-Serien-Remake, Spin-Off genannt, ihr Leinwanddebüt. Als Beispiele hierfür können *Mission Impossible, Charlies Angels, Starsky und Hutch*, die *Muppets* etc. genannt werden[108].

Die Bekanntheit einer etablierten Marke suchen sich auch Bestsellerverfilmungen globaler Bestseller zunutze zu machen. Hier fallen insbesondere der *Herr der Ringe*, die *Harry Potter* Reihe sowie die *Tribute von Panem* Reihe ins Auge. Sie ähneln am ehesten eigenen Zyklen. Aber auch der *Da Vinci Code, Die Firma, Jurassic Park, Alice im Wunderland, Die Chroniken von Narnia* usw. fallen unter diese Rubrik[109].

Als eine weitere Strategie, die auf die Bekanntheit einer Marke setzt, sollen hier die Comic- und Computerspielverfilmungen genannt sein. In der jüngeren Vergangenheit haben hier insbesondere die Verfilmungen von Superheldencomics aus den Häusern von Marvel und DC reiche Ernte eingefahren. Hierzu zählen beispielsweise die Verfilmungen von *Spider-Man, Iron-Man, Thor, Superman, Batman*, den *X-Men* und den *Avengers*. Allerdings werden Comics bereits seit Ende der siebziger Jahre des 20. Jahrhunderts verfilmt, z.B. die *Superman* Reihe mit Christopher Reeves und die *Batman* Reihe. Comichelden

---

105 Vgl. Blanchet, 2003, 160f.
106 Vgl. Blanchet, 2003, 161
107 Vgl. Blanchet, 2003, 161
108 Vgl. Blanchet, 2003, 162
109 Vgl. Blanchet, 2003, 161

waren bereits in den 50er und 60er Jahren Gegenstand von Fernsehserien und B-Filmen. Auch die *Schlümpfe* (Gosnell 2011, 2013) und *Tim & Struppi* (Spielberg, 2011) feierten ihr erfolgreiches Leinwanddebüt. Die Protagonisten beider Verfilmungen existieren aber auch in eigenen Fernsehserien[110].

Bei den Computerspielverfilmungen kursieren zwar einige bekannte Namen, wie die *Tomb Raider* Verfilmungen (West, 2001; de Bont, 2003), *Prince of Persia* (Newell, 2010), die *Resident Evil I – V* und *Wing Commander*. Im Vergleich zu den Comicverfilmungen fallen ihre Einspielergebnisse aber deutlich zurück[111].

Als letztes der Merkmale, die auf die Bekanntheit einer Marke setzen, sei auf die Verfilmung eines Fahrgeschäfts aus einem Themenpark verwiesen. Die *Fluch der Karibik* Reihe (Verbinski, 2003 – 2007 u. Marshall, 2011) basiert auf dem Fahrgeschäft ‚Piraten der Karibik', das sich in jedem der weltweiten Disney Themenparks befindet. Es handelt sich dabei um eine Bootsfahrt, bei der ein Ruderboot entlang eines Kanals auf Schienen durch eine überdachte Karibiksimulation im romantisierten Look des 16. Jahrhunderts fährt. Die Besucher begegnen dabei unterwegs animierten Puppen, die u.a. die Plünderung einer Hafenstadt darstellen, wie sie dann auch im ersten Teil der Filmreihe inszeniert wird.

Seit den neunziger Jahren werden Blockbusterfilme auch unter dem Begriff des Event-Kino geführt. Hinter diesem Begriff verbirgt sich ein weiteres konzeptuelles Moment. Das Event-Kino basiert einerseits auf den schon erwähnten umfangreichen Marketingkampagnen, die die Veröffentlichung der Filme zu einem Event stilisieren sollen, andererseits gehören hierzu aber auch die technologischen Innovationen der Filmindustrie. Hierbei sind insbesondere die Innovationen im Bereich der Visual Effects & CGI (Computer Generated Images), 3D sowie des digitalen Mehrkanaltons erwähnenswert.

Während in den siebziger und achtziger Jahren noch die Special Effects, kurz FX genannt, dominierten[112], gab es in der Zeit bereits erste, sehr limitierte Versuche, CGI-Effekte[113] in Filmen unterzubringen. Der Film *Tron* (Lisberger, 1982) und *The Last Starfighter* (Castle, 1984) gelten als die bekannteren, wenn auch nicht erfolgreichen Vertreter dieses frühen Einsatzes von CGI-Effekten.

Das Morphing ist ein weiterer Schritt im Rahmen der CGI. Frühe Morphing Szenen waren in dem Fantasyfilm *Willow* (Howard, 1983) zu sehen. „Den endgültigen Durchbruch erzielen Morphing und 3-D Animationen schließlich mit dem überwältigenden

---

110 Vgl. Blanchet, 2003, 162
111 Vgl. Blanchet, 2003, 162. Für die kommenden Saisons sind allerdings bereits die Verfilmungen von Spielen wie zum Beispiel World of Warcraft, Halo anvisiert.
112 Beispielsweise die wegweisende Stop-Motion Technik von Ray Harryhausen in ‚Sindbad', aber auch die spektakulären Effekte aus Katastrophen-Filmen wie ‚Erdbeben' und sämtliche Explosionen etc. fallen unter die FX.
113 CGI = Computer Generated Images.

Erfolg von TERMINATOR 2: JUDGMENT DAY..."[114]. Die CGI Technik wurde im Anschluss daran stetig weiter entwickelt. Erfolgreiche Stationen auf dem weiteren Weg waren *The Abyss, Der Tod steht ihr gut, Jurassic Park,* und *The Mask.* An allen diesen Filmen war die ‚Industrial Light & Magic', eine der Hauptabteilungen von ‚Lucasfilm Ltd.' maßgeblich beteiligt[115]. „In ‚Jurassic Park' agieren, computergenerierte Dinosaurier ebenso realistisch wie die ‚realen' Schauspieler im Rahmen der erzählten möglichen Welt. Darin liegt die neue Qualität der Spezialeffekte [...] Diese Effekte werden nicht um ihrer selbst Willen besonders herausgestellt, sondern in die Erzählung des Films integriert"[116].

Schließlich erschien auch der erste komplett animierte Film. „Das neue Kinojahrhundert hat in Wahrheit schon 1995 begonnen: mit Toy Story, dem ersten vollständig im Computer entstandenen Spielfilm der Firma Pixar [...]"[117]. Heute kommt keine Blockbusterproduktion mehr ohne den Einsatz von CGI-Effekten aus. Die Liste der Filme, in denen diese Technik verwendet wurde, ist in kürzester Zeit äußerst stattlich geworden und liest sich wie ein ‚who is who' der erfolgreichsten Filme aller Zeiten: *Star Wars, Titanic, Der Herr der Ringe, Harry Potter, Jurassic Park, Spider Man, Findet Nemo, Shrek, Matrix, Fluch der Karibik, Iron-Man, Batman, Transformers* usw.

Die jüngste Entwicklungsstufe des Event-Kinos ist die Reanimation von 3D-Effekten, die bereits in den 50er Jahren in manchen Kinofilmen zu bewundern waren. Der Erfolg des Films *Avatar* (Cameron, 2009) ist nicht zuletzt auf die neue 3D-Technologie zurück zu führen, durch die das Filmevent noch intensiviert werden sollte. Im Gegensatz zu den 3D-Effekten, die in den 50er Jahre Filmen etabliert wurden, wird in den aktuellen 3D-Filmen mittels der weiter entwickelten Technologie der Stereoskopie auf eine räumliche Tiefe des gesamten Leinwandbildes gesetzt. Beim Film *Avatar* wurden Real- und Computergrafiken miteinander vermischt. Inzwischen werden aber auch immer mehr rein animierte Filme als 3D-Filme produziert.

Das Event-Kino etablierte sich aber nicht nur über visuelle Effekte, auch der auditive Bereich wurde stetig weiter innoviert. Hier setzte George Lucas Maßstäbe, der Sound und Musik für *Star Wars Episode IV – Eine neue Hoffnung* unbedingt im Dolby Stereo Sound wollte. Die Entwicklung dieser Audiotechnik steckte Mitte der 70er noch in den Kinderschuhen. Aber Lucas betonte immer wieder, wie wichtig Sound und Musik für einen Film sei. Caroll Ballard, Kameramann bei *Star Wars* entsinnt sich beispielsweise, die Musik „[...] verlieh den starren Figuren eine ganz neue Dimension. Ohne die Musik war der Film nichts, man konnte ihn überhaupt nicht ernst nehmen"[118]. Nach dem Erfolg von *Star*

---

114 Blanchet, 2003, 188 (Hervorh. im Original)
115 Vgl. Sansweet 1997, 94
116 Mikos, 2008, 318
117 Kilb, 2005 , 36
118 Pollock, 1983, 121

Wars setzte ein regelrechter Boom nach der Dolby Ausrüstung in den amerikanischen Kinos ein, „[…] da das Publikum die Aufwertung des Kinoerlebnisses durch Sound-Effekte und Musik schnell schätzen lernte"[119].

Stationen der weiteren Sound Entwicklung waren in den Jahren danach u.a. der Mehrkanal Stereo Ton in den fünfziger und sechziger Jahren. Universals Sensurround-System setzte sich Anfang der siebziger Jahre nicht durch, ganz im Gegensatz zum Dolby Stereo Sound, der sich ab der zweiten Hälfte der 70er Jahre des 20. Jahrhunderts im Kino und darüber hinaus äußerst erfolgreich behauptete. Zu Beginn der 90er Jahre wurde ‚Dolby Digital' aus der Taufe gehoben. Mit DTS (Digital Theatre System) und SDDS (Sony Dynamic Digital Sound) waren kurz danach zwei weitere Soundsysteme entwickelt worden. Bei diesen drei Systemen handelt es sich um die heute koexistierenden Soundsysteme in den Kinos[120].

Neben diesen technologischen Innovationen führt Blanchet einige weitere Merkmale zur Konzeptionierung von Blockbustern an, die auf den ersten Blick weniger spektakulär in ihrer Umsetzung sind, aber beim Filmerlebnis dennoch neue Maßstäbe setzten. Hierbei handelt es sich beispielsweise um den performativen Einsatz von Schnitt und Kameraführung. Die Schnittgeschwindigkeit dient dabei zum Beispiel der Beschleunigung des Films[121]. Eine deutliche Beschleunigung erfährt der Schnitt bereits in der Zeit des New Hollywood. „Während die meisten Filme der klassischen Studioära mit DELs von 9-10 Sekunden operieren, bilden in den späten Sechziger- und frühen Siebzigerjahren durchschnittliche Schnittlängen von 6-7 Sekunden die am häufigsten vertretene Option"[122]. *Star Wars* hatte bereits eine DEL von nur noch 3,3 Sekunden. Der Trend zur Beschleunigung des Films durch eine Verkürzung der DEL ist im Blockbusterkino ungebrochen. Rekordhalter unter den Blockbustern mit den kürzesten Einstellungen ist der Film *Armageddon* (Bay, 1998), der über eine DEL von nur 2,2 Sekunden verfügt[123]. Besonders die jüngeren Animationsfilme aus den Häusern Dreamworks, wie z.B. *Madagascar III* (Darnell, McGrath, Vernon, 2012), *Die Croods* (DeMicco, Sanders, 2013) usw. zeichnen sich durch eine enorm hohe Schnittdichte aus, wodurch die Filme äußerst schnell wirken.

Ein weiterer Aspekt der performativen Inszenierung betrifft die dynamische Kameraführung: Actionszenen werden beispielsweise so choreographiert, dass sie komplexe

---

119 Hearn, 2005, 112
120 Mit Einführung der DVD und später der Blu-Ray konnten sich die Surround-Soundsysteme auch im Heimkinobereich seit Ende der 90er Jahre erfolgreich etablieren.
121 Man spricht in diesem Zusammenhang von Einstellungen pro Stunde (EPS) bzw. der durchschnittlichen Einstellungslänge (DEL).
122 Blanchet, 2003, 207
123 Vgl. Blanchet, 2003, 209f.

Situationen ohne Schnitt wiedergeben können. Hierzu wird meistens eine ‚Steadycam‘ eingesetzt[124].

Insgesamt wird also „[...] der Rezeptionsprozess über den desorientierenden, dynamischen, ‚hypersensorischen‘ und reflexattackierenden Einsatz der verfügbaren Mittel (Schnitt, Kameraführung, Ton, Bildinhalt und Komposition) selbst zu einer zumindest in der Tendenz vergleichbar anstrengenden Erfahrung [...]"[125]. Die Eröffnungssequenz von *Der Soldat James Ryan* (Spielberg, 1998) oder viele der Actionszenen aktueller James Bond Abenteuer wie *Casino Royale* (Campbell, 2006), *Ein Quantum Trost* (Forster, 2008) und *Skyfall* (Mendes, 2012) dokumentieren diese Aspekte der Performanz, die den Zuschauer auf psychophysiologischer Ebene in das Filmgeschehen einbinden und ihn dadurch noch mehr am Event teilhaben lassen wollen.

Auch auf der Ebene des Plots gelten für Blockbusterfilme bestimmte Merkmale[126]. Als Stilmittel für Blockbuster sind hier die Postmoderne, die Selbstreferenz und die Doppelcodierung anzuführen. Der postmoderne Künstler wird zum „[...] rezitierenden Eklektiker, zum Pasticheur der verschiedenen Stilformen und überlieferten Topoi"[127]. Die Kantina Szene in *Star Wars Episode IV – Eine neue Hoffnung* (Lucas, 1977) gibt ein beredtes Beispiel dieser Inszenierungstechnik: Die Kantina auf Tatooine steht in einer orientalisch anmutenden Wüstenszenerie. In ihrem Inneren erinnert sie aber zugleich an den klassischen Westernsaloon. Zusätzlich finden sich in der Kantina Wesen aus tausenden von Galaxien, die allesamt jeweils aus verschiedenen Bausteinen irdischer Lebensformen kombiniert sind. Während im Hintergrund die Musik einer futuristisch getunten Dixiland Jazzband läuft, reguliert Obi Wan Kenobi mit seinem Lichtschwert Luke Skywalkers Auseinandersetzung mit einem der Gäste, indem er ihm den Arm abschlägt usw.

Selbstreflexive und ironische Kommentare in der Narration[128] eines Films werden als postmoderne Doppelcodierung bezeichnet[129]. Mittels der postmodernen Doppelcodierung im Blockbusterkino wird versucht, gegenüber der Medienlandschaft „[...] sowohl eine naiv affirmative Haltung als auch eine ironisch distanzierte Haltung zu ihren Inhalten einzuschließen, um sich so der drohenden Missgunst sowohl von der einen als auch der anderen Seite zu entziehen"[130].

---

124 Vgl. Blanchet, 2003, 208f.
125 Blanchet, 2003, 210
126 „Der Plot ist [...] ein System, in dem Elemente wie Ereignisse und Figuren nach bestimmten Prinzipien zusammengestellt werden. Neben den inhaltlichen, handlungsrelevanten Elementen sind dies aber auch die formalen, ästhetischen [...]" (Mikos, 2008, 135).
127 Blanchet, 2003, 227
128 "Narration bezeichnet den Prozess der Entfaltung der Geschichte in der Zeit" (Mikos, 2008, 129).
129 Der Held John McClane nennt beispielsweise Namen von Schauspielern, die bestimmte archetypische Charaktere in Filmen spielen, und unterhält sich mit dem Schurken darüber. So die finale Szene in ‚Stirb langsam‘ (1988).
130 Blanchet, 2003, 229

Die Doppelcodierung wird im Blockbusterkino der neunziger Jahre umfassender, und die Selbstreferenzialität Hollywoods wird zu einem wesentlichen Produktionsfaktor. Parodien wie *Hot Shots! I – II, Die nackte Kanone I – III*, aber auch Komödien wie Mel Brooks *Robin Hood – Helden in Strumpfhosen* rekurrieren genau auf diesen Punkt[131].

Nach dieser umfangreichen Liste von Merkmalen stellt sich die Frage, ob Blockbusterfilme überhaupt einem bestimmten Filmgenre wie Western, Krimi, Komödie, Abenteuer, Musical etc. zuzuordnen sind. Die bisher erwähnten Filme lassen darauf schließen, dass dies weniger der Fall ist. Grundsätzlich können Blockbusterfilme vielmehr aus jedem Genre hervorgehen. Allerdings lässt sich die Tendenz erkennen, dass Blockbusterfilme sich als Genre-Mix Filme darstellen. Blockbuster beuten „[…] eine Vielzahl existierender Genres aus, um einen mehrfach kodierten Genrefilm herzustellen, dessen Genuss ohne emotionale Distanzierung möglich ist. Diese Genre-Multiplizität dient einer möglichst unbegrenzten Zirkulation eines Blockbusters in verschiedenen sozialen und diskursiven Kontexten, weil jedes der ausgebeuteten Genreelemente verschiedene Publika adressiert"[132]. Aufgrund der Genre-Multiplizität spricht Mikos beim Blockbusterfilm auch von einem Meta-Genre[133]. Durch die Vielzahl der Genres soll ein immer breiteres Publikum adressiert werden.

Die Genre-Multiplizität der Blockbuster ist kein Zufall, denn ihren Ursprung findet sie mindestens bereits in den frühen achtziger Jahren unter dem Begriff des ‚High Concept'.

Hinter dem Begriff des ‚High Concept' verbirgt sich die Idee, dass ein Film mit wenigen Federstrichen konturiert werden kann. Steven Spielberg drückte es einmal so aus: „Wenn jemand eine Idee in fünfundzwanzig Wörtern zusammenfassen kann, lässt sich daraus ein prima Film machen. Ich mag es, wenn Ideen, insbesondere Filmideen, schön handlich sind"[134].

Das ‚High Concept' will also über die Prägnanz, die sich aus der kurzen Summierbarkeit der Story ergibt, mittels des so genannten *Hook* „[…] unmittelbar die Aufmerksamkeit und das Interesse des Empfängers auf sich […]"[135] ziehen. Hier liegt zwar die Vermutung nahe, dass durch das High-Concept eine „Abnahme narrativer Handlungselemente […] [entsteht], wie es bei vielen Blockbuster-Filmen üblich ist"[136]. Ob Mikos These allerdings

---

131 Vgl. Blanchet, 2003, 226ff.
132 Mikos, 2007, 26f.
133 Vgl. Mikos, 2007, 22. Hier stellt Mikos die These auf, dass diese Genre-Multiplizität erst seit den neunziger Jahren Einzug in das Blockbusterkino gehalten hat. Aber schon der Pate (Coppola, 1972) verstand es, beispielsweise das Genre des Gangsterfilms mit dem des Familiendramas zu kreuzen. Und die vielen Genres, die Lucas in Star Wars Episode IV – Eine neue Hoffnung implementierte lassen Mikos' These fraglich werden: Action, Adventure, Fantasy, Science Fiction, Western, Ritter Film, Samurai Film, Buddy Komödie usw. bestimmten den Plot. Die Genre-Multiplizität ist insofern bereits seit den siebziger Jahren ein Merkmal der Blockbusterfilme, das in den folgenden Jahrzehnten immer weiter ausgebaut wurde.
134 Spielberg zit. nach Biskind, 2004, 700
135 Blanchet, 2003,155
136 Vgl. Mikos, 2007, 94

tatsächlich zutrifft, dürfte eine Interpretationsfrage sein. Als Beispiel für seine These führt Mikos den abschließenden Kampf zwischen Frodo und Gollum im Schicksalsberg folgendermaßen an: „Als Frodo nur noch mit einer Hand am Felsvorsprung hängt, wirft er einen Blick zurück in die Richtung des Rings. Ob er in diesem Moment darüber nachdenkt, hinterherzuspringen oder eher erleichtert zurückblickt, ist Interpretationssache"[137].

Die Inszenierung dieser Szene lässt sich aber auch anders lesen, nämlich als Bereicherung der Handlung gegenüber dem Roman. In Tolkiens Text war sie viel kürzer:

> „'Schatz, Schatz, Schatz!' schrie Gollum. ‚Mein Schatz! O mein Schatz! Und während er den
> Blick hob, um sich an seiner Beute zu weiden, trat er zu weit, kippte über, schwankte einen
> Augenblick auf dem Rand und stürzte dann mit einem schrillen Schrei. Aus den Tiefen kam
> sein letztes klagendes ‚Schatz', und er war dahin.
> Es gab ein Krachen und ein donnerndes Getöse. Feuer loderte auf und züngelte z
> Dach. Das Pochen wuchs zu einem gewaltigen Lärm an, und der Berg bebte. Sam rannte zu
> Frodo, hob ihn auf und trug ihn hinaus zum Tor"[138].

Vergleicht man Tolkiens Text mit Jacksons Inszenierung kann von einer Abnahme narrativer Handlungselemente nicht wirklich die Rede sein. Die Szenerie wurde von Jackson vielmehr durch ‚Kintopp'-Momente bereichert. Unzweifelhaft ist sicherlich der Umstand, dass der Film durch solche Momente zum mehrmaligen Sehen einlädt[139]. Gerade die Auslegung eben solcher Momente kann jedoch meines Erachtens dazu beitragen, die Kompetenzen zu befördern, die einer kulturellen Praxis helfen, „[…] durch die das weite Feld von Texten und Bedeutungen, die in einer Gesellschaft zirkulieren, geordnet und kontrolliert wird"[140]. Die Rede ist von Medialer Literalität. Eine Inszenierung, wie sie hier in der *Herr der Ringe* vorgenommen wurde, bietet reichhaltiges Übungsmaterial, um diese zu entwickeln, denn die Genre-Multiplizität durch das High Concept bietet nämlich Chancen zur Bereicherung von Szenerien an. „Genaugenommen lässt diese recht durchlässige Bedingung [des High-Concept] aber doch einen noch ziemlich breiten Spielraum offen"[141].

---

137 Mikos, 2007, 94
138 Tolkien, 1966, 296
139 Allerdings stellt sich angesichts dieser angeblichen Abnahme narrativer Handlungselemente, wie sie Mikos hier konstatiert, die Frage, inwieweit die Kompetenzen einer Media-Literacy ernst genommen und zukunftsfähig gemacht werden sollen, wenn sie weiterhin, wie zu besten Zeiten der Bewahrpädagogik in ein trivialisierendes Licht gestellt werden. Außerdem konstatiert Johnson (2006), im Gegensatz zu Mikos, u.a. bei Filmen eine steigende Komplexität (vgl. Johnson, 2006, 133ff.). Eine Abnahme „narrativer Handlungselemente", wie Mikos sie konstatiert, kann hier somit nicht verzeichnet werden. Mikos' These bewegt sich daher auch aus dieser Perspektive eher in Richtung einer bewahrpädagogischen Haltung, denn einer konstruktivistischen Orientierung.
140 Mikos, 2008, 327
141 Blanchet, 2003, 155

Zwei einander durchaus verwandte Erzählkonzepte, die unter den Begriff des ‚High Concept fallen, hebt Blanchet aus der Masse möglicher Erzählkonzepte heraus. Das ‚Fish-out-of-water-Prinzip', bei dem zwei möglichst entgegen gesetzte Milieus miteinander konfrontiert werden, z. B. *Beverly Hills Cop* (Brest, 1984), *Zurück in die Zukunft* (Zemeckis, 1985), aber auch *Findet Nemo* (Unkrich, Stanton, 2003), *Pretty Woman* (Marshall, 1990) oder *City Slickers* (Underwood, 1991) fallen unter diese Form des High-Concept[142]. Dieses Konzept findet hauptsächlich im Genre der Komödie Anwendung, was jedoch nicht bedeutet, dass nicht auch das ‚Fish-out-of-water-Prinzip' hybridisierbar ist.

Das andere und für diese Arbeit relevantere Konzept ist das des ‚Coming of Age'. Dieses Konzept beinhaltet die Story eines zumeist jugendlichen Helden, der am Ende des Films ein anderer ist, als der, der er zu Beginn des Films war und die Frage, die während der Filmhandlung geklärt wird, ist, wie dieser jugendliche Held zu dem wird, der er dann am Ende geworden ist. Filme mit diesem narrativen Konzept sind: *Star Wars Episode IV – Eine neue Hoffnung* (Lucas, 1977), *E.T. – Der Außerirdische* (Spielberg, 1982), *Der König der Löwen* (Minkoff, Allers, 1994), *Der Herr der Ringe – Die Gefährten* (Jackson, 2001), *Harry Potter und der Stein der Weisen (2001), Spider Man* (Raimi, 2002), *Fluch der Karibik* (Verbinski, 2003), *Indiana Jones und das Königreich der Kristallschädel* (Spielberg, 2008), *Kung Fu Panda* (Stevenson, Osborne, 2009), *Avatar* (Cameron, 2009), *The Hunger Games – Die Tribute von Panem (Ross, 2012), Der Hobbit –Eine unerwartete Reise* (Jackson, 2012), *Life of Pi* (Lee, 2012) usw.[143].

Sowohl dem Fish-out-of-water als auch dem Coming-of-age Konzept ist jedoch gemeinsam, das der Hauptprotagonist im Verlauf der Handlung unterschiedlichen Charakteren begegnet, die ihm weiterhelfen oder daran hindern wollen, weiter zu kommen und die Tatsache, dass der Held in einer ihm unbekannten Welt Bewährungsproben bestehen muss, wodurch sein Charakter bereichert wird.

Bevor ich das Coming-of-age Konzept näher beleuchte, illustriere ich die zuvor versammelten Merkmale von Blockbusterfilmen an einem Beispielfilm, um die Transparenz zu erhöhen. Als Beispiel fungiert hier, wie dann auch in der weiteren Arbeit, der Film *Star Wars Episode IV – Eine neue Hoffnung*. Die Auswahl fiel auf diesen Film, weil er in ökonomischer Perspektive als der Prototyp des Blockbusters im postformalistischen Kino gehandelt wird[144]. „Handelt es sich bei den Blockbustern vor 1978 zum Teil noch um unerwartete Zufallstreffer, beginnt sich mit Ausklang der Siebziger eine zunehmend ökonomisierte und systematisierte Zugangsweise im Führungsstil der Studios und bei der Gestaltung von Filmprojekten und damit eine radikalisierte Kommerzialisierung des Hollywoodkinos durchzusetzen"[145].

---

142 Vgl. Blanchet, 154ff.
143 Die hier gelisteten Filme sind unter andern Bestandteil der Analyse im zweiten Teil dieser Arbeit.
144 Vgl. Blanchet, 2003, 148
145 Blanchet, 2003, 153

Der ökonomische Erfolg von *Star Wars Episode IV – Eine neue Hoffnung* ist allerdings nicht der einzige Grund für seine herausgehobene Position in dieser Arbeit. „Abgesehen von seinem Einfluß [sic!] auf die Vermarktung von Filmen und auf das Merchandising, bewirkte *Star Wars* tiefgreifende kulturelle Veränderungen"[146]. Der Erfolg des Films raste dem Film um den Globus voraus und er schrieb sich auch über Jahrzehnte hinweg in das kulturelle Gedächtnis der Menschheit ein. Nicht nur jedes Kind, sondern auch so ziemlich jeder Erwachsene hat schon einmal Begriffe wie ‚Lichtschwert', ‚Yoda', ‚Darth Vader', Jedi-Ritter' usw. gehört, wenngleich auch nicht jeder etwas mit den Begriffen anfangen kann. „Das *Oxford Dictionary* nahm 2002 den Begriff „Jedi" als erstes Sprachlexikon weltweit in den offiziellen Wortschatz auf"[147]. Inzwischen ist die Star Wars-Saga längst dabei, „[…] den Status eines transkulturellen Objekts zu erreichen"[148]. Die 2008 gestartete TV-Serie ‚Star Wars – Clone Wars' hielt nach der Veröffentlichung der Episoden I – III (1999 – 2005) das Interesse an dem *Star Wars* Franchise wach und konnte auch neue Fangenerationen generieren. Mit dem Start der TV-Serie ‚Star Wars – Rebels' im Herbst 2014 und der Fortsetzung der Filmreihe mit Episode VII im Jahr 2015 dürfte sich dieser Trend fortsetzen, wenn nicht sogar noch weiter ausbauen. Mir scheinen dies Gründe genug zu sein, um mich im Sinne einer Medienkompetenz fördernden handlungsorientierten Medienpädagogik mit dem Ursprung dieses Franchise etwas intensiver zu beschäftigen.

Daher werde ich nun zunächst die Entstehungsgeschichte von *Star Wars Episode IV – Eine neue Hoffnung* mit einigen Federstrichen nachzeichnen sowie die Vermarktungs- und filmästhetischen Konzepte vorstellen, ehe die Handlung des Films mit ihrem ‚Coming-of-age' Konzept in den Fokus genommen wird.

II.3 Star Wars Episode IV – Eine neue Hoffnung als Blockbuster

> „Dreams are extremely important.
> You can't do it unless you imagine it."
>
> George Lucas

Bis *Star Wars Episode IV – Eine neue Hoffnung* ein globaler Erfolg und ein globales Phänomen wurde, mussten einige Hürden genommen werden, denn die Vorzeichen für den Erfolg dieses Films standen während der Vorproduktion und der Produktion alles andere als günstig und die Reihe derjenigen, die dem Film keinerlei Erfolgschancen vor seiner Veröffentlichung attestierten, war lang, wie ich im Folgenden zeigen werde.

---

146 Biskind, 2004, 598 (Hervorh. im Original)
147 Gillies, 2005, 121. Auf einem Bogen zur britischen Volkszählung 2001 kreuzten 390.127 Briten die Jedi-Religion als die Religion an, der sie folgten. Damit war die Jedi-Religion die viertgrößte Religion in Groß-Britannien, wurde aber nicht offiziell anerkannt (vgl. Gillies, 2005, 120ff.).
148 Jullier, 2005, 171

Star Wars wurde von der 20th Century Fox produziert. Chris Kalabokes war 1975 Finanzberater der Fox. Wenig begeistert vom ersten Exposé verkündete er lautstark: „Wir sollen zehn Millionen zum Fenster rausschmeißen, um einen Film zu finanzieren, in dem ein ausgestopftes Affenvieh mitspielt?"[149] Lucas, der Autor und Regisseur des Films, war von dem Erfolg seines Films angeblich ebenfalls alles andere als überzeugt. Er meinte retrospektiv: „Der erfolgreichste Sci-Fi-Film bis zu dem Zeitpunkt war 2001. Dieser Erfolg bedeutete damals, dass er etwa $ 24 Millionen einspielte. Science-Fiction Klassiker spielten etwa $ 16 Millionen ein, so zum Beispiel *Planet der Affen* und Filme dieser Art. Aber die meisten Sci-Fi-Filme blieben unter $10 Millionen. Es gab keinen Grund zu glauben, dass es bei diesem Film anders sein würde"[150]. Bei dem Budget, das die 20th Century Fox für den Film anfänglich bewilligte (US $ 10 Millionen) wäre der Film Lucas Kalkulation zufolge an der Kinokasse ein Nullsummenspiel geworden. Dabei hatte Lucas anfänglich mit viel höheren Kosten geplant. Doch nach der vierten Ausarbeitung des Drehbuchs gelang es dem Team um George Lucas, die Kosten für *Star Wars* „[...] auf 13 Millionen Dollar zu drücken, [...]. Das Studio bestand allerdings darauf, dass das Budget unter der Zehn-Millionen-Grenze bleiben musste"[151]. Lucas ursprüngliche Schätzungen waren bei ca. $ 15 Millionen angesiedelt gewesen. Letztlich beliefen sich die Produktionskosten von *Star Wars Episode IV – Eine neue Hoffnung* auf die ungefähre Summe von $ 11 Millionen[152]. Beim ersten Probe-Screening des Films waren neben Lucas und seiner Frau Marcia, Alan Ladd jr., der damalige Präsident der 20th Century Fox, sowie Brian De Palma, Steven Spielberg, Willard Huyck, Katz, Cocks und Martin Scorsese anwesend[153]. „Als das Screening beendet war, gab es keinen Applaus, sondern nur betretenes Schweigen"[154]. Auch bei den später durchgeführten Test-Screenings waren die Reaktionen gemischt und die Erwartungen entsprechend gedämpft. „Als Krieg der Sterne in der folgenden Woche auch dem Vorstand von Fox vorgeführt wurde, fand der Film ein deutlich gemischtes Echo. ‚Soweit ich mich erinnern kann, waren sechzehn Vorstandsmitglieder anwesend' [...]. ‚Ich weiß noch genau, dass er drei Personen ausgesprochen gut gefiel; drei waren der Meinung, es könnte was werden, zwei schliefen ein ...; und den übrigen Anwesenden gefiel er überhaupt nicht. Die verstanden ihn gar nicht und waren ebenso verdrossen wie besorgt, dass sie ihr Geld nicht wieder sehen würden"[155]. Die für die Aufführung in den Kinos notwendigen Verhandlungen mit den Kinobetreibern standen ebenfalls unter keinem günstigen Stern[156].

---

149 Pollock, 1983, 104
150 Burns/Becker, 2004, (00:11:36 – 00:11:49), deutsche Untertitel
151 Hearn, M, 2005, 96
152 Vgl. [URL]: http://www.filmsite.org/starw.html, (Stand: 25.11.2013)
153 Vgl. Biskind, 2004, 581
154 Biskind, 2004, 581
155 Hearn, 2005, 110
156 Vgl. Hearn, 2005, 110

Um die Problematik zu verdeutlichen, der *Star Wars Episode IV – Eine neue Hoffnung* damals vertriebstechnisch unterlag, bedarf es eines kurzen Exkurses zu den Distributionswegen eines Hollywoodfilms. Das System zum Verleih von Filmen an die Kinos in den USA ist laut Blanchet (2003) in die Formen Bidding, Garantie und Advance ausdifferenziert. Durch sie soll ein Teil der Entwicklungskosten eines Films vorzeitig amortisiert werden, damit die Studios mögliche Zinsbelastungen, die es zur Realisierung eines Projektes bedurfte, abfedern können. Die ältere Form des Bidding bezeichnet dabei eine Art öffentliche Ausschreibung für die Aufführungsrechte. Die Kinobetreiber geben vor dem Kinostart des Films ein Gebot ab, durch das sie die Lizensierung für die Aufführung erhalten[157]. Im Falle von *Star Wars* waren die Prognosen der Kinobetreiber und damit die Erwartungen an den Film äußerst gering. „*Krieg der Sterne* hatte Garantien im Wert von 1,5 Millionen gebracht, aber das waren noch lange nicht die zehn Millionen, die man von einem großen Film erwartet"[158]. Dies zeigte sich dann auch an der Anzahl der Kinos, die bereit waren den Film aufzuführen. „In den späten Siebzigern erfolgten die großen Kinostarts der großen Studios üblicherweise in 600 bis 800 Kinos in den ganzen USA. Der Kinostart von Krieg der Sterne fand in gerade mal 32 Kinos statt"[159].

Die Zurückhaltung der Kinobetreiber hatte aber möglicherweise nur mittelbar mit den Sorgen von Lucas zu tun. Sie lässt sich eher durch die schlechten Erfolgsprognosen, die für Science-Fiction-Filme zu der Zeit allgemein vorlagen, erklären. „*Star Wars* war nämlich schwer in die Kinos zu bringen. Die Kinobesitzer waren nicht begeistert von Science-Fiction-Filmen, und viele verglichen die Chancen von *Star Wars* mit dem Flop *Silent Running*"[160].

Die schlechten Prognosen für *Star Wars Episode IV – Eine neue Hoffnung* erwiesen sich für die Kinobetreiber jedoch schnell als Bumerang. Mit der Uraufführung von *Star Wars* am 25.05.1977 wurde der Begriff des ‚Blockbusters' entscheidend geprägt[161]. Lucas erinnert sich noch an den Tag der Aufführung. Er war mit der Schnittfassung für die französische, deutsche und spanische Version des Films beschäftigt und hatte angeblich vergessen, dass der Film an dem Tag im Kino startete. „Zum Essen gingen sie ins Hamburger Hamlet, das zufälligerweise genau gegenüber dem Chinese Theatre am Hollywood Boulevard lag. Beim Betreten des Lokals hatten sie nichts davon wahrgenommen, doch als sie Platz ge-

---

157 Vgl. Blanchet, 2003, 98
158 Pollock, 1983, 124
159 Hearn, 2005, 110
160 Denker, 1997, 15 (Hervorh. im Original)
161 Der einzige Film, der mit diesem Titel zuvor etikettiert wurde, war Spielberg's ‚Jaws' von 1975. In Verbund mit Star Wars wurde der Begriff etabliert und Hollywoods Wunderkinder der 80er Jahre des zwanzigsten Jahrhunderts waren entdeckt. „Lucas und Spielberg gehörten … zu den wenigen Regie-Produzenten Hollywoods, deren Namensnennung allein als werbewirksames Markenzeichen ein Massenpublikum zu mobilisieren vermag" (Blanchet, 2003, 148).

nommen hatten und durchs Fenster schauten, bemerkten sie einen riesigen Menschenauf-
lauf vor dem Kino. ‚Draußen wimmelte es nur so vor Menschen. Ich schätze, es waren gut
tausend Leute. Zwei Fahrspuren der Straße waren abgesperrt, und vor dem Kino parkten
etliche Limousinen. Es war ein Mordsspektakel'"[162].

An den Kinokassen setzte *Star Wars Episode IV – Eine neue Hoffnung* in den folgenden
Wochen, Monaten und Jahren Maßstäbe, die erst in den 90er Jahren von den Einspielergebnissen von beispielsweise Steven Spielbergs *Jurassic Park* (1993) und James Camerons
Titanic (1997) getoppt werden konnten. „Der Umsatz von Krieg der Sterne belief sich nach
nur sieben Tagen auf 2,89 Millionen Dollar, und Mitte Juni war der Film in 350 Kinos an-
gelaufen. Der Wert der Twentieth Century Fox-Aktie kletterte auf den höchsten Stand seit
1970. Bis August hatten die Inlandseinnahmen der Kinos die Marke von 78 Millionen überschritten. Im November überholte der Inlandsumsatz denjenigen von *Der weiße Hai*. Damit
war es amtlich: *Krieg der Sterne* war der umsatzstärkste Kassenschlager in der Geschichte
Hollywoods"[163]. Die Erfolgsstory vom *Krieg der Sterne* war aber damit noch lange nicht zu
Ende. „Die Fox brachte ihn 1978 neu heraus, obwohl er seit einem Jahr ununterbrochen
gelaufen war. In fünf Wochen verkaufte er Karten im Wert von sechsundvierzig Millionen.
1979 kam er wieder neu heraus und verkaufte in drei Wochen wieder Karten für insgesamt
dreiundzwanzig Millionen Dollar. Weltweit wurden für *Krieg der Sterne* Eintrittskarten im
Wert von 524 Millionen Dollar verkauft"[164]. Nach Schätzungen von Wired auf dem Stand
von November 1977 – 1997 spielte *Star Wars*, rechnet man die beiden Fortsetzungen Episode V und VI hinzu, an den Kinokassen weltweit US $ 1,8 Mrd. ein. Durch den Videoverkauf
wurden weltweit US $ 500 Millionen erwirtschaftet. Spielzeug, Bücher und Comics, CD-
ROMs und Computerspiele sowie Kleidung und Accessoires erbrachten zusätzliche US $ 2,1
Mrd. Insgesamt erwirtschaftete das Star Wars Universum, ohne die Prequels, die Episoden
I – III, und die mit ihnen verbundene Marketingkampagne hinzuzurechnen, bereits US $
4,4 Mrd.[165]. Das ist mehr als das Fünffache des Bruttosozialproduktes von Monaco im Jahr
2000. Und auch damit waren die Umsätze noch nicht an ihrem Zenit angelangt. 1997 wurde
die *Star Wars* Trilogie in einer überarbeiteten ‚Digital-Remastered-Edition' erneut auf die
Leinwände gebracht und spielte enorme Erträge ein. Die Prequels, die Episoden I – III, er-
wirtschafteten an den Kinokassen zusammengerechnet weitere US $ 2,42 Mrd.[166].

Jüngste Schätzungen des mit dem *Star Wars* Franchise erzielten Umsatzes belaufen
sich auf angeblich US $ 27.000.000.000[167]. Diese Umsätze setzen sich sowohl aus verkauf-

---

162 Biskind, 2004, 585
163 Hearn, 2005, 114
164 Pollock, 1983, 127
165 Vgl. Blanchet, 2003, 149
166 Vgl. Box Office Mojo, Online. [URL]: http://www.boxofficemojo.com/alltime/world/, (Stand:
    25.11.2013)
167 Vgl. Statistic Brain, Online. [URL]: http://www.statisticbrain.com/star-wars-total-franchise-re-
    venue, (Stand: 25.11.2013)

ten Eintrittskarten im Wert von US $ 4.277.000.000 sowie DVD-, Video/Computerspiel-, Spielzeug-, Buch- und anderen Merchandising-Produkt-Verkaufen zusammen.

Mit diesen Zahlen soll hier nicht der Erfolg des Franchise ein weiteres Mal kolportiert werden, sondern es geht vielmehr darum, eine Vorstellung davon zu vermitteln, wie viele Menschen in den letzten (knapp) 40 Jahren mit diesem Franchise in Berührung gekommen sein dürften.

Diese unzähligen Rezipienten haben sich anscheinend auch von der anfänglich, insbesondere im europäischen Raum kursierenden, ablehnenden Haltung gegenüber dem Film nicht abhalten lassen.

Die Kritiken des Films oszillierten zwischen Geringschätzung, Verhöhnung und offener Verachtung, bis hin zu höchsten Lobeshymnen. Beispielsweise „[w]itzelte DER SPIEGEL noch, das Lucassche Produkt sei – verglichen mit Stanley Kubricks 2001: Odysee im Weltraum –, ein Ramschladen, in dem es Westernsaloons im Orient gibt, die von Mickymäusen, maskierten Rittern und wallend gewandeten Mönchen bevölkert werden', verlangte ein STERN-Leser gar, der Film müsse ‚im Namen der – hoffentlich einmal friedlich werdenden – Menschheit ... verbrannt werden‘"[168]. Obgleich die Kritiken in den USA gemischt waren, erreichten sie selten den in Europa bestehenden Grad der Ablehnung. Jullier (2007) zitiert eine Reihe von Kritikern, die Star Wars als patriarchalisch, rassistisch, konservativ und antiintellektuell etikettieren[169]. Die europäische Kritik entzündete sich insbesondere an der kriegerischen Handlung und der offenen Gewaltdarstellung. Das Branchenblatt ‚Variety' in den USA urteilte dagegen beispielsweise ausnehmend positiv: „'Star Wars' is a magnificent film. George Lucas set out to make the biggest possible adventure fantasy out of his memories of serials and older action epics, and he succeeded brilliantly"[170]. Grundsätzlich wurde dennoch kritisiert, dass Star Wars ein Kinderfilm, die schauspielerischen Leistungen miserabel und der Film insgesamt ein großer Blödsinn sei[171].

Wie auch immer die Kritiken ausfielen, die oben skizzierte Erfolgsgeschichte von Star Wars deutet darauf hin, dass das Urteil der Kritiker keinen nennenswerten Einfluss auf den Erfolg von Star Wars hatte und auch die Marketingkampagne von Star Wars kann auf eine schier unglaubliche Erfolgsgeschichte zurückblicken.

Bevor Star Wars Episode IV – Eine neue Hoffnung in die Kinos gelangte, suchte Ashley Boone, der damalige Marketing Chef der Fox, nach neuen und vor allen Dingen preiswerten Möglichkeiten, um Star Wars zu vermarkten. „Statt fünf Millionen in eine nationale Werbekampagne zu investieren, kaufte Boone Sendezeit in regionalen

---

168 Hahn/ Jansen, 1984, 311
169 Vgl. Jullier, 2007, 199f.
170 Murphy, Online [URL]: http://www.variety.com/index.asp?layout=Variety100&reviewid=VE111
    7795168&content=jump&jump=review&category=1935&cs=1, (Stand: 30.01.2007)
171 Vgl. Wood, 1997, 55f.

Fernsehstationen, inserierte in Universitätszeitungen und sogar im Kabelfernsehen der Studentenprogramme"[172]. Charles Lippincott, der Marketingdirector von Lucas eigener Produktionsfirma Lucasfilm Ltd. suchte ebenfalls bis dahin unbetretene Pfade der Vermarktung auf. „Als Promoter für *STAR WARS* trat Lippincott bei zahlreichen Fan Conventions auf, um den Film ins Gespräch zu bringen"[173]. Diese damals auf den ersten Blick ungewöhnlichen Aktivitäten der Marketing Direktoren deuten auf nichts anderes hin als eine fokussierte und damit zielgruppenorientierte Marketingstrategie, mit der der Film vorab lanciert wurde. Die Strategie hat sich ausgezahlt, war aber im Prinzip nur der Gipfel des Eisbergs. Denn die Marketingstrategie ging sogar so weit auf, dass Marketingartikel zu Merchandise Produkten wurden und die Merchandise Einnahmen aus dem Geschäft mit dem *Star Wars* Franchise das Geschäft an den Kinokassen zwischen 1977 – 1997 noch übertrafen[174]. Abschließend sei hierzu angemerkt, dass das ‚Forbes Magazine' *Star Wars* mit seinen sechs Episoden unter den lukrativsten Movie Franchises aller Zeiten im Sommer 2005 auf Platz 1 anführt[175].

Der ökonomische Erfolg von *Star Wars Episode IV – Eine neue Hoffnung* ist sicherlich ein wesentlicher Grund dafür, dass *Star Wars* als ein Modell oder gar als der ökonomische Prototyp für das Blockbusterkino angesehen wird. Aber auch bei den Konzepten der In-Szene-Setzung des Films und bei der eigentlichen Inszenierung von *Star Wars Episode IV – Eine neue Hoffnung* tauchen einige Innovationen auf, die zum Zeitpunkt der Veröffentlichung des Films noch unbekannt waren.

Im Hinblick auf Starschauspieler oder bekannte Regisseure bzw. Produzenten hat *Star Wars Episode IV – Eine neue Hoffnung* wenig zu bieten. Mit dem sensationellen Erfolg der Low-Budget-Produktion ‚American Graffiti' hatte Lucas sich zwar als Regisseur und Produzent einen Namen in Hollywood gemacht. „Seine Kritiker bei Universal verstummten, als ihre Investitionen in Höhe von 775.000 Dollar in Kinos weltweit einen Umsatz von über 118 Millionen Dollar einspielten"[176]. Ein Starproduzent oder bekannter Regisseur war Lucas deswegen jedoch noch nicht. Auch bei der Besetzung seines Science-Fiction-Films eckte er eher an. „Die Besetzung, für die Lucas sich entschieden hatte, war alles andere als bekannt. Im ganzen Studio hatte noch keiner je von ihnen gehört und selbst Coppola

172 Pollock, 1983, 124
173 Sansweet, 1997, 62
174 Sie werden bei mehr als US $ 2 Milliarden angesetzt, vgl. dazu Blanchet, 2003, 148. Nicht mit eingerechnet in diese Einnahmen sind das Merchandising, das mit der Veröffentlichung der ‚Special Edition' erwirtschaftet wird sowie die Merchandising Einnahmen der drei Prequels und der Clone Wars Serie.
175 [URL]:http://www.forbes.com/2005/06/15/batman-movies-franchises-cx_lh_lr_0615batman_2.html (Stand: 25.11.2013)
176 Hearn, 2005, 71

war der Ansicht, dass er hier einen Fehler gemacht hatte, nur unbekannte Gesichter zu engagieren"[177]. Die Twentieth Century Fox war mit Lucas' Casting der Hauptrollen für *Star Wars* so unzufrieden, dass er verpflichtet wurde, zumindest für die Nebenrollen bekannte Gesichter zu casten. Er engagierte Alec Guiness und Peter Cushing. Guiness war jedoch nicht Lucas erste Wahl, wollte er doch die Rolle des Obi Wan Kenobi ursprünglich mit Toshiro Mifune besetzen[178].

Lucas hatte in den 70er Jahren zwar Schwierigkeiten seinen Cast[179] durchzusetzen, doch letztlich gelang es ihm. Auf bekannte Stars, Regisseure und Produzenten, wie es Blanchet (2003) aufführt, wurde erst nach dem Erfolg von *Star Wars* bei der Realisierung von Blockbustern vermehrt wertgelegt[180].

Star Wars Episode IV – Eine neue Hoffnung kann ebenfalls nicht der Vorwurf gemacht werden, dass es sich bei dem Film um ein Remake, Sequel oder Spin-Off handelt. Allerdings bediente sich Lucas für die Entstehung seiner Story u.a. bei 30er Jahre B-Film Serials wie *Flash Gordon* und *Buck Rogers*. Nichtsdestotrotz ist *Star Wars* weder ein Remake, Sequel oder Spin-Off dieser Filme, sondern der Film ließe sich in diesem Kontext eher mit dem Begriff des Mash-Up kennzeichnen[181].

Ungefähr ein halbes Jahr bevor *Star Wars* in die Kinos kam, veröffentlichte Ballantine Books den Roman zum Film *Star Wars* als Teil des Marketingkonzepts. Charles Lippincott, der Marketingdirector von Lucasfilm Ltd. überzeugte „[...] Del Rey das Drehbuch von George Lucas in Romanform zu veröffentlichen und zwar im November 1976. Im Februar 1977 waren eine halbe Million Kopien absolut ausverkauft"[182]. Insofern existierte, wenn auch kurzfristig, zumindest so etwas wie ein Roman-Bestseller von *Star Wars*. Der Unterschied gegenüber anderen Bestseller-Verfilmungen ist aber der, dass es sich bei dem *Star Wars* Roman um einen Roman zum Film handelt und nicht um einen eigenständigen Roman. „Die Romanfassung, [...] schaffte es bis auf Platz vier der Taschenbuch-Bestsellerliste; bis zum 25. August gingen zwei Millionen Exemplare des Buchs über die Ladentische"[183].

Im Hinblick auf die von Blanchet (2003) aufgeführten Spin-Offs und TV-Serien kann *Star Wars Episode IV – Eine neue Hoffnung* eher als Anstoß für den umgekehrten Weg interpretiert werden, ein filmisches Universum auf die Fernsehschirme zu übertragen. In

---

177 Pollock, 1983, 99
178 Vgl. Pollock, 1983, 98; Hearn, 2005, 94ff.
179 Auch der Cast für ‚American Graffiti', fünf Jahre vor Star Wars, wurde von dem Studio damals nicht ohne weiteres akzeptiert.
180 Mit dem Zusammenbruch des Studiosystems in Hollywood in den 60er Jahren verschwand auch das Star-System für einige Jahre aus dem Fokus der Hollywood Produktionen (vgl. Biskind, 2003).
181 von Gehlen, 2011, 206
182 Burns/Becker, 2004, (1:13:57 – 1:14:08)
183 Biskind, 2004, 591

den 80er Jahren erschien eine Zeichentrickserie unter dem Namen ‚Droids', die weitere Abenteuer von C-3PO und R2-D2 zeigte sowie die TV-Serie ‚Die Ewoks'. Von 2008 – 2013 wurde die Animationsserie ‚Star Wars – Clone Wars' im Fernsehen ausgestrahlt, in der die Abenteuer von Obi Wan Kenobi und Anakin Skywalker während der Klonkriege dargestellt werden. Nach dem Erscheinen von Episode III (2005) kursierten in den Medien bereits erste Gerüchte, dass Lucas sich mit dem Gedanken trägt, die Geschehnisse zwischen Episode III und Episode IV in Form einer realen Fernsehserie zu verfilmen. Diese Serie wurde in der Form bis heute nicht realisiert, aber im Herbst 2014 startet die neue animierte TV-Serie ‚Star Wars – Rebels'[184].

Bei *Star Wars* handelt es sich auch nicht um eine Comic- oder Computerspielverfilmung. Im Gegenteil: Lucas' Unternehmen, wie beispielsweise ‚Lucas Arts', haben den Video- und Computerspielemarkt in den Jahrzehnten nach Erscheinen des Films *Star Wars Episode IV – Eine neue Hoffnung* lange Zeit maßgeblich mit geprägt[185]. Auch *Star Wars* Comics waren von Anfang an Teil des Franchise und werden bis heute von verschiedenen Verlagen vertrieben[186].

Hinsichtlich technologischer Innovationen stellt *Star Wars Episode IV – Eine neue Hoffnung* tatsächlich sogar so etwas wie einen Wendepunkt in der Filmwelt dar. In diesem Film wurde erstmals Computertechnologie für Filmaufnahmen verwendet. Dies geschah in zweierlei Hinsicht: Erstens wurden die Flug-Aufnahmen der Raumschiffe mit einer Motion-Control-Kamera durchgeführt, einer Kamera, deren Bewegungsablauf von einem Computer gesteuert wurde[187] und zweitens kann *Star Wars Episode IV – Eine neue Hoffnung* sich damit rühmen, die ersten CGI-Effekte der Filmgeschichte verwendet zu haben. Bei letzteren handelt es sich um Aufnahmen des Displays des Zielcomputers in Luke Skywalkers X-Wing-Flügeljägers und um die digitale Darstellung des geplanten Angriffs auf den Todesstern im Hauptquartier der Rebellen[188].

---

184 Vgl. Lucasfilm Limited, 2013, Online. [URL]: http://starwars.com/news/new-animated-series-star-wars-rebels-coming-fall-2014.html, (Stand, 27.11.2013)

185 Auf das Konto von Lucas Arts gehen Spiele wie 'Ballblazer', 'The Eidolon', 'Maniac Mansion', 'Zak McKraken', 'Monkey Island', 'Indiana Jones and the fate of Atlantis', 'Star Wars: Rogue Squadron', 'Star Wars: Rebel Assault', 'Jedi Knight', 'Star Wars: Knights of the old Republic', 'Lego Star Wars', um nur einige aus der langen Liste zu nennen.

186 Vgl. Jullier, 2007, 282ff.

187 „Im Juli war das Motion-Control-System, das für Krieg der Sterne entwickelt worden war, einsatzbereit [...]. Bei wiederholtem Ausführen genau gleicher Bewegungen von Kamera oder Modell verschaffte das neue System dem Team die Freiheit, schnelle Action im Vordergrund durchzuspielen, während der Hintergrund perfekt synchronisiert war" (Hearn, 2005, 89f., Vgl. dazu auch Blanchet, 2003, 147f.)

188 Die Firma, die für die visuellen Effekte des Films zuständig war, Industrial Light and Magic (ILM), wurde extra für diesen Film gegründet (vgl. Jullier, 2007, 233). ILM ist bis heute eine der weltweit führenden Ideenschmieden für visuelle Effekte in Filmen. Auf einem ähnlichen Niveau siedelt seit Beginn des 21. Jahrhunderts Peter Jacksons WETA-Workshop an.

„Lucas wollte Sound und Musik in Dolby Stereo, eine Innovation für Mitte der siebziger Jahre"[189]. Auch in auditiver Hinsicht bedeutete *Star Wars Episode IV – Eine neue Hoffnung* damit eine Innovation. Denn dem Dolby Stereo Sound verhalf der Erfolg des Films zum Durchbruch[190]. Lucas war es auch, der 1983 mit *Star Wars Episode VI – Die Rückkehr der Jedi Ritter* das THX-Zertifikationsprogramm durchsetzte, das in seinen Skywalker Soundstudios entwickelt wurde. „THX ist kein [...] Tonformat, sondern dient der Kontrolle und Einhaltung eines vordefinierten Kriterienkatalogs für die Reproduktion von Filmen, der sowohl technische als auch architektonische und audiovisuelle Qualitätsstandards umfasst"[191].

Bildgestaltung und Schnitt von *Star Wars* sind gegenüber den bisherigen Konzepten sowohl innovativ wie konventionell gehalten. Das heißt es gibt eine Reihe ungewöhnlicher Einstellungen, aber auch ganz konventionelle Auflösungen, die mit einer Totale eröffnen und mit einer anderen Totale die Szene schließen. Einerseits sollte durch diese Form die Handlung vorangetrieben werden, andererseits sollen sich die Rezipienten während der Betrachtung des Films auch wohl fühlen[192]. Trotzdem wurde der Film für seine (Schnitt-) Geschwindigkeit (zur damaligen Zeit) bekannt. „Als der Film herauskam, empfanden die Zuschauer die Handlungsentwicklung von *Krieg der Sterne* als sehr, sehr schnell [...] erläuterte Lucas später [...]. Das liegt zum Teil daran, dass man in eine Welt eingeführt wird, die man nie zuvor gesehen hat. Der Film tut aber so, als ob es sich um eine allseits bekannte Welt handelt, so dass sich jede weitere Einführung erübrigt und ich nicht erst erklären muss, was ein Droide und so weiter ist"[193]. Das ist aber noch nicht alles, denn die visuellen und auditiven Spezialeffekte und Tricks des Films sorgten auch dafür, dass die „[...] Zuschauer an einem bis dato unbekannten Maß kinetischer Bewegungs- und immersiver Geschwindigkeitseffekte teilhaben"[194].

Selbstreferenz und Doppelcodierung spielten für *Star Wars Episode IV – Eine neue Hoffnung* im Jahr 1977 noch keine Rolle. Diese Konzeptformen hielten erst in den 90er Jahren Einzug in das Blockbusterkino. Allerdings bekommt man in der ersten *Star Wars* Trilogie, also den Episoden IV – VI, beispielsweise immer wieder den Satz zu hören: „Ich hab da ein ganz mieses Gefühl." Der Satz wird den Hauptprotagonisten immer wieder in unterschiedlichen Szenarien in den Mund gelegt. Insofern lässt sich durchaus sagen, dass *Star Wars* hinsichtlich der Idee der Selbstreferenz bereits erste Schritte unternimmt.

---

189 Pollock, 1983, 118
190 Vgl. Hearn, 2005, 112
191 Blanchet, 2003, 197
192 Vgl. Jullier, 2007, 68ff.
193 Hearn, M., 2005, 112
194 Blanchet, 2003, 147

Bei der Entwicklung von *Star Wars Episode IV – Eine neue Hoffnung* hat sich Lucas bei unendlich vielen Motiven aus Filmen, Büchern und Comics bedient[195]. Das beginnt mit der den Film einleitenden Zeile ‚Es war einmal…‘, die genauso dem klassischen Märchen vorangestellt ist, geht weiter mit der Laufschrift, mit der das Ausgangsszenario jeder *Star Wars* Episode beschrieben wird, einer Idee, die Lucas den ‚Buck Rogers‘ Serien der 30er Jahre entlehnt hat, bis hin zu den Aufnahmen der finalen Schlacht, bei der Lucas sich von Filmen aus und über den Zweiten Weltkrieg hat inspirieren lassen sowie der Leni Riefenstahl Ästhetik in der Szene Schlussszene im Thronsaal. Der Film ist von vorne bis hinten gespickt mit Zitaten und Motiven des klassischen Kinos, freilich ohne sie zu parodieren. Sämtliche Veröffentlichungen zu *Star Wars* versuchen regelmäßig, den Film mit Einflüssen aus Actionfilmen, Science Fiction-Filmen, Fantasyfilmen, Ritter- bzw. Mantel und Degenfilmen, Western, Fantasy, Märchen, Komödien (z. B. Stan Laurel und Oliver Hardy (3PO und R2-D2)) usw. zu umreißen. Entsprechend lässt sich *Star Wars* auch als Genre-Mix, das oben erwähnte Mash-Up[196] oder eben, wie es Mikos (2008) vorschlägt, als Meta-Genre klassifizieren[197]. Blockbuster beuten „[…] eine Vielzahl existierender Genres aus, um einen mehrfach kodierten Genrefilm herzustellen, dessen Genuss ohne emotionale Distanzierung möglich ist. Diese Genre-Multiplizität dient einer möglichst unbegrenzten Zirkulation eines Blockbusters in verschiedenen sozialen und diskursiven Kontexten, weil jedes der ausgebeuteten Genreelemente verschiedene Publika adressiert"[198].

Es lässt sich demnach bis hierher festhalten, dass *Star Wars Episode IV – Eine neue Hoffnung* auf Seiten von Marketing, Distribution und Produktion in vielerlei Hinsicht neue Maßstäbe setzte und zuweilen auf bekannte Formen zurückgriff. Schon diese Liste veranschaulicht, dass der Film zurecht als Prototyp des Blockbusters bezeichnet wird. Doch ein Merkmal habe ich aus der Betrachtung bislang weitgehend ausgeblendet und dieses Merkmal bezieht sich auf die Narration des Films: Im Fall von Star Wars handelt es sich dabei um eine Coming-of-age Geschichte. Inwiefern spielt die Narration des Films für den Erfolg eine Rolle?

Der junge Luke Skywalker, ein einfacher Bauernjunge von einem entlegenen Planeten, wird zum Dreh- und Angelpunkt eines interstellaren Konflikts, befreit eine Prinzessin und rettet die Galaxis.

Die Zutaten dieser Geschichte klingen so vertraut, dass man sich fragt, was an dieser Geschichte so Besonderes sein soll, dass sie ein derartiges noch dazu langfristiges Interesse bei seinem Publikum entfesselt und den Film zu einem transkulturellen Objekt werden lässt. Hat die Narration des Films möglicherweise gar nichts mit dem Erfolg des Films zu tun?

---

195 Vgl. Pollock, 1983, 90f.
196 Vgl. von Gehlen, 2011
197 Vgl. Mikos, 2008, 325ff.
198 Mikos, 2007, 26f.

George Lucas selbst betonte: „Ich wollte einen Film machen, der die zeitgenössische Mythologie fördern und gleichzeitig eine neue Art von Moral verkünden sollte"[199]. Will man Biskind (2004) zustimmen, der die Erfüllung dieses Anspruchs am Erfolg des Filmes bemisst, dann scheint Lucas dies mit Nachdruck gelungen zu sein. „Lucas wußte [sic!], daß [sic!] Genres und Kinokonventionen auf einem Konsens beruhten, auf dem Netz gemeinsamer Vorstellungen, das in den Sixties zerrissen war. Er schuf diese Werte neu und bekräftigte sie, und *Star Wars*, mit seinem manichäischen moralischen Fundamentalismus, seinen weißen und schwarzen Helmen, ließ abgedroschene Werte wie Heroismus und Individualismus in neuem Glanz erstrahlen"[200].

Auch Faulstich (2005) verweist auf den kulturellen Einfluss, den dieser Film gewonnen hat: „Der enorme weltweite Erfolg dieser Serie begründete einen neuen Mythos: ein neues Heldenepos, in dem die Lösung aller Probleme letztlich der mystisch anmutenden MACHT überantwortet wird, zu deren Gefäß oder Träger oder Gefolgsmann wir uns zu machen haben. Dem Feindbild des Großen Imperators und seinem brutalen Totalitarismus werden Opferbereitschaft und Kamikaze-Mentalität der ‚guten' Rebellen entgegengesetzt, […]"[201].

Ich habe in diesem Abschnitt zeigen wollen, dass die Instrumente zur Vermarktung und Distribution sowie die Schauwerte eines Films eine wesentliche Rolle für den Erfolg eines Films spielen. Doch Flops, wie zuletzt der *Lone Ranger* (Verbinski, 2013), zeigen immer wieder, dass diese Merkmale nur Teil des Phänomens sind.

Da *Star Wars* trotz aller Kritik, die dem Film vorgeworfen wird (banal, idiotisch, faschistoid etc.), ganz offensichtlich einen nicht unwesentlichen Einfluss auf die Kultur nimmt, stellt sich die Frage, wie dem Film dies gelingt. Dieser Frage werde ich im Folgenden genauer nachspüren. Dazu werde ich die Narration von *Star Wars Episode IV – Eine neue Hoffnung* in einem ersten Schritt mittels der Grounded Theory kodieren und die Ergebnisse im nächsten Kapitel vorstellen.

199 Pollock, 1983, 91
200 Biskind, 2004, 596 (Hervorh. im Original)
201 Faulstich, 2005, 270f.

III Die Narration von Star Wars –
Qualitative Untersuchung

> „Wir können nie ein Bild von der Wirklichkeit
> mit der Wirklichkeit vergleichen, sondern nur
> Bilder mit Bildern von der Wirklichkeit."
> Ernst von Glasersfeld

Im vorherigen Kapitel habe ich Produktion, Marketing sowie Wirkung des Films *Star Wars Episode IV – Eine neue Hoffnung* in den Mittelpunkt der Darstellung gestellt. Offensichtlich wird dem *Star Wars* Franchise – zumindest in kommerzieller Hinsicht bzw. hinsichtlich seiner wirtschaftlichen Verwertbarkeit – ein prototypischer Charakter für das Phänomen der Blockbusterfilme attestiert. Das *Star Wars* Franchise steht allein damit schon am Beginn einer Umwälzung der Kinolandschaft, die bis auf den heutigen Tag hin Wirkung zeigt. Angesichts der starken Betonung der Wirtschaftlichkeit von Blockbusterfilmen u.a. durch Blanchet und Mikos fällt ins Auge, dass die Narration von *Star Wars* weniger stark ins Gewicht fällt bzw. eher kritisch beäugt und als oberflächlich kategorisiert wird. „Formal betrachtet wird der Film, wie Thomas Schatz attestiert, stärker durch seinen gradlinigen Plot getragen denn durch seine grob skizzierten ‚Märchenfiguren'"[202]. Ähnlich sieht es offensichtlich auch Mikos: „In solchen Blockbustern, die als Meta-Genre fungieren, werden wie in ‚Der Herr der Ringe' die narrativen Handlungselemente reduziert"[203]. Blockbusterfilme scheinen insofern zwar ein gewisses filmwissenschaftliches Interesse auch seitens der Medienpädagogik geweckt zu haben. Die Vertreter kommen aber regelmäßig zu dem Schluss, dass eine ästhetische Betrachtung der Filme hinsichtlich ihrer Schauwerte und ihrer technischen Innovationen aufschlussreich genug scheint, um hierbei festzustellen, dass diese Filme schlichtweg auf ihr Publikum abgestellt sind. Nach diesen Lesarten wird das Publikum durch die weitreichenden Marketingstrategien geködert, um sich dann einzig an den spektakulären Schauwerten der Filme zu ergötzen. Blockbusterfilme sind nach dieser Lesart so offen gestaltet, dass sie bei einem breiten Publikum mit einem undifferenzierten Geschmack Anklang finden.

Eine handlungsorientierte Medienpädagogik, wie sie hier im Sinne von Dieter Baacke (1997) und daran anknüpfend Horst Niesyto (2008) vertreten wird, kann sich mit einer solch verkürzten Betrachtung des Phänomens jedoch nur schwer zufrieden geben. Denn

---

202 Blanchet, 2003, 147
203 Mikos, 2008, 328

Baacke's Medienkompetenzmodell mit seinen vier Dimensionen Medienkritik, Medien-kunde, Mediennutzung und Mediengestaltung zielt auf die individuelle Bildung des Sub-jekts ab. Insbesondere die Dimension der Medienkritik mit ihrer dreifachen Ausfaltung stellt die Reflexion medialer Inhalte in den Fokus[204]. Niesyto hält hieran anschließend fest, dass „[…] Teilkompetenzen von Medienkritik […] nicht unabhängig von den Mediener-fahrungen von Kindern und Jugendlichen und ihrer alltäglichen Medienkritik entwickelt werden"[205] können. Übergreifendes Ziel von pädagogischer Medienkritik ist laut Niesyto, „[…] Lust auf einen qualitätsvollen Umgang mit Medien zu machen"[206]. Die Frage, die sich daher hier stellt, lautet daher: Stellen Blockbusterfilme Lesarten jenseits der kolportierten spektakulären ästhetischen Schauwerte zur Verfügung und wenn ja, um welche könnte es sich dabei handeln?

Diese Fragen dienen mir als Ausgangspunkt, um zur Narration[207] des Films *Star Wars Episode IV – Eine neue Hoffnung* eine Grounded Theory nach Glaser/Strauss (1998) zu entwickeln, die als Grundlage für die später erfolgende Untersuchung des Phänomens Blockbuster dienen soll. Die hier entwickelte Grounded Theory skizziere ich in diesem Kapitel. Zuvor stelle ich jedoch kurz die Methode vor, mit der die Untersuchung durchge-führt wurde, und begründe ihre Anwendung.

Grounded Theory bedeutet die Generierung eine Theorie mittlerer Reichweite, die auf der Grundlage von Daten basiert[208]. „Sie erlaubt auf der Basis empirischer Forschung in einem bestimmten Gegenstandsbereich, eine dafür geltende Theorie zu formulieren, die aus vernetzten Konzepten besteht und geeignet ist, eine Beschreibung und Erklärung der untersuchten sozialen Phänomene zu liefern"[209]. Die Methode der Grounded Theory bie-tet sich hier zudem deshalb an, weil sie ein prozessuales Vorgehen erlaubt, ohne einen

---

204 Vgl. Baacke, 1997, 98
205 Niesyto, 2008, 134
206 Niesyto, 2008, 134
207 „Die Narration oder Erzählung besteht in der kausalen Verknüpfung von Situationen, Akteuren und Handlungen zu einer Geschichte […]. Genauer kann Erzählung zunächst als eine Form der kommunikativen Mitteilung verstanden werden, die sich von anderen Formen unterscheidet, z. B. von der Beschreibung oder Argumentation […]. Sie ist das Resultat einer kommunikativen Handlung: des Erzählens. Diese Tätigkeit wird von einem Akteur ausgeübt, dem Erzähler, der seine Erzählung an einen Adressaten, das Publikum, richtet. Eine Erzählung entsteht so immer durch die Positionierung und Perspektive des Erzählers und seinen Blick auf das Erzählte bzw. auf die Geschichte vor dem Hintergrund der Publikumsadressierung" (Mikos, 2003, S. 43; vgl. hierzu auch Hickethier, 2003, 3. Auflage, S. 119 ff.).
208 Vgl. Glaser/Strauss, 1998, 11
209 Böhm, 2000, 476

Anspruch auf Perfektion zu erheben[210] und jeder Form von Daten zugänglich ist, wobei diese sowohl zur Verifikation als auch zur Generierung von Theorie herangezogen werden können[211]. Dies scheint mir für diese Arbeit sinnvoll zu sein, da das Terrain der Narrationen von Blockbusterfilmen bislang nur relativ unscharf vermessen wurde und adäquate Theorien sich, wie im vorherigen Kapitel gezeigt, in erster Linie auf die kommerzielle Verwertbarkeit der äußeren Form, insbesondere auf die Vermarktung der Filme beziehen. Die Grounded Theory ermöglicht nun eine Generierung konzeptueller Kategorien auf einer Datenbasis, die in diesem Fall aus der Narration des Films gewonnen werden[212]. Die Narration des Films *Star Wars Episode IV – Eine neue Hoffnung* soll in diesem Schritt das Untersuchungsfeld sein, das hier mittels des offenen Codierens[213] interpretiert wird.

Im interpretativen Paradigma wird der Mensch „[…] als ein handelnder und erkennender Organismus verstanden. Er steht der Welt nicht gegenüber und reagiert auf sie, sondern das Individuum erzeugt vielmehr in Interaktionen mit anderen die soziale Wirklichkeit"[214]. Dieser Aspekt lässt sich für die Filmanalyse fruchtbar machen, denn auch die Filmproduktion ist ein interaktiver Prozess. Ohne das Interagieren und Ineinanderwirken von Drehbuch, Regie, Kamera, Schauspieler, Beleuchtung, Kostümen, Schnitt etc. kann kein Film produziert werden. Die ‚Filmschaffenden' produzieren ein Produkt, das

---

210 Vgl. Glaser/Strauss, 1998, 41. Damit kommt eine Grounded Theory auch dem Anspruch von Filmanalysen entgegen, stets heuristische Ergebnisse zu liefern. „Film- und Fernsehanalyse stellt eine Vermittlungs- und Verständigungsform dar und ist somit Teil der Kommunikation über Film und Fernsehen. Ihre Analyse-Ergebnisse und Interpretationen sind deshalb auch nicht überzeitlich, sondern immer zeitgebunden" (Hickethier, 2003, 28). Die Überlegungen zur Filmanalyse sowohl bei Hickethier, Mikos u.a. wie auch in den Cultural Studies korrespondieren grundsätzlich mit dem Vorgehen im Kontext empirischer Sozialforschung. Denn die empirische Sozialforschung versteht ihre Ergebnisse grundsätzlich nicht als statisch, sondern ebenfalls als heuristisch, was nicht zuletzt auf die Unabschließbarkeit der Sozialisation in postindustriellen Lebenswelten zurückgeführt werden kann. „Auch können wir nie sicher sein, dass keine neuen theoretisch relevanten Einsichten mehr gewonnen werden können, da der Entdeckungsprozess immer durch unsere blinden Flecke blockiert wird, vor allem wenn sie gesellschaftlich geteilt, unterstützt oder gar eingefordert werden" (Rosenthal, 2005, 87). Zu dieser Unabschließbarkeit des Prozesses trägt letztlich auch die Methode des abduktiven Schließens bei. „Gewissheit über die Validität abduktiver Schlüsse ist jedoch selbst dann nicht zu erreichen, wenn man die abduktiv gewonnene Hypothese einer extensiven Prüfung unterwirft, also aus ihr Konsequenzen deduziert und diese dann induktiv aufzuspüren sucht und dann diesen Dreischritt immer wieder repetiert. Verifizieren im strengen Sinn des Wortes lässt sich auf diese Weise nichts. Was man allein auf diesem Weg erhält, ist eine intersubjektiv aufgebaute und geteilte <Wahrheit>. Die ist (nach Peirce) allerdings erst erreicht, wenn alle Gemeinschaftsmitglieder zu der gleichen Überzeugung gekommen sind. Da mit <alle> (bei Pierce) auch die gemeint sind, die nach uns geboren werden, ist der Prozess der Überprüfung grundsätzlich nicht abzuschließen" (Reichertz, 2000, 285).

211 Vgl. Glaser/Strauss, 1998, 26

212 Glaser/Strauss, 1998, 33

213 Gleichwohl neben dem offenen Codieren auch das axiale und selektive Codieren ihre Berechtigung im Prozess haben, genügt für die hier angestrebte Konturierung der Schritt des offenen Codierens, mit dem die Daten analytisch dekodiert werden (vgl. dazu Böhm, 2000, 477f.).

214 Rosenthal, 2005, 15

erstens durch eine Vielzahl von kreativen und (re-)produzierenden Interaktionen erzeugt wird. Diese Produktion findet zweitens in Reaktion auf die jeweilige Alltagswelt der Produzierenden statt. „Die Alltagswelt breitet sich vor uns aus als Wirklichkeit, die von Menschen begriffen und gedeutet wird und ihnen subjektiv sinnhaft erscheint"[215]. Ein Film und besonders ein von einer transnational operierenden Filmproduktionsfirma (z. B. 20th Century Fox, Disney, Dreamworks, Warner bros. etc.) produzierter Film, der darauf abzielt, einen substantiellen Gewinn zu erwirtschaften, ist ergo keine ‚creatio ex nihilo‘, sondern ein Produkt sorgfältiger Planung, dessen Realisierung in Form des jeweiligen Films mit allen dazu gehörigen Begleiterscheinungen (vgl. dazu u.a. Monaco, J., 2002; Blanchet, R., 2003; siehe auch Kapitel 1). Begreift man also den Prozess der Filmproduktion als Abfolge sozialer Interaktionen, leuchtet es ein, den Film als Erkenntnisobjekt interpretativer Sozialforschung anzunehmen, denn der fertige Film ist ein Produkt sozialer Interaktionen. Das Gleiche gilt auch für seine jeweilige Narration. Sie impliziert ebenfalls einen Kommunikationsprozess, denn keine Narration entsteht, ohne dass der Mensch seine subjektiven Lebenserfahrungen in sie einfließen lässt. Alle Geschichten bilden demzufolge auch einen Teil gesellschaftlicher Realität ab. „Generell können Film- und Fernsehtexte als >>Elemente der Repräsentationsordnung der Gesellschaft<< angesehen werden […]. Sie korrespondieren mit gesellschaftlichen Strukturen […]"[216].

Deshalb erscheinen die Instrumente qualitativer, interpretativer Sozialforschung für die hier anstehende Untersuchung ein probates Mittel zu sein. Gestützt und erweitert wird diese Annahme durch den Hinweis, dass die Methoden der interpretativen Sozialforschung Instrumente bereit stellen, „[…] mit denen man alle Datentypen analysieren kann – also Beobachtungsprotokolle aus der teilnehmenden Beobachtung, Tonband- und Videoaufnahmen von Alltagssituationen, Transkripte von Interviews sowie auch vorliegende Texte aus unterschiedlichen Diskurszusammenhängen"[217]. Aufgrund dieser Vielzahl von Anwendungsbereichen stellen die Instrumente der interpretativen Sozialforschung quasi einen Universalschlüssel dar, um reale und fiktionale Lebenswirklichkeiten aus der Sicht der handelnden Menschen heraus zu verstehen.

Die Datensammlung für die Entwicklung der Grounded Theory orientiert sich am theoretischen Sampling. „Theoretisches Sampling meint den auf die Generierung der Theorie zielenden Prozeß [sic!] der Datenerhebung, währenddessen der Forscher seine Daten pa-

---

215 Berger/Luckmann, 2003, 21

216 Mikos, 2003, 101; vgl. hierzu auch Winter, R. u. Mikos, L. (Hg.), 2001

217 Rosenthal, 2005, 17. Um dies für die Filmanalyse noch deutlicher zu machen, sei an dieser Stelle
    erwähnt, dass in unserem Verständnis moderner Medienwelten ein Text deutlich darüber hin-
    ausgeht, allein ein Schriftstück zu sein. Texte und insbesondere Bilder „[…] werden nicht" […] in
    der Abgrenzung von Zeichen, sondern selbst als Zeichensysteme [verstanden] […], die nach dem
    Modell von Sprache und Schrift zu analysieren sind" (Sandbothe, 1997, 69).

rallel erhebt, kodiert und analysiert sowie darüber entscheidet, welche Daten als nächstes erhoben werden sollen und wo sie zu finden sind"[218].

Um einen Überblick über die Fülle des Datenmaterials zu behalten, wird der Film zunächst in Sequenzen unterteilt, die anschließend anhand theoriegenerierender Fragen dekodiert werden[219]. Hierbei werden anfangs kürzere Szenen und später immer längere Szenen und Sequenzen zur Kodierung herangezogen[220].

Die Darstellung der hier entwickelten Grounded Theory wird entsprechend mit einer ausführlicheren Darstellung der Initialphasen des Films eröffnet, da der (Film-)text zu diesem Zeitpunkt die größte Offenheit an den Tag legt. Anschließend werden längere Passagen kodiert und es sollen, auch im Sinne einer Filmanalyse, Lesarten des Films herausgearbeitet werden, die zwar heuristischen Charakter haben, zugleich aber in Form einer Grounded Theory als Grundlage für den weiteren Gang der Untersuchung herangezogen werden können[221].

Abschließen werde ich dieses Kapitel in drei Schritten: Erstens werde ich eine Brücke zur Heldenreise von Joseph Campbell bauen, zu dem Konzept also, das George Lucas für die Entwicklung des Drehbuchs zugrunde legte. Auf dem Konzept der Heldenreise baue ich zweitens eine Vorstellung der Narrationen von Blockbusterfilmen auf und werde schließlich drittens die Vorstellung des weiteren Gangs der Untersuchung aufzeigen.

III.1 Die Eröffnungssequenzen von Star Wars Episode IV – Eine neue Hoffnung

„Selbst ich kann ihrer Logik bisweilen nicht folgen."

C-3PO – *Star Wars Episode IV – Eine neue Hoffnung*

Der Nachhall der Eröffnungsfanfare der 20th Century Fox klingt noch in den Ohren, wenn das erste Bild des Films auf der Leinwand erscheint. In Verbindung mit dem monumentalen Fox Logo, welches von riesigen Scheinwerfern angeleuchtet wird, scheint die Fanfare die Funktion zu haben, die Rezipienten darauf vorzubereiten, dass sie nun Zeugen von etwas Außergewöhnlichem und Besonderem werden. So kommt es auch, wenngleich anders als zunächst erwartet: Das erste Bild scheint viel weniger spektakulär zu sein, als die majestätische Fox-Fanfare es erwarten lässt. „Es war einmal vor langer Zeit in einer weit,

---

218 Glaser/Strauss, 1998, 53
219 Der Fragebogen befindet sich im Anhang.
220 Böhm, 2000, 477
221 Der Gedanke dahinter ist der, dass mediale Texte Kommunikate sind, die, wie Stuart Hall (1999) dies grundlegend in seinem Aufsatz „Kodieren/Dekodieren" im Rahmen der Cultural Studies vorgezeichnet hat, nicht einem linearen Sender-Empfänger-Modell folgen, sondern vielmehr Teil eines kommunikativen Systems sind, in dem Sender, Empfänger sowie ihre Kommunikate zugleich sowohl Rezipient als auch Träger und Erzeuger von Bedeutungen sind (vgl. Hall, 1999, 95ff.).

weit entfernten Galaxis…"[222] prangt in grünen Buchstaben auf der Leinwand, ohne von jeglichem Sound begleitet zu werden.

Diese märchenhafte Einleitung zu *Star Wars Episode IV – Eine neue Hoffnung* beflügelt die Fantasie und schickt sie zurück in die eigene Kindheit, in der Märchen regelmäßig mit der Formel ‚Es war einmal…' begannen. Eine solche Einleitungsformel der Märchen erinnert an eine Unzeit hin, eine Periode, die nicht näher bestimmt werden will, kann oder muss. Sie richtet die Aufmerksamkeit des Hörers oder Lesers, kurz des Rezipienten, automatisch auf einen Ort, an dem potenziell alles passieren kann. Allerdings wird die klassische Märcheneröffnung hier zugleich expandiert und weist in Richtung einer „weit, weit entfernten Galaxis". Nicht ein idyllisches Dorf oder ein kleines Königtum, wie bei den Gebrüdern Grimm, haben wir im Folgenden zu erwarten, sondern eine ganze Galaxis. Gleich zu Beginn des Films werden somit Größenverhältnisse zurecht gerückt. Die Rezipienten werden gerüstet, um das Unerwartete zu erwarten, denn der Begriff Galaxis richtet die Erwartung der Rezipienten im selben Moment hinauf zu den Sternen. Nicht unser Sonnensystem ist der Ort der Handlung, nicht die Milchstraße ist der Ort dieser Galaxis, sondern eine sehr weit entfernte Galaxis, eine dieser Sternenwolken, die selbst in sternenklarer Nacht nur mit einem Heim-Teleskop oder besser noch in einer Sternenwarte erkannt werden können. Also eine Galaxis jenseits der Unsrigen. Rechnet man nun die jüngeren physikalischen Erkenntnisse zur Lichtgeschwindigkeit, Krümmung des Raums usw. heran, dann kann das ‚Es war einmal' zu jeder Zeit spielen, also auch in unserer Gegenwart[223].

Das Intro stellt damit auch heraus, dass hier filmästhetisch eine Grenze überschritten wird. Bis dahin hatten Science Fiction Filme immer in irgendeiner Form Anbindung an den Planeten Erde zumindest aber an die Milchstraße. Mit *Star Wars Episode IV – Eine neue Hoffnung* wird dieser Bezugspunkt gekappt. Der Film kann also frei im gänzlich unbestimmten Raum flottieren. Wo so viel unbestimmter Raum und unbestimmte Zeit zur Verfügung stehen, kann aber auch entsprechend alles passieren, nicht zuletzt auch der Umstand, dass die Rezipienten möglicherweise Nichts von dem verstehen, was im Film folgt.

Einerseits spielt der Film also schon im ersten Bild mit einem unbestimmten Raum, gleichzeitig greift der Begriff „Galaxis" aber auch die wohlbekannte Sehnsucht des Menschen, nach den Sternen zu greifen, das Unbekannte zu erforschen, Neues zu entdecken, Welten die noch nie ein Mensch zuvor gesehen hat, auf. Dieses Intro des Films, präsentiert ohne jegliche Sounduntermalung, birgt das Potenzial, die Rezipienten in einen ambivalenten Zustand zwischen Vertrauen und Sicherheit auf der einen und Neugier und Sehnsucht

---

222 Lucas, 1977, 1997, 2004, (00:00:20 – 00:00:25)

223 In der Tat basiert auch der „What if" TV Spot für Star Wars genau auf dieser Idee. „Was wäre, wenn sich all dies jetzt in diesem Moment abspielen würde? Was wäre, wenn Luke Skywalker gegen den Todesstern kämpfen und versuchen würde, eine Prinzessin zu retten? Was wäre, wenn Sie mitkommen könnten?…" (Vgl. Lucas Film Ltd, 2004).

auf der anderen Seite zu versetzen. Es scheint, als sollen die Rezipienten regelrecht in die Welt des kindlichen Selbst hinein geworfen werden. Zumindest liegt die Vermutung nahe, dass die Rezipienten durch die Einleitungsformel kognitiv auf die Perspektive eines sowohl bekannten als auch fremdartigen Märchens eingestimmt werden.

Gleichzeitig wird über dieses erste tonlose Bild des Films, in Verbindung mit dem vorherigen Fox-Logo und der Fox-Fanfare ein Gegensatz aus Laut und Leise installiert. Die sequentielle Montage dieses Gegensatzes ist aber nicht vollständig, da der letzte Klang der Fanfare in das „Es war einmal"-Bild herüber klingt. Hier wird also ein weicher Übergang zwischen den Polen laut und leise (bzw. still) hergestellt. Dadurch erscheinen diese Bilder als Dichotomie, das heißt als zwei Teile eines Ganzen.

Was folgt daraus? Hier lässt sich eine erste These entwickeln: Um dem Film folgen zu können, müssen die Rezipienten sich einerseits auf ein Szenario einlassen, in dem Märchenfiguren wie Könige, Helden, Prinzessinnen, Elfen, Feen, Zauberer, Ritter, Hexen, Drachen usw. glaubhaft sind. Kurz: das Szenario des Films spielt in einer märchenhaften Welt, die aber nun nicht in einem Fantasyland, sondern in einer fernen Galaxis spielt. Ob hier High-Speed Raketen oder fliegende Krokodile das Szenario beherrschen, ist zu diesem Zeitpunkt des Films völlig offen, aber möglich ist alles. Andererseits lässt sich aber auch bereits hier die These aufstellen, dass die Gegensätze in der Märchenwelt dieser Galaxis nicht unbedingt Gegensätze sein müssen. Es besteht die Möglichkeit, dass diese Gegensätze zusammen gehören.

Wie diese Galaxis konkreter beschaffen ist, wird in der zweiten Einstellung des Films präsentiert. *Star Wars* erscheint in überdimensionierten Lettern auf der Leinwand und bewegt sich in die Tiefe des Raums hinein. Dabei entpuppt sich der Raum um den Schriftzug herum als Sternenhimmel und der auf den Titel folgende, abgerollte Schriftzug schrumpft nach oben hin immer mehr, so dass ein dreidimensionaler Effekt entsteht. Dieser Effekt scheint suggerieren zu wollen, dass der Rezipient immer tiefer, quasi auf dem Text surfend, mit in den Weltraum gezogen werden soll. Aber während der Titel noch verschwindet, rollt vom unteren Ende der Leinwand weiterer Text ins Bild, der ebenfalls nach hinten in den Weltraum verschwindet.

Inhaltlich klärt dieser Rolluptext, in welchem Zustand sich die Galaxis befindet, in der das Szenario des Films angelegt ist: Bürgerkrieg. Die Parteien werden vorgestellt. Während die Rebellen von geheimen Stützpunkten aus operieren, wird das Imperium als ‚böse' markiert. Dann werden sogleich die Machtverhältnisse in dieser Galaxis zurecht gerückt, indem die Zerstörungskraft des „bösen" Imperiums beschrieben wird. Diese reicht aus, um einen ganzen Planeten auf einen Schlag vernichten zu können. Schließlich ist im letzten Abschnitt des Rolltextes von einer Prinzessin die Rede, die die Möglichkeit hat, die Galaxis vor der Herrschaft des „bösen" Imperiums zu retten. Allerdings versucht das „böse" Imperium sie mit allen Mitteln daran zu hindern und hat zu diesem Zweck ihre Verfolgung bereits aufgenommen.[224]

Der Rolluptext weist die Rezipienten also in die im Szenario des Films zu erwartenden Verhältnisse ein. Genaueres ist zwar noch nicht bekannt, aber immerhin ist klar geworden, dass es hier um den Kampf von rebellischen Protagonisten und ihren bösen Antagonisten auf Regierungsseite geht. Um die Galaxis, um die es in diesem Film geht, scheint es in puncto Lebensqualität kurz gesagt nicht zum Besten bestellt zu sein, aber immerhin, es gibt Hoffnung.

Dieser Text zeichnet mit schlichten Federstrichen einen Konflikt nach, bei dem es anscheinend um Alles oder Nichts für die eine oder die andere Partei geht. Somit ist zwar noch nicht viel passiert, aber die Erwartungen, die mit der Fox-Fanfare geweckt wurden und zwischenzeitlich von der „Es war einmal"-Einstellung konterkariert wurden, werden aber immerhin in dieser Szene, die durch die majestätisch orchestrierte Titelmelodie des Films unterstützt wird, wieder eingelöst.

Auch in dieser Sequenz spiegelt sich die oben erwähnte Dichotomie wider. Diese bezieht sich hier sowohl auf die Montage als auch auf die Narration. Der zu lesende, leicht infantile Text wird von einem mächtigen Orchester untermalt, wodurch die Worte eine Aufwertung erfahren. Die Ausgangssituation wird im Text als dramatisch dargestellt, dass aber trotzdem Hoffnung besteht wird explizit im Text hervorgehoben.

Während dann die Rollupschrift schließlich im Raum verschwindet, wird auch die Musik einen kurzen Moment leiser, die Kamera schwenkt senkrecht nach unten und gibt den Blick auf eine Planetenoberfläche sowie zwei weitere Himmelskörper in erreichbarer Nähe frei. Dabei schwillt die Musik erneut an und ein Raumschiff gleitet durch den Weltraum. Es wird von einem anderen Raumschiff verfolgt, das endlos an der Kamera vorüber zieht und schließlich die gesamte Breite der Leinwand einnimmt, während es sich mit dem ersten, viel kleineren Raumschiff, einen Schusswechsel liefert. Schließlich erhält das kleine Raumschiff einen Treffer und die Kamera springt in das Raumschiff hinein, wo einige Droiden anscheinend aufgrund des Treffers durchgeschüttelt werden. Einer der Droiden, C-3PO, meldet sich akustisch in menschlicher Sprache zu Wort, analysiert kurz die Lage, um sich anschließend sogleich über ihre potenziell zu erwartende Zerstörung zu äußern, während Männer in Uniformen sich in Stellung bringen, um einen Angriff abzuwehren. Das Schiff wird von strahlend weiß gepanzerten Soldaten geentert, die sich eine wilde Schießerei mit den Verteidigern liefern. Die Verteidiger sind deutlich unterlegen, aber die zwei Droiden passieren völlig unversehrt das Schlachtfeld, während um sie herum ein Gewitter von Laserstrahlen tost. Dann betritt eine hünenhafte, schwarz gekleidete Gestalt die Szenerie. Auditiv wird das Szenario von martialischer Musik untermalt, wobei das zischende Geräusch einer Atemmaske alle anderen Sounds überlagert[225].

---

224 Lucas, 1977, 1997, 2004 (00:00:26 – 00:01:49)
225 Vgl. Lucas, 1977, 1997, 2004 (00:01:50 – 00:04:40)

Auch in diesen ersten bewegten Bildern des Films scheinen die Dichotomien wieder auf. So unbekannt die Galaxis anfänglich erschien, so bekannt erscheinen bis hierher die in ihr auftauchenden Motive: Bürgerkrieg, Rebellion, Prinzessin, Schießerei, der Kampf David gegen Goliath, wobei Goliath in dieser Sequenz die besseren Karten hat usw. Neben bekannten Motiven tauchen aber auch immer wieder Verfremdungen in der Szenerie auf, wie beispielsweise ein Droide, also eine Maschine, die ihre potenzielle Zerstörung als „reinen Wahnwitz" bezeichnet. Hier wird deutlich, dass die Technologie in dieser Galaxis so weit vorangeschritten ist, dass interstellare Flüge möglich sind, mit Laserwaffen geschossen wird und Droiden, also Maschinen über künstliche Intelligenz bis hin zu Emotionen verfügen.

Die in diesen ersten Sequenzen des Films angelegte Struktur der Inszenierung von Dichotomien, Bekanntem in Verknüpfung mit Unbekanntem und Unbekanntem im Kontext von Bekanntem sowie die sequentielle Verschränkung von Gegensätzen, bleibt, wie sich zeigen wird, über die komplette Länge des Films erhalten. Welche Rolle spielt das Thema der Dichotomie für den Film?

III.2 Dichotomien zwischen den Sternen

Die weitere Handlung des Films ist schnell erzählt. Prinzessin Leia, die an Bord des gekaperten Raumschiffs ist, wird von den Soldaten des Imperiums unter ihrem Anführer Darth Vader entführt. Er will von ihr die gestohlenen Pläne des Todessterns zurück sowie den Standort der Basis des Rebellenlagers wissen, um dieses zu zerstören. Ehe die Prinzessin aber gefangen wurde, gelang es ihr, dem kleineren der beiden erwähnten Droiden die gesuchten Pläne zukommen zu lassen. Die beiden Droiden entkommen in einer Rettungskapsel und landen, nachdem sie sich zuvor im Hightech-Szenario des Raumschiffs befanden, auf einem tristen Wüstenplaneten, der scheinbar nur aus Sand und Felsen besteht. Nach einigem Hin und Her treffen sie hier auf den Farmerjungen Luke Skywalker. Dieser unscheinbare Zufall wird nur noch durch den nächsten noch unscheinbareren Zufall übertroffen. Luke Skywalker führt die Droiden mehr unfreiwillig als freiwillig zu einem gewissen Ben Kenobi, dem Adressaten der Pläne, die Prinzessin Leia ausgesandt hatte[226].

Ben Kenobi, den Luke Skywalker in seinem Leben zuvor scheinbar nie zuvor getroffen hat, kennt wiederum Lukes familiäre Hintergründe. Er macht sich mit Luke auf, um die Pläne an ihren eigentlichen Bestimmungsort zu bringen. Doch Luke bricht erst mit Kenobi und den Droiden auf, nachdem die Häscher des Imperiums sein Zuhause niedergebrannt und seine Verwandten getötet haben. Das so entstandene Quartett aus zwei Menschen und zwei Droiden findet sich im Ort Mos Eisley ein. Dieser Ort wird als Raumhafen bezeichnet und hier wird deutlich, dass der Planet doch stärker besiedelt ist, als zunächst anzuneh-

---

226 Dieser Wüstenplanet mag zwar dünn besiedelt sein, aber dass diese Aufeinandertreffen so scheinbar mühelos und zufällig gelingen, erscheint reichlich konstruiert. Vgl. Lucas, 1977, 1997, 2004 (00:06.48 – 00:30:18)

men war. In Mos Eisley treffen die Vier auf eine Ansammlung äußerst heterogener Spezies. Die Stadt selbst erscheint wie ein Mash-Up einer orientalischen Szenerie aus 1001 Nacht und einem Grenzstädtchen am Rande des Wilden Westens. Hier finden sie in Han Solo und seinem Co-Piloten Chewbacca zwei Weltraum-Schmuggler, die sich bereit erklären, sie zu ihrem Ziel zu bringen. Dabei werden sie stets verfolgt von den Spionen und Truppen des Imperiums. Doch sie können mit knapper Not an Bord von Han Solos Raumschiff, dem Rasenden Falken, in den Weltraum entkommen[227].

An ihrem Zielort angekommen muss das zum Sextett angewachsene Quartett feststellen, dass der Planet kurz zuvor durch das Imperium zerstört wurde. Ihr Raumschiff wird von einer Raumstation mit Namen Todesstern, der sich noch in der Nähe befindet, gekapert und das Sextett ist gefangen. Ben Kenobi erklärt in dieser Situation, dass er dazu in der Lage sei, sie aus ihrer unangenehmen Lage zu befreien, und setzt dies sogleich allein in die Tat um. Während die übrigen Fünf warten, entdeckt ihr Droide R2-D2, dass die Prinzessin aus der Eingangssequenz auf dieser Raumstation gefangen gehalten wird. Kurzerhand entscheiden sie sich, die Prinzessin zu befreien. Entgegen aller Wahrscheinlichkeit gelingt die Flucht vom Todesstern, wobei allerdings Ben Kenobi umkommt[228].

Die Prinzessin kennt als Anführerin der Rebellen deren geheimen Stützpunkt und lotst die Gruppe dorthin. Den Imperialen gelingt es, die Spur der Gruppe zu verfolgen, weil sie einen Peilsender an Han Solos Raumschiff angebracht haben. Und so stehen sich alsbald kleine Raumschiffe der Rebellenstreitkräfte und der übermächtige Todesstern zu einer finalen Schlacht gegenüber. Die Rebellen haben im Prinzip keine Chance, zumal auf dem Todesstern die Vorbereitungen dafür laufen, den Planeten der Rebellen in Weltraumschutt und -asche zu legen. Doch im letzten Augenblick gelingt es Luke Skywalker, den entscheidenden Treffer gegen den Todesstern zu erzielen, und die Raumstation explodiert. Darth Vader, der in einem kleinen Raumjäger die angreifenden Rebellen bekämpfte, kann entkommen. Unterdessen feiern die Helden ihren Sieg gegen das „böse" galaktische Imperium[229].

Es ist bemerkenswert, wie die Helden in diesem Film den größten Gefahren trotzen und den unmöglichsten Situationen auf absurde bis aberwitzige Weise entkommen können, um schließlich ihren übermächtigen Gegner, zumindest vorläufig, zu besiegen.

Wie oben erwähnt bleibt die Anhäufung von Dichotomien über die Länge des Films erhalten und je länger der Film läuft, desto deutlicher wird, dass diese für den Film konstitutiv werden:

» Der Pilot, Han Solo, der Luke Skywalker und Ben Kenobi sowie die beiden Droiden von dem tristen Wüstenplaneten fliegt, ist ein eiskalter Schmuggler, der in erster Linie

---

227 Vgl. Lucas, 1977, 1997, 2004 (00:31:17 – 00:54:40)
228 Vgl. Lucas, 1977, 1997, 2004 (01:00:39 – 01:29:36)
229 Vgl. Lucas, 1977, 1997, 2004 (01:32:28 – 01:55:10)

auf seinen persönlichen Profit setzt und sich keinen Augenblick scheut, auch unter die Gürtellinie zu greifen, um sich seinen Vorteil zu verschaffen oder ihn zu bewahren.

» Die Prinzessin, die befreit werden soll, und die während ihrer Haft gefoltert wurde, tritt alles andere als kleinlaut auf den Plan, wie man es von einer Märchenprinzessin erwarten würde.

» Dem gewaltigen Machtapparat des regierenden Imperiums gelingt es selbst im innersten Kern nicht, die selbst aufoktrojierte Ordnung zu bewahren, wenn die Routinen ihrer Verrichtungen gestört werden.

» Ein alter Mann erklärt das Vorhanden-Sein des Universums mit einem kosmischen Energiefeld, das von allen lebendigen Wesen erzeugt wird. Diese unterfüttert er mit fabelhaften Landsergeschichten aus der Vergangenheit wofür er auch noch Zuhörer findet.

» Der Bauernjunge, der von nichts eine Ahnung hat, wird der David, der am Ende den gewaltigen Goliath gerade dadurch besiegt, dass er der Präzision seiner technischen Instrumente nicht weiter vertraut, sondern auf die geisterhafte Stimme seines toten älteren Freundes hört.

Wie ich im vorherigen Kapitel angedeutet habe, zeigen die Feuilletons der verschiedenen Zeitungen, wie schwer es ihnen zu fallen scheint, diese Aneinanderreihung von Zufällen, Widersprüchen und Gegensätzen nicht nur als löchrige Story oder überspannte Konstruktion zu identifizieren, sondern als den sequentiellen Ablauf von Dichotomien wahrzunehmen, die zueinander in ein dialektisches Verhältnis geführt werden, durch das der Film konsistent konstituiert wird. Zur Zeit seiner ersten Ausstrahlung war so viel Ir-Realismus der Kritik offensichtlich zuwider.

Und doch scheint sich darin ein Sinn zu finden, denn was immer die Helden im Film tun, so absurd ihre Situation auch sein mag, alles spielt *für* sie. Sie bewegen sich in diesem dichotomischen Szenario durch eine Idealkonstruktion, die von vorne bis hinten zu ihren Gunsten ausgelegt zu sein scheint.

So gesehen bildet *Star Wars Episode IV – Eine neue Hoffnung* in seiner Narration die Widersprüchlichkeiten einer heterogenen Gesellschaft ab und ganz grundsätzlich betrachtet werden in diesem Film die unterschiedlichen Beziehungen einer zutiefst heterogenen Gesellschaft ausgelotet.

Kontrastiert man diesen Befund mit den Informationen, die zum Erscheinen des Films im Kino auftraten, lässt sich die Hypothese aufstellen, dass der Film offensichtlich einen Nerv getroffen haben muss, der zum Zeitpunkt seiner Veröffentlichung gesellschaftlich höchst relevant war. Welcher ist das? *Star Wars Episode IV – Eine neue Hoffnung* trifft 1977 in den USA auf eine Gesellschaft, die durch den Vietnamkrieg sowie die Watergate-Affäre und die Ölkrise verunsichert ist. Und das geschieht, nachdem die 60er Jahre des zwanzigsten Jahrhunderts sich sowohl in wirtschaftlicher wie auch in kulturelle Hinsicht als eine äußerst produktive Ära erwiesen haben. In dieser Phase gesellschaftlicher Verunsicherung präsentiert George Lucas in seinem Film einen Helden, der aus Sicht des herrschenden Systems als Terrorist bezeichnet werden muss und der die repressive Herrschaft des Imperiums angreift. Der Held ist aber nicht alleine, sondern er bekommt schließlich eine ganze Bewegung an die Seite gestellt, im Film als Rebellion bezeichnet, mit deren Hilfe es ihm gelingt, die herrschende Klasse zu stürzen. Aus Sicht des Imperiums kann die so bezeichnete Rebellion aber nicht anders als Terrorgruppe bezeichnet werden und der Begriff Rebellion erscheint vielmehr nur als eine positive Konnotation des Begriffs Terror. Die Begrifflichkeit mag auf den ersten Blick im Rahmen der US-Veröffentlichung des Films ein wenig herangezogen sein, aber als *Star Wars* veröffentlicht wurde, traf er in Deutschland auf den Höhepunkt des RAF Terrors. Selbst ernannte Revolutionäre und Rebellen waren insbesondere in Europa im Kontext der dominanten Lesart jedoch Terroristen. Der Film erwirkt hingegen eine andere Lesart dieses Umstands. Die Terroristen sind die Guten und das deshalb, weil sie als Rebellion gegen ein totalitäres und dabei repressives System kämpfen. Die Rebellion wurde im Film zwar positiv konnotiert, diese positive Lesart wurde jedoch dadurch wirksam, dass sie zugleich kommerzialisierbar und kommerziell erfahrbar war, nämlich, indem die Rezipienten Kinokarten erwarben. Ohne den Zuspruch des Publikums und gegenüber allen Unkenrufen aus der Filmbranche und seitens der Kritiker wäre diese Lesart nicht realisiert worden. In diesem Sinne gewährt *Star Wars Episode IV – Eine neue Hoffnung* zum Zeitpunkt seiner Veröffentlichung meines Erachtens eine mediale Katharsis. Diese besteht eben darin, dass in der Narration des Films danach gesucht wird, die in dem Szenario wirkenden und widerstreitenden Kräfte und Gegensätze miteinander in Beziehung und in ein dialektisches Verhältnis zu setzen. Die Folge dieser Interaktionen fällt für das Imperium in der Narration von Episode IV denkbar schlecht aus: Ihr technologisches Wunderwerk der Zerstörung, der Todesstern wird zerstört. Deswegen ist das Imperium aber nicht ausgelöscht und seine potenzielle Rückkehr wird mit der Flucht von Darth Vader nach der Schlacht von Yavin am Ende des Films bereits angedeutet. Das oben und unten von Gut und Böse, das Werden und Vergehen unterschiedlicher Systemvorstellungen verbleibt somit dialektisch. *Star Wars* stellt ganz ähnlich wie dies in den Cultural Studies betrieben wird, die Dialektik in den Mittelpunkt des Diskurses. In diesem Diskurs erhalten tatsächlich alle Parteien, zumindest potenziell, die Gelegenheit zur Partizipation. Vorausgesetzt – und dies ist und bleibt die andere Seite dieses Geschäfts – wenn die Mitglieder zugleich bereit sind, kommerziell aktiv zu werden.

III.3 Didaktik zwischen den Sternen?

Nur auf den ersten Blick ist das Bemerkenswerte an dieser Konstellation, dass jemand eine solch naive Vorstellung von Problemlösung in einem Film inszeniert. Viel bemerkenswerter ist jedoch, dass diese naive Geschichte so massenhaft rezipiert wurde, und es stellt sich immer noch die Frage, wieso? Ist das Publikum des Films durch die Bank so naiv, wie manche Kritiker dies in den Feuilletons zur Zeit der Veröffentlichung des Films immer wieder durchblicken ließen? Wodurch wird dieses löchrige Szenario des Films für die Rezipienten dennoch plausibel gemacht? Die These, die ich dazu im Folgenden entwickeln möchte, lautet: Der Film ist von Anfang bis Ende mit einer selbstreflexiven Didaktik ausgestattet. Er ist didaktisch so aufgebaut, dass er für die Rezipienten stets nachvollziehbar bleibt. Die Frage ist nun, wie funktioniert das mit einer Narration, die in einer „weit, weit entfernten Galaxis spielt"?

Um dies zu veranschaulichen, kehre ich noch einmal an den Anfang des Films zurück. In den ersten Minuten des Films werden die erwähnten Dichotomien, wie oben erwähnt, nachhaltig installiert. Dies geschieht nicht nur über formale Konzepte wie Schnitt, Ton und Ähnliches, sondern auch über die Nebenfiguren. Die beiden Droiden C-3PO und R2-D2 streiten sich beispielsweise in den ersten zehn Minuten ständig wie die Kesselflicker. Nachdem sie dann auf dem Planeten Tatooine notgelandet sind, trennen sie sich, wiederum streitend, um kurze Zeit später wieder aufeinander zu treffen, nachdem sie von den so genannten Jawas eingesammelt worden sind. Die Jawas sind sehr kleinwüchsige Wesen in braunen Kapuzenmänteln, die mit einem riesigen Sandraupenschlepper durch die Wüste fahren und Schrott einsammeln. So auch die beiden Droiden. Die bis dahin kleinsten Wesen des Films bewegen sich also mit einem für ihre Verhältnisse ungewöhnlich großen Fahrzeug durch die Wüste. Ausgerechnet im Bauch dieses Fahrzeugs treffen die beiden Droiden wieder aufeinander und 3PO bekundet nachhaltig, wie sehr er sich freut, R2-D2 wieder zu sehen, nur um gleich darauf erneut mit ihm zu streiten[230].

Das riesenhafte Fahrzeug der Jawas stoppt dann mitten in der Wüste bei Familie Skywalker, die eine Farm betreibt, deren einziges Ziel es ist, verdunstendes Wasser zu ernten. In der trockenen Wüste Wasser aufzulesen mag zwar in dem Klima sinnvoll erscheinen, aber daraus gleich eine Lebensgrundlage in Form von einer Farm zu entwickeln wirkt doch ziemlich gespreizt. Aber ausgerechnet an diesem lebensfeindlichen Ort tritt dann der Held in spe das erste Mal auf. Kurz: Bis zu diesem Zeitpunkt haben die Rezipienten bereits so viele prinzipiell unheilbare Widersprüche und Gegensätzlichkeiten erfahren, dass es beinahe wie eine Wohltat wirkt, wenn endlich jemand auftritt, bei dem schnell deutlich wird, dass er auch keine Ahnung davon hat, worum es in dem Film eigentlich geht. Und dieser jemand ist der Held[231].

Dieses gesamte Intro des Films lässt sich unter einer didaktischen Perspektive auch als ein Advanced Organiser verstehen, mit dem die zentralen Probleme der Narration bereits einmal für die Rezipienten getriggert werden.

Mit dem Auftauchen des Helden geht das Spiel jedoch weiter, mit dem Unterschied allerdings, dass dieser ahnungslose Held nun zum Spielball dieser Dichotomien wird. Wenn Lukes Onkel ihm befiehlt, was er zu tun hat, dann befolgt der Junge die Anwei-

---

230 Vgl. Lucas, 1977, 1997, 2004 (00:02.39 – 00:15:52)
231 Vgl. Lucas, 1977, 1997, 2004 (00 :15 :52 – 00 :19 :16)

sungen. Wenn der Droide R2-D2 von der Farm flieht, um seinen eigenen Auftrag zu erfüllen, nimmt Luke mit C-3PO die Verfolgung auf, um von seinem Onkel keinen Ärger zu bekommen. Tief in der Wüste holen sie den kleinen Droiden ein. Der informiert seine beiden Verfolger daraufhin sogleich, dass sich unbekannte Kreaturen nähern. Anstatt aber den Droiden einzuladen und sich vor den Kreaturen in Sicherheit zu bringen, sieht Luke sich erst einmal um. Nachdem die Sandleute Luke überwältigt haben und seinen Landspeeder ausplündern wollten, wird er von Ben Kenobi gefunden und gerettet. Mit dem alten Mann begibt er sich schließlich auf die Reise nach Mos Eisley. Dort gehen sie als erstes in eine Kneipe, in der der völlig unerfahrene Luke so überkandidelt cool auftritt, dass er sich sofort Ärger einhandelt, aus dem ihn Ben Kenobi retten muss und so weiter.

Um eine lange Geschichte kürzer zu fassen, die Rezipienten werden ab dem ersten Auftritt des Helden gemeinsam mit diesem durch die unbekannte, weit weit entfernte Galaxis geführt. Dieser Weg durchläuft immer wieder den Dreischritt Problemstellung, Lösungsversuch, Konsequenz. Mit fortlaufender Story greift der Held dann auf Lösungsangebote zurück, die ihm auf die eine oder andere Weise zuvor angeboten wurden, wodurch seine Handlungen und damit eben auch die Narration eben trotz aller Absurditäten plausibel erscheinen[232]. Der Film ist also so aufgebaut, dass die Rezipienten alle Schritte für nachvollziehbar erachten können, die die Heldenfigur geht. Damit ist der Film prinzipiell didaktisch konsistent konstruiert.

In einem so konsistent konstruierten Film ist es offensichtlich sogar nachvollziehbar, dass der Held zum Ende des Films die Stimme seines toten Lehrmeisters hören kann und durch dessen Ratschlag nicht nur sein eigenes Überleben, sondern auch das der gesamten Galaxis sichern kann.

---

232 Mit den James Bond Filmen der 60er Jahre beginnt die Einführung von Gadgets, die dem Agenten ihrer Majestät zur Unterstützung bei seinen Missionen zur Verfügung gestellt werden. Diese Gadgets und ihre Einführung sind ansehnliche Beispiele für eine solche Plausibilisierungstechnik: Zu Beginn eines Bond Films erhält der Agent ihrer Majestät regelmäßig von Waffenmeister Q einige Gadgets. „Unter Gadget versteht man ein technologisches Hilfsmittel mit durchdachter Funktionalität und einem meist ungewöhnlichen Design. Sie sind üblicherweise klein, handlich und zum Mitführen konzipiert. Gadgets fungieren für Bond gleichsam als Schutz und Prothese" (Ritzer, 2007, 202). Bei den Gadgets handelt es sich beispielsweise um den Spezialkoffer aus Liebesgrüße aus Moskau (1963), den getunten Aston Martin DB 5 in Goldfinger (1964), das Mini-Atemgerät in Feuerball (1965) usw. Die Spitze dieser Entwicklung stellt der Aston Martin in Die another Day (2002) dar. Dieser Wagen, der mit einer Polymerschicht überzogen wurde, hatte die Fähigkeit, unsichtbar zu sein.
Ob diese Gadgets nun in der Realität funktionieren oder nicht, spielt für die Rezipienten eines Bond Abenteuers keine Rolle. Wichtig ist, dass die Gadgets im Rahmen der Narration als funktionsfähig vorgestellt werden. Im späteren Verlauf des Films finden sie immer ihren Einsatz und helfen 007, seine Pflicht für Krone und Vaterland zu erfüllen. Durch ihre Einführung in der Narration erfahren die Gadgets in der späteren Anwendung also ihre Plausibilisierung. Ähnlich funktioniert die Plausibilisierung im Star Wars Universum, in der ein gewisses ‚Anything goes' vorherrscht, wodurch auch größte Absurditäten plausibilisiert werden.

Die so angelegte didaktische Konsistenz korrespondiert mit dem Lernertrag der Heldenfigur in diesem Film. Der Lernertrag besteht offensichtlich darin, dass der Held die Stimme seines toten Lehrmeisters hört und dessen Rat folgt. Mit anderen Worten, der Lernertrag liegt in einer Art säkularem Glaubensbekenntnis. Dieser Lernertrag ist zudem offensichtlich zum Zeitpunkt der Veröffentlichung des Films für das Publikum so relevant, dass der Film ein Blockbuster bis dahin ungeahnten Ausmaßes werden konnte[233].

Ist der Erfolg von *Star Wars Episode IV – Eine neue Hoffnung* nun Zufall oder Kalkül? Filmemacher George Lucas hatte jedenfalls eine eigene Vorstellung von der Aufgabe seines Films: „Da wächst eine ganze Generation ohne Märchen auf [...]. Und die Kinder brauchen Märchen – die Gesellschaft muß [sic!] dafür Sorge tragen, daß [sic!] sie welche kriegen"[234]. Um seinem Weltraummärchen den passenden Schliff zu geben, griff Lucas, wie er später zugab, auf die Erkenntnisse des Mythologen Joseph Campbell zurück. Campbell legte in seiner Monographie „Der Heros in tausend Gestalten", die in Deutschland zuerst 1953 veröffentlicht wurde, eine global angelegte, vergleichende Studie zu den mythischen Erzählungen alter Kulturen vor. In dieser Studie stellt Campbell die These auf, dass die gebräuchlichste Form des Mythos die Reise des Helden ist. Er kommt zu dem Schluss, dass die Heldenreise ein Grundmotiv der Mythen aller Kulturen rund um den Globus darstellt. Für ihn ist die Heldenreise damit eine anthropologische Grundkonstante in der kulturellen Evolution des Homo Sapiens. Auf diese von Campbell konstruierte Form griff George Lucas zurück, um das Skript für seinen *Star Wars* Film fertig stellen zu können.

Im folgenden Abschnitt werde ich die Form der Heldenreise, die Campbell aus den Mythen aller Zeitalter und Kulturen nachgezeichnet hat, vorstellen, um darauf aufbauend anschließend eine Brücke zu den Blockbusterfilmen und ihrer pädagogischen Interpretierbarkeit, die sich aus der Heldenreise ergibt, zu schlagen.

---

233 Um hier die Gegenthese zu skizzieren: Der 2013 erschienene Film Lone Ranger von dem Erfolgstrio Produzent, Jerry Bruckheimer, Regisseur Gore Verbinski und Darsteller Jonny Depp war, wie bereits erwähnt, ein fulminanter Flop. Wenn man die Narration des Lone Ranger betrachtet, zeigt sich, dass der Film weder didaktisch völlig konsistent konstruiert ist, noch scheint das Rachemotiv des Heldenduos im Jahr 2013 eine breite Relevanz beim Publikum entwickeln zu können. Das Bruckheimer, Verbinski und Depp auch extrem erfolgreich sein können, haben sie mit der Fluch der Karibik Reihe bewiesen, die eben diese Mängel nicht aufweist.

234 Lucas, zit. nach Pollock, 1983, 89

IV Von Campbells Heldenreise zu Star Wars Episode IV – Eine neue Hoffnung

„Der Heldenmythos zielte nicht darauf ab,
uns Ikonen der Bewunderung zu liefern, sondern
das Heldentum in jedem von uns zugänglich zu machen."
Karen Armstrong – Eine kurze Geschichte des Mythos

„Campbells Forschung im Bereich Mythologie und vergleichender Religionswissenschaft hatte schon seit der Zeit am College großen Einfluss auf Lucas ausgeübt. Unter Bezugnahme auf Campbells Buch sowie zahlreiche weitere Quellen konstruierte Lucas sein Drehbuch für *Star Wars Episode IV – Eine neue Hoffnung* als filmischen Ausdruck für mythologische Archetypen, die sich Jahrtausende zurückverfolgen ließen"[235]. Lucas selbst behauptet in der Dokumentation *Empire of Dreams*: „Ich stellte Studien an, um von allen [Mythen] die Motive herauszudestillieren, die universaler Art sind. Ich schreibe den Erfolg [von Star Wars] vor allem der psychologischen Untermauerung zu, die es seit tausenden von Jahren gegeben hat. Die Menschen reagieren genau wie sie es immer getan haben auf die Geschichten"[236].

Was ist das besondere an der Form der Heldenreise? Mit der Heldenreise ist ein Narrationstyp konstruiert, in dem es um die Transformation einer Figur geht. Der Protagonist durchläuft den Übergang von einer Identität zu einer anderen, z.B. vom Jugendlichen zum Erwachsenen (die Form des Coming of Age), also in gewisser Weise eine Transformation vom Unwissenden zum Wissenden. Denn im Verlauf der Heldenreise entdeckt der Held die Strukturen einer ihm zuvor unbekannten Welt und lernt, sich darin zu behaupten. Die Heldenreise ist insofern nicht einfach eine Reise, bei der sich eine Person von A nach B bewegt. Sie ist viel komplexer. Die Form der Heldenreise beginnt mit der Beschreibung einer Ausgangssituation, in der sich der Held zu Beginn befindet. Sie impliziert neben dem Helden ein ganzes Set an Figuren, die den Helden begleiten oder ihm auf seinem Weg begegnen und schildert die Herausforderungen, die der Held und seine Begleiter bewältigen müssen. Darüber hinaus wird die Transformation der Helden metaphorisch dargestellt sowie ihre Rückkehr von der Reise und die Ergebnisse, die sie erzielten. Insofern erweist sich die Heldenreise also als ein komplexes System, das zugleich eine Reise nach innen beschreibt[237]. Campbell bezieht sich bei der Heldenreise auf C.G. Jungs Idee der Archetypen. „Er nennt sie ‚Archetypen des kollektiven Unbewußten' [sic!], womit

---

235 Hearn, 2005, 87
236 Vgl. Becker/Burns, 2004 (00:09:44 – 00:09:54) (deutscher Untertitel)
237 Vgl. Campbell, 1991, 215ff.

er sich auf jene Strukturen der Psyche bezieht, die nicht das Produkt einer rein individuellen Erfahrung, sondern Gemeingut der ganzen Menschheit sind"[238]. Ich fasse Mythen in dieser Arbeit als Konstruktionen, die in symbolische Formen gegossen sind und sich darum bemühen, Beobachtungen zu versprachlichen, die alltäglichen Kommunikationsroutinen eher fremd oder sogar unbekannt sind. „Schon der Versuch, etwas ganz Alltägliches zu verstehen, weist einen auf Rätsel und Wunder hin, über die man in seinem Leben ständig, ohne sie zu sehen, hinweggleitet. Vieles ist in einem ernsten Sinn überhaupt nicht erklärbar, und man wird, so meine ich, auch niemals in der Lage sein, es zu durchschauen – und damit seine Wunderhaftigkeit zu beseitigen und zu zerstören. Unser Wissen, das wir von der Welt besitzen, erscheint mir als die Spitze eines Eisbergs. Es ist wie das winzige Stückchen Eis, das aus dem Wasser ragt, aber unser Unwissen reicht hinunter bis in die tiefsten Tiefen des Ozeans"[239]. Da ich Mythen also als Konstruktionen verstehe und die Heldenreise nach Campbell eine Form bedeutet, die fast allen Mythen inne ist, bedeutet die Heldenreise so etwas wie eine Metakonstruktion mythischer Konstruktionen. Die Heldenreise fasst dabei stetig wiederkehrende Kernelemente mythischer Konstruktionen zusammen. Im nächsten Abschnitt werde ich den Ablauf einer Heldenreise kurz skizzieren und die Funktionen, die den Mythen nach Campbell grundsätzlich zukommen, vorstellen.

IV.1 Mythos und Monomythos der Heldenreise

Mythen sind die ältesten überlieferten ‚Dokumente' der Menschheitsgeschichte. Sie finden sich in allen Kulturen der Menschheit wieder. Namen, wie der des sumerischen *Gilgamesch*-Mythos, *Ilias* und *Odyssee* aus der griechischen Mythologie, aber auch das *Rolandslied* und *Beowulf*, die zu dem nordeuropäischen Mythenstamm gerechnet werden, gehören mehr oder weniger zum Allgemeinwissen. Seit ihrer Entstehung wurden Mythen immer wieder an nachfolgende Generationen weitergereicht. Sie bildeten das Fundament der Kultur in deren Entstehungszusammenhang sie entworfen und verbreitet wurden[240].

Das Konstrukt, das Campbell von Mythen entwickelt hat, bezeichnet er als den Monomythos der Heldenreise. Der Monomythos besagt laut Campbell, dass eine Heldenreise aus drei Schritten besteht. „Der Weg, den die mythische Abenteuerfahrt des Helden normalerweise beschreibt, folgt, in vergrößertem Maßstab, der Formel, wie die Abfolge der *rites de passage* sie vorstellt: Trennung – Initiation – Rückkehr, einer Formel, die der

---

238 Campbell, 1991, 224. In dieser Arbeit folge ich jedoch nicht Jungs psychologischen Implikationen eines kollektiven Unbewussten, das auf dessen Vorstellung einer objektiv beschreibbaren Wirklichkeit basiert. Vielmehr verstehe ich Archetypen als Produkte kommunikativer Aushandlungsprozesse, die Menschen im Laufe ihrer Sozialisation begegnen können.
239 Von Förster, in: Pörksen, 2008, 45
240 Vgl. Armstrong, 2005, 12ff. (vgl. dazu auch Harari, 2013, 47ff.)

einheitliche Kern des Monomythos genannt werden kann"[241]. Campbell stellt diese ‚rites de passage' in einem Schaubild dar[242]:

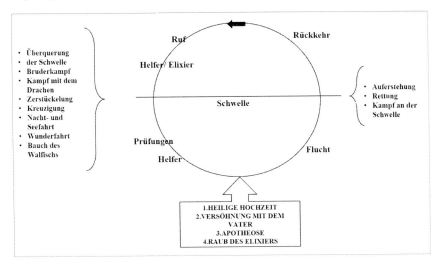

Ich will die Kernelemente des Schaubildes an dieser Stelle kurz vorstellen. Zunächst erhält der Held nach Campbell in klassischen Mythen einen Ruf, dem er unweigerlich folgen muss. Folgt er dem Ruf nicht, käme es zur Katastrophe, bei der der Held und die Seinen vernichtet würden. Sobald der Held sich aber auf den Weg macht, begegnet er alsbald einem Helfer oder Mentor, der ihm zur Seite steht, seinen Horizont öffnet und ihn mit einem Talisman versorgt. So gewappnet dringt der Held bis zu einer Schwelle vor, an der er diverse Kämpfe und Prüfungen zu bestehen hat. Unterwegs trifft er unter Umständen auf weitere Helfer, bis er zum Höhepunkt der Heldenreise vordringt, die sich in der heiligen Hochzeit, der Versöhnung mit dem Vater, einer Apotheose oder dem Raub eines Elixiers ausdrückt. Anschließend erfolgt die Flucht und der Held kehrt über eine Schwelle zurück in seine gewohnte Welt. An dieser Schwelle muss der Held noch einmal existentielle Prüfungen bestehen. Nach seiner glücklichen Rückkehr über die Schwelle nennt Campbell den Helden den ‚Herrn der zwei Welten', also der ‚Welt', die er schon kannte, seine gewohnte Welt, und der unbekannten neuen Abenteuerwelt, die er während seiner Heldenreise erfolgreich erkundet hat[243].

Der Mythos der Heldenreise dient für Campbell aber nicht allein der Unterhaltung und bedeutet für ihn insofern auch keinen Selbstzweck. Vielmehr sind Mythen nach

---

241 Campbell, 1999, 36
242 Campbell, 1999, 237
243 Vgl. Campbell, 1999, 237ff.

Campbell konstitutiv für die Entwicklung von Gesellschaften. „Der Mythos ist offenbar so alt wie der Mensch. Soweit sich jedenfalls die zerbrochenen und verstreuten frühesten Zeugnisse für das Auftreten unserer Art zurückverfolgen ließen, wurden Anzeichen dafür entdeckt, daß [sic!] mythische Absichten und Gedanken bereits Kunst und Welt des Homo Sapiens formten. Solche Zeugnisse verraten uns außerdem etwas über die Einheit unserer Art, denn die grundlegenden Themen des mythischen Denkens sind nicht nur im Laufe der gesamten Geschichte, sondern auch auf der ganzen von Menschen bewohnten Erde konstant und allgemeingültig geblieben"[244]. Den Grund zur Mythenbildung schlussfolgert Campbell aufgrund der Einsicht des Menschen in seine Sterblichkeit und dem Drang diese zu überwinden. „In jedem mythologischen System, das im Verlauf der langen Geschichte und Vorgeschichte in den verschiedenen Zonen und Gegenden dieser Erde Verbreitung fand, wurden diese beiden grundlegenden Erkenntnisse – die Unvermeidbarkeit des individuellen Todes und die Dauerhaftigkeit der Gesellschaftsordnung – symbolisch miteinander verbunden und bilden so den Faktor, der die Riten und folglich die Gesellschaft im Keim prägt"[245]. Entsprechend attestiert Campbell den Mythen vier Funktionen:

» Die mystische Funktion. Diese Funktion sucht „[...] das Wachbewußtsein [sic!] mit dem mysterium tremendum et fascinans dieses Weltalls, so wie es ist, zu versöhnen"[246]. Die erste Funktion des Mythos soll also, wie Campbell an anderer Stelle erläutert, den Menschen in die Lage versetzen, die Besonderheit des Weltalls und seiner selbst darin zu erkennen[247].

» Die kosmologische Funktion: „[...] eine deutende Gesamtschau dieses Weltalls, so wie es sich dem Bewusstsein einer Zeit erschließt [...]"[248]. Während die Wissenschaft eine exakte Darstellung des Universums aufgrund empirischer Fakten zulässt, zeigen Mythen die Gestalt des Universums hingegen so, dass ein Geheimnis zurückbleibt[249].

» Die gesellschaftsbezogene Funktion. Hierbei handelt es sich um „[...] die Durchsetzung einer sittlichen Ordnung: die Formung des Einzelnen nach den Erfordernissen seiner von ihrer Landschaft und ihrer Geschichte geprägten sozialen Gruppe [...]"[250]. Mythen ist also auch eine ethische Funktion implementiert, wobei sie klären, „[...] wie das Leben in einer guten Gesellschaft sein sollte"[251].

» Die pädagogische Funktion. „Die vierte und wichtigste, die entscheidende Funktion einer Mythologie ist es [...], eine ganzheitliche Gründung und Entfaltung des Einzelnen zu fördern, in Einklang d) mit sich selbst (dem Mikrokosmos), c) mit seiner

244 Campbell, 1991, 29
245 Campbell, 1991, 30
246 Campbell, 1996, 15
247 Vgl. Campbell, 1994, 42
248 Campbell, 1996, 15
249 Vgl. Campbell, 1994, 42
250 Campbell, 1994, 42
251 Campbell, 1994, 42

Kultur (dem Mesokosmos), b) mit dem Weltall (dem Makrokosmos) und a) mit dem ehrfurchtsgebietenden letzten Geheimnis, das sowohl jenseits von als auch in ihm und allen Dingen ist […]"[252]. Mittels der pädagogischen Funktion klären Mythen nach Campbell, „[…] wie man unter allen möglichen Umständen ein menschliches Leben führt"[253]. Der Mythos übernahm also, in einer Welt, die keine Wissenschaft, keine empirischen Beweise und keine (staatliche) Gesetzgebung kannte, eine Orientierungsfunktion für das soziale Zusammenleben.

Insbesondere die pädagogische Funktion des Mythos spiegelt sich in der Heldenreise an vielen Stellen wider, beispielsweise in dem Verhältnis zwischen Mentor und Helden oder am Ende der Reise des Helden. Denn nachdem der Held alle Schwierigkeiten überwunden hat, kehrt er zurück zu seinesgleichen. Aber er hat sich verändert. Für Campbell ist es ausgemacht, kein Mensch könne von einer solchen Heldenfahrt zurückkehren und „[…] sich im Ernst wieder als Mr. So-und-So aus dieser oder jener Stadt […] betrachten. Gesellschaft und Pflichten fallen ab, und Mr. So-und-So, der den Menschen in sich entdeckt hat, wird in sich gekehrt und entrückt"[254]. Diesen Status des ‚Entrückt-Seins' konzediert Campbell als notwendigen Bestandteil der Heldenfahrt, der aber noch nicht das letzte Ziel der Heldenfahrt ist. „Der Zustand ist der des Narziß [sic!] über der Quelle und des sinnenden Buddha unter dem Baum. Das endgültige Ziel ist nicht diese Erschauung des Wesens, sondern das Innewerden, dass man selber es *ist*. Dann ist man frei, als dieses Wesen in die Welt zu gehen. […] Wo immer man hingehen, was immer man tun mag – man bleibt bei sich selbst, wenn das innere Auge zur Vollkommenheit gebildet ist […]"[255]. Der Held lebt, quasi erleuchtet, unter den Menschen seiner gewohnten Welt, sofern er nicht erneut ins Abenteuer aufbricht. In der gewohnten Welt wird der Held selbst nun zur Erzählerfigur und damit zum Mentor derjenigen, die ihre Abenteuer noch vor sich haben. Damit wird die pädagogische Funktion des Mythos in den Mythos selbst implementiert. Denkt man diese Bewegung als parasoziale Transaktion wird sichtbar, dass der Rezipient des Mythos so in den Umkreis des Mythos gestellt ist, dass er selbst einer derjenigen ist, der als ‚normaler Mensch' teilnehmender Beobachter der Erzählung des Helden ist und diese dabei mit konstruiert.

In diesem Sinne lassen sich auch Lucas Anmerkungen zu seiner Intention der Produktion von *Star Wars Episode IV – Eine neue Hoffnung* lesen: „Ich wollte einen Film machen, der die zeitgenössische Mythologie fördern und gleichzeitig eine neue Art von Moral verkünden sollte […]. Niemand geht der Sache wirklich auf den Grund, wir begnügen

---

252 Campbell, 1996, 17
253 Campbell, 1994, 42
254 Campbell, 1999, 369
255 Campbell, 1999, 369

uns immer mit irgendwelchen abstrakten Erklärungen. Keiner sagt seinen Kindern heute noch: He, hör mal, das ist richtig und das ist falsch"[256].

Nun stellt sich die Frage, wie Lucas die Heldenreise in der Narration von *Star Wars Episode IV – Eine neue Hoffnung* realisiert hat. Um dies zu klären, skizziere ich im nächsten Abschnitt kurz die Beobachtungen der Narration des Films aus der Perspektive der Heldenreise[257].

IV.2 Die Heldenreise in Star Wars Episode IV – Eine neue Hoffnung

Die Heldenfigur dieses Films ist die Figur des Luke Skywalker, der als Alter Ego seines Autors angesehen werden kann[258]. Luke Skywalker ist ein unbedarfter Bauernjunge. Durch die Droiden C-3PO und R2-D2 erreicht ihn der Ruf, dass eine ihm unbekannte Prinzessin namens Leia Organa in Gefahr ist und Hilfe benötigt. Die beiden Droiden werden zu seinen ersten Helfern. Kurz darauf treffen sie auf den alten Jedi-Ritter Obi-Wan (Ben) Kenobi. In dem alten Mann findet Luke einen weisen Mentor, der ihn auf seiner weiteren Heldenreise begleitet und in die Geheimnisse des *Star Wars*-Universums einweist. Zu der Gruppe gesellen sich etwas später auf der Schwelle der Raumschiff-Pilot Han Solo und sein Co-Pilot Chewbacca. Alle gemeinsam überschreiten sie die Schwelle, indem sie vom Planeten Tatooine fliehen und den Todesstern, eine Raumstation des Imperiums, betreten. Dort müssen sie verschiedene Prüfungen bestehen, u.a. befreien sie die Prinzessin, wobei Ben Kenobi im Kampf mit Darth Vader sein Leben lässt. Schließlich fliehen die übrigen Helden mit der Prinzessin vom Todesstern. Sie erreichen die Basis der Rebellenallianz. In der finalen Weltraumschlacht über dem Planeten Yavin gelingt es Luke Skywalker, den Todesstern zu zerstören und damit über die Schwelle zurückzukehren. Im Stützpunkt der Rebellen wird er gemeinsam mit Han Solo und Chewbacca als Herr der zwei Welten geehrt und gefeiert.

Das Schaubild, das Campbell vom Monomythos der Heldenreise entwickelt hat, lässt sich für *Star Wars Episode IV – Eine neue Hoffnung* folgendermaßen kreieren:

---

256 Lucas, zit. nach Pollock, 1983, 91

257 Die Darstellung der Heldenreise von Luke Skywalker erfolgt an dieser Stelle sehr kurz, um unnötige Redundanzen zu vermeiden, denn im zweiten Teil der Arbeit wird diese Heldenreise, gemeinsam mit den weiteren Blockbustern, die zur Untersuchung herangezogen werden, detailliert expliziert werden.

258 "Der Charakter hatte viel Ähnlichkeit mit Lucas' eigenem anthropologischem Temperament: der unschuldige, idealistische und naive Typ […]" (Pollock, 1983, 92).

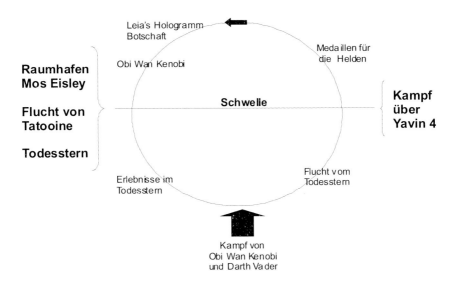

Die Skizze zeigt, wo die Eckpunkte von Lucas Sternensaga zu finden sind und lässt die Parallelen zu Campbells Modell der Heldenreise deutlich werden. In Campbell'scher Lesart verfolgt die Narration von *Star Wars Episode IV – Eine neue Hoffnung* den Zweck, „[…] den Menschen über jene schwierigen Lebensschwellen hinwegzuhelfen, bei deren Passieren eine Strukturänderung nicht nur des bewußten [sic!], sondern auch des unbewußten [sic!] Lebens zu vollziehen ist"[259]. Mit anderen Worten, der Held lernt.

Die Wege, die der Held Luke Skywalker im Rahmen seiner Heldenreise zurücklegt, sind folglich die Wege eines Lernenden, der in seine Gesellschaft eingeführt werden soll. Die oben erwähnte Absurdität des Geschehens, mit der Luke Skywalker und seine Gefährten dabei ihre Abenteuer bestehen, legt somit den Gedanken nahe, dass die Reise des lernenden Helden die Darstellung eines ideal konstruierten Lernprozesses ist, der unter anderem das Ziel verfolgt, Gegensätze und Widersprüchlichkeiten, eben die erwähnten Dichotomien, der herrschenden Gesellschaftsverhältnisse zu transzendieren.

In dieser Lesart lässt sich aufgrund des geschilderten Erfolgs dieses Films beim Publikum die These konstruieren, dass die Rezipienten anscheinend einem anderen, dem zu Beginn unwissenden Helden, gerne beim Lernen zuschauen. Gilt diese These aber nur für diesen Prototyp eines Blockbusterfilms? Schreckenberg behauptet *Star Wars Episode IV – Eine neue Hoffnung* dürfte „[…] der erste und zugleich einzige Fall gewesen sein, in dem

---

259 Campbell, 1999, 19. Konstruktivistisch betrachtet existiert ein ‚Unbewusstes' allerdings nicht. Treffender wäre in konstruktivistischer Perspektive zu sagen, dass eine Strukturänderung nicht nur des gewussten, sondern auch des nicht-gewussten Lebens zu vollziehen ist.

das Erzählkonzept der Reise des Helden so deutlich und dominierend einen Stoff erzählerisch geformt hat"[260]. Gegenüber Schreckenbergs These bin ich skeptisch und will den damit verbundenen Zweifeln in der weiteren Arbeit nachspüren. Eine der Leitfragen für den weiteren Fortgang der Untersuchung lautet daher, ob die Heldenreise das dominierende Erzählkonzept der weltweit erfolgreichsten Blockbusterfilme darstellt? Sollte sich dies bestätigen, folgt im zweiten Schritt die Frage, ob sich das Konzept der Heldenreise nach Joseph Campbell in Blockbustern als Abbildung von Lernprozessen interpretieren lässt und ob Blockbusterfilme aus diesem Erzählschema ihre didaktische Konsistenz gewinnen?

---

260 Schreckenberg, 2006, 83

V Der weitere Forschungsgang, von der Heldenreise zur Narration der Blockbuster

> „Niemand braucht ein Genie zu sein, um
> brauchbare Theorien zu generieren."
> Glaser/Strauss – Grounded Theory

Die erste Frage, die sich an diesem Punkt stellt, ist die, welche Filme für die Untersuchung überhaupt in Frage kommen und welches Kriterium sie erfüllen müssen. Das von mir zu diesem Zweck gewählte Kriterium ist das des weltweiten Einspielergebnisses eines Spielfilms. Ich habe dieses Kriterium deshalb gewählt, weil die Einspielergebnisse dieser Filme mit ihren Umsatzzahlen dafür herangezogen werden können, um zumindest ungefähr zu ermessen, wie viele Menschen einen Film gesehen haben und welche Reichweite sie damit entwickeln können[261]. Als Ankerpunkt für die Untersuchung dient die von filmsite.org veröffentlichte und regelmäßig aktualisierte Liste der Top 100 der global erfolgreichsten Blockbuster nach ihrem weltweiten Einspielergebnis[262].

Selbstverständlich ist diese Liste fluide, da jedes Jahr neue Filme veröffentlicht werden, die weltweit erfolgreich sind und Plätze in dieser Liste einnehmen. Dennoch ist die Liste der Top 100 Blockbuster nicht so fluide, das sie jährlich komplett neu zusammengestellt würde. *Star Wars Episode IV – Eine neue Hoffnung* firmiert zwar am 21.03.2013 beispielsweise ‚nur' noch auf Platz 43 der Liste. Im Jahr 2012 befand der Film sich noch auf Platz

---

261 Ein Beispiel: Der Film Avatar (Cameron, 2009) erzielte im Jahr seiner Veröffentlichung einen weltweiten Umsatz US $ 2.782.275.172 (vgl. Box Office Mojo, Alltime Box Office [URL]: http://www.boxofficemojo.com/alltime/, (Stand: 18.03.2014)). Bei einem angenommenen Ticketpreis von US $ 7,50 im Jahr 2009 (vgl. Box office Mojo, Adjusting for ticket price inflation [URL]: http://boxofficemojo.com/about/adjuster.htm, (Stand: 18.03.2014) hätten 370.970.023 Personen den Film in dem Jahr allein im Kino gesehen. Die Zweit- und Drittverwertung des Films ist dabei noch nicht mitgerechnet.

262 Vgl. Box-Office Top 100 Films of all Time, [URL]: http://www.filmsite.org/boxoffice.html, (Stand: 21.03.2013).

40. Trotzdem ist das Ergebnis für *Star Wars* ein nicht unbeachtliches für einen Film, der inzwischen mehr als 37 Jahre alt ist[263].

Jedes Jahr halten ungefähr drei bis fünf neue Filme Einzug in die Liste. Im Jahr 2012 hielten *Marvel's The Avengers*, *The Dark Knight Rises* und *Ice Age: Continental Drift* Einzug in die Liste, im Jahr 2013 traten unter anderem *Iron Man 3* und *Frozen*, *Thor: The Darkworld und The Croods*, *The Hobbit: The Desolation of Smaug* hinzu[264].

Aus der Liste der Top 100 der weltweit erfolgreichsten Blockbuster aller Zeiten werde ich für die Untersuchung in dieser Arbeit Filme auswählen, die die Grundlage meiner weiteren Untersuchung bilden. Dabei werde ich mich fast ausschließlich auf Filme beschränken, die Unikate sind oder die den ersten Teil einer Serie markieren. Für diese Filme entscheide ich mich deshalb, weil die Heldenfiguren in den Narrationen dieser Filme noch am Anfang ihrer Heldenkarriere stehen und entsprechend unerfahren sind[265]. Davon verspreche ich mir den Effekt, dass aus diesen Filmen die Lernpotenziale der Helden am deutlichsten hervorscheinen.

Im folgenden Abschnitt stelle ich zunächst das weitere methodische Vorgehen vor, präsentiere dann die zentralen Fragestellungen der Untersuchung und liste die für die Untersuchung herangezogenen Filme auf.

V.1 Qualitative Inhaltsanalyse und typologische Analyse der Blockbuster

Ob die Narrationen der erfolgreichsten Blockbusterfilme weltweit tatsächlich auf das Konzept der Heldenreise zurückgreifen, werde ich nun in der weiteren Untersuchung prüfen. Für diese Prüfung scheint mir weiterhin die empirische qualitative Analyse ein sinnvolles Instrument zu sein. Denn sie erlaubt die Beschreibung von Lebenswelten „von innen heraus" und sie will „[…] zu einem besseren Verständnis sozialer Wirklichkeit(en) beitragen und auf Abläufe, Deutungsmuster und Strukturmerkmale aufmerksam machen"[266]. Die eingangs geschilderte relativ wenig ausgearbeitete Kenntnis der grammatischen Strukturen der Narrationen von Blockbusterfilmen deutet darauf hin, dass hier im wissenschaftlichen Feld noch einige Entwicklungspotenziale vorliegen.

---

263 Weitere Listen mit Zugriffen auf die Seiten zu unterschiedlichen Zeitpunkten finden sich im Anhang. Da die Seiten die Einspielergebnisse berechnen, möchte ich hier ergänzen, dass der Eintrittspreis für eine Kinokarte regelmäßig angehoben wird. Durch die Einführung des 3D-Kinos mit Avatar im Jahr 2009 konnten beispielsweise mit jeder Kinokarte noch höhere Preise realisiert werden, da für jede Karte in einem 3D-Film grundsätzlich ein höherer Preis veranschlagt wird. Dieser Umstand dürfte auf die Inflationsbereinigung der Liste keinen Einfluss haben.

264 Die Ergebnisse, die auf der Web-Seite filmsite.org präsentiert werden, korrespondieren mit den Ergebnissen, die auf der Seite von Box Office Mojo präsentiert werden [URL]: http://boxoffice-mojo.com/alltime/world/, (Stand: 17.03.2014).

265 Die Ausnahme von dieser Regel stellt Indiana Jones und das Königreich der Kristallschädel (Spielberg, 2008) dar. In diesem Film wird die Figur des Henry 'Mutt' Williams als junger Held eingeführt und Indiana Jones übernimmt mehr oder weniger freiwillig die Rolle seines Mentors.

266 Flick u.a., 2000, 14

Schon ein erster flüchtiger Blick auf die Liste der Top 100 Blockbuster der erfolgreichsten Filme weltweit deutet an, dass diese Filme in ihrer Narration gegenüber dem Schema der Heldenfahrt zumindest leicht variieren. Hierbei ist allerdings zu konstatieren, dass beispielsweise die Sequels von Filmen das Schema zuweilen etwas variieren bzw. bestimmte Aspekte der Heldenreise herausgreifen. Hierin unterscheiden sich die Blockbusterfilme jedoch noch nicht von der Gestalt klassischer Mythen, wie Campbell festhält: „Die Variationen, die aus der einfachen Skala des Monomythos gezogen werden, lassen sich nicht annähernd erschöpfend beschreiben. Viele Sagen verbreiten sich über ein oder zwei isolierte typische Elemente des Gesamtzyklus, etwa das Prüfungsmotiv, das Fluchtmotiv oder die Entführung der Braut, andere verbinden eine Anzahl heterogener Zyklen zu einer Reihe, wie etwa die Odyssee. Verschiedene Charaktere oder Episoden können verschmolzen werden, oder ein Einzelelement kann sich verdoppeln und in zahlreichen Abwandlungen wieder erscheinen"[267].

Die These, dass die genannten Filme auf Campbells Konzept der Heldenfahrt zurückgreifen, wird verschiedentlich in der filmwissenschaftlichen Literatur kolportiert, wenn es darum geht, die ‚Erfolgsformel' für einen Blockbuster zu finden (Hammann, 2007; Krützen, 2004; Vogler, 2010)[268]. Ob das aber tatsächlich so ist, darüber herrscht in der Filmwissenschaft jedoch Uneinigkeit. „Die Reise des Helden ist ein Drehbuch-, kein Inszenierungskonzept. Was das in der Praxis Hollywoods bedeutet, hat niemand anderes treffender und anschaulicher dargestellt als William Goldmann, einer der renommiertesten amerikanischen Drehbuchschreiber. In Adventures in the Screen Trade schildert er am Beispiel der Entstehungsgeschichte seiner Drehbücher, wie massiv Stars, Produzenten und Finanziers Einfluss auf diesen Prozess nehmen"[269]. Demgegenüber weist Wendling darauf hin, dass die Stoffentwicklung und das damit einhergehende Drehbuch einen wesentlichen Bestandteil einer Filmproduktion bedeuten. „In den USA werden inzwischen acht bis zehn Prozent aller Kosten, die ein Filmprojekt gesteckt werden, in die Stoffentwicklung investiert. Dieses Engagement spricht für den Wert, den die US-Filmproduzenten der Story beimessen"[270].

---

267 Campbell, 1999, 238
268 Im Folgenden greife ich nur gelegentlich auf die Ansätze von Hammann und Krützen zurück, wenn diese gewinnbringend erscheinen. Das resultiert daher, Hammanns Darstellung der Heldenreise ist stark von einem christlichen Impetus geprägt, weshalb er die Metapher der Erlösung in den Mittelpunkt seiner Interpretation der Heldenreise rückt. Krützen wiederum will ein Modell zur Analyse filmischer Erzählungen anbieten, das auf den von ihr lancierten Begriff der Backstorywound der Hauptfigur abgestellt ist. Sie konzentriert sich auf die Gestaltung von Plot und Story vor dem Hintergrund der psychologischen Verfassung der Hauptfigur zu Beginn der Narration. Da die beiden Perspektiven für meine Untersuchung wenig fruchtbares Material anbieten, fokussiere ich mich bei der Darstellung auf die Arbeiten von Campbell und ziehe zur Illustration zumeist nur Vogler hinzu.
269 Schreckenberg, 2006, 83
270 Wendling, E., 2008, 17. Krützen hält zur Entwicklung von Drehbüchern fest: „In der Produktionspraxis werden stets mehrere Fassungen eines Buchs entwickelt. An der Ausarbeitung des Textes sind zum Teil zehn oder gar zwanzig Autoren beteiligt. [...] Vier oder fünf drafts sind nicht die Ausnahmen, sondern der Regelfall" (Krützen, 2004, 37).

Ich werde ca. ein Fünftel der Blockbusterfilme aus der Liste der ‚Box-Office Top 100 Films of all Time'[271] auswählen, die ich mittels einer qualitativen Inhaltsanalyse induktiv auf die Verifikation oder Falsifikation der These hin überprüfe, ob sich das Modell der Heldenreise auch bei weiteren Blockbusterfilmen nachzeichnen lässt. Die Methode der qualitativen Inhaltsanalyse erscheint mir für diese Prüfung adäquat, da sie „[…] sich für eine systematische, theoriegeleitete Bearbeitung von Textmaterial" [272] eignet. Hinzu kommt, dass die Methode es erlaubt, auch große Mengen Textmaterial zu bearbeiten[273].

Diese induktive Prüfung bedeutet allerdings den ersten von zwei Schritten bei der weiteren Analyse. Sollte die Frage positiv beantwortet werden können, nämlich dass das von Campbell entwickelte Modell der Heldenreise auf weitere Blockbusterfilme zutrifft, dann wird es als theoretische Grundlage für den zweiten Analyseschritt dienen, den ich direkt an den ersten Schritt anschließe.

In diesem zweiten Analyseschritt wird dann überprüft, ob sich das Modell der Heldenreise auch als Lernprozess lesen lässt. Die zentralen Fragestellungen des zweiten Schrittes thematisieren also das Lernen der Helden und das Handeln in ihren Lernszenarien. Denn wenn die Helden auf ihren Heldenreisen tatsächlich Lernende sind, stellen sich früher oder später die Fragen danach,

» wie ihr Lernszenario gestaltet ist,
» welche Dichotomien in ihrem Lernszenario zu transzendieren sind und
» welche Erkenntnisse u.U. daraus für das Lernen und die Gestaltung von Lehr-Lernprozessen zu gewinnen sind?

Auf diesen Fragen ruht in der weiteren Arbeit der Fokus. Um sie zu beantworten, nutze ich die typologische Analyse nach Philip Mayring, denn bei einer typologischen Analyse geht es darum, typische Bestandteile aus einer größeren Materialmenge herauszufinden, die das Material repräsentieren, und diese ausführlich zu beschreiben[274]. „Solche Ansätze sind besonders dann fruchtbar, wenn bisher wenig erforschte Gebiete exploriert werden sollen, um Grundlagen für zukünftige Konzept- und Theoriebildung zu schaffen"[275]. Allerdings werde ich die Methode der typologischen Analyse hier leicht modifizieren: Im Unterschied zur generellen typologischen Analyse werden die Typisierungsdimensionen hier allerdings nicht erst aus dem Material herausgearbeitet, sondern an das Material angelegt, da sie mit den Stationen der Heldenreise bereits vorliegen. Das heißt konkret, dass die

---

271 Vgl. Box-Office Top 100 Films of all Time, [URL]: http://www.filmsite.org/boxoffice.html, (Stand: 21.03.2013)
272 Mayring, 2002, 121
273 Vgl. Mayring, 2002, 121
274 Vgl. Mayring, 2002, 130ff.
275 Mayring, 2002, 131f.

Stationen der Heldenreise als Typisierungsdimensionen fungieren sollen, entlang derer die obigen Fragen detailliert beschrieben werden.

Entsprechend dieser Vorgaben sieht das weitere Vorgehen in Anlehnung an den Ablaufplan der typologischen Analyse bei Mayring folgendermaßen aus[276]:

In der Ergebnisdarstellung werde ich nicht sämtliche Analyseschritte vorlegen, sondern die Ergebnisse der beiden Analyseschritte parallel zueinander vorstellen. Das heißt, ich werde jedes Element der Heldenreise in Bezug auf die jeweiligen Filme vorstellen und parallel eine pädagogisch didaktische Lesart dazu vorstellen:

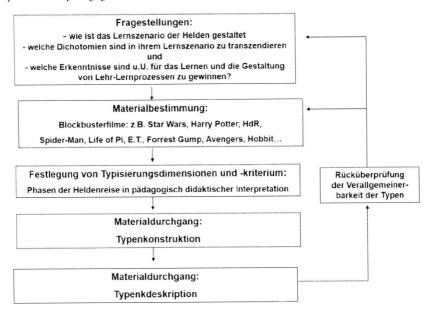

V.2 Die Filme der Untersuchung

Mit der Auswahl der Filme, die für diese Analyse herangezogen werden, wird einerseits versucht, einen Querschnitt durch das Genre der Blockbusterfilme zu ziehen. Bei einem Meta-Genre, wie dem Blockbusterfilm, werden Mikos (2008) zufolge die Grenzen zwischen den Genretypen durchbrochen[277], weshalb eine konventionelle Genrezuordnung hier nicht sinnvoll erscheint. Dennoch spielen die Filme in einem Szenario, das sie vor-

276 Vgl. Mayring, 2002, 132
277 Vgl. Mikos, 2008, 327

dergründig einem bestimmen Genre zuordnen lässt. Bestimmte Filme, wie z. B. Titanic, lassen sich aber auch problemlos anderen Genres zuordnen. Die Liste der Filme, die zu dieser Untersuchung herangezogen werden, findet sich im Anhang[278].

Einige abschließende Anmerkungen zum methodischen Vorgehen seien noch gestattet, bevor nun im zweiten Teil der Arbeit die Analyse beginnt.

Wie oben angedeutet handelt es sich bei den meisten Filmen um erste Teile von Franchises, also um Filme, in deren Narrationen Helden erstmalig auf Heldenreise gehen, sofern sie tatsächlich auf die Heldenreise gehen[279].

Die Darstellung der Ergebnisse wird entlang der Stationen des Modells der Heldenreise nach Joseph Campbell laufen. Den Einstieg bildet dabei der Ausgangspunkt der Heldenreise: die gewohnte Welt der Helden. Die Heldenreise selbst wird in vier Abschnitte unterteilt:

1. Die Phase des Aufbruchs mit dem Übertreten der ersten Schwelle
2. Das Überschreiten der Schwelle und die Phase der Prüfungen
3. Die Flucht und die Rückkehr in die gewohnte Welt
4. Herr der zwei Welten

Zuletzt sei an dieser Stelle noch einmal angemerkt, dass die die hier vorgestellten Ergebnisse nur heuristisch sein können. „Es geht nicht darum, einen Film ‚endgültig' zu analysieren, die Relativierung durch einen bestimmten Rezipienten mit bestimmten Präferenzen und einer bestimmten Perspektive in einer bestimmten Zeit läßt [sic!] sich nicht überwinden"[280]. Ich möchte aber festhalten, dass Präferenz und Perspektive der folgenden Filmanalyse der Frage nach einer pädagogisch-didaktischen Interpretation von Blockbusterfilmen um die Wende vom 20. zum 21. Jahrhundert gewidmet ist. Dieser Zeitraum ist nicht zufällig gewählt, denn weniger zeitlich konkret ausgedrückt umfasst die Analyse damit die Transformation von der Industrie- zur Wissensgesellschaft und den mit dieser Transformation einhergehenden Anforderungen für Lernprozesse.

---

278 Ich gebe hier neben dem Filmtitel auch die Drehbuchautoren an, um einen Hinweis auf mögliche genderspezifische Besonderheiten in der Narration hinzuweisen. Die Konstruktion der Narration der Heldenreise (sprich des Drehbuchs) aus weiblicher Perspektive weist einige Spezifika auf, auf die ich an gegebener Stelle zu sprechen kommen werde. Diese Spezifika sind zudem so nicht zu finden, wenn das Drehbuch von einem männlichen Autor (mit)verfasst wird.

279 Die Ausnahme von dieser Regel bildet Indiana Jones und das Königreich des Kristallschädels, der der vierte Film der Reihe ist. Allerdings wurde dieser Film ausgewählt, weil er mit dem von Shia LaBeouf gespielten Charakter Henry „Mutt" Williams eine Figur enthält, die eben das erste Mal auf eine Heldenreise geht.

280 Faulstich, 2002, 14

Teil 2

I Die Heldenreise als Bildungsreise

„Du bist größer als Du aussiehst."

„Ich geh geduckt."

Mary Jane Watson/Peter Parker – Spider-Man

Die Heldenreise lässt sich in einer ersten Annäherung in vier Phasen unterteilen: Aufbruch, Prüfungen, Flucht und Heimkehr (bzw. der Herr der zwei Welten). Zur ersten Phase, der Phase des Aufbruchs, gehört die gewohnte Welt, der Ruf sowie die Vorstellung der Heldenfiguren, Mentoren und ersten Gefährten. Zur Phase der Prüfungen zählen die Vorstellungen der weiteren Figuren, das Überschreiten der Schwelle, die ersten Prüfungen und die entscheidende Prüfung der Helden. Zur Phase der Flucht zählen weitere Prüfungen sowie die Rückkehr über die Schwelle. Die letzte Phase der Heimkehr bedeutet die Übergabe des Elixiers und das Auftreten des Helden als Herr der zwei Welten, sprich die Verkörperung der eigenen Emanzipation[281].

Die vier Phasen mit ihren Elementen in tabellarischer Form:

Aufbruch	Prüfungen	Flucht	Heimkehr
Gewohnte Welt	weitere Figuren	weitere Prüfungen	Übergabe des Elixiers
Helden	Überschreiten der Schwellen	Rückkehr über die Schwelle	Herr der zwei Welten
Ruf o. Berufung	erste Prüfungen	Klimax	
Mentoren	entscheidende Prüfungen		
Gefährten			

In den ersten beiden Phasen der Heldenreise werden nicht nur Handlungsprozesse beschrieben, sondern es werden auch die in der Narration agierenden Figuren vorgestellt. Diesen Figuren kommt, wie später zu zeigen sein wird, jeweils eine bestimmte Rolle auf dem Weg der Persönlichkeitsentfaltung der Helden zu. In den letzten beiden Phasen sind sämtliche Figuren der Narration bereits bekannt, daher findet in diesen Phasen vornehmlich das Vorantreiben bzw. Beenden der Handlungen statt. Am vorläufigen Endpunkt der

---

281 Vgl. Campbell, 1999, 237f.

Reise haben die Helden einen Prozess durchlaufen, der sie verändert hat, und indem sie
sich gegenüber ihrer gewohnten Welt emanzipiert haben. Schon Nietzsche wusste, dass
die subjektive Emanzipation die Bewegung voraussetzt: „Wer nur einigermaassen [sic!]
zur Freiheit der Vernunft gekommen ist, kann sich auf Erden nicht anders fühlen, denn als
Wanderer, – wenn auch nicht als Reisender nach einem letzten Ziele: denn dieses gibt es
nicht"[282]. Mit ihrer Bewegung von der gewohnten Welt in die Abenteuerwelt und zurück
lässt sich auch die Heldenreise als eine Form der Bildungsreise interpretieren.

Zu Beginn der Ergebnispräsentation erscheint mir eine Differenzierung verschiedener
Begriffe, die die Ausgangssituation rahmen, ratsam. Ich werde zunächst zwischen den Begriffen der gewohnten Welt der Helden und der Abenteuerwelt differenzieren sowie den
Begriff der Szenariowelt einführen. Den Begriff der Szenariowelt setze ich in Relation zum
von Schütz/Luckmann (2003) geprägten Begriff der Alltäglichen Lebenswelt. Eine Relativierung zwischen Szenariowelt und alltäglicher Lebenswelt erscheint mir notwendig, um
die Ergebnisse der Analyse auch über den Rand der Leinwand hinaus fruchtbar machen
zu können. Denn durch sie wird sichtbar, inwiefern das Geschehen der Narration auf der
Leinwand auf Lernprozesse in unserer „alltäglichen Lebenswelt"[283] außerhalb der Leinwand übertragbar ist.
    Erst im Anschluss daran wende ich mich den eigentlichen Aspekten der Heldenreise,
nämlich den Heldenfiguren, ihrem Ruf oder ihrer Berufung, den Mentorenfiguren, den
Gefährten und der weiteren Reise, zu.

---

282 Nietzsche, 1988, 638., 362
283 Vgl. Schütz/Luckmann, 2003. Berger/Luckmann setzen in „Die gesellschaftliche Konstruktion
    der Wirklichkeit" (2003) auf das Lebensweltkonzept von Alfred Schütz auf.

II Aufbruchsphase –
Ausgangspunkt des Lehr-Lern-Settings

II.1 Szenariowelt, gewohnte Welt und Abenteuerwelt –
Parallelen zur alltäglichen Lebenswelt

Wie jede Reise bedarf auch die Heldenreise eines Ausgangspunktes. Christopher Vogler bezeichnet diesen Ausgangspunkt als „gewohnte Welt"[284]. Mit dem Begriff „gewohnte Welt" beschreibt er die Welt, in der die Helden aufwachsen, also eine den Helden zu Beginn der Narration mehr oder weniger vertraute Welt. Wenn die Helden im Verlauf der Narration auf ihre Heldenreisen aufbrechen, treten sie eine Reise in eine ihnen unbekannte Welt an. Vogler markiert mit dem Begriff „gewohnte Welt" demnach eine Trennung zwischen der benannten „gewohnten Welt" und einer anderen Welt, und zwar jener, in der die Abenteuer der Helden stattfinden, also der Abenteuerwelt. Tatsächlich ist eine scharfe Trennung der beiden Welten in den Filmen nicht gegeben. Beide Welten, die „gewohnte Welt" und die unbekannte Welt der Heldenreise sind selbstverständlich Bestandteile desselben Settings. Das heißt eine signifikante Trennung taucht im Film gar nicht auf, vielmehr sind die Übergänge zwischen den ‚beiden Welten' fließend. Auch Campbell ist diese Trennung nicht fremd. Er schreibt, dass eine solche Trennung zwischen gewohnter Welt und der Welt des Abenteuers auch schon für den Monomythos der Heldenreise bekannt war: „Die beiden Welten […] können nur als unterschiedliche dargestellt werden, verschieden wie Leben und Tod, Tag und Nacht. Der Held wagt sich aus der vertrauten Landschaft hinaus in die Finsternis, besteht dort sein Abenteuer oder geht uns einfach verloren, wird festgehalten oder gerät in Gefahr, und seine Rückkehr wird als ein Wiederkommen aus dieser jenseitigen Zone beschrieben. Dennoch aber – und darin liegt der große Schlüssel für das Verständnis der Mythen und Symbole – sind die beiden in Wahrheit eins"[285].

Ein Blockbuster beginnt allerdings selten in der gewohnten Welt der späteren Helden. Vielmehr geht der Darstellung der gewohnten Welt ein Überblick über die gesamte Welt der Narration voraus. Dieser Überblick setzt sich aus einem kurzen Einblick in die Abenteuerwelt und in die gewohnte Welt der Helden zusammen. Um die beiden Weltbegriffe in einem Begriff zu bündeln, bezeichne ich die Summe aus gewohnter Welt und Abenteuerwelt im Folgenden als *Szenariowelt*.

---

284 Vogler, 2010, 159
285 Campbell, 1999, 208f.

Zur Veranschaulichung werde ich nun zunächst die Konstruktion der Szenariowelten an einigen Beispielen vorstellen und biete dann eine erste pädagogisch-didaktische
Interpretation des Begriffs *Szenariowelt* an. Danach verfahre ich in gleicher Weise mit der
gewohnten Welt der Helden und resümiere die Befunde.

II.2 Die Szenariowelt

Grundsätzlich lässt sich festhalten, dass den Rezipienten eines Blockbusters in den ersten
Einstellungen des Films ein kurzer Überblick über das komplette Setting der Szenariowelt
in zwei Schritten enthüllt wird. Dieser ‚Exposition' genannte Teil der Blockbuster thematisiert im ersten Schritt die grundsätzlichen Werte, Grundlagen und Gegebenheiten der
jeweiligen Narrationen. Die Exposition implementiert oftmals einen Blick auf die potenzielle Welt der zukünftigen Abenteuer der Helden. Durch diese Konstruktion wissen die
Rezipienten sofort einiges über Raum, Zeit, Form, Konditionen und Figuren, die in der
Szenariowelt vorkommen können, ehe sie im zweiten Schritt die gewohnte Welt des Helden kennen lernen und auf den Helden treffen. Diese Konstruktion eines Blockbusters
erfüllt mehrere Funktionen, wie Hartmann (2009) festhält. Sie dient „[…] als Schwelle
und Schlüssel zum Film, als Grundlage der Bedeutungsbildung, als Verweis auf kommende Attraktionen, als Vorwegnahme des Kommenden und Vorbedeutung des Endes, als
Versprechen auf mehr und als Ort, den man als Zuschauer nicht nur hinter sich lässt,
sondern zu dem man zurückkehrt"[286]. Die Exposition wird in den ersten Einstellungen
sehr offen kodiert, so dass sie alle möglichen Schlüsse zulässt, aber eben auch diejenigen,
die später in der Narration tatsächlich stattfinden. Der Aufbau der Exposition ist in vielen
Blockbustern identisch; er fällt in drei Schritten aus:
» Überblick über das Szenario
» Überblick über die gewohnte Welt des Helden
» Auftreten des Helden

Der *Herr der Ringe* wird mit einem Schwarzbild eröffnet, in das mehrere geometrische
Figuren (Computer generated Images) einfliegen, die sich auf eine Lichtquelle zu bewegen.
Die Figuren formieren sich zu Rändern und Bild eines Filmstreifens. Unter dem Bild wird
der Schriftzug einer der Produktionsfirmen des Films, New Line Cinema, eingeblendet.
Untermalt wird dieses Intro des Logos durch den Klang eines sehr verhallten, rückwärts
laufenden Glockentons, der von immer neuen, ähnlich klingenden Sounds ausgedehnt
wird. Auf diese Weise wird eine fremdartige, geheimnisvolle, bis unheimliche Atmosphäre
erzeugt. Das Logo wird ausgeblendet, der Ton bleibt, schwebt durch den virtuellen auditiven Raum, wobei er anschwillt und der Titel der Produktionsfirma wird erneut – dieses Mal mit einem anderen Schrifttyp – eingeblendet. Unter dem in Blautönen gefärbten

---

286 Hartmann, 2009, 32

Schriftzug ist das Wort ‚presents' zu lesen, ehe auch dieser Schriftzug abgeblendet wird. Im Black wechselt der Glockenklang zu einem Orgelton und eine ebenfalls sehr verhallte Chorstimme setzt auf dem Grundton ein. Dieser Chor singt einige unverständliche Laute, die um den Grundton herumspielen, dazu wird der Name einer weiteren Filmproduktionsfirma ein- und wieder abgeblendet. In diesen neuerlichen Black hinein flüstert eine Stimme ebenfalls sehr verhallt unverständliche Worte[287]. Einige Sekunden später werden die unverständlichen Worte von einer weniger verhallten und dadurch sehr viel mehr im Vordergrund stehenden Stimme simultan übersetzt: „Die Welt ist im Wandel. Ich spüre es im Wasser. Ich spüre es in der Erde. Ich rieche es in der Luft. Vieles was einst war ist verloren. Da niemand mehr lebt, der sich erinnert"[288]. Mit dem Verhallen dieser Worte wandelt sich die Musik in eine tragische Melodie, die von Streichinstrumenten getragen wird, und der Schriftzug *The Lord oft he rings* wird eingeblendet. Auch dieser Schriftzug wird abgeblendet, während das Leitmotiv des Films auditiv von Violinen erklingt. Dann setzt ein Grollen ein, das erste ‚Realfilm' Bild wird aufgeblendet und öffnet den Blick auf eine Feuerstelle. Durch die Tonuntermalung entsteht die Wirkung, dass ein mächtiges Feuer brennt.

Die übersetzte Stimme erzählt, laut eigener Aussage, den Anfang der Geschichte, die mit dem Schmieden von Ringen begann. Diese Ringe wurden verschiedenen Herrschern verschiedener Völker, Elben, Zwerge und Menschen gegeben, da sie die Macht bargen, jedes Volk zu leiten. Die Erzählung wird von Einblendungen begleitet, in denen unterschiedliche Wesen, die erkennbar mittelalterliche Gewänder tragen, nach Ringen greifen und sie hoch halten. Dann wird die Karte von Mittelerde eingeblendet und die Stimme berichtet weiter, dass die Könige der Völker betrogen wurden, weil noch ein Ring geschmiedet wurde, den sich der dunkle Herrscher Sauron aus Mordor auf den Finger steckte. Mit diesem Ring war er unbesiegbar, und seine Armeen von Kreaturen der Dunkelheit, Orks genannt, besiegten nacheinander die freien Völker Mittelerdes. Schließlich stellte sich ein Bündnis aus Elben und Menschen den Armeen Mordors und besiegte sie und den Herrscher. Die Erzählung der Stimme wird durch Bilder von einer gewaltigen Schlacht untermalt. Das Heer der Menschen und Elben ist dabei in Reih und Glied gestaffelt, während die Orks wild und scheinbar ungeordnet angreifen. Nachdem Isildur, der König der Menschen, dem dunklen Herrscher Sauron den Ring vom Finger getrennt hat, löst sich die Armee der Orks ins Nichts auf. Die Schlacht wird von donnernden Kampfgeräuschen und martialischer Musik sowie einem ekstatischen Chorgesang untermalt. Die Stimme berichtet, nach dem Sieg über Sauron, dass Isildur die Möglichkeit hätte, den Ring zu vernichten und damit das Böse für immer aus der Welt zu vertreiben, aber die Menschen sind zu leicht zu korrumpieren, so dass er den Ring für sich behält. In einer weiteren Einstellung reitet Isildur mit einigen Rittern einen Waldweg entlang. Der Trupp wird von Orks angegriffen, Isildur getötet und der Ring der Macht sinkt auf den Grund des Flus-

---

287 Vgl. Jackson, 2001, 2002, Disc I (00:00:00 – 00:00:28)
288 Vgl. Jackson, 2001, 2002, Disc I (00:00:29 – 00:00:54)

ses. Dann setzt die Stimme, begleitet von dem musikalischen Leitmotiv, erneut ein und berichtet, dass der Ring Isildur verraten hat. Der Ring ruht zweieinhalbtausend Jahre am Grund des Flusses, wo er vergessen und damit aus dieser Geschichte ein Mythos wird, wie die Erzählstimme berichtet.

Die Stimme erzählt weiter, dass der Ring von einem unansehnlichen Geschöpf namens Gollum gefunden wird, der ihn schließlich weitere 500 Jahre später an den Hobbit Bilbo Beutlin verliert. Während auf der Leinwand epische Landschaftsaufnahmen gezeigt werden, kündigt die Stimme an, dass die Hobbits bald über das Schicksal der Welt entscheiden werden[289].

In diesen ersten sieben Minuten des Films wird die Historie einer fiktiven Welt zum Leben erweckt. Die dargestellte Handlung erstreckt sich über mehr als 2000 Jahre, in denen in dieser Welt kein ersichtlicher Fortschritt zu erkennen ist. Von Anfang an spielt das Szenario in einem pseudo-mittelalterlichen Setting. Es gibt einen sehr mächtigen Bösewicht dem gegenüber heterogene Gruppen mit unterschiedlichen Kompetenzen stehen. Die Fronten werden schnell geklärt. Die unterschiedlichen Gruppierungen können ihre Interessen nur mittels der Konfrontation klären. Das heißt, die optische Darstellung eines quasi mittelalterlichen Weltbilds wird durch eine substantialistische Haltung der verschiedenen Gruppierungen unterfüttert. Dann wird auf ein bis dahin nicht genanntes Wesen verwiesen, das als „unwahrscheinlich" bezeichnet wird, einen Hobbit.

Mit dem Hinweis auf diese Kreatur wechselt die bis dahin eher kalte und bedrohliche Atmosphäre. Die Farben werden heller, wärmer, freundlicher und auch die Musik wechselt von der bisherigen Moll-Tonart in eine fröhlicher klingende Dur-Tonart. Dieser Wechsel bedeutet den zweiten Schritt in der Exposition, der in die gewohnte Welt des Helden führt. Im Film wechselt hier auch die Stimme des Erzählers. War es bisher eine Frauenstimme, ist es nun die Stimme eines vermutlich älteren Mannes, der eine konkrete Zeit- und Ortsbestimmung vornimmt. Damit wird das bisher mythisch angehauchte Szenario gebrochen und es wird in ein Zeitalter der Geschichtsschreibung gewechselt. In diesem Zeitraum mit der Geschichtsschreibung verweilt die Narration des Films fortan.

Die Exposition lässt sich hier so lesen, dass das mythische Zeitalter sehr wohl in das Zeitalter mit der Geschichtsschreibung hineinspielt und Ereignisse, die lange zurück liegen, haben Auswirkungen auf die Art und Weise, wie die Szenariowelt und auch die gewohnte Welt des Helden jetzt beschaffen ist. Die Narration spielt in einem Szenario, in dem es zwar entfernte Ähnlichkeiten zu unserer alltäglichen Lebenswelt gibt, aber grundsätzlich spielt die Narration in einer ganz eigenen Welt. Dass hier eine eigene Welt gestaltet wird, darauf deutet bereits der erste Aufbau hin, der sich quasi als Bibelzitat lesen lässt. Am Anfang ist es schwarz, dann gibt es Klang, die Schöpfer sind die Filmproduzenten und schließlich werden in der Narration zuerst die vier Elemente genannt, von denen in der

---

289 Jackson, 2001, 2002 (00:00:55 – 00:07:17)

Vergangenheit geglaubt wurde, dass die Welt aus ihnen bestünde: Wasser, Erde, Luft und Feuer[290].

Der Einstieg in die eigene Szenariowelt eines Blockbusters über die vier Elemente Feuer, Wasser, Luft und Erde ist keine Seltenheit. Auch *Fluch der Karibik* (2003) wird auf diese Weise eröffnet. Der Film beginnt mit einer schwarzen Leinwand, über die nach wenigen Sekunden glühende Funken fliegen. Dann setzt ein Rauschen als akustische Untermalung ein, Rauch steigt auf und der Titel des Films wird eingeblendet, begleitet von einem sehr verhallten glockenähnlichen Ton. Dann wird das Bild geschnitten und der Blick wird frei auf eine Nebelwand, an deren unterem Ende Wasser zu erkennen ist. Aus dem Nebel schält sich der Rumpf eines Schiffes heraus. Die Szenerie wird auditiv untermalt mit einem tiefen, grollenden Basston, durch den hin und wieder einzelne Panflötentöne schneiden. Das Schiff entpuppt sich als ein Segelschiff. Es bewegt sich auf die Kamera oder die Kamera auf das Schiff zu oder beides gleichzeitig, und am Bug steht ein junges Mädchen, das ein Piratenlied singt. Die Kamera zoomt auf das Mädchen. Dann folgt ein Umschnitt hinter das Mädchen, so dass der Rezipient das Mädchen von hinten sieht, während sich die Kamera dem Mädchen nun aus dieser Perspektive nähert. Dann zieht ein Arm an der Kamera vorbei und greift nach dem Mädchen, das sich erschrocken umwendet. Es ist ein bärtiger Mann, der das Mädchen als Missy Swann anspricht und ihr dabei durchaus respektvoll begegnet. Aber er gemahnt sie zur Ruhe, weil Piraten in den Gewässern seien, durch die sie gerade segeln. Dann wird ein in einer Rangordnung offensichtlich höher gestellter Mann eingeblendet, der den bärtigen Mann anspricht. Er nennt ihn Mister Gibbs. Der Angesprochene gibt zu erkennen, dass er abergläubisch ist, wird nach kurzem Wortwechsel mit dem – wie sich herausstellt – Leftenant, entlassen und verlässt die Szene. Zwischen dem Mädchen und dem Leftenant entspinnt ein kurzer Dialog über Piraten. Der Kapitän will die Piratenplage austrocknen und sie alle hinrichten, während das Mädchen gerne einen treffen würde. Gibbs zieht auf die Bemerkung des Leftenants aus einiger Entfernung eine Grimasse, Missy Swann erschrickt und ein weiterer Mann schaltet sich in das Gespräch ein. Er wird als Governor und besorgter Vater des Mädchens eingeführt. Das Mädchen gibt sich jedoch selbstbewusst, was ihr Vater wiederum beunruhigend findet. Die ganze Zeit spielt das Szenario in dichtem Nebel und wird von einem unheilvollen Ton begleitet. Dann verschwinden die Männer aus dem Bild, Miss Swann dreht sich um, blickt erneut über die Reling und erkennt im Wasser mehrere Gegenstände, die am Schiff vorbeitreiben.

---

290 Die Exposition von Der Hobbit (2012) verläuft nach einem ähnlichen, aber umgekehrten Muster. Die Atmosphäre ist zwar freundlicher und wärmer gestaltet, aber auch hier wird das erste Realbild durch ein Schwarzbild angekündigt, das von einer Erzählstimme eingeleitet wird. Dann blendet das Bild mit dem Aufflammen eines Streichholzes auf, das zum Entzünden einer Pfeife genutzt wird. Die Rezipienten werden hier zuerst in die heimelige Atmosphäre der Hobbitwelt eingeführt, die sie schon aus den zehn Jahre früher veröffentlichten Herr der Ringe Filmen kennen dürften. Mit der Erzählung, die der Sprecher berichtet, wechselt das Szenario und die Geschichte des Zwergenvolkes wird mit epischem Habitus skizziert (vgl. Jackson, 2012).

Schließlich ist auch ein schiffbrüchiger Junge dabei, der an Bord geholt wird. Gibbs lehnt sich über die Reling und erkennt ein brennendes Schiffswrack. Er vermutet, dass Piraten das Schiff zerstört haben. Leftenant Norrington leitet die für diesen Fall üblichen Verrichtungen mit seemännischem Befehlston ein, während Governor Swann seine Tochter auffordert, bei dem schiffbrüchigen Jungen zu bleiben. Der Junge erwacht, sie stellen sich gegenseitig als Elisabeth Swann und Will Turner vor, dann sinkt der Junge wieder in Ohnmacht. Elisabeth entdeckt ein Amulett, das um seinen Hals gehängt ist, nimmt es ihm ab, wobei sie vermutet, dass er ein Pirat sei. Im nächsten Bild steht sie am Heck und betrachtet das Amulett. Durch die Tiefenschärfe ist neben dem Amulett im Hintergrund ein schwarzes Piratenschiff verschwommen zu erkennen, das im Nebel ein Wendemanöver vollführt. Erschrocken kneift Elisabeth die Augen zusammen und als sie sie wieder öffnet, sind es die Augen einer mindestens zehn Jahre älteren Frau, die in ihrem Bett erwacht[291].

Bis zu diesem Zeitpunkt ist die ganze Atmosphäre unheimlich, Kostüme und Szenario sowie die Anrede Leftenant und Governor lassen darauf schließen, dass das Szenario im 17. Jahrhundert zur Zeit der britischen Kolonisierung der Welt angesiedelt ist. Immer wieder wird von Piraten gesprochen. Dann erfolgt der Schnitt über das Augenzwinkern von Elisabeth Swann, begleitet von einem kurzen Crescendo der Musik, und das unheimliche Szenario weicht der heimeligen Atmosphäre eines Schlafzimmers bei Kerzenschein. Die junge Frau springt aus dem Bett, öffnet eine Schublade, aus deren doppeltem Boden sie das verstaubte Amulett zieht, das in der Szene zuvor dem Jungen abgenommen wurde. Alles deutet also darauf hin, dass seit der ersten Szene einige Jahre vergangen sind und aus dem Mädchen eine junge Frau wurde, die von der Begegnung mit dem Jungen träumte. Als Elisabeth Swann sich das Amulett umhängt, ertönen wieder die unheilschwangeren Klänge aus der ersten Szene, dann klopft es an der Tür, die junge Frau erschrickt und versteckt das Amulett in ihrem Ausschnitt. Durch die Tür tritt der Vater mit einer Hausdame ein, die den Vorhang öffnet und den Blick frei gibt auf eine pittoreske Küstenlandschaft im strahlenden Sonnenschein. Die weitere Handlung spielt ohne größere Zeitsprünge in diesem Szenario, das heißt nach dem Aufwachen befinden sich die Rezipienten in der gewohnten Welt des Helden, in der dieser auch etwas später das erste Mal auftritt.

Die Exposition von *Star Wars Episode IV – Eine neue Hoffnung* mit ihrer Laufschrift habe ich bereits oben ausführlich vorgestellt. Auch in *Die Tribute von Panem* (2012) wurde zur ersten Konturierung der Szenariowelt die Form der Schrift gewählt. Eröffnet wird der Film mit der Melodie und dem Logo der ersten von drei Produktionsfirmen, Studiocanal. Im Anschluss daran setzt mit Erscheinen der zweiten Produktionsfirma, Lionsgate, der eigene Soundtrack des Films ein. Auf einem tiefen Grundton werden hier einige Töne ruhig auf der Gitarre gezupft, wobei alle vier Takte ein neuer Akkord gewählt wird. Nach den ersten vier Takten wird das Logo der dritten Produktionsfirma eingeblendet, Color Force, und gegen Ende der nächsten vier Takte mit einer Schwarzblende ausgeblendet. Nun setzt

---

291 Verbinski, 2003 (00:00:00 – 00:04:44)

die Sequenz mit der Schrift ein. In dieser Sequenz wird ein fiktives Szenario beschrieben, in dem als Strafaktion Jugendliche als Tribut für die Ernte entrichtet werden sollen. Auf der semantischen Ebene arbeitet der Text mit Metaphern aus der Landwirtschaft, bleibt dabei aber recht offen. Die Präsentation der englischen Originaltexttafeln fällt so aus, dass aus einem Schwarzbild die Schrift aufgeblendet wird, einen Moment verweilt und dann unscharf wird, bis sie verblasst. Hier wird Werden und Vergehen ästhetisch aufbereitet, so dass sich dieses Intro als Bild des Lebens lesen lässt. Gegen Ende der Texttafeln ändert sich die Farbe des musikalischen Grundtons. Im Kontrast zur vorhergehenden melancholischen aber hoffnungsfrohen Melodie wird nun ein unheilverkündender Ton angeschlagen[292]. Auf der letzten Texttafel „The Hunger Games" setzt eine Off-Stimme ein und erklärt etwas von einer Tradition, zu der er sich hinzurechnet. Dann blendet das Bild auf und es werden zwei auffällig gestylte Personen sichtbar, die in einer Dialogsituation eingerichtet sind. Die Farben sind kalt, nach einigen Schnitten wird deutlich, dass hier ein Fernsehinterview gezeigt wird, bei dem eine Person der Interviewer und die andere Person der Befragte ist. Der Interviewer zieht ein auffällig verständiges, fast betroffenes Gesicht, während der Interviewte sachlich erzählt. Plötzlich ist aus dem Hintergrund Applaus zu vernehmen. Dann erklärt der Interviewer, verbunden mit einer Frage, dass der Interviewte ein Spielmacher im dritten Jahr sei. Ehe der Spielmacher antworten kann, wir das Bild geschnitten; zu sehen sind Bäume, eine windschiefe Holzhütte und eine Telegrafenleitung. All das ist in Erdtönen gehalten. Eine spitze weibliche Stimme schreit „Nein", während eine andere weibliche Stimme zu trösten versucht, und das Wort District 12 wird am rechten unteren Bildrand eingeblendet.

Die Interviewszene erscheint zu diesem Anschlussbild völlig konträr, als sollten die beiden Szenarien konträr zueinander stehen: dort der schöne Schein des Fernsehbilds, hier eine Realität, die an die Zeit der großen Depression in den USA erinnert. Und das Szenario, das wie die große Depression anmutet, wird sich als die gewohnte Welt der Heldin entpuppen. Der Gegensatz von Schein und Realität und wie dies miteinander in Verbindung steht, ist denn auch das Kernthema des weiteren Films.

Die Exposition des Films *Spider-Man* (2002) beginnt mit dem Logo der Produktionsfirma Columbia, gefolgt von einem Einspieler von Marvel. Untermalt wird dies zunächst von einem hohen Violinenton, der mit dem Wechsel auf den Marvel Einspieler in eine nervöse Violinenfigur übergeht, während auf dem Bildschirm eine schier endlose Folge von Comicbildern abläuft. Die Musik steigert sich, während das Marvel Logo in schwarz überblendet wird, und computergenerierte Abbilder von Spinnennetzen durchkreuzen die Leinwand, in denen die Titel des Films kurz hängen bleiben, um dann in Einzelteilen auseinanderzufallen. Diese werden zunächst vor einen schwarzen Hintergrund projiziert. Dann tauchen auf der Leinwand zwischenzeitlich Bilder der Extremitäten und schließlich des ganzen Körpers des titelgebenden Superhelden sowie eine artifizielle grüne Maske und

---

292 Ross, 2012 (00:00:00 – 00:01:17)

Schemen von Hochhäusern auf. Die virtuelle Kamera scrollt unterdessen unablässig wie
entfesselt durch die Spinnennetze und Häuserschluchten, während die Musik einen hero-
ischen, beinahe majestätischen Tonfall annimmt. Am Ende der Titelsequenz erklärt eine
Off-Stimme: „Wer ich bin? Wollt ihr das wirklich wissen? Meine Lebensgesichte ist nichts
für schwache Nerven." Das Bild verblasst ein wenig, während das letzte Spinnennetz im
Uhrzeigersinn über die Leinwand kreist, bis zu dem Zeitpunkt, an dem es in ein Realbild
überführt wird. Nun beruhigt sich die Kamera, und sie schwenkt langsam über eine ameri-
kanische Straßenszene, in deren rechter oberer Ecke das Spinnennetz an einer Feuerleiter
zu erkennen ist. Im Bild ist ein gelber Schulbus zu erkennen, das Bild wird geschnitten und
die Szenerie blendet in den Bus hinein. Der Erzähler berichtet alldieweil weiter, dass seine
Geschichte von einem Mädchen handelt. Er stellt unter anderem das Mädchen vor, das im
Bus sitzt, und schließlich sich selbst, als denjenigen, der neben dem Bus herläuft, weil er
ihn verpasst hat. Die Passagiere im Bus amüsieren sich über den jungen Mann. Sogar der
Busfahrer sieht im Rückspiegel, dass der junge Mann neben dem Bus herläuft und grinst,
während er dessen verzweifelten Versuch erkennt, den Bus zum Stoppen zu bewegen[293].
Während die computergenerierte Passage also eine frei durch den mehrdimensionalen
Raum schwebende Kamerafahrt zeigt und dabei die Szenariowelt umschreibt, beginnt die
gewohnte Welt mit den profanen Nöten eines jungen Mannes auf dem Weg zur Schule.

Das Musical *Mamma Mia* (2008) beginnt nach den Logos mit einem Blick auf ein
dunkles Gewässer, auf dem ein Boot durch eine sternenklare Nacht fährt. Das Boot fährt
auf eine kleine pittoreske Hafenstadt zu. Das Bild wird geschnitten und ein Durchgang
ist zu erkennen. Die Kamera bewegt sich vorwärts auf einen gelben Briefkasten in dem
ansonsten dunkelblauweiß ausgeleuchteten Szenario zu. Der Briefkasten steht hoch über
dem Meer, im Hintergrund sind einige Hügelketten und das spiegelglatte Meer bis zum
Horizont zu erkennen. Eine junge Frau geht auf den Briefkasten zu und wirft drei Briefe
hinein. Die gesamte Szenerie wird von dem neu arrangierten Song ‚I have a dream' der
schwedischen Popgruppe Abba untermalt was den Eindruck entstehen lässt, die junge
Frau singe das Lied. Als der letzte Brief im Briefkasten verschwindet, wird das Bild geschnitten: In rascher Folge werden drei Männer unterschiedlicher Herkunft gezeigt, die
sich mit unterschiedlichen Fortbewegungsmitteln irgendwo hin bewegen. In einem Split-
screen-Bild werden drei Fotos der Männer parallel montiert, so dass der Eindruck eines
Spielhallenautomaten entsteht. Über dieses Bild zieht das computergenerierte Image eines
Passagierflugzeugs, aus dessen Triebwerken funkelnde Sternchen fliegen, während die Bilder mit einer Wischblende nach oben ausgeblendet werden. Aus den Sternen entsteht der
diamanten funkelnde Titel des Films. Untermalt wird diese Szene mit einer Instrumental-
version des Songs ‚Voulez Vous' der Gruppe ‚Abba'. Freudiges Geschrei ist zu hören, und
mit einem harten Schnitt wird der Blick auf einen langen Holzsteg frei, der aufgrund der
Vegetation am Mittelmeer verortet werden kann. Über den Steg rennt eine junge Frau

---

293 Vgl. Raimi, 2002 (00:00:00 – 00:03:45)

schreiend auf zwei andere Frauen zu, die scheinbar soeben mit dem Boot hergebracht wurden. Die Frauen kennen sich offensichtlich lange, wie ihr herzliches und affektiertes Begrüßungsritual vermitteln will [294].

In dieser Exposition sind die Zutaten zu dem Musicalfilm, der nach dem erfolgreichen Broadway-Musical gedreht wurde, bereits komplett enthalten: mediterrane Idylle, die Musik von Abba, drei ältere Männer, junge Frauen und jede Menge ekstatisch überkandidertes Vergnügen.

Casino Royale (2006), das Re-Boot des seit den 60er Jahren erfolgreichen James Bond Franchises, beginnt in schwarz/weiß Bildern. Hierin sind selbst die Logos der Produktionsfirmen involviert. Die ersten Filmbilder weisen dann zusätzlich eine grobe Körnung auf. Das erste Bild ist aus der Froschperspektive mit einem Weitwinkelobjektiv aufgenommen. Es zeigt einen klassisch modernen Hochhausbau im Winter, der in Prag angesiedelt sein soll, wie die Bildunterschrift bekannt gibt. Es ist Nacht. Ein Wagen fährt vor, ein Mann, untersichtig gefilmt, tritt ins Bild, betritt das Haus und steigt in den Fahrstuhl. Dort wird der Mann dann aus der Vogelperspektive gezeigt. Er geht durch ein futuristisch anmutendes Treppenhaus, betritt ein Büro, wo er von James Bond erwartet wird.

Ein kurzer Dialog entspinnt sich, in dem eine Sequenz eingebettet ist, in der James Bond mit einem Mann in einem Waschraum kämpft und ihn schließlich tötet. Der Kampf ist sehr unmittelbar inszeniert, die grobe Körnung des Filmbildes erreicht hier ihren Höhepunkt, die Living Kamera und der Schnitt sorgen dafür, dass die Rezipienten die Orientierung im Handgemenge verlieren, so als ob sie unmittelbar dabei wären. Schließlich erschießt Bond auch seinen Gesprächspartner. Die Dialoge zeichnen sich über die Länge der Sequenz durch ihren gelungenen Minimalismus aus. Am Ende der Sequenz steht der neue Bond-Darsteller Daniel Craig im berühmten Gun Barrel Logo[295]. Mit dem Schuss, mit dem er seinen Gegner erschießt, läuft computergenerierte rote Farbe über die Leinwand, die Pre-Title-Sequenz ist beendet und die Titelsequenz beginnt mit dem Song ‚You know my name‘ von Chris Cornell. Die computergenerierte Titelsequenz zeigt ein Kaleidoskop von Spielkarten und ihren Farben, Pistolen, Pistolenkugeln, Daniel Craig, kämpfende menschliche Schemen, die immer wieder in die Farben der Spielkarten zerfallen, Fadenkreuze, ein Foto von Eva Green, die Vesper Lynd spielt usw. Kurz: In diesen beiden Sequenzen sind einerseits alle Zutaten enthalten, die einen James Bond Film ausmachen. Andererseits verweisen der schwarz/weiß Look der Eingangssequenz sowie die minimalistischen Dialoge und der Spielort auf einen Zeitpunkt in der Vergangenheit. Die Ästhetik erlaubt sogar Rückschlüsse auf den kalten Krieg und Filme wie *Der Spion, der aus der Kälte kam* (1965). Da die Produzenten Ian Flemings ersten Bond-Roman Casino Royale (1953) zugrunde legen, scheint dieser Look nicht zufällig gewählt. Hier sollen die Wurzeln und Anfänge des Agenten angedeutet werden. Darauf verweist auch der Dialog aus dem

---

294 Vgl. Lloyd, 2008 (00:00:00 – 00:03:15)
295 Vgl. Campbell, 2006 (00:00:00 – 00:03:38)

hervorgeht, dass Bond zu Beginn der Handlung noch nicht seinen Doppelnull-Status hat. In der Folge können also die ersten Gehversuche des Agenten ihrer Majestät erwartet werden, der aber bereits auf eine über vierzigjährige Filmkarriere zurückblicken kann.

Life of Pi (2012) startet mit dem von Fanfaren untermalten Einspieler der 20th Century Fox. Eine digitale Kamerafahrt bewegt sich entlang des monumentalen Logos. Die Fanfare verklingt, das Bild wird schwarz abgeblendet, ehe die Kamera wieder aufblendet und den Blick auf eine perfekte Idylle freigibt. Grünflächen, harmonisch darin eingebettete Gebäude, eine Giraffe, die in den Bäumen Blätter frisst, ein Fuchs kommt hinzu und schaut die Giraffe an Schmetterlinge schwirren um einen Brunnen und eine asiatisch klingende, friedliche Musik untermalt das Bild. Schnitt. Ein Faultier in Großaufnahme hängt an einem Ast, schaut sich um und von der rechten Seite saust ein Kolibri ins Bild, der um das Faultier herumfliegt, als wolle er es aus allen Perspektiven beobachten. Das Faultier folgt mit seinen Blicken den Flugbewegungen des Kolibris. Blende. Ein Weiher ist zu sehen, durch den ein Schwarm Flamingos, alle in dieselbe Richtung, stakst. Im Hintergrund ist auf einer Wand ein Bild mit einem indischen Elefanten zu erkennen. Schnitt. Ein Mann liegt auf einem Karren, dahinter ein grüner Zaun, hinter dem ein Gehege ist, in dem einige Ziegen kauern. Schnitt. Ein Affe sitzt auf einem Stein, macht ein Geräusch, erhebt sich und geht aus dem Bild. Die Kamera folgt ihm nicht. Schnitt. Einige Zebras in einem Gehege. Einige schauen in Richtung Kamera, andere knabbern an Salatköpfen. Schnitt. Eine Voliere, durch die ein Ast verläuft, auf dem dicht an dicht gedrängt Wellensittiche sitzen, die plötzlich teilweise auffliegen. Schnitt. Einige Warzenschweine laufen ins Bild. Die Kamera folgt ihnen kurz und verharrt, wenn die Warzenschweine plötzlich wie angewurzelt stehen bleiben. Schnitt. Ein Bär stellt sich auf die Hinterbeine. Schnitt. Ein Lemur springt auf die Kamera zu und schaut sich um. Elefanten, Flusspferd, Hausschwein und eine Schlange im Regen. Dann werden die ersten Gitter eingeblendet. Sie sind computergeneriert. Das Bild dahinter zuerst unscharf. Die Blende wird gezogen und ein Leopard läuft durchs Unterholz usw. Auch der Tiger, der sich im letzten Bild der Titelsequenz im Wasser eines Teichs spiegelt, läuft an dem Vogel, der auf einer Teichrose sitzt, wenig interessiert vorbei[296].

Während der gesamten Sequenz läuft die friedliche Musik und die Titel, die in jedes Bild eingewoben sind, fügen sich in die Bilder. Die Inszenierung erinnert an den Garten Eden, als ob alle Tiere friedlich miteinander harmonieren und jedes Tier an seinem, ihm zugewiesenen Platz auf Erden ist. Die Bilder der Tiere gehen noch weiter, aber die Musik wird von einer Off-Stimme ersetzt, die darüber Auskunft gibt, dass jemand im Zoo aufgewachsen ist. Eine andere Stimme nimmt die Frage auf und erzählt eine kurze Anekdote. Schnitt. Der Erzähler wird gezeigt, während er von Karma und den Wegen Gottes spricht. Der fragende Mann sitzt an einem Tisch und zupft Gewürze, der Erzähler steht am Herd und brät etwas, während das Gespräch fortgesetzt wird. Die Anekdoten, die der Mann aus seinem Leben erzählt, erscheinen leicht fragwürdig und der Fragende, der offensichtlich

---

296 Vgl. Lee, 2012 (00:00:00 – 00:03:51)

schon ein wenig recherchiert hat, fragt bei Details nach. Setzt man diese Elemente zusammen, ergibt sich ein Bild, dass darauf hindeutet, dass es in diesem Film um Tiere und ihren Platz in der Welt geht, während sie in Anekdoten eingekleidet werden, die sich mit der Harmonie in der Welt beschäftigen.

II.2.1 Pädagogische Lesart der Exposition der Szenariowelten

Seien es die hier vorgestellten Expositionen oder das Bild der frei umher schwirrenden Feder in *Forrest Gump* (1994), Panda Bär Po und sein Traum in *Kung Fu Panda* (2008), ein großer Kämpfer zu sein, oder der alte Zauberer Albus Dumbledore, der mit seiner Kollegin Minverva McGonagall durch die Straßen eines englischen Vororts stapft, um das berühmte Findelkind Harry Potter in *Harry Potter und die Kammer des Schreckens* (2001) abzulegen, allen Anfängen dieser Blockbuster ist gemeinsam, dass sie die Tür in die Szenariowelt des Films öffnen und wesentliche Aspekte der späteren Handlung vorgreifen, ohne diese zu detaillieren.

Hartmann (2009) stellt die These auf, „[...] dass sich in Passagen, die vorrangig der Exposition dienen, eine besondere *didaktische Hinwendung* zum Zuschauer abzeichnet: Dieser soll sich schnell und eindeutig orientieren und Erwartungen auf das Kommende aufbauen können"[297]. Somit werden Blockbuster in ihren Expositionen vorstrukturiert und können auf diese Weise ihre Szenariowelten für die Rezipienten plausibel machen.

Die Entfaltung der Szenariowelten lässt sich pädagogisch gewendet als „Advance Organiser" lesen, wie Hilbert Meyer dies nennt. Es geht darum, „[...] beim Beginn eines neuen Themas Anker-Ideen zu präsentieren. Das sind Begriffe, höherer Ordnung, die im neuen Thema eine Rolle spielen, die sich aber auch mit dem schon vorhandenen Wissen der Schülerinnen und Schüler verknüpfen lassen [...]"[298]. Wenn der Advance Organizer gut strukturiert ist, produziert er auf der einen Seite Anschlussfähigkeit für die Lernenden, fordert sie aber auch heraus beim Weiteren Geschehen mitzudenken. Dadurch können Ressourcen effizienter genutzt werden[299].

II.2.2 Zweck des Begriffs der Szenariowelt

Mit der Einführung des Begriffs der Szenariowelt ziele ich für diese Arbeit darauf ab, den Transfer der Ergebnisse aus der Untersuchung der Blockbusterfilme in unsere alltägliche Lebenswelt leichter nachvollziehbar zu machen. Zu diesem Zweck interpretiere ich den Begriff der Szenariowelt in Anlehnung an den Begriff der „alltäglichen Lebenswelt" von

---

297 Hartmann, 2009, 40 (Hervorh. im Original)
298 Meyer, 2010, 62
299 Vgl. von der Groeben, 2008, 65

Schütz/Luckmann (2003). Schütz/Luckmann (2003) haben den Begriff der alltäglichen Lebenswelt wie folgt definiert:

> „Unter alltäglicher Lebenswelt soll jener Wirklichkeitsbereich verstanden werden, den der wache und normale Erwachsene in Einstellung des gesunden Menschenverstandes als schlicht gegeben vorfindet"[300].

Übertragen auf die Szenariowelt der Blockbuster wäre die Szenariowelt also das in der Narration der Filme, was der wache und normale Erwachsene in Einstellung des gesunden Menschenverstandes als schlicht gegeben auf der Leinwand vorfindet.

Nun lässt sich berechtigterweise einwenden, dass zwischen der Narration eines Films und unserer alltäglichen Lebenswelt signifikante Unterschiede existieren: Die alltägliche Lebenswelt ist im Gegensatz zu den Welten der Narration eines Films durch Offenheit und Pluralität und damit durch eine ungeheure Komplexität gekennzeichnet. Außerdem scheint eine Differenzierung in unterschiedliche Welten auf den ersten Blick bei der Definition von Schütz/Luckmann nicht gegeben zu sein. In der Narration der Blockbuster ist eine solche Differenzierung in gewohnte Welt und Abenteuerwelt jedoch gegeben, wenngleich die Übergänge in der Narration fließend gestaltet werden. Diese Differenzierung ist entscheidend und ich werde im Folgenden zeigen, dass sie eben doch im Begriff der „alltäglichen Lebenswelt" von Schütz/Luckmann gegeben ist.

Die Unterscheidung zwischen den verschiedenen Welten bildet in dieser Arbeit die Grundlage für die Entwicklung einer pädagogisch-didaktischen Lesart der Heldenreise. Die Differenzierung der Szenariowelt für die Narration des Blockbusters lässt sich nämlich analog zu unserer alltäglichen Lebenswelt als eine analytische Zäsur lesen, die die alltägliche Lebenswelt in eine Welt des Bekannten und eine Welt des Unbekannten oder, mit anderen Worten, in eine Welt des Wissens und eine Welt des Nicht-Wissens unterteilt.

Übertragen auf die Narrationen der Blockbuster bedeutet die Heldenreise dann für die Helden eine Reise vom Bekannten zum Kennenlernen des Unbekannten bzw. vom Nicht-Wissen zum Wissen. In der alltäglichen Lebenswelt wäre das der Weg eines Lernenden. Denn der Lernende ist jemand, der auf einem Weg ist, auf dem er sich das Unbekannte erschließend aneignet und auf diesem Wege zum Wissenden wird.

II.3 Der Übergang zum Beginn der Heldenreise

Wenn die Exposition so weit vorangeschritten ist, dass die Szenariowelt in Grundzügen vorgestellt ist, wird der Blick der Rezipienten auf die Perspektive der Helden gelenkt. Der Übergang erfolgt hier zumeist fließend, indem Figuren oder Objekte aus der Szenariowelt in die gewohnte Welt des Helden eindringen. Sobald dieser Perspektivwechsel der Narrati-

---

300 Schütz/Luckmann, 2003, 29

on im Film erfolgt ist, wird die Perspektive des Helden, zumindest im Genre des Blockbusterfilms, nur noch selten verlassen[301]. Also spätestens zum Ende der Exposition bewegen
sich die Rezipienten während des weiteren Fortgangs der Narration fast ausschließlich auf
Augenhöhe mit den Helden.

In *Star Wars Episode IV – Eine neue Hoffnung* werden die Rezipienten, zumindest bei der
erstmaligen Rezeption des Films, in den ersten neunzehn Minuten in dem Glauben gelassen, dass der Zufall die Droiden nach ihrer Flucht in der Rettungskapsel auf den Wüstenplaneten Tatooine verschlagen hat. Wenn sie auf Luke Skywalker treffen und mit ihm
sprechen, kristallisiert sich zusehends heraus, dass es alles andere als ein Zufall ist, der die
Droiden hierher geführt hat. Der Zufall bleibt in der Story genau so lange als Möglichkeit im Raum stehen, bis C-3PO die Behauptung von R2-D2 übersetzt, dass R2-D2 einem
Obi Wan Kenobi gehört, der irgendwo in der Wüste wohnt, und dieser Mann nur wenige
Szenen später auf eben diesem einsam erscheinenden Wüstenplaneten in Persona auf den
Plan tritt.

   Die Erzähltechnik, die Lucas hier verwendet, ermöglicht ihm einen weichen Übergang
von der Exposition zum Moment der Erregung, in deren Folge die Handlung ansteigt und
die Story Fahrt aufnimmt[302]. Entsprechend weich erfolgt auch der Übergang von der alltäglichen Lebenswelt des Films in die gewohnte Welt des Helden.

   Die gewohnte Welt des Helden und die Abenteuerwelt erscheinen nicht voneinander
getrennt, sondern sie sind Teil der Szenariowelt, die mit Schütz/Luckmann gesprochen,
‚schlicht gegeben' wäre und da es sich um die Narration eines Films handelt, sollte sie auch
‚bis auf weiteres unproblematisch'[303] sein. „Der Spielfilm ist ein Kommunikationsprozeß

---

301 Wenn dann noch Perspektivwechsel vorgenommen werden, dienen sie in erster Linie der Pro-
    duktion des Suspense, indem beispielsweise Handlungen der Antagonisten gezeigt werden.
    „Suspense bedeutet zunächst die Dramatisierung des Erzählmaterials eines Films oder auch die
    intensivste Darstellung dramatischer Situationen, die möglich ist. Ein Beispiel. Jemand will ver-
    reisen, er geht aus dem Haus, steigt in ein Taxi und fährt zum Bahnhof. Wenn dieser Mann nun,
    ehe er ins Taxi steigt, auf die Uhr schaut und murmelt: ‚Mein Gott, das ist ja entsetzlich, den Zug
    bekomme ich nie', so wird die Fahrt zu einer Szene voller Suspense, jedes Rotlicht, jede Kreuzung,
    jeder Verkehrspolizist, jedes Bremsen, jedes Schalten steigert den emotionalen Gehalt der Szene"
    (Truffaut, 2003, 12f.).

302 Diese Erzähltechnik hat Lucas aus Akiro Kurosawas Film ‚Die verborgene Festung' entlehnt. Der
    Film wird vorerst aus der Perspektive zweier Nebenfiguren, der beiden Roboter C-3PO und R2-
    D2, erzählt. „Das Zusammenspiel der beiden Androiden orientiert sich an ihren menschlichen
    Vorbildern Stan Laurel und Oliver Hardy. Die goldene Lackierung erinnert an die Maria aus
    Fritz Langs Metropolis (1926). Doch im Gegensatz zu dieser lasziven Verführerin verhält sich
    der ständig nervöse Dolmetscher [C-3PO] wie ein snobistischer Butler. [...] R2-D2 hingegen
    kommuniziert nur über sehr ausdrucksstarke elektronische Pieptöne und verbirgt in seinem ton-
    nenförmigen Körper mehr Gimmicks als ein Schweizer Offiziersmesser" (Koebner (Hg.), 2003,
    304).

303 Vgl. Schütz/Luckmann, 2003, 29

[sic!], bei dem idealtypisch Produzent (Regisseur) und Rezipient (Zuschauer) miteinander in Verbindung treten und durch das jeweilige Werk ästhetische Erfahrungen vermittelt bzw. konstituiert werden"[304]. Über Kommunikationen partizipieren Filme und ihre Szenariowelten an der alltäglichen Lebenswelt. So weit vorangeschritten ist es nun an der Zeit, die Parallelen zwischen der alltäglichen Lebenswelt und der Szenariowelt aufzuzeigen.

Schütz/Luckmann führen an, durch welche Faktoren die alltägliche Lebenswelt als unproblematisch erlebt wird:

> „a) die körperliche Existenz von anderen Menschen; b) dass diese Körper mit einem Bewusstsein ausgestattet sind, das dem meinen prinzipiell ähnlich ist; c) dass die Außenweltdinge in meiner Umwelt und für meine Mitmenschen für uns die gleichen sind und grundsätzlich die gleiche Bedeutung haben; d) dass ich mit meinen Mitmenschen in Wechselbeziehung und Wechselwirkung treten kann; e) dass ich mich […] mit ihnen verständigen kann; f) dass eine gegliederte Sozial- und Kulturwelt als Bezugsrahmen für mich und meinen Mitmenschen historisch vorgegeben ist und zwar in einer ebenso fraglosen Weise wie die >>Naturwelt<<; g) dass also die Situation, in der ich mich jeweils befinde, nur zu einem geringen Teil eine rein von mir geschaffene ist"[305].

Diese Faktoren vorausgesetzt stellt sich die Frage: Gibt es eine Differenzierung der alltäglichen Lebenswelt? Gibt es den Punkt, an dem man auf die alltägliche Lebenswelt bezogen von einer gewohnten Welt und einer „anderen" Welt, um nicht zu sagen Abenteuerwelt, sprechen kann?

Bei der Zäsur, die ich hier vornehmen will, um die Fragen zu beantworten, handelt es sich um eine analytische Zäsur. Sie wird an den Rändern flüssig erscheinen und kann nicht als feststehende Formel, sondern muss vielmehr als heuristisch angesehen werden, wenngleich sie auch in einem Punkt kulminiert: dem Individuum und seinen unterschiedlichen Lebens- und Lernerfahrungen.

Trotz ihrer Fluidität ist diese Zäsur notwendig, um die Zweckmäßigkeit der Aufbereitung der Heldenreise als didaktisches Prinzip transparent zu machen. Hierin wird sich zeigen, inwiefern Lernen und Lernerfahrungen von äußeren Bedingungen abhängig sind und wie diese sich, im Blockbuster, fundamental voneinander unterscheiden. Aus diesem Grunde wird im folgenden Abschnitt zunächst einmal gefragt, um was es sich bei der gewohnten Welt des Helden genau handelt.

---

304 Faulstich, 2002, 17
305 Schütz/Luckmann, 2003, 31

II.4 Die gewohnte Welt des Helden

> „Wenn das Universum ein helles Zentrum hat,
> bist du auf diesem Planeten am weitesten davon weg."
> Luke Skywalker – *Star Wars Episode IV – Eine neue Hoffnung*

Was verbirgt sich hinter dem Begriff ‚gewohnte Welt'? Was macht einen Teil der Szenariowelt eines Blockbusters zu einer ‚gewohnten Welt'? Inwiefern unterscheiden sich die beiden ‚Welten' voneinander?

Schütz/Luckmann (2003) folgend zieht sich die Grenze von gewohnter Welt und der Abenteuerwelt zwischen der „gegliederten Sozial- und Kulturwelt" und der „Naturwelt" hindurch.

Der Begriff ‚gewohnt' enthält das Verb ‚wohnen', im Sinne von bleiben und zufrieden sein. Jemand, der ‚wohnt' ist an einem Ort, der eingerichtet ist, an dem er sich aufhält, weil er dort zufrieden ist. Etymologisch steht das Wort ‚gewohnt' aber auch im Kontext des Wortes ‚gewöhnlich', was weniger abwertend gemeint ist, als es auf den ersten Blick scheinen mag, denn es trägt dann die Bedeutung ‚herkömmlich' oder ‚üblich' im Sinne von ‚gewinnen'[306].

Demzufolge ist die gewohnte Welt also als eine gewonnene Welt zu verstehen, d.h. der Teil der alltäglichen Lebenswelt, der der Natur durch den Menschen abgetrotzt wurde. Aber mehr noch als das, als solche ist die gewohnte Welt des Helden im Blockbusterfilm zudem durch eine in der Narration angelegte implizite Tradierung ihrer selbst etabliert. Die gewohnte Welt des Helden meint, dass der Mensch sie sich hergerichtet und, dass er sich in ihr eingerichtet hat. Das ist also nicht zufällig getan, sondern das ist das Ergebnis eines Zivilisationsprozesses der in der Narration des jeweiligen Blockbusterfilms angelegt ist[307]. Einige Beispiele sollen dies illustrieren:

Luke Skywalker wohnt im Beispiel ‚*Star Wars Episode IV – Eine neue Hoffnung*' auf der Wasserfarm seines Onkels Owen Lars, die wiederum auf einem Wüstenplaneten liegt, der auf den ersten Blick recht trostlos erscheint[308]. Die Farm des Onkels wirkt wie eine wenig fruchtbare Oase in der Wüste und die Aufgabe des Helden in spe, Luke Skywalker, besteht darin, sich als quasi Angestellter des Onkels um die Geschäfte auf der Farm zu kümmern. In diesen Sequenzen erleben wir Rezipienten ihn nur im Gespräch mit Tante und Onkel sowie den nomadisierenden Schrotthändlern, die die Roboter R2-D2 und C-3PO verkaufen. Bedeutende soziale Aufgaben hat der zukünftige Held an diesem Ort nicht zu bewäl-

---

306 Vgl. Duden, Das Herkunftswörterbuch, 1997, 242
307 Die gewohnten Lebenswelten der Blockbuster sind genauso vielfältig wie die Filme selber. Erst auf struktureller Ebene werden die Parallelen zwischen ihnen sichtbar.
308 Im Verlauf des Films, und mehr noch in den später gedrehten Episoden VI, I und II wird jedoch deutlich werden, dass dieser Planet alles andere als trostlos ist.

tigen. Herausforderungen jenseits des täglich Alltäglichen hat er nicht zu erfüllen. Er lebt das Leben eines leicht weltfremden Farmers.

Der Zustand, in dem Luke in seiner gewohnten Welt lebt, wird im Film insbesondere mittels seines Onkel Owen inszeniert, der Luke in barschem, befehlsmäßigem Ton seine Aufgaben erklärt. „Wir lassen das Gedächtnis dieser R2 Einheit löschen. Du wirst das morgen in Anchorhead besorgen. Dann hat der Spuk ein Ende. Er gehört jetzt uns. [...] Du hast Dich nur darum zu kümmern, dass die neuen Droiden für morgen einsatzbereit sind. Morgen früh will ich sie an der Arbeit bei den Kondensatoren sehen"[309].

Grundlos wendet der Onkel den Befehlston nicht an. Ihm ist klar, dass der Junge Flausen im Kopf hat, die etwas mit einer Welt jenseits der Farm, also jenseits ihrer gewohnten Welt zu tun haben. Als Luke in diesem Dialog trotz des barschen Tonfalls weiter bohrt, lässt der Onkel den Befehlston fallen und such nach anderen Wegen, um den Jungen von seinen Ideen abzulenken: „In der Erntezeit brauche ich Dich am meisten. Nur noch diese Saison das ist alles. Wir werden mit diesen Droiden genug verdienen, damit ich noch ein paar Leute einstellen kann. Und dann kannst Du auf die Akademie, nächstes Jahr. Du musst verstehen, dass ich Dich hier brauche, Luke"[310].

Die Strategie des Onkels ist auf den zweiten Blick weniger egoistisch als er ihm zeigt. Sie rührt aus seiner Fürsorge für den Jungen, dem er die Gesamtheit der alltäglichen Lebenswelt zu dessen eigener Sicherheit lieber vorenthalten will[311]. Nachdem Luke frustriert abgezogen ist, wird im Gespräch zwischen Owen Lars und seiner Frau klar, dass er weiß, dass es eine Welt außerhalb ihrer gewohnten Welt gibt und dass er für ein Leben dort keine Kompetenzen zur Verfügung hat, die er Luke vermitteln könnte. Deshalb hält er sich und seine Familie davon fern. In diesem Zuge drängt er auch Luke dazu, sich von irgendetwas außerhalb der gewohnten Welt fern zu halten und vertröstet ihn um ein Jahr. Damit bietet er Luke zwar eine Antwort an, diese hat der Junge aber nicht gesucht. Dem Onkel geht es darum, den Burgfrieden zu bewahren, was fürs Erste, wenn auch mit Widerwillen seitens Luke, gelingt.

Die gewohnte Welt des Luke Skywalker lässt sich somit als eine Welt der vorgestalteten Antworten interpretieren, die dem jungen Mann wenig Spielraum für seine Entwicklung lässt. In dieser Welt bleiben keine Fragen offen, weil bereits alles geregelt ist. Entsprechend ist die gewohnte Welt hier unerschütterlich, insbesondere unerschütterlich durch den Nachfahren. Luke muss sich in diese Lebenswelt einfügen, die nach den Vorstellungen des Onkels eingerichtet ist, ohne wirklich Chancen zur Entfaltung geboten zu bekommen.

Wer in einer solchen gewohnten Welt eine Frage stellt, bekommt stante pede eine Antwort, die – egal wie sie ausfällt – genügen muss. Widerspruch wird nicht geduldet. Es sind vielleicht andere Antworten denkbar, aber diese werden hier nicht gegeben oder wenn

---

309 Lucas, George, 1977, 1997, 2004, (00:23:06 – 00:23:30)
310 Lucas, George, 1977, 1997, 2004, (00:23:48 – 00:24:05)
311 Der Onkel fürchtet die mannigfaltigen Gefahren der alltäglichen Lebenswelt, der er in seiner Jugend begegnet ist. Diese erschließen sich aus der Vorgeschichte in den Episoden II und III der Serie.

doch, dann nur als Vertröstung auf die Zukunft. Der Erziehungsberechtigte hat sich und der Familie die gewohnte Welt mühsam so eingerichtet, dass er diese und keine andere Antwort geben kann. Aus seiner Perspektive ist nicht mehr leistbar und aus seiner Perspektive muss er auch nicht mehr leisten, da die Existenz gesichert ist.

Der Film *Star Wars Episode IV – Eine neue Hoffnung* bietet an dieser Stelle aber nur eine von vielen möglichen gewohnten Welten im Blockbusterfilm an. Im Szenario von Mittelerde im *Herrn der Ringe* (2001) von Peter Jackson sehen die Strukturen der gewohnten Welt teilweise ganz anders aus.

Das Dorf Hobbingen, im Auenland von Mittelerde gelegen, bietet ein prachtvolles, pittoreskes Idyll. Es ist gezeichnet mit sanften, sattgrünen Hügeln und üppigen Bäumen sowie einem friedlichen Weiher. Dieses Idyll zeugt nicht nur von irgendeinem, sondern von *dem* gesunden Biotop. Dieser Ort ist vielleicht nicht ganz das Paradies, aber selten wurde im Film deutlicher gemacht, dass die gewohnte Welt des Helden die Heimat der sicheren, unbeschwerten Kindheit ist und damit ist die gewohnte Welt ein Ort, den jeder Rezipient in seinem Leben einmal gekannt hat, weil er ihn erfahren hat[312]. In diesem Fall ist dieses Idyll die Wohnstatt der Hobbits, einem Volk, dass sich aus der Welt außerhalb des Auenlandes nicht viel macht und deren Mitgliedern es genügt, ihr Leben mit Ackerbau, Viehzucht, einem guten gefüllten Magen, einem zünftigen Bier und etwas Pfeifenkraut im Schoß von Familie, Freunden und Nachbarn zuzubringen. Politik, Philosophie, ja jegliche Form von Intellektualismus bleiben in dieser Welt außen vor[313].

Im Auenland, genauer gesagt im Örtchen Hobbingen, wohnt der Hobbit Frodo Beutlin, eine der Heldenfiguren des *Herrn der Ringe*. Er ist der Neffe von Bilbo Beutlin[314]. Frodo Beutlin zeigt im Gegensatz zu Luke Skywalker in *Star Wars* überhaupt keinerlei Ambitionen, aus seiner gewohnten Welt und ihren Regeln ausbrechen zu wollen, weil sie für ihn perfekt zu sein scheint. Der junge Hobbit hat die Regeln seiner gewohnten Welt sogar so weit verinnerlicht, dass er den zu Besuch kommenden Zauberer Gandalf in den Rahmen seiner gewohnten Welt einzupassen sucht. „Bevor Du aufgetaucht bist, waren wir Beutlins angesehene Leute. Wir waren nie in Abenteuer verstrickt und taten nichts Unvorhergesehenes"[315]. Als Gandalf nicht entsprechend reagiert, ergänzt er: „Du bist jetzt

---

312 Ein frühes, modernes Bild einer solchen kindlichen Heimat zeichnet beispielsweise Hermann Hesse im Demian: „Die eine Welt war das Vaterhaus, aber sie war sogar noch enger, sie umfasste eigentlich nur meine Eltern. Diese Welt war mir großteils wohlbekannt, sie hieß Mutter und Vater, sie hieß Liebe und Strenge, Vorbild und Schule. Zu dieser Welt gehörte milder Glanz, Klarheit und Sauberkeit, hier waren sanfte freundliche Reden, gewaschene Hände, reine Kleider, gute Sitten daheim" (Hesse, 1974, 8).

313 Vgl. Bassham, 2011, 84f.

314 Dass der Held nicht bei seinen Eltern aufwächst, sondern fast immer bei irgendwelchen Verwandten, ist Thema im Kapitel ‚Lernende Helden'.

315 Jackson, 2001, 2002 (00:13:20 – 00:13:27)

offiziell als Störer des Friedens bezeichnet worden"[316]. Frodo kennt anscheinend die Regeln seiner gewohnten Welt und da er das Leben im Auenland zu schätzen weiß, akzeptiert er die Regeln auch. Die Narration verrät uns, dass die gewohnte Welt positiv in Frodo hineingewachsen ist und er in sie. Er muss in diesem Teil der Szenariowelt von Mittelerde der Natur nichts durch Kampf abringen, er muss nichts herrichten, er muss sich gegen nichts auflehnen, weil diese gewohnte Welt für ihn aufs Beste eingerichtet ist. Frodo muss sich lediglich an die Regeln halten, die auch in dieser gewohnten Welt gegeben sind. Das stellt für ihn aber kein Problem dar, weil diese Regeln mit dem Ausmaß seiner empirischen Erfahrungen übereinstimmen. Nur sein Onkel Bilbo hat eigentlich andere Pläne. Er ist nicht daran interessiert, seinen Neffen im Unklaren über die weitere Szenariowelt von Mittelerde zu lassen, ja er würde den jungen Hobbit sogar auf seine eigene Reise mitnehmen. Aber er weiß, dass Frodo viel zu gerne im Auenland in seiner gewohnten Welt lebt und bevormunden will er ihn auch nicht[317]. Demzufolge gibt es auch in der nächsten Verwandtschaft keinen Grund für Frodo, wie Luke Skywalker aufbrechen zu wollen.

In der Narration vom *Herrn der Ringe* wird die gewohnte Welt des Helden also nicht durch innere Kräfte erschüttert. In diesem Blockbuster scheint das Motiv das Garten Eden, mindestens aber des Schlaraffenlandes, für die Entfaltung der gewohnten Welt des Helden Pate gestanden zu haben. Wenn die gewohnte Welt des Auenlands erschüttert wird, dann muss sie demzufolge durch äußere Kräfte erschüttert werden.

Genau so kommt es auch im weiteren Verlauf des Films: Frodo muss aufbrechen, als sich die Ereignisse zu überschlagen beginnen und die heile Welt des Auenlandes bedroht wird. Er muss dies deshalb tun, weil er derjenige ist, der als einziger in der Lage ist, Mittelerde vor dem Untergang zu bewahren. Gerne scheint er diese Aufgabe nicht zu übernehmen, aber er übernimmt sie, um dieses Idyll zu schützen. Auch bei dieser Variante einer gewohnten Welt im Blockbuster handelt es sich nur um eine Variante. Es gibt weitere.

Als Zwischenfazit lässt sich bis hierhin festhalten, dass der kulturell gestaltete Teil einer alltäglichen Lebenswelt eine gerichtete Lebenswelt ist, eine von Menschenhand eingerichtete Welt, eine Welt also, die durch den Menschen hergerichtet wurde, in der die Hand des Menschen aktiv war. Kulturell gestaltete Lebenswelt bedeutet aber auch, dass die Natur zugerichtet wurde, um dem Menschen dienlich zu sein. Dabei geht es nicht allein um die Natur der alltäglichen Lebenswelt, sondern auch um die Natur der Akteure selber.

Im Gegensatz zu den bisherigen Beispielen kann der Prozess der Kultivierung von Natur in der gewohnten Welt der Helden auch fast bis zur Katastrophe vorangetrieben werden. Einen solchen Fall schildert die Narration von *Harry Potter und der Stein der Weisen* (2001). Bei diesem Film wird dem Helden in seiner gewohnten Welt eine Entwicklung nur dahingehend gestattet, dass er die gewohnte Welt als Lebenswelt so akzeptiert wie sie

---

316 Jackson, 2001, 2002 (00:13:36 – 00:13:43)
317 Vgl. Jackson, 2001, 2002 (00: 17:33 – 00:18:04)

ist. Er wird nicht einmal auf eine Besserung in der Zukunft vertröstet. Wenn er aber in der Narration die Grenze der gewohnten Welt berührt, entzieht sich Harry Potter bereits der Obhut seiner Verwandten, bei denen er zu Beginn haust.

In dieser aufs Äußerste konservativ konstruierten Form der gewohnten Welt wird mit allen Mitteln versucht, den Helden daran zu hindern, seine Reise zu beginnen. Hier bedeutet die gewohnte Welt die Apokalypse für den Helden. Er lebt in einer Lebenswelt, in der er nur existiert, um von dieser gewohnten Welt und ihren Bewohnern nicht her-, sondern vielmehr hingerichtet zu werden.

Nachdem das Findelkind[318] Harry Potter bei der Familie Dursley im Ligusterweg abgelegt wurde, lebt es für die nächsten zehn Jahre in einer kleinbürgerlichen Hölle, die sein Onkel Vernon, die Tante Petunia sowie deren Sohn Dudley bevölkern. Diese Familie lebt südlich von London in der Grafschaft Surrey in einem fiktionalen Vorort und der Held in Spe, Harry Potter, wird hier als störender Fremdkörper inszeniert, ohne den die kleinbürgerliche Lebenswelt dieser Familie völlig in Ordnung wäre. Die gewohnte Welt des Helden ist hier der Ort, an dem er als Diener der Familie missbraucht wird. Harry Potter würde von diesem Ort weg wollen, sofern er sich überhaupt vorstellen könnte, dass dies möglich ist. Doch die hier inszenierte gewohnte Welt ist für den zehnjährigen Harry Potter unausweichlich. Die spießigen Dursleys missbrauchen den Jungen für die Hausarbeit, lassen ihn in der Besenkammer unter der Treppe wohnen, und schließlich unternehmen sie alles, damit der zukünftige Held daran gehindert wird, ins Abenteuer aufzubrechen. Sie kassieren seine Post zuerst ein, zerreißen sie, verbrennen sie und verbarrikadieren schließlich ihr Haus, um den Posteingang für Harry zu stoppen. Als auch dieser letzte Versucht misslungen ist, reisen sie in eine abgelegene Steinhütte auf einer sturmumtosten einsamen Insel, um es unmöglich zu machen, dass Harry Post von Hogwarts, der Schule für Zauberei, erhält[319]. Diese Szenen in *Harry Potter und der Stein der Weisen* werden mit deutlich comichafter Übertreibung anhand der Familie Dursley inszeniert. Trotzdem wird hier gezeigt, wie weit ein solches Abschließen der gewohnten Welt getrieben werden kann, wenn die Welt jenseits der gewohnten Welt um jeden Preis ausgeschlossen werden soll.

Mit Hilfe des Halbriesen Hagrid gelingt es Harry Potter aus der beklemmenden Enge der spießigen Familie zu entkommen. Die Katastrophen, die sich angesammelt haben, bis der junge Held aus seiner gewohnten Welt aufbrechen kann, deuten hier nur an, was geschähe, wenn es nicht zum Aufbruch käme, eine Katastrophe nämlich. Anders gesagt, eine Lebenswelt, in der sich die Gesellschaft die Behauptung leistet, es gäbe keinen Grund mehr auf Heldenreisen zu gehen, da die alltäglichen Lebenswelten bereits in Gänze erschlossen

---

318 Ein Findelkind ist Harry Potter nur auf den ersten Blick. Er wird bei Onkel und Tante vor die Tür gelegt, weil seine Eltern im Kampf gegen das Böse getötet wurden. Das komplette Ausmaß der familiären Verstrickungen zwischen den Potters und den Dursleys wird erst im Lauf der gesamten Serie aufgeklärt.

319 Columbus, 2001, 2004 (00:08:14 . 00:12:05)

sind, ist – nach den Maßstäben der Autoren von Blockbustern – tot oder zum Untergang verurteilt!

Diese drei Beispiele sollen an dieser Stelle zunächst genügen, um zu illustrieren, wodurch die gewohnte Welt von der alltäglichen Lebenswelt zu unterscheiden ist. Jeder Blockbuster variiert dieses Thema um eine Nuance, doch strukturell sind die gewohnten Welten stets eng miteinander verwandt.

Nun gilt es, den entscheidenden Punkt der Differenz zwischen gewohnter Welt und Abenteuerwelt zu markieren. Für Joseph Campbell bedeutet die gewohnte Welt des Helden den „geistigen Schwerpunkt im Umkreis seiner Gruppe"[320]. Hier liegen seine Wurzeln, die er nicht ohne weiteres entfernen kann. Für Vogler erfüllt die gewohnte Welt die narrative Funktion des Kontrastmittels. Wenn die Helden ins Unbekannte aufbrechen, müssen sie vorher in einer Welt gezeigt werden, die der fremden, zu erkundenden Welt entgegengesetzt ist, eben die gewohnte Welt. „Die andere Welt ist schließlich nur dann etwas Besonderes, wenn wir sie mit der gewohnten Welt der alltäglichen Angelegenheiten und Geschäfte vergleichen können, aus der der Held aufbricht. Die gewohnte Welt ist Kontext, Ausgangspunkt und Hintergrund des Helden"[321].

Die gewohnten Welten der Helden in spe sind mithin durch das Vorwissen und die Regeln ihrer Bezugspersonen geprägt. In dieser Welt sind alle Helden quasi impotent und an Vorgaben gebunden, die nicht kraft ihrer eigenen Gestaltungsfähigkeiten entstanden sind. Es ist eine geordnete Welt, in der die Helden unter Umständen für lange Jahre gut behütet aufgewachsen sind, die ihnen aber zugleich ihre Grenzen und Begrenzungen deutlich macht und keine weiteren Entwicklungspotenziale anbietet.

> „Man ist in keiner Weise ein selbstverantwortlicher, frei handelnder Mensch, sondern ein gehorsamer Abhängiger, der Strafen und Belohnungen erwartet und erhält. Um aus dieser Position seelischer Unreife zum Mut der Selbstverantwortung und Selbstsicherheit zu erwachsen, bedarf es eines Todes und einer Auferstehung. Das ist das Grundmotiv der weltweiten Fahrt des Helden – dass man einen Zustand verlässt und den Ursprung des Lebens findet, durch den man in einen reicheren und reiferen Zustand befördert wird"[322].

---

320 vgl. Campbell, 1999, 62. Hammann, der sich auch auf das Campbells Modell der Heldenreise bezieht, vermengt die gewohnte Welt mit den Metaphern christlicher Mythologie. Für ihn ist die gewohnte Welt das Paradies, aber kein Ort im eigentlichen Sinne, sondern die „[...] Einheit, in der noch alle Aspekte des Lebens vereint sind und nichts als feindlich und zerstörerisch wahrgenommen wird oder ausgeschlossen werden soll. [...] Das Paradies ist die konfliktlose Verbundenheit aller mit allen" (Hammann, 2007, 72f.). Allein die hier vorgestellten Beispiele deuten darauf hin, dass Hammanns These problematisch ist.
321 Vogler, 2010, 167
322 Campbell, 1994, 15

Was Campbell hier beschreibt, ist, wenn man es nur um ein Weniges trivialisiert, nichts anderes, als ein Lernvorgang. Eine Person tritt aus dem Rhythmus ihrer gewohnten Welt heraus, um sich neues Wissen anzueignen. Das ist ähnlich dem Vorgang, der sich ereignet, wenn jemand sich beispielsweise ein Buch vornimmt und darin liest. Der Leser muss, besonders wenn er sich einen Erkenntnisgewinn von dem Text verspricht, die äußere Welt an sich vorbeiziehen lassen, ja, er schließt sich sogar aus ihr ein Stück weit aus. „Man zieht sich auf sich selbst zurück, lässt den Körper ruhen, macht sich unerreichbar und unsichtbar für die Welt"[323]. Nach dem Akt des Lesens kehrt der Leser zurück in eine Welt, die, sofern das Lesen nicht bloßer Konsum, sondern auch Aneignung war, nicht mehr seine gewohnte Welt ist, weil er sich in ihr verändert hat[324]. Mit anderen Worten, der Leser hat eine Lernerfahrung durchlebt. Und die Form dieser Lernerfahrung markiert den Punkt, durch den sich die gewohnte Welt im Blockbuster von der Szenariowelt differenzieren lässt.

Die gewohnte Welt des Helden ist, wie gesagt, eine kulturell eingerichtete Lebenswelt, die durch die Erziehungsberechtigten bzw. durch die Gemeinschaft konstituiert ist und die der Held, wie im *Herrn der Ringe*, mit dem Wort von Berger/Luckmann (2003) gesprochen, schon *internalisiert* hat, weil sie sich als zweckmäßig erwiesen hat. „Da Zweckmäßigkeitsmotive die Alltagswelt leiten, steht Rezeptwissen, das sich auf Routineverrichtungen beschränkt im gesellschaftlichen Wissensvorrat an hervorragender Stelle"[325]. Entsprechend zeichnet sich die gewohnte Lebenswelt dadurch aus, dass sie im konstruktivistischen Sinne nicht hinterfragt wird, weil sie aufgrund ihrer Zweckmäßigkeit scheinbar nicht hinterfragt werden muss. Der erste Schritt aus der gewohnten Lebenswelt heraus ist aber derjenige, sie zu hinterfragen. „Wenn wir beginnen, unsere Erlebniswelt epistemologisch zu betrachten, wenn wir zum ersten Mal fragen, was Wirklichkeit ist und was Illusion, haben wir schon lange gelebt […]"[326]. Die gewohnten Welten der Helden stellen somit so etwas wie Entwicklungsräume, Moratorien dar, in denen sie sich in einem vertrauten Rahmen entwickeln können. Dieser Moratoriumsräume bedürfen die Helden auch, um später ihre Heldenreise erfolgreich durchführen zu können. denn nach Hüther (2009) ist Vertrauen „[…] das Fundament, auf dem alle unsere Entwicklungs-, Bildungs-, und Sozialisierungsprozesse aufgebaut werden. […] Dieses Vertrauen muss während der Kindheit auf drei Ebenen entwickelt werden:

»   als Vertrauen in die eigenen Möglichkeiten, Fähigkeiten und Fertigkeiten zur Bewältigung von Problemen

»   als Vertrauen in die Lösbarkeit schwieriger Situationen gemeinsam mit anderen Menschen und

---

323 Manguel, 1998, 182
324 vgl. Bieri 2005, 4
325 Berger/Luckmann, 2003, 44
326 von Glasersfeld, 2003, 19

» als Vertrauen in die Sinnhaftigkeit der Welt und das eigene Geborgen- und Gehalten-sein in der Welt"[327].

Während ihrer Moratorien in der gewohnten Welt erhalten die Helden grundlegende Kompetenzen, um sich in ihren gewohnten Welten zurecht zu finden. Die gewohnten Welten sind aber nie komplett von den Zugängen zu den Abenteuerwelten getrennt. Deshalb finden die Abenteuer auch immer ihren Weg zu den Helden, die sich nicht davor verschließen. Das ist kein Zufall, denn der Mensch, seine Weltwahrnehmung und seine Entwicklung erweisen sich letztlich als ein unabschließbarer Prozess, da das Lernorgan des Menschen, das Gehirn, plastisch, also veränderlich ist.[328] „Neue Erfahrungen wirken [...] bis auf die Ebene der Gene. Sie führen dazu, dass z. B. Nervenzellen damit beginnen, neue Gensequenzen abzuschreiben und andere sillzulegen. Neue Erfahrungen verändern also die Genexpression. Im Gehirn geschieht das bis ins hohe Alter und bildet die Grundlage für die lebenslange Plastizität und Lernfähigkeit dieses Organs. Allerdings machen wir die meisten Erfahrungen nicht am Ende, sondern am Anfang unserer Entwicklung. Während dieser Phase ist die erfahrungsabhängige Neuroplastizität [...] zumindest im Gehirn am stärksten ausgeprägt"[329]. Mit anderen Worten, neurowissenschaftlich gewendet, verfügt der Mensch selbst, und das besonders in der Kindheit, über Potenziale, aus einer kulturellen Zurichtung reiner Zweckmäßigkeit ausbrechen zu können und dies auch zu wollen. Und dies umso mehr, je starrer die gewohnte Lebenswelt strukturiert ist. Wenn der Held an die Grenze seiner gewohnten Welt stößt oder gestoßen wird, dann bricht er früher oder später zu seiner Heldenreise auf und beginnt intrinsisch motiviert zu lernen. Denn so weiß Hüther zu berichten: „Von der Motivation eines Kindes hängt es ab, inwieweit sich alle bisher angeführten Befähigungen überhaupt nach Außen hin manifestieren. Ist es aus sich selbst heraus gewillt, sich einer Aufgabe zu stellen (intrinsische Motivation), nutzt es seine Ressourcen zumeist optimal; fühlt es sich durch psychischen Druck, Bestechung oder andere äußere Antriebe dazu gedrängt (extrinsische Motivation) fällt ihm defensiv oder übereifrig das Lösen einer Aufgabe im Allgemeinen schwer"[330].

Diese Differenz manifestiert sich immer wieder als der Ausgangspunkt der Reise der Helden. Sie wollen oder müssen früher oder später aus ihrer gewohnten Welt heraus, weil diese ihnen keine Entwicklungspotenziale mehr bietet. Joseph Campbell (1999) nennt den Punkt, an dem das geschieht, die Berufung oder den Ruf des Helden. Im Blockbusterfilm

---

327 Hüther, 2009 a, 46
328 „Neuroplastizität, neuronale Plastizität bezeichnet die Veränderbarkeit neuronaler Verbindungen im Nervensystem. Das Konzept neuronaler Plastizität steht damit für die Erkenntnis, dass die neuronalen Verbindungen nicht starr und invariabel sind, sondern aufgrund bestimmter funktioneller Geschehen (z. B. bei Lernprozessen) [...] Veränderungen unterliegen können. " (Altenmüller, 2009, 192).
329 Hüther, 2009 b, 99 f.
330 Hüther, 2009b, 106

wird an diesem Punkt differenziert zwischen den wohlmeinenden Verwandten, die den Helden niemals berufen und den Bewohnern der weiteren Szenariowelt, denen der Held erst auf seiner Heldenreise begegnen wird. Die Berufung erreicht den Helden immer aus letzterer Sphäre, also aus der Abenteuerwelt.

Ehe ich im übernächsten Kapitel den Aspekt der Berufung thematisiere, fokussiere ich im folgenden Kapitel die Figur des Helden, im Verständnis dieser Arbeit also als Lernenden. Zuvor sollen aber zunächst noch einige Betrachtungen zur Ausgangssituation der Heldenreise in unserer alltäglichen Lebenswelt angestellt werden. Wie konstituiert sich die alltägliche Lebenswelt in institutionellen Lernangeboten?

II.5 Schlussfolgerungen

Wer den Ausführungen zur Differenzierung der Szenariowelt der Blockbusterfilme und der gewohnten Welt der Helden bis hierher gefolgt ist, bei dem mag sich das ein oder andere Mal bereits Widerstand gegen die Ausführungen geregt haben. Spätestens jetzt aber, wenn die Welt des Blockbusterfilms verlassen wird, wird ein Punkt immer drängender. Das Thema ‚Heldenreise' selbst und der berechtigte Einwand lautet kurz und knapp: das Leben ist kein Spielfilm. In unserer alltäglichen Lebenswelt gibt es eine solche Reise in eine fremde, unbekannte Welt, die noch dazu mit ihren Abenteuern wartet, höchst selten, wenn es sie überhaupt noch gibt. Unsere alltägliche Lebenswelt ist erschlossen, die großen Entdeckungsreisen von Christoph Kolumbus, James Cook über Alexander von Humboldt bis hin zu Neil Armstrong wurden bereits durchgeführt, und außerdem sind solche Reisen nur wenigen Privilegierten vorbehalten oder denjenigen, die über die entsprechenden ökonomischen Ressourcen verfügen bzw. diese freisetzen können.

Das Reisen bilden, ist vielfach belegt worden. So wusste beispielsweise schon Goethe in Wilhelm Meisters Wanderjahren zu dichten: „Die beste Bildung findet ein gescheiter Mann auf Reisen." Die Heldenreise ist aber ein narratives Konzept. In diesem Sinne erweist sie sich für die Probleme des Lernens in der alltäglichen Lebenswelt als höchst untauglich. Oder?

Der Einwand wäre insofern berechtigt, sofern es bei der Heldenreise zentral um das Ver-Reisen im sprichwörtlichen Sinne ginge. Wie aber schon Campbell's Ausführungen auch in Bezug auf C.G. Jung zeigten, geht es nicht um das Ver-Reisen, sondern um die Entwicklung des Protagonisten. Der Begriff der Reise ist hier als Metapher zu fassen. Um die Metapher zu interpretieren, lässt sich auf die angesprochenen sprichwörtlichen Reiseerfahrungen sicherlich zurückgreifen, denn wie eine Reise den Reisenden verändert, verändert auch die Heldenreise den Helden. Der Kern der Veränderung ruht aber in den Erfahrungen, die während der Reise gesammelt werden und diese Veränderungen kommen durch nichts anderes als durch Lernerfahrungen zustande. Diese Lernerfahrungen lassen sich aber auch in der alltäglichen Lebenswelt oder der Alltagswelt, wie Berger/Luckmann (2003) sie nennen, bewerkstelligen. Soziologisch betrachtet wird die Alltagswelt als gegeben angenommen, „[...] ohne nach ihren Grundlagen zu fragen. Die Alltagswelt wird ja nicht nur als wirklicher Hintergrund subjektiv sinnhafter Lebensführung von jedermann hingenommen, sondern sie verdankt jedermanns Gedanken und Taten ihr Vorhandensein und ihren Bestand"[331].

Wenn es aber beim Reisen im Allgemeinen und bei der Heldenreise im Besonderen um eine Veränderung des Reisenden geht, dann muss offensichtlich eine Differenz in der Qualität der Lernerfahrung liegen. Auf genau diesen Aspekt soll die hier vorgenommene Differenzierung von gewohnter Welt und Abenteuerwelt im Blockbusterfilm hinweisen. Wie aber ist diese Qualität beschaffen?

Berger/Luckmann (2003) stellen fest: „ [...] ich erlebe die Alltagswelt in verschiedenen Graden von Nähe und Ferne, räumlich wie zeitlich. Am nächsten ist mir die Zone der Alltagswelt, die meiner direkten körperlichen Handhabung erreichbar ist. Diese Zone ist die Welt in meiner Reichweite, die Welt, in der ich mich betätige, deren Wirklichkeit ich modifizieren kann, die Welt, in der ich arbeite. In dieser Welt ist mein Bewusstsein meistens pragmatisch, das heißt, meine Anteilnahme an dieser Welt ist im Wesentlichen dadurch bestimmt, was ich in ihr tue, getan habe oder tun will"[332].

Die Einteilung der Alltagswelt in Zonen unterschiedlicher Nähe und Ferne lässt sich zu Lebensphasen und den dazugehörigen Akteuren, die der Mensch im Laufe seiner Sozialisation erlebt, in Analogie setzen. Zunächst bewegt er sich im Kreis der engsten Familie, dann im erweiterten Familienkreis, später treten Freunde, Kindertagesstätte, Kindergarten, Schule, Ausbildung oder Studium Beruf usw. hinzu.

Eine solch extrapolierende Erfahrung, wie der Held sie zu Beginn seiner Heldenreise erfährt, mag in unserer alltäglichen Lebenswelt zwar die höchst seltene Ausnahme bilden, aber wenn die alltägliche Lebenswelt (Schütz/Luckmann) oder Alltagswelt (Berger/Luckmann) als Lebenswelt mit Lernpotenzialen erfahren wird, dann kann man auch sagen, dass an jeder Ecke Abenteuer auf die Lernenden warten.

Entsprechend erweisen sich die frühesten Kindheitserfahrungen allesamt als intrinsisch motivierte Lernerfahrungen. Kein Kind lernt das Laufen, weil es weiß, dass eine Belohnung auf es wartet, sondern es lernt das Laufen im Prinzip adaptiv, weil es dies auch will. Das Kind lernt auch beispielsweise die Koordination seiner Extremitäten nur durch stetes langfristiges Üben, welches nicht an eine Belohnung jenseits der Tätigkeit gekoppelt wird, sondern eben intrinsisch motiviert ist. Entsprechend ist Lernen – im konstruktivistischen Verständnis – ein aktiver Prozess, bei dem einem von einem Individuum wahrgenommenen Objekt aktiv eine Bedeutung zugeschrieben wird. „Wissen kann nicht

---

331 Berger/Luckmann, 2003, 21
332 Berger/Luckmann, 2003, 25

übertragen werden; es muss im Gehirn eines jeden Lernenden *neu geschaffen* werden"[333], bestätigen die Neurowissenschaften. Ein Lernerfolg kann aber nur gelingen, wenn das Objekt an die vorhandenen Wissensbestände anknüpfen kann. „Dinge, die für den Lernenden neu, d.h. nicht anschlussfähig sind, fallen durch die Gedächtnisnetze hindurch, weil sie nirgendwo Brücken zu bereits vorhandenem Wissen bilden können"[334].

Wenn das Kind laufen lernt, dann lernt es einerseits die Koordination seiner Beine zu beherrschen, gleichzeitig organisiert es seinen Gleichgewichtssinn, und darüber hinaus nimmt es die Welt, wenn es läuft, aus einer neuen Perspektive wahr. Dem Laufen lernen gehen andere Erfahrungen voraus, und noch andere Erfahrungen werden folgen.

An einem bestimmten Punkt erscheint jedoch das Potenzial an Lerngelegenheiten eines bestimmten Ortes scheinbar ausgeschöpft zu sein. Entweder sind die Lerngelegenheiten dann tatsächlich ausgeschöpft oder aber, es stehen andere Erfahrungen aus anderen Lernorten ins Haus, die sich nicht ohne weiteres mit den Lernangeboten in der gewohnten Lebenswelt verknüpfen lassen. Diesen neuen Lernangeboten kommt aber nun mehr Aufmerksamkeit durch die Lernenden zu.

Der Schritt in die Schule ist beispielsweise ein solcher Schritt. Fast alle Kinder werden dazu ermutigt, neugierig in die Schule zu gehen. Und im Grunde genommen ist die erste Zeit in der Schule auch nichts anderes als eine Heldenreise. Ein fremder, unbekannter Ort, fremde Mitschülerinnen und -schüler, fremde Autoritätspersonen, unbekannte Herausforderungen und vor allen Dingen unbekanntes Wissen usw.

Aber die Schule und ihre neuen Angebote werden viel zu oft, viel zu schnell von Seiten der Lernenden wieder abgelehnt. Die Gründe dafür sind zahlreich, aber sie gehen oftmals damit einher, dass die in den ersten zwei bis drei Schuljahren möglicherweise noch fremde Lebenswelt plötzlich zu einer „gewohnten Welt" geworden ist, die entweder langweilt oder zu hohen Druck und zu hohe Erwartungen auf den Schultern der Schülerinnen und Schüler entwickelt. „Die Orientierung an den Lehrplänen und nicht an neugierfördernden Lerngängen (Aebli) führt in der Regel innerhalb der ersten zwei oder drei Schuljahre zum Nachlassen der Lust auf Lernen, die noch die Erstklässler beflügelte"[335].

Schülerinnen und Schüler erleben als Lernende in ihrer alltäglichen Lebenswelt also früher oder später das, was auch dem Helden in seiner gewohnten Welt begegnet: zweckmäßige Routine des Schulalltags, und das Lernen wird möglicherweise zur klassischen Konditionierung à la Pawlow – auch Pauken genannt[336]. Allerdings zeichnen sich die so angeeigneten Wissensbestände oft dadurch aus, dass sie nicht weiterverarbeitet werden

---

333 Roth, 2009, 58
334 Roth, 2009, 66
335 Herrmann 2009, 149
336 „Die problematischste Lehr- und Lernmethode ist das Pauken, d.h. das simple Auswendiglernen. Hierbei werden Gedächtnisnetzwerke durch bloße Wiederholung von Inhalten ausgebildet. Dies klappt immer, und zwar auch dann, wenn weder Lerninteresse noch Vorwissen vorhanden sind" (Roth, 2009, 66 f.).

können. Der Journalist Reinhard Kahl bezeichnet diese Form des Lernens als ‚Bulimie-
lernen'[337]. Laut § 1 des Schulgesetz' des Landes NRW besteht die Aufgabe der Schule auch
nicht in erster Linie darin, Schülerinnen und Schüler mit Wissen vollzustopfen, sondern
sie zu bilden. Aber in der Schule tauchen eine Reihe von Faktoren auf, die dazu beitragen,
dass sie das Gegenteil dessen produziert, was ihr Anliegen sein sollte.

Einer dieser Faktoren scheint der Leistungsdruck zu sein, der in der Schule auf die
Lernenden beim Erwerb von Wissensbeständen ausgeübt wird. Der Druck basiert aber
nicht allein auf den zu erwerbenden Wissensbeständen, sondern er resultiert aus dem
System Schule selbst. Denn Schule bedeutet ein Setting, das durch Regeln klar strukturiert
ist. Das schulische Setting postuliert beispielsweise grundsätzlich, dass die Lernenden ihre
Klasse zu einer bestimmten Zeit zu betreten haben, ihre Plätze einnehmen und die Lehrkraft bei ihrem Erscheinen begrüßen sollen. Dabei liefert die Schulglocke das Aufforde-
rungssignal, an dem sich die Lernenden zu orientieren haben. Wenn die Glocke erklingt,
begeben sie sich in das für sie zur Verfügung stehende Klassenzimmer, setzen sich an dem
ihnen zugewiesenen oder zugestandenen Platz in der Klasse und sollen sich gegenüber der
Lehrkraft in einer vereinbarten oder der veranschlagten Weise verhalten. Abweichendes
Verhalten wird in diesem Setting nur bedingt toleriert. Darüber hinaus werden Lernenden
auch immer wieder in unterschiedlichen Graden ihre Grenzen aufgezeigt. In der Regel-
schule tritt zudem der Druck durch Noten hinzu, durch den Lernende eine allzu simple
Rückmeldung auf ihre Leistungen bekommen und diese Leistung wird zu allem Überfluss
durch die Noten dann auch noch ins Verhältnis zu anderen Lernenden gesetzt. Hierbei
und hierdurch werden die Lernenden dann persönlich bewertet, und es ist wohl davon
auszugehen, dass sie, je jünger sie sind, desto weniger reflektieren können, dass es eine
Differenz zwischen ihnen und ihrer Leistung gibt. In solch einem System bestimmen die
Noten der Lernenden früher oder später ihre Haltung und ihr Selbstgefühl. „Je größer
der Druck und die dadurch sich im Gehirn ausbreitende Erregung wird, desto tiefer geht
es also auf der Stufenleiter der noch aktivierbaren, handlungsleitenden Muster wie in einem Fahrstuhl hinab"[338]. Was hat das mit der Heldenreise im Blockbuster zu tun? Nun,
es lässt sich einwenden, dass der Druck auf die Helden während ihrer Heldenreise auch
zusehends größer wird. Dem ist aber zweierlei entgegen zu halten: Erstens erleben wir
die Helden im Film erstmalig zumeist an dem Punkt, an dem ihnen ihre gewohnte Welt
bereits zu klein geworden ist, weil der Druck in ihr zu groß wird. Und zweitens erscheinen,
noch ehe die ersten fremden Gefahren zu bewältigen sind und noch ehe die erste Schwelle
überschritten wurde, der Mentor sowie weitere Gefährten, die den Helden zur Seite ste-

---

337 vgl. Kahl, 2008 (Online). Ein Lehrer von mir verglich den Prüfungstermin immer mit einer ge-
    streckten nach unten geöffneten Parabel auf dem Koordinatensystem. Der Scheitelpunkt der Pa-
    rabel ist der Punkt zwischen Lernen und Vergessen. Auf der Y-Achse wurde der Wissenszuwachs
    eingetragen, auf der X-Achse die verstrichene Zeit.
338 Hüther, 2009b, 107

hen. (Diesen Figuren kommen in den Narrationen besondere Funktionen zu, daher wird über sie an späterer Stelle noch ausführlicher berichtet). Die Aufgaben, die die Helden auf ihren Heldenreisen zu bewältigen haben, verdanken sich einer anderen Qualität als ihre Aufgaben in der gewohnten Welt. Und wenn es auch den Helden nicht gelingt, in der gewohnten Welt ihre Aufgaben zu erledigen, so gelingt ihnen aber genau das auf der Heldenreise. Dies könnte man sicherlich dem Bedürfnis nach einem Happy End im Kino zusprechen, es bieten sich aber auch andere Interpretationen an: Beispielsweise diejenige, dass die Aufgaben, die den Helden auf ihren Heldenreisen zugemutet werden, ihrem jeweiligen Leistungsstand entsprechen und sie sich auf ihren Reisen aufgrund irgendwelcher, im weiteren Verlauf zu klärender, Umstände nicht so unter Druck gesetzt fühlen, dass ihr Lerninteresse gehemmt wird. Wenn die Diagnose zuträfe, befände sich der Held auf seiner Heldenreise anscheinend des Öfteren in einem Zustand, der dem ähnelt, was Csikszentmihalyi (2007) ‚Flow' nennt. Das Flow-Erlebnis erfordert laut Csikszentmihalyi „[…] häufig schmerzliche, riskante oder schwierige Aktivitäten, die den einzelnen an die Grenzen seiner Leistungsfähigkeit trieben und den Aspekt des Neuen und der Entdeckung umfaßten [sic!]. Ich habe diese optimale Erfahrung als *flow* bezeichnet, weil viele der Befragten dieses Hochgefühl als einen nahezu spontanen, mühelosen und doch zugleich extrem konzentrierten Bewußtseinszustand [sic!] beschrieben"[339].

Es erscheint paradox, aber vor dem Hintergrund des bisher gesagten wird möglicherweise deutlich, weshalb der Zustand des Flow gerade in Familien und institutionalisierten Lehr-Lern-Settings ab einem bestimmten Zeitpunkt tendenziell weniger gegeben ist: Diejenigen, die mit ihrer Liebe, Fürsorge und Aufmerksamkeit, also Eltern, Erziehungsberechtigte, Lehrerinnen und Lehrer, ganz allgemein gesprochen: Lehrende, dafür Sorge tragen, dass wir zunächst überhaupt ein stabiles Selbstvertrauen und Selbstwertgefühl entwickeln, behindern beizeiten unsere Entwicklung. Das kommt nicht von ungefähr, weil die Settings in denen sie operieren mit einem komplementären Machtverhältnis ausgestattet sind, indem es ein Unten und ein Oben gibt. „Gerade weil nicht nur die Fähigkeiten, sondern auch generelle Haltungen, Lebensgewohnheiten, Handlungsbereitschaften, Urteilskompetenzen der Individuen dem Vernehmen nach durch Lernen entstanden sind und geändert werden können, hatten herrschende Instanzen von je her ein besonderes Interesse daran, das Lernen zu okkupieren und der Bevölkerung zuzuteilen. So sieht sich heute Lernen offiziell in unterschiedlichen Erscheinungsformen an Belehren gebunden, ja es wird tendenziell mit Belehrt-Werden gleichgesetzt, wobei das Belehren seinerseits in die Zuständigkeit von Institutionen gegeben ist, die in verschiedener Weise Kontrolle über die Lernenden anstreben"[340]. Das wenig überraschende Resultat aus dieser Situation ist dann oftmals das, dass die Angebote dieser Anbieter von den Lernenden abgelehnt werden. Und das nicht zuletzt deshalb, weil die Lernenden diese Angebote ganz anders wahr-

---

339 Csikszentmihalyi, 2003, 162 (Hervorh. im Original)
340 Holzkamp, 1995, 12

nehmen, als Lehrende sie meinen. Die Lernenden nehmen die Lehrenden nämlich als die Exekutive von Routine, Leistungsdruck und Langweile oder eben als gegen sie gerichtete Machtausübung wahr. Wenn die Lehrenden es aber angeblich doch nur ‚gut meinen', dann greift spätestens an diesem Punkt das Sprichwort: ‚Gut gemeint ist das Gegenteil von gut gemacht'.

Offensichtlich entstehen in Beziehungen, die in nahen und dabei zu statischen Netzwerken stattfinden, Störungen der Interaktion, durch die Lernerfolge beeinträchtigt werden. Für den Psychologen und Persönlichkeitsforscher Julius Kuhl hängt daher der Lernerfolg in verschiedenen Lernsettings in erster Linie von der Qualität der Beziehung zwischen Lernendem und Lehrendem ab. „Die vielleicht folgenschwerste Auswirkung gestörter Interaktion ist die >>Abschaltung<< des Selbst: Wenn die Interaktion nicht mehr so erlebt wird, dass einer der Interaktionspartner (oder beide) sich als Person wahrgenommen fühlt, dann wird das Selbst abgeschaltet; wir sprechen auch von einer Hemmung des Selbst"[341].

Um Lernerfolge erzielen zu können, bedarf der Lernstoff und bedürfen die Lernangebote anscheinend einer gewissen Fremdheit. Und genau diese Fremdheit offeriert die Heldenreise dem Helden.

Ehe ich die weitere Heldenreise nun detailliert betrachte, wende ich mich zunächst den zentralen Figuren der Reise zu, den Helden. Die Figur des Helden wird zunächst kurz charakterisiert, und Differenzen zwischen verschiedenen Heldentypen werden vorgestellt. Zudem wird verdeutlicht, welche Motivation die Helden an ihre gewohnte Welt bindet und wieso und wodurch sie zum Aufbruch motiviert werden können.

---

341 Kuhl u.a., 2011, 18

III Der Held

> „Und es gibt kein Geschäft und keinen Beruf, in dem ein
> junger Mann nicht ein Held werden könnte."
> Walt Whitman – Gesang von mir selbst

Laut Duden lässt sich die Herkunft des Wortes *Held* etymologisch nicht genau bestimmen. Mit dem Begriff wird der ‚freie Mann' und Krieger genauso in Verbindung gebracht wie die Hauptperson einer Dichtung[342]. Der Begriff hat sich in den Sprachgebrauch eingebürgert. Im griechischen bedeutet der Begriff ‚Heros' „Held, Sagenheld, Halbgott"[343]. Vogler instrumentalisiert den Begriff Heros für seine Definition und behauptet seiner Wurzel nach lautet die Übersetzung des Begriffs „schützen und dienen"[344]. Schaut man auf die Taten mythologischer Helden, ist man geneigt, Vogler Recht zu geben. Bei allen Wundertaten, die Helden vollbringen, werden sie immer als diejenigen in Szene gesetzt, deren Ansinnen es ist zu schützen und zu dienen. Seien es die Taten von Herakles, Theseus oder Achilles, der Weg des Buddha, der von Shiva oder Jesus, später die Aventurien von König Artus oder die Abenteuer des Musketiers D'Artagnan. Selbst im selbstreferenziellen Blockbusterkino der 80er und 90er Jahre *erscheinen*[345] Helden in dieser Funktion. Und das auch dann, wenn sie von stereotypen Testosteronbombern, wie beispielsweise Sylvester Stallo-

---

342 Vgl. Drosdowski, 1997, 279
343 Vgl. ebd.
344 Vogler, 2010, 87
345 Freilich scheint es nur so zu sein, denn es gibt auch einige Helden mit einem etwas anderen Anstrich. Ihre Abenteuer zeugen aber nicht von der Genese, während der sie zum Helden werden, sondern bei ihren Geschichten handelt es sich um Storys von Helden, die in ihrer Entwicklung schon einige Schritte weiter sind. Entsprechend treten sie von Anfang an weniger bescheiden auf, wie z. B. Robin Hood, Indiana Jones, Sherlock Holmes, James Bond, Jack Sparrow. Diese Helden weisen einen anderen Schwerpunkt auf, und sie werden auch nicht als Anfänger zum Thema Heldenreise gehandelt, sondern sie sind bereits auf dem Weg fortgeschritten, was nicht heißt, dass sie nicht ebenfalls lernen, aber sie haben einen anderen Ausgangspunkt und deshalb auch einen andern Habitus. Sie sind Helden, deren Heimat in der Heimatlosigkeit gründet. Aufgrund ihrer vielfach auftretenden Doppelfunktion als Held, aber auch Mentor, werde ich diese Form des Helden erst im Abschnitt über den Mentor eingehender thematisieren.

ne, Arnold Schwarzenegger oder Chuck Norris gespielt werden[346]. Auf eigene Rechnung operieren alle diese Helden nicht. Sie agieren stets im Interesse eines anderen, für den sie zumeist bereit sind, ihr Leben aufs Spiel zu setzen.

In narrativer Hinsicht bedeutet die Figur des Helden für Vogler aber auch die Identifikationsfigur des Publikums. „Wer einer Erzählung lauscht, ein Theaterstück oder einen Film sieht, hat zu Beginn der Geschichte die Gelegenheit, sich mit dem Helden zu identifizieren, mit ihm eins zu werden und die Welt durch seine Augen zu betrachten"[347]. Zu diesem Zweck werden die Helden zudem mit universellen Bedürfnissen nach beispielsweise Liebe, Gerechtigkeit, Rache etc. ausgestattet.[348] Durch diese universellen Motive soll den Heldenfiguren ein größeres Identifikationspotenzial beschert werden.

Aber zwischen den verschiedenen Typen von Heldenfiguren existiert noch ein grundsätzlicher Unterschied. Während die zuletzt genannten Heldenfiguren, wie z. B. John Rambo (*Rambo*, Kotcheff, 1982), Snake Plissken (*Die Klapperschlange*, Carpenter, 1981), Harry Tasker (*True Lies*, Cameron, 1994), James Braddock (*Missing in Action*, Zito, 1984)), nur einen bestimmten Auftrag zu erledigen haben, mit deren Bewältigung ihre Heldenreise auch gleich wieder beendet ist, warten auf andere Helden noch ganz andere Auf-Gaben.

Diese andere Form der Heldenfigur folgt im Prinzip der Narrationsform der Coming-of-Age-Geschichte, also einer Narration in deren Zentrum die Reifung der Heldenfigur steht. „Eine von vielen Gestalten des Campbellschen Heros ist der jugendliche (männliche) Held, für den die Stationen seiner Reise die verschiedenen Phasen der Pubertät sind, an deren Ende der Knabe zum Jüngling geworden ist: die Reise des Helden als erzählerische Spiegelung eines Reifungsprozesses zwischen Kindheit, Jugend und Erwachsenen-Stadium"[349]. Auf diesen Heldentypus konzentriere ich mich im Folgenden, da diese Helden sich im Laufe ihrer Narration entwickeln und dadurch verändern, mit andern Worten, sie lernen.

III.1 Lernende Helden in ihrer gewohnten Welt

Campbell, auf den Vogler sich stützt, erklärt in einer ersten Näherung der Heldenfigur, dass der Held derjenige ist, „[…] der sich in Freiheit beugt"[350]. Campbell stellt somit zwar

---

346 In aktuellen Listen der weltweit erfolgreichsten Filme aller Zeiten kommen diese Einzelgänger nicht vor. Es ist auffällig, dass die Blockbuster, die auf diesen Listen auftauchen tendenziell allesamt den Helden ein Ensemble an Verbündeten an die Seite stellen. In der Marktlogik lässt sich dies damit erklären, dass durch die verschiedenen Charaktere auf der Heldenseite mehr Identifikationsangebote für die Rezipienten existieren und die Polysemie der Filme dadurch gesteigert wird, wodurch ein noch breiteres Publikum angesprochen würde.
347 Vogler, 2010, 89
348 Vgl. ebd.
349 Schreckenberg, 2006, 78 ff.
350 Campbell, J., 1999, 24

auch einen dienenden Habitus der Helden heraus, ohne aber die Figur dabei eindeutig festzulegen. Ihm ist es wichtig festzuhalten, dass sie dies ‚in Freiheit' tun, wodurch sich ein Paradoxon eröffnet. Dienen und Freiheit, gehen in unserem Sprachverständnis nicht ohne weiteres konform. Wie also wird die Formel des ‚sich in Freiheit Beugens' bei Campbell realisiert? Um dies zu erklären, muss ich etwas weiter ausholen.

Heldenfiguren werden bei Campbell bereits von Geburt an mit bestimmten Besonderheiten attribuiert: „[…] die Tendenz war immer, den Helden mit außergewöhnlichen Kräften auszustatten, von Geburt oder schon vor der Empfängnis an. Sein ganzes Leben wird als eine Kette von Wundern dargestellt, die im großen Abenteuer ihre Mitte und ihren Höhepunkt haben.

Dies trifft zusammen mit der Anschauung, dass das Heldsein vorherbestimmt ist und nicht einfach erarbeitet […]"[351].

Sofern die Heldenfiguren der Coming-of-Age-Narration mit übernatürlichen Fähigkeiten ausgestattet sind und ihr Leben als eine Kette von Wundern dargestellt wird, stellt sich berechtigterweise die Frage, ob ein solcher Figurentypus hinreichend dazu geeignet ist, auch auf seine pädagogischen Aspekte hin interpretiert zu werden. Schließlich dürfte das Identifikationspotenzial einer solchen Heldenfigur in der alltäglichen Lebenswelt kaum gegeben sein, da das Leben bekanntermaßen kein Film ist.

Um das Ziel dieser Arbeit nicht aus dem Auge zu verlieren, gilt es also, diese Inkongruenz zwischen fiktionaler und alltäglicher Lebenswelt, auch mit Blick auf die Helden in ein passendes Verhältnis zu rücken. Zu diesem Zweck untersuche ich zunächst, woher die Bestimmung der Helden und ihr Habitus des Dienens und der freiwilligen ‚Beugung' rühren. Dazu wird zunächst ein Blick auf diverse Heldenfiguren des Blockbusterkinos geworfen. Wie wird ihr Habitus im Film ins Werk gesetzt und begründet, und verfügen die Helden nur über einen Charakterzug oder haben sie mehrere?[352] Inwiefern implementiert die Heldenfigur in diesem Stadium schon Heldenpotenzial?

---

351 Campbell, J., 1999, 303

352 Jochen Hammann (2007) vertritt die These, dass die Heldenfiguren im Anfangsstadium des Coming-of-Age tot sind. „Tot zu sein in diesem Sinne heißt vom Leben abgeschnitten sein, das Leben abgeschnitten haben, nicht mehr wirklich leben wollen" (Hammann, 2007, 138). Diese These rührt nicht zuletzt daher, dass Hammann von einem paradiesischen Ursprung ausgeht, den er schließlich auch zum Ziel der Reise erklärt. Hammanns These basiert auf einer dogmatisch, christlichen Interpretation der Heldenreise, wodurch seine Interpretation einseitig und zuweilen in sich widersprüchlich ausfällt. So schreibt Hammann, dass der Held beispielsweise am Beginn eines Films tot ist, dann aber in der ersten Szene „[…] zeigt der Held eine übermenschliche Kraft, eine außergewöhnliche Begabung, eine bewundernswerte Charaktereigenschaft – irgendetwas, das ihn aus der Masse der normalen Menschen hervorhebt" (ebd., 141). Wie sich im Rahmen der hier betrachteten Blockbuster zeigen wird, trifft diese These nicht zu. Die hier gezeigten Heldenfiguren stehen ganz am Anfang ihrer ‚Karriere' bzw. erscheinen, wie z. B. das Heldenensemble im Herrn der Ringe alles andere als tot.

Harry Potter wird seine Besonderheit schon als Baby, sprichwörtlich in seiner ersten Ein-stellung, in *Harry Potter und der Stein der Weisen* (Columbus, 2001) von seiner späteren Professorin McGonagall prophezeit: „Er wird einmal berühmt werden, wohin man auch kommt in unserer Welt, jedes Kind wird seinen Namen kennen"[353]. Genau diesen Sachver-halt bestätigt der ebenfalls in der Szene Anwesende Schulleiter Professor Albus Dumble-dore, und er merkt an, dass es besser für den Jungen sei, wenn es weit entfernt von seiner zukünftigen Berühmtheit aufwächst. Die Begründung dafür, warum dies so ist, bleibt er schuldig. Nichtsdestotrotz reicht dem Schulleiter diese Behauptung dafür aus, das Baby als Findelkind bei seinen letzten lebenden Verwandten auszusetzen.

Wenn die Rezipienten nach dieser einleitenden Exposition dieses Films in der Fol-geszene auf Harry Potter treffen, begegnen sie einem elfjährigen Jungen, der von diesen seinen Verwandten sowohl drangsaliert als auch als Diener ausgenutzt, währenddessen ihr eigener Sohn Dudley von ihnen über Gebühr verwöhnt wird[354]. Die Szenen zeigen, dass Harry Potter nicht bei seinen Eltern, sondern bei Verwandten dritten Grades aufwächst. Demzufolge hat er zwar ein Zuhause gefunden, aber es ist nicht seine Heimat, sondern *nur* eine gewohnte Welt. Hier ruhen die Wurzeln seiner Servilität, die es ihm später ermögli-chen ein Held zu werden.

Dabei ist Harry Potter kein Einzelfall. Ganz im Gegenteil, die wenigsten Helden wach-sen in einem perfekten Zuhause heran. William Turner in *Fluch der Karibik* (Verbinski, 2003) ist in seiner ersten Szene beispielsweise der einzig überlebende Schiffbrüchige, nachdem das Schiff, auf dem er in die Karibik reiste, von Piraten gekapert und anschlie-ßend versenkt wurde. Turner wurde dann von einem anderen Schiff aufgenommen und nach Port Royal gebracht, wo er bei einem Waffenschmied aufwuchs und von ihm ausge-bildet wurde. Es bleibt zunächst unklar, wo die familiären Wurzeln von William Turner zu finden sind. Aber wenn Turner etwas später das erste Mal als Erwachsener im Haus des Gouverneurs auftaucht, wirkt er auf den ersten Blick interessiert an dem unbekannten Haus, unbeholfen als er einen Wandkronleuchter abbricht und servil als der Grund seiner Anwesenheit in dem Haus erkennbar wird: Er liefert eine Bestellung an den Gouverneur aus, bei der es sich um ein Schwert handelt. Den Dank des Gouverneurs, der an Turner's Meister gerichtet ist, nimmt Turner kurz mit skeptisch verwirrter Miene entgegen. Dabei bleibt er im Ton allerdings freundlich und unterwürfig[355]. Luke Skywalker wächst in *Star Wars Episode IV – Eine neue Hoffnung* (Lucas, 1977) ebenfalls angeblich bei Onkel und Tante auf und es bleibt lange verborgen, weshalb dies der Fall ist. Es geht, wie sich später herausstellt, darum Luke vor dem Zugriff seines bösen

---

353 Columbus, Chris 2001, 2004 (00:02:55 – 00:03:01)
354 Vgl. hierzu auch das englische Original, in dem Harry Potter von seinem Onkel Vernon mit
   ,Boy' angesprochen wird. In den Kolonialfilmen des klassischen Hollywoodkinos war dem ,Boy'
   immer die Rolle des Dieners inne.
355 Vgl. Verbinski, 2003

Vaters Darth Vader zu schützen. Das wird allerdings letztlich erst im bis dato letzten Film der Reihe aufgeklärt *Star Wars – Episode III – Die Rache der Sith* (Lucas, 2004). In Episode II der Serie wird gezeigt, dass zwischen Owen Lars und Luke Skywalker keine biologische Verwandtschaft existiert, sondern Lars im Grunde genommen so etwas wie sein Stiefonkel ist. Die familiäre Bindung entsteht nur dadurch, dass Owens Vater die Mutter von Anakin Skywalker (dem späteren Darth Vader) heiratet. Trotzdem oder vielleicht gerade deswegen wird Luke auf der Farm seines Onkels an der kurzen Leine gehalten und muss die harte Arbeit eines Farmers erlernen, dem höhere kulturelle Weihen in der lebensfeindlichem Umwelt des Wüstenplaneten vorenthalten werden. Daher besteht Luke's Leben in erster Linie aus Arbeit auf der Farm, wo er sich den Wünschen seines Onkels beugen muss[356].

Die Heldin aus *Die Tribute von Panem* (Ross, 2012), Katniss Everdeen, wächst in einem von höchster Armut geprägten unwirtlichen Bergwerker-Dorf auf. Ihr Vater kam bei einer Grubenexplosion ums Leben, und ihre Mutter wurde dadurch psychisch so labil, dass sie als Erziehungsperson und Ansprechpartnerin ihrer Töchter danach nicht mehr in Frage kam. Infolgedessen übernimmt Katniss die schützende Mutterrolle für ihre jüngere Schwester. In ihrer ersten Szene beruhigt sie ihre panisch aufschreiende kleinere Schwester Primrose, die geträumt hat, dass sie als ‚Tribut' genommen wird. Das Leben in Panem ist von der ständigen Bedrohung durch die Kapitol, der Regierung von Panem, geprägt, die von ihren Untertanen jährlich jugendliche Menschenopfer verlangt. Diese Menschenopfer treten als so genannte Tribute in einer Fernsehshow einen Kampf auf Leben und Tod an, bei dem es nur einen Sieger gibt[357].

Wenn *Batman Begins* (Nolan, 2005) hat Bruce Wayne seine Eltern durch die Hand eines Verbrechers verloren, der seine Eltern auf offener Straße überfallen und erschossen hat. Bis dahin wuchs klein Bruce sehr behütet, insbesondere durch das positive Vorbild seines Vaters auf. Nach dem Mord kam Wayne unter die Fittiche des Butlers Alfed, der schon für seine Eltern gearbeitet hat. Wenngleich dieser sich Mühe gab, den Jungen genauso behutsam und fürsorglich aufzuziehen, hat Bruce die Traumatisierung durch die Ermordung seiner Eltern nicht überwunden. Sie bleibt in der Batman-Trilogie von Christopher Nolan stets Co-präsent. Seine Identität als Superheld Batman nimmt Bruce Wayne an, um gegen die Gesetzlosen zu kämpfen und somit fortan der Verbrechensbekämpfung zu dienen[358].

Ähnliches erlebt Peter Parker, auch als *Spider-Man* (Raimi, 2002) bekannt. Er wächst bei Onkel und Tante so sehr behütet auf, dass er in der High-School schlicht und ergreifend der Außenseiter ist. Über den Verbleib seiner leiblichen Eltern erfährt der Rezipient nichts, aber als er den Vater seines Freundes Harry Osborne trifft, begrüßt er ihn überaus höflich: „Sir, es ist mir eine Ehre sie kennenzulernen." Wenn er dann etwas später von der

---

356 Vgl. Lucas, 1977, 1997, 2004
357 Vgl. Ross, 2012
358 Vgl. Nolan, 2005, 2008, 2012

Spinne gebissen wird und seine Superkräfte entdeckt, nutzt er sie zunächst nur für egoistische Ziele. Als jedoch sein Onkel Opfer eines Verbrechens wird und stirbt, wandelt sich sein Verhalten, und er beginnt Verantwortung im Geiste des letzten Satzes, den ihm sein Onkel mitgeteilt hatte, zu übernehmen: „Aus großer Kraft folgt große Verantwortung"[359].

Jake Sully in *Avatar* (Cameron, 2009) ist querschnittsgelähmt. Er nimmt den Platz seines verstorbenen Zwillings-Bruders Tommy in dem Avatar-Projekt auf dem Planeten Pandora ein. Während sein Bruder ein brillanter Wissenschaftler war, der in dem Projekt gerne gesehen worden wäre, ist Jake Sully (nur) ein ehemaliger, querschnittsgelähmter Marine. Er darf nur wegen der genetischen Übereinstimmung mit seinem Bruder dessen Platz in dem Projekt einnehmen. Jake Sully, dem dieses Projekt einen Ausweg aus seinem ansonsten trostlosen Leben eröffnet, zeigt sich kooperativ. Insbesondere zunächst gegenüber dem Sicherheitschef der ‚Ressources Development Association' (RDA) in ihrer Basis auf dem Planeten Pandora, Colonel Miles Quaritch. Der Colonel verspricht Sully im Falle einer erfolgreichen Mission das Geld für eine Operation seiner Wirbelsäule, durch die Sully wieder laufen könnte.[360]

Besser getroffen als Potter, Skywalker, Wayne und Sully hat es da schon Frodo Beutlin, der zwar im *Herrn der Ringe* (Jackson, 2001) ebenfalls nicht bei seinen Eltern aufwächst, sondern bei seinem Onkel Bilbo, aber sein Leben ist durch die Harmonie der idealisierten Agrargesellschaft im Auenland gekennzeichnet. Frodo hat sich in seiner gewohnten Welt bewusst und gerne eingerichtet, weil sie ihm augenscheinlich alles bietet, was er sich vom Leben erhofft und erwartet. Seine Servilität rührt also daher, dass er Verantwortung gegenüber der Gesellschaft übernimmt, in der er lebt, weil er sich in diesem grünen Paradies bestens eingerichtet fühlt. Für ihn gibt es daher auch überhaupt keinen Grund, aus der gewohnten Welt aufzubrechen. Sein Onkel Bilbo würde den Neffen gerne mitnehmen auf eine Reise, aber er weiß, dass für Frodo noch nicht der Zeitpunkt gekommen ist aufzubrechen, weil Frodo selbst gar nicht will. Im Falle des Herrn der Ringe handelt es sich aber nicht nur um eine einzelne Heldenfigur[361].

Pi Patel, der Schiffbrüchige aus *Life of Pi* (Lee, 2012) lebt ganz ähnlich, gut behütet in einem kleinen Paradies. Zudem wächst er sogar bei seinen leiblichen Eltern auf, und der Vater besitzt im Film einen Zoo im französisch-indischen Ort Pondicherry. Pi's Kind-

---

359 Raimi, 2002, 2004 (00:34:24)

360 Vgl. Cameron, 2009

361 Vgl. Jackson, 2001, 2002 (00:17:37 – 00:18:03). „Die Lord OF The Rings-Trilogie wimmelt schließlich nur so von Reifungs- und >Coming-of-Age<-Geschichten: Frodo wächst vom kleinen Hobbit
   in die Rolle des Ringträgers, [...]. Sein Gefährte Sam entwickelt sich vom unterwürfigen Begleiter
   zum wahren Freund, der Frodo auch unangenehme Wahrheiten sagt. Merry und Pippin werden
   von ewigen Scherzkeksen und Angsthasen zu wahren Rittern und Kämpfern für die gute Sache und
   der mannhafte Aragorn akzeptiert seine Bürde und Verantwortung qua Geburt und wandelt sich
   vom melancholischen Streicher zum charismatischen König Gondors, der die Menschheit in die
   Zukunft führen wird" (Harzheim/Vossen, 2004, 13).

heit verläuft nahezu sorgenfrei. Nur in der Schule wird er anfänglich gehänselt, und auch von seinem Vater zuweilen mit harter Hand erzogen, aber er gerät nie in wirklich ernste Schwierigkeiten und kann sich mit seinem Einfallsreichtum aus den meisten kleineren Scharmützeln mit Witz und Wissen herauslavieren. Zugleich entwickelt Pi eine sehr religiöse Persönlichkeit, und einen großen Teil seines Lebens widmet er der Begegnung mit den verschiedenen Vorstellungen von Gott. Seine tatsächliche Heldenreise beginnt dann auch erst in dem Augenblick, als das Schiff sinkt, mit dem er und seine Eltern nach Kanada übersiedeln wollen. Während dieser Schiffskatastrophe ertrinkt seine Familie, und er ist in der Folge auf sich allein gestellt, wobei er sich u.a. gegen die Seenot und einen ausgewachsenen Tiger behaupten muss[362].

Po, der Pandabär aus Dreamworks *Kung Fu Panda* (Stevenson, Osborne, 2008), wird als Sohn eines Gänserichs vorgestellt, der einen Imbiss für Nudeln betreibt. Wenn dies auch an keiner Stelle des Films expliziert wird, scheint die biologische Distanz zwischen Pandabär und Gänserich doch ziemlich groß zu sein. Po's Vater ist zudem sehr darauf bedacht, dass Po sein Geschäft dereinst übernimmt, wohingegen Po davon träumt, ein berüchtigter Kung Fu Kämpfer zu werden, der mit den furiosen Fünf gegen das Böse kämpft. Jeden Ansatz, den Po unternimmt, um seine Träume in die Realität umzusetzen, werden von seinem Vater, wenn auch unabsichtlich, unterbunden und Po schluckt seine Wünsche herunter. Mehr noch, er erledigt auch die ihm aufgetragenen Arbeiten soweit er es vermag nach besten Kräften[363].

Alice Kingsleigh, auch als *Alice im Wunderland* (Burton, 2010) bekannt, wächst im viktorianischen Zeitalter in sehr behüteten Verhältnissen auf. Ihr Vater ist Unternehmer, der sogar eine geschäftliche Besprechung unterbricht, wenn Alice von Albträumen geplagt aufwacht. Er versteht es, ihre Sorgen und Ängste ernst zu nehmen und sie zu ermutigen. Allerdings gilt das nur für die erste Szene des Films. Die nachfolgende Szene spielt 13 Jahre später. Alices' Vater ist bereits verstorben und Alice steht nun dem streng reglementierten, viktorianischen Zeitalter ohne den Schutz durch ihren Vater gegenüber. Unterwegs in einer Kutsche streitet sie mit ihrer Mutter über angemessene und unangemessene Kleidung, aber sie sucht auch die Harmonie in dieser Beziehung und schenkt ihrer Mutter auf deren Aufforderung hin ein Lächeln. Auffällig ist ihr Hang zur Fantasie, der in ihren Kindheitstagen durch den Vater unterstützt wurde. Als Unternehmer war der Vater selbst ein Visionär[364].

Löwe Simba ist in *König der Löwen* (Allers, Minkoff, 1994) persönlich dabei, als sein Vater stirbt und fühlt sich aufgrund der Intervention seines Onkels Scar auch noch für dessen Tod verantwortlich. Scar rät Simba auch wegzulaufen, damit er nicht schuldig ge-

---

362 Vgl. Lee, 2012
363 Vgl. Stevenson/Osborne, 2008
364 Vgl. Burton, 2010

sprochen wird. Simba flieht hinaus in die Wüste in Richtung Sonnenuntergang. Alldieweil übernimmt Scar die Herrschaft im Königreich[365].

Der kleine Elliott wächst in *E.T.* (Spielberg, 1982) in dem für Steven Spielberg in seiner frühen Schaffensphase üblichen Vorortszenario auf. Von seinem älteren Bruder und dessen Freunden lässt er sich als Pizzalieferant ausnutzen, um in Gegenleistung dazu bei deren Rollenspiel mitspielen zu können. Die Jungs wohnen bei ihrer alleinerziehenden Mutter, die vom Vater für eine andere Frau verlassen wurde.[366]

Sophie, die junge Heldin aus dem Musical-Film *Mamma Mia!* (Lloyd, 2008), steht kurz vor ihrer Eheschließung. Sie wächst bei ihrer Mutter Donna auf einer griechischen Insel auf. Donna betreibt hier ein kleines Hotel. Sophie ist eine lebenslustige, junge Frau. Sie hat zwei Freundinnen, mit denen sie ihre Geheimnisse teilt, wächst aber ohne Vater auf. Doch aus den Tagebüchern ihrer Mutter weiß sie, dass für die Vaterschaft drei Männer in Frage kommen: Sam Carmichael, Bill Anderson und Harry Bright. Diese drei Männer hat sie ohne das Wissen ihrer Mutter zu ihrer Hochzeit per Post eingeladen. Ihre Mutter Donna hat ebenfalls zwei Freundinnen zur Hochzeit eingeladen, die völlig überdreht sind[367].

Allen hier vorgestellten Heldenfiguren ist mindestens eines gemeinsam: Sie haben alle die Erfahrung des Verlustes von Verwandten ersten Grades erleiden müssen. Entweder erlitten sie den Verlust lange bevor die Handlung der Story einsetzte oder der Verlust findet noch während der Narration statt, so dass er sogar dazu beiträgt, den Helden zum Aufbruch zu bewegen[368] bzw., wie im Falle von *Life of Pi*, fallen Verlust und Aufbruch in eins zusammen. Ob die Erfahrung des Verlustes und die aus dem Verlust resultierenden Konsequenzen eine hinreichende Erklärung für den oben erwähnten Habitus der Helden, nämlich zu schützen und zu dienen bedeutet, ist nun zu überprüfen. Dabei soll es außerdem darum gehen, festzustellen ob und wenn ja, welche charakterlichen Eigenschaften bei den Helden darüber hinaus vorhanden sind. Diese Eigenschaften spiegeln sich bereits in den ersten Szenen der Helden wider.

III.1.1 Die Kooperation der Helden

Wie bereits im vorigen Abschnitt gezeigt, wohnen die Heldenfiguren in der gewohnten Lebenswelt in einem prinzipiell recht übersichtlichen Rahmen, der einerseits durch klare Grenzziehungen limitiert ist und andererseits nicht sonderlich anregungsreich anmutet. In dieser, ihrer gewohnten Welt wird die Heldfigur durch Vormünder oder Erziehungsbe-

---

365 Vgl. Allers/Minkhoff, 1994
366 Vgl. Spielberg, 1982, 2002
367 Vgl. Lloyd, 2008
368 Larry Daley wird beispielsweise von seiner Ex-Frau in Nachts im Museum gedroht, dass er den
   Kontakt zu seinem Sohn verliert, wenn er keinen dauerhaften Job findet und behält.

rechtigte in der Entfaltung von Potenzialen gebremst, wenn nicht sogar daran gehindert. Die Motivation der Vormünder und Erziehungsberechtigten, die Helden daran zu hindern rührt nicht zuletzt daher, dass sie in irgendeiner Form erlebt haben, wie die primären Verwandten der Helden ums Leben gekommen sind. Vor dieser traumatischen Erfahrung suchen sie die Helden zu schützen, indem sie dazwischen oszillieren, sie überfürsorglich zu bemuttern oder brutal zu unterdrücken. Dafür führen sie unterschiedliche Gründe an, aber letztlich geht es scheinbar immer darum, dass die Helden in spe nicht auf die Idee kommen, einen eigenen Kopf zu entwickeln.

Der spätere Held erfährt in seiner gewohnten Welt jeden Tag, dass es viel schlimmer sein könnte als seine aktuellen Lebensumstände sind und, dass er darum auch mit dem Ist-Zustand zufrieden sein soll. Insbesondere Harry Potter und Luke Skywalker teilen diese Erfahrung alltäglich, wenn auch durchaus in gradueller Abstufung zueinander. Von beiden sind die Eltern ums Leben gekommen, beide leben bei Onkel und Tante und beide werden stetig daran erinnert, dass das Leben ihrer Eltern nicht das richtige war und, dass sie dankbar sein sollen für die Umstände, unter denen sie nun leben können.

In abgeschwächterer Form, ja zuweilen sogar aus ‚elterlicher Fürsorge‘ heraus, erleben diese Unterdrückung der eigenen Impulse auch andere Helden im Embryonalstadium, wie zum Beispiel Peter Parker, Larry Daley, Elliott, Alice Kingsleigh usw.

Peter Parker ist in seiner Schule der Außenseiter, aber trotzdem arbeitet er für die Schulzeitung. Larry Daley, der von seiner Frau getrennt lebt, muss in *Nachts im Museum* (Levy, 2006) beim Arbeitsamt quasi um einen Job betteln, der ihm dazu verhelfen kann, seinen Sohn weiterhin sehen zu dürfen. Elliott will in *E.T.* unbedingt bei dem Rollenspiel mitspielen, das sein Bruder und dessen Freunde spielen. Sie stellen ihm die Bedingung, Pizza zu holen und Elliott willigt ein, obwohl seine Mutter nicht damit einverstanden ist, dass irgendjemand Pizza bestellt. Alice Kingsleigh ist in *Alice im Wunderland* nach Bekunden ihrer Mutter ohne Strümpfe und Korsett nicht angemessen gekleidet. Als sie auf einer Gesellschaft eintreffen, schickt Lady Ascot sie mit strengem Ton los, damit sie mit ihrem Sohn Hamish tanzt, und Alice kommt dieser brüsken Aufforderung nach. Wenig später beordert Hamish Alice in die Gartenlaube und auch dort geht Alice anstandslos hin. Löwe Simba muss im *König der Löwen* seinem Vater gehorchen, der ihn lehrt, was es heißt, ein König zu sein und was er auf dem Weg dorthin darf und was nicht.

So manche Besonderheit, die dem späteren Helden möglicherweise an sich selbst auffallen könnte, wird von den Erziehungs- und Weisungsberechtigten unterbunden. Ein anderes Leben als dasjenige, das die späteren Helden aktuell führen, ein Ausbruch aus der gewohnten Welt, gar ein Aufstieg, ist für sie seitens ihrer Erziehungsberechtigten nicht vorgesehen. Stattdessen müssen die Heldenfiguren sich mit Frondiensten oder einem limitierten Leben zufrieden geben, das zumindest im Falle von Harry Potter aus der Ferne auch an Sklaverei erinnert. So betrachtet internalisieren diese Figuren den Habitus des Dienens als eines ihrer ersten Charaktermerkmale, weil es Bestandteil ihrer primären

Sozialisation ist. „Die primäre Sozialisation ist die erste Phase, durch die der Mensch in seiner Kindheit zum Mitglied der Gesellschaft wird"[369].

Ganz anders erscheinen dagegen Frodo Beutlin in der *Herr der Ringe* und Sophie sowie Donna in *Mamma Mia!*. Frodo wächst in der *Herr der Ringe* gut behütet bei seinem Onkel Bilbo im Auenland auf und ist hilfsbereit, freundlich und mit angenehmen Wesen ausgestattet. Er hat eine gewisse Neugierde, aber kein überbordendes Interesse, das Auenland zu verlassen. Die junge Sophie kann es hingegen in *Mamma Mia!* gar nicht abwarten, endlich den Bund der Ehe zu schließen. Auch sie hat ein freundliches, hilfsbereites Wesen. Da sie ohne Vater aufgewachsen ist und dies als Makel erlebt, klebt sie an der gesellschaftlichen Institution der Ehe. Ihr Weltbild scheint ohne Ehe und damit die Anwesenheit eines Mannes undenkbar. Für ihre Mutter Donna hingegen ist das Gegenteil der Fall. Sie hat sich, nachdem sie mit Sophie schwanger wurde, aber nicht genau wusste, von welchem der drei potenziellen Potentaten, nie wieder an einen Mann gebunden. Für sie ist die Ehe unvorstellbar, aber trotzdem kümmert sie sich aufopferungsvoll um Sophie und versucht, ihre Tochter glücklich zu machen.

In diesen beiden Fällen sind die Heldenfiguren positiv sozialisiert worden, hängen aber deutlich an den Statuten und Ansprüchen der Gesellschaft, in die sie hineingewachsen sind. Diese haben sie positiv erlebt und deshalb sehen sie keinen Grund darin, an ihrem Zustand etwas zu ändern.

Helden im Embryonalstadium sind also Figuren, die vermittelt durch Vorgesetzte, Vormünder, Erziehungsberechtigte oder ihre Gesellschaft von vorn herein dahingehend sozialisiert wurden zu kooperieren und dies in Form der Unterordnung oder Anpassung. In ihrem Ausgangsstadium basiert die Unterordnung oder Anpassung aber nicht auf einer eigenen bewussten Entscheidung, sondern diese Unterordnung ist das Resultat von Prozessen, die sich den Helden ereignet haben. „[...] das vom Schicksal ausersehene Kind hat durch eine lange Periode der Finsternis hindurchzugehen, eine Zeit äußerster Gefahr, Behinderung oder Missachtung [sic!]"[370].

Bis hierher lässt sich festhalten, dass – zumindest in den Blockbusterfilmen – ein Weg gefunden wurde, um die Besonderheit der Helden weniger auf metaphysische als vielmehr auf relativ weltliche Erklärungsansätze zurückzuführen. Daher bieten die Heldenfiguren durchaus Identifikationspotenziale für die Rezipienten an. Inwieweit diese Potenziale von den Rezipienten tatsächlich so wahrgenommen werden, dass sie als ausreichendes Argument interpretiert werden, damit die Helden zu einer Heldenreise aufbrechen, bleibt noch zu klären. Prinzipiell scheint es zunächst recht unwahrscheinlich, dass der servil kooperative Habitus der Helden allein das Argument sein soll, um auf eine Heldenreise aufzubrechen. Im Gegenteil, reine Unterordnung unter die gegebenen Verhältnisse trägt

---

369 Berger/Luckmann, 2003, 141
370 Campbell, 1999, 310

eher dazu bei, dass ein Aufbruch niemals stattfindet. Eine Freiwilligkeit ist diesem ‚Beugen‘, wie Campbell es postuliert, nicht zu entnehmen.

Demzufolge müssen die Heldenfiguren schon in ihrem Ausgansstadium komplexer angelegt sein. In ihren Charakteren müssen noch weitere Aspekte zu finden sein, die ihre Motivation begründen können, auf eine Heldenreise zu gehen und die anzeigen, inwiefern sich die Helden sich in Freiheit beugen. Während sie nach dem bisher gesagten ihre gewohnte Welt nur durch Anordnung, Befehle und Wünsche Anderer wahrnehmen und erfahren, also in Form einer klassischen Konditionierung, müssten sie aber, um Campbell's Anspruch zu erfüllen auch Lernerfahrungen im Umgang mit ihrer gewohnten Welt machen, die jenseits dieser nur klassischen Konditionierung stattfinden.[371]

Schlussfolgernd stellt sich daher die Frage, mit welchen weiteren grundlegenden Charaktereigenschaften werden lernende Helden zusätzlich ausgestattet werden und inwiefern lassen sich diese als Identifikationspotenziale für Rezipienten interpretieren?

III.1.2 Die Neugierde der Helden

Die Internalisierung des dienenden Habitus muss nicht allein auf die äußeren Faktoren der Lebensumstände der Heldenfiguren zurückgeführt werden. Dieser Habitus lässt sich anhand der Verlusterfahrung auch im Subtext der Figuren selbst verorten, denn die Heldenfiguren erleben die Endlichkeit lebendiger Existenz in ihrem unmittelbaren Nahbereich. Sie wissen, ab ovo[372], dass das Leben jederzeit zu Ende sein kann. Der Verlust naher Verwandter, meist der eigenen Eltern, legt dies unmittelbar nahe. Dies führt dazu, dass die Darstellungen der Heldenfiguren dergestalt sind, dass sie Demut gegenüber dem Leben selbst antizipieren. Für sie bedeutet also die Lebenszeit von vornherein geliehene Zeit. Sie wissen aus eigener Anschauung, dass die Lebenszeit limitiert ist und diese Zeit deshalb besser sinnvoll genutzt wird, indem sie das Leben auskosten. Heldenfiguren sind daher auch so konzipiert, dass ihnen ihre aktuellen Lebensumstände nicht genügen. Ihr Blick ist stets auf einen Horizont gerichtet, den die Mitmenschen in ihrer gewohnten Welt nicht automatisch teilen.

Der querschnittsgelähmte Ex-Marine Jake Sully in *Avatar* ist desillusioniert über die Perspektiven, die sein Leben ihm noch bietet. Der Tod seines Zwillingsbruders bedeutet für ihn möglicherweise einen Neuanfang, zu dem er aber zunächst überredet werden

---

371 „Beim klassischen Konditionieren werden zwei Reize, bzw. Reaktionen miteinander verknüpft, z. B. der Anblick der Herdplatte und der Schmerzreiz bzw. die mit diesem verbundene Vermeidungsreaktion. Die neurobiologische Forschung hat gezeigt, dass dieses Lernen darauf beruht, dass tatsächlich neue Nervenleitungen zwischen (mindestens) zwei Orten im Gehirn entstehen. Voraussetzung dafür ist aber, dass die beiden zu verknüpfenden Elemente innerhalb eines kleinen Zeitfensters angeregt werden. Das Gehirn verknüpft bevorzugt Dinge, die in unmittelbarer Nachbarschaft passieren, d.h. die nicht mehr als 200 – 800 Millisekunden auseinander liegen‘ (Martens/Kuhl, 2004,106).

372 ab ovo = vom Ursprung her; wörtlich: aus dem Ei

muss. Bis dahin ergeht er sich in Trinkspielen und Schlägereien, bei denen er zwangsläufig den Kürzeren zieht und aus der Kneipe geschmissen wird[373].

Spider-Man und Batman nehmen ihren Kampf als Superhelden gegen das Böse erst auf, nachdem ihre Verwandten ermordet wurden. Während Peter Parker sich von der ersten Minute des Films an stets selbst reflektiert, wobei er zuweilen psychisch labil wirkt, lebt er daneben seine Neugierde als Journalist und Fotograf der Schülerzeitung aus, hat wissenschaftliche Ambitionen und auch seine Vorliebe für Mary Jane Watson vermag er kaum zu bändigen[374]. Batman Bruce Wayne kann in psychischer Hinsicht gegenüber Peter Parker noch drauflegen. Sein Gemütszustand zu Beginn von Batman Begins lässt sich durchaus als pathologisch charakterisieren. Wayne's manisch-depressive Schübe artikulieren sich dahingehend, dass er ständig den Kampf sucht, möglicherweise auch seinen Tod in Kauf nimmt, mindestens aber schwere Verletzungen. Dabei ist er zwar auf der Suche nach Wegen, um das Verbrechen zu bekämpfen, hat sich aber völlig verfranzt, so dass er orientierungslos geworden zu sein scheint. Er sitzt in einem asiatischen Gefängnis und prügelt sich mit den dortigen Insassen, weil er glaubt, auf diese Weise das Verbrechen bekämpfen zu können[375].

Katniss Everdeen übernimmt in Die Tribute von Panem zwangsläufig von vornherein selbst die Rolle der Mutter in ihrer Familie, weil die wirkliche Mutter aufgrund psychischer Belastungen dazu nicht in der Lage ist. Dabei schützt sie sogar ihre Mutter. Erst als Katniss zu ihrer Heldenreise aufbrechen muss, konfrontiert sie ihre Mutter mit dieser außergewöhnlichen Situation, indem sie die Mutter darauf hinweist, dass sie nun die Verantwortung übernehmen müsse. Katniss' Verantwortungsgefühl erstreckt sich aber nicht nur auf ihre Familie, sondern gilt auch den Mitmenschen in ihrem Dorf, wobei sie sich in beiden Fällen ihre Kompetenzen als Jägerin zu Nutze macht. Als Jägerin ist sie darauf angewiesen, den Wald aufmerksam zu durchspüren[376].

Alice erfährt in Alice im Wunderland, dass sie mit dem ignoranten, snobistischen Hamish Ascot verlobt werden soll und muss dann mit ihrer Schwiegermutter in spe durch den Garten spazieren, um sich über Alices Fruchtbarkeit auszutauschen. Bei dieser Gelegenheit entdeckt Alice ein weißes Kaninchen, Lady Ascot und Tante Imogene hingegen sehen es nicht. Alice stürzt dem Kaninchen hinterher und will wissen, was es mit ihm auf sich hat[377].

In E.T. will Elliott unbedingt mit den Jungs das Rollenspiel spielen, und bei Rollenspielen geht es bekanntlich darum, Kerker und Höhlen spielerisch zu erkunden. Als Elliott dann mit den Pizzen zum Haus zurückkehrt, hört er ein Geräusch im Geräteschuppen des Gartens und spürt der Ursache des Geräuschs nach. In der Nacht hört er wieder Geräusche und schleicht auf der Suche nach dem Verursacher durch das Maisfeld. Dort treffen

---

373 Cameron 2009, Directors Cut
374 Vgl. Raimi, 2002, 2004
375 Vgl. Nolan, 2005
376 Vgl. Ross, 2012
377 Vgl. Burton, 2010

E.T. und Elliott aufeinander und erschrecken voreinander beinahe zu Tode. Am folgenden Tag unternimmt Elliott einen weiteren Versuch E.T. zu begegnen, indem er Süßigkeiten im Wald verteilt und damit eine Spur zu seinem zu Hause legt[378].

In *Mamma Mia!* ist Sophies Neugierde auf ihren potenziellen Vater der Aufhänger für die gesamte Geschichte. Ihre alleinerziehende Mutter Donna sucht alldieweil nach Wegen, um ihr Hotel erfolgreicher ans Laufen zu bekommen[379].

Löwe Simba interessiert sich in *König der Löwen* auch für das schattige Land. Sein Vater Mufasa verbietet ihm jedoch, dieses Land jemals zu betreten. Etwas später will Simba heimlich den Elefantenfriedhof besuchen. Seine Mutter muss er zu diesem Zweck dahingehend belügen, dass er mit Freundin Naala nur ans Wasserloch wolle. Doch schon ans Wasserloch darf er nur unter der Bedingung, dass Zazu sie als Aufpasser begleitet[380].

Luke Skywalker bekommt in *Star Wars Episode IV – Eine neue Hoffnung* neugierige, weiterführende Fragen über seine Herkunftsfamilie gar nicht erst beantwortet, weil Onkel und Tante beschlossen haben, ihm nicht die Wahrheit über seine Herkunft zu verraten. Er scheint zu ahnen, dass etwas an seiner Herkunftsgeschichte nicht passt, seine Blicke sind melancholisch untermalt auf die Ferne des Horizonts gerichtet, und dennoch begibt er sich schicksalsergeben an seine Arbeit.

Der junge Pi Patel in Life of Pi erkundet unterschiedliche Religionen, um herauszufinden, wer Gott ist. Damit stößt er bei seinem Vater und seinem Bruder jedoch nicht auf viel Verständnis[381].

Die Helden werden also schon zu Beginn des Films als Charaktere präsentiert, die über sich hinausweisen. Damit deutet die Inszenierung aber auch auf die Endlichkeit des Lebendigen hin. Ausdruck findet diese Endlichkeit in der Begrenzung der gewohnten Welt der Helden. Sie stoßen in ihrer gewohnten Welt an ihre Grenzen, vermögen sie aber oder wollen sie aus eigener Kraft nicht überwinden. In diesem Stadium werden die Charaktere der Helden entsprechend auch immer mit einer steten Rast- oder Ruhelosigkeit versehen, die als anhaltende Neugierde inszeniert wird. Sie ahnen etwas von der Welt außerhalb ihrer gewohnten Welt, wissen aber nicht, wie sie zu erreichen ist, geschweige denn, dass sie eine Ahnung davon hätten, was sie dort jenseits ihrer gewohnten Grenzen erwartet. Helden im Embryonalstadium erscheinen also gegenüber der gesamten Szenariowelt, von der ihre gewohnte Welt ja nur ein Teil ist, zumindest unbedarft, möglicherweise aber auch vollkommen unwissend. Die Welt außerhalb ihrer gewohnten Welt kennen sie bestenfalls vom Hörensagen. Mit anderen Worten: Auf die Helden warten große Lernfelder, von denen sie bestenfalls ein wenig Ahnung, von denen sie aber keinesfalls eine klare Vorstellung haben, zu denen ihre Neugierde sie aber stets hinzieht.

---

378 Vgl. Spielberg, 1982, 2002
379 Vgl. Lloyd, 2008
380 Vgl. Allers/Minkhoff, 1994
381 Vgl. Lee, 2012

III.1.3 Die Naivität der Helden

Der Lernstand der Heldenfiguren wird also durch die Grenzen ihrer gewohnten Lebenswelt limitiert und wenn diese Grenzen nicht beizeiten überwunden werden, kann dies geradewegs in die Katastrophe führen[382]. So weit sind die Helden in ihrer gewohnten Welt aber noch nicht. Wenngleich der Horizont der Helden gegenüber ihrer gesamten Szenariowelt in diesem Stadium noch relativ beschränkt erscheint, heißt das doch nicht, dass sie völlig unwissend sind. Im Gegenteil, auch die gewohnte Lebenswelt der Helden, die ja, wie gezeigt, kulturell gestaltet ist, birgt fundamentale Wissensbestände. Diese müssen sich die Helden mehr oder weniger angeeignet haben, denn darüber wird in der Inszenierung nachvollziehbar, dass ihnen eine gewisse Lernkompetenz zu Eigen ist. Diese ist auch deshalb erforderlich, weil die Darstellung der Lernfähigkeit der Helden komplex bis paradox inszeniert werden muss. Sie müssen einerseits Fähigkeiten haben, andererseits müssen sie aber auch noch auf ihrer Heldenreise Potenziale entfalten können. Deshalb benötigen die Helden das Charakteristikum der Lernfähigkeit, das als Naivität der Helden in Szene gesetzt wird. Diese kann neben den bereits erwähnten Charakteristika serviler Kooperation und Neugierde als Tapsigkeit, Unbeholfenheit, zuweilen auch Unbekümmertheit der Helden inszeniert werden.

William Turner wirkt in seiner ersten Einstellung als ‚Erwachsener' in *Fluch der Karibik*, in der er einen Kerzenleuchter versehentlich abbricht, völlig unbeholfen. Luke Skywalker springt in *Star Wars Episode IV – Eine neue Hoffnung* regelrecht auf die Knie, um einen Droiden zu untersuchen. Wenig später gibt er zu, dass er Welten außerhalb seiner unmittelbaren Umgebung in der Wüste nicht kennt. Der *Avatar* von Jake Sully zerstört die halbe Laboreinrichtung, als er seine ersten Schritte geht. Frodo weist in *Der Herr der Ringe* den Zauberer Gandalf auf dessen Verspätung hin, woraufhin dieser ihn zurechtweist: „Ein Zauberer kommt nie zu spät. Frodo Beutlin. Eben so wenig zu früh. Er trifft genau dann ein, wann er es beabsichtigt"[383]. Obwohl die Erklärung des Zauberers durchsichtig wie eine Glasscheibe ist, vermag Frodo nichts zu entgegnen. Der Panda Po fällt in *Kung Fu Panda* regelrecht aus seinem Heldentraum heraus auf den Boden der Tatsachen. Er kommt, unförmig wie er ist, kaum vom Boden hoch, imitiert dann enthusiastisch seine Helden am offenen Fenster, bis er bemerkt, dass er von einer Nachbarin beobachtet wird, woraufhin er sich schnellstens verschämt versteckt. *Spider-Man* Peter Parker ließe sich auch ohne Übertreibung als Mister Fettnäpfchen bezeichnen: Im Schulbus hat er nur Augen für Mary Jane, so dass er nicht mitbekommt, dass ihm ein Bein gestellt wird, und er fällt auf die Nase. Am Museum für Naturwissenschaft winkt Mary Jane ihren Freundinnen zu und Peter missinterpretiert die Geste als sei er damit gemeint. Sein Freund Harry Osborne nutzt das Fachwissen aus, das er von Peter bekommen hat, um dessen Flamme anzubaggern, während Peter daneben steht. Elliott wird in *E.T.* zum Pizzadienst verdonnert, obwohl seine

---

382 Vgl. Vogler, 2010, 204. Im Abschnitt über die Weigerung des Helden kehre ich noch einmal ausführlicher zu diesem Punkt zurück.
383 Jackson, 2001, 2002 (00:10:47 – 00:10:56)

Mutter gar nicht gestattet hat, Pizza zu bestellen. Alice ist, ehe sie zur *Alice im Wunderland* wird, auf ihrer Verlobungsfeier zunächst die Einzige, die nicht weiß, dass es sich um ihre eigene Verlobungsfeier handelt. Außerdem scheint sie sich in alles zu fügen, was ihr begegnet. Donnas Tochter Sophie möchte in *Mamma Mia!* gerne mit ihrem Noch-Verlobten die Welt bereisen, hat aber keine konkreten Pläne und auch keine Vorstellungen, und ohne den Trauschein kann sie sich dies scheinbar auch nicht vorstellen. Ihre Mutter Donna hingegen meint, dass der erfolgreiche Betrieb eines Hotels bereits durch das Schalten einer Website möglich würde. Naivität und der junge Löwe Simba scheinen ebenfalls äußerst eng miteinander verwandt zu sein. Simba fällt auf so ziemlich jede Finte herein, die ihm sein Onkel Scar anbietet. Pi Patel will beispielsweise in *Life of Pi* den Tiger in ihrem Zoo mit einem Stück Fleisch füttern, dass er durch die Gitterstäbe reicht.

Die Naivität, die die Helden in ihren ersten Szenen an den Tag legen, erscheint nicht grundlos. „Diese erste Handlung sollte bereits modellhaft die charakteristische Einstellung eines Helden verdeutlichen, auf seine künftigen Probleme oder Erkenntnisse hinweisen"[384]. Die etwas bis reichlich dümmliche Darstellung der Helden zu Beginn eines Films erfüllt damit aber auch den Zweck, anzudeuten, dass die primäre Aufgabe der Helden im weiteren Verlauf der Handlung die sein wird zu lernen, da sie auf verschiedenen Lernfeldern ganz offensichtlich noch über Entwicklungspotenziale verfügen. Auf diesem Wege wird also bereits, beinahe subliminal, eine Problemstellung für die Helden mit artikuliert.

Wie schon erwähnt entwickelt die Inszenierung der Helden in dieser Phase der Narration eine komplexe bis paradoxe Vorgehensweise, die darin besteht, dass die Helden nicht nur naiv und unbeholfen dargestellt werden, sondern, dass sie auch bereits über einen Fundus an Charakteristika verfügen, wie z. B. Servilität und Neugierde. Diese lassen sich aber auch durch bestimmte Kompetenzen ergänzen, über die die Helden zu diesem Zeitpunkt der Narration verfügen. Um welche Kompetenzen es sich dabei im Einzelnen handelt, ist Thema des folgenden Abschnitts.

III.1.4 Die individuellen Begabungen der Helden

Campbell schreibt, dass der Held vorgeburtlich mit „außergewöhnlichen Kräften" ausgestattet wird. Dies mag auf die klassischen Mythen zutreffen, im Blockbusterkino lassen sich diese Kräfte eher als Talent interpretieren, denn als metaphysische Wunderkräfte, und sie erscheinen insofern vielmehr als ein Handwerk, das die Helden im Rahmen ihrer gewohnten Welt erlernt haben. Diese Basic Skills helfen den Helden später dabei, ihr Abenteuer abschließen zu können.

Auf der Jagd gelingt es Katniss Everdeen in *Die Tribute von Panem* eine Ente im Flug mit dem Bogen abzuschießen, bei den Hunger Games ist der Bogen später die Waffe ihrer Wahl. William Turner beherrscht in *Fluch der Karibik* nicht nur die Kunst Schwerter zu schmieden, sondern er versteht auch damit umzugehen und gerät immer wieder in Schwertkämpfe. Luke

---

384 Vogler, 2010, 172

Skywalker hat sich in *Star Wars Episode IV – Eine neue Hoffnung*, nach Aussage von Obi Wan Kenobi, als guter, angehender Pilot hervor getan und vernichtet in einem X-Flügel-Jäger den Todesstern. Thomas Anderson, aus dem Film *Matrix*, auch Neo genannt, ist ein begnadeter Hacker, der gerade wegen dieser Kompetenzen und aufgrund seines Wissens über die digitale Welt zu seinem Abenteuer geführt wird. Harry Potter versteht es in *Harry Potter und der Stein der Weisen*, sich mit einer Boa Constrictor zu unterhalten, was in der Zauberwelt der gleichnamigen Reihe vielleicht als etwas ungewöhnlich gilt, aber dort deutlich alltäglicher ist als in unserer Alltagswelt. Die Schlange Nagini, die das Haustier von Harry Potters Gegenspieler Lord Voldemort ist, ist in der Harry Potter Reihe das letzte Hindernis auf Harrys Weg, um den dunklen Lord zu besiegen. Für den Hobbit Frodo Beutlin ist es die in seiner Persönlichkeit angelegte Uneigennützigkeit, die ihm letztlich dazu verhilft, jegliche Gefahr auf seiner Heldenreise zu bestehen. James Bond, der ab dem Re-Boot *Casino Royale* in einer Coming-of-Age-Variante im Dienst ihrer Majestät arbeitet, demonstriert gleich zu Beginn des Films, dass er mit einer Lizenz zum Töten umgehen kann. *Spider-Man* Peter Parker wird, ehe er von der Spinne gebissen wird, als wissenschaftliches Talent und kenntnisreicher Schüler mit viel Wissen und schneller Auffassungsgabe vorgestellt. Nachdem die Spinne ihn dann gebissen hat, kommen auch noch übermenschliche körperliche Kräfte, Reflexe und Wahrnehmungen hinzu. Zum Sieg über den Schurken Tai Lung verhilft dem Panda Po in *Kung Fu Panda* nicht zuletzt sein gewaltiges Körpervolumen, mit dessen respondierender Flexibilität, das er sich mittels seines anhaltenden Appetits erarbeitet hat, sowie seine überbordende Fantasie. Die Begabung zur Fantasie bringt auch Alice in *Alice im Wunderland* von vornherein mit, die beispielsweise Hamish Ascot von ihrer Vision erzählt, in der alle Frauen Hosen und die Männer Kleider tragen, oder aber sie schlägt Lady Ascot vor, ihre Rosen rot zu streichen, wenn ihr das Weiß nicht passt, dass der Gärtner gepflanzt hat. Einen gewissen Einfallsreichtum beweist auch Elliott, indem er beispielsweise *E.T.* mit Süßigkeiten anzulocken versucht. Außerdem zeigt er schon in Bezug auf das Mitspielen beim Rollenspiel eine gewisse Beharrlichkeit, die ihm in vielerlei Hinsicht bei den Verwicklungen mit dem Außerirdischen weiterhilft. Sophie gelingt es in *Mamma Mia!* lange Zeit ihr Geheimnis, dass sie ihre drei potenziellen Väter zu ihrer Hochzeit eingeladen hat, mit einigen Tricks, Freundlichkeit und Rhetorik vor ihrer Mutter Donna geheim zu halten. Alldieweil beweist ihre Mutter Donna bei der Restauration des Hotels einige handwerkliche Fähigkeiten und tauscht sich zudem mit ihren Freundinnen über ihr abgeschlossenes Liebesleben aus, worüber sie sich sehr zufrieden zeigt. In *Life of Pi* gelingt es Pi Patel, problemlos verschiedene Glaubensrichtungen und Religionen in seiner Persönlichkeit unterzubringen, ohne sich von seinen Mitmenschen beirren zu lassen.

Die außergewöhnlichen Kräfte des Helden, von denen Campbell sprach, lassen sich also großenteils tatsächlich im Blockbusterkino auf das irdische Maß der Begabung kürzen. Folgt man der Definition von Hilbert Meyer (2010), dann hat Begabung mit den Möglichkeiten der Konzentration und Fokussierung zu tun. „Begabt ist, wer seine Zeit geschickt und intensiv nutzt; weniger begabt ist, wer länger braucht"[385]. So einleuchtend diese Definition auch wirkt, sie geht über einige Komponenten von Begabung etwas schnell hinweg. Begabung wird erst im Nachhinein sichtbar. Denn wie Rittelmeyer (1995) schreibt, „[…] kann die Begabung eines Menschen nur festgestellt werden […], wenn er eine gewisse Wegstrecke seines Bildungsprozesses schon zurückgelegt hat. Das bedeutet aber, dass Begabung möglicherweise ein Resultat dieses besonderen Bildungswegs ist"[386]. Das heißt Begabung ist eine inputorientierte Größe. Die Möglichkeiten, auf ihre Begabungsfelder zu stoßen müssen also, sofern die Blockbuster konsequent logisch aufgebaut sind, in der gewohnten Welt des Helden zu finden sein. Tatsächlich ist dem auch so: Katniss Everdeen jagt mit ihrem Freund Gale auf verbotenem Gelände neben ihrem Dorf, zu dem sie sich illegal Zutritt verschafft. William Turner hat nicht nur gelernt, Schwerter zu schmieden. Er geht so behände mit dem Schwert um und vermag es durchaus in einem gewissen Rahmen mit Captain Jack Sparrow mitzuhalten, dass er neben seiner Arbeit Zeit und Gelegenheit gehabt haben muss, um sich diese Fähigkeiten anzueignen. Luke Skywalker „[…] entwickelte […] sich in seinem Skyhopper zu einem der besten Piloten von Anchorhead. Beggars Canyon, eine enge, verwinkelte Schlucht, die mehrere Kilometer lang war, diente Luke und seinen Freunden als Trainingsort. In diesem Felskorridor simulierten sie Luftkämpfe und Skyhopper-Rennen"[387]. Neo Anderson geht mit seinen ‚Kunden' aus, nachdem sie ihre bestellte Ware abgeholt haben, und in der Disco stößt er dann auf Trinity, die ihn auf seinen Weg führt. Frodo Beutlin ist ganz und gar in die Dorfgemeinschaft von Beutelsend integriert und die Narbe, die Voldemort Harry Potter zugefügt hat, ist ein Teil seiner Seele, den er unbeabsichtigt bei Harry hinterlassen hat. Alice hat schon in ihrer Kindheit Träume von Fabelwesen, und ihr Vater sagte ihr, dass über eine solche Fantasie nur die Besten verfügen. Dem Löwenkind Simba wird von allen Seiten zugetragen, dass er einmal König im Geweihten Land sein wird, und er kann es gar nicht abwarten, seine Neugierde über den Elefantenfriedhof zu stillen.

Kurz: Die Lernfelder für die Begabungen der Heldenfiguren finden sich durchaus in ihrer gewohnten Welt wieder, aber sie finden sich in keiner Weise in der Interessenssphäre ihrer Erziehungsberechtigten. Vielmehr dürften sie deren Interessen vielfach entgegen stehen. Die Begabungen entwickeln sich aber dennoch in einem sozialen Kontext und zwar in dem der jeweiligen Peer-Group in der gewohnten Welt der Helden. Dieser Umstand rückt das letzte Charakteristikum der lernenden Helden im Embryonalstadium in die Nähe des ersten Charakteristikums, der servilen Kooperation. Auf diesem letzten Charakteristikum basiert schließlich das Potenzial, zur Heldenreise aufzubrechen und ein Held werden zu können: die Fähigkeit zu Empathie und Solidarität.

---

385 Meyer, 2010, 42
386 Rittelmeyer, 1995, 219
387 Denker,1997, 34

III.1.5 Solidarität und Empathie, soziale Kompetenzen der Helden

Die Erfahrung der Limitierung ihrer eigenen Potenziale erleben die Helden in ihrer gewohnten Welt zwar deutlich als Einschränkung, aber sie finden Mittel und Wege, um diese zu kompensieren. Auffällig sind die Wege, die ihnen die Inszenierung dabei auferlegt, denn schon in ihrer gewohnten Welt sind Schlupflöcher angelegt. In diesen Schlupflöchern solidarisieren sich die Helden in spe mit den unterschiedlichsten Akteuren. Dabei ließe sich fast die Faustregel aufstellen, je fantastischer die Szenariowelt, desto skurriler die Solidarpartner.

In *Spider Man* geht aus dem Kontext der Szene, in der Peter Parkers Klasse das Museum besucht, seine großes Interesse für Naturwissenschaften hervor. Als er sein Wissen mit seinem einzigen Freund Harry Osborne teilen will, quittiert der Peters Bemerkung über das größte Elektronenmikroskop an der Ostküste mit sichtlichem Desinteresse. Kurz darauf weiß Parker etwas über Spinnen zu berichten, dem Osborne ganz explizit mit Desinteresse begegnet. Peter hat einen kurzen Moment lang kein Verständnis für Osbornes Verhalten und widerspricht dessen Desinteresse mit der leicht ungehalten klingenden Frage: „Warum denn nicht?" Hiermit verteidigt Peter Parker, wenn auch erfolglos, sein Interesse am Wissen selbst. Osborne verfolgt jedoch andere Interessen. Daher geht er auf Parkers Einwand nicht ein, sondern wendet sich seinem Objekt der Begierde zu: Mary Jane Watson. Er will sie ansprechen und, da er nicht weiß, was er sagen soll, übernimmt er das Wissen, das Peter ihm kurz zuvor mitgeteilt hat, um sie zu beeindrucken. Osborne schaltet also blitzschnell und weiß, wie man Wissen einsetzen kann, um sich zu profilieren. In dieser Gegenüberstellung der beiden Figuren wird deutlich, dass Peter Parker Interesse am Wissen-an-sich hat, d.h. am Wissen schaffen als Selbstzweck. Demgegenüber interessiert Osborne das Wissen so lange nicht, so lange es nur Selbstzweck ist. Erst wenn er es einem Zweck zuführen kann, zögert er nicht, es einzusetzen und scheut sich auch nicht, Peter zu plagiieren. Insofern bestätigt Osborne Peter Parkers Verteidigung des Interesses am Wissen. Dies lässt sich dahingehend interpretieren, dass in eben dieser Verteidigung des Interesses an Wissenschaft als Selbstzweck Peter Parker eine Form der Solidarisierung mit den Wissen Schaffenden an den Tag legt, auch wenn er damit als Nerd gilt[388].

Ein anderes Beispiel für Solidarisierungen seitens der Helden findet sich in *Fluch der Karibik*. Als William Turner von der Übergabe des Schwertes an Gouverneur Swann in die Schmiede zurückkehrt, beruhigt er zuerst den Esel, der scheinbar grundlos das Transportband in Bewegung hält. Will kann aber gar nicht wissen, dass der Esel nicht grundlos umher läuft, er kann nur vermuten, dass dem so ist. Schließlich könnte ja auch der Meister bei der Arbeit sein. Dem ist aber nicht so, wie Turner einen Augenblick später feststellt, als er seinen besoffenen Meister schlafend vorfindet. Schon in dem kurzen Moment des Mitgefühls für das Tier, drückt sich eine Form der Empathie aus, bei der Turner sich mit dem Tier solidarisiert[389].

Noch skurriler kommt diese Form eines empathischen Ausdrucks bei *Harry Potter und der Stein der Weisen* zum Ausdruck. Harry solidarisiert sich bei dem Zoobesuch mit

---

388 Vgl. Raimi, 2002
389 Vgl. Verbinski, 2003

den Dursleys beispielsweise mit einer Boa Constrictor im Terrarium. Zunächst ist er er-
staunt darüber, dass sie versteht, was er sagt, dann zeigt er Mitgefühl dafür, dass sie ohne
Eltern fern der Heimat aufwachsen muss. Diesen Zustand kennt er, da er ja selber ohne
Eltern aufgewachsen ist, zur Genüge. Schließlich befreit er die Schlange, wenn auch unbeabsichtigt, aus ihrem Terrarium[390].

Noch ist *Alice im Wunderland* nicht angekommen. Im Gegenteil Hamish Ascot will
ihr vor der versammelten Gesellschaft einen Heiratsantrag machen. Aber Alice ist es erst
wichtiger, die blaue Raupe vor Hamish zu schützen und nachdem er dann seinen Heiratsantrag ausgesprochen hat, bittet sie um Bedenkzeit, weil sie lieber dem weißen Kaninchen
hinterher stürzt als dem Adelssprößling und seiner Familie bei ihren familiären Planun-
gen zu helfen. Trotzdem zeigte sie sich zuvor mit allem einverstanden, was ihre Mutter und
Schwester ihr an- bzw. aufgetragen hatten. Das heißt sie solidarisiert sich mit Insekten und
ihrer Familie, an einem sozialen Aufstieg ist aber weniger interessiert[391].

Obwohl Elliott vor *E.T.* Angst hat, legt er sich vor dem Haus nachts auf die Lauer und
als der Außerirdische dann erscheint, lockt er ihn mit Schokolinsen ins Haus und in sein
Zimmer, weil er bei ihrer ersten Begegnung im Maisfeld schon mitbekommen hat, dass E.T.
seinerseits Angst vor ihm hatte. Im Gespräch mit seiner Mutter und seinen Geschwistern
darüber, was er im Maisfeld gesehen hat, will er auch verhindern, dass eine Art Tierfänger
das unbekannte Wesen einfängt, weil sie mit ihm Experimente anstellen würden[392].

Auf die sozialen Kompetenzen von Sophie in *Mamma Mia!* wurde bereits weiter oben
hingewiesen. Als ihre Mutter Donna ihre drei neuen Gäste entdeckt, wirft sie sie nicht einfach
raus, sondern bietet ihnen an, ihnen ein Boot zu organisieren. Wenn sie danach auch ziemlich
aufgelöst gezeigt wird, singen ihre Freundinnen nun ihre Solidarität wieder herbei[393].

Als der Junior-*König der Löwen*, Simba, mit seiner Freundin Naala den Elefantenfriedhof findet, stoßen sie auf drei Hyänen, die sie töten wollen. Sie fliehen gemeinsam über die
knöchernen Hügel des Friedhofs, aber Naala stürzt an einem Punkt ab. Simba kehrt zurück
und stellt sich schützend vor Naala. Nach seiner Flucht wird er vom Erdmännchen Timon
und dem Warzenschwein Pumba gerettet, und eine Freundschaft entsteht[394].

In *Star Wars Episode IV – Eine neue Hoffnung* wird das Spiel noch weiter getrieben:
Luke Skywalker hat auf der Farm seines Onkels so wenige Interaktionspartner, dass er sich
mit den Robotern R2-D2 und C-3PO deutlich weitergehend solidarisiert als der Status es
fordert. Die Roboter wurden seinem Onkel verkauft und, wie der Onkel betont, sind in
ihren Besitz übergegangen. Man kann also annehmen, dass ihnen der Status maschineller
Sklaven inne ist. Luke aber lädt die Roboter mehrfach dazu ein, ihn zu duzen. Dieses Ent-

---

390 Vgl. Columbus, 2001
391 Vgl. Burton, 2010
392 Vgl. Spielberg, 1982, 2002
393 Vgl. Lloyd, 2008
394 Vgl. Allers/Minkhoff, 1994

gegenkommen fällt dem Roboter C-3PO nachhaltig schwer anzunehmen. Er bleibt weiterhin mindestens beim höflichen Sir[395].

Pi Patels Fähigkeit zur Solidarität wird in *Life of Pi* spätestens nach dem Untergang des Schiffes deutlich sichtbar. Er rettet alle Tiere aus Seenot, die dem Unglück entkommen konnten, sogar den Tiger, der einen gehörigen Appetit auf ihn verspürt[396].

Etwas anders verhält es sich bei James Bond. Er solidarisiert sich zunächst einmal mit niemandem offen. Aber aus dem Kontext der Filme *Casino Royale*[397], *Ein Quantum Trost*[398] und *Skyfall*[399] geht deutlich hervor, dass er für den Geheimdienst arbeitet, demgegenüber er sich stets loyal verhält. Und genau dies, Loyalität, ist ein Thema aller drei Filme. Dabei wird ganz konsequent immer wieder die Frage gestellt, ob Bond sich gegenüber Krone und Vaterland tatsächlich loyal verhält. Ohne eventuell zu viel vorweg nehmen zu wollen, diese Frage wird immer mit Ja beantwortet. Hinsichtlich des Aspektes des Für-etwas-Einstehens erscheinen Loyalität und Solidarität miteinander verwandt, weshalb diese Kompetenz auch der Figur James Bonds zumindest nicht unbekannt sein dürfte.

Mit anderen Worten, die Heldenfiguren verfügen schon vor ihrem Aufbruch zur Heldenreise über das Charakteristikum, sich mit anderen solidarisieren zu können, was ein nicht unwesentliches Maß an sozialer Kompetenz voraussetzt.

Die Grundzüge dieser Kompetenz dürften die Heldenfiguren über ihre Vormünder, Erziehungsberechtigten, Meister oder Chefs erworben haben. Allerdings drückt sich die soziale Kompetenz in diesen Beziehungen dann in Form kooperativer Servilität aus, weil die Helden im Embryonalstadium sich nicht auf Augenhöhe mit ihnen befinden. Gegenüber allen anderen Akteuren ihrer gewohnten Welt hingegen werden die Helden auf Augenhöhe dargestellt. Mit ihnen findet fortan eine Kooperation statt. Diese verweist aber auf ein anderes Fundament. Solidarität erfolgt aufgrund eigener Entscheidungen der Helden, weshalb ihr der Charakter der Servilität auch nur noch bedingt inne ist. Damit erfüllen die Helden in spe aber das Postulat Campbells, sich in Freiheit beugen zu können.

An anderer Stelle definiert Campbell die Heldenfigur analog: „Ein Held ist jemand, der sein Leben einer Sache geweiht hat, die größer ist als er"[400]. Dieser Zustand stellt sich jedoch erst auf der Heldenreise ein. Gegenwärtig ist die Situation in der gewohnten Welt für die Helden dagegen fast unerträglich. Sie haben in ihrer gewohnten Welt im Prinzip ausgelernt. Trotzdem haben sie noch lange nicht genug gelernt, weil sie die Welt jenseits ihrer gewohnten Welt erahnen oder von ihr gehört haben. Das Nutzen von Schlupflöchern, zur Erweiterung ihrer Kompetenzen zeigt, dass die Helden bereits die Ränder ihrer gewohnten Welt ausloten. Es kann aber nicht der Sinn eines freien, selbstbestimmten Lebens sein, sich

---

395 Vgl. Lucas, 1977, 1997, 2004
396 Vgl. Lee, 2012
397 Vgl. Campbell, 2006
398 Vgl. Forster, 2008
399 Vgl. Mendes, 2012
400 Campbell, 1994, 149

in einem Rahmen zu bewegen, in dem man sein Leben der Sache weiht, sich Schlupflöcher für die eigene Entfaltung zu suchen. Wenn die Heldenfiguren mehr lernen wollen, müssen sie ihre gewohnte Welt verlassen. Sie müssen, wie Campbell sagt, ihren Vater finden[401]. Genau daran werden sie aber noch gehindert. „Wir sind in der Kindheit für gut vierzehn bis einundzwanzig Jahre in einem Zustand der Abhängigkeit unter dem Schutz und der Aufsicht anderer Menschen – und wenn einer gar seinen Doktor macht, kann das vielleicht bis fünfunddreißig so gehen. Man ist in keiner Weise ein selbstverantwortlicher, frei handelnder Mensch, sondern ein gehorsamer Abhängiger, der Strafen und Belohnungen erwartet und erhält"[402]. Campbell scheint die Heldenreise analog zu seiner alltäglichen Lebenswelt zu lesen. Daher fragt sich auch hier, lassen sich die genannten Aspekte der Heldenfiguren in unserer alltäglichen Lebenswelt wieder finden und wenn ja, inwiefern?

III.2 Sind Lernende Helden?

Entkleidet man die Heldenfiguren von ihrer beinahe romantisch, jedenfalls überladenen Überhöhung, die ihre Narration erfordert, lassen sich die Charakteristika der Heldenfiguren als Grundvoraussetzung für das Lernen lesen: Kooperation, Neugierde, Naivität, individuelle Begabung und soziale Kompetenz. Aber inwiefern sind diese Charakteristika in der alltäglichen Lebenswelt verallgemeinerbar?

Berger/Luckmann (2003) schreiben, die primäre Sozialisation „[…] findet unter Bedingungen statt, die mit Gefühl beladen sind, und es gibt sogar triftige Gründe dafür anzunehmen, dass ohne solche Gefühlsbindung an die signifikanten Anderen ein Lernprozess schwierig, wenn nicht unmöglich wäre. Das Kind identifiziert sich mit einem signifikanten Anderen emotional in mancherlei Weise. Wie auch immer es sich identifiziert, zur Internalisierung kommt es nur, wo Identifizierung vorhanden ist"[403]. Das ist die primäre Lernausgangslage des Kindes. Kinder bedürfen in ihrer Entwicklung bestimmter Bezugspersonen, die für sie sorgen und mit denen sie eine intensive und vertrauensvolle Beziehung eingehen, um eine Persönlichkeit zu entwickeln, die lernfähig ist[404]. Gegenüber diesen Personen befinden sie sich in einem Abhängigkeitsverhältnis, das es ihnen überhaupt erst ermöglicht heranzuwachsen. In diesen Verhältnissen zeigen sich Kinder aber zunächst stets kooperativ. Dabei werden sie in gewisser Weise dazu angehalten, eine servile Haltung gegenüber anderen zu übernehmen. Denn Kindern wird z.B. im Rahmen des Spracherwerbs immer nahe gelegt, „bitte" und „danke" zu sagen. Diese Formel gehört zu den Grundpfeilern der Kommunikation, wodurch ihr sozialer Charakter unterstrichen wird.

---

401 Vgl. Campbell, 1994, 164
402 Campbell, 1994, 150
403 Berger/Luckmann, 2003, 142
404 Vgl. Hüther, 2004, 89f.

Die Kooperationswilligkeit der Kinder kann aber hinfällig werden und das ist dann der Fall, wenn es zu Störungen in der Kommunikation mit den signifikanten Anderen kommt. Die Identifikation „[…] mit elterlichen Autoritäten löst sich aber normalerweise in der Pubertät mehr oder minder konfliktreich auf – und gerade dieser Ablösungsprozess führt zum Erleben der eigenen Selbständigkeit und Mündigkeit"[405]. Störungen können jedoch auch schon vor dem Beginn der Pubertät eintreten. „Kindern vergeht die Lust an der eigenen sinnlichen Wahrnehmung sehr schnell, wenn ihnen ständig jemand etwas zeigen und erklären will, wenn man sie belehrt und ihnen sagt oder vorschreibt, was wichtig oder unwichtig ist"[406]. Wenn dies der Fall ist, dann beginnen sie ihre Lernfelder außerhalb der gewohnten Strukturen zu suchen. Von daher ist der Ablösungsprozess nicht unbedingt auf eine bestimmte körperliche Reifung festgelegt. Dies ist auch kein Zufall, denn „[d]er Mensch wird, was seine signifikanten Anderen in ihn hineingelegt haben. Das ist jedoch kein einseitiger, mechanischer Prozess. Er enthält vielmehr eine Dialektik zwischen Identifizierung durch Andere und Selbstidentifikation, zwischen objektiv zugewiesener und subjektiv angeeigneter Identität"[407]. Mit anderen Worten: Der Ablöseprozess setzt ein, wenn das Verhalten der Vorbilder und das subjektive Empfinden nicht mehr ohne weiteres miteinander kooperieren. Dabei spielt es keine Rolle, ob es sich um Eltern oder andere Erziehungsberechtigte bzw. die Vertreter der entsprechenden Institutionen handelt. Oswald (1995) legt dar, dass der Ablöseprozess zwar kulturellen Kontingenzen unterworfen sei, aber verhindert werden kann er nicht. „Die Ablösung muss vom Jugendlichen aktiv und oft gegen den Widerstand der Eltern betrieben werden. Sie kann in Abhängigkeit von Reifeprozessen nur schrittweise erfolgen, ist aber in ihrer Abfolge historisch und kulturell variabel, weil Erziehungseinrichtungen und andere gesellschaftliche Bedingungen ökonomischer und rechtlicher Art für Beschleunigung oder Verlangsamung sorgen. Die Lösung der Aufgabe kann durch bestimmte Bedingungen im Elternhaus, etwa eine symbiotische Mutter-Kind-Beziehung, erschwert werden. Sie kann in ihrer Konflikthaftigkeit gesteigert werden, etwa durch einen stark kontrollierenden und sich körperlicher Strafen bedienenden elterlichen Erziehungsstil"[408].

Die Ursache für den Ablöseprozess lässt sich aber auch so fassen, dass das gewohnte System den Lernwilligen keine Lerngelegenheiten mehr anbietet und das, obwohl ihre Neugierde noch nicht gestillt ist. Dann sind die Lernenden darauf angewiesen, Räume zu finden, in denen sie wieder oder weiter lernen können. „Ist das Kind die einzige Person, die wirklich genau beurteilen kann, welche Aufgaben und Probleme ihm zu einfach und welche ihm zu kompliziert erscheinen, folgt daraus, dass Kinder ihre Begabungen auch nur dann entfalten können, wenn es interessante Angebote gibt und man das Kind selbst entscheiden lässt,

---

405 Rittelmeyer, 1995, 215
406 Hüther, Hauser, 2012, 77
407 Berger/Luckmann, 2003, 142
408 Oswald, 1995, 391

welches dieser Angebote es aufgreifen will"[409]. Da die Ablösung, wie Oswald schreibt, nur schrittweise erfolgt, bedeutet dies auch, dass zunächst in Nahbereichen nach Lernangeboten gesucht wird, in denen sie auch bestimmte Kompetenzen entfalten und bestimmte Begabungen zum Vorschein kommen können. Diese können dann wiederum positiv oder negativ zurückgekoppelt werden. Wenn sie eine positive Kopplung erfahren, wird das System stabilisiert, wenn sie eine negative Kopplung erfahren, wird der Ablöseprozess vorangetrieben.

Prinzipiell lassen sich all diese Prozesse und Bewegungen jedoch auch als Lernen bezeichnen, da Lernen, wie Jank und Meyer definieren „[…] die Veränderung der Reflexions- und Handlungskompetenz durch die selbst organisierte Verarbeitung äußerer Anregungen und innerer Impulse"[410] bedeutet und der Motor des Lernens ist das menschliche Gehirn, „[…] denn das Gehirn lernt immer, aber auf seine individuelle Weise, und es ist kein Datenspeicher, in den nur etwas geschickt eingefüllt werden muss, sondern ein autonomer Datenerzeuger, der auf seine Weise Informationen bewertet und zu Bedeutungszusammenhängen verknüpft"[411].

Diese dauerhafte Lernfähigkeit muss nicht bewusst sein, um zu existieren, weshalb Lernende auch immer eine gewisse Naivität an den Tag legen, ja sie sogar brauchen, um einen Lernprozess zu erfahren. Vielmehr bedarf es zunächst nur einer ungefähren Vorstellung von einem bestimmten Sachverhalt, damit dieser anschlussfähig wird bzw. überhaupt auf Interesse stößt und der Lernprozess initiiert werden kann. „Dinge, die für den Lernenden neu, d.h. nicht anschlussfähig sind, fallen durch die Gedächtnisnetze hindurch, weil sie nirgendwo Brücken zu bereits vorhandenem Wissen bilden können"[412].

Diese Erklärung schließt das Element der individuellen Begabung ein, das letztlich nichts anderes bedeutet, als über ein Vorwissen hinsichtlich bestimmter Sachverhalte zu verfügen oder anders gesagt: von Nichts kommt Nichts. „Die Erklärung hierfür liegt klar auf der Hand: Damit physikalische Ereignisse überhaupt als bedeutungstragende Zeichen, als Sprachsymbole, erkannt werden können, muss das Gehirn des Empfängers über ein entsprechendes Vorwissen verfügen. Und damit speziellere Bedeutungen der Symbole erfasst werden können, müssen Bedeutungskontexte vorhanden sein, die den Zeichen ihre Bedeutung verleihen"[413]. Die gute Nachricht in diesem Kontext ist allerdings die, dass es den Zustand, dass ein Mensch kein Vorwissen über die alltägliche Lebenswelt hat, gar nicht gibt. Die Welt ereignet sich dem Menschen doch bereits vorgeburtlich und schon vorgeburtlich erfolgen erste Verschaltungen im Hirn, die im Prinzip die Grundlage des weiteren Wissenserwerbs bedeuten[414].

Als problematisch erweist sich in diesem Kontext also nicht die Frage, ob überhaupt gelernt wird, sondern viel relevanter ist die Frage nach der Strukturierung des Lernstoffes. Die

---

409 Hüther, Hauser, 2012, 100
410 Jank/Meyer, 2008, 48
411 Herrmann, 2009, 15. Vgl. auch Braun, 2009, 141
412 Roth, 2009, 66
413 Braun, 2009, 59
414 vgl. Hüther, Hauser, 2012, 38ff.

Frage, die sich stellt lautet demzufolge: Wie und durch wen können Wissensbestände strukturiert werden, dass sie auch auf das Interesse von Lernenden stoßen? Mit dieser Frage öffnet sich erneut der Kreis hin zu den Lernpartnern. Neben den erwähnten Erziehungsberechtigten, Eltern und Institutionen spielen hierbei die so genannten Peer-Groups eine wesentliche Rolle. Jugendliche Peers verfügen näherungsweise über eine homogene Altersstruktur, Rang und Status[415]. „In ihnen können die mit dem Vorbereitungsstatus [der Jugendlichen][416] verbundenen Probleme gelöst werden, die insbesondere in der Schule auftreten. Die Tätigkeiten sind für die Gruppenmitglieder unmittelbar wichtig, was hohes Engagement ermöglicht, die Beziehungen sind affektiv und beziehen sich auf die ganze Person, expressive Bedürfnisse werden befriedigt. Probleme können besprochen, gelöst oder in ihren Folgen gemildert werden – jedenfalls für das momentane Bewusstsein"[417]. Die Peers erweisen sich also als adäquate Lernpartner verschiedener individueller Entwicklungen.

III.3 Schlussfolgerungen

Die fünf grundsätzlichen Charakteristika der Heldenfiguren, Kooperation, Neugierde, Naivität, individuelle Begabung und soziale Kompetenz lassen sich zunächst also durchaus als ganz alltägliche Momente jugendlicher Ablösungsbewegungen interpretieren, denen wenig metaphysisches anhaften muss. Diese Charakteristika scheinen zugleich aber Voraussetzung dafür zu sein, dass ein solcher Ablöse- oder Emanzipationsprozess gelingen kann. Gelingende Ablöseprozesse und gelingende Emanzipation erfordern jedoch ex ante eine aktive Aneignung der Welt, was wiederum neurowissenschaftlich gesprochen nichts anderes bedeutet als zu lernen. „Lernen ist ein aktiver Prozess der Bedeutungserzeugung […]"[418].

Ohne vorgreifen zu wollen, zeigt ein Blick auf den weiteren Verlauf der Blockbusterfilme, dass diese fünf Charakteristika die Voraussetzung für den optimalen Verlauf der Heldenreise bilden. Schließlich überstehen die Helden trotz aller Schwierigkeiten und auch trotz zwischenzeitlichem Scheitern ihre Abenteuer, was schließlich zum klassischen Hollywood-Happy End führt. Gänzlich alternative Lösungswege werden unter den erfolgreichsten Blockbustern bestenfalls in Ausnahmefällen mit diskutiert[419]. Daher ist anzunehmen, dass tatsächlich alle Schwierigkeiten auf der Heldenreise auch für die Reifung des jeweiligen Charakters vonnöten sind.

Aber können die fünf Charakteristika auch Pate dafür stehen, dass intrinsisch motivierte Lernprozesse erfolgreich ablaufen? Wenn dem so wäre, wozu bedarf es dann noch der Heldenreise, da mit den Voraussetzungen für einen gelingenden Lernprozess ja schon

415 Vgl. Lexikon für Psychologie und Pädagogik (online), 15.02.2013
416 Einfügung des Autors
417 Oswald, 1995, 400
418 Roth, 2009, 64
419 Als Blockbuster, die über alternative Enden philosophieren, sind mir zumindest nur Wayne's World (1991) und die Zurück in die Zukunft (1985 – 1990) Reihe geläufig. Darüber hinaus finden sich Narrationen, in denen die Heldenfigur scheitert, eher im Autorenkino.

alles Notwendige vorhanden wäre, dessen es bedarf, um zukünftig erfolgreich Lernerfahrungen zu sammeln? Können diese grundlegenden Kompetenzen später erworben werden, sofern sie zu Beginn eines Lernprozesses nicht vorhanden sind? Wodurch wird ein Lernprozess zu einem gelungenen Lernprozess?

Folgt man Campbell, dann bieten Mythen seit jeher Antworten auf diese Fragen. Für ihn bedeuten Mythen, die Chance, „[…] allen Menschen, Männern wie Frauen, die Möglichkeit zu geben, durch die Lebensbedingungen in unserer Welt hindurch, die volle Reife der Menschlichkeit zu erlangen"[420]. Campbell argumentiert seine Interpretation der Heldenreise auf Basis der Psychoanalyse des Freud-Schülers C.G. Jung, der mit seinem Modell der Archetypen die Grundlage für diese Interpretation legte. Jung schließt mit seinem Modell der Archetypen an Freuds Theorie des Unbewussten an, indem er sie durch Figuren aus mythologischen bzw. religiösen Kontexten ergänzt[421]. Somit wird der Schritt von Jung zum Stufenmodell der psychosozialen Entwicklung von Erikson relativ kurz, da Erikson auf das Freud'sche Modell der psychosexuellen Entwicklung aufbaut. Allerdings hat das Stufenmodell von Erikson in der postindustriellen Risikogesellschaft der Spätmoderne mit ihren Tendenzen zur Individualisierung und Flexibilisierung einige Kritik erfahren. Zudem kennt das konstruktivistische Paradigma auch kein Unbewusstes. Daher scheint auch Campbell, der sich auf Jung stützt, überholt zu sein. Dafür spricht einiges.

Eriksons Vorstellung, dass die Identitätsbildung ein abschließbarer Prozess ist, der in erster Linie in der Jugendzeit abläuft, wird durch Keupp (1999) mit seinem Modell der Patchworkidentität überholt. Keupp steht aber, wie er schreibt, auf den Schultern des Giganten ,Erikson'[422]. Zentral bedeutet Identitätsarbeit für Keupp im Gegensatz zu Erikson einen permanenten unabschließbaren Aushandlungsprozess, den das Individuum beständig aktualisieren muss[423]. Identitäten haben, so Keupp, keinen dauerhaften Bestand mehr, sondern werden an die jeweiligen Bedürfnisse angepasst. Die Glaubwürdigkeit der Patchworkidentität muss dann je um je wieder im näheren und ferneren sozialen Umfeld ausgehandelt werden. Hierbei gilt es also die entsprechende Passungsarbeit zu leisten, um das Gefühl von sozialer Anerkennung und Zugehörigkeit zu erfahren. „Identität ist ein Projekt, das zum Ziel hat, ein individuell gewünschtes oder notwendiges >>Gefühl von Identität<< (sense of identity) zu erzeugen. Basale Voraussetzungen für dieses Gefühl sind soziale Anerkennung und Zugehörigkeit"[424]. Dies vorausgeschickt, lässt sich Campbell rehabilitieren.

Löst man das Modell der Heldenreise aus der engen Vorstellung heraus, dass in ihr Schritte getan werden, die zu der *einen* abschließbaren Identitätsentwicklung führen, dann erst

---

420 Campbell, 1999, 371
421 „Der Archetypus stellt wesentlich einen unbewußten [sic!] Inhalt dar […]" (Jung, 2009, 9).
422 Vgl. Keupp, 1999, 25f.
423 Vgl. Keupp, 1999, 192ff.
424 Keupp/Höfer, 1997, 34

kann das Modell sein volles Potenzial entfalten. Eine Heldenreise beschreibt dann nicht die eine finale Reise, sondern sie kann als Metapher einer prozesshaften, sich immer wieder aktualisierenden Identitätsarbeit interpretiert werden. In diesem Sinne stellt das Modell der Heldenreise mit seinen verschiedenen ineinander greifenden Bausteinen (Szenarien, Elementen, Protagonisten und Herausforderungen) ein komplexes Lernsystem zur fortwährenden Gewinnung von Identitäten dar.

Prinzipiell rekurriert Identitätsarbeit im Sinne Keupps auf den Lernprozess des Menschen und der Mensch lernt, folgt man der Neurobiologie, mit dem Gehirn. Das Gehirn muss immer wieder an Vorerfahrungen anknüpfen, um lernfähig zu sein. „Neugier als die Suche nach bedeutungsvollen Erfahrungen und deren Erklärungen ist angeboren. Dies bedeutet, dass das Gehirn ständig versucht, >>Neues mit Bekanntem zu verbinden<<"[425]. Mit anderen Worten, es lernt. Aus diesem neurobiologischen Verständnis erwächst die Vorstellung, dass Lernen eine der zentralen Aufgaben ist, die dem Menschen zu Eigen sind, und dabei ist jedes Lernen prinzipiell ein psychosozialer Aushandlungsprozess mit gesellschaftlicher Relevanz. „Als Schlüsselqualifikation für morgen wird von der nächsten Generation etwas verlangt, was >>Arbeitgeber<< schon heute händeringend suchen, und was den Menschen in unserer technisierten, hektischen und leistungsorientierten Gesellschaft offenbar zunehmend abhanden zu kommen droht: psychosoziale Kompetenz, also die Fähigkeit, gemeinsam mit anderen Menschen nach tragfähigen Lösungen für die Bewältigung gegenwärtiger und zukünftiger Herausforderungen zu suchen"[426].

Damit scheint Campbell nur überholt zu sein. Tatsächlich bietet das Modell der Heldenreise in dieser Lesart innerhalb des jeweiligen Lernprozesses Orientierung. „Wenn das, was die Geschichte schildert, als ein archetypisches Abenteuer bezeichnet werden könnte […] dann könnte sie ein Vorbild dafür finden helfen, wie man diese Entwicklung bewältigt"[427]. Eben weil die Heldenreise zeigt, welche Momente gelingende Lernprozesse implizieren müssen, kann sie als Orientierungs- und sogar als Navigationsinstrument genutzt werden, um die Herausforderungen des Lernens zu bewältigen. Deshalb gilt es nun im Folgenden, die verschiedenen Stadien der Reise genauer zu betrachten und herauszuarbeiten, inwiefern jeweils Erfahrungen thematisiert werden, die für einen gelingenden Lernprozess relevant werden.

---

425 Herrmann, 2009, 148
426 Hüther, 2009, 42
427 Campbell, 1994, 162

IV Die Aufgabenstellung, die Berufung oder der Ruf

> „Er wird einmal berühmt werden. Wohin man auch kommt
> in unserer Welt, jedes Kind wird seinen Namen kennen."
> Minerva McGonagall – *Harry Potter und der Stein der Weisen*

Am Beginn der Reise des Helden steht die direkte oder indirekte Aufforderung an die Heldenfigur, eine Handlung zu unternehmen, die in ihrer gewohnten Lebenswelt nicht üblich ist und entsprechend über diese hinaus weist. Campbell verwendet hierfür den Begriff Berufung, während Vogler vom Ruf des Abenteuers spricht. In Voglers ‚pragmatisch' orientiertem Ansatz erfüllt der Ruf des Abenteuers in erster Linie narrative Funktion. Durch den Ruf wird die Narration in Gang gebracht, sobald die zentralen Figuren vorgestellt wurden. Dieser Anstoß erfolgt laut Vogler auf verschiedenen Wegen: Als Versuchung, als Synchronizität, durch Boten, in Form von Verwirrung und Unannehmlichkeiten, durch Mangel oder Bedürfnis, Ausweglosigkeit oder Warnung und schließlich durch eine Kombination einer oder mehrerer dieser Faktoren[428]. Dabei stellt Vogler fest: „Der Ruf zum Abenteuer ist ein Auswahlprozess: In einer Gesellschaft verbreitet sich Unsicherheit, und jemand übernimmt nun freiwillig die Verantwortung oder wird dazu auserwählt"[429].

Campbell stellt den Charakter der Aufforderungen an die Heldenfiguren auf den ersten Blick ähnlich dar. Das Abenteuer kann den Helden zufällig einholen[430], aber die Berufung der Helden beinhaltet für Campbell stets Momente, die im Helden bereits angelegt sind. „In ihr gibt sich kund, was ins Auge gefasst werden muss und, obwohl es der bewussten Persönlichkeit unbekannt und verblüffend, ja erschreckend sein mag, dem Unbewussten schon irgendwie sehr tief vertraut ist"[431]. Im Rückgriff auf die hier vorgenommene Interpretation des lernenden Helden bedeutet die Heldenreise also nicht die Bewältigung einer vollkommen fremden Aufgabe, sondern sie stellt durchaus einen Anschluss an die Wissensbestände der Heldenfiguren her. Die Anforderungen, mit denen die Heldenfiguren auf der Heldenreise konfrontiert werden, sind anschlussfähig an die Kompetenzen, die sie aus ihrer gewohnten Welt mitbringen. Inwieweit diese These haltbar ist, soll nun geprüft werden, indem die verschiedenen Formen des Rufes aus einigen Blockbustern vorgestellt werden.

---

428 Vgl. Vogler, 2010, 190ff.
429 Vogler, 2010, 198
430 Vgl. Campbell, 1999, 56
431 Ebd., 60

IV.1 Beispiele für Ruf oder Berufung im Blockbuster

Die Berufung des Helden Luke Skywalker erfolgt in den Episoden IV – VI der Star Wars Trilogie in jeder Hinsicht klassisch. Immer ist es ein Lehrmeister, der Luke auffordert, über seine Grenzen hinauszugehen.

In Episode IV stößt Luke auf die Botschaft von Prinzessin Leia „Helft mir Obi Wan Kenobi, ihr seid meine letzte Hoffnung", die sein Interesse weckt. Die Aufgabe scheint klar, Luke muss die Prinzessin befreien. Doch zunächst bespricht er das Thema mit seinem Onkel Owen, der ihm davon abrät, dieser Nachricht weiter Aufmerksamkeit zu widmen, und Luke gehorcht. Dann aber macht sich der Roboter R2-D2 selbstständig und Luke wird mehr oder weniger zufällig auf den Weg ins Abenteuer gelenkt. Die direkte Aufforderung, die gewohnte Welt zu verlassen, erfolgt jedoch erst durch die Figur des Obi Wan (Ben) Kenobi. Im Nachfolgefilm *Das Imperium schlägt zurück* ist es dann der Geist von Kenobi, der Luke auffordert, sich auf den Weg zu machen, um den weisen Jedi-Lehrmeister Yoda zu finden. In diesem Film folgt Luke der Aufforderung seines Lehr-Geistes quasi stante pede, wenngleich sich sein Kopf später gegen den Rat seines Meisters wendet und er seine Ausbildung unterbricht, um seine Freunde vor Unglück zu bewahren. Schließlich fordert in *Die Rückkehr der Jedi Ritter* der grüne, zwergwüchsige Jedi-Lehrmeister Yoda den Helden dazu auf, sich seiner letzten Aufgabe zu stellen, dem Duell mit seinem Vater. Luke nimmt auch diese Aufgabe an, wenngleich ihm anfangs nicht wohl dabei ist, gegen seinen Vater kämpfen zu müssen. Kurz gesagt: Luke Skywalker folgt in allen drei Filmen den Ratschlägen seiner Lehrmeister, von denen er sich entsprechend nur schrittweise emanzipiert. Luke ist also nicht unabhängig, sobald er seine gewohnte Welt verlässt. Vielmehr wird der Part des kleinbürgerlich orientierten Onkels als Erziehungsberechtigten gegen die des weltoffenen Lehrmeisters Kenobi eingetauscht, Luke quer durch die gesamte Szenariowelt zu scheuchen.

Im Star Wars Universum herrscht zudem durchaus die von Vogler konstatierte Unsicherheit vor, aber Luke Skywalker scheint in Episode IV weder ausgewählt worden zu sein noch übernimmt er zunächst freiwillig die Aufgabe, die Prinzessin zu befreien. Dafür fühlt er sich seinem Onkel gegenüber viel zu verpflichtet. Insofern lässt sich Voglers These der Auswahl an diesem Punkt nur bedingt bestätigen.

Ähnlich klassisch zeigt sich die Berufung im ersten Teil der einige Jahre jüngeren Harry Potter-Reihe. In *Harry Potter und der Stein der Weisen* erhält Harry die Einladung Schüler von Hogwarts, der Schule für Zauberei, zu werden, per Eulen-Post. Man könnte somit sagen, der Ruf erfolgt hier symbolisch gesprochen durch die Abenteuerwelt selbst. Die Dursleys unternehmen viel, um zu verhindern, dass Harry diesen Brief erhält, bis dahin, dass sie Heim und Herd verlassen und mit Sack und Pack auf einer abgelegenen Leuchtturminsel untertauchen. Als dort der Halbriese Hagrid, einer von Harrys späteren Lehrern, auftaucht und Harry den Brief übergibt, zögert Harry keine Sekunde, dem Unbekannten zu folgen. Die Beziehung zum Leiter der Schule, Albus Dumbledore, ist dann auch von vornherein von scheinbar unverbrüchlichem Vertrauen durchtränkt. Harry Potter folgt seinen Lehrern fraglos.

Der Biss der Spinne, der Peter Parker seine Superkräfte als *Spider-Man* einbringt, löst bei dem Schüler den Beginn einer Transformation aus, die als Ruf oder Berufung bezeichnet werden könnte. Allerdings ist dies nicht wirklich überzeugend, da Peter seine Kräfte zunächst nur für egoistische Zwecke einsetzt: Die Chance bei einem Wrestling Match $ 3.000 zu gewinnen, um dann Mary Jane Watson mit einem eigenen Auto zu beeindrucken, lässt Peter nicht ungenutzt verstreichen. Aber er erhält, nachdem er das Match gewonnen hat, nicht das versprochene Preisgeld, weil sein Kampf keine drei Minuten gedauert hat. Sekunden nach dieser Abfuhr wird der Veranstalter ausgeraubt, und Peter lässt den Dieb für seine persönliche Genugtuung entkommen, da er sich vom Veranstalter betrogen fühlt. Als Peter auf der Straße ankommt, ist gerade sein Onkel Ben angeschossen worden, und der Täter entkommen. Als Spider-Man kostümiert stellt er den Täter, um dabei festzustellen, dass das derselbe Mann ist, den er im Büro des Wrestling-Match-Veranstalters hat entkommen lassen. Erst in diesem Augenblick erkennt Peter Parker seinen Anteil an dem Unglück, das seinem Onkel widerfahren ist, und erst jetzt wird er zu dem Spider-Man, der sein Leben dem Kampf gegen das Verbrechen weiht.

Im *König der Löwen* ist mit der Herrschaft von Scar und seinen Hyänen im Geweihten Land eine trostlose Zeit angebrochen. Simba tobt sich irgendwo in der Ferne mit seinen Freunden Timon und Pumba aus und denkt nicht daran, nach Hause zurückzukehren, bis er eines Tages auf Naala, seine Freundin aus Kindertagen stößt. Sie rät ihm dringend zurückzukehren und seinen Platz als König im Reich anzunehmen.

Die Berufungen im *Herrn der Ringe* (Jackson, 2001, 2002) fallen unterschiedlich aus, dennoch bleiben sie prinzipiell klassisch. Denn kaum einer der angehenden Helden kommt ohne den Ratschlag einer Figur aus, die allgemein für weiser als die Heldenfigur selbst gesehen werden dürfte. Frodo und Samweis Gamdschie werden von dem Zauberer Gandalf auf die Reise geschickt, bei der Frodo den Ring zunächst nach Bruchtal bringen soll. Der Waldläufer Aragorn folgt seinem Ruf, König zu werden beispielsweise aufgrund des Ratschlags von Elrond, dem Herrscher der Elben[432]. Lediglich Merry und Pippin schließen sich Frodo und Sam zunächst an, weil sie zuerst scheinbar nichts Besseres zu tun haben und dann ihre Freunde angesichts der Gefahr durch die schwarzen Reiter nicht im Stich lassen wollen. Auffällig ist die Differenzierung, die hier zwischen Hobbits und Menschen vorgenommen wird. Die Hobbits, die schon in der Exposition als genügsam bezeichnet wurden, folgen der Berufung ohne Einspruch. Anders hingegen der Mensch Aragorn, der sich lange Zeit dagegen sperrt, seinem Ruf zu folgen, weil er fürchtet von der eigenen Macht korrumpiert zu werden.

Auch die Berufung von Bilbo Beutlin in *Der Hobbit* (Jackson, 2012) erfolgt auf dem gleichen Wege. Wieder ist es der Zauberer Gandalf, der den Hobbit zum Abenteuer ruft. Allerdings zeigt Bilbo anfangs keinerlei Interesse an solchen Unternehmungen, und schon gar nicht will er akzeptieren, dass er ein Meisterdieb ist.

Campbells These, dass die unbewussten Anlagen bereits vor Beginn des Abenteuers in den potenziellen Heldenfiguren angelegt sind, finden sich also im Universum von Mittelerde

---

432 Vgl. Jackson, 2003, 2004

wieder. Und auch Voglers These erweist sich für die Serie als zutreffend. Denn, wenn die Helden im *Herrn der Ringe* berufen werden, dann wird ihre Welt bereits bedroht und sie wissen es auch. Für den Film *Der Hobbit* gilt das nicht in gleichem Maße. Es wird nämlich weder das Auenland bedroht, noch lassen sich bei Bilbo in der Exposition auch nur die leisesten Anzeichen dafür erkennen, dass er als Abenteurer in Frage kommt. Im Gegenteil, er erscheint eher wie ein Buchhalter bei der Post. Trotzdem lässt er sich auf fast wundersame Art und Weise dazu überreden, an dem Abenteuer teilzunehmen. Was Bilbo also tatsächlich motiviert, die Reise auf sich zu nehmen, bleibt auf den ersten Blick mehr oder weniger ungeklärt.

James Bond erhält in *Casino Royale* von seiner Chefin ,M' zunächst die Lizenz zum Töten und dann einen Auftrag. Dabei erwähnt sie eindringlich, dass Bond niemandem trauen solle. Bond erhält seinen Ruf also ganz klassisch von einer Vorgesetzten, die mehr Lebenserfahrung mitbringt als er. Er wird von ,M' aus ihrem Mitarbeiterstab für die Mission ausgewählt, ein Terrornetzwerk zu zerschlagen. Er bringt als ausgebildeter Agent offensichtlich einige Fähigkeiten mit, die ihm dabei helfen, seinen Auftrag zu erfüllen. Aber ,M' weiß anscheinend auch um seine Defizite, auf die sie ihn entsprechend hinweist.

Panda-Bär Po erhält seine Berufung in *Kung Fu Panda* aufgrund dessen, dass er ein hingebungsvoller Fan der Furiosen Fünf im Jadepalast ist. Als er davon hört, dass dort bei einer Zeremonie der Drachenkrieger ausgewählt werden soll, unternimmt er alles, um das Ereignis zu sehen. Aufgrund seiner Körperfülle schafft er es aber nicht rechtzeitig, in den Palast zu gelangen und nur aufgrund der Hartnäckigkeit, die er an den Tag legt, um doch irgendwie an der Zeremonie teilzunehmen, wird er schließlich berufen. Dabei war Po weit davon entfernt, eine Berufung auch nur in Erwägung zu ziehen. Aber als die Wahl des Drachenkriegers ansteht, deutet Meister Oogway auf ihn. Von daher ist Po auf jeden Fall Teil eines Auswahlprozesses, wenn dieser auch als Zufall inszeniert wird, der jedoch laut Narration keiner ist. Den wahren Inhalt seiner Aufgabe erfährt Po aber anfangs noch nicht. Für ihn geht mit der Berufung zunächst einmal sein Traum in Erfüllung, Kung Fu Kämpfer werden zu können. Jedoch sieht er sich selbst nicht wirklich in der Rolle. Doch die Hartnäckigkeit, mit der er er selbst ist, wird sich auf seinem weiteren Weg bezahlt machen.

Der Ruf, der an Elliott in *E.T.* ergeht, ist eher dem Zufall zuzurechnen. Wenn E.T. nicht in den Schuppen von Elliotts Familie geflüchtet wäre, hätte Elliott kein Interesse an ihm entwickeln können. So aber unternimmt Elliott einiges, um herauszufinden, wer sein Gegenüber ist. Umgekehrt weiß E.T. allerdings, wem er die Süßigkeiten zurückbringt, da er Elliott beobachtet hat, als der Süßigkeiten im Wald verteilte. Als Elliott ihn aufnimmt und der Außerirdische sich so langsam sicher fühlt, erteilt er nach einer Zeit des gegenseitigen Kennenlernens den womöglich bekanntesten Ruf der Filmgeschichte: „E.T. nach Hause telefonieren"[433].

In *Fluch der Karibik* beruft sich der Held William Turner mehr oder weniger selbst, indem es sein Ziel ist, Elisabeth Swann aus den Händen der Piraten zu befreien. Der eigentliche Ruf in dem Film erfolgt jedoch universaler, er wurde zuvor durch Elisabeth Swann ausgelöst, als

---

433 Vgl. Spielberg, 1982, 2002 (00:55:05 – 00:56:08)

sie ins Meer stürzte und von Jack Sparrow gerettet wurde. Dabei schickt eine Golddublone, die Swann um den Hals trägt, einen Ruf in die Welt hinaus, durch den die Piraten angelockt werden, die sie schließlich entführen. Insofern ist William Turner weder jemand, der aufgrund einer gesellschaftlichen Verunsicherung ausgewählt wurde, noch verfügt er, abgesehen von seinen Fähigkeiten im Schwertkampf, über hinreichende Anlagen, seine Abenteuer bestehen zu können.

Jake Sully erhält in *Avatar* die Möglichkeit, nach Pandora zu reisen. Dort erhält er als ehemaliger Marine und Dschungelkämpfer vom Sicherheitschef Colonel Miles Quaritch zunächst den Auftrag, das eingeborene Volk der Na'vi auf Schwächen hin auszuspionieren. Seine ‚wahre' Berufung erfährt er dann aber auf geheimnisvolle Weise durch die Samen eines Baumes der Muttergottheit ‚Eywa', die ihn dazu motivieren, die Na'vi vor dem industrialisierten Zugriff durch die Menschen zu schützen. Sullys Berufung erfolgt also in mehreren Schritten. Wenn er auf der Bildfläche erscheint, steht dem Volk der Na'vi die Verunsicherung durch die Menschen kurz bevor und als ehemaliger Marine bringt Sully die Kompetenzen eines menschlichen Kämpfers mit.

In *Mamma Mia!* wird der Ruf umgedreht. Der Ruf holt nicht die Helden aus ihrer gewohnten Welt heraus, sondern er holt die Abenteuerwelt in die gewohnte Welt hinein. Der Ruf geht von Sophie aus. Indem sie ihre drei potenziellen Väter per Brief einlädt, holt sie das Abenteuer auf die Insel und in das Hotel. Obwohl die drei Männer sich auf den Weg machen, sind nicht sie es, die hier die Heldenreise durchlaufen, sondern Sophie und ihre Mutter Donna. Durch die Ankunft der drei Männer ereilt auch Donna ein Ruf, den ihre exaltierten Freundinnen Tanya und Rosie als griechische Tragödie bezeichnen.

Somit beginnen die Heldenreisen so individuell wie auch einander ähnlich. Ihre Ähnlichkeit besteht in erster Linie darin, dass die Helden mit einer Problemstellung konfrontiert werden, die sie selbst betrifft und die zugleich aus ihrer gewohnten Welt hinaus weist. „Eine solche Schwelle ist zu überschreiten, wenn der gewohnte und vertraute Horizont zu eng geworden ist und die alten Begriffe, Ideale und Verhaltensweisen nicht mehr passen wollen"[434].

Hollywoods Autoren scheinen sich Campbells Beobachtung zu Herzen genommen zu haben, denn die mit der Berufung einhergehende Aufgabenstellung ist in den seltensten Fällen der alleinige Motivator zum Aufbruch. Das Moment, das die Helden vielmehr zum Aufbruch motiviert, ist die Enge, die Beschränkung ihrer Persönlichkeit, die sie in ihrer gewohnten Welt erfahren. Ehe Ruf oder Berufung sie ereilen, wollen sie schon aus der gewohnten Welt heraus, können es aber nicht, weil ihre Interaktionspartner in der gewohnten Welt sie daran hindern. Mit dem Ruf oder Berufung wird nun eine Aufgabe verbunden, deren primäres Ziel es ist, die Helden aus ihrer gewohnten Welt herauszulösen.

Das heißt, schon im Moment des Rufs oder der Berufung steht die Entwicklung der Heldenfiguren im Fokus der Heldenreise und erst an zweiter Stelle steht die Bewältigung einer an sie gerichteten Aufgabe. Anders formuliert, die zentrale Aufgabe der Helden sind sie selbst.

---

434 Campbell, 1999, 57

Schon ein kurzer Blick auf das Ende einiger Heldenreisen vermag dies zu illustrieren. Luke Skywalker besiegt am Ende von *Star Wars Episode VI – Die Rückkehr der Jedi Ritter* den Imperator und holt seinen Vater zurück auf die gute Seite der Macht, wodurch er zu einer abgeschlossenen Persönlichkeit reift[435]. Harry Potter besiegt Lord Voldemort, rettet die Zauberwelt und überwindet die Furcht vor dem Tod[436]. Frodo vernichtet den Ring der Macht und damit den Zauberer Sauron, kann aber nicht in Mittelerde bleiben. Waldläufer Aragorn wird König von Gondor, ohne korrupt zu werden[437]. Bilbo rettet den Zwergenschatz und wird ein Meisterdieb[438]. Po wird wider alle Erwartungen zum Drachenkrieger und besiegt Tai Lung gerade weil er stets hungrig und adaptionsfähig bleibt[439]. Jack Sparrow befreit Elisabeth Swann und akzeptiert schließlich, dass er ein Pirat ist[440]. Katniss Aberdeen überlebt die Hungerspiele und lernt, sich gewinnbringend in den Medien zu präsentieren[441]. James Bond erfüllt seine Mission, um dann festzustellen, dass der Feind im wahrsten Sinne des Wortes in seinem Bett lauert[442]. Jake Sully vertreibt am Ende die Vertreter des Konzerns ‚Resources Development Administration' (RDA) von Pandora, die ihn überhaupt erst dorthin beordert haben und mutiert in einer abschließenden Zeremonie zum Na'vi[443].

Mit anderen Worten: Am Ende der Filme haben die Helden mehr und zuweilen sogar etwas ganz anderes erreicht als ihr Ruf oder ihre Berufung ihnen anfangs aufgetragen hatten.

IV.2 Sapere aude! – Die Didaktik von Ruf und Berufung

Bei der Betrachtung von Ruf oder Berufung in den Blockbusterfilmen fällt ins Auge, dass der Ruf oder die Berufung weniger die zu erfüllende Aufgabe fokussieren, als vielmehr die Figur des Helden selber. Die Aufgabenstellungen, die mit den Berufungen einhergehen, bedeuten Themen, die zwar bewältigt werden wollen, aber das primäre Anliegen von Ruf oder Berufung ist nicht die Bewältigung dieser oder jener Aufgabe, sondern die Entwicklung des Helden, während er die Aufgabe bearbeitet. Somit erscheinen die Aufgaben, die mit dem Ruf an die Helden adressiert werden, lediglich als Mittel zum Zweck und der Zweck ist der Mensch, der, mit Kant gesprochen, „den Ausgang aus seiner selbst verschuldeten Unmündigkeit"[444] finden muss. Auffällig ist, dass dieser eigentliche Kern der Berufung in den Narrationen kaum bis gar nicht expliziert wird. Vielmehr wird in den

---

435 Vgl. Lucas, 1983, 1997, 2004
436 Vgl. Yates, 2011
437 Vgl. Jackson, 2003
438 Vgl. Tolkien, 2011
439 Vgl. Stevenson, Osborne, 2008
440 Vgl. Verbinski, 2003
441 Vgl. Ross, 2012
442 Vgl. Campbell, 2006
443 Vgl. Cameron, 2009
444 Vgl. Kant, (online)

Filmen diese Anrufung des ‚Sapere aude!'[445] mittels der Inszenierung für die Rezipienten deutlicher herausgestellt als für die Helden. Die Helden erfahren also im Rahmen ihrer Berufungen nicht, dass es bei Ruf oder Berufung im Kern um ihre persönliche Entwicklung geht. Wieso nicht? Könnte damit eine erste didaktische Funktion der Heldenreise verbunden sein? Wenn ja, worin könnte diese Funktion bestehen?

Zur Beantwortung dieser Frage ist ein kleiner Umweg vonnöten. Wenn die Helden der Ruf oder die Berufung ereilt, schrecken sie in ihrer ersten Reaktion davor zurück bzw. werden sie davon abgehalten[446]. Dies hängt damit zusammen, dass sie ihre Existenz in doppelter Hinsicht bedroht sehen. Also sowohl ihre Existenz in der gewohnten Welt als auch ihre grundsätzliche physische Existenz. Aber gerade letzteres, also die Bedrohung der physischen Existenz, ist für die Helden kein Argument. Sie erwähnen es nicht mit einer Silbe. Stattdessen lassen die von ihnen angeführten Argumente für die Weigerung, dem Ruf zu folgen, eher darauf schließen, dass sie Furcht vor den Konsequenzen für ihre bisherigen Existenzen in ihren gewohnten Welten haben. Nicht die anstehende Aufgabe lässt sie also davor zurückschrecken, dem Ruf zu folgen, sondern die Frage, was die Annahme von Ruf oder Berufung für sie in ihren gewohnten Welten bedeutet. Denn ob Ruf oder Berufung eine Rückfahrkarte beinhalten, ist zu diesem Zeitpunkt der Reise für die Helden völlig offen. „Die Mythen und Sagen der ganzen Welt legen übereinstimmend Zeugnis ab dafür, daß [sic!] die Weigerung wesentlich in der Hartnäckigkeit des Individuums besteht, das nicht fahren lassen will, was es für sein eigenes Interesse hält. Die Zukunft erscheint ihm nicht als eine endlose Kette von Tod und Wiedergeburt, sondern als bloße Bedrohung seines gegenwärtigen Systems von Idealen, Tugenden, Absichten und Vorteilen, das um jeden Preis festzuhalten und zu sichern sei"[447]. So unangenehm den Helden in spe ihre gewohnte Welt zuweilen erscheinen mag, so sehr bietet sie ihnen auch Sicherheit und Bequemlichkeit. Dieser Punkt ist in der Alltagswelt durchaus geläufig. „Alles menschliche Tun ist dem Gesetz der Gewöhnung unterworfen. Jede Handlung, die man häufig wiederholt, verfestigt sich zu einem Modell, welches unter Einsparung von Kraft reproduziert werden kann und dabei vom Handelnden als Modell aufgefasst wird"[448].

445 Ebd. – "Wage es, Dich Deines eigenen Verstandes zu bedienen" (online)

446 Luke Skywalker muss für seinen Onkel arbeiten. Harry Potter wird von der Familie daran gehindert, den Brief zu lesen. Panda Bär Po träumt zwar davon, ein Kung Fu Kämpfer zu sein, aber der Drachenkrieger ist ihm einige Nummern zu groß. James Bond ist davon überzeugt, dass er seinen emotionalen Haushalt völlig unter Kontrolle hat. William Turner sieht sich als ehrenwerten Schmied, aber mit einem Piraten zusammen zu arbeiten ist für ihn absolut ausgeschlossen. Alice Kingsleigh hat zwar eine blühende Fantasie, und entsprechend ist das Wunderland für sie auch nur eine Ausgeburt ihrer Traumwelt. Jake Sully arbeitet zwar für die RDA, die Na'vi erscheinen ihm zunächst aber als ein Volk, das zu zivilisieren ist usw.

447 Campbell, 1999, 64

448 Berger/Luckmann, 2003, 56

Ruf oder Berufung stellen nun – pädagogisch gesprochen – Lernangebote bereit, bei denen für die Lernenden nicht absehbar ist, ob die Wege, auf die sie dabei geführt werden, jemals wieder in die gewohnte Welt, die im Grunde genommen die Kindheit bedeutet, zurückführen. Das Wagnis, sich des eigenen Verstandes bedienen zu sollen, stellt also in der Tat ein Wagnis dar[449]. Und das umso mehr, als dass es eben nicht nur um die Bewältigung einer Aufgabe, sondern, im Kern durch die Befähigung zum Wissenserwerb um die Veränderung der Identität geht. Das Lernen, das auf der Heldenreise intendiert wird, ist also substantiell. Es entspricht keineswegs der Vorstellung des so genannten Bulimie-Lernens, sondern es dient der dauerhaften Veränderung der Verschaltungen im Gehirn, um subjektive Erfahrungs- und Lebensmöglichkeiten zu gewinnen. Diejenigen, die den Ruf oder die Berufung aussprechen, sind sich der Tragweite dessen bewusst. Es handelt sich nämlich oft um die Figur des Lehrenden, also des Mentors, der den Ruf oder die Berufung ausspricht.

Um die Helden auf den Kurs ihrer Heldenreise zu setzen, implizieren Ruf oder Berufung zwei Aspekte, die in den Vordergrund gerückt werden: Erstens wird ihnen in Aussicht gestellt, dass ihre persönlichen Talente auf der Heldenreise zum Einsatz kommen, und zweitens wird ihre Welt existentiell bedroht.

Ehe ich die Frage abschließend beantworte, ob sich eine didaktische Funktion dahinter verbirgt, dass die Helden über die eigentliche Aufgabe von Ruf und Berufung im Unklaren gelassen werden, seien einige Anmerkungen zur Klarheit von Aufgabenstellungen aus pädagogischer Perspektive gestattet. „Eine klare Aufgabenstellung ist ein didaktisches Kunstwerk. In ihr findet eine Bündelung von Ziel-, Inhalts- und Methodenentscheidungen statt. Diese Bündelung muss erstens in sich stimmig sein und zweitens auch die Lernvoraussetzungen der Schülerinnen und Schüler angemessen berücksichtigen. Das nennen die psychologisch orientierten Unterrichtsforscher ‚Passung der Lernaufgaben‘ oder ‚Adaptivität‘"[450].

Wenn die Helden ihren Ruf oder ihre Berufung erhalten, ist dieser mit einer konkreten und existentiellen Aufgabenstellung verbunden. Diese Aufgabenstellung ist aber, wie gezeigt, nicht das Ziel von Ruf oder Berufung. Eine solche Aufgabenstellung ist ein Kunstgriff, und sie lässt sich mit dem Begriff des „Headfake" bezeichnen. „Ein gekonnter Headfaker verfolgt das Ziel, jemandem im Zug irgendeiner Beschäftigung insgeheim et-

---

449 Das Eingehen eines solchen Wagnisses ist bereits im antiken Athen bekannt. Über dem Tempel Apollons in Delphi stand die Aufforderung „Erkenne Dich selbst". Als Sokrates der Aufforderung, sich selbst zu erkennen nachkam, hatte er einen guten Grund. Das Orakel hatte ihn als den weisesten aller Menschen bezeichnet und er wollte herausfinden, ob dies denn zuträfe. Die Athener, an die er bei seinen Nachforschungen geriet, fühlten sich sämtlich brüskiert, als Sokrates ihnen ihr Selbst entdeckte, was damit endete, dass er zum Tode verurteilt wurde (vgl. Platon, Apologie). Im siebten Buch der Politeia hat Platon den Weg des Erkennens im Höhlengleichnis verdichtet (vgl. Platon, Politeia, VII, 106aff.). Prinzipiell durchläuft der Entfesselte in Platons Höhlengleichnis auf seinem Weg der Erkenntnis die Stationen der Heldenreise.
450 Meyer, H., 2010, 55

was ganz anderes beizubringen – nämlich das, woran es diesem Jemand seiner Meinung nach wirklich noch mangelt"[451]. Weshalb ist dieser Kunstgriff notwendig?

Schlicht deshalb, weil es bei Ruf oder Berufung um eine lernende Erweiterung der Persönlichkeit geht. Die kann aber nur gelingen, wenn die Möglichkeiten zu lernen nicht von außen limitiert werden. Und aus diesem Grunde kann auch der eigentliche Kern des Rufes oder der Berufung nicht deutlicher herausgestellt werden. Die konkrete Benennung des Lernziels ‚Entwicklung des Selbst' bedeutet aber nichts anderes als eine Limitierung *aller* möglichen Ziele. Ohne konkrete Zielformulierung fehlte jedoch die von Meyer postulierte Klarheit der Aufgabenstellung, die eine der Voraussetzungen für den Erfolg didaktischer Anstrengungen bedeutet. Würde die Aufgabenstellung aber als Entwicklung des Selbst formuliert, würden die Helden möglicherweise zu leichtfertig an ihrer Persönlichkeitsbildung arbeiten. Das wiederum bedeutet einen Akt, vor dem schon Montaigne gewarnt hat: „Man muss bis tief ins Innere vordringen, um zu erkennen, welche Triebfedern unsere Bewegung auslösen. Das ist freilich ein riskantes und höchst verantwortungsvolles Unternehmen – deshalb wünschte ich, dass sich möglichst wenig Leute leichtfertig dranmachten"[452].

Deshalb erscheint eine Aufgabenstellung im Blockbuster sehr präzise:

Obi Wan Kenobi fordert Luke Skywalker dazu auf, dass er sich mit der Macht vertraut machen muss, wenn er ihn nach Alderaan begleitet. Harry Potter erhält die Aufforderung nach Hogwarts zu kommen, Frodo Beutlin soll den Ring nach Bruchtal bringen, Bilbo Beutlin soll den Arkenstein stehlen, Jake Sully soll das Volk der Na'vi vor dem Untergang retten, E.T. will nach Hause telefonieren, Katniss Everdeen muss in der Arena überleben, Larry Daley braucht dauerhaft einen Job, Alice Kingsleigh soll den Jabberwocky besiegen usw.

Wären Ruf oder Berufung hingegen als Aufforderung in Richtung der Helden formuliert, dass sie sich zu entwickeln haben, ständen die Chancen, dass sie dies als Persönlichkeit kränkend empfänden hoch. Diese Form der Belehrung haben sie in der gewohnten Welt zur Genüge erfahren[453].

---

451 Pausch, 2010, 53

452 de Montaigne, 1998, 168

453 Für gelingende Lernprozesse erwiese sich ein solches Vorgehen als kontraproduktiv. Denn, um stabile Verschaltungen im Gehirn realisieren zu können, müssen systemische Kopplungen erfolgen, wie sie Martens/Kuhl beschreiben. „Es muss eine Verbindung, eine neuronale „Leitung" zwischen dem Selbstsystem und dem System hergestellt werden, das die Gefühle entstehen lässt, dem Emotionssystem". Wenn das geschieht, wird laut Gerald Hüther (2011) „Dünger fürs Gehirn" ausgeschüttet. „Die bekanntesten dieser neuroplastischen Botenstoffe heißen Adrenalin, Noradrenalin und Dopamin, aber auch Peptide wie Endorphine und Enkephaline gehören dazu. Sie alle lösen auf die eine oder andere Weise in nachgeschalteten Nervenzellen eine rezeptorvermittelte Signaltransduktionskaskade aus. Das neurologische Signal der Begeisterung wird so bis in die Zellkerne der nachgeschalteten Nervenzellen weitergeleitet. Dort kommt es dann zur verstärkten Abschreibung von bestimmten Genen, und daraufhin beginnen diese Nervenzellen vor allem solche Eiweiße vermehrt herzustellen, die für das Auswachsen neuer Fortsätze und für die Herausbildung neuer Nervenzellkontakte gebraucht werden" (Hüther, 2011, 93).

Das tatsächliche Lernziel in dem Ruf oder der Berufung zu benennen wäre also in der Logik der Narration der Blockbuster nicht förderlich. Nun stellt sich aber die Frage, ob durch den Headfake die Aufgabenstellung nicht aus pädagogischer Sicht unkonkret oder sogar unlauter formuliert sei. Denn damit widersprächen Ruf oder Berufung dem pädagogischen Grundsatz, dass die Aufgabenstellung äußerst präzise und konkret erfolgen soll. Unterbleibt laut Jank und Meyer eine konkrete Aufgabenstellung, dann ließe sich aus der subjektiven Perspektive des Lehrenden nicht die Lehrlogik und aus der des Lernenden nicht die Lernlogik ableiten. „Die Lehrlogik und die Lernlogik müssen in der Aufgabenstellung des Unterrichts zusammengeführt werden"[454]. Deshalb betonen die Pädagogen nachdrücklich, dass die Aufgabenstellung abhängig von der Zielformulierung extrem präzise erfolgen, im Zweifelsfall nachjustiert werden oder von vornherein mit Schülern gemeinsam erarbeitet werden muss[455].

Prinzipiell findet sich hier also ein dialektischer Widerspruch zwischen der Szenariowelt der Blockbuster und der Alltagswelt, der die berechtigte Frage zulässt, ob die Heldenreise angesichts dieser Befundlage als didaktisches Konzept endgültig delegitimiert sei?

Meine Antwort lautet: Keinesfalls, wie sich mit Holzkamp (1995) begründen lässt: „Der potentielle Lerngegenstand ist nicht zu verwechseln mit dem möglichen Ziel des Lernhandelns: >>Ziele<< sind als solches etwas, das das Individuum selbst sich setzt (auch Ziele, die mir andere setzen wollen, werden nur zu meinen Zielen, wenn ich sie übernehme). Lerngegenstände sind dagegen etwas, das dem Individuum auf der Weltseite gegenüber steht, dessen Aufschließung sich das Lernsubjekt zum Ziel machen kann, die aber nicht mit dem Ziel zusammenfallen"[456]. Zielobjekt und Lerngegenstand müssen also nicht miteinander identisch sein, zumal Lernziele nur eine Vorstellung sein können von etwas, das jemand anstrebt bzw. was mit jemandem passieren soll[457].

Insofern erweist sich die Form von Ruf oder Berufung der verschiedenen Heldenreisen aus konstruktivistisch-pädagogischer Sicht als zutreffend. Eine gelungene Aufgabenstellung zeichnet sich dadurch aus, dass die von Mühlhausen/Wegner so genannten „Prüffragen: Was – Mit Wem – Womit – Wie – Wie lange – Wer"[458] beantwortet werden. In dieser Hinsicht erweisen sich Ruf und Berufung in den meisten Blockbustern ebenfalls als recht präzise, wie ich in den kommenden Abschnitten zeigen werde.

Ruf und Berufung des Blockbusters erweisen sich noch aus einem weiteren Grund als pädagogisch tragfähig: Die in der Problemstellung formulierten Ansprüche an die Helden in spe rekurrieren auf Talente und Kompetenzen, die sie aus ihren gewohnten Welten mitbringen. Denn in den gewohnten Welten haben sich die Helden Kompetenzen und Wissensbestände

---

454 Jank/Meyer, 2008, 65
455 Vgl. Jank/Meyer, 2008, 73
456 Holzkamp, 1995, 208
457 Vgl. Jank/Meyer, 51
458 Mühlhausen/Wegner, 2006, 133

angeeignet, die allerdings dort seitens der Erziehungsberechtigten oder der jeweiligen Gesellschaften unerwünscht sind[459]. Für die Heldenreise erweisen sich diese Wissensbestände jedoch als äußerst nützlich. Sie stellen Wissensbestände dar, an die sich die neuen Lernerfahrungen auf der Heldenreise anschließen können, wodurch sie sich auf den Lernprozess extrem förderlich auswirken[460]. Dadurch werden sie auch zum Motivator des Lernprozesses, aus dem dann auch eine Entwicklung der Persönlichkeit einsetzen kann.

Grundsätzlich lässt sich sagen, dass die Entfaltung subjektiver Erfahrungs- und Lebensmöglichkeiten, der so genannten Selbstkompetenzen, also insgesamt die Entwicklung des Selbst, eine prinzipiell unabschließbare Aufgabe ist, die höchstens durch den Tod limitiert wird. Diese Aufgabe kann nicht wirklich von außen limitiert werden. Das können nur die Lernenden selbst tun. Aber diese Aufgabe wird durch Ruf oder Berufung freigesetzt. Die Aufgabe, die hinter dem Ruf oder der Berufung steht, bietet der Entfaltung des Selbst also Struktur, ohne konkret sichtbar zu sein. Demzufolge erfüllen Ruf oder Berufung eine konsistente didaktische Funktion.

Wie aber kann etwas Struktur bieten, ohne sichtbar zu sein? Anders gefragt, auf welche Weise motivieren Ruf oder Berufung, wenn die Helden nicht bereits intrinsisch motiviert sind? Die Blockbusterfilme bieten hier durchaus Rezepte an. Ins Auge fallen dabei beispielsweise der Ortswechsel und die Inversion.

IV.2.1 Anschubmotivationen für Lernprozesse – Ortswechsel

In fast jedem der oben genannten Filme geht der Ruf mit der Aufforderung einher, sich in irgendeiner Form auf eine Reise zu begeben. Dabei kann es sich um eine tatsächliche Reise handeln, bei der sich die Protagonisten physisch von A nach B bewegen. Zu nennen wären hier: *Star Wars, Harry Potter, Der Herr der Ringe, Der Hobbit, Fluch der Karibik, Die Tribute von Panem, Avatar, Titanic, die James Bond Filme, Life of Pi, König der Löwen* usw.

So gesehen kommt die Heldenreise der Unterrichtsmethode der Exkursion nahe. „In den Exkursionen werden außerschulische Lernorte aufgesucht, welche praxisbezogene Erfahrungen vermitteln und ganzheitliches Lernen ermöglichen. Zudem werden die Schüler/innen durch Exkursionen stärker motiviert und die vermittelten Lerninhalte bleiben wegen

---

459 Vgl. Abschnitt 'Die individuellen Begabungen der Heldenfiguren'

460 „Allgemein glaubt man, dass das Einspeichern eines Gedächtnisinhaltes auf der Leistungssteigerung synaptischer Übertragungsmechanismen innerhalb kleinerer oder größerer Netzwerke beruht [...]. Hierdurch verändert sich der Erregungsfluss durch diese Netzwerke und damit ihre Funktion. [...] Langzeitpotenzierung ergibt sich dann, wenn in einer geeigneten Versuchsanordnung eine Synapse z.B. im Ammonshorn des Hippocampus hochfrequent gereizt wird. Dadurch erhöht sich die Kopplungsstärke, d.h. die Effektivität der Erregungsübertragung, zwischen Prä- und Postsynapse, und die Postsynapse antwortet stärker auf denselben Reiz als früher – sie ist für die einlaufenden Erregungen >>sensibilisiert<< worden" (Roth, 2011, 112). Mit anderen Worten: Treffen im Gehirn Informationen ein, die sich an vorhandene Wissensbestände anschließen können, speichern sie sich besser ein.

des damit verbundenen persönlichen Erlebnisses länger haften. Auch das Eingebunden-Sein
in die gemeinsam teilnehmende Gruppe lässt positive Ergebnisse erwarten"[461].

Der Ortswechsel gilt also offensichtlich in Hollywood als ein Kernrezept für pädagogische Erfahrungen. Man muss sich nicht sonderlich strecken, um diesem Gedanken zuzu-
stimmen, gilt doch bereits spätestens seit der Renaissance in Europa, dass Reisen bildet, wie
neben vielen anderen auch Montaigne und Goethe illustriert haben. Auf seiner Reise nach
Rom erwähnt Goethe sein Lernziel: „Ich mache diese wunderbare Reise nicht, um mich
selbst zu betriegen, sondern um mich an den Gegenständen kennenzulernen [...]"[462]. Nicht
die ‚Dinge-an-sich' interessieren den zu dem Zeitpunkt längst berühmten Dichter, sondern
was er an ihnen lernen kann. Goethe stellte sich die Problematik, sich selbst als Lernziel
wahrzunehmen, nicht. Er war dem Ziel, aus eigenem Antrieb lernen zu können und auch zu
wollen, sich also entwickeln zu wollen, auf seiner Reise mindestens sehr nahe gekommen.

In dieser Hinsicht übernimmt der Ortswechsel eine explorative Funktion, die dem
entdeckenden Lernen zuzurechnen ist. „Beim explorativen, *nicht* rein zufälligen Entdecken entsteht *direkte* Kundigkeit – durch aktives Ergründen eines subjektiv bislang noch
nicht vertrauten Sachverhalts. [...] Das Herausgefundene muss nicht allgemein neu sein.
Für den Suchenden jedoch hat es eine *subjektiv* neue Qualität. Der Entdecker sieht es
durch selbsttätiges Nachforschen erstmals so, wie er es sieht"[463].

Das durch den Ortswechsel induzierte entdeckende Lernen muss sich aber nicht ausschließlich auf die physische Komponente des Reisens beschränken. Denn „Entdecken hat
neben dem Beobachten immer eine zweite Seite: die *Reflexion*"[464]. Entsprechend kann der
Ortswechsel auch, was im Blockbusterfilm etwas seltener der Fall ist, die Aufforderung sein, die
eigenen Standpunkte zu überdenken, wie im Falle von *Spider-Man*. Peter Parkers Onkel erklärt:
„Du bist jetzt in einem Alter, in dem sich ein Mann entscheiden muss, welcher Mann er einmal
im Leben sein will." Dies stößt bei Peter zunächst auf wenig Gegenliebe, da er sich dadurch in
seiner gewohnten Welt einmal mehr gemaßregelt fühlt. Nachdem sein Onkel ermordet wurde,
reflektiert Peter Parker jedoch genau dieses Gespräch. Die Reflexion findet dann nicht im stillen Kämmerlein, sondern auf dem Dach eines New Yorker Hochhauses statt. Dies lässt sich so
interpretieren, dass Peter damit beginnt, sich in seiner neuen Welt als Superheld einzurichten.

Insofern lässt der Ortswechsel sich vom Grundsatz her als Metapher verstehen, die
den Lernenden dazu anregt, seine bisherigen Wissensbestände zu überdenken, die Neugierde zu wecken und sich dadurch bildungsfähig zu stimmen. „Neugierde ist der uner-
sättliche Wunsch, zu erfahren, was es in der Welt alles gibt"[465].

---

461 Schröder, 2001, 105
462 Goethe XI, 1998, 45
463 Hameyer, 2002, III – 29 (Hervorh. im Original)
464 Hameyer, 2002, III – 29 (Hervorh. im Original)
465 Bieri, 2005 [Online]

Ein weiterer Aspekt dieses Verständnisses des Ortswechsels birgt die darin enthaltene Chance, gewohnte Gedanken gegen den Strich zu bürsten, wie es beispielsweise in der qualitativen Sozialforschung der Fall ist. Sie nutzt „[...] das Fremde oder von der Norm Abweichende und das Unerwartete als Erkenntnisquelle und Spiegel, der in seiner Reflexion das Unbekannte im Bekannten und Bekanntes im Unbekannten als Differenz wahrnehmbar macht und damit erweiterte Möglichkeiten von (Selbst-)Erkenntnis eröffnet"[466]. Diese Variante des Ortswechsels findet aber beim ersten Ruf oder der ersten Berufung der Helden für ihre Heldenfahrt nur selten Anwendung. Dennoch will ich dieses Instrument, nicht zuletzt als Überleitung zum nächsten Abschnitt, hier kurz betrachten, es handelt sich bei dieser Form des Ortswechsels um die Inversion.

IV.2.2 Anschubmotivationen für Lernprozesse – Inversion

Die Inversion findet auf den ersten Blick seltener Anwendung im Blockbuster als der physische Ortswechsel. Deutlich taucht sie in *Harry Potter und die Kammer des Schreckens* auf, ist aber auch in Ansätzen im Verhalten der Zwerge in *Der Hobbit* zu erkennen sowie im *Fluch der Karibik* und einigen anderen Filmen.

Inversion bedeutet Umkehrung. Genau das ist, was in diesen Filmen geschieht. Beispielsweise erfolgt der Ruf oder die Berufung in Form einer Warnung. Die Helden in spe werden dazu aufgefordert, nicht zu ihrer Heldenreise aufzubrechen. Bei *Harry Potter und die Kammer des Schreckens* ist es der Elf Dobbie, der den Zauberlehrling mehrfach warnt und versucht daran zu hindern, zu seiner Schule, nach Hogwarts, zurückzukehren. In *Der Hobbit* stellen die Zwerge (ganz im Gegensatz zur Meinung von Gandalf) fest, dass Bilbo Beutlin absolut nicht das Zeug dazu hat, ein Meisterdieb zu sein, geschweige denn, das Abenteuer zu überstehen. Auf der *Titanic* düpiert der Künstler Jack Dawson die vornehme Rose DeWitt Bukater, indem er sie fragt, ob sie denjenigen, den sie heiraten will, auch liebt. Dadurch gewinnt ihr standesübergreifendes Gespräch eine neue Qualität. Jack Sparrow zeigt sich in *Fluch der Karibik* gegenüber William Turner so lange völlig uninteressiert und weigert sich zu kooperieren, bis er dessen Namen erfährt. Der Hintergrund dazu ist der, dass William der Sohn eines ehemaligen Mitglieds von Jacks Crew war, die verflucht ist. Jack erkennt in dem Moment, in dem er Wills Namen erfährt, dass er den Jungen dafür braucht, das Kommando über sein Schiff und seine Crew zurückzuerhalten. Denn mit Will Turner kann er den Fluch, der auf der Crew lastet, aufheben. Auf Nachfragen von Jack betont William seine Bereitschaft für Elisabeth zu sterben. Dies quittiert Sparrow mit einem genüsslichen „Oh Gut, dann mach ich mir keine Sorgen"[467]. Jack Sparrow stellt seinen Eigennutz zunächst über die Interessen aller anderen. Die Entwicklung des Helden interessiert ihn nicht[468].

---

466 Flick, Kardorff, Steinke, 2000, 14
467 Verbinski, 2004, (00:43:01 – 00:43:12)
468 Seine Einstellung ändert Jack erst im dritten Teil der Reihe: Fluch der Karibik. Am Ende der Welt (Verbinski, 2007).

Inversion stellt – als eine weitere Form des Headfake – ein Instrument dar, das dazu angetan ist, Interessen von Lernenden durch angebliches Nichtinteresse zu verstärken oder sogar
zu wecken. In pädagogischen Lehrbüchern taucht die Inversion als didaktisches Instrument
nur selten auf. Lediglich in der Erwachsenenbildung wird sie genannt. Arnold (2012) spricht
hier von Irritationslernen. In diesem Zusammenhang ist Lernen „.[…] das Ergebnis von Irritationen vertrauter Gewissheiten durch die provozierende Eingabe >>störender<< Fragen und
Interpretationen"[469]. Die pädagogische Erfahrung zeigt jedoch, dass das Interesse an Themen
und Dingen, durch die der Erfahrungshorizont der Lernenden irritiert wird, gesteigert werden
kann. Dabei ist zu beobachten, dass der Lernstoff Neugierde weckt, wenn er invertiert wird[470].

Die Inversion ist im Blockbuster vornehmlich ein Instrument von Tricksterfiguren, weshalb sie auch möglicherweise in pädagogischen Kontexten unterrepräsentiert erscheint, denn
die Tricksterfiguren sind alles andere als moralisch einwandfrei. Sie bewegen sich vielmehr außerhalb gesellschaftlicher Moralvorstellungen. Das heißt aber nicht, dass sie unmoralisch sind.
„The Devil is an agent of evil, but trickster is amoral not immoral. He embodies and enacts that
large portion of our experience where good and evil are hopelessly intertwined. He represents
the paradoxical category of sacred amorality"[471]. Tricksterfiguren sind diejenigen, die in der
Lage sind, in Dilemmata Lösungen anzubieten, also dann, wenn alle anderen mit ihrem Latein
am Ende sind. Trotzdem scheinen in pädagogischen Kreisen einige Schwierigkeiten mit diesen
Figuren verbunden zu sein. Aber im Blockbusterkino der jüngeren Zeit tauchen diese Figuren
vermehrt und insbesondere in der Rolle des Mentors bzw. Lehrenden wieder auf. Ich werde auf
die Trickster im Abschnitt über die Mentoren ausführlicher eingehen.

IV.2.3 Ausnahmen bestätigen die Regel – Abenteuer in der gewohnten Welt

In einigen wenigen dieser Blockbuster wird die gewohnte Welt selbst zur Abenteuerwelt.
Dann hält das Abenteuer Einzug in die gewohnte Welt. Dies ist im Falle von *E.T.* und
Mamma Mia! der Fall. Einerseits ist es der namensgebende Außerirdische E.T., der Einzug
in das Haus von Elliott und seiner Familie hält, andererseits sind es die drei potenziellen
Väter, die in das gemütliche Leben von Sophie und ihrer Mutter Donna Einzug halten. In

---

469 Arnold, 2012, 23
470 Induziert wird die Inversion durch Lernpartner, die von den Lernenden als Bestandteil eines Systems mit
    konstanten Regeln, Ritualen und Wissensbeständen, möglicherweise sogar „Wahrheiten" gewusst wer-
    den. Wenn die Lehrhandlung der Lernpartner die Pfade gewohnter Regeln, Rituale, Wissensbestände
    oder „Wahrheiten" verlässt oder sich in eine völlig entgegen gesetzte Richtung entwickelt, ist eine Inversi-
    on ins Werk gesetzt. Die Neugierde, die durch die Inversion angestoßen wird, resultiert daraus, dass sie,
    und sei es auch nur für einen kurzen Moment, von den Lernenden verlangt, sich aus den Bahnen ihres
    gewohnten Denkens heraus zu bewegen. Dafür bedarf es aber seitens der Lehrenden einer Spielkompe-
    tenz, um auch in der Unglaubwürdigkeit, glaubwürdig zu sein.
471 Hyde, 2008, 10

beiden Filmen bringen die Neuankömmlinge die gewohnte Welt der Helden erheblich durcheinander, und die Helden müssen sich anhand dieser neuen Herausforderungen in ihrer gewohnten Welt behaupten.

IV.3 Schlussfolgerungen

Zuallererst kommt dem Ruf oder der Berufung in den Heldenreisen die Funktion zu, die Helden auf die anstehende Reise hinzuweisen. Didaktisch gewendet lassen sich Ruf oder Berufung dahingehend interpretieren, dass sie als Headfake dazu angetan sind, die Lernenden herauszufordern, sich auf eine Lernerfahrung einzulassen, ohne dass sie sie u.U. überhaupt als solche wahrnehmen.

Die Herausforderungen, die die Helden beim Ruf genannt bekommen, könnte man fast als Tarnung des eigentlichen Ziels bezeichnen. Denn das eigentliche Ziel, das durch den Ruf oder die Berufung induziert werden soll, ist die Entwicklung des Selbst, der Selbstkompetenzen, der Erfahrungs- und Lebensmöglichkeiten. Das will pädagogisch notwendig sorgfältig vorbereitet sein, so es denn gelingen soll. Dazu muss die Herausforderung positiv motivieren und darf keine Persönlichkeitskränkung beinhalten, wie zuletzt die Neurowissenschaftler festhalten. „Nicht nur keine Furcht vor Misserfolg, keine Furcht vor Fehlern, keine Furcht vor Entmutigung durch negative Konsequenzen, sondern – ganz im Gegenteil! – die Stärkung der Erwartung auf Erfolg, die Bekräftigung von >>Suchbewegungen<< mit experimentell offenem Ausgang und die Hoffnung auf Belohnung […]"[472] sind positive Motivatoren für den Lernprozess. Zugleich müssen die Aufgaben von den Lernenden bewältigt werden können, ohne sie zu über- oder unterfordern. Hierin sind sich Reformpädagogen, Neurowissenschaftler und Psychologen sehr einig[473].

Der Wissenserwerb, der durch den Ruf oder die Berufung im Blockbuster angestoßen werden soll, dient dazu, in der gewohnten Welt bestehen zu können, da auch die Heldenreise letztlich zurück in eine gewohnte Welt führt, in der die Helden nach der Rückkehr von ihrer Reise allerdings emanzipierter und somit auch als Gestalter dieser Welt auftreten. „Die Alltagswelt wird ja nicht nur als wirklicher Hintergrund subjektiv sinnhafter Lebensführung von jedermann hingenommen, sondern sie verdankt jedermanns Gedanken und Taten ihr Vorhandensein und ihren Bestand"[474]. Dabei gilt: der Lernprozess der Menschen ist im Prinzip unabschließbar. Zudem wachsen besonders in den flexiblen, pluralisierten, postindustriellen Gesellschaften die potenziellen Wissensbestände und Herausforderungen der Gesellschaft ständig an, so dass die Orientierung zuweilen sehr schwierig wird oder die Herausforderungen des Lebens als nicht mehr zu bewältigen wahrgenommen werden.

Wenn dieser Punkt in der Narration der Blockbuster erreicht ist, die Helden ihren Ruf oder ihre Berufung erhalten haben, weigern sie sich oftmals die Reise anzutreten. Für Vogler

---

472 Herrmann, 2009, 152
473 Vgl. Jank/Meyer 2008 und Herrmann, 2009, Holzkamp 1995
474 Berger/Luckmann, 2003, 21f.

bietet die Weigerung in erster Linie eine dramatische Funktion. Mit ihr entbirgt sich aber noch etwas mehr. Der Moment des Zögerns „[…] signalisiert dem Publikum, dass das bevorstehende Abenteuer wirklich riskant ist. Es ist kein leichtfertiges Unternehmen, sondern ein gefährliches Spiel mit hohem Einsatz, bei dem es um Glück und Leben des Helden geht. Diese Pause, in der er die möglichen Konsequenzen abwägt, macht seine Einwilligung zu einer echten Entscheidung; erst nach dieser Bedenkfrist kann er bewusst alles auf eine Karte zu setzen"[475]. Vogler deutet hier en passant auch an, dass mittels der Weigerung die Entscheidung der Lernenden in den Mittelpunkt gerückt wird, ob sie die Herausforderung respektive den Lernprozess überhaupt annehmen oder nicht. Hier findet sich ein erster Hinweis darauf, dass im Blockbusterfilm die Lernenden darüber zu entscheiden haben sollten und letztlich auch darüber entscheiden, wer zukünftig ihren Lernprozess begleitet. Sie fürchten nämlich, und das zu Recht, dass sie sich auf solch einer Reise verändern. Ob man sich als Mensch allerdings verändern will, ist eine Entscheidung, die nicht leichtfertig getroffen werden sollte und die schon gar nicht von außen, also von jemand anderem, getroffen werden kann[476].

Dies scheint ein Aspekt zu sein, dessen pädagogische Relevanz, möglicherweise aus ökonomisch-pragmatischen oder auch aus Macht-Motiven aktuell ebenfalls unterbelichtet ist: Die Lernenden entscheiden selbst darüber, wer sie lehrt. Die Notwendigkeit, diese Entscheidung selbst treffen zu wollen, kommt nicht von ungefähr, denn der Mensch soll sich, nach Kant, seines eigenen Verstandes bedienen. Insofern zeigt sich die Heldenreise alles andere als konservativ, vielmehr ist ihr Blick stets auf die Zukunft gerichtet. Sich nicht auf die Lernreise zu begeben zwingt den Menschen in den eng ummauerten Hof der Unmündigkeit.

Ich habe in diesem Kapitel versucht darzustellen, dass die Narrationen des postklassischen Hollywoodkinos bereits im Moment von Ruf oder Berufung ein didaktisch konsistentes Modell anbieten. Der Kern dieses Modells ist es, die Wahrnehmung von Lernenden dahingehend zu sensibilisieren, dass sie gesellschaftliche Herausforderungen als Orientierungspunkte ihrer subjektiven Entfaltung wahrnehmen.

Auf welche Weise dies geschieht, inwieweit die Heldenreise im Blockbuster didaktisch plausibel bleibt und ob dabei möglicherweise weitere didaktische Anregungen zutage gefördert werden können, die im pädagogischen Diskurs bislang unterbelichtet sind, werden Themen der folgenden Kapitel sein. Zuvor gehe ich jedoch der Frage nach, welche Figuren die Lernprozesse der Helden bereits in der Aufbruchsphase begleiten und welche pädagogischen Relevanzen diesen Konstellationen inne wohnen, ehe nach diesen Überlegungen die Reise in die Abenteuerwelt mit dem Überschreiten der Schwelle fortgesetzt wird.

---

475 Vogler, 2010, 202
476 Menschen „[...] besitzen die Fähigkeit, eine bestimmte Handlung als verantwortlich zu beschreiben. Es ist die Sprache, die es ihnen möglich macht und gestattet, die Konsequenzen einer Handlung für andere Lebewesen zu reflektieren und zu unterscheiden, sie als verantwortlich oder unverantwortlich zu bezeichnen" (Maturana. In: Pörksen, 2008, 99).

V Das engere Ensemble der Heldenreise –
Erweiterte Lerngelegenheiten und -potenziale

> „Ich kenne die Hälfte von euch nicht halb so gut, wie
> ich es gern möchte, und ich mag weniger als die Hälfte
> von euch auch nur halb so gern, wie ihr es verdient."
> Bilbo Beutlin – Der Herr der Ringe

Im Blockbusterfilm gruppiert sich um den Helden herum früher oder später stets eine kleinere oder größere Gruppe von Helfern, die die unterschiedlichsten Funktionen erfüllen. Neben den Mentoren handelt es sich dabei oftmals um treue, lustige oder auch zynische Helfer, die jedenfalls bestimmte Charaktermerkmale, die der Heldenfigur selber fehlen, ergänzen. Viele von ihnen treten zumeist schon im ersten Akt auf. „In vielen Geschichten gibt es Helden, hinter denen eine Gruppe von Charakteren mit ganz speziellen Fähigkeiten oder Eigenschaften steht. Zu Beginn des zweiten Aktes besteht nun die Möglichkeit, eine solche Gruppe zusammenzustellen oder eine vorhandene Gruppe schwierige Aufgaben planen und vorbereiten zu lassen"[477]. Diese Figuren können verschiedene Gewänder tragen, z. B. das des weiter oben schon kurz erwähnten Tricksters, des Mentors, des treuen Freundes, des Clowns usw. Manche dieser Helferfiguren tauchen auch erst jenseits der Schwelle auf.

Daneben existiert auch eine Reihe anderer Figuren, z.B. der Schwellenhüter, der Herold, der Gestaltwandler und nicht zu vergessen der Schatten, die zum weiteren Ensemble der Heldenreise gehören[478]. An dieser Stelle werde ich zunächst auf die Helferfiguren im engeren Heldenensemble ausführlicher eingehen. Hierzu sind zuvorderst die Mentoren zu rechnen, die in der ersten Phase der Reise eine entscheidende Rolle für die Helden spielen. Anschließend folgt ein kurzer Blick auf die Antagonisten der Helden, die Dementoren, und schließlich folgen die anderen direkten Helfer des Helden, als Lernpartner der Lerngruppe der Helden.

V.1 Mentoren – Lehrende Begleiter

> „Klar soweit?"
> Jack Sparrow, *Fluch der Karibik*

Dieser Abschnitt thematisiert die Mentorenfiguren der Heldenreise als Lehrende. Sie stehen den Helden am Beginn ihrer Heldenreise quasi als Pädagogen zur Seite. Wer bei dem

---

477 Vogler, 2010, 246
478 Vgl. ebd., 5f.

Wort Mentor jedoch ausschließlich das Bild eines alten Mannes mit grauen Haaren und langem Bart vor Augen hat, liegt daneben. Schon im klassischen Mythos nahm diese Figur ganz unterschiedliche Gestalten an. „Im Märchen ist es oft ein kleiner Waldbewohner, ein Zauberer, Schäfer oder Schmied, der auftaucht, um den Helden Rat oder Amulette für seine Abenteuer zu bringen. Die höheren Formen des Mythos stellen die gleiche Rolle dar in den Figuren des Führers, des Lehrers oder des Fährmanns, der die Seelen in die andere Welt hinübersetzt. Im klassischen Mythos ist es Hermes oder Merkur, bei den Ägyptern meistens Thot, der ibis- oder affenartige Gott, im Christentum der Heilige Geist. Goethe lässt den männlichen Führer im Faust als Mephistopheles erscheinen [...]“[479].

Ähnlich vielgestaltig erscheint der Mentor auch im Blockbusterfilm, aber aus dieser Vielgestaltigkeit lassen sich generell zwei Typen herauslesen: der weise Mentor (mit grauen Haaren und langem Bart), dessen Karriere als Abenteurer hinter ihm liegt und der zumeist jüngere Trickstermentor[480], der sich selbst noch auf Heldenreisen befindet.

Weise Mentorenfiguren finden sich in der *Star Wars* Reihe, in *Der Herr der Ringe* Trilogie, beim *Hobbit* und in der *Harry Potter* Reihe. Hier sind es oft Zauberer mit weißen Haaren und weißem Bart. Während der Zauberer Gandalf für die Familie Beutlin als Mentor fungiert, übernimmt Albus Dumbledore diesen Part für die Familie Potter. In der *Star Wars* Reihe sind es wahlweise der alte Lehrmeister Obi Wan Kenobi, der noch viel ältere nur 66 cm große, grüne Jedi-Meister Yoda oder diverse andere Jedi Meister wie Mace Windu, Qui-Gonn Jinn etc. In der *Matrix*-Trilogie werden Neos Schritte in einer späteren Phase von einer älteren Frau gelenkt, die schlicht das Orakel genannt wird. Seit dem Reboot mit *Casino Royale* ist die ergraute Chefin des MI6, kurz ‚M‘ genannt, die Mentorin von James Bond[481]. Panda Bär wird von den weisen Kung Fu Meistern Oogway und Shifu zum *Kung Fu Panda* ausgewählt und ausgebildet[482]. Präsident Roosevelt weist Larry Daley *Nachts im Museum* ein[483], ähnlich wie John Hammond, den Paläontologen Alan Grant und den

---

479 Campbell, 1999, 75. Bei Hammann taucht der Mentor unter dem Begriff des Medizinmann auf, der seine Reise erfolgreich absolviert und sein Selbst verwirklicht hat (vgl. Hammann, 2007, 210f.). Hierbei unterschlägt Hammann, dass der Mentor auch immer jemand ist, der bei seinen ersten Lehrversuchen immer gescheitert ist, und insofern als Lehrender bereits eine Negativerfahrung gemacht hat. Krützen hingegen wählt den Begriff des Beraters, um die irdische Natur des Lehrenden zu betonen. Nach ihrer Auffassung führen die Berater die Helden in die Abenteuerwelt hinein und durch sie hindurch. Wie sich zeigen wird, lässt sich Krützens These nicht aufrechterhalten, da die Mentoren sich früher oder später zurückziehen und die Helden und deren Lerngruppen alleine weiter lernen lassen. Dieser Rückzug der Lehrenden ist in didaktischer Hinsicht durchaus bedeutsam.

480 Auf die in Deutschland weniger bekannte Figur des Tricksters werde ich in diesem, aber vor allem im nächsten Abschnitt näher eingehen.

481 Vgl. Campbell, 2006

482 Vgl. Stevenson/Osborne, 2008

483 Vgl. Levy, 2006

Chaostheoretiker Ian Malcolm in den *Jurassic Park*[484]. Ben Parker und Butler Alfred Pennywise betreuen die zivilen Alter Egos von *Spider Man*[485] und *Batman*[486], wobei Butler Pennywise auch für Batman als Berater zur Verfügung steht. Der alte Affe Rafiki steht dem Löwenjüngling Simba in *König der Löwen* gerade zur rechten Zeit zur Seite, um ihm den Weg auf den Thron zu weisen.[487]

All diese weisen Mentorentypen zeichnet in erster Linie ihr hohes Alter, in zweiter Linie ihre große Lebenserfahrung, in dritter Linie die Güte gegenüber ihren Schutzbefohlenen und in vierter Linie ihr mehr oder weniger weit entwickelter Witz aus.

Sowohl Gandalf als auch Obi Wan, Yoda und das Orakel scheuen sich dabei, entsprechend der Anlagen ihrer jeweiligen Narrationen, nicht davor, das System zu bekämpfen, in dem sie leben, sofern ihr Wertekosmos droht verlustig zu gehen. Auch Albus Dumbledore scheut sich im Verlauf der Reihe nicht davor, diesen Kampf unter Einsatz seines Lebens aufzunehmen, er bricht allerdings auch zuvor schon einmal die eine oder andere Regel des Systems. M, Oogway und Shifu sowie Roosevelt und John Hammond hingegen, können eher als Verteidiger ihres jeweiligen Systems angesehen werden, wobei auch sie durchaus über die ein oder andere Regel des Systems hinwegsehen bzw. sie gegebenenfalls auch zu brechen wissen. Gleiches gilt für Ben Parker und Alfred Pennywise, die jedoch vordergründig die Aktivitäten ihrer Schützlinge nach besten Kräften unterstützen.

Für den anderen Typus Mentorenfiguren gehört das Brechen der Regeln zu ihrem grundsätzlichen Handwerkszeug. Sie befinden sich zumeist noch auf einer eigenen Heldenreise, erscheinen auch nicht als ältere weise Männer oder Frauen und was ihnen an Weisheit fehlt, machen sie oftmals durch überlegenen Witz und Schläue wett[488]. Bei diesem Typus handelt es sich um Trickstermentoren, also Mentoren, die als Trickerfiguren angelegt werden. Zu diesem Typus ist zuvorderst und am eloquentesten ausgearbeitet die Figur des Captain Jack Sparrow aus der *Fluch der Karibik* Reihe zu rechnen[489]. Hierzu gehören aber genauso das weiße Kaninchen und der Hutmacher, die *Alice* Schritte in bzw. durch das *Wunderland* lenken[490]. Der Außerirdische E.T. stellt für den jungen Elliott einen Mentor dar, wenn er auch auf der unbekannten Erde selbst eine Heldenreise durchlaufen muss, um wieder nach Hause zurückkehren zu können[491]. Außerdem zählt zu diesem Typus von Mentoren der Alkoholiker Haymitch Abernathy, der Katniss Aberdeen als Berater für das Bestehen der Hunger

---

484 Vgl. Spielberg, 1993
485 Vgl. Raimi, 2002
486 Vgl. Nolan, 2005
487 Vgl. Allers/Minkhoff, 1994
488 Vgl. Vogler, 2010, 118
489 Vgl. Verbinski, 2003
490 Vgl. Burton, 2010
491 Vgl. Spielberg, 1982, 2002

Games in *Die Tribute von Panem* zur Seite gestellt wird.[492] Sogar Indiana Jones lässt sich im vierten Teil der Reihe *Indiana Jones und das Königreich des Kristallschädels* diesem Typus hinzurechnen[493]. Die Heldenfigur Henry Jones Senior fungiert in diesem Teil, obwohl er selbst die Heldenrolle innehat, zugleich als Mentor seines Sohnes Henry Mutt Williams (Jones III)[494]. Zu Beginn der *Matrix*-Trilogie übernimmt die Figur des Morpheus diese Rolle für den Programmierer Neo. Er eröffnet ihm den Weg in die Matrix.[495] Die dem Musical den Titel gebende *Mamma Mia*, Hotelbesitzerin Donna, steht ihrer Tochter Sophie auf dem Weg zur Selbstfindung mit Rat, Tanz und Gesang zur Seite[496]. Und wenn Sophie auf dem Weg zu sich selbst herausfinden muss, wer ihr Vater ist, muss Mamma Donna herausfinden, wen von den Dreien sie liebt und ob sie ihn überhaupt noch will. *E.T.* muss sich selber in der unbekannten Welt zurechtfinden, in der er unfreiwillig zurückgelassen wurde. Gleichzeitig hilft er aber, dem 10-jährigen Elliott sein Selbstbewusstsein zu entwickeln[497]. Schließlich lassen sich dem Typus der Trickstermentoren auch noch Liebespartner hinzurechnen, wie beispielsweise Jack Dawson, der seine Rose de Witt Bukater auf der Titanic auf jede „Weise rettet, auf die ein Mensch nur gerettet werden kann"[498], genauso wie Neytiri vom Stamm der Na'vi in *Avatar* Jake Sully den richtigen Pfad weisen soll[499].

Die Mentorenfiguren dieses Typus zeichnen sich dadurch aus, dass sie in erster Linie eigene Interessen vertreten, dabei in zweiter Linie sehr viel Witz und Gewitztheit an den Tag legen, in dritter Linie als Grenzgänger auftreten und in vierter Linie lieber ihre Schützlinge herausfordern als ihren Weg gütig zu begleiten. Zudem stehen die Trickstermentoren ihren Schützlingen oftmals die Schau, wenn sie auftreten. Dann tritt die Heldenreise des lernenden Helden hinter den Abenteuern der Mentoren in den Hintergrund oder dient wie in *Fluch der Karibik* nur als Handlungsgerüst für die Mentoren[500].

Welchem dieser beiden Typen sie auch immer entsprechen, Mentoren sind die Lehrenden der Helden, man könnte sogar sagen die Pädagogen des Blockbusterfilms. Diesen Figurentypus werde ich an zwei Filmbeispielen im Folgenden näher beleuchten.

---

492 Vgl. Ross, 2012
493 Vgl. Lucas/Spielberg, 2008
494 Anscheinend standen unter den Produzenten Überlegungen im Raum, den Staffelstab der Heldenfigur in der Serie weiter zu reichen, da Indiana Jones Darsteller Harrison Ford mit Ende 60 zwar noch der Rolle des verwegenen Abenteuers gerecht werden konnte, aber das Franchise mittelfristig möglicherweise einer Verjüngungskur bedarf, um weiterhin tragfähig zu bleiben.
495 Vgl. Wachowski Bros., 1999
496 Vgl. Lloyd, 2008
497 Vgl. Spielberg, 1982, 2002
498 Vgl. Cameron, 1997
499 Vgl. Cameron, 2009
500 Hammann hat für diese Wendung der Heldenreise wenig Verständnis, weshalb er Fluch der Karibik „als langweiligen Unterhaltungsfilm" diskreditiert (vgl. Hammann, 2007, 153). Entsprechend übersieht er auch die Möglichkeit für Einsichten, die dieser Film für die Interpretation der Heldenreise zur Verfügung stellt.

V.2 Beispiele: Kenobi und Sparrow – Zwei Mentoren eine Meinung

Wodurch zeichnen sich die Mentoren als Pädagogen aus? Inwiefern verhalten sie sich so, dass man ihr Verhalten als pädagogisch bezeichnen könnte? Campbell erklärt die Haltung des Mentors im klassischen Mythos folgendermaßen: „Es ist so, wie wenn ein Sportler zu seinem Betreuer geht. Der Betreuer sagt ihm, wie er seine Energien ins Spiel bringt. Ein guter Betreuer sagt einem Läufer nicht genau, wie er seine Arme halten soll oder etwas in der Art. Er beobachtet, wie er läuft und hilft ihm dann, seine eigene natürliche Art richtig zu entwickeln. Ein guter Lehrer ist dazu da, den jungen Menschen zu beobachten und zu erkennen, wie die Möglichkeiten sind – und dann Ratschläge zu geben, keine Befehle"[501]. Für Campbell ist der Mentor also ein individuell ausgerichteter Lernbegleiter, den man auf neudeutsch Coach nennen würde.

Analog hat Vogler eine Reihe von Funktionen für die Mentorenfigur im Blockbuster genannt: „Der Mentor motiviert den Helden, regt ihn an, leitet ihn, er bildet ihn aus und übergibt ihm Gaben, die er auf seiner abenteuerlichen Reise benötigt"[502]. Diese Funktionen müssen nicht zwangsläufig in der Reihenfolge auftauchen und zuweilen bleiben einige dieser Funktionen sogar aus, wie sich zeigen wird.

Im Folgenden werde ich die Vorstellungen und Funktionen von Mentoren anhand zweier unterschiedlicher Beispiele illustrieren. Dabei wird zu prüfen sein, inwieweit diese sich als pädagogisch haltbar erweisen. Beim ersten Beispiel handelt es sich um Obi Wan Kenobi in *Star Wars Episode IV* als Typus des weisen alten Mentors. Das zweite Beispiel thematisiert Captain Jack Sparrow aus *Fluch der Karibik*, der für den Typus des Trickstermentors Pate steht.

Nachdem Obi Wan Kenobi den jungen Luke Skywalker aus einer brenzligen Situation vor den plündernden Sandleuten gerettet hat, sitzen sie zusammen in der Hütte des alten Jedi Ritters. Die Sequenz wird mit einer skeptischen Aussage von Luke eröffnet: „Nein, mein Vater war nicht im Krieg". Kenobi greift die Aussage auf, weiß sie aber zu widerlegen. Nachdem Luke dann zugibt, dass er nichts über seinen Vater weiß, übernimmt der Alte die Gesprächsführung und erzählt Luke weitere Details über dessen Herkunft. Während seiner Erzählung spart Kenobi nicht mit Lob für Vater und Sohn. Anschließend überreicht er dem jungen Mann das Laserschwert seines Vaters, das er aus einer Kiste hervorkramt. Auf diesem Wege gelingt es dem Alten sichtlich, Lukes Interesse zu gewinnen, und er spannt seine Erzählung weiter auf, bis sie in einer kurzen Skizzierung der Macht kulminiert. Die anschließende Unterbrechung durch den Roboter R2-D2 nutzt Kenobi als Vehikel, um zu ihrer aktuellen Problemstellung überzuleiten und schließlich spricht er den Ruf an Luke aus. Der junge Mann weist diesen Ruf allerdings in dieser Situation noch zurück[503].

Kenobi wird in dieser Sequenz so dargestellt, dass es ihm gelingt, Luke problemlos durch seine Erzählung zu motivieren und anzuregen und ihm dabei noch eine Gabe zu geben.

501 Campbell, 1994, 169
502 Vogler, 210, 120
503 Vgl. Lucas, 1977, 1997, 2004, (00:31:17 – 00:34:4$)

Pädagogisch gesprochen liefert der Lernende einen verbalen Input über seine Wissensbestände. Die Wissensbestände werden vom Lehrenden reflektiert und gegebenenfalls ergänzt
bzw. erweitert. Der Lernende zeigt sich diesen Ergänzungen und Erweiterungen gegenüber
aufgeschlossen und stellt Fragen. Aus den Fragen des Lernenden und den Antworten des Lehrenden zeichnet sich für den Rest dieser Sequenz eine bestimmte Dialektik ab. Der Lehrende
prüft die Wirkung seiner Aussagen auf den Lernenden jedes Mal, ehe er weiterspricht. Dabei
lässt er es in seiner Erzählung nicht an positiver Verstärkung mangeln und zieht ein Anschau-
ungsobjekt hinzu, durch das die Erzählung nun haptisch angereichert wird. Die weitere Erzählung des Lehrenden führt den Lernenden an die Grenzen seiner Welterfahrung und über
sie hinaus. Die Unterbrechung durch den Roboter nutzt der Lehrende als Bereicherung seiner
Lektion. Er signalisiert eigenes Interesse an der Problematik und wechselt seine Unterrichtsmethode, indem er ein Video abspielt. Dieses Video liefert einen ersten Hinweis auf die Aufgabenstellung. Durch das Interesse des Lehrenden an der im Video geschilderten Problematik
wird deutlich, dass er das dort geschilderte Problem als ein gemeinsames Problem begreift. Die
Formulierung der Aufgabenstellung des Lehrenden an den Lernenden, die im Anschluss an
das Video erfolgt, macht dies ganz deutlich. Der jedoch will diese Aufgabe nicht annehmen.
Die Weigerung des Lernenden zu diesem Zeitpunkt dem Ruf des Lehrenden auf die Exkursion
zu folgen dient – wie oben gezeigt – dazu, die Entscheidung des Lernenden, lernen zu wollen,
als eine echte eigene Entscheidung zu inszenieren. Durch die Möglichkeit dieser autonomen
Entscheidung wird hier der Grundstein für die spätere harmonische Beziehung zwischen Lernendem und Lehrendem gelegt. Der Lehrende verhält sich über die Länge der Sequenz wie
ein konstruktivistisch geschulter Lehrmeister. Er drängt sich nicht auf, lädt ein, prüft, ob seine
Aussagen ankommen und diagnostiziert so fortwährend den Lernstand des Lernenden.

   In einer zweiten Sequenz, die etwas später im Film folgt, hat sich Luke Skywalker bereits mit seinen beiden Droiden und dem Mentor auf den Weg gemacht. Sie befinden sich
in einem Raumschiff auf der Reise zu einem anderen Planeten und Obi Wan Kenobi nutzt
die Gelegenheit, um Luke Skywalker im Gebrauch der Macht zu unterweisen. Eine kleine
Kugel schwebt durch den Raum und feuert kleinere Laserladungen auf Luke ab. Dieser
versucht, die Laserstrahlen mit seinem Laserschwert abzuwehren, zeigt sich dabei aber als
Anfänger. Während ihr Pilot Han Solo sich über die Ungeschicklichkeit des jungen Helden
amüsiert, beobachtet ihn Obi Wan Kenobi ganz genau. Er leitet das Handeln des jungen
Mannes an, korrigiert ihn und versucht dessen Wahrnehmungsapparat auf eine andere
Ebene zu heben. Genau wie in der ersten Szene nutzt Kenobi auch hier die Unterbrechung
von außen und integriert sie in seine Lektion, um zu beweisen, dass Solo sich im Irrtum
befindet. Dazu schränkt er Lukes Wahrnehmungsapparat noch weiter ein, indem er ihm
einen Helm mit geschlossenem Schutzvisier aufsetzt, so dass der junge Mann nichts mehr
sehen kann. Dann lässt Kenobi den jungen Mann erneut gegen die schwebende Kugel
antreten, ermutigt ihn verbal, auch gegen dessen Widerspruch. Als es Skywalker gelingt,

die Übung entgegen aller Erwartung erfolgreich zu absolvieren und er auch zugeben kann, dass er etwas gelernt hat, zeigt sich Obi Wan Kenobi sehr zufrieden[504].

Diese Sequenz beinhaltet einige der bislang noch fehlenden Funktionen, die Vogler für den Mentor im Blockbuster aufzählt, sowie einige bereits aus der vorherigen Szene bekannte: Motivation, Anregung, Anleitung, Ausbildung und die Gabe als zentrales Instrument der Übungssequenz.

Auch diese Sequenz lässt sich pädagogisch lesen. Die Lektion ist als handlungsorientierte Einheit angelegt. Verschiedene Medien kommen dabei zum Einsatz, die prinzipiell als Stimulus-Response-System angelegt sind, mit direktem Feedback an den Lernenden, wenn er einen Fehler begeht. Der Lehrende erscheint hier als Lernbegleiter, der die Arbeit des Lernenden quasi von außen begutachtet und sowohl Fehler als auch Erfolge realisiert und anregend kommentiert. Der Lernende zeigt sich in dieser Sequenz weiterhin interessiert an den Ausführungen des Lehrenden. Auch in dieser Sequenz weiß der Lehrende die Unterbrechung in die Lehrstunde zu integrieren. Er nutzt sie, um den Anforderungslevel zu erhöhen, wobei der Lehrende stets motivierend bleibt. Mit seiner ganzen Haltung gegenüber dem Lernenden und auch dem Störer bringt er seine Überzeugung zum Ausdruck, dass der Lernende die Übungseinheit erfolgreich beenden wird. Als dieser Erfolg eintritt und der Lernende sich begeistert über seinen Lernerfolg zeigt, beglückwünscht der Lehrende den Lernenden und teilt dessen Freude über den Erfolg.

Während zwischen Kenobi und Skywalker in der ersten Szene noch kein Arbeitsbündnis geschlossen wurde, scheinen sie dies bis zur zweiten Szene nachgeholt zu haben. Die Rollen sind durch einen Aushandlungsprozess geklärt, und Luke nimmt nun die Lektionen des alten Jedi Meisters gerne an.

Die Unterrichtslektionen, die der Pirat Captain Jack Sparrow dem jungen Waffenschmied William Turner erteilt, verlaufen weniger harmonisch, als die in Star Wars. Bei ihrer ersten Begegnung ist Jack Sparrow auf der Flucht vor den Soldaten der englischen Krone, und William Turner versucht, ihn an der Flucht zu hindern. Obwohl zunächst nichts auf eine Lehr-Lernstunde hindeutet, entwickelt sich das Säbelduell zwischen den beiden Kontrahenten genau in diese Richtung. Dabei übernimmt Jack Sparrow die Rolle des Lehrenden und William Turner gerät, wenn auch unfreiwillig, in die Rolle des Lernenden. Was geschieht? Zu Beginn des Duells tasten sich die beiden gegenseitig ab und verständigen sich über ihre Positionen. Als Jack Sparrow dann den Raum verlassen will, hält Turner ihn mit vorgehaltenem Säbel auf. Sparrow fragt ihn daraufhin, ob er das für eine gute Idee halte, mit einem Piraten den Säbel zu kreuzen. Turner zeigt sich überzeugt davon, dass das kein Problem darstellt und das Duell zwischen den Beiden beginnt. Sie tasten sich ab, halten inne und Jack Sparrow beginnt damit, den Stil von William Turner zu loben, um sogleich eine neue Herausforderung (in diesem Fall die Beinarbeit) einzuflechten. Das Spiel wiederholt sich noch einmal und dann

---

504 Vgl. Lucas, 1977, 1997, 2004, (00:56:48 – 01:00:11).

erklärt Sparrow die Stunde für beendet. William Turner hingegen zeigt sich uneinsichtig und hindert Sparrow weiterhin an der Flucht. Daher wird das Duell fortgesetzt, und Turner erweist sich für Jack als gleichwertiger Gegner. Daraufhin beginnt der Piratenkapitän damit, sich genauer über den Waffenschmied zu informieren, während sie das Duell fortsetzen. Es endet schließlich damit, dass Turner sich ergeben muss, weil der Pirat dem Waffenschmied eine Pistole vor die Nase hält, nachdem er ihm zuvor die Sicht mit Holzspänen vernebelt hat. Der unterlegene Turner stellt fest: „Du mogelst", woraufhin Sparrow entgegnet „Pirat"[505].

Auch in dieser Sequenz finden sich einige der Funktionen wieder, die Vogler genannt hat. Nachdem William Turner den Piraten Jack Sparrow herausgefordert hat, sieht sich dieser in der Position, den jungen Schmied während des Kampfes zu motivieren. Er regt und leitet ihn an, wie Turner dies auch umgekehrt unternimmt, als Jack versucht weiter zu fliehen. Zwischen Lehrendem und Lernendem existiert in diesem Beispiel jedoch noch kein Arbeitsbündnis. Sie handeln hier erst aus, wer welche Rolle übernimmt, da sich der Lernende als Wissender versteht und entsprechend lernunwillig zeigt.

Das Lehr-Lern-Setting startet mit einer Herausforderung durch den Lernenden, die mit der Gegenfrage gekontert wird: „Hältst Du das für klug mein Junge? Die Klinge mit einem Piraten zu kreuzen?"[506]. Durch diese Frage wird die Herausforderung auf eine andere Ebene gehoben und der Fragende stellt für das Rollenverhältnis eine Behauptung auf. Fortan leitet er das die Handlung begleitende Gespräch an, wodurch er von den Rezipienten der Szene eben als Lehrender identifiziert werden kann. Der Lernende erklärt sich allerdings nicht mit dem Lernangebot einverstanden, weil er der Meinung ist, dass sein eigener Wissensstand ausreichend sei und er erkennt auch den Lehrenden nicht als solchen an. Gegenüber diesem Widerspruch durch den Lernenden bleibt der Lehrende souverän in seiner Rolle, indem er Lob ausspricht, den Lernenden mittels Herausforderungen motiviert und anregt sowie ihn dabei auch anleitet. Ja, es muss sogar davon ausgegangen werden, dass der Lehrende in dieser Konstellation derjenige ist, der tatsächlich lernt. Der Lerninhalt dient ihm zur Diagnose über die Kompetenzen des Lernenden. Der Lernende hingegen enttarnt sich dadurch als Lernfeldbedürftiger, da er gerade davon ausgeht, nicht mehr lernen zu müssen, sondern meint, sich auf seinen Wissensbeständen ausruhen zu können. Der Lehrende wiederum erkennt die Wissensbestände und Leistungen des Lernenden in dieser Situation an und beschließt, die Lektion zu beenden, um das Setting zu verlassen. Damit fügt er sich im Prinzip dem Willen des Lernenden, das Lernangebot abzulehnen. Als das geschieht, unternimmt der Lernende jedoch nachdrücklich den Versuch, als Lehrender aufzutreten, indem er den eigentlichen Lehrenden dazu zwingt, eine Lektion von ihm anzunehmen. Hierbei erweist sich der Lernende als Selbstdarsteller, der verbal seine eigenen Kompetenzen preist, währenddessen der Lehrende permanent das Gespräch auf eine andere Ebene zu heben sucht. Auffällig ist in dieser Sequenz, dass der Lehrende weiterhin fragend das Gespräch leitet und den Lernenden mittels seiner Fragen immer mehr

---

505 Verbinski, 2003 (00:21:40 – 00:25:25)
506 Verbinski, 2004 (00:22:04 – 00:22:08)

herausfordert. Abschließend erfolgt dann die Lektion dieser Lerneinheit: der Lehrende führt in den immer noch andauernden Aushandlungsprozess ihrer Rollen Mittel ein, die nicht im Regelwerk des Lernenden vorhanden sind und obsiegt damit. Der Lernende erkennt den Sieg zwar nicht an und wirft dem Lehrenden hier einen Regelverstoß vor, doch schon einige Szenen später ist er auf die Hilfe des Lehrenden angewiesen.

Bemerkenswert an dieser Szene ist das Changieren der Rollen. Während Sparrow als Lehrender nicht lehren will, lässt der starrköpfige Turner nicht locker, den Piraten belehren zu wollen. Aus pädagogischer Sicht trifft hier ein behavioristisches Lehrsystem auf ein konstruktivistisches. Dabei agiert William Turner behavioristisch, während Jack Sparrow konstruktivistisch handelt. Das Duell endet zu Gunsten der konstruktivistischen Haltung, wenngleich die Überzahl der Behavioristen in der Szene den Sieg nicht erfolgreich werden lässt. Sparrow wird in Ketten gelegt und Turner muss ihn befreien.

Elisabeth Turner, die große Liebe des jungen Schmieds William Turner, wurde von Piraten entführt und Turner erkennt, dass der einzige, der ihm helfen kann sie zu retten, Jack Sparrow ist. Daher befreit er den Piratenkapitän aus dem Gefängnis, und gemeinsam kapern sie ein Schiff. Auf hoher See erhält Turner dann eine weitere Lektion.

William Turner erzählt von seinem Vater und kommt zu dem Punkt, dass Jack Sparrow ihn gekannt haben muss. Sparrow bestätigt das und ergänzt, dass Turners Vater ein guter Mann und Pirat gewesen sei. Dieser Behauptung widerspricht Turner und fordert Sparrow erneut heraus. Der Piratenkapitän warnt den jungen Heißsporn, dass er die Auseinandersetzung wieder verlieren würde, doch Turner erweist sich nicht als sonderlich einsichtig. Er erklärt mit vorgehaltenem Säbel, dass er Sparrow in einem fairen Kampf töten würde. Daraufhin fragt Sparrow, ob es sich unter den Umständen lohnen würde fair zu kämpfen. Er reißt das Ruder des Segelschiffes herum, wodurch das Besansegel herumschlägt. Sparrow ist drauf vorbereitet und duckt sich, William Turner wird jedoch am Besansegel hängend über Bord getragen. Während er hilflos über dem Meer schaukelt, erklärt Sparrow sein komplexes Regelwerk, das nur in dem einen Satz besteht: „Die einzige Regel, die wirklich eine Rolle spielt, ist die: Was ein Mann kann und was ein Mann nicht kann." Diese zugegeben sehr weit gefasste Regel illustriert er durch zwei Beispiele, holt Turner zurück an Bord, überreicht ihm seinen Säbel verbunden mit der Frage, ob Turner unter dem Kommando eines Piraten segeln könne. Daraufhin willigt dieser schließlich in das Lehr-Lernverhältnis ein[507].

Diese Sequenz wiederholt im Prinzip die vorherige Konstellation, allerdings wird dem Lernenden einerseits noch deutlicher die Limitierung seiner bisherigen Erfahrungswelt bewusst gemacht, und andererseits werden ihm die Grundprinzipien einer erweiterten Weltsicht erklärt. Diese legt den Grundstein für ein Arbeitsbündnis.

Auch hier geht die Initiierung der Lektion vom Lernenden aus, der seinen Wissensstand präsentiert und zeigt, dass er in der Lage ist, bestimmte Wissensgebiete miteinander zu verknüpfen. Der Lehrende reagiert wiederum motivierend, widerspricht aber der Schlussfolge-

---

507 Vgl. Verbinski, 2004 (00:46:26 – 00:48:27)

rung des Lernenden. Dieser verlangt erneut nach einer handlungsorientierten Intervention, die der Lehrende zunächst ablehnt, weil er zu wissen glaubt, dass der Lernende in der Zwischenzeit nicht genug gelernt hat, um die Handlung zufriedenstellend auszuführen. Er versucht ihn sogar, vor einer weiteren Frustrationserfahrung zu schützen. Der Lernende pocht darauf, dass er bei einer Intervention innerhalb des Regelsystems Recht behielte. Hierauf entgegnet der Lehrende erneut mit einer Frage, die den Kern der Auseinandersetzung auf eine andere Ebene hebt: „Lohnt es sich dann für mich fair zu kämpfen, Mister Turner?"[508]. Eine Antwort wartet der Lehrende gar nicht erst ab, sondern verknüpft seine Aussage mit einer handlungsorientierten Intervention, die dem Lernenden die Begrenztheit seines Wissensstandes verdeutlicht. Dabei führt er ihn im wahrsten Sinne des Wortes über den Rahmen seines gewohnten Weltbildes hinaus in eine Welt unabsehbarer Untiefen. Die handlungsorientierte Intervention wird dadurch flankiert, dass der Lernende dem Spott des Lehrenden ausgesetzt wird, ehe er ihm das Grundmuster eines erweiterten Weltbildes anhand zweier Beispiele illustriert. Zur Beendigung der Lektion holt der Lehrende den Lernenden zurück in die sichere Welt und übergibt ihm einen Gegenstand, der sich als haptische Gedächtnisstütze bezeichnen lässt. Erst daraufhin erkennt der Lernende das Lehr-Lern-Setting des Lehrenden an.

V.3 Das pädagogische Instrumentarium lehrender Begleiter im Blockbuster

Die beiden Filme *Star Wars* und *Fluch der Karibik* habe ich hier als zwei Beispiele für Blockbuster für die Darstellung gelingender Lehr-Lernprozesse ausgewählt[509]. In beiden Filmen lassen sich die Voraussetzungen und Funktionen, die Campbell und Vogler nannten, nachzeichnen. Darüber hinaus lässt die Analyse der Szenen einige pädagogische Interpretationen zu. Zu zeigen, inwiefern diese Interpretationen anschlussfähig an lerntheoretische Erkenntnisse sind, ist nun der nächste Schritt. Insgesamt lassen sich sieben Elemente in diesen kurzen Sequenzen festmachen, die die beiden Lehrenden in ihr Lernangebot einbinden:

1. Gestaltung eines Arbeitsbündnisses zwischen Mentor und Held
2. Empathische, motivierende Kommunikation
3. Methodeneinsatz
4. Handlungsorientierung
5. Anregen und herausfordern
6. Resonanzen erzeugen – Anschauliche Beispiele mit Selbsterfahrungswert
7. Kreativ lösungsorientierter Ansatz

---

508 Vgl. ebd.
509 Ein Beispiel für die pädagogischen Bemühungen eines nicht gelingenden Lernprozesses reiche ich später im Abschnitt Dementoren nach. Unter den erfolgreichsten Blockbusterfilmen findet sich auch nur ein verschwindend geringer Teil von Filmen, der solch negative Lernprozesse schildert. Es ist zu vermuten, dass das Publikumsinteresse an gelingenden Lernprozessen größer ist.

V.3.1 Gestaltung eines Arbeitsbündnisses zwischen Mentoren und Helden

Als ein wesentliches Kriterium erscheint in beiden Filmen, dass eine gute Beziehung zwischen Lehrendem und Lernendem als grundsätzliche Voraussetzung für ein gelingendes Lehr-Lernsetting gilt. Um diese Voraussetzung zu erfüllen, muss ein Arbeitsbündnis zwischen Lehrendem und Lernendem geschlossen werden. Während dies im Falle von *Star Wars Episode IV – Eine neue Hoffnung* recht einfach vereinbart wurde, gestaltet sich das Schließen dieses Arbeitsbündnisses im Falle von *Fluch der Karibik* deutlich aufwendiger, da sich der Lernende, William Turner, nicht dahingehend einsichtig zeigt, dass er überhaupt noch lernen muss. Die Interaktion zwischen Turner und Sparrow läuft trotzdem genau auf diesen Punkt zu. Erst nachdem das Arbeitsbündnis zustande gekommen ist, wird die Schwelle in die unbekannte Abenteuerwelt mit ihren Lernangeboten überschritten.

Die Einholung eines Arbeitsbündnisses zur Initiierung eines Lehr-Lernprozesses, wie sie in den beiden Filmen gezeigt wurde, erfolgt quasi lehrbuchmäßig: „Ein wie auch immer geartetes Arbeitsbündnis zwischen dem Lehrer und seinen Schülern ist Voraussetzung für den Beginn der Arbeit. Kommt es nicht zustande, muss der Lehrende anstelle des Arbeitsbündnisses durch Druck eine Arbeitssituation herstellen […]"[510]. In beiden Beispielen zeichnen sich die Mentoren in dieser Phase dadurch aus, dass sie zunächst gegenüber ihren Schützlingen sehr bescheiden auftreten. Hierzu darf auch der Umstand gerechnet werden, dass sich die Lehrenden sehr interessiert an ihren potenziellen Schützlingen zeigen und sich darum bemühen, sie proaktiv kennenlernen zu wollen. Dabei pflegen sie einen sozial verträglichen Umgangston, der Hierarchiefreiheit und Empathie signalisiert. Was Vogler andeutete, geschieht in beiden Beispielen: sie motivieren die Lernenden, loben sie und bieten ihnen Anregungen. Noch ehe also das Arbeitsbündnis geschlossen wurde, stellen sie sozusagen einen Auszug aus ihrem pädagogischen Werkzeugkoffer vor und scheinen so, zumindest im Falle von Obi Wan Kenobi, für sich Werbung zu machen. Jack Sparrow verhält sich zwar nicht wirklich anders, zeigt sich aber gegenüber seinem störrischen Zögling zunächst gar nicht interessiert, da er den Umgang mit Piraten ablehnt[511]. Daher dauert die Vereinbarung eines Arbeitsbündnisses in diesem Falle auch länger.

Auffällig ist in beiden Fällen, dass die Form des jeweiligen Arbeitsbündnisses nicht detaillierter dargestellt wird. Es muss aus dem Ruf oder der Berufung und der bis dahin explizierten Interaktion zwischen Lehrendem und Lernendem erschlossen werden. Diese inhaltliche Verkürzung der Anbahnung eines Lehr-Lernprozesses erscheint in einem

---

510 Jank/Meyer, 2008, 66
511 Das ändert sich im weiteren Verlauf der Handlung insbesondere dadurch, dass die Interessen von William Turner sich mit den höchst eigensinnigen Interessen von Jack Sparrow überlagern. Darin zeigt sich eine Spezifität des Tricksters, auf die ich später eingehen werde.

Blockbuster aufgrund von Zeitmangel akzeptabel, da Narration und Inszenierung eines Films notwendig eine Verdichtung erfordern, damit das Publikum bei der Stange bleibt[512].

In realen Lehr-Lernsettings lässt sich eine solche Verkürzung ebenfalls oftmals beobachten. Lehrende gehen dann über die Phase der Aushandlung des Arbeitsbündnisses mit der Begründung schnell hinweg, dass sie aufgrund der Fülle des Stoffes Zeit sparen müssen. Das geschieht auch in methodenzentrierten Unterrichtseinheiten. Ob es sich allerdings tatsächlich um ein Problem der Zeitknappheit oder vielmehr um ein Problem der Autorität handelt, ist zumindest fraglich. Fakt ist, dass, wenn Lehrende den Aushandlungsprozess eines Arbeitsbündnisses initiieren, sie augenscheinlich einen Teil ihres omnipotenten Status, also ihrer Machtposition im Lehr-Lernsetting abgeben. Der Aushandlungsprozess bedeutet nämlich, dass sich der Lehrende auf Unvorhergesehenes einlassen muss, was von den Lernenden möglicherweise eingefordert wird. Dann bewegt sich der Lehrende auf unsicherem Terrain und müsste u.U. eingestehen, dass auch er zu bestimmten Fragen keine Antworten parat hat. Das scheint viele Lehrende zu verunsichern, und sie fürchten um ihre Autorität. „Wenn bei Lehrern unterschieden wird, dass der eine (nur) die Autorität hat, die ihm kraft seines Amtes zukommt, der andere aber darüber hinaus persönliche Autorität, steht dahinter eine zweitausendjährige Tradition, deren moderne Quintessenz dieser Satz fasst: << Wahre Autorität braucht nicht autoritär aufzutreten>> (Eschenburg, 1976, 254)"[513].

Die Mentoren im Blockbusterfilm haben mit ‚wahrer Autorität' kein Problem. Sie verfügen aufgrund ihrer Erfahrungen über genügend pädagogische Autorität, um im Falle eines Falles nicht die Fassung zu verlieren. Die Frage ist, wie sie das anstellen. „Profis sind gelassen und erfolgsorientiert. Aber sie durchdenken die widersprüchliche Grundstruktur des Unterrichts immer wieder neu und versuchen, sie so gut es geht auszubalancieren"[514], schreiben Jank/Meyer. Mit anderen Worten, sie scheuen sich nicht davor, sich als beständig Lernende zu begreifen und auch so zu präsentieren. Der „lernende Blick" oder die Perspektive des Lernenden lässt sich bei Obi Wan Kenobi durchaus feststellen, noch deutlicher wird dies aber bei Jack Sparrow. Kenobi entspinnt einen Dialog, der sich immer wieder rückversichert, und Sparrow findet zuerst so viel wie möglich über sein Gegenüber heraus, ehe er ebenfalls in die Form des rückversichernden Dialogs eintritt. Bei ihm wird das besonders deutlich durch die dann immer wieder verwendete, knappe Formel: „Klar soweit?".

Pädagogische oder auch ‚wahre' Autorität wird also nicht durch das Beharren auf einem Machtgefälle zwischen Lehrendem und Lernendem gekennzeichnet, sondern dadurch, dass Lehrende echte Interaktionspartner auf Augenhöhe der Lernenden sind. Dies drückt sich zuallererst in der Art aus, wie die Lehrenden kommunizieren.

---

512 Lucas beschreibt im Audio-Kommentar zu Das Imperium schlägt zurück, dass es notwendig war, nach Mitteln und Wegen zu suchen, Inhalte zu vermitteln, ohne sie zu sehr didaktisieren zu müssen (vgl. Kershner, 1980, 1998, 2004 (01:05.25 – 01:05:51)).

513 Diederich, 1995, 245

514 Jank/Meyer, 2008, 169

Besonders Bemerkenswert ist in diesem Zusammenhang bei beiden Beispielen der Aspekt, dass es letztlich der Lernende ist, der darüber entscheidet, ob er das Lernangebot des Lehrenden annimmt. Mit anderen Worten, im Hollywood-Blockbuster gilt die Annahme, dass ein gelingendes Lehr-Lern-Setting die Entscheidung des Lernenden voraussetzt, wer ihn unterrichtet. Der Lernende sucht sich seinen Lehrenden also selbst aus.

V.3.2 Empathisch, motivierende Kommunikation

Prinzipiell lässt sich festhalten, dass die Mentoren in dieser frühen Phase der Narration, aber auch darüber hinaus einen von Empathie geprägten Kommunikationsstil pflegen. Beispielsweise gehen sie auf die Wissensbestände ihrer Schützlinge ein und loben sie großzügig. Sie signalisieren Kommunikationskompetenz, die sich nach Arnold (2012) dadurch auszeichnet, dass sie in der Lage sind, „[…] kooperative und kommunikative Prozesse zielgerichtet, möglichst konfliktfrei und wirksam zu gestalten"[515]. Auch in diesem Punkt zeigen sich die Blockbuster auf der Höhe der pädagogischen Zeit: „Ich-Stärke wird maßgeblich im Dialog erlernt. Achtung, Wärme, Rücksichtnahme sowie empathisches Verstehen, Echtheit und Aufrichtigkeit schaffen Vertrauen und Respekt als wichtige Grundlagen für gelungene Lehrer-Schüler-Beziehungen […]"[516]. Dieser Aspekt – unter Reformpädagogen schon länger bekannt – wird inzwischen auch durch die Erkenntnisse der Neurobiologie gestützt. Kinder brauchen, schreibt Hüther (2012) „[…] das sichere Gefühl, so angenommen und gemocht zu werden, wie sie sind. Und mit all ihren Begabungen gesehen zu werden. Aus dieser neurobiologischen Perspektive kann das Erziehungsziel nur sein, Kinder dabei zu unterstützen, damit das Selbstverständliche geschieht: die Ausbildung vielfältiger Kompetenzen. Dazu kann man sie nur einladen, ermutigen inspirieren"[517]. Was für Kinder gilt, gilt für die Initiierung des Lernprozesses ganz allgemein, denn: „Das Selbstsystem kann alle Erfahrungen, die es von Bezugspersonen lernen kann, wie Beruhigung, Ermutigung, planvolles Vorgehen u.v.m., nur dann integrieren (um sie später von >>selbst<< nutzen zu können), wenn es eingeschaltet ist. Eingeschaltet wird es aber nur, wenn das Kind sich als Person angesprochen und akzeptiert fühlt"[518]. Träte der Lehrende als autoritärer, belehrender ‚Tyrann' auf, könnte er kaum die gewünschten Lernprozesse initiieren. Das Gegenteil ist aber hier der Fall. Kenobi und Sparrow nehmen sich deutlich zurück und plappern nicht einfach drauf los. Dabei verhalten sie sich wie Coaches[519]: sie orientieren sich an ihrer eigenen sinnlichen Wahrnehmung und zeigen eine Wachheit für das eigene Erleben. Dies spiegeln sie auf die Lernenden zurück und fördern sie durch Lob. Damit signalisieren sie zugleich, dass ihre

---

515 Arnold, 2012, 29
516 Solzbacher u.a., 2011, 43
517 Hüther/Hauser, 2012, 96
518 Kuhl (u.a.), 2011, 26
519 Vgl. Pohl/Fallner, 2010, 77

Aufmerksamkeit auf der Handlung der Lernenden ruht. Deshalb können sie auch im Zweifelsfall Hilfestellung anbieten. So ermutigen sie die Lernenden dazu, sich selbst zur Sprache zu bringen, wie es in der ästhetischen Didaktik postuliert wird. „Emanzipatorisch relevanter ästhetischer Unterricht bringt das in der Kommunikation unterdrückte, bringt die Unterdrückten kompetent zur Sprache, um für Autonomisierung gegenüber inhumaner Fremdbestimmung Solidarität zu mobilisieren"[520]. Das Anliegen der Kommunikation der Lehrenden ist es schließlich, die Lernenden gegenüber ihrer gewohnten Welt, aber auch gegenüber den limitierten Vorstellungen ihrer gewohnten Welt zu emanzipieren. Dazu bedürfen sie der Kunst des beziehungsstiftenden Umgangs. Hierbei verlassen sich die Lehrenden jedoch nicht allein auf ihre kommunikative Kompetenz, sondern kombinieren diese mit verschiedenen weiteren Methoden.

V.3.3 Methodeneinsatz

Wenngleich in den Beispielen der Dialog ein zentrales Moment ist, sind dennoch unterschiedliche Phasen der Gesprächsführung zu erkennen, die zudem unterschiedliche Strukturen in ihrer Anlage erkennen lassen. Obi Wan Kenobi wechselt zwischen Dialog und Erzählung. Dann fügt er mit dem Lichtschwert, das er Luke übergibt, ein haptisches Element hinzu, ehe er mit der Erzählung fortfährt. Campbell betont, dass es sich bei der Übergabe des Lichtschwerts nicht nur allein um eine Gabe handelt, sondern, dass die Übergabe die Wahrnehmung des Lernenden erweitern soll: „Er gibt ihm nicht nur ein dingliches Instrument, sondern auch eine innere Verpflichtung und ein seelisches Zentrum. Die Verpflichtung geht über das bloße Wollen hinaus. Man ist mit dem Geschehen eins"[521]. In der zweiten Szene wird dieser Aspekt noch deutlicher: Luke übt mit dem Lichtschwert, begleitet von Kenobis Darstellungen, der dann noch den Sichtschutz hinzufügt. In dieser Szene wird also ein Lernen mit Herz, Hand und Kopf exemplifiziert, das so genannte ganzheitliche Lernen. „Ganzheitliches Lernen ist ein aus der Reformpädagogik altbekannter Begriff. Gewöhnlich wird es dort als Trias bezeichnet. Lernen mit Kopf, Herz und Hand. Aus der Sicht der neueren Lernforschung und der Neurowissenschaften wird diese Auffassung von Lernen bestätigt. Diese haben gezeigt: Unser Gehirn bildet neue Synapsen dann und nur dann, wenn relevante Lebenssituationen dies erfordern"[522].

Nicht viel anders gestaltet Jack Sparrow seine Lektionen. Das Duell zwischen ihm und Turner wird von einem Frage-Antwort-Dialog eingeläutet und fürderhin begleitet. In der zweiten Sequenz bleibt das dialogische Muster ebenfalls erhalten, aber Sparrow wählt ein anderes Beispiel zur Veranschaulichung, anstatt nur der Aufforderung des Lernenden zu folgen und das Duell zu wiederholen. In beiden Fällen stimmen die Lehrenden ihr Lern-

---

520 Schulz, 1997, 27 zit. nach Jank/Meyer 2008, 285
521 Campbell, 1994, 171
522 von der Groeben, 2008, 171

angebot mitsamt den Methoden auf die gegenwärtige Situation des Lernenden ab. Diese Wahl differenzierender Unterrichtsmethoden blickt auf eine lange pädagogische Tradition zurück. „Bereits Comenius wünschte, alle alles <<angenehm>> zu lehren, eben durch eine Methode, die dem Schüler sein Lernen ganz natürlich erscheinen ließ. Zunehmend wurden Phantasie und didaktische Kalkulation aufgeboten, um dem kindlichen Gemüt solche schmerzlich werdenden Schulstunden zu versüßen, durch Anschauung, durch Spiel, durch musische Betätigung, in erster Linie freilich durch Respektierung der Schülerfragen und Schülererfahrungen bei möglichst vielen Lerngelegenheiten. Das für die Zukunft gedachte Lernen war an die gegenwärtige Situation des lernenden Schulkindes zu binden"[523]. Auch aktuell gehört, nach den Ergebnissen der PISA-Studie, ein breites Methodenrepertoire zum Handwerkszeug von Pädagogen, damit die Lernenden aufgrund ihrer unterschiedlichen Lernausgangslagen auf möglichst vielfältige Weise angesprochen werden. Maßgabe ist, dass „[…] für jeden Lerntyp etwas dabei ist, was er potenziell zu leisten vermag und was ihn von daher auch relativ ernsthafte Lernanstrengungen unternehmen lässt"[524]. Wie oben dargestellt, zeigen sich die Lehrenden während des Einstiegs sehr interessiert an den Wissensbeständen der Lernenden, die anschließend den Ausgangspunkt der Interventionen der Lehrenden darstellen. Auch dieser Umstand deutet daraufhin, dass Hollywoods ‚Pädagogen' sich auf der Höhe der Zeit bewegen. „Diese sind als Lernberater gleichermaßen für die Zugangsgestaltung zu den neuen fachlichen Anforderungen wie auch für die Stärkung und Entwicklung der Selbstlernkompetenz der Lernenden verantwortlich. Aus diesem Grund braucht eine kluge Lehre methodische Fantasie und muss heute in der Lage sein, Methoden einer [sic!] handlungsorientierten und eher erfahrungs- und subjektorientierten Lernens in die Gestaltung der Lehr-Lern-Prozesse zu integrieren"[525]. Es wird sicherlich nicht unbedingt das Allerneuste verraten, wenn man festhält, dass die Handlungsorientierung ein ganz wesentlicher Aspekt der Lehranstrengungen der Lehrenden im Blockbusterfilm ist.

V.3.4 Handlungsorientierung

Die Handlungsorientierung scheint im Blockbusterfilm aufgrund der Struktur des Mediums Film und seiner daraus folgenden Rezeptionsstruktur unbedingt notwendig: Ein Film wird zuallererst angeschaut, um ihn zu genießen. Genuss ist hierbei nicht automatisch nur

---

523 Wünsche, 1995, 376
524 Klippert, 2010, 52
525 Arnold, 2012, 112

in der abwertenden Form des Eskapismus gemeint, sondern auch als ästhetische Rezeption eines potenziellen Lernfeldes[526].

Das Abfilmen eines Lernprozesses, bei dem beispielsweise am Schreibtisch ein Text still gelesen oder die Rezeption eines Vortrags gezeigt wird, bietet visuell nur wenige Reize für spektakuläre oder fesselnde Bilder. Wenn solche Lern-Szenen im Blockbuster auftauchen sind sie Bestandteil einer Narration, die ihrerseits Teil einer abgebildeten Handlung ist. Lernprozesse werden daher notwendig bei der Heldenreise im Blockbusterfilm dynamisiert.

In der oben zuerst geschilderten Szene aus *Star Wars Episode IV* repariert Luke Skywalker so lange C-3PO, bis er das Lichtschwert von Obi Wan bekommt. Die Lernstunde in der zweiten Szene im Rasenden Falken ist von vornherein handlungsorientiert konzipiert. Luke übt mit dem Laserschwert, während Kenobi kommentiert. Auch die beiden Szenen aus *Fluch der Karibik* sind als dynamische, handlungsorientierte Lernstunden angelegt: Zunächst das Duell in der Schmiede und später die Lektion mit dem Besansegel an Bord des Segelschiffes Interceptor.

Neben der filmtechnischen Notwendigkeit, Lernprozesse bei deren filmischer Visualisierung handlungsorientiert zu gestalten, spricht jedoch auch pädagogisch-didaktisch einiges für eine Handlungsorientierung der Lehre. Denn erst eine handlungsorientierte Lehre ermöglicht ein ganzheitliches Lernen. Entsprechend hat der Begriff der Handlungsorientierung im Kontext mit Unterricht Konjunktur. „Mit dem Begriff ‚handlungsorientierter… Unterricht' wird ein Unterrichtskonzept bezeichnet, das den Schülern einen handelnden Umgang mit den Lerngegenständen und -inhalten des Unterrichts ermöglichen soll. Die materiellen Tätigkeiten der Schüler bilden dabei den Ausgangspunkt des Lernprozesses […]"[527]. Bei genau diesen materiellen Tätigkeiten werden die Lernenden von ihren Lehrenden, wie oben gezeigt, in den beiden Beispielen genau beobachtet. Erst auf diese Beobachtung hin beginnt der individuell auf die Lernenden abgestimmte Part mit der handlungsorientierten Lerneinheit. Dabei knüpfen die Lehrenden durchaus an die Wissensbestände ihrer Schützlinge an. „Wer die Praxis eines Lernenden verändern möchte, indem er diesen z.B. bei der Entwicklung seiner beruflichen Handlungskompetenz begleitet, kann sich deshalb auch nicht auf irgendwelche Anforderungen einer ominösen >>Praxis<< berufen, sondern muss sich der Praxis des Lernenden selbst, d.h. dessen Erfahrung, Begriffen und Handlungs-

---

526 Die Medienbezogene Genussfähigkeit ist in der Medienpädagogik ein unterentwickeltes Phänomen, das weiter zu entwickeln ist. „Insgesamt weist die Dimension der Medienbezogenen Genussfähigkeit sachlogischer Weise Verbindungen und Überlappungen mit anderen Dimensionen auf, wie z.B. der Dimension der Medienspezifischen Rezeptionsmuster, weil die dort angeführten Erwartungshaltungen bei einer ko-intentionalen Rezeption ja das Genuspotential der jeweiligen Medienangebote für die je individuelle Rezeptionsfähigkeit auszunutzen gestatten. Damit ist dann automatisch auch eine gewisse Selektionsfähigkeit in Bezug auf die vorhandenen sehr unterschiedlichen Medienangebote verbunden, denn eine solche Genusorientierung setzt das Finden und Auswählen geeigneter Medienangebote voraus, zum Teil auch noch in Interaktion mit (situationalen) Rahmenbedingungen wie der jeweiligen subjektiven Stimmung etc." (Groeben, 2002, 172).
527 Gudjons, 2003, 103

situationen widmen"[528]. Die Handlungsorientierung in der Lehre zu implementieren wird auch durch neurowissenschaftliche Erkenntnisse unterfüttert: „Es geht darum, der Umwelt Regelhaftigkeiten zu entnehmen, um diese beachten oder vorhersagen zu können. Dabei ist es so, dass die dazu notwendigen Wahrnehmungsleistungen selbst neuroplastischen Veränderungen unterliegen können, die ihrerseits wiederum maßgeblich die Struktur der internen neuronalen Struktur mitbestimmen. Verhaltensänderungen bzw. Lernen ist somit nicht ausschließlich das Ergebnis von Inputsignalen, sondern vollzieht sich in Abhängigkeit des engen zirkulär geregelten Zusammenhangs von Wahrnehmung, neuronalem Speicher (Gedächtnis) und erfolgten Handlungen"[529]. Da die Lehrenden hierbei genau beobachten müssen, welches Verhalten die Lernenden an den Tag legen, um dieses zu reflektieren und wieder rückspiegeln zu können, ist der Prozess anfangs sehr kleinschrittig. Als pädagogische Diagnostiker können die Mentoren aus den beiden Beispielen bestehen. Nachdem als Ergebnis der Diagnose die ersten vorsichtigen Gehversuche unternommen wurden, gehen die Lehrenden dazu über, die Lernenden weiter anzuregen und sie mehr herauszufordern, um ihre weiteren Potenziale zu erkunden und diese reflektiert einzubinden.

V.3.5 Anregen und Herausfordern

Sobald die Kommunikation zwischen Lehrendem und Lernenden in Gang gesetzt ist, beginnt der Lehrende damit, den Wissensstand des Lernenden weiter auszukundschaften. Er sucht den Lernenden anzuregen und herauszufordern, damit dieser mehr von seinen Kompetenzen enthüllt bzw. diese zugleich ausbaut. Obi Wan Kenobi entbirgt Luke Skywalker in der ersten Szene nach und nach die Geschichte seines Vaters und verknüpft sie erst dann mit dem Aufbau der Szenariowelt des Star Wars Universums. In der zweiten Szene ist es zuerst Lukes Aufgabe, mit dem Lichtschwert Laserstrahlen abzuwehren, die eine kleine schwebende Kugel auf ihn abfeuert. Dann erhöht Obi Wan den Schwierigkeitsgrad, indem er ihm einen Helm mit Sichtschutz reicht, so dass Luke nicht mehr sieht, wo die Kugel ist, bzw. wann sie feuert.

Das Säbelduell zwischen Jack Sparrow und William Turner beginnt mit einem vorsichtigen abtasten, bei dem sich Jack zunächst über einige Grundfertigkeiten von William erkundigt. Nachdem Sparrow das Duell dann beenden will, Turner ihn aber zwingt zu bleiben, erhöht der Pirat die Intensität des Kampfes und sucht den jungen Schmied zusätzlich, mit persönlichen Fragen aus der Fassung zu bringen. In der zweiten Szene, auf der Interceptor, weicht Jack der Herausforderung aus, weil er weiß, dass Turner verlieren wird, da der zu erkennen gibt, dass er in der Zwischenzeit nichts gelernt hat. Stattdessen hängt Sparrow ihn am Besansegel übers Meer.

Die Lehrenden tarieren also ihre Herausforderungen genau auf das Anspruchsniveau der Lernenden aus. Übersetzt man dies, fragt die Hollywood'sche Lehrkonzeption in diesen

---

528 Arnold, 2012, 96
529 Friedrich, 2009, 276

Beispielen „[…] nach den subjektiven Bewegungen, wie sie im >>Lernen<<, in der >>An-
eignung<< und >>Selbsttätigkeit<< des Lernenden zum Ausdruck kommen, und sucht nach
Möglichkeiten und Wegen diese zu initiieren, beratend zu begleiten und zu unterstützen"[530].
Stück für Stück werden die Lernenden in ihren Lernprozess involviert. Daraus folgt bereits in
diesen ersten Begegnungen zwischen Lehrenden und Lernenden: „Die Aufgabe darf nicht tri-
vial sein; sonst tritt Langeweile ein. Sie darf nicht überfordern; sonst resignieren die Schüler"[531].

Wie wichtig die Sensibilität des Mentors für die Abstimmung der Anregungen und
Herausforderungen auf die Bedürfnisse des Lernenden ist, wird von neurobiologischer Seite betont: „Die Lust, sich einzubringen, mitzudenken und mitzugestalten, lässt sich nicht
anordnen oder verordnen, nur wecken. Was man aber schneller und nachhaltiger, als es
einem später lieb ist, bewirken kann, ist die Unterdrückung dieser Lust. Das geschieht immer dann, wenn sie frustriert wird – durch einen Mangel an Aufgaben und Verantwortung,
durch unzureichende Wertschätzung, durch Verunsicherung, durch Druck und das Schüren
von Angst"[532]. Dafür bietet die Neurobiologie auch eine Begründung an: „Damit neuronale
Vernetzungen geknüpft und bestehende Vernetzungen ausgeweitet und stabilisiert werden
können, reicht es nicht aus, dass man diese Verschaltungen einfach nur sehr häufig benutzt.
Wenn das so wäre, könnten wir ja alles lernen, wenn wir es nur lange genug trainieren. Wir
lernen aber nicht alles. Wir lernen nur das, was für uns wichtig ist. Und was ihm wirklich
wichtig ist, wofür sich ein Mensch – als kleines Kind oder Greis – interessiert und deshalb
auch begeistern kann, das entscheidet nicht >>die Umwelt<<, sondern das entscheidet er
oder sie ganz allein"[533]. Damit Lehrende Lernprozesse anstoßen oder wecken können, müssen deren Angebote auf Resonanzen bei den Lernenden stoßen bzw. diese wecken.

V.3.6 Resonanzen erzeugen

In die Reihe der bislang genannten didaktischen Instrumente der Mentoren gehört auch,
Resonanzen bei den Lernenden zu erzeugen. Dieser Aspekt scheint besonders in dieser
Aufbruchsphase der Heldenreise angebracht, da hier die Heldenfiguren überhaupt erst
einmal dazu angeregt werden müssen, ihrem Ruf oder ihrer Berufung zu folgen. Ein Weg
dahin, den die Mentoren in den beiden Exempeln wählen, sind anschauliche Beispiele,
die sie mit Selbsterfahrungen für die Lernenden kombinieren. Der weise alte Mentor Obi
Wan erzählt dem jungen Luke Skywalker die bislang vor ihm geheim gehaltene Geschichte
seiner Herkunft. Dazu überreicht er ihm das Laserschwert seines Vaters. Dieses bindet er
sogleich in seine spiralförmig immer weiter ausufernde Erzählung ein, wodurch es ihm gelingt, Skywalkers anfängliche Skepsis zu überwinden, sein Interesse zu wecken und wach

---

530 Arnold, 2012, 37
531 Meyer, 2010, 63
532 Hüther, 2011, 181
533 Hüther, 2011, 92

zu halten. In der zweiten Szene, in der Luke mit der schwebenden Kugel übt, wiederholt Kenobi diese erzählerische Einbindung entsprechend der von Luke geleisteten Arbeit. Nachdem der trotz der künstlichen Sichtbehinderung die Kugel erfolgreich abgewehrt hat, erklärt Obi Wan ihm, dass er einen Schritt in eine größere Welt getan hat.

Demgegenüber rät Jack Sparrow seinem Schützling zunächst einmal gleich davon ab, sich überhaupt mit ihm abzugeben. Der Inhalt seiner beiden Lektionen bezieht sich im Prinzip einzig darauf, dem zunächst uneinsichtigen William Turner zu verdeutlichen, dass das Weltbild eines viel gereisten Piraten deutlich weiter gefasst und offener ist, als das eines einfachen Schmieds. So verliert Turner das Duell gegen Sparrow und pocht dennoch noch in der Niederlage auf Einhaltung der Regeln. In dieser Szene hat Sparrow auf einfache Weise anschaulich vorgeführt, wie überlegen sein regelloses System[534] gegenüber dem regelgeleiteten von Turner ist. Aber als Moment der Selbsterfahrung ist dies scheinbar für den jungen Schmied nicht ausreichend, da er Sparrow ein weiteres Mal herausfordert. Somit wird Sparrow dazu gezwungen die Lektion auf der Interceptor noch einmal zu wiederholen, mit dem Unterschied, dass er sie drastischer gestaltet und genau dadurch veranschaulicht. Am Besansegel hängend droht Turner, ins Meer zu fallen und zu ertrinken, während Sparrow ihm erklärt, wie offen die Welt der Piraten gestaltet ist, in die sie gerade reisen. Die Erklärung in Kombination mit der Veranschaulichung genügt dann sogar einem Sturkopf wie Will Turner, um sich auf einen Lernprozess einzulassen. Das geschieht, weil er vor Augen geführt bekommt, dass er sich fortan in Untiefen bewegen wird, die er alleine nicht wird meistern können und der einzige Halt, den er in dieser Situation überhaupt noch hat, ist der Trickster Jack Sparrow. Im wahrsten Sinne des Wortes gewinnt William Turner in dieser Szene Einsicht durch die von Sparrow initiierte Veranschaulichung.

Der Einsicht der Lernenden gehen in diesen Fällen also anschauliche Beispiele voraus. „Beispiele können offensichtlich, selbst wenn sie einschlägig sind, das Gemeinte besser oder weniger gut treffen, d.h. explizierbar machen"[535]. Die Lehrenden erzeugen Resonanzen, indem sie Erfahrungen aus der alltäglichen Lebenswelt vorweg nehmen und sie in das Lehr-Lernsetting überführen. Das können sie aufgrund der Erfahrung, die sie im Laufe ihres Lebens in der alltäglichen Lebenswelt gesammelt haben. Diese Erfahrungen kombinieren sie mit dem, was sie über die Lernenden herausgefunden haben und gestalten dadurch Beispiele mit Selbsterfahrungswert, denn: „Im Verlauf der Handlung findet eine Identifikation des Selbst mit dem objektiven Sinn der Handlung statt. Die vor sich gehende Handlung bestimmt für den Augenblick ihres Vollzugs die Selbstauffassung des Handelnden […]"[536]. Luke Skywalker und William Turner erleben dies jeweils in ihrer zweiten Szene am und mit dem eigenen Körper. Aber zumindest Skywalker macht eine ähnliche Erfahrung in der ersten Szene, wenn er das Lichtschwert von Ben Kenobi erhält. Es wird zum Transportinst-

---

534 Der Kodex der Piraten besteht auch eher aus Richtlinien (vgl. Verbinski, 2004, 2006, 2007).
535 Holzkamp, 1995, 196
536 Berger/Luckmann, 2003, 77

rument von Informationen, einem Medium. „Die Art und Weise, wie ich einen Unterrichts-
inhalt an Kinder herangebracht habe, ist zugleich bestimmend für die Art und Weise, in der
dieser Gegenstand in einem Kind lebendig wird. Das Medium bleibt gewissermaßen wie
Eierschalen an dem Gegenstand haften"[537]. Genauso verhält es sich mit dem Lichtschwert,
das ein zentrales Symbol der gesamten Reihe ist und weit über die Grenzen dieses Mediums
Film hinaus Anklang gefunden hat, obwohl es ein fiktiver Gegenstand ist. „Hier wird eine
weitere Funktionsweise unserer Gehirne deutlich: Das Gedächtnis des Menschen ist assoziativ organisiert. Beim Prozess des Erinnerns vermag ein Teil einer Information größere
Erinnerungsbestände oder gar die gesamte Information wieder ins Bewusstsein zu bringen.
      Das didaktische Prinzip der Lebensweltbezogenheit lässt sich durch diese Erkenntnis
neu interpretieren: Gegenwärtiges ruft bestehende Netzwerke assoziativ auf, erhält Bedeutung und verändert gleichzeitig Vorhandenes"[538].

„Wir können Mentoren als Helden betrachten, die genug Erfahrungen gesammelt haben,
um diese nun weiterzugeben. Sie sind selber ein- oder mehrmals auf dem Weg der Helden
losgezogen und haben sich dabei Wissen und Fähigkeiten angeeignet, von denen nun andere profitieren können"[539]. Soweit die Mentoren oder Lehrenden in den beiden Beispielen
miteinander übereinstimmen, erweisen sie sich als pädagogisch konsistent, aber ihr Lehr-
angebot führt noch einen Schritt weiter.

V.3.7 Kreativ lösungsorientierter Ansatz

Obi Wan Kenobi dürfte in jeder Hinsicht dem Idealbild des Lehrenden entsprechen. Er
wird als in sich ruhende Persönlichkeit inszeniert, die gerecht, konsequent, geduldig,
wohlmeinend, hilfsbereit ist, sich in bester Kenntnis der Umstände befindet und insgesamt eine positive Autorität ausstrahlt. Entsprechend reagiert er auch gelassen auf die Unterbrechungen seiner Lerneinheiten. In der ersten der beiden Szenen hat er gerade einen
Punkt hinter den Kern seiner Erzählung gesetzt, als R2-D2 dazwischen redet. Didaktisch
wäre eine Reflexionsschleife auf den ersten Blick möglicherweise sinnvoller gewesen.
Doch Kenobi flicht die Unterbrechung nahtlos in seine Erzählung ein, wendet sich dem
Störer zu und spielt dann den Hilferuf der Prinzessin ab. So sehr auch hier die Verdichtung
der Narration als Erklärung für das Vorgehen des Lehrenden in der Szene herangezogen
werden kann, so sehr entspricht es aber auch den Erwartungen an eine Lehrperson. Eine
Störung „[…] ist nicht mehr und nicht weniger als ein subjektiver Eindruck, eine individu-
elle Befindlichkeit, auch wenn die objektivierende Ausdrucksweise anderes nahe legt: Eine
‚Störung' ist kein objektiver Tatbestand, der unabhängig von einem sich gestört fühlendem

---

537 Jank/Meyer, 2008, 267
538 Friedrich, 2009, 275
539 Vogler, 2010, 225

Subjekt existiert"[540] oder wie Gudjons sagt: „Die Schule produziert Unruhe"[541]. Deutlicher wird dies noch in der zweiten Szene, in der Luke mit seinem Laserschwert trainiert. In dieser Szene ist es Han Solo, der Captain des Raumschiffs, mit dem sie unterwegs sind, der die Übungseinheit dadurch unterbricht, dass er sich über den Lehrenden, den Lernenden und den Inhalt der Einheit lustig macht. Obi Wan Kenobi lässt den Spott lächelnd über sich ergehen und bleibt konsequent bei seinem Lehrinhalt. Ohne jeden Vorwurf bindet er den Unglauben, den Solo zum Ausdruck bringt in die Lektion ein, indem er das Anspruchsniveau von Skywalkers Aufgabe erhöht. Kenobi setzt dem jungen Jedi-Lehrling den Helm mit dem Sichtvisier auf, so dass er nichts mehr sehen kann. Trotz aller Skepsis in der Situation gelingt es Luke Skywalker, die Aufgabe zu einem positiven Ende zu bringen.

Das heißt, der weise Lehrende flicht die ihn umgebende Welt souverän in seine Unterrichtseinheiten ein. Unterbrechungen oder Störungen transformiert er mühelos in Lerngelegenheiten. Mit anderen Worten, er arbeitet kreativ. „Kreativ sein heißt […] nicht in erster Linie neues zu erfinden, sondern das bereits vorhandene aber bisher voneinander getrennte Wissen auf eine neue Weise miteinander zu verbinden"[542]. Deutlicher noch als bei Kenobi kommt dieser Zug des Lehrhandelns bei Jack Sparrow zum Ausdruck.

Nachdem Sparrow das erste Mal mit Turner die Klingen gekreuzt und sich wohlwollend über dessen Stil ausgelassen hat, will er den Schauplatz verlassen, doch Turner verhindert dies, indem er die Tür mit einem Säbel verriegelt. Nun beginnt Sparrow, sich genauer über Turner zu erkundigen. Die Informationen, die Turner unvorsichtigerweise Preis gibt, nutzt Sparrow stante pede, um sie gegen den jungen Waffenschmied einzusetzen. Wenn Turner erzählt, dass er täglich drei Stunden übt, um einen Piraten besiegen zu können, transformiert Sparrow diese Aussage dahingehend, dass Turner dringend ein Mädchen bräuchte. Dadurch hebt er das Duell auf eine andere Ebene, denn Turner scheint brüskiert zu sein, und in der Folge gewinnt die Auseinandersetzung an Heftigkeit, da Turner die Fassung verliert.

Mit dieser Kombination zweier unterschiedlicher Kommunikationssysteme erzielt der Lehrende eine emotionale Reaktion beim Lernenden. Er handelt kreativ, das heißt er nutzt „[…] die Fähigkeit Probleme zu erkennen und aus verschiedenen Perspektiven zu betrachten, unterschiedlichste Wissensgebiete miteinander zu vernetzen, assoziatives Denken und ein gewisses Abstraktionsvermögen, also die Fähigkeit Muster zu erkennen"[543]. Als das Duell mit Turner trotzdem noch zu keiner Entscheidung kommt, flicht Sparrow verschiedene Dinge in das Duell ein, um die Entscheidung herbeizuführen. Er übergießt den jungen Schmied mit Sägespänen, um ihn zu blenden, tritt ihm den Säbel aus der Hand und bedroht ihn mit einer Pistole. Damit bricht Sparrow die Regeln des Duells, wie Turner anführt. In

---

540 Mühlhausen/Wegner, 2006, 203
541 Gudjons, 2003, 229
542 Hüther, 2011, 179
543 Meyer, 2008, 19

pädagogischen Settings ist der Regelbezug aber ein wesentlicher Faktor, wie Meyer betont. „Die Einhaltung von Regeln schafft Verlässlichkeit der Arbeitsbeziehungen – und dies wirkt sich förderlich auf die Unterrichtsergebnisse und das Klima aus"[544]. Weil Sparrow aber nun die Regeln gebrochen hat, will Turner seine Niederlage nicht eingestehen. Insofern könnte man festhalten, dass Sparrow hier didaktisch versagt hat. Man kann ihm allerdings zu Gute halten, dass er Turner von vornherein nicht unterrichten wollte, auch wenn er dann als Lehrender auftrat. Wenn aber Turner nicht der Adressat des Lehrhandelns ist, muss der Adressat jemand anderes sein. So ist es auch: In diesem Falle ist es das Publikum, dem in dieser Szene die Grammatik der Piratenlogik dieses Films erklärt wird.

Erst in der zweiten Szene auf dem Segelschiff wird Sparrow auch zum Lehrenden für William Turner. Will Turner fordert Sparrow erneut zum Duell heraus. Dabei beharrt er darauf, dass er Sparrow jederzeit in einem fairen Kampf besiegen könnte. Sparrow reagiert auf diese Herausforderung gelassen und setzt den jungen Heißsporn wiederum in einem kreativen Akt außer Gefecht. Er reißt das Ruder herum und schickt Turner mittels des Besansegels auf Distanz. Da Sparrow aber weiß, dass er Turner noch braucht, beschließt er nun, ihn nicht nur zu brüskieren, sondern auch ihn zu unterrichten, und er erklärt ihm die Prinzipien, die in einer regellosen Welt herrschen. Diese Lektion eröffnet er mit einem Witz, erklärt dann das Grundprinzip, das er an zwei Beispielen ausführt und holt Turner zurück an Bord. In dieser kurzen Sequenz blitzt ein weiterer Charakterzug des Tricksters durch, der gegenüber nachhaltig störrischen Lernverweigerern wie William Turner ein probates Mittel darstellt: der Humor. Der Trickster kombiniert nicht einfach nur verschiedene Wissensbestände miteinander, sondern er hat dabei auch eine Haltung, die in diesem Falle zur Initiierung des Lernprozesses gehört. „[...] the state of being betwixt-and-between is ‚generative' and ‚speculative': the mind that enters it willingly will proliferate new structures, new symbols, new metaphors, not to mention new musical instruments. The ingredients of such moments – surprise, quick thinking, sudden gain – suffuse them with humor, not tragedy"[545]. Dem Humor lässt sich sogar mit seiner kathartischen Funktion eine pädagogische Komponente abringen: „Birgit Rißland (2002) referiert den Forschungsstand zum Verhältnis von Lehrerhumor und Unterrichtsqualität und weist empirisch nach, dass Humor für die Lehrer ein probates Mittel zur Stressbewältigung und zur Sicherung der Unterrichtskompetenz ist"[546]. Obwohl der Humor in dieser Szene auf Kosten des Lernenden geht, wird sie mit der erfolgreichen Initiierung des Arbeitsbündnisses beendet. Das gelingt deshalb, weil der Witz die Funktion hat, Blockaden zu lösen, wenn ansonsten kein Ausgang in Sicht ist und es ist der Trickster, dem das gelingt. Wieder hebt er die verfahrene Situation auf eine andere Ebene, um Prozesse in Gang zu setzen, die ins Stocken geraten waren. „[...] [W]er Kreativität ernst nehmen will, muss begreifen, dass zu

---

544 Meyer, 2010, 47
545 Hyde, 2008, 130
546 Meyer, 2010, 50

diesem Prozess auch Reibung, Widerstand und Zerstörung gehören"[547]. In diesem Fall geht es darum, die Mauern, die der Lernende um seine Wissensbestände aufgebaut hat, einzureißen, um ihn in die Lage zu versetzen lernen zu können. Und zumindest den Pädagogen Jank und Meyer ist dieser Umstand nicht völlig fremd, wenn sie von der symbolischen Gewalt sprechen, die Lehrende gegenüber Lernenden an den Tag legen müssen[548].

In dieser Szene funktioniert dieser Akt, denn am Ende der Szene akzeptiert William Turner Jack Sparrow als Lehrenden. Dass der Adressat dieser Lektion tatsächlich auch William Turner ist, zeigt sich an der Übergabe des Säbels. Hier kommt die bislang in diesem Verhältnis noch fehlende Gabe ins Spiel, die der Mentor dem Helden übergibt. Sparrow, der sich bislang geweigert hatte, Turner zu unterrichten, akzeptiert nun die Rolle als dessen Mentor, weil Turner zu erkennen gibt, dass er lernfähig sein kann. Der symbolische Akt, der dies bezeugt, ist die Übergabe des Säbels. „Der Held muss sich die Gaben oder die Hilfe seines Mentors verdienen, indem er etwas Neues lernt, etwas opfert oder eine Verpflichtung eingeht"[549]. Fortan pflegen die beiden in diesem Film, wie zu zeigen sein wird, ein Verhältnis als Lehrender und Lernender.

V.4 Schlussfolgerungen

Jack Sparrow wirkt auf den ersten Blick ganz anders als der weise alte Mentor Ben Kenobi. Er ist definitiv jünger, scheint zudem fahrig, unstet und völlig unorganisiert zu sein. Kurz, er scheint alles andere als ein vertrauenswürdiger Mentor zu sein. Und doch hat sein Lehrhandeln, wie gesehen, einiges mit dem des weisen Mentors gemein. Im Unterschied zu dem weisen Mentor stehen seine persönlichen Interessen jedoch weit mehr im Vordergrund, da er selbst noch auf einer Heldenfahrt ist. Das Ziel der Figur ist ungewöhnlich, denn er sucht nach Mitteln und Wegen, um unsterblich zu werden. Dieses Ziel teilt er mit vielen Figuren seines Typus, des Tricksters. Schon der griechische Gott Hermes erklärte seiner Mutter, der Nymphe Maia, als Säugling direkt nach der Geburt, dass es für Götter nicht schicklich sei, in einer Höhle zu hausen, und er werde dafür sorgen, dass sie in den Pantheon des Olymp aufsteigen werden[550]. Interessanterweise hat Obi Wan Kenobi in *Star Wars Episode IV* den Zustand der Unsterblichkeit bereits zu Lebzeiten erreicht, wie später im Film angedeutet wird. Denn, wenn Luke seine Abenteuer alleine bestehen muss, spricht Kenobi immer noch aus dem Jenseits zu ihm.[551]

---

547 Rehn, 2012, 48
548 Vgl. Jank/Meyer, 2008, 50
549 Vogler, 2010, 109
550 Vgl. Stefanides, 2009, 103ff.; Hyde, 2008, 317ff.
551 In den späteren Filmen Das Imperium schlägt zurück und Die Rückkehr der Jedi Ritter erscheint Kenobi sogar als geisterhafte Erscheinung inklusive Strahlenkranz, und im bislang zuletzt gedrehten Teil der Reihe wird das Publikum sogar darüber in Ansätzen aufgeklärt, wie dieser Zustand der Unsterblichkeit, nach den Vorstellungen des Autors, erreicht werden könne.

Die Unterschiede zwischen den beiden Mentorentypen liegen also in erster Linie in ihrem Alter und damit einhergehend in der Ausrichtung ihrer Interessen. Was Kenobi bereits gewonnen hat, steht für Jack Sparrow noch auf dem Spiel. Ihre Interessenslage hindert sie jedoch nicht daran, als Lehrende aufzutreten, deren Handeln grundsätzlich didaktisch vertretbar ist und lerntheoretisch auch den jüngeren Erkenntnissen der Neurobiologie adäquat zu sein scheint. Weder Obi Wan Kenobi noch Captain Jack Sparrow verlassen sich während ihrer Lehreinheiten auf ein didaktisches Instrument allein, sondern sie kombinieren sie beständig miteinander und bringen ihre Persönlichkeit ins Spiel, um die größtmögliche Wirkung bei den Lernenden zu erzielen[552]. Die beiden Beispiele zeigen auch noch einmal deutlich, dass es die Lernenden sind, die sich die Lehrenden aussuchen und nicht umgekehrt. Die Inszenierung zeigt aber auch Lehrende, die auf die Bedürfnisse der Lernenden adäquat zugeschnitten erscheinen. Dies gelingt dadurch, dass den Lehrenden die Kompetenz eingeschrieben ist, situativ, also kreativ handeln zu können. Was sie dazu befähigt, ist ihre anhaltende Neugierde und die Bereitschaft, von ihren Schützlingen zu lernen. „Ein guter Mentor ist eben im wahrsten Sinne des Wortes ein *be-geisterter* Lehrer. Das Wunderbare daran ist, dass dieses Gefühl sich dem Schüler oder dem Publikum wirklich vermitteln lässt"[553].

Exkurs Der Schatten als Mentor – De-Mentoren

Mentoren müssen aber nicht zwangsläufig als Lehrende auftreten, die das Lernen des Lernenden im Interesse des Lernenden begünstigen. Wenn Mentoren auftreten, die nur ihre Interessen verfolgen, handelt es sich zumeist um die Gegenspieler des Helden, die De-Mentoren[554]. Das Interesse des De-Mentors gilt nicht der Entwicklung der Lernenden, sondern einzig und allein sich selbst. Er ist ein durch und durch narzisstischer Charakter, dessen Egozentrismus grenzenlos ist. Ein Egozentriker legt eine besondere Form des ‚An-sich-Denkens' an den Tag. Sie besteht darin, „[…] dass jemand die Umwelt überhaupt nicht richtig wahrnimmt, dass derjenige die Empfindungen aus der Umwelt nicht in sich hineinlässt, dass er nicht in der Lage ist, über die Grenzen der eigenen Person hinwegzusehen. Diesen Zustand meinen wir, wenn wir hier von Egozentrik sprechen. Solche Personen sind gleichsam in sich gefangen. In extremer Form kann es sich hier durchaus um eine schwere Persönlichkeitsstörung handeln […]. Vor solchen Personen

---

552 Es lässt sich sicherlich einwenden, dass das günstige Betreuungsverhältnis von 1:1 im Blockbusterfilm allen pädagogischen Realitäten widerspräche, doch ist dem entgegenzuhalten, dass seit der Bologna-Reform in Deutschland die Lehrpläne auf Kompetenzorientierung und Selbstorganisierte Lernprozesse umgestellt werden, bei der eine Lehr-Lernkultur entstehen soll, die von der belehrenden Instruktion Abstand nimmt und in der die Lehrenden zu Begleitern des Lernprozesses ihrer Schüler, also zu Pädagogen im ursprünglichen Sinne des Wortes ‚paidagogos' werden.

553 Vogler, 2010, 221 (Hervorh. im Original)

554 Der De-Mentor ist nicht zu verwechseln mit den Dementoren, die J.K. Rowling in der Harry Potter Reihe in Szene setzte.

muss man sich oft schützen. Und es ist kein Rezept bekannt, mit dem man solche Menschen von ihrer Schwäche befreien kann und man muss damit rechnen, dass sie anderen erheblich wehtun"[555]. Interessanterweise taucht dieser Typus in der Alltagswelt öfter auf, als dass er im Blockbuster ausbuchstabiert wird[556]. Vogler nennt diesen Typus auch den Anti-mentor, der auftritt, um „[…] den Antihelden auf den Weg des Verbrechens und der Zerstörung[…]"[557] zu bringen. Genau mit dieser Intention tritt Senator Palpatine, der spätere Imperator, in *Star Wars Episode III – Die Rache der Sith*[558] an. Hat er in den beiden bisherigen Teilen der Reihe eher aus dem Verborgenen heraus operiert, tritt er nun offensiv auf, um Anakin Skywalker auf seine Seite zu ziehen. Dabei geht es ihm um nichts anderes, als um die Stabilisierung und den Ausbau seiner persönlichen Macht. Anakin Skywalker soll dabei nur seine rechte Hand, quasi die Exekutive, werden. Dazu nimmt Palpatine jedes Opfer in Kauf, das andere bringen müssen, und auf dem Weg dahin zerstört er sämtliche Sozialkontakte seines Schützlings, bis der einzig und allein von ihm abhängig ist. Schon bei seinem ersten Auftritt in diesem Film befiehlt er Anakin Skywalker, einen Mord zu verüben[559], um auszutesten, wie weit der Lernende geht. In seiner zweiten Szene fordert er das Vertrauen seines Schützlings ein, um ihn für seine Zwecke instrumentalisieren zu können[560]. In ähnlicher Weise wird der Prozess über die Länge des Films fortgesetzt und intensiviert. Fakt ist, dass der De-Mentor die Schritte des Lernenden in diesem Beispiel in jeder Weise lenkt. Der Lernende trifft keine eigenen Entscheidungen, sondern wird nur fremdgesteuert. Insofern ist sein Lernprozess auch nur bedingt erfolgreich, da er nur lernt, was er lernen soll. Von einer freien Entfaltung seiner Lebensmöglichkeiten kann keine Rede sein. Ein solch negativer Lernprozess durch einen De-Mentor wird im Blockbuster selten dargestellt. Viel eher ist es die Regel, dass bei diesem Typus nur die Ergebnisse seiner Handlungen gezeigt werden, beispielsweise die Entstehung hierarchischer organisierter Abhängigkeitsverhältnisse, bei denen der De-Mentor an der Spitze steht. Beispiele dafür sind Voldemort in der *Harry Potter* Reihe, Präsident Coriolanus Snow in *Tribute von Panem*, Colonel Miles Quaritch in *Avatar*, Caledon Hockley in *Titanic* usw.

Rolf Arnold hat die Eigenschaften der Lehrprozesse von De-Mentoren und Mentoren gegenüber gestellt[561] (siehe Tabelle).

---

555 Martens/Kuhl, 2004, 154
556 Ein weiterer De-Mentor, dessen Lehren auch gezeigt werden, ist Ra's al Ghul in Christopher Nolans Batman Begins (2005). Genau wie Palpatine bedient er sich durchaus mancher Methoden, die auch Mentoren an den Tag legen. Beide sind beispielsweise neugierig und lernbegierig, aber bei ihren Lehren geht es prinzipiell immer in erster Linie um ihren Machtausbau. Daran kann man sie erkennen.
557 Vogler, 2010, 114
558 Lucas, 2005
559 Vgl. Lucas, 2005, (00:13:30 – 00:14:00)
560 Vgl. Lucas, 2005, (00:34:20 – 00:35:15)
561 Vgl. Arnold, 2012, 104f.

Dementoren	Mentoren
Lernen ist unangenehm, und man muss sich dazu zwingen.	Lernen ist das, was Menschsein eigentlich bedeutet: eine bereichernde Erfahrung.
Wenn ich nicht voranschreite, sind meine Lehrenden verloren.	Ich weiß, was meine Lernenden können, und traue ihnen viel zu.
Ich bin der Anwalt der Gesellschaft, indem ich dafür verantwortlich bin, dass die Leute können, was man von ihnen erwartet.	Ich bin der Anwalt der Lernenden, indem ich sie dabei begleite, sich auf das Leben einzustellen und ihre Kompetenzen zu entfalten.
Ich muss die Einsichten und Fähigkeiten >>vermitteln<<, um zu gewährleisten, dass diese wirklich angeeignet werden können.	Ich kann meine Lernenden darin trainieren und unterstützen, dass sie sich selbst die Inhalte, Einsichten und Fähigkeiten wirksam aneignen.
Wenn ich lehre (darstelle, erläutere und illustriere), kann ich Aufmerksamkeit erreichen, die Lernenden auf die Spur bringen und wirksames Lernen auslösen.	Lernen auszulösen gelingt mir nur, wenn ich die Lernenden dazu verführen kann, die Themen selbst darzustellen, zu erläutern und zu illustrieren.
Mein Lehrverhalten ist frei von Risiken und Nebenwirkungen: Entweder meine Lernenden folgen ihm oder eben nicht. Man kann niemanden zwingen, denn Lernen ist eine freiwillige Bewegung.	Wenn ich zu viel lehre, entferne ich mich von den Lernenden, und sie lernen unausgesprochen, aber auch bleibend, dass sie es nicht sind, die zum Lernprozess etwas beitragen können.
Wenn man mich fragen würde, wovon ich bei meiner Aufgabe am meisten profitiere, dann ist es das Gefühl, für andere eine wichtige und hilfreiche Rolle spielen zu können.	Ich profitiere für mich selbst am meisten von meiner Aufgabe, wenn ich das Gefühl habe, dass ich dafür sorgen konnte, dass meine Lernenden gut zurechtkamen, ohne mich zu brauchen.
Ich bemühe mich beim Lehren, alles (motivierender Input, Erklärungen etc.) zu geben – oft bin ich deshalb richtig verausgabt.	Ich bemühe mich während meines Unterrichts, möglichst wenig zu reden, aber viele Fragen im Lernenden aufzuwerfen.
Motivierung ist meine wichtigste Aufgabe, ohne die nichts läuft.	Ich konzentriere mich darauf, die Motivation zu entdecken.

Ich werde auf das pädagogische Verhalten der Mentoren im weiteren Verlauf der Heldenreisen wieder zurückkommen. Zunächst gilt es aber, die weiteren Helfer der Helden vorzustellen, die dem Helden bei der Lösung seiner Aufgaben zur Seite stehen und zum Teil bereits in der Aufbruchsphase der Heldenreise auftreten.

VI Die weiteren Helfer der Helden – Gruppenprozesse 1

> „Der Wunsch nach Freundschaft entsteht rasch,
> die Freundschaft aber nicht."
> Aristoteles – Nikomachische Ethik

VI.1 Einleitung von Gruppenprozessen

Die Helfer der Heldenfiguren werden, abgesehen vom Mentor, bei Campbell nicht weiter differenziert. Dies verwundert etwas, da Helferfiguren beispielsweise schon bei Homer differenziert wurden. So traten etwa in der Ilias die Myrmidonen als die Hetairoi (Gefährten) von Achilles auf, die Argonauten als Helfer von Jason, und auch Odysseus wurde auf seiner Odyssee von einer Seemannschaft begleitet. Begleiter wurden auch in der Antike schon personalisiert. So wurde beispielsweise Achilles von Patrokolos begleitet, mit dem ihn eine tiefere Freundschaft verband als nur die reine Gefährtenschaft[562]. Jason wurde ein Stück seines Weges von Herakles begleitet usw. In späteren Heldenreisen wurden die Rollen der Helfer noch weiter ausgebaut. Die Ritter von König Artus Tafelrunde führten teilweise eigene Heldenreisen durch, die Lieder über Robin Hood erzählen davon, wie er seine ‚Merry Men' kennengelernt hat usw. Die Figur des Helfers ist also durchaus gegenwärtig seit den klassischen Mythen. Im postformalen Hollywoodkino wird die Rolle des Helfers noch weiter ausgebaut und die Helden werden regelmäßig von einem oder mehreren Helfern begleitet. Diesen Aspekt greift Vogler auf, wiewohl bei ihm die ‚Verbündeten' erst auftauchen, wenn der Held und der Mentor die erste Schwelle überschritten haben. „Wenn der Held sich den ersten Bewährungsproben unterzieht, sucht er vielleicht Auskünfte und Hinweise für seinen weiteren Weg zu erhalten und schließt neue Freundschaften oder findet Verbündete"[563]. Wie sich zeigen wird, erweist es sich als zutreffend, dass an oder jenseits der Schwelle weitere Helfer zum Helden hinzutreten und ihn auf seiner Reise unterstützen, aber im Blockbusterfilm tauchen Verbündete auch schon in der gewohnten Welt des Helden auf. Dabei können die Helferfiguren in diesem Stadium ganz unterschiedliche Charaktereigenschaften und Funktionen für die Helden und ihre Geschichten übernehmen. Für Hammann bedeuten die Gefährten „[…] die Personifizierung der ungelebten, verdrängten und vergessenen Charakterzüge des Helden […]"[564]. Dies mag zwar

---

562 Homer, 1999, Achtzehnter Gesang 79 – 101, 378f.
563 Vogler, 2010, 244
564 Hammann, 2007, 150

in einigen Fällen zutreffen, lässt sich aber keinesfalls generalisieren. Die Gefährten oder Verbündeten, die die Helden in ihrer gewohnten Welt kennen lernen oder auch schon kennen, zeichnen sich eher dadurch aus, dass ihre grundsätzlichen Charakterzüge denen der Helden verwandt sind. Diese findet, wie sich zeigen wird, beispielsweise Ausdruck in ihrer Servilität oder Hilfsbereitschaft aus.

Die beiden Droiden C-3PO und R2-D2 in *Star Wars Episode IV – Eine neue Hoffnung* werden zwar als komische Begleiter eingeführt, nehmen im Verlauf der Story jedoch immer wieder eine Schlüsselrolle bei der Bewältigung der Aufgaben ein, wobei sie zumeist aus der zweiten Reihe heraus agieren. 3PO nimmt die Rolle eines Butlers ein, der allerdings das Handeln des Helden auch immer wieder abwägt oder anzweifelt. R2-D2 hingegen wird immer wieder als Pragmatiker gezeigt, der die Dinge autonom in die Hand nimmt[565].

Anakin Skywalker wird in *Star Wars Episode I* von vornherein von so vielen Helfern umstellt, dass man sich wundern müsste, wenn er nicht vielleicht schon allein deshalb auf die schiefe Bahn geraten ist, weil ihm keine Luft mehr zum Atmen bleibt. Dabei kann er mit Figuren wie Obi Wan Kenobi, Qui Gonn Jinn, Padme Amidala, Jar Jar Binks und R2-D2 auf ein Ensemble zurückgreifen, das sich kaum zwischen Mentor und Helfer auf Augenhöhe differenzieren lässt[566].

Beim *Herrn der Ringe* flammt immer wieder die Frage auf, ob nicht Samweis Gamdschie, der treue Diener von Frodo Beutlin, der eigentliche Held der Reihe ist. Jedenfalls ist er ein zuverlässiger Freund für Frodo. Zudem ist Frodo aber auch von Anfang an umgeben von Merry und Pippin, die zumindest zu Beginn die Rolle der komischen Begleiter spielen, sich dabei aber ebenfalls als absolut zuverlässig erweisen[567].

Bilbo Beutlin bricht in *Der Hobbit* gleich mit einer ganzen Schulklasse auf, genauer gesagt mit dreizehn Zwergen, die alle unterschiedliche Rollen spielen und Funktionen übernehmen. Thorin Eichenschild ist der Motor des Unternehmens, Balin ist sein Berater. Fili und Kili fungieren als komische Begleiter, wohingegen die übrigen Zwerge bis hierher weniger differenziert werden. Sie alle werden ebenfalls als zuverlässige Begleiter des Hobbits inszeniert[568].

Die Figur des Halbriesen Hagrid in der *Harry Potter* Reihe changiert immer wieder zwischen zuverlässigem Freund und Mentor. Hagrid wird aber auch immer als etwas naive, tumbe Figur inszeniert[569].

James Bond interagiert im Re-boot der Reihe *Casino Royale* in seiner gewohnten Welt mit anderen nicht nur unmittelbar, sondern auch über große Distanzen hinweg. So ist ihm M's Privatsekretär Villiers stets virtuell auf den Fersen. Carter, der sein Partner während der Mission auf Madagascar ist, überlebt hingegen nicht lange[570].

---

565 Vgl. Lucas, 1977, 1997, 2004
566 Vgl. Lucas 1999
567 Vgl. Jackson, 2001, 2002
568 Vgl. Jackson, 2012
569 Vgl. Columbus, 2001
570 Vgl. Campbell, 2006

Elliott kann nach anfänglichen Schwierigkeiten auf seine Geschwister Michael und Gertie zählen, die ihm dabei helfen, *E.T.* zu versorgen und zu beschützen. Später wird dieser Kreis noch um diverse Freunde erweitert, die E.T. insbesondere vor dem Zugriff der Regierungsvertreter schützen[571].

Gale Hawthorne wird in die *Die Tribute von Panem* als romantischer Freund von Katniss Everdeen eingeführt, der ihr vor Antritt ihrer Heldenreise als Freund Mut zuspricht. Im weiteren Film erfüllt er allerdings für die Heldenreise der Heldin keine weitere Funktion[572].

Generell lassen sich die Helfer, wenn sie den Helden in ihrer gewohnten Welt begegnen, also zumeist als zuverlässige Freunde und Wegbegleiter charakterisieren. Hierbei agieren sie freilich jeweils auf die ihrem Charakter gemäße Art und Weise. In manchen Blockbustern begegnen Helden auch Helfern, die eher ihren eigenen Interessen verpflichtet sind, jedoch trotzdem an der Seite des Helden stehen, wie z. B. Jack Sparrow in *Der Fluch der Karibik*.

Harry Osborn stellt für Peter Parker in *Spider-Man* einerseits einen Freund dar, ist gleichzeitig aber auch der Rivale im Kampf um die Zuneigung von Mary Jane Watson[573].

Der Wissenschaftler Norm Spellmann steht dem ehemaligen Marine Jake Sully in *Avatar* zunächst äußerst skeptisch gegenüber, weil er fürchtet, dass Sully den wissenschaftlichen Forschungsauftrag behindert[574].

In Kung Fu Panda stehen die Furiosen Fünf Pandabär Po ebenfalls skeptisch gegenüber. Besonders Tigress wäre gerne selber als Drachenkrieger ausgewählt worden[575].

Donna stehen in *Mamma Mia!* ihre beiden Freundinnen sowohl als Trösterinnen und Beraterinnen zur Seite. Sophie verfügt zwar auch über zwei Freundinnen, die allerdings eher die Funktion eines Chors übernehmen und damit den Ausdruck der Gefühle der Zwanzigjährigen verstärken[576].

Wie auch immer die Helfer dargestellt werden, die Helden starten ihre Heldenreise im Rahmen einer Gruppe oder aus einer Gruppe heraus. Dies verwundert wenig, da Gruppen- oder Teamarbeit in den postindustriellen, globalisierten Gesellschaften zu einer der zentralen Arbeitsformen geworden ist[577]. „Das moderne Arbeitsethos konzentriert sich auf Teamarbeit. Sie propagiert sensibles Verhalten gegenüber anderen, sie erfordert sol-

---

571 Vgl. Spielberg, 1982, 2002
572 Vgl. Ross, 2012
573 Vgl. Raimi, 2002, 2004
574 Vgl. Cameron, 2009
575 Vgl. Stevenson, Osborne, 2008
576 Vgl. Lloyd, 2008
577 Unter dem Begriff kollaboratives Lernen feiert das gemeinsame Lernen insbesondere im Kontext neuer Medien derzeit Konjunktur. „Our kids are all right. Despite our national educational policy, many kids are getting the kind of dexterous, interactive learning they need. Online, in games and in their own creative information searching, they are learning skills that cannot be replaced one day by

che >>weichen Fähigkeiten<< wie gutes Zuhören und Kooperationsfähigkeit; am meisten
betont die Teamarbeit die Anpassungsfähigkeit des Teams an die Umstände. Teamarbeit
ist die passende Arbeitsethik für eine flexible politische Ökonomie"[578]. Analog wird diese
Arbeitsform auf Lernszenarien angewendet. „Gruppenarbeit sei lebendiger und kurzweili-
ger, so der Tenor. Sie fördere Kreativität und Flexibilität, stärke das Verantwortungsgefühl
der Schüler/innen, befriedige ihr Kommunikationsbedürfnis und vermittle ihnen mehr
Sicherheit und Selbstvertrauen. Gruppenarbeit gebe den Schüler/innen Gelegenheit, ihr
Lernen selbst in die Hand zu nehmen, Arbeitsabläufe und Arbeitstempi zu bestimmen
und wechselseitige Hilfe und Unterstützung im Schülerkreis zu organisieren. Gruppenarbeit gewährleiste eine relativ angstfreie Lernatmosphäre und mache es den Schüler/innen
leichter bestehende Probleme und Verständnisschwierigkeiten offen anzusprechen"[579]. Die
Gruppenarbeit wird als Arbeitsmethode auch durch die Ergebnisse der Neurobiologie
unterfüttert. So sieht Hüther (2011) beispielsweise eine Parallele zwischen dem Wirken
von Gruppen und Gehirnen. „Tatsächlich funktionieren alle nicht durch Zwänge zusam-
mengehaltenen, entwicklungsfähigen Gemeinschaften so ähnlich wie zeitlebens lernfähi-
ge Gehirne: Sie lernen durch Versuch und Irrtum, sie entwickeln flache, stark vernetzte
Strukturen, sammeln Erfahrungen und passen ihre innere Organisation immer wieder
neu an sich ändernde Rahmenbedingungen an"[580].

Mit den hier nun vorgestellten Charakteren der Blockbuster sind die Ensembles, die sich als
Verbündete um die Heldenfiguren gruppieren, gewiss noch nicht vollständig. Weitere Figuren treten allerdings erst an oder jenseits der Schwelle hinzu. Teilweise müssen die Helden
diese weiteren Figuren aber erst für sich gewinnen, ehe diese zu ihren Verbündeten gerechnet werden können. In der Phase des Aufbruchs gruppieren sich vermehrt simple Figuren,
auch Flat-Characters genannt, um die Helden. Die Figuren auf oder jenseits der Schwelle
erscheinen dagegen vielschichtiger, und sie durchlaufen u.U. ebenfalls eine eigene Entwicklung. Interessanterweise fallen die Arbeitsprozesse in den Lerngruppen der gewohnten Welt
auf den ersten Blick besonders in den Lerngruppen mit mehr als zwei Lernpartnern noch
recht wenig ergiebig aus. Hier stellt sich die Frage, ob die geringe Ergiebigkeit dieser Lern-

---

computers. They are mastering the lessons of learning, unlearning, and relearning that are perfectly
suited to a world where change is the only constant. They are mastering the collaborative methods that
not only allow them to succeed in their online games but that are demanded more and more in the
workplace of their future" (Davidson, 2011, 161). Mit dem von Siemens initiierten Begriff des "Connectivism" soll Denken und Lernen vernetzt gedacht sein. „Connectivism is the assertion that learning
is primarily a network-forming process" (Siemens, 2006, 15).
578 Sennett, 2000, 132f.
579 Klippert, 2010, 127f.
580 Hüther, 2011, 178

gruppen nur der Inszenierung geschuldet ist oder ob sie als eine der vier Stadien im Gruppenprozess, der so genannten Findungs- oder Formingphase[581], nicht doch Methode hat.

Genau wie die Figur des Mentors stammen auch einige der Helfer nicht aus der gewohnten Welt der Helden, sondern sie suchen den Held mehr oder weniger zufällig auf.

Die Roboter C-3PO und R2-D2 werden in *Star Wars Episode IV – Eine neue Hoffnung* von Schrotthändlern an den Onkel von Luke verkauft, und Luke übernimmt deren Pflege und Wartung. Ihre Gespräche drehen sich zunächst um persönliche Befindlichkeiten, dann stellen sie sich gegenseitig einander vor, klären die Hierarchien und berichten von ihrem Alltag. Hierbei stoßen sie auf Themen, die sie miteinander teilen, z. B. die Rebellion und der Hilferuf von Prinzessin Leia Organa[582].

In *Der Hobbit* suchen dreizehn Zwerge unangekündigt Bilbo Beutlins Höhle heim, stellen sich artig vor und veranstalten ein wildes Gelage. Bilbo ist von dem Besuch wenig erfreut, da ihm die Gesellschaft sämtliche Vorräte plündert, ehe sie irgendwann auf den Sinn und Zweck ihres Besuchs zu sprechen kommen. Ihr Ziel ist es, das Königreich Erebor für die Zwerge zurückzugewinnen[583]. Sowohl Bilbo als auch die Zwerge lassen dabei über die gesamte Länge der Szene ihre Weltbilder und Lebensziele durchblicken.

Bei Hacker Thomas Anderson, genannt Neo, stehen im Film *Matrix* einige seiner „Kunden" vor der Tür, um bestellte Waren abzuholen. Sie erkennen, dass er überarbeitet ist, was Neo bestätigt. Als Neo das Tattoo eines weißen Kaninchens auf der Schulter von Dujour, einem der Kunden, erkennt, beschließt er mit ihnen einen Club zu besuchen. Diesem Austausch von Befindlichkeiten unter offensichtlich Bekannten folgt im Club die Begegnung zwischen Neo und Trinity. Auch sie stellen sich einander vor, tauschen das Wissen aus, das sie übereinander haben, und schließlich weckt Trinity in Neo das Interesse an weiterem Kontakt, da sie die Frage kennt, die auch er sich stellt[584].

Während hier im Fall von *Matrix* eine Mixform von Gruppen- und Partnerarbeit dargestellt wird, besteht die erste Lerngruppe von Harry Potter in *Harry Potter und der Stein der Weisen* nur aus zwei Personen, nämlich aus Harry und dem Halbriesen Hagrid. Dieser steht plötzlich nachts in dem Leuchtturm in der Tür, zu dem die Dursleys mit Sack und Pack geflohen sind, um der Flut der Einladungen aus Hogwarts zu entkommen, die für Harry bestimmt waren. Hagrid erklärt zunächst, was er über die Familie weiß, ehe Harry sich ihm vorstellt. Der Halbriese wird etwas einfältig inszeniert und vergisst, sowohl sich vorzustellen als auch sich nach Harrys Wissensstand zu erkundigen. Allerdings klärt Harry ihn darüber auf, woraufhin Hagrid ihm im Gegenzug die Umstände seines Besuchs und seiner Herkunft erklärt. Schließlich brechen sie gemeinsam nach London auf[585]. Die Part-

---

581 Vgl. Klippert, 2010, 133
582 Vgl. Lucas, 1977, 1997, 2004 (00:18:53 – 00:22:24)
583 Vgl. Jackson, 2012 (00:16:52 – 00:38:25)
584 Vgl. Wachowski, 1999 (00:07:32 – 00:11:29)
585 Vgl. Columbus, 2001, 2004 (00:12:23 – 00:18:02)

nerarbeit als kleinste Form der Gruppenarbeit erweist sich in diesen Sequenzen sofort als fruchtbar. „Von allen Sozialformen ist die Partnerarbeit diejenige, die mit dem geringsten organisatorischen Aufwand durchgeführt werden kann. [...] Partnerarbeit ist eine wichtige Vorbereitung auf dem Weg zur Teamfähigkeit"[586].

Im *Herrn der Ringe* existiert zwischen Frodo Beutlin und Samweis Gamdschie von vornherein eine Beziehung. Zunächst wird sie so dargestellt, als seien sie miteinander befreundet, und Frodo sei der vitalere Part in dieser Freundschaft.[587] Dann stellt sich allerdings heraus, dass es in ihrer Beziehung ein Machtgefälle von Frodo zu Sam gibt[588]. Auf den ersten Schritten ihrer Reise, aber noch im Auenland, gesellen sich die beiden Hobbits Merry und Pippin zu Frodo und Sam. Wieder beginnt eine Vorstellungsrunde, man tauscht sich über die aktuellen Geschehnisse aus, und aus der Partnerarbeit von Frodo und Sam erwächst nun eine vierköpfige Kleingruppe, in der sofort damit begonnen wird, Rollen zu verteilen. Über allem thront aber die fraglose Loyalität gegenüber der zentralen Figur der Gruppe, Frodo Beutlin. Diese wird nicht zuletzt durch die Bedrohung ausgelöst, die mittels der schwarzen Reiter in der gewohnten Welt der Helden Einzug gehalten hat und die von allen Gruppenmitgliedern sofort verstanden wird. Daher beginnen die Individuen in der Gruppe sogleich damit, ihr individuelles Wissen und Können in die Gruppe einfließen zu lassen, um der Gefahr zu entkommen[589]. Im Unterschied zu fast allen bisherigen Beispielen resultiert im *Herrn der Ringe* die Lerngruppe aus Figuren, die bereits in der gewohnten Welt des Helden angelegt sind. Das heißt Sam, Merry und Pippin sind bereits Bekannte von Frodo.

In *Die Tribute von Panem* verhält es sich ähnlich. Katniss Everdeen wird von ihrem Freund Gale Hawthorne während der Jagd überrascht. Katniss begrüßt ihn mit Namen und dann tauschen auch sie sich über die Situation, ihre gegenwärtige Lage und die potenziell anstehende Aufgabe bei den „Hungerspielen" aus[590].

In einigen Fällen scheinen Hollywoods Autoren allerdings auch Schwierigkeiten mit der Vorstellung zu haben, dass eine Lerngruppe lernfähig sein soll, die ihren Ausgangspunkt in der gewohnten Welt der Helden nimmt. Anhand von zwei Beispielen können die kommenden Probleme der Lerngruppe bereits angedeutet werden. Gänzlich unerwartet erscheint das allerdings nicht, da die Helden zum Zeitpunkt des Aufbruchs ja auch ein Interesse daran bekunden, ihre gewohnte Welt hinter sich zu lassen.

Spider-Mans alter Ego Peter Parker trifft im gleichnamigen Film zu Beginn auf seinen Freund Harry Osborn. Harry gibt Peter einen freundschaftlichen Klaps, dann stellt er Peter seinen Vater Norman Osborn vor[591]. Als die beiden weitergehen wird klar, dass sie offensichtlich schon vorher über Harrys Vater gesprochen haben und Harry nicht die beste Meinung

---

586 Mattes, 2007, 30
587 Vgl. Jackson 2001, 2002 (00:19:29 – 00:19:50)
588 Vgl. Jackson 2001, 2002 (00:40:48 – 00:44:39)
589 Vgl. Jackson 2001, 2002 (00:49:47 – 00:55:07)
590 Vgl. Ross, 2012 (00:05:10 – 00:07:52)
591 Vgl. Raimi, 2002, 2004 (00:05:30 – 00:06:05)

von ihm hat. Peter hingegen erscheint Norman Osborn nicht unsympathisch. Dies quittiert Harry mit leichtem Neid. Im Forschungslabor der Columbia University, das sie dann betreten, lässt Peter seine Begeisterung für die dortige Forschungsarbeit erkennen, wovon Harry eher gelangweilt scheint. Als es dann darum geht, mit Mary Jane zu sprechen, wozu Peter sich nicht traut, nutzt Harry genau das Wissen, das er wenige Sekunden zuvor von Peter erhalten hat. Diese Lernpartnerschaft zeichnet sich also schon von Beginn an durch eine freundschaftliche Rivalität aus, die sich im Laufe von Peters Heldenreise immer weiter zuspitzen wird.

Als Rose De Witt Bukater in *Titanic* mit ihrer Mutter, ihrem Verlobten und dessen Schießhund vor der Titanic ankommen, werden die Spannungen dieser ‚Lerngruppe' sofort greifbar. Während alle anderen Passagiere zu Fuß zu dem Unglücksdampfer eilen, bahnt sich die Gruppe den Weg mit dem Auto, wodurch ein Statusunterschied markiert wird. Roses erster Blick auf das Schiff lässt ihre Skepsis erkennen. Schießhund Lovejoy taxiert beim Aussteigen aus dem Auto wie ein Bodyguard die ‚feindliche' Masse an Leuten, lässt aber die Frau, die nach ihm aussteigt, achtlos stehen. Cal Hockley bewundert kurz die Titanic, doch noch mehr als das Schiff bewundert dieser Narziss sich selbst. Der erste Dialog zwischen Rose und Cal unterstreicht den visuellen Eindruck, denn dabei handelt es sich um eine Meinungsverschiedenheit über die Titanic. Das Lächeln von Roses Mutter wirkt aufgesetzt, als Cal ihr aus dem Wagen hilft. Auch sie lässt den Verlobten ihrer Tochter sowie Rose achtlos stehen. Wenn die Gruppe dann das Schiff entert, erklingt die Stimme der alten Rose, die die Geschichte in einer Rahmenhandlung erzählt. Sie erklärt: „Für alle anderen war es ein Traumschiff, für mich war es ein Sklavenschiff, das mich in Ketten nach Amerika zurückbringen sollte. Nach außen war ich das wohlerzogene Mädchen, das ich sein sollte, in meinem Inneren hab ich geschrien"[592]. Roses ‚Lerngruppe' scheint also nicht das Ziel zu haben, ihre und schon gar nicht Roses' Wissensbestände zu erweitern. Bereits vor Antritt der Reise lässt sich hier mehr als erahnen, dass diese Gruppe keinen Bestand haben wird.

VI.2 Schlussfolgerungen

Zusammenfassend lässt sich also sagen, dass sich die ‚Lerngruppen' in der gewohnten Welt der Helden zumeist in einer Findungs-Phase befinden oder sie zeigen, wie im Fall von Titanic, massive Auflösungserscheinungen. In der gewohnten Welt treffen sie, abgesehen von den Narrationen, die in Mittelerde spielen, ohne weiteren pädagogischen Auftrag aufeinander und tauschen daher in erster Linie soziale Informationen aus. Sie befinden sich dabei in der ersten Phase des Gruppenprozesses, der aus Forming, Storming, Norming, Performing und Informing besteht[593]. Jede Phase verzeichnet dabei bestimmte Eigenschaften. „Typisch für das *Forming* ist, dass sich die Schüler/innen zunächst einmal kennenler-

---

592 Vgl. Cameron, 1997 (00:20:40 – 00:23:08)
593 Vgl. Gudjons, 2003, 153

nen […] Ziele werden geklärt; soziale Affinitäten werden aufgebaut"[594]. Selbstverständlich werden in diesen Szenen auch immer Informationen für die Rezipienten über die weitere Story geliefert, aber es ist doch auffällig, dass dies immer im pädagogischen Setting der Partner- oder Gruppenarbeit geschieht. Über das Forming der Gruppe hinaus scheint die gewohnte Welt zum Zeitpunkt dieses Aufeinandertreffens nicht viel mehr zu bieten zu haben. Gelernt wird hier, mit Piaget gesprochen, im Sinne der Assimilation als „Ein In-sich-Aufnehmen von Umweltdaten […]"[595]. Da es offensichtlich nicht mehr zu tun gibt, lässt sich sagen, die Helden, ihre Lernpartner und Mentoren sind zum Aufbruch bereit bzw. zum Rand ihrer gewohnten Welten vorangeschritten. Nun wird es also Zeit, die Schwelle zu überschreiten

---

594 Klippert, 2010, 133
595 Piaget, 1973, 97

VII Helfer und Verbündete auf und über die Schwellen hinaus – Gruppenprozesse 2

„Haben Sie Lust, auf eine richtige Party zu gehen?"
Jack Dawson – Titanic

VII.1 Die Schwellen

Schwellen bedeuten ein Zwischenstadium zwischen zwei Räumen. Auf der Heldenreise führen die Schwellen aus der gewohnten Welt der Helden heraus und in die Abenteuerwelt der Heldenreise hinein. Sie haben also Kontakt mit mehreren ‚Welten', werden gerade dadurch aber ‚nur' als ein Übergang vom einer ‚Welt' zur anderen gesehen. Auf der Heldenreise beginnt mit dem Überschreiten der Schwelle der Transformationsprozess der Helden. Dabei wird die Schwelle aber in den seltensten Fällen nur einfach überschritten, vielmehr sammeln die Helden auf den Schwellen bereits vielfältige Lernerfahrungen und begegnen weiteren unterschiedlichen Charakteren. Deshalb lohnt eine ausführlichere Betrachtung der Schwellen im Blockbuster. Diese wird sich im Folgenden nicht nur über mehrere Abschnitte hinziehen, sondern auch in das nächste Kapitel ‚Sozialformen des Lehr-Lern-Settings auf der Heldenreise – Schwellen und Prüfungen' hineinreichen.

Die so genannte erste Schwelle wird sowohl von Campbell als auch von Vogler und Hammann als ein zentrales Moment der Heldenreise bezeichnet. Sie stellt den Punkt dar, an dem die Helden ihre gewohnte Welt verlassen. Dabei scheint der Begriff „Schwelle" ein wenig unglücklich gewählt, da durch ihn das Bild der Türschwelle suggeriert wird, das bedeutet, man geht einen Schritt und ist über die Schwelle hinweg. Tatsächlich ist die erste Schwelle bei der Heldenreise im Blockbusterfilm viel breiter, und nur selten ist sie mit einem einzigen Schritt überquert. Diese kürzeste Variante des Überschreitens der ersten Schwelle findet sich jedoch auch in einem Beispiel und zwar im *Herrn der Ringe* mit der Figur Sam Gamdschie. Es besteht für ihn tatsächlich *nur* aus einem Schritt. Es ist der Punkt, an dem Gamdschie sagt: „Wenn ich noch einen Schritt mache, bin ich so weit von zu Hause fort, wie noch nie zuvor"[596]. Daraufhin ermuntert Frodo Sam, diesen Schritt zu gehen, und Sam fasst sich ein Herz und überschreitet seine Schwelle. An diesem Punkt ihrer Reise hat Frodo noch den Charakter eines Mentors für Sam. Er rekapituliert zu diesem Zweck einige Sätze seines Onkel Bilbo über die Gefahr, überhaupt vor die Tür zu treten,

---

596 Jackson, 2001, 2002 (00:42:31 – 00:42:45)

die Sam ermutigen. Doch je weiter die Trilogie voranschreitet, desto mehr wandelt sich das Verhältnis zwischen den beiden Hobbits. Aber zurück zur ersten Schwelle.

Die erste Schwelle markiert für die Helden den Ausgang aus ihrer gewohnten Welt. „Wir betreten nun ein fremdartiges Niemandsland, eine Welt zwischen den Welten, eine Zone des Übergangs. Vielleicht wird es hier einsam und verlassen sein, vielleicht stoßen wir auf Orte voller Leben[597].

In *Star Wars Episode IV – Eine neue Hoffnung* handelt es sich bei diesem fremdartigen Niemandsland um den Raumhafen Mos Eisley. Von dem Moment an, als Luke Skywalker mit seinen Lernpartnern am Rand des Raumhafens ankommt, bis zu dem Zeitpunkt, wo sie diesen Ort im Rasenden Falken wieder verlassen, befinden sie sich auf der ersten Schwelle. In der Sicherheit des Hyperraums befindet sich die Lerngruppe auf einer weiteren Schwelle und selbst an ihrem Zielort angekommen, haben sie die Schwelle noch nicht verlassen, da sie sich weiterhin in relativer Sicherheit befinden. Erst wenn sie vom Todesstern verschluckt werden, betreten sie wirklich eine ihnen unbekannte Welt.

In *Fluch der Karibik* reicht die Schwelle im Prinzip in die gewohnte Welt hinein, sobald Captain Jack Sparrow in Port Royal an Land geht. Aber letztlich in Gänze überschritten ist sie erst, wenn Jack und Will mit ihrer neuen Crew und der Interceptor von Tortuga aus in Richtung der Black Pearl aufbrechen. Die Abenteuer, die sie in der Zwischenzeit absolvieren, finden ebenfalls auf relativ abgesichertem Terrain, eben den Schwellen statt.

Harry Potter überquert in *Harry Potter und der Stein der Weisen* einige Schwellenorte, ehe er an seinem Bestimmungsort, Hogwarts, der Schule für Hexerei und Zauberei, ankommt. Die erste Schwelle überschreitet der Zauberlehrling, wenn der Halbriese Hagrid ihn von der einsamen Leuchtturminsel abholt, auf die die Familie Dursley mit Harry geflüchtet ist, um dem Schwall an Briefen, die an Harry adressiert sind, zu entkommen. In London führt Hagrid den Jungen in die Winkelgasse, wo Harry seine Grundausstattung als Zauberlehrling bekommt, und schließlich zum Bahnhof Kings Cross. Dort wartet am Gleis 9 ¾ der Hogwarts-Express auf die Schüler. Der Zug bringt Harry dann nach Hogwarts, wo ein See überquert werden muss, ehe er sich mit seinen Mitschülern vor dem großen Saal einfindet. Hier überschreiten die neuen Schüler zusammen die Torschwelle zum Speisesaal, hinter der dann endlich entschieden wird, in welchem der Schulhäuser die Schüler und so auch Harry einziehen. Hogwarts zu erreichen, bedeutet insofern zwar einige Schwellen zu überschreiten, die eigentlichen Abenteuer beginnen jedoch erst in der Schule. Allerdings interpretiere ich Hogwarts selbst größtenteils noch als einen Schwellenort, von dem ausgehend die verschiedensten Prüfungen auf den Zauberlehrling warten.

Peter Parker, der *Spider-Man* in spe, betritt im Naturkunde Museum seine erste Schwelle, als er sich traut, Mary Jane Watson anzusprechen, um ein Foto von ihr für die Schülerzeitung zu machen. Aufgrund der Tatsache, dass er genau an dem Platz, genau in dem Augenblick die Fotos von MJ macht, hat die genetisch manipulierte Spinne Zeit,

---

597 Vogler, 2010, 232

sich bis zu seiner Hand herabzuspinnen und ihn mittels Spinnenbiss mit ihrer genetisch veränderten Struktur zu inkubieren. Es ist sicherlich kein Zufall, dass in dieser Szene die beiden Baustellen von Peters Transformationsprozess verdichtet werden. Denn an diesen beiden Aspekten, seine Super-Spinnenkräfte und Mary Jane, wird Peter Parker sich in der Folge abzuarbeiten haben. Dies geschieht sowohl auf weiteren Schwellen als auch später in der Auseinandersetzung mit dem Kobold in der Abenteuerwelt.

Jake Sully muss in *Avatar* zuerst die Reise nach Pandora bewältigen, dort die Sicherheitseinweisung durchlaufen, dann das Wissenschaftslabor durchqueren, mit der Anlage des Avatar-Projekts verbunden werden, als ‚virtueller' Charakter aufwachen, auf dem Stützpunkt der Resources Development Administration (RDA) erste Gehversuche absolvieren, ehe seine erste Mission ihn in den Dschungel von Pandora und damit über die Schwelle führt.

In *Die Tribute von Panem* beginnt die erste Schwelle für die Heldin Katniss Everdeen in dem Moment, wo sie sich freiwillig für die Hungerspiele meldet. Sie bleibt auch im Kapitol noch auf den Schwellen. Dort muss sie an einem Umstylings- und Ausbildungsprogramm teilnehmen, bevor sie in die Arena gelangt, in der die tödlichen Spiele stattfinden. Erst mit dem Schritt in die Arena verlässt sie die Schwellen.

Die erste Schwelle für Larry Daley in *Nachts im Museum* beginnt beim Arbeitsamt, wo er um einen Job nachfragt, und die Phase der Schwellen hält an bis zum Vorstellungsgespräch bei den Nachtwächtern, die seine Vorgänger in dem Job sind. Überschritten hat Larry die Schwellen erst, wenn er seine Nachtschicht beginnt.

Der Affe Rafiki nimmt sich in *König der Löwen* des Helden Simba an und führt ihn durchs Unterholz zu einem Weiher, in dem er dem skeptischen Simba zeigt, dass sein Vater in ihm noch weiter lebt.

Auf der Suche nach der Antwort, wer denn nun ihr Vater ist, überschreitet Sophie in *Mamma Mia!* die erste Schwelle, wenn sie die Briefe abschickt, mit denen sie ihre potenziellen Väter zu ihrer Hochzeit einlädt. Eine weitere Schwelle passiert sie, als sie an Bord des Bootes von Bill Anderson schwimmt, auf das sich die drei Männer zurückgezogen haben, nachdem Donna sie aus dem Hotel geworfen hat. Bei dieser Gelegenheit erfährt Sophie viel über die Jugend der drei und ihre jeweilige Beziehung zu Donna. Den gleichen Weg ging zuvor ihre Mutter Donna, die sich gegenüber ihren Freundinnen Tanya und Rosie offenbart und ihr jüngeres Ich wieder entdeckt. In einer Art emanzipativer Darbietung wird dieses Ich dann auch scheinbar von der ganzen weiblichen Bevölkerung der Insel geteilt[598].

Einen der kürzeren Schwellenübertritte, der aber im Vergleich zu anderen Heldenfiguren aufgrund der persönlichen physischen Konstitution des Charakters möglicherweise einen der anstrengendsten Wege über die erste Schwelle darstellt, hat Pandabär Po in *Kung Fu Panda* zu bewältigen. Er muss mit seinem Übergewicht die zahllosen Stufen zum Jadepalast hinaufklettern und dessen Mauern überwinden, ehe seine Ausbildung zum Drachenkrieger beginnt.

---

598 Vgl. Lloyd, 2008 (00:35:55 – 00:44:32)

Jack Dawson lädt Rose DeWitt Bukater auf eine „richtige" Party ein, die in der dritten Klasse der Titanic stattfindet. Auf der Party wird getanzt. Jack tanzt mit einem kleinen Mädchen, während Rose am Rand der Tanzfläche neue Bekanntschaften schließt, auch wenn sie ihre Gesprächspartner nicht versteht. Ein ungezügelter Tanz mit Jack lässt nicht lange auf sich warten und sie schließt weitere Bekanntschaften[599]. Rose beginnt hier die Welt klassenübergreifend zu explorieren. Dabei wird sie von Jack sowohl angestiftet als auch angeleitet, aber auch beschützt.

Pi Patel betritt in *Life of Pi* die erste Schwelle an Bord des Schiffes, das sie nach Kanada bringen soll. Dabei muss er sich mit der neuen Situation anfreunden sowie verarbeiten, was er alles hinter sich gelassen hat. Überschritten wird die Schwelle von ihm dann mit dem Untergang des Schiffes und dem Entern des Rettungsbootes.[600]

Alice fällt durch einen Kaninchen Bau und ein tiefes schwarzes Loch hinein ins *Wunderland* und landet recht unsanft in einer kleinen Kammer, in der zunächst die Welt auf dem Kopf steht. Doch dann dreht sich die Perspektive um 180 Grad, Alice stürzt auf den Boden[601].

Noch kürzer erscheint das Übertreten der Schwelle in *E.T.* Elliott hat sich nachts im Garten auf die Lauer gelegt und tatsächlich erscheint der Außerirdische ein weiteres Mal. Er geht, begleitet von spannungsgeladener Musik auf Elliott zu, streckt seine Hand aus und legt dem Jungen die Schokolinsen in den Schoß, die der am Nachmittag im Wald verteilt hatte. In dem Moment ändert sich das musikalische Thema unauffällig, wodurch die vormalige Bedrohung durch das unbekannte Wesen einen anderen, friedlicheren Klang bekommt. Mit den Schokolinsen, die E.T. bei Elliott abgelegt hat, lockt der Junge dann den Außerirdischen bis in sein Zimmer, in dem der Außerirdische zunächst in Sicherheit ist[602].

Die erste Schwelle zu betreten bedeutet nicht, die gewohnte Welt sofort gänzlich zu verlassen. Die Schwelle ist vielmehr ein Zwischenraum, der insbesondere durch die Helfer der Gruppe zu einem Moratoriumsraum für die Helden wird. Hier müssen sie zwar erste Aufgaben lösen, doch deren Komplexität hält sich im Rahmen, da sie durch die Wissensbestände der Lernpartner gedeckelt ist. Die Situationen auf der Schwelle drohen nie, außer Kontrolle zu geraten.

Die erste Schwelle bedeutet nicht nur ein bestimmtes Engagement der Helden, sie ist auch durch den Auftritt bestimmter weiterer Figuren gekennzeichnet. Hier wird die Lerngruppe ausgedehnt, sofern sie schon besteht, bzw. begründet, falls das bislang noch nicht erfolgt ist.

An oder auf der Schwelle lernt der Held im Blockbusterfilm beispielsweise Figuren, wie seinen Mentor kennen, sofern der vorher noch nicht aufgetreten ist, oder er lernt Charaktere

---

599 Vgl. Cameron, 1997 (01:03:12 – 01:07:52)
600 Vgl. Lee, 2012 (00:30:14 – 00:39:06)
601 Vgl. Burton, 2010 (00:12:14 – 00:13:20)
602 Vgl. Spielberg, 1982, 2002 (00:18:48 – 00:21:30)

kennen, die sich nicht ohne weiteres seiner Lerngruppe anschließen, oder aber solche, die ihn sogar davon abhalten wollen, seine Reise fortzusetzen. Bei diesen Charakteren handelt es sich um die so genannten ‚Schwellenhüter'. „Unter dem Schutz der Gestalten, in denen seine Bestimmung sich verkörpert, und mit ihrer Hilfe gelangt der Held im Verlauf seiner Abenteuer schließlich zu dem Torhüter, der am Eingang zu der Zone wacht, in der größere Kräfte am Werk sind. Solche Wächter [...] bezeichnen den jeweiligen Horizont des Helden, die Grenzen seiner gegenwärtigen Lebenssphäre"[603]. Die Schwellenhüter sind Figuren, die die Helden in ihre Gruppe integrieren, überwinden oder an denen sie irgendwie vorbei müssen, wenn sie in die Welt jenseits ihrer gewohnten Welt vordringen wollen. „Wenn Helden einem Schwellenhüter begegnen, müssen sie einen Weg finden, ihn zu umgehen oder durch ihn hindurch zu gelangen. Oft ist die Bedrohung, die von ihm ausgeht, nichts als Illusion, und die Lösung besteht darin, ihn kurzerhand zu ignorieren und den Weg voller Vertrauen fortzusetzen. Bei anderen Schwellenhütern muß [sic!] der Held deren feindliche Kräfte in sich selbst aufnehmen oder sie auf seinen Widersacher zurückwerfen. Der Trick besteht hier oft in der Erkenntnis, dass das vermeintliche Hindernis in Wirklichkeit sogar das Mittel ist, mit dem die Schwelle überwunden werden kann; Schwellenhüter, die auf den ersten Blick wie Feinde erscheinen, lassen sich möglicherweise zu wertvollen Verbündeten machen"[604].

Im nächsten Abschnitt werde ich Figuren vorstellen, die den Helden auf den Schwellen begegnen, welche Gruppenprozesse dabei in Gang gesetzt werden, aber auch, welche Konsequenzen die Erweiterung der Lerngruppe für die Lernenden bedeuten kann.

VII.2 Lernerfahrungen auf der ersten Schwelle – Erweiterung der Lerngruppe

Die Charakterisierungen der Schwellenhüter erfolgen in den Filmen unterschiedlich. Ihr Charakter scheint jedoch in Abhängigkeit zum Charakter der Helden entwickelt zu sein. Denn es fällt auf, dass die Charakterisierung der Schwellenhüter mit der Lernbereitschaft der Helden korrespondiert, die sie an die Schwelle mitbringen. Es gibt Heldenfiguren, die vorurteilsfrei lernen und Heldenfiguren, die mit größerer Skepsis an neue Lernerfahrungen herantreten.

Heldenfiguren, die zu diesem Zeitpunkt vorurteilsfrei motiviert sind zu lernen, treffen beispielsweise hier auf ihre Mentoren. Diese Begegnung zeichnet sich dann in diesen Fällen durch gegenseitigen Respekt aus.

Frodo, Sam, Merry und Pippin treffen im *Herrn der Ringe* im Gasthaus zum ‚Tänzelnden Pony' auf den Waldläufer Aragorn, der neben Gandalf ein Stück des Weges die Rolle des Mentors für Frodo übernimmt. In Bruchtal wird die Gruppe dann um weitere Gefährten wie den Zwerg Gimli, den Elb Legolas und den Krieger Boromir ergänzt, die

---

603 Campbell, 1999, 79
604 Vogler, 2010, 235

nach eingehender Beratung, gemeinsam mit den vier Hobbits sowie Gandalf und Aragorn aufbrechen, um den Ring der Macht zu zerstören.

Auf seinem Weg nach Hogwarts trifft Harry Potter in *Harry Potter und der Stein der Weisen* am Bahnhof Kings Cross auf die Familie Weasley. Mit deren Sohn Ron freundet er sich auf der Zugfahrt nach Hogwarts an. In Hogwarts, der Schule für Hexerei und Zauberei, ist er von Lernpartnern, bestehend aus dem Lehrerkollegium und seinen neuen Mitschülern quasi umstellt. Neue Schüler werden durch den sprechenden Hut auf Lernhäuser verteilt. Auf Harrys Wunsch hin schickt ihn der Hut ins Haus Gryffindor. Das heißt, dass Harry hier sogar für die Entscheidung, welches seine zukünftige Lernumgebung sein soll, selbst mit Verantwortung trägt. Damit findet sich hier ein weiteres Beispiel dafür, dass der Lernende Einfluss auf sein zukünftiges Lernsetting nimmt. Im Gegensatz zur Auswahl der Mentoren, wird hier allerdings die Entscheidung der Lernenden auf die Lernumgebung ausgeweitet.

Neo Thomas Anderson wird in *Matrix* von Trinity zu Morpheus geführt, womit eine Schwelle überschritten ist, an der Neo zu Beginn des Films gescheitert ist. Morpheus kennt die Antwort auf Neos Frage nach dem, was die Matrix ist. Er stellt Neo vor die Wahl, die Matrix selbst zu erleben, indem er ihm eine rote und eine blaue Pille anbietet. Mit der blauen Pille bliebe Neo in seiner Welt und hätte nie wieder Fragen, mit der roten lernt er die Matrix kennen. Morpheus warnt ihn, dass das, was er anzubieten hat, nur die ‚Wahrheit' ist, doch Neo greift bedenkenlos zu. Damit überschreitet Neo eine weitere Schwelle und, nachdem er die Pille geschluckt hat, lernt er sofort weitere Mitglieder von Morpheus Crew kennen, die dann seinen Körper aus der Energieversorgungsanlage befreien.

Zu Peter Parkers Lerngruppe tritt im Gegensatz zu den meisten anderen Helden auf der Schwelle nur eine einzige Figur hinzu, sein alter Ego *Spider-Man*. Der Spinnenbiss verändert seine Genstruktur und stattet ihn mit den entsprechenden Superkräften aus. Spider-Man ist zu diesem Zeitpunkt allerdings noch weit entfernt davon, ein Superheld zu sein. Zudem muss er sich, in Auseinandersetzung mit der Psyche seiner ersten Identität, Peter Parker, erst entwickeln.

Elliott und *E.T.* beschnuppern sich in Elliotts Zimmer zunächst vorsichtig. Dabei gibt Elliott den Takt vor, als er feststellt, dass E.T. seine Gesten nachahmt. Gleichzeitig muss Elliott darauf achten, nicht mit dem Neuankömmling im Haus erwischt zu werden.

Die Erweiterungen der Lerngruppe bis hierher sind zunächst von einem gegenseitigen Respekt der jeweiligen Gruppenmitglieder geprägt. Wenn allerdings *Alice im Wunderland* ankommt, sitzt sie in einer kleinen Kammer fest, aus der sie entkommen muss. Bei ihrem Versuch wird sie vom weißen Kaninchen, Diedeldum und Diedeldei, sowie der Haselmaus beobachtet. Die letzteren Drei sind skeptisch, ob es sich um die richtige Alice handelt, daher begeben sie sich gemeinsam mit Alice zur Raupe Absolem. Diese stellt fest, dass die Alice, die vor ihm steht, nicht ganz die Alice ist, die sie erwarten[605]. Obwohl hier Skepsis vorherrscht, behandeln sich die Figuren dennoch mit gegenseitigem Respekt.

---

605 Vgl. Burton, 2010

Ganz anders hingegen verhält es sich bei Panda Bär Po aus *Kung Fu Panda*. Der beleibte Panda Bär träumt zwar davon, ein Kung Fu Kämpfer zu sein, aber er würde es sich selbst nicht im Entferntesten zutrauen, aus seiner gewohnten Welt auszubrechen. Trotzdem landet er bei dem Festakt zur Auswahl des Drachenkriegers, wenn auch unfreiwillig, aber aufgrund eigener Aktivitäten direkt zu Füßen von Meister Shifu und Meister Oogway. Letzterer wählt Po zum Drachenkrieger. Shifu ist von der Wahl alles andere als begeistert. Nichtsdestotrotz führt er Po in den Trainingsraum und stellt ihm die Furiosen Fünf vor, die von dem Meister seit längerem ausgebildet werden. Dabei hat Shifu aber in erster Linie im Sinn, Po möglichst schnell wieder los zu werden. Bei dieser Begegnung herrscht ein entsprechendes Ungleichgewicht vor: Po verehrt Shifu und die Furiosen Fünf maßlos, sie hingegen akzeptieren ihn zunächst nicht. Pos erste Aufgabe ist es in der Folge, sich gegenüber dieser Lerngruppe zu behaupten.

Die Lerngruppe von Pi Patel in *Life of Pi* ist so ungewöhnlich wie heterogen. In seinem Rettungsboot versammeln sich nach und nach ein Zebra, eine Hyäne, ein Orang Utan und, wie Pi etwas später feststellt, ein Tiger. Die Auseinandersetzungen in dem Boot sind daher vorprogrammiert.

An der ersten Schwelle können die Helden aber auch Charakteren begegnen, die als Trickster zu bezeichnen sind. Das Auftreten der Trickster als Lernpartner ist insbesondere dann der Fall, wenn sich die Helden tendenziell eher skeptisch gegenüber ihrem Lernsetting und dem Lernstoff zeigen. Die Helden treffen dann an der Schwelle mit dem Trickster auf einen Charakter, der ihnen auf den ersten Blick nicht nützlich erscheint oder sogar als Gegner präsentiert wird. Die Trickster stellen den Interessen des Helden und seiner Begleiter in erster Linie ihre eigenen Interessen gegenüber und die Aufgabe der Helden infrage. Exempel für Trickster in der Lerngruppe lassen sich an den Beispielen von *Star Wars Episode IV – Eine neue Hoffnung, Fluch der Karibik*, aber auch bei *Harry Potter* demonstrieren.

Nachdem Luke Skywalker in *Star Wars Episode IV – Eine neue Hoffnung* die Ruinen seines heruntergebrannten Zuhauses sowie die sterblichen Überreste von Onkel und Tante vorfindet, schließt er sich Obi Wan Kenobi und seiner Mission an. Ihre erste Station ist der Raumhafen Mos Eisley. Dass es sich bei dem Ort um eine ‚geographische' Schwelle für den jungen Helden handelt, erklärt Kenobi schon aus der Distanz: „Nirgendwo wirst Du mehr Abschaum und Verkommenheit versammelt finden als hier. Wir müssen vorsichtig sein"[606]. Während ihrer Einfahrt in die Stadt wird Luke dann das erste Mal Zeuge von Kenobis Lerninhalten zum Thema die ‚Macht'. Mit seinen mentalen Fähigkeiten manipuliert der Alte die Wachen, die sie kontrollieren und ermöglicht ihnen dadurch die Weiterfahrt[607]. Dann betreten sie die Cantina Bar, einen wildwestähnlichen Saloon, in dem Piloten verkehren, die ihren weiteren Transfer übernehmen können. Nach Obi Wans Warnung, dass es darin rau zugehen könnte, versucht Luke in der Bar möglichst abgeklärt zu wirken und gerät sogleich

---

606 Lucas, 1977, 1997, 2004 (00:40:50 – 00:41:03)
607 Lucas, 1977, 1997, 2004 (00:41:40 – 00:42:40)

in Schwierigkeiten. Aus diesen Schwierigkeiten hilft ihm Obi Wan heraus, der abermals seine Fähigkeiten im Umgang mit der ‚Macht' unter Beweis stellt. In diesen Szenen bleibt der alte Mann seiner Rolle als Lehrendem genauso treu wie Luke der Seinigen als Lernender. Obi Wan teilt Informationen mit, die zu erkennen geben, dass er schon einmal an diesem Ort gewesen ist. Er kennt die örtlichen Gepflogenheiten und Gefahren und weiß mit ihnen umzugehen. Luke hingegen wirkt völlig unbeholfen und schwankt zwischen Angst, Verwunderung, Skepsis und zuletzt Überheblichkeit hin und her.

Dann stellt Obi Wan seinem Schüler den Wookie Chewbacca vor, der Co-Pilot ist, sowie dessen Captain, Han Solo. Obi Wan beginnt mit Solo über ihren Transfer zu verhandeln. Luke beargwöhnt den fremden Mann skeptisch. Als Solo den Preis für den Transfer nennt, reagiert Luke empört. Mit diesem Mann will er keine weiteren Geschäfte betreiben. Kenobi beruhigt den jungen Hitzkopf und schließt das Geschäft mit Solo ab[608]. Damit werden Han Solo und Chewbacca zu weiteren Verbündeten auf der Heldenreise. Die in dieser Szene angedeutete Konkurrenz zwischen Solo und Skywalker wird sich in den weiteren Szenen fortsetzen. Die beiden neuen Charaktere Solo und Chewbacca lassen die Heterogenität der Gruppe wachsen. Han Solo zeigt sich nicht loyal gegenüber dem Helden, sondern er will den Auftrag ausführen, den er erhalten hat. Er ist ein Glücksspieler und vielleicht auch ein Glücksritter. Lucas beschreibt die Figur des Han Solo: „Er gehört zu den Besten. Bei zahllosen Gelegenheiten hat er das Imperium ausgetrickst und überhaupt ein paar von den ganz heißen Dingern gedreht. Aber er hat ein Problem: er spielt leidenschaftlich gern und dabei geht fast sein ganzes Geld drauf. Er ist ausdauernd und zäh, aber irgendwie schafft er es nie, soviel auf die Seite zu bringen, dass er wirklich an die Macht kommt…hat einen Hang zur Selbstzerstörung und genießt es irgendwie am Rand des Abgrunds zu stehen… einmal trifft man ihn und er ist zehn Milliarden Dollar wert und das nächste Mal steckt er bis über Ohren in Schulden"[609]. Han Solos Loyalität gilt also dem Geld. Nicht ganz grundlos, wie der Kopfgeldjäger Greedo zeigt, der Solo in der nächsten Szene stellt. Er will die Belohnung kassieren, die auf Solos Kopf ausgesetzt wurde, auch wenn er ihn dafür töten muss. Solo zeigt sich davon unbeeindruckt, verwickelt den Kopfgeldjäger in eine Plauderei, während er unter dem Tisch seine Waffe zieht und den Kopfgeldjäger skrupellos erschießt. Beim Wirt entschuldigt er sich für die „Sauerei", wirft ein paar Münzen über den Tresen und verlässt die Bar[610].

Sein ganzes Auftreten sowie der Ort, an dem er auftritt, klassifizieren Han Solo als einen klassischen Trickster. Er verhandelt geschickt, hat egoistische Interessen, begegnet der Welt mit Witz und ist skrupellos. Der Trickster „[…] stutzt übermäßige Egos auf das normale Maß und bringt Helden wie auch Publikum beizeiten wieder auf den Boden der Wirklichkeit zurück. Indem er ein befreiendes und gesundes Gelächter provoziert, hilft er uns, unsere all-

608 Lucas, 1977, 1997, 2004 (00:45:56 – 00:47:24)
609 Lucas, George zitiert nach: Pollock, Dave (1983), 49
610 Lucas, 1977, 1997, 2004 (00:47:56 – 00:49:08)

fälligen Beschränktheiten zu erkennen und führt uns Torheit und Heuchelei vor Augen"[611]. Insofern zeigt sich Solo sogleich als eine Bereicherung der bis dahin reichlich moralisch aufgeladenen Lerngruppe. Er bietet ein Gegengewicht. Dabei bewegt er sich weder auf der Ebene von Luke Skywalker noch auf der Ebene von Kenobi, er ist vielmehr dazwischen angesiedelt. Der Ort, an dem diese Figur zuerst auftritt, der Raumhafen, ist kein Zufall. Der Raumhafen ist eine Durchgangsstation. Von dort aus gelangt man an andere, noch fremdere Orte. Ähnlich verhält es sich mit der Bar. Auch sie ist ein Ort, der eher als Durchgangsstation verstanden werden kann. „Die Bar kann ein Mikrokosmos der anderen Welt sein, ein Ort, wo jeder irgendwann einmal erscheint […]"[612]. Die Bar im Raumhafen ist somit ein Schwellenort und genau das ist der Ort, an dem Trickster zu finden sind. „They are the Lords of in-between. A trickster does not live near the hearth; he does not live in the halls of justice, the soldiers tent, the shaman's hut, the monastery. He passes through each of these when there is a moment of silence, and he enlivens each with mischief, but he is not their guiding spirit. He is the spirit of the doorway leading out, and of the crossroad at the edge of town"[613].

Die Trickksterfiguren erscheinen deshalb als besonders wesentlich, weil sie, mit Piaget gesprochen, den bis dahin hauptsächlich in der gewohnten Welt stattfindenden Lernprozess von der Adaption und Assimilation um die Akkommodation erweitern. „Akkommodation [sic!] tritt dann auf, wenn Lernende erleben, dass neue Erfahrungen nicht mit ihrem Vorwissen vereinbar sind; zudem müssen sie den resultierenden *kognitiven Konflikt* überwinden wollen. Lernende neigen jedoch dazu, neue Informationen eher so zu interpretieren, dass sie zu ihrem Vorwissen passen (Assimilation); dies führt im Falle einer tatsächlich vorliegenden Diskrepanz zu Fehlkonzepten"[614].

Trickksterfiguren begegnen den Helden auch in anderen Blockbustern an dieser ersten Schwelle. Über Jack Sparrow in *Fluch der Karibik* wurde schon weiter oben berichtet. Sparrow ist die deutlichste Manifestation der Mentor- und Trickksterfigur in einer Person bei den hier untersuchten Blockbusterfilmen. Und auch er bringt William Turner, nachdem der den Kapitän als Lehrenden akzeptiert hat[615], in die Hafenstadt und dort in eine Bar. Turner lernt in Tortuga sogleich eine Welt kennen, die jenseits seiner Vorstellungskraft zu liegen scheint. Tortuga wird von skurrilen Figuren bevölkert, deren Antrieb der pure Hedonismus ist. Exzesse und Raufereien in jeglicher Form sind an der Tagesordnung, und Jack Sparrow ist in diesem Szenario kein Unbekannter, wie einige Damen sogleich handgreiflich zu erkennen geben. Während Sparrow dann in der Bar damit beginnt, mit Joshamee Gibbs über eine Crew zu verhandeln, erhält William zuvor die Aufgabe, dort Wache zu schieben. Dieser zeigt sich bei seinen ersten Schritten in dieser ihm unbekannten Welt

611 Vogler, 2010, 151
612 Vogler, 2010, 249
613 Hyde, 2008, 6
614 Krause/Stark, 2006, 42
615 Siehe Kapitel: Mentoren – Lehrende Begleiter

durchaus anfänglich interessiert aber zugleich ähnlich unbeholfen und arrogant wie Luke Skywalker[616]. William Turner wird von dem Szenario und den Figuren, denen er hier begegnet, ebenfalls abgeschreckt, um nicht zu sagen, sie überfordern ihn regelrecht[617].

In der nächsten Szene mit Jack und William, die am folgenden Morgen spielt, inspizieren die beiden die Mannschaft, die Gibbs für ihre Reise ausgewählt hat. Die Mannschaft sieht nicht sonderlich Vertrauen erweckend aus, aber Gibbs preist sie in höchsten Tönen an: „Jeder ist sein Salz wert und verrückt obendrein". Will Turner zeigt sich erneut von seiner skeptischen Seite angesichts der äußerst heterogenen Mannschaft. Sparrow lässt sich jedoch davon nicht beirren und dann zeigt William das erste Mal, dass er inzwischen etwas gelernt hat: er verspricht Anamaria, der einzigen Frau der Crew, auch zur Verwunderung von Jack, ihr Schiff als Gegenleistung für ihre Dienste. Etwas überrumpelt stimmt Jack dem Vorschlag zu[618].

Skeptische Lerner werden an der Schwelle also von ihren Lehrenden in einer Art ‚Training on the Job' mit einer neuen ihnen unbekannten Situation konfrontiert, d.h. die Lehrenden ziehen sich aus dem Fokus zurück, bleiben aber in unmittelbarer Nähe und überlassen ihre Lernenden dem Geschehen. In diesem klar abgegrenzten und durchaus geschützten Rahmen werden die Lernenden dann mit ihren eigenen Grenzen konfrontiert. Diese erkunden sie hier auf eigene Faust. Sowohl Skywalker als auch Turner tragen an diesem Punkt kleinere Blessuren davon, erleiden aber keinen nennenswerten Schaden. Mit anderen Worten beide Charaktere werden mit ihren Lernfeldern so konfrontiert, dass sie daran scheitern. Dies scheint aber durch den Mentor durchaus in diesem abgesicherten Lernszenario intendiert zu sein. Erst wenn diese zuweilen skeptischen Lernenden ihre eigenen Grenzen erfahren haben, wird die Lerngruppe erweitert, ganz so also wolle der Lehrende die Lernenden erst einmal in eine entsprechende und, wie sich im Verlauf der Narrationen zeigen wird, notwendige Lernbereitschaft versetzen. Ohne Kritik ist die erforderliche Lernbereitschaft nicht zu erreichen, wie schon Konfuzius wusste, denn es sei „[…] schwieriger zu lernen, wenn einem gar nicht widersprochen werde, als wenn man – wenigstens ab und zu – auf Kritik stoße"[619]. Trickster liefern zudem Kritik an Idealen oder Zielen der Helden, indem sie sich diesen mit ihren eigenen Interessen entgegenstellen.

Ist der Zustand der Lernbereitschaft dann auf der Schwelle aber erreicht, wird die jeweilige Lerngruppe durch die Hand des Mentors erweitert, der dabei seine Lehrsouveränität trotz aller Skepsis seines Schützlings bewahrt. Der Mentor verteidigt die potenziellen neuen Gruppenmitglieder auch gegen den Protest des Schützlings. Wie gezeigt aus gutem Grund, denn die neuen Mitglieder der Lerngruppe erweitern das Spektrum des Lernen-

---

616 Turner übergießt Joshamee Gibbs mit einem Eimer Wasser, um den Gestank von ihm herunter zu waschen, was von Sparrow mit einem missmutigen Blick quittiert wird.
617 Verbinski, 2003, (00:48:41 – 00:51:50)
618 Verbinski, 2003, (00:58:31 – 01:00:28)
619 Paul, 2010, 46

den, indem sie als skeptische ‚Lernpartner auf Augenhöhe' auftreten und es dadurch ermöglichen, Lernerfahrungen zu machen, die der Lehrende dem Lernenden nicht aus sich heraus zur Verfügung stellen kann. Lernpartner auf Augenhöhe „[…] können sich gegenseitig helfen, knüpfen und festigen soziale Kontakte und fühlen sich nicht vom Lehrer unter Druck gesetzt"[620]. Sie sind insofern Garanten für kooperatives Lernen.

An diesem Punkt der Heldenreise geht der Gruppenprozess nun in die Phase des Storming über. Unter den Mitgliedern finden Aushandlungsprozesse über das Zusammenspiel der Gruppenmitglieder statt. „Äußere Anzeichen dieser Storming-Phase sind Reibungen und Reibungsverluste im sozialen Miteinander der Gruppenmitglieder. […] Das gilt vor allem für die Anfangsphase der Gruppensozialisation"[621].

Auch in *Harry Potter und der Stein der Weisen* findet sich dieser Punkt. Auf der Zugfahrt nach Hogwarts lernt Harry nicht nur Ronald Weasley, sondern auch Hermine Granger kennen. Hermine besticht sogleich durch ihr altkluges, bis zur Arroganz reichendes Verhalten, indem sie ihre Kenntnisse der Zaubersprüche plakativ unter Beweis stellt[622]. Freundschaft mit den beiden Jungs erzielt sie damit zunächst einmal nicht, und es wird eine Weile dauern, bis die drei als Lerngruppe zueinander finden. Harrys Lerngruppe entwickelt sich also schrittweise und die Freundschaft mit Hermine beginnt mit Antipathie. Hermine fällt zudem in den folgenden Szenen zunächst in erster Linie durch ihr äußerst angepasstes Verhalten auf, tatsächlich ist es aber gerade sie, die einige der Hausregeln brechen wird, um die Ziele der Gruppe zu erreichen. Damit handelt es sich bei dem Charakter von Hermine Granger ebenfalls um eine Trickfigur, die allerdings von vornherein nicht nur auf ihre eigenen Ziele achtet, sondern immer auch die soziale Gruppe mit im Blick behält[623]. Aber es gelingt ihr anfänglich nicht, dies bei Harry und Ron zu positionieren.

Simba, der potenzielle *König der Löwen* durchstreift bei seiner ‚Rückkehr' in sein verwüstetes Königreich dieses zunächst allein, doch alsbald gesellen sich Naala, Timon und Pumba zu ihm und versprechen, bis zum Ende bei ihm zu bleiben.[624] Hinsichtlich der Storming-Phase bildet diese Gruppe hier die Ausnahme. Die Gruppe performt sofort gut zusammen. Das ist nicht zuletzt darauf zurückzuführen, dass die Gruppe, bestehend aus Timon, Pumba und Simba, schon eine ganze Weile zusammen unterwegs ist und auch die Freundschaft zwischen Naala und Simba ist nicht neu. Die beiden Grenzgänger Timon und Pumba können mit ihrer Lebensphilosophie „Hakuna Matata" und ihrem gesamten Auftreten ebenfalls als Trickster bezeichnet werden, deren Loyalität zunächst immer ihren Freunden gilt.

---

620 Mattes, 2007, 32
621 Klippert, 2010, 133f.
622 Columbus, 2001 (00:35:00 – 00:36:12)
623 Im Wortstamm ihres Vornamens ‚Hermine' dürfte nicht grundlos der Name des Trickstergottes der klassischen, griechischen Antike ‚Hermes' enthalten sein.
624 Vgl. Allers/Minkhoff, 1994 (01:07:16 – 01:08:49)

An diesem Punkt lässt sich bereits erahnen, dass die Gruppe und die kooperativen Sozialformen des Lernens die bestimmenden Arbeitsformen für den Rest der Heldenreise werden, wenngleich die Gruppen immer wieder in unterschiedlichen Settings operieren und mit unterschiedlichen Herausforderungen konfrontiert werden. Dies entspricht jedoch dem Anspruch der kooperativen Lernformen, die jeweiligen Talente der Lernenden im ‚learning by doing' zur Entfaltung bringen zu können, und die Einbindung in die Gruppe verringert dabei die Angst, auch mal Fehler zu machen[625]. Kooperativ organisierte Lernsettings steigern offensichtlich das Selbstwertgefühl von Lernenden. „Es wächst offenbar das Gefühl, sich selber etwas zuzutrauen und auch für andere wichtig zu sein; das *Selbstkonzept* wird demnach *positiv beeinflusst*"[626]. Damit Lerngruppen aber effektiv zusammenarbeiten, ist eine gelungene Teamzusammenstellung unerlässlich. In den bislang vorgestellten Beispielen wurde diese durch den Mentor in Verlängerung des Autors durchgeführt. Den entscheidenden Punkt für die Auswahl der weiteren Gruppenmitglieder bilden in diesem Falle die Charakterzüge, an denen es den Helden zu diesem Zeitpunkt noch mangelt[627]. „Die Lehrperson hat eine bestimmte Absicht und sie schätzt ein, was in einem Spiel anfangs intendiert wird und was nach der Durchführung erreicht (oder eben manchmal auch nicht erreicht) wurde"[628].

Neben den Mentoren, Gefährten und Trickstern besiedeln aber u.U. auch noch andere Charaktere die Lerngruppen der Helden, und auch sie hängen dabei scheinbar immer vom Lerncharakter der Helden ab. Ein Beispiel dafür ist der Charakter des Gestaltwandlers.

James Bond ist beispielsweise ein, vielleicht nicht ganz zu Unrecht, leicht überheblicher Lernender. Bond verfügt zu Beginn von *Casino Royale* bereits über bestimmte Skills und Kompetenzen, die ihn für seinen Beruf als Geheimagent qualifizieren. Aufgrund seiner Fähigkeiten lässt er eine gewisse Arroganz, Überheblichkeit und Respektlosigkeit gegenüber seiner Lerngruppe durchblicken. An anderen Kompetenzen mangelt es ihm jedoch, insbesondere an solchen, die sich um die Emotionen drehen. Bond muss für seinen Job lernen, über seinen Gefühlen zu stehen, und gleichzeitig steht auch immer wieder die Frage nach seiner Loyalität gegenüber seiner Lerngruppe und insbesondere seiner Chefin M auf dem Spiel. Entsprechend dieser Lerndisposition begegnet Bond in *Casino Royale* einer dem Trickster verwandten Figur in Form von Vesper Lynd. Sie wurde James Bond durch seine Vorgesetzte, die ab dem Zeitpunkt als Mentorin aus der Distanz fungiert, als Begleitung zu-

---

625 Vgl. Mattes, 2007, 32
626 Gudjons, 2003, 154
627 Vgl. Hammann, 2007, 150. Ähnlich sieht dies Vogler: „In vielen Geschichten gibt es Helden, hinter denen eine Gruppe von Charakteren mit ganz speziellen Fähigkeiten oder Eigenschaften steht. […] In dieser Phase kann es geschehen, dass der Held innerhalb seiner Gruppe Kämpfe um die Führungsposition durchstehen muss. Während der ersten Bewährungsproben zeigt sich zudem, wo die Stärken und Schwächen der Gruppenmitglieder liegen" (Vogler, 2010, 246).
628 Gudjons, 2003, 167

geteilt[629]. Lynd ist Vertreterin des Schatzamtes, und sie verwaltet das Geld, das Bond für das Pokerspiel gegen Le Chiffre zur Verfügung gestellt wird. Gegenüber Bond erweist Lynd sich, zumindest in Sachen Wortwitz, als ebenbürtig und vermag den ungeschliffenen Spieler auf diese Weise – für Momente – in seine Schranken zu verweisen[630]. Zu der Lerngruppe gesellt sich noch Bonds Kontaktperson in Montenegro hinzu, René Mathis. Dieser bleibt aber, genau wie Vesper Lynd, etwas undurchsichtig. Da der Kern von Bonds Ruf lautete, er solle niemandem vertrauen, verwundert die Konstellation dieser Lerngruppe wenig[631]. Vesper Lynd entpuppt sich als weniger zuverlässig als es den Anschein hat, und ob die Weste von Mathis blütenweiß ist, bleibt gleichfalls unklar. Lynd zumindest nimmt Konturen des Figurentypus des Gestaltwandlers an, einer Figur, die oftmals an der Schwelle auf die Helden wartet. „Ein ,Gestaltwandler' kann den Helden in die Irre führen oder ihn beständig vor Rätsel stellen, und es ist oft schwer zu sagen, wie es denn um seine Ernsthaftigkeit und Loyalität bestellt ist"[632]. Gestaltwandler sind Figuren, die nicht die Zerstörung des Helden im Sinn haben, die aber durchaus im Dienste des Hauptgegners stehen.

Wenn solche Gestaltwandler an der Schwelle auftreten, müssen sie sich nicht zwangsläufig den Lerngruppen um die Helden anschließen. Sie können z. B. kurz im Gewand des Mentors auftreten, wieder verschwinden und sich dann im Laufe der Story als Gegenspieler entpuppen.

Nachdem beispielsweise Larry Daley von der Vermittlerin des Arbeitsamtes, die hier eine Art Torwächter-Funktion übernimmt, in *Nachts im Museum* (2006) einen Job als Nachtwächter erhalten hat, trifft er im titelgebenden Museum auf seine Vorgänger in diesem Job, die Nachtwächter Cecil Fredericks, Gus und Reginald. Wird dieses Trio auf den ersten Blick als Mentorentrio präsentiert, stellen sie sich im späteren Verlauf der Handlung als Larrys Gegenspieler heraus, die eine antike goldene Tafel stehlen wollen, um sich persönlich daran zu bereichern. Sie haben Larry nur ausgewählt, weil sie glauben, mit ihm jemanden gefunden zu haben, den sie leicht überlisten können.

In dieselbe Kerbe schlägt die Figur des Mike Quaritch, dem Sicherheitschef der Ressources Development Administration (RDA) in *Avatar*. Jake Sully trifft auf Pandora kurz nach seiner Ankunft auf diesen Colonel, der die Neuankömmlinge zunächst einmal bei einer Sicherheitseinweisung über die Gefahren auf dem Planeten informiert. Sully bringt als Ex-Marine diesem Colonel offensichtlich Sympathien entgegen. Ohne jedoch in direkte Interaktion mit ihm zu treten, lernt er anschließend die Gruppe von Wissenschaftlern kennen, die das Avatar-Programm durchführen. Insbesondere Dr. Grace Augustine lässt Sully deutlich spüren, dass er als ehemaliger Marine Soldat höchst unwillkommen ist bei dem Programm,

---

629 Diese Distanz wird durch die modernsten Kommunikationsmedien überbrückt.
630 Im späteren Gang der Story wird sich zudem zeigen, dass Lynd tatsächlich ganz eigene Ziele verfolgt.
631 Vgl. Campbell, 2007 (00:55:31 – 01:06:08)
632 Vogler, 2010, 134

zumal er als ehemaliger Soldat keinerlei wissenschaftliche Qualifikation vorweisen kann, die nach ihrer Ansicht gebraucht würde. Trotzdem übernimmt er gegen alle Widerstände der Forschungsleiterin seinen Avatar und vollführt mit ihm die ersten Schritte auf dem Stützpunkt. Danach trifft er wieder auf den Colonel, der ihm das Blaue vom Himmel herunter verspricht, wenn Sully für ihn während des Programms bei den Na'vi spioniert. Auch Quaritch entpuppt sich im Lauf der weiteren Story zusehends als ein Kombattant von Jake Sully.

Trotz oder gerade wegen ihrer nicht permanenten Präsens in der Lerngruppe der Helden bieten auch die Gestaltwandler Lernpotenziale für die Helden, indem sie sie beispielsweise dazu veranlassen, ihre Interaktionspartner gründlicher auszuwählen, als sie dies zu Beginn bereit oder in der Lage sind, zu unternehmen. Eine kritische Betrachtung der Personen in ihrem Umfeld ist dieser Art lernender Helden fremd. Sie sind von sich und ihren Anliegen überzeugt, halten sich, bewusst oder unbewusst für unbesiegbar und lassen dabei eine gewisse Egozentrik erkennen. Diese Helden zeigen sich gegenüber anderen oft vertrauensselig, und den Gestaltwandlern schlägt beispielsweise seitens der Helden bei ihren ersten Auftritten entsprechend Sympathie entgegen, da die Gestaltwandler sich gerne generös und wohlwollend zeigen. Tatsächlich schlummert unter ihrer Oberfläche aber stets auch etwas pathologisches, das in ihren ersten Szene Bestandteil der Inszenierung ist: Ein schiefes Grinsen des Darstellers, ein Schatten auf dem Gesicht, düstere Ausleuchtung, dissonante Musik, vage Bemerkungen etc. Die Auswahl an möglichen Instrumenten zur Inszenierung ist hier groß, aber den Helden wie den Rezipienten fällt es dennoch selten genug auf, da sie noch vermehrt mit sich selbst beschäftigt sind. „Wenn ich nur auf meinen Vorteil bedacht bin und die Auswirkungen auf die Personen meiner Umgebung unbeachtet lasse, ihnen sogar schade, so mag ich kurzfristig dadurch Vorteile erhalten, aber langfristig schadet mir das aus mindestens zwei Gründen: Ich provoziere Gegnerschaft und diese Gegnerschaft wird über kurz oder lang auch mir selbst Unbehagen verschaffen, sei es, dass die Person, der ich geschadet habe, selbst gegen mich antritt, oder, dass ich dadurch ein Gesetz verletzt habe, und somit eine Gegnerschaft mit den Vertretern des Gesetzes erwarten muss. Ich habe damit eine Kette von negativen Handlungen in Gang gesetzt, die mit großer Wahrscheinlichkeit wieder auf mich zurück wirkt"[633]. Die Überwindung dieser tendenziell egozentrischen Perspektive ist zentraler Bestandteil der Heldenreise von Helden dieser Prägung. Die Lernerfahrung im Kontext mit den Gestaltwandlern geht aber noch weiter, wenn diese sich schließlich als die tatsächlichen Gegner der Helden herausstellen. Dann kommt es unvermeidlich zur Konfrontation, da diese Figuren zuletzt Psychopathen sind. „Sie sind heuchlerisch und oberflächlich, egozentrisch und grandios, hinterlistig und manipulativ und zeichnen sich durch einen Mangel an Reue oder Schuldbewusstsein sowie an Einfühlungsvermögen und ein flaches Gefühlsleben aus. Ihr Verhalten ist impulsiv, unbeherrscht und verantwortungslos. Sie suchen ständig den >>Kick<<

---

633 Marten/Kuhl, 2004, 153

und zeigen schon als Kind abweichendes Verhalten"[634]. Zur Auseinandersetzung kommt es dann zumeist, wenn es diesen Helden aufgrund ihres Egos nicht gelingt, sich rechtzeitig abzugrenzen. Genau das wird allerdings von den Gestaltwandlern insistiert, sie sollen den Charakter der Helden unterwandern, um seine Schwächen zum Vorschein zu bringen.

In anderen Fällen begegnen die Helden bereits auf der Schwelle das erste Mal den unverhüllten Charakteren der Gegenseite, den von Vogler so genannten „Schatten". „Der Archetypus des Schattens steht für die Kräfte der Nachtseite, für diejenigen Aspekte einer Sache oder eines Menschen, die unter normalen Umständen keinen Ausdruck finden, unbewußt [sic!] sind oder mißbilligt [sic!] werden"[635]. Dabei können die Schatten zunächst einmal ihre Handlanger aussenden, um die Stärke des Helden zu prüfen. Das indirekte Auftreten der Schatten findet dann statt, wenn die Helden sich bereits motiviert für ihre Heldenreise zeigen und dabei kein übermäßiges Ego an den Tag legen.

Aufgabe der Helden ist es in diesen Fällen sich abzugrenzen, wie es beispielsweise in *Harry Potter und der Stein der Weisen* von Harry Potter getan wird. Vor der Tür zum großen Saal von Hogwarts bekommt Draco Malfoy mit, dass der berühmte Harry Potter mit ihm zugleich eingeschult werden soll. Schon an Malfoys Tonfall fällt die herablassende Art auf, mit der er sich Harry Potter nähert. Im gleichen Stil äußert er sich über Ron Weasley, woraufhin Harry ihn endgültig abblitzen lässt.

Frodo, Sam, Merry und Pippin begegnen in *Der Herr der Ringe* noch im Auenland den schwarzen Reitern und können diesen zunächst aufgrund ihrer besseren Ortskenntnis entkommen.

Katniss Everdeen begegnet in *Die Tribute von Panem* bei der Auswahl der so genannten Tribute für die Hungerspiele der Betreuerin Effie Trinket. Trinket wurde durch das Kapitol eingesetzt. Katniss verleiht ihrer Missachtung gegenüber dieser affektierten Person deutlichen Ausdruck, wenngleich sie später auch noch auf ihr Wohlwollen angewiesen sein wird.

Die Abgrenzung der Helden von den Handlangern der Schatten und ihren pathologischen Zügen bedarf seitens der Helden ein bestimmtes Selbst-Bewusstsein. „Da Psychopathen weder ein Gewissen haben noch über Mitgefühl verfügen, gibt es bei ihnen kein Motiv, sich zu ändern und sich an die gesellschaftlichen Normen zu halten. Daher schlagen nach Hare alle Versuche immer wieder fehl, sie zu therapieren oder im Gefängnis zu resozialisieren. Die einzige Möglichkeit, sich vor ihnen zu schützen, ist, um die eigene Verführbarkeit zu wissen und manipulierende Inszenierungen rechtzeitig zu durchschauen. Dann geht es darum, sich aus dem Einflussbereich dieser Personen zu begeben und so schnell und konsequent wie möglich zusammen mit Gleichgesinnten soziale und strafrechtliche Sanktionsmöglichkeiten in die Wege zu leiten"[636]. Für die Helden gilt es also zu diesem Zeitpunkt auf

634 Buer, 2008, 145
635 Vogler, 2010, 143
636 Buer, 2008, 146

der Schwelle zunächst darum, sich von den ‚Schatten' abzusetzen, da ihre Kenntnisse nicht ausreichen, um ihren Gegnern tatsächlich etwas entgegen zu setzen, was ihrem Tun Einhalt gebietet. Das müssen sie lernen. Entsprechendes lässt sich durchaus auch für Lernerfahrungen in Lerngruppen konstatieren. Hier ist es Aufgabe der professioneller Lehrender oder der Institution, entsprechende Vorkehrungen zu treffen. Im günstigsten Falle entwickeln junge, unerfahrene Lernende zunächst genug eigene Stabilität, ehe sie auf solche schwierigen Charaktere treffen. Wenn dies aber nicht gelingt, müssen sie entsprechend gestützt werden, um auch nach der Begegnung mit einem solchen Charakter weiterhin wohlwollend in die Welt zu gehen, und sie müssen dann auch nochmals erfahren, dass es sich lohnt dem Nächsten freund(schaft)lich zu begegnen, da sonst die Gefahr besteht, dass sie selbst beispielsweise zu Egozentrikern und unter Umständen Schlimmerem werden. „Voraussetzung ist nur, dass wir ‚aus uns herausgehen', d.h. dass wir nicht egozentrisch sind, sondern uns mit dem ‚außer uns' Liegenden beschäftigen (d.h. mit dem außerhalb unseres bewussten Ichs Befindlichen). Egozentrik zu überwinden, ist also sowohl für die Betroffenen als auch für die Gemeinschaft eine wichtige Aufgabe. Unsere Ausführungen haben gezeigt, dass das Lenken der Aufmerksamkeit auf andere gar nicht automatisch bedeuten muss, dass man nicht mehr für sich selber sorgt. Der Trick besteht eigentlich darin, dass der Blick auf andere Menschen hilft zu vermeiden, die Sorge um sich selbst mit dem bewussten, in seinem Blickwinkel sehr eingeschränkten Ich zu betreiben. Das Selbst arbeitet unbewusst und es kann gleichzeitig auf die eigenen Bedürfnisse und die Bedürfnisse anderer achten. Wenn wir also das bewusste Ich auf die Bedürfnisse anderer richten, lenken wir es sozusagen von einer allzu einseitigen Zentrierung auf die eigenen Bedürfnisse ab"[637].

In der Auseinandersetzung mit den Schatten zeigt sich, wie nah Gelingen und Scheitern der Lernprozesse beieinander liegen können. Helden, aber auch Schatten haben ein Interesse am Selbst. Die Schatten haben jedoch nur sich selbst und ihre Interessen im Blick und suchen nach Wegen, um den Helden jedes Gefühl für Sozialität und Nächstenliebe auszutreiben. Die Helden lernen hingegen, sich im Rahmen einer Sozialität zu entfalten. Ein gelungener Lernprozess bedeutet daher auch, dass sich das Selbst, als gesellschaftlich handlungsfähiges Subjekt, in Dialog mit seiner Gesellschaft findet. Dieses Ziel gelingender Lernprozesse ist auch ein weiteres Argument dafür, dass der Ruf oder die Berufung, die die Helden erreicht, nicht so formuliert ist, dass ihre Entwicklung im Zentrum steht, sondern eine Aufgabe auf sie wartet, deren Bewältigung für sie sozusagen en passant, in Form des „Headfakes", zur Entfaltung individueller Kompetenzen und damit zur Erweiterung ihrer Persönlichkeit führt.

Wie diese Entwicklung der Helden von statten geht, ist der Kern der Heldenreise, denn ehe die Helden jenseits der Schwellen ihre Prüfungen bestehen, die entscheidende Prüfung bewältigen, die Klimax überwinden und in eine gewohnte Welt zurückkehren, gilt es zunächst, die weiteren Schwellen zu über- oder durchschreiten. Hier und auch jenseits der Schwellen wartet eine große Zahl an Lernerfahrungen auf die Helden, und es wird

---

637 Marten/Kuhl, 2004, 155f.

in den nächsten Abschnitten zu prüfen sein, welche Lernsettings und Lernangebote die Blockbusterfilme hier bereithalten.

Ehe der Blick auf die folgenden Schwellen gelenkt wird, sei an dieser Stelle noch eine Bemerkung zum Ablauf der Narration gestattet. Nicht alle Schatten bzw. ihre Handlanger begegnen den Helden unmittelbar. Aber in dieser Phase des Films, wenn die Helden ihre ersten Schritte auf der Schwelle unternehmen, werden immer, in einem Gegenschnitt, die Schatten bzw. ihre Handlanger und deren Machtfülle für die Rezipienten enthüllt. Somit wissen die Helden noch nicht unbedingt, was sie tatsächlich erwartet, die Rezipienten hingegen werden darauf vorbereitet.

Ein Beispiel dafür findet sich in *Der Herr der Ringe*. Der Zauberer Saruman enthüllt dem Zauberer Gandalf seine Bündnisabsichten mit Sauron. Aber auch andere Blockbuster geizen nicht mit Szenen, in denen dies ausgedrückt wird. Gouverneur Grand Moff Tarkin hat in *Star Wars Episode IV – Eine neue Hoffnung* zu diesem Zeitpunkt die Pläne zur Versklavung der Galaxis bereits auf den Tisch gelegt. Darth Vader hat demonstriert, welch zerstörerische Fähigkeiten die dunkle Seite der Macht bietet und nun schickt Tarkin sich an, die Feuerkraft des Todessterns an Prinzessin Leias Heimatplaneten unter Beweis zu stellen. Piratenkapitän Barbossa hat der entführten Elisabeth Swann eindrücklich demonstriert, worin der dem Film den Titel gebende *Fluch der Karibik* besteht, nämlich in ihrem Dasein als Untote. Die rote Königin setzt ihre Schergen auf *Alice im Wunderland*, um Alice festzunehmen. Tai Lung hat in *Kung Fu Panda* eine Feder greifen können, die ihm helfen wird, seine Fesseln im Kerker zu lösen. Cecil Fredericks und seine beiden Nachtwächterkollegen denken darüber nach, ob der schüchterne Larry Daley in ihrem Sinne der richtige Nachtwächter ist, um *Nachts im Museum* seinen Dienst zu schieben. In der Phase, in der sich Elliott und *E.T.* einander nähern, werden im Gegenschnitt immer wieder Leute gezeigt, die den Wald an der Stelle untersuchen, wo das Raumschiff der Außerirdischen gelandet war. Die Orks haben in *Der Hobbit* längst die Verfolgung der Zwerge aufgenommen und fordern Verstärkung an. Während Simba in *Der König der Löwen* zu seinem angestammten Felsen zurückkehrt, wird Scar gezeigt, wie er Simbas Mutter vor seinen Hyänen bloßstellt und sie niederschlägt. Dabei spielt Scar sich zum Herrscher über Leben und Tod auf. Während des Junggesellinnenabschieds von Sophie in *Mamma Mia!* kreuzen ihre drei potenziellen Väter Bill, Harry und Charlie wieder im Hotel auf, was Mutter Donna als Versuch interpretiert, dass sie ihr die Hochzeit verderben wollen.

In solchen Szenen übernimmt somit die Narration gegenüber den Rezipienten die Funktion, die Größe der anstehenden Aufgabe der Helden auf ihren Heldenreisen zu verdeutlichen. Insofern lassen die gegenüber den Rezipienten enthüllten Schatten sich letzten Endes auch als entferntere Bestandteile der Lerngruppen fassen, da sie früher oder später, wie oben angedeutet, einiges zum Lernerfolg der Helden beitragen werden.

VII.3 Schlussfolgerungen

Die Zusammensetzung der Lerngruppe erfolgt auf der Heldenreise scheinbar abhängig vom jeweils individuellen Lerntyp der Helden. In vielen Fällen sucht er sich seine Lerngelegenheiten und Lernpartner selbst aus. Wenn der Lernende skeptisch eingestellt ist, schaltet sich jedoch der Mentor ein und wählt für den Lernenden Lernpartner aus, die seinen jeweiligen Bedürfnissen entsprechen und die unter Umständen im Sinne der Piaget'schen Akkommodation dazu beitragen, dass der Lernende sein bisheriges Wissen in Frage stellen muss. Dadurch kann die Lernbereitschaft des Lernenden wieder in die entsprechenden Bahnen gelenkt werden[638].

Eine Alternative zur Ankurbelung des Lernprozesses ist, dass der Mentor sich in einem überschaubaren Lernsetting ein wenig zurückzieht und den Lernenden quasi in Form eines ‚Training on the Job‘ in überschaubarem Rahmen scheitern lässt.

Neben der Initiierung des Lernprozesses geht es an der Schwelle darum, damit zu beginnen, die Lernenden für eine kritische Begutachtung ihrer Lernpartner zu sensibilisieren, da möglicherweise nicht alle Lernpartner ertragreich sind oder sie möglicherweise sogar dazu in der Lage sind, die Lernenden zu Egozentrikern mutieren zu lassen. Entsprechend kann es auch auf der Schwelle für die Lernenden möglich sein, sich von Lernpartnern oder Lerngelegenheiten abzugrenzen, da diese zu erkennen geben, dass sie nicht den Interessen der Lernenden entgegen kommen.

Grundsätzlich lässt sich festhalten, dass der weitere Lernprozess im Blockbusterfilm größtenteils in Form des kooperativen Lernens sowie einem am individuellen Lerntyp angepassten Lernsetting stattfindet. Auch in dieser Hinsicht scheinen Hollywoods Autoren sich auf der Höhe der konstruktivistischen und neurobiologischen Lerntheorien zu bewegen. „Soziale Interaktion und Kommunikation gehören zu den effektivsten Bestandteilen >>gehirnfreundlicher<< Lernarrangements. Sie sind zum einen wichtige Voraussetzung für wertorientiertes Lernen, zum anderen gleichzeitig selbst aber auch Ziele des Erziehungsauftrags von Schule. Im Unterricht und im Schulleben muss es darum gehen, diejenigen Kompetenzen zu entwickeln, die wir benötigen, um uns gewaltfrei und respektvoll, verantwortungsbewusst und sozial verträglich an gesellschaftlichen Prozessen zu beteiligen und dies gemeinsam mit anderen vielleicht anders denkenden, fühlenden und argumentierenden Gruppen und Personen"[639].

Schon die erste Schwelle zum eigentlichen Lernstoff bietet genug Gelegenheiten, um den Lernprozess scheitern zu lassen. Die Lernenden befinden sich im Gruppenprozess

---

638 Eine solche Intervention lässt sich auch als paradoxe Intervention im Sinne Watzlawicks interpretieren: „Die wissenschaftliche Erforschung der verhaltensmäßigen Wirkungen von Paradoxien, ein relativ junger Zweig der menschlichen Verhaltensforschung, legt es […] nahe, daß [sic!] der Teufel der Paradoxie am besten mit dem Beelzebub der Gegenparadoxie ausgetrieben werden kann" (Watzlawick, 2010, 36).

639 Schirp, 2009, 251

weiterhin in der zweiten Phase: dem Storming. Hier treten erste Schwierigkeiten auf, Widerstände gegen die gestellte Aufgabe werden deutlich und vor allen Dingen werden Positionskämpfe in der Gruppe ausgetragen[640]. „Die Phase des *Stormings* meint das mehr oder weniger konfliktreiche Zusammenspiel der Gruppenmitglieder in der Anfangsphase der Teamentwicklung. Äußere Anzeichen dieser Storming-Phase sind Reibungen und Reibungsverluste im sozialen Miteinander der Gruppenmitglieder"[641].

Zumindest für die Heldenreise im Blockbuster gilt hier, dass auch seitens der Lehrenden in dieser Phase ein aufmerksames Austarieren der Möglichkeiten notwendig sein kann, damit der Lernprozess weiterhin gelingen kann und die Helden sich ihrer Aufgabe nähern. „Die Gegensatzpaare von Sein und Nichtsein, Leben und Tod, Schönheit und Häßlichkeit [sic!], Gut und Böse und all die anderen Gegensätze, die die Kräfte des Menschen in Furcht und Hoffnung halten und seine Handeln auf Taten der Verteidigung und des Eroberns richten, sind die Sympelegaden, die zusammenprallenden Felsen, die den Wanderer zermalmen, zwischen denen der Heros aber heil hindurchgeht"[642].

Wie die Phasen des Gruppenprozesses nach dem Überschreiten der ersten Schwelle weiter entwickelt werden, welche Lern- und Sozialformen beim Überqueren der weiteren Schwellen genutzt werden und welche Rollen Lernende und Lehrende im weiteren Verlauf einnehmen, wird Thema des nächsten Abschnitts im zweiten Teil der Heldenreise sein. Dort richte ich den Blick also weniger auf die Figuren als vielmehr auf die Lehr-Lern-Settings, um die Sozialformen, in denen auf den Schwellen und während der Phase der Prüfungen gearbeitet wird, genauer zu betrachten.

---

640 Vgl. Gudjons, 2003, 153
641 Klippert, 2010, 133f.
642 Campbell, 1999, 91

VIII Sozialformen des Lehr-Lern-Settings auf der Heldenreise

„Ich sehe Dich."

Neytiri, Avatar

VIII.1 Schwellen und Prüfungen

„Bei den Bewährungsproben, vor denen die Helden zu Beginn des zweiten Aktes stehen, handelt es sich oft um gewaltige Hindernisse, doch sie haben noch nicht das Ausmaß der Prüfungen, die ihnen später bevorstehen. Hier geht es noch nicht um Leben und Tod"[643]. Dieser Teil der Reise beginnt bereits auf den Schwellen. Die Helden werden schon hier im Sinne eines ,Training on the Job' herausgefordert und die Anforderungen an sie steigern sich, je weiter ihre Reise voranschreitet und je weiter sie sich von ihrer gewohnten Welt entfernen.

Nachdem in der Phase des Aufbruchs zuerst die Szenariowelt, dann die gewohnte Welt sowie die Helden und erste Gefährten, insbesondere die Mentoren, vorgestellt wurden, der Ruf die Helden ereilt hat, sie ihre Reise antraten und die erste Schwelle überschritten wurde, beginnt nun eine neue Phase im Lernprozess: das Norming. Auf den weiteren Schwellen bzw. in der Phase der Prüfungen werden fortan die Aufgabenstellungen interpretiert, es werden Normen ausgebildet und Rollen differenziert. Auch erste Ansätze eines Performing werden in dieser Phase sichtbar. Es wird an der Aufgabe gearbeitet, nach Lösungsansätzen gesucht, funktionelle Rollen werden übernommen und es kommt zu einem ersten „Wir-Gefühl"[644].

Diese Phasen des Gruppenprozesses reichen in die Phase der Prüfungen und bis zum „Vordringen zur tiefsten Höhle"[645] mit der entscheidenden Prüfung für die Helden hinein. Ihre entscheidende Prüfung werden die Helden fast immer allein absolvieren müssen. Wenn sie diesen Punkt erreichen und ihn überdauern, werden sie sich zu diesem Zeitpunkt verändern, wird ihr Charakter eine neue Nuance oder eine Einsicht hinzugewinnen, die alle vorherigen Erfahrungen noch nicht geboten haben. Dieser Punkt markiert in der Aristotelischen Dramentheorie die Klimax, den Höhepunkt des Dramas. Für die Heldenreise ist dies allerdings nur der Höhepunkt der Entwicklung des Helden. Die eigentliche Klimax erreicht die Heldenreise erst bei der Rückkehr über die Schwelle. Auf dem Weg dahin müssen die Helden viele kleinere Erfahrungen sammeln, Aufgaben bewältigen und Prüfungen bestehen. „Man verläßt

---

643 Vogler, 2010, 243
644 Vgl. Gudjons, 2003, 153
645 Vogler, 2010, 253

[sic!] die Welt, in der man ist, und geht in eine Tiefe oder in eine Ferne oder Höhe hinauf. Dann gelangt man zu dem was einem in der Welt die man zuvor bewohnte, bewußtseinsmäßig [sic!] fehlte. Dann kommt das Problem, entweder daran festzuhalten und die Welt von sich abfallen lassen oder mit dem Preis zurückzukehren [...]"[646]. Anders gesagt, die Helden begeben sich auf eine Entdeckungsreise, in deren Zentrum der Prozess des Lernens steht. „Das Entdecken ist eine produktive, wirksame Lerntätigkeit, sofern es gelingt, gute Lernanlässe und geeignete Lernumgebungen herzustellen"[647]. Unterwegs lernen die Helden in unterschiedlichen Sozialformen und mit unterschiedlichen Methoden. Es lässt sich sogar sagen, die Phase der weiteren Schwellen ist regelrecht durchtränkt von einem Pool der Sozialformen und Lernmethoden.

Genau wie die Phase des Aufbruchs untergliedert sich auch diese Phase der Heldenreise in mehrere Teile. Sie beginnt, wie gesagt, mit den weiteren Schwellen. Diese bedeuten, dass die Helden zunächst weiterhin in einem relativ abgesicherten Setting lernen. Hier hat die Lerngruppe, zumindest aber der Mentor, das Geschehen noch weitgehend unter Kontrolle. In der anschließenden Phase der immer größer werdenden Prüfungen ist diese Sicherheit nicht mehr gegeben, und in der „tiefsten Höhle" muss der Held die dort auf ihn wartende, entscheidende Prüfung zudem zumeist ohne die Sicherheit seiner Lerngruppe, also ganz allein bewältigen. Die Transformation des Charakters scheint somit bei Hollywoods Autoren eine individuelle Angelegenheit zu sein.

VIII.2 Weitere Schwellen – Zugang zu neuem Wissen

So wie die erste Schwelle aus der gewohnten Welt der Helden herausführt[648] und infolgedessen ein Stück weit Bestandteil der gewohnten Welt ist, führt die Schwelle auch auf der anderen Seite in die Welt des Abenteuers hinein und ist demzufolge gleichfalls ein Teil der Abenteuerwelt. Die Übergänge erscheinen hier also fließend. Zwischen dem Ausgang aus der gewohnten Welt und dem Eingang in die Abenteuerwelt befinden sich nicht selten noch weitere Schwellen, die sich als Bewährungsproben für die Helden und ihre Lerngruppen interpretieren lassen. „Hier geht es noch nicht um Leben und Tod. Die Bewährungsproben können einfach eine Fortführung der Ausbildung durch den Mentor sein; viele Mentoren begleiten ihre Helden bis an diesen Punkt in das Abenteuer hinein und bereiten sie auf die entscheidenden Runden des Kampfes vor, die noch ausstehen"[649].

Die Vierergruppe in *Der Herr der Ringe – Die Gefährten*, also Frodo, Sam, Merry und Pippin, überschreitet mehrere Schwellen ehe ihr eigentliches Abenteuer, die Zerstörung des einen Rings, in Bruchtal beginnt. Bevor es jedoch so weit ist und kurz nachdem Sam

---

646 Campbell, 1994, 154
647 Hameyer, 2002, I – 9
648 Siehe Abschnitt Helfer und Verbündete auf und über die Schwellen hinaus – Gruppenprozesse 2
649 Vogler, 2010, 243f.

den einen Schritt weiter gegangen ist, als er es je zuvor getan hat, treffen er und Frodo auf Merry und Pippin. Gemeinsam fliehen sie vor Bauer Maggot, der sein Gemüse zurück will, den schwarzen Reitern, die den Ring wollen, und kommen nach Bree, wo sie auf den Waldläufer Streicher treffen, der sie unter weiteren Gefahren nach Bruchtal führt.

Peter Parker wird in *Spider-Man* von einer genetisch manipulierten Spinne gebissen, schläft eine Nacht und erwacht am nächsten Morgen mit Superkräften. Mit diesen Superkräften ausgestattet erlebt er ganz neue Erfahrungen, die seine bisherige Lebenswelt gründlich auf den Kopf stellen und die so weit reichen, dass er nicht nur auf sich, sondern insbesondere auf New York, im wahrsten Sinne des Wortes, eine ganz neue Perspektive gewinnt.

Neo Thomas Anderson wird in *Matrix* von Trinity zu Morpheus gebracht, schluckt die rote Pille und erfährt seine Wiedergeburt an Bord der Nebukadneeza, dem Hovercraftschiff von Morpheus und seiner Mannschaft, wo zunächst sein virtuelles Training beginnt.

Noch mehr Schwellen müssen die Helden in *Star Wars – Episode IV Eine neue Hoffnung*, *Harry Potter und der Stein der Weisen*, *Fluch der Karibik*, *Die Tribute von Panem*, *Kung Fu Panda*, *Avatar* usw. überschreiten.

In *Star Wars – Episode IV Eine neue Hoffnung* überschreitet Luke Skywalker mit der Ankunft in Mos Eisley die erste Schwelle, betritt mit der Bar eine weitere Schwelle, die Flucht von Tatooine bedeutet genau wie der Sprung in den Hyperraum eine weitere Schwelle und erst nachdem die Gruppe im Rasenden Falken vom Todesstern verschluckt worden ist, beginnt die eigentliche Phase der Prüfungen in der fremden Abenteuerwelt.

Für Harry Potter beginnt das Überschreiten der Schwellen in *Harry Potter und der Stein der Weisen*, wenn der Halbriese Hagrid ihn mit nach London nimmt, durch die Winkelgasse und zum Bahnhof Kings Cross führt, wo Harry den Zug nimmt, mit dem Boot zum Schloss reist, seinem Haus zugeteilt wird, erste Unterrichtseinheiten absolviert, Nachforschungen anstellt, und es endet im Prinzip erst, wenn er im letzten Drittel des Films mit Ron und Hermine durch die verbotene Falltür tritt.

William Turners Schwellenüberschreitungen in *Fluch der Karibik* beginnen mit der Befreiung von Jack Sparrow aus dem Gefängnis in Port Royal, führen über die Entführung der Interceptor nach Tortuga und enden, wenn er und Jack mit einer neuen Mannschaft von Tortuga aus aufbrechen.

Panda Bär Po muss in *Kung Fu Panda* zunächst die Treppen zum Jade-Palast erklimmen, in den Palast vordringen und dann sein komplettes Training absolvieren, ehe er bereit ist für die Abenteuerwelt, in der er Tai Lung begegnet.

Katniss Everdeen bietet sich in *Die Tribute von Panem* als ,Tribut' an, reist zunächst mit dem Zug zur Kapitol und wird dort umfassend auf die ,Hungerspiele' vorbereitet. Die Vorbereitung bedeutet für sie sowohl Peeling als auch Training in körperlicher und mentaler Hinsicht, ehe sie die Arena betritt.

Auf ihren ersten zaghaften Schritten im Wunderland begegnen die Haselmaus, Diedeldum und Diedeldei, *Alice im Wunderland* mit großer Skepsis. Als aber die Soldaten der roten Königin zusammen mit dem Bandersnatch die kleine Gruppe angreifen, ist es ausgerechnet der Oberskeptiker, die Haselmaus, der Alice auf ihrer Flucht, unterstützt. Alle anderen werden gefasst. Damit hat Alice die Schwellen aber noch nicht hinter sich gelassen, sie muss weiter fliehen. Unterwegs begegnet ihr die Grinsekatze, die sie zum Hasen und dem Hutmacher bringt.

Nachdem *E.T.* im wahrsten Sinne des Wortes über die Schwelle geführt worden ist, simuliert Elliott gegenüber seiner Mutter am nächsten Tag Fieber, um nicht in die Schule zu müssen, damit er sich vormittags um den Außerirdischen kümmern kann. Dann übernimmt der Junge es, E.T. seine Welt zu erklären. Die Gruppe um E.T. und Elliott wird durch seinen Bruder Michael sowie seine Schwester Gertie erweitert. Nach anfänglichen Schwierigkeiten solidarisieren sich die Drei dahingehend, dass sie die Anwesenheit von E.T. geheim halten. Sie vollziehen hier somit den Wechsel von der Norming- zur Performingphase, während E.T. in der relativen Sicherheit von Elliotts Zimmer bleibt.

Die längste Einführung der gewohnten Welt in einem Blockbuster geschieht in *Casino Royale*. In seiner gewohnten Welt erhält James Bond den Doppel-Null-Status, zerlegt eine Botschaft auf Madagascar und verhindert den Anschlag auf ein Flugzeug in Miami, ehe er sich auf den Weg macht zum Casino Royale, das dem Film den Titel gibt. Die erste Schwelle überschreitet Bond erst während der Bahnfahrt, bei der er Vesper Lynd begegnet, und er verlässt die Schwelle erst wieder in Montenegro, wenn er passend gekleidet ist, alle Vorbereitungen abgeschlossen sind und er seinem Widersacher Le Chiffre am Pokertisch begegnet.

Grundsätzlich lässt sich festhalten, dass die Helden ihre Lernerfahrungen auf der Schwelle in unterschiedlichen Sozialformen machen, von denen es laut Jank/Meyer vier verschiedene gibt und mehr nicht:

„ – den Frontalunterricht (auch Klassen- oder Plenumsunterricht genannt),
 – den Gruppenunterricht (auch: Gruppenarbeit, Teamarbeit),
 – die Partnerarbeit (auch: Tandemunterricht),
 – die Einzelarbeit (auch: Stillarbeit)"[650].

VIII.3 Zur Struktur des weiteren Vorgehens

All diese Sozialformen finden sich in allen Blockbusterfilmen wieder, sowohl auf den Schwellen als auch in den späteren Phasen der Prüfungen. Auf den Schwellen ist dabei die Tendenz zu erkennen, dass die Sozialformen in der Reihenfolge lehrerzentrierter Unterricht, Partnerarbeit, Gruppenarbeit und gelegentlich Einzelarbeit in Szene gesetzt werden. In der Phase der Prüfungen hingegen führen die Wege der Helden quer durch die verschiedenen Sozialformen. Entsprechend lässt sich die Phase der Prüfung auch nicht

---

650 Jank/Meyer, 2008, 79

entlang der Sozialformen aufziehen. Dafür zeichnet sich aber tendenziell eine Reihenfolge ab, die den Stufen eines kreativen Prozesses nachempfunden zu sein scheint[651].

Aufgrund dieser beiden Tendenzen wird die Darstellung zur besseren Orientierung im Folgenden an diese beiden Reihungen angepasst. Für die Phase, in der sich die Helden auf den Schwellen bewegen, wird die Darstellung somit nicht, wie bisher, entlang der Narration einzelner Filme aufgezogen, sondern sie wird entlang der Sozialformen orientiert. Ziel ist es hierbei, u.a. die Materialfülle, die die Blockbuster zu den Sozialformen bieten, zu illustrieren. Aufgrund der Materialmenge kann diese Aufzählung jedoch nicht vollständig ausfallen. Sie würde ansonsten den Rahmen dieser Arbeit sprengen. Dennoch sollen die Sozialformen und Methoden anhand von Beispielen aus den Filmen möglichst breit abgebildet werden. Dabei soll auch sichtbar werden, dass die bisher angedeutete Entwicklung der Gruppenphasen konsistent weiter entwickelt wird. Diese Konsistenz lässt sich zeigen, obwohl sich einige Gruppen auf den Schwellen noch recht lange mit Storming und Norming befassen, während andere zügiger zur Phase der Performanz übergehen. Der Übergang zwischen den Gruppenphasen geschieht wiederum ganz unabhängig davon, in welcher Sozialform die Gruppen jeweils arbeiten. Aber spätestens mit dem Beginn der Prüfungen treten alle Gruppen in die Phase der Performanz ein.

Für die Phase der Prüfungen folgt die Darstellung der zweiten Tendenz, die entlang der Schritte Sammlung, Sondierung, Aktion und Reaktion, Initiation und Inkubation und gegebenenfalls Zirkularität führt. Hier deutet sich bereits eines der Ziele der Heldenreise an, nämlich, dass die Helden am Höhepunkt der Reise dazu befähigt werden, schöpferisch kreativ tätig zu werden. Diesem besonderen Aspekt, der zentralen Prüfung der Helden, wird daher ein eigener Abschnitt gewidmet. Hierfür kehrt die Darstellung dann zur ursprünglichen Form zurück. Sie wird dann also wieder entlang der Narration der jeweiligen Filme aufgezogen, um eine möglichst große Transparenz zu gewährleisten, denn an dem Punkt der Reise wird das Ziel der bisherigen Lernprozesse, die Illumination der Lernenden abgebildet. Diesem Part der Heldenreise wird deshalb besondere Aufmerksamkeit zuteil, weil er den Blick in die so genannte Black Box des Lernprozesses eröffnet. Es ist der Moment, in dem der ‚Wissenskonsum' in ‚Wissensproduktion' umschlägt.

Ehe es allerdings so weit ist, kehren wir zurück zu den Schwellen, auf denen die Helden in die Welt des Abenteuers und des neuen Wissens eintreten.

VIII.4 Sozialformen und Gruppenprozesse auf den weiteren Schwellen

Dieser Abschnitt wird durch den lehrerzentrierten Unterricht eröffnet, aber nicht, weil, wie vielfach beklagt wird, diese Form des Unterrichts die dominante Form des Unterrichtens darstellt und dies auch im Blockbuster so ist, sondern, weil er tendenziell nur in der frühen Phase der Narration der Heldenreise eine größere Rolle spielt. Im weiteren Verlauf

---

651 Vgl. Csikszentmihalyi, 1997, 119 ff.

der Reise wird er immer weiter zurückgefahren wird, bis er praktisch fast irrelevant ist. Im Anschluss an die Sozialform werden die kooperativen Sozial- und Lernformen im Blockbuster in Augenschein genommen und schließlich auch die Einzelarbeit thematisiert, die in dieser Phase des Blockbusters zumeist jedoch eine untergeordnete Rolle spielt.

VIII.4.1 Frontalunterricht oder auch lehrerzentrierter Unterricht

Beim Frontalunterricht spielt der Lehrer die entscheidende Rolle. „Er/sie leitet und lenkt die Lernprozesse für alle Schüler und Schülerinnen gemeinsam und gleichzeitig"[652]. Allerdings bietet der Frontalunterricht ein ganzes Bündel an Möglichkeiten, wie diese Form des Unterrichts ausgestaltet werden kann. Allein die drei von Mühlhausen und Wegner (2006) benannten Hauptvarianten deuten das Spektrum an: Lehrervortrag, das gelenkte Unterrichtsgespräch, Lehrerdemonstration bzw. -experiment[653]. Aber auch alle sonstigen durch den Lehrer gelenkten bzw. geleiteten Formen können zu dieser Sozialform hinzugerechnet werden, wie z. B. Spiele, entdeckender Unterricht, Exkursionen, audio-visuelle-Präsentationen etc. Aufgrund der zentralen Rolle des Lehrers und der damit verbundenen Bandbreite an Möglichkeiten, wird der Frontalunterricht ebenfalls als Sozialform bezeichnet.

„Wir haben [...] nahezu eine Monopolstellung der Sozialform Plenumsunterricht und eine dominante Stellung eines einzigen Handlungsmusters, des ‚gelenkten Gesprächs'. Die Vormachtstellung des Frontalunterrichts wird einen Insider nicht überraschen. Der wahnwitzig hohe Anteil des gelenkten Unterrichtsgesprächs fällt jedoch besonders auf"[654]. Im Blockbusterfilm fällt, wahrscheinlich nicht ganz unerwartet, eher das Gegenteil dessen ins Auge. Der lehrerzentrierte Unterricht ist zwar Teil der Schwellenphase, aber je weiter die Reise der Helden voranschreitet, desto mehr tritt in der Regel die Lehrerzentrierung oder gar die ‚frontale' Rolle des Mentors in den Hintergrund. Ausnahmen bestätigen hierbei die Regel und zwar genau dann, wenn die Mentoren sich selbst noch auf einer Heldenreise befinden[655]. Zu berücksichtigen ist aber, dass, auch wenn die Mentoren später noch zugegen sind, der Anteil des selbstorganisierten Lernens der Helden sowie ihrer Lerngruppen zunimmt und die Mentoren dann als Lernpartner auf Augenhöhe auftreten.

Unbestreitbar ist jedoch, dass das lehrerzentrierte Unterrichten zum Setting der Blockbuster gehört. Er zeigt sich in diesen Filmen grob differenziert in drei Formen: als quasi partnerschaftlich organisierter Dialog zwischen Mentoren und Helden, in Form der informierenden Darbietung, der auch als lehrgangsförmiger Unterricht bezeichnet werden kann,

---

652 Gudjons, 2007, 22
653 vgl. Mühlhausen/Wegner, 2006, 145
654 Meyer, 2010, 80
655 vgl. Verbinski, 2004, 2006, 2007. Jack Sparrow bleibt zum Beispiel über die Länge der Trilogie der Figur William Turner immer mindestens eine Nasenlänge voraus.

und in Form des fragend entwickelnden Unterrichts, der so genannten Osterhasenpädago-gik[656]. Diese drei Formen treten im Blockbusterfilm mit unterschiedlicher Gewichtung auf:
Der fragend-entwickelnde Unterricht taucht in den Blockbustern nur selten auf. Die ers-te Unterrichtsstunde von Professor Severus Snape in *Harry Potter und der Stein der Weisen* ist solch ein Fall: Snape stürmt in den Raum, erklärt seinen Unterrichtsplan, diskreditiert seine Kollegen und fokussiert dann in gleicher Weise Harry Potter. Mit seinen Fragen, de-ren Antworten Potter nicht kennt, führt er ihn regelrecht vor und demonstriert damit ein Machtgefälle zwischen sich und dem Schüler. Dadurch bringt Snape zugleich seine Abnei-gung gegen Harry Potter und dessen Berühmtheit in der Zaubererwelt zum Ausdruck. Der didaktische Mehrwert von Snapes Vorgehen liegt, zumindest nach seiner Ansicht, vermut-lich darin, dass er auf diese Weise demonstrieren kann, dass Fachwissen wichtiger ist als Be-rühmtheit. Das Bemühen von Hermine Granger, die korrekten Antworten auf seine Fragen zu geben, übergeht Snape dabei geflissentlich. Sein Tonfall ist kalt und die Kamera filmt ihn aus der Froschperspektive, um seine Überlegenheit zu unterstreichen. Nachdem Harry bis zu diesem Zeitpunkt in der Zaubererwelt fast ausschließlich positiv begrüßt wurde, fällt das Auftreten Snapes besonders auf. Welchen Zweck hat Snapes Verhalten?

Der fragend-entwickelnde Unterricht verfolgt eine bestimmte Intention. „Im Unter-schied zum offenen Einstiegsgespräch geht es im fragend-entwickelnden Verfahren um die Erarbeitung und Sicherung wichtiger Lernergebnisse"[657]. Das ist in dieser Szene je-doch nicht zu erkennen, da es sich um Snapes erste Stunde handelt und die Lernenden folglich noch keine Lernergebnisse vorweisen können. Es lässt sich daher festhalten, dass der fragend-entwickelnde Unterricht in dieser Szene als Instrument genutzt wird, um Pro-fessor Snape mindestens zwielichtig, wenn nicht sogar negativ darzustellen. Während die anderen Schüler der Klasse durch Snapes Vorgehen teils sichtlich verängstigt dargestellt werden, zeigt sich zumindest auf Harrys Gesicht keine solche Regung. Bei ihm tritt ein Moment des Verschüchtert-Seins nur auf, weil er auf Snapes Fragen nicht antworten kann. Die strikte und strenge Anwendung der Methode hingegen stellt Snape unmittelbar in ein ungünstiges Licht. Sogar die Ausleuchtung der Szene deutet auf eine eher narrative Funktion hin, da auf Snapes Gesicht ein Schatten gelegt wird. Durch die Anwendung der Methode erscheint Snape als übermächtige bis bösartige Figur, und ich interpretiere die Methode der Folge als ein Herrschaftsinstrument des Lehrenden.

Eine etwas positivere Form des fragend-entwickelnden Unterrichts taucht in der er-weiterten Kinofassung von *Avatar* (2010) auf. Nachdem Jake Sully von den Bewohnern im Dorf der Na'vi zumindest als Lernobjekt akzeptiert und er anschließend von RDA Si-cherheitschef Colonel Quaritch erneut gebrieft wurde, zeigt die Wissenschaftlerin Grace Augustine ihm mehrere Bilder von den Mitgliedern des Stammes der Na'vi, deren Namen Sully zumindest kennen und am besten auch noch korrekt aussprechen können soll. Sie

---

656 Die Lehrenden verstecken das Wissen und die Lernenden müssen es finden.
657 Mattes, 2007, 26

befragt ihn sachlich zu jedem Bild, das sie ihm zeigt. In dieser Szene wird deutlich, dass der Lernstoff Sully zumindest nicht gänzlich unbekannt ist und es eher darauf ankommt, dass das bisherige Lernergebnis gesichert werden soll, damit er im Dorf der Na'vi keinen negativen Eindruck hinterlässt. Norm Spellmann, ein weiteres Mitglied aus Grace Augustines Team, gibt dem Ex-Marine Sully hier allerdings zu verstehen, dass er trotzdem nicht genug weiß und sich besser hätte vorbereiten müssen. Grace Augustine schlichtet den entstehenden Streit zwischen den beiden und verabschiedet Sully mit einer süffisanten Bemerkung und einem windschiefen Lächeln.

Während im Fall Snape das fragend-entwickelnde Verfahren dazu dient, Ablehnung zu signalisieren, wird es in *Avatar* dazu benutzt, um zumindest Skepsis an dem Marine Jake Sully als Mitglied des Forscherteams auszudrücken. Diese Skepsis wurde bereits bei Sullys erstem eintreffen im Team der Wissenschaftler um Grace Augustine zum Ausdruck gebracht, und es wird hier noch einmal unterstrichen. Zugleich wird aber auch deutlich, dass in diesem Team keine völlige Ablehnung gegenüber Sully vorherrscht.

Mit zwei Beispielen ist die Reliabilität zu einer Aussage über den fragend-entwickelnden Unterricht im Blockbusterfilm zwar deutlich unterentwickelt. In der Liste der Top 100 Blockbuster of all Time [658] finden sich jedoch kaum weitere Beispiele für fragend- entwickelnden Unterricht. Deshalb halte ich an dieser Stelle die Tendenz fest, dass die Methode des fragend-entwickelnden Unterrichts für den Lernprozess auf der Heldenreise, bestenfalls eine untergeordnete Rolle spielt[659].

Wesentlich häufiger als der fragend-entwickelnde Unterricht ist dagegen im Blockbuster der lehrgangsförmige Unterricht in Form der informierenden Darbietung anzutreffen. Diese Art zu Lehren dürfte wohl gemeinhin als der bekannte Frontalunterricht angesehen werden. Denn hier wird Wissen in Form eines Inputs durch die Lehrperson referiert und die Lernenden haben das Wissen aufzunehmen. „Lehrgangsförmiger Unterricht ist gut

---

658 Vgl. [URL]: http://www.filmsite.org/boxoffice.html (Stand : 26.07.2013)
659 Dabei bietet die Methode des fragend-entwickelnden Unterrichts durchaus die Möglichkeit eines Instrumentes zur Storyentfaltung. Beispiele dafür wären z.B. Detektivgeschichten unter dem Motto ‚whodunit?' à la Agatha Christie. „Die zentrale Frage im Detektivroman ist die Frage: Wer ist der Täter? Oder ‚Whodunit?', wie der englische Slang die Gattung zutreffend beschreibt" (Alewyn, 1971, 381). Allerdings handelt es sich bei diesen Filmen eben nicht um Filme, die dem Blockbuster-Genre zugerechnet werden können. Interessanterweise werden diese Krimis trotz ihres relativ übersichtlichen methodischen Repertoires für storyintensiver gehalten als Blockbusterfilme.
Zu berücksichtigen ist hier zudem, dass bei dieser Analyse lediglich die Anfänge einer Heldenreise, das heißt der jeweils erste Teil einer Blockbusterreihe berücksichtigt wird. Die ersten Teile einer solchen Reihe thematisieren explizit den Ausgangspunkt der Reise und die Anfänge der ‚unwissenden' Helden mit. In allen Fortsetzungen hat der Held im Prinzip schon einmal eine Heldenreise durchlaufen, daher haben in den Fortsetzungen die Aufgaben der Helden auch zumeist einen anders gelagerten Schwerpunkt.

geeignet, um Sach-, Sinn- und Problemzusammenhänge aus der Sicht des Lehrenden dar-zustellen und dadurch Sach- und Fachwissen zu vermitteln[660]. Genau um diesen Aspekt geht es denn auch auf den Schwellen im Blockbusterfilm.

Bei seinen ersten Auftritten in *Avatar* tritt Colonel Miles Quaritch als Sicherheitschef der RDA in instruierender Weise auf. In seiner ersten Szene führt er eine Sicherheitseinweisung vor den Neuankömmlingen durch[661], in seiner zweiten Szene schlägt er Sully einen Deal vor, vermittels dessen der seine Beine zurück erhalten soll. In beiden Szenen wird über die Insze-nierung der Narzissmus der Figur Quaritchs betont. Er schreitet in der ersten Szene in einem Tank-Top die Reihen der Neuankömmlinge in der Gewissheit ab, bereits länger auf Pandora überlebt zu haben, und die zweite Szene zeigt ihn zu Beginn bei seinem Krafttraining[662]. Die Darstellung von Quaritch lässt in beiden Fällen erkennen, dass er an seinen jeweiligen Ge-genübern bestenfalls sekundäres Interesse hat. Didaktisch erscheint das wenig sinnvoll, denn schon Wiechmann betont: „Das Interesse an den Personen vermittelt das Gefühl sozialer Nähe […] und das Interesse an der Didaktisierung schafft ein Gefühl des Zutrauens in den Lerner-folg der Klasse"[663]. Quaritch lässt zumindest ersteres deutlich vermissen. Einerseits ist zwar bekannt, dass unter Militärs ein rauerer Umgangston herrscht, andererseits handelt es sich, wie weiter oben dargestellt, bei ihm um Sullys späteren Gegenspieler, daher verwundert es nicht, dass die Form der Belehrung als seine Kernkompetenz dargestellt wird.

Der lehrgangsförmige Unterricht oder die informierende Darbietung muss allerdings nicht unbedingt diesen negativen Beigeschmack haben. Im Falle von *Harry Potter und der Stein der Weisen* finden sich einige weitere Beispiele für einen instruierenden Unterricht, der nicht rein negativ besetzt ist. Harry und Ron kommen zu spät zum Unterricht von Pro-fessor McGonagall, die sie konstruktiv zurecht weist, aber nicht weiter behelligt[664]. Madame Huutch instruiert die Klasse über den Umgang mit dem Besen bei ihrer ersten Flugstunde, in der die Lernenden lernen sollen, auf einem Besten zu reiten[665]. Die Schüler werden nach einem kurzen Input direkt dazu ermuntert, das Gehörte in die Tat umzusetzen. Genauso verhält es sich bei Professor Flitwick bei seinem Unterricht zur Levitation[666]. Nachdem es Hermine Granger geglückt ist eine Feder zum Schweben zu bringen, lobt er sie ausdrücklich. In allen drei Fällen sind sowohl Distanz als auch Zugewandtheit der Lehrkraft zu den Schü-lern zu erkennen, wobei sie mindestens als neutral gegenüber den Helden eingestellt anzuse-hen sind. Außerdem lassen sich alle drei Lehrstunden dem Plenumsunterricht zuordnen, da jeweils eine ganze Klasse unterrichtet wird. Darüber hinaus findet bei dem Unterricht von Professor Flitwick sowie bei dem von Madame Huutch die Sozialform der Einzelarbeit An-

660 Jank/Meyer, 2008, 45
661 Vgl. Cameron, 2010 (00:06:16 – 00:07:36)
662 Vgl. Cameron, 2010 (00:20:02 – 00:22:45)
663 Vgl. Wiechmann, 2006, 23
664 Vgl. Columbus, 2001, 2004 (00:48:29 – 00:49:15)
665 Vgl. Columbus, 2001, 2004 (00:52:48 – 00:54:13)
666 Vgl. Columbus, 2001, 2004 (01:03:24 – 01:04:43)

wendung, da alle Schüler jeweils ihre Aufgabe für sich bearbeiten. Auch die Ansprachen, die Schulleiter Albus Dumbledore vor der gesamten Schülerschaft hält, lassen sich als Plenumsunterricht interpretieren. Damit stellt er einerseits seine Autorität heraus, anderseits steht bei diesen Reden das Wohl der Schüler im Mittelpunkt, sei es bei der Rede, die Dumbledore bei Harrys Einschulung hält[667] als auch bei den Instruktionen, die er erteilt, als im Esssaal Panik unter den Schülern ausbricht, weil ein Troll in Hogwarts eingedrungen ist[668].

Nun lässt sich annehmen, dass die Distanz zwischen Lehrenden und Lernenden der Größe der Lerngruppe zugerechnet werden muss. Dieser Annahme kann jedoch nur bedingt zugestimmt werden. Zutreffend ist, je kleiner die Lerngruppe auf der Schwelle wird, desto persönlicher wird der Kontakt zwischen Mentoren und Helden bzw. zwischen Lehrenden und Lernenden inszeniert. In diesen Fällen kleinerer Lerngruppen nimmt der lehrgangsförmige Unterricht dann zuweilen die Form eines partnerschaftlich organisierten Dialogs an. Tatsächlich ist diese Form der individualisierten und partnerschaftlichen Instruktion auf den Schwellen am häufigsten anzutreffen. Aber nur selten beginnt der Lernprozess dabei so harmonisch wie im Film *Matrix*[669]: Morpheus, der Kapitän der Nebukadneeza, führt mit Neo Thomas Anderson einen Dialog mit völlig offenem Ausgang darüber, ob Neo die rote oder die blaue Pille nimmt und die Wahrheit über die Matrix erfährt[670]. Die Begegnung zwischen Morpheus und Neo lässt sich unter den Blockbustern fast als eine Ausnahme betrachten, wenngleich sie viele typische Elemente einer Mentoren-Helden-Erst-Begegnung aufweist. Bei ihrer ersten Begegnung scheint Morpheus geradezu erleichtert zu sein. Dies resultiert daraus, dass Morpheus Neo für den Auserwählten hält, der die Probleme der Menschheit lösen wird, sofern Neo sich dazu entschließt seinem Ruf zu folgen. Genau so kommt es auch. Neo entscheidet sich dafür, Morpheus' Wahrheit zu erfahren und wird aus der Matrix befreit. Danach präsentiert Morpheus ihm das Schiff und stellt ihm seine Crew vor[671]. Er beantwortet Neos Fragen stets ganz individuell, ist ihm stets zugewandt und achtet darauf, ihn schrittweise in die neuen Wissensgebiete einzuführen. Dabei sucht er andauernd nach Wegen, Informationen so zu präsentieren, dass sie für Neo anschlussfähig bleiben und sukzessive aufeinander aufbauen, d.h. er tritt in einen geradezu idealen partnerschaftlichen Dialog[672].

---

667 Vgl. Columbus, 2001, 2004 (00:40:35 – 00:41:05)
668 Vgl. Columbus, 2001, 2004 (01:05:39 – 01:06:42)
669 Die in anderen Filmen auftretende geringe Harmonie zu Beginn der Arbeitsphasen sind auf die Phasen des Normings und Stormings zurückzuführen. Siehe dazu auch die Abschnitte Partnerarbeit und Gruppenarbeit.
670 Vgl. Wachowski Brothers, 1999 (00:24:26 – 00:28:39)
671 Vgl. Wachowski Brothers, 1999 (00:35:55 – 00:37:14)
672 Morpheus verhält sich nicht von ungefähr so, denn er ist davon überzeugt, dass Neo der Auserwählte ist, der die Menschheit retten und die Herrschaft der Maschinen beenden wird. Zudem ist Neo nicht sonderlich schwer zu überzeugen, sondern neugierig genug, um mehr über die Matrix zu erfahren.

Um *E.T.* herum, der nun in Elliotts Zimmer wohnt, hat sich die Lerngruppe aus Elliott, Michael und Gertie gruppiert. Sie zeigen ihm die verschiedensten Dinge und geben dem Außerirdischen etwas zu essen. Während Elliott versucht, E.T. mit Anschauungsmaterial, einer Karte der Milchstraße sowie einem Globus zu vermitteln, wo sie sich im Weltraum befinden, konstruiert der Außerirdische mittels telekinetischer Fähigkeiten kurzerhand ein Modell seiner Galaxis frei schwebend in den Raum.[673] Hier unterrichten sich Elliott und E.T. im Prinzip gegenseitig. Die Atmosphäre ist von gegenseitigem Respekt zwischen Lehrendem und Lernendem gekennzeichnet, die augenscheinlich auf Augenhöhe miteinander kommunizieren. Dann aber wird deutlich, dass E.T.'s Fähigkeiten die von Elliott bei Weitem übersteigen. Das heißt aber nicht, dass der Außerirdische überheblich wird oder dies zu seinem Vorteil nutzt. Die partnerschaftliche Atmosphäre ließe daher auch den Schluss zu, dass es sich hier nicht um das lehrerzentrierte Lernen handelt. Andererseits weisen aber die höchst unterschiedlichen Kompetenzstufen darauf hin, dass E.T. ein, wenn auch in dieser Situation sehr bescheidener, Lehrender ist.

Alice Kingsleigh erscheint in *Alice im Wunderland* etwas zu spät zur Teestunde beim Hutmacher, der schon mit einem Kaninchen und der Haselmaus wartet. Daher beginnt der Hutmacher auch sofort damit, Alice in das Geschehen einzuweisen. Die Haselmaus zeigt sich immer noch skeptisch, aber darüber geht der Hutmacher hinweg. Als die Grinsekatze hinzukommt, ändert sich der Tonfall des Hutmachers. Aber er lässt sich von der Haselmaus wieder beruhigen.[674] Die Atmosphäre bei Tisch wird durch den Hutmacher bestimmt. Gegenüber Alice zeigt er sich genauso entgegenkommend wie bestimmt. Er führt das Gespräch bei Tisch an, verliert sich aber in seinen Emotionen. Auf den Einwand der Haselmaus fasst er sich alsbald wieder. Wenngleich der Hutmacher also lehrerzentriert operiert, verhält er sich jedoch nicht unwiderlegbar autoritär. Vielmehr lässt er sich von allen Anwesenden korrigieren und zurechtweisen. Er tritt also als Gleicher unter Gleichen auf, der ein harmonisches Miteinander sucht, wenn er auch in herausgehobener Position inszeniert wird.

Neben diesem Bemühen um Harmonie von Anfang an ist auch der Fall anzutreffen, dass die Mentoren sich anfänglich etwas brüsk zeigen oder gegenüber den Lernenden mindestens skeptisch erscheinen, obwohl sie den Lernenden zugewandt sind, wie die weiteren Beispiele zeigen:

In *Der Herr der Ringe* nimmt sich Aragorn des Quartetts um Frodo Beutlin im Gasthaus zum tänzelnden Pony in Bree an, nachdem Frodo so unvorsichtig war, den Ring zu benutzen. Der Waldläufer packt den Hobbit grob und warnt ihn davor, zu viel Aufmerksamkeit auf sich zu ziehen. Als Sam, Meriadoc und Peregrin Frodo zu Hilfe eilen, weist er auch sie auf die Gefahr hin und schützt sie dann vor den Ringgeistern, die in der Nacht tatsächlich angrei-

---

673 Vgl. Spielberg, 1982, 2002 (00:38:46 – 00:41:21)
674 Vgl. Burton, 2010 (00:29:33 – 00:32:12)

fen[675]. Der Waldläufer erklärt den aufgeschreckten Hobbits die Hintergründe zu den Ringgeistern. Am folgenden Tag führt er die Hobbits in die Wildnis auf dem Weg nach Bruchtal. Dabei bekommt er ihre skeptischen Flüstereien genauso wie ihre Einwände gegen sein Vorgehen immer mit, weiß diese aber unkonventionell zu zerstreuen. (Peregrin wünscht eine Frühstückspause und Aragorn wirft ihm einen Apfel an den Kopf). Der Waldläufer kennt den Weg und schreitet voran, versorgt sie mit Nahrung und hält nachts Wache[676]. Alles in Allem verhält er sich also in erster Linie zwar fürsorglich gegenüber den Hobbits, bleibt aber aus der Not heraus autoritär (sie werden von den Ringgeistern verfolgt), hat dabei stets ihr Ziel vor Augen und fasst sie unterdessen nicht gerade mit Samthandschuhen an.

Dies erinnert, wie im Kapitel „Mentoren" gezeigt, durchaus an die Vorgehensweise von Jack Sparrow in *Fluch der Karibik*. Sparrow zeigt sich als potenzieller Lehrender gegenüber dem eigensinnigen Will Turner zunächst ablehnend und stimmt erst zu, Turner zu unterrichten, als er ein genuines Interesse an dessen Person entdeckt. Ähnlich dem Verhalten von Jack Sparrow wird auch der desillusionierte Haymitch Abernathy in *The Hunger Games – Die Tribute von Panem* inszeniert. Die Zugewandtheit zu den beiden Heldenfiguren wird hier durch die Desillusionierung des Mentors über seinen Job zunächst verdeckt. Aufgrund seiner frustrierenden Erfahrungen mit dem in der Regel tödlichen Ausgang der Hungerspiele wird er als Trinker in Szene gesetzt und verhält sich gegenüber der eigensinnigen Katniss und dem ungeduldigen Peeta anfangs ablehnend[677]. Aufgrund von Peetas Hartnäckigkeit bleibt er im Folgenden zwar weiterhin reserviert und sperrig, beginnt aber doch den Beiden erste Ratschläge für ihr Überleben in der Arena zu geben[678] und nachdem er erkennt, dass zumindest einer von ihnen durchaus eine Chance hätte, die Spiele zu überleben, taut er zusehends mehr auf und setzt sich für Katniss und Peeta ein. Die Entwicklung der Intensität ihrer Beziehung wird auch davon begleitet, dass der Lehrervortrag durch Haymitch Abernathy im Laufe des Films immer mehr in den Hintergrund tritt und stattdessen mehr und mehr eine Gruppenarbeitsatmosphäre an Gestalt gewinnt. Die Ausnahme von diesem Rückzug bildet die Szene, in der Abernathy die letzten Tipps an Katniss gibt, bevor sie die Arena betritt[679]. Doch hier fällt auf, dass diese Szene deutlich von der Zugewandtheit und Sorge des Mentors um seine Heldin geprägt ist.

Ähnlich ablehnend wie Haymitch Abernathy verhält sich auch Meister Shifu anfangs gegenüber Panda Bär Po in *Kung Fu Panda*. Die Ablehnung von Shifu resultiert aber nicht, wie bei Abernathy, aus seiner Desillusionierung, sondern vielmehr aus der Enttäuschung, dass ausgerechnet der naive, beleibte und ungeschickte Panda Bär von Meister Oogway zum zukünftigen Drachenkrieger auserkoren wurde[680]. Shifu kann sich nicht im Ansatz

675 Vgl. Jackson, 2001, 2002 (01:00:02 – 1:02:50)
676 Vgl. Jackson, 2001, 2002 (01:02:50 – 01:06:02)
677 Vgl. Ross, 2012 (00:22:19 – 00:24:10)
678 Vgl. Ross, 2012 (00:25:20 – 00:27:20)
679 Vgl. Ross, 2012 (01:00:57 – 01:02:37)
680 Vgl. Osborne, Stevenson, 2008 (00:19:45 – 00:21:43)

vorstellen, dass Po das Zeug dazu haben soll, die Verantwortung für die Sicherheit der Bewohner des Tales zu übernehmen, die dem Drachenkrieger obliegt. Deshalb setzt Shifu alles daran, um den Pandabären wieder los zu werden. Im Übungsraum lässt er zunächst die Furiosen Fünf ihre Kompetenzen präsentieren, um den Panda zu beeindrucken, den er dann auffordert vor der Lerngruppe zu zeigen, was er kann. Die Erfahrung ist für Po im wahrsten Sinne des Wortes niederschmetternd[681]. Po lässt sich aber von diesem Leistungsabruf durch seinen Lehrer nicht demotivieren, sondern will sich beharrlich weiter ausbilden lassen, auch wenn er selbst nicht wirklich daran glaubt, Erfolg zu haben. Als der Schurke Tai Lung schließlich aus dem Gefängnis ausbricht, versucht Shifu noch einmal Oogway davon zu überzeugen, dass die Wahl von Po als Drachenkrieger falsch war. Meister Oogway zeigt sich gegenüber Shifu sehr zugewandt, nimmt dessen Nöte und Sorgen zur Kenntnis, aber er beharrt darauf, dass der Panda zu Recht ausgewählt wurde[682]. Der Lehrer Shifu muss infolgedessen hier selbst eine Lernerfahrung durchlaufen. Und siehe da, am folgenden Tag erwischt er den Bären dabei, wie er die Speisekammer plündert und erkennt eben dadurch, dass in Po doch die erforderlichen Anlagen für einen Kung Fu Kämpfer enthalten sind, allein sein Lehrkonzept war nicht umfassend genug gestaltet[683]. In der Folge beginnt Shifu mit Po ein individuelles Training, in dessen Verlauf Po alle Kompetenzen erwirbt, derer er bedarf, um sich als würdiger Kämpfer zu erweisen[684].

Also auch im Fall von *Kung Fu Panda* wandelt sich das Bild des Lehrers von Ablehnung des Lehrenden zu tiefer Zuneigung und Respekt gegenüber dem Lernenden, wobei am Ende das positive soziale Miteinander im Zentrum steht.

Noch intensivierter erscheint der Beziehungsaspekt beim lehrerzentrierten Unterricht im Blockbusterfilm nur dann, wenn es sich bei der Beziehung zwischen Lehrendem und Lernenden um eine romantische Liebesbeziehung handelt. Dies lässt sich anhand von *Avatar* und *Forrest Gump* zeigen.

Eine solche Liebesbeziehung zwischen Lehrendem und Lernendem findet sich beispielsweise in *Avatar* zwischen Jake Sully und Neytiri. Als Sully das erste Mal auf Neytiri trifft, will sie ihn töten. Seine Begrüßung bei der ersten Ankunft im Dorf der Na'vi fällt frostig aus. Vor den Häuptling und die Priesterin des Stammes geführt, muss er ihrer Prüfung standhalten, da deren erster Impuls ebenfalls ist, ihn zu töten. Neytiri behauptet jedoch, dass es ein Zeichen von Eywa, der Muttergöttin des Stammes, gegeben hätte. Als die Priesterin und der Häuptling dann erfahren, dass Sully ein Soldat ist, sind sie interessiert genug, um mehr über ihn erfahren zu wollen. Die Priesterin Mo'at beauftragt ihre Tochter, Sully zu unterrichten: „Meine Tochter lehrt Dich unsere Gebräuche. Lerne gut, Jake Sully,

---

681 Vgl. Osborne, Stevenson, 2008 (00:21:43 – 00:25:41)
682 Vgl. Osborne, Stevenson, 2008 (00: 40:50 – 00:43:48)
683 Vgl. Osborne, Stevenson, 2009 (00:49:50 – 00:51:22)
684 Vgl. Osborne, Stevenson, 2009 (00:51:22 – 00:56:20)

dann werden wir sehen, ob Dein Irrsinn geheilt werden kann"[685]. Der Ausganspunkt für
die Stiftung des Lehr-Lern-Verhältnisses ist in diesem Fall also der Auftrag, dass der Lehrende etwas über den Lernenden herausfinden soll. Neytiri ist von ihrer neuen Aufgabe
überhaupt nicht angetan. Am nächsten Morgen beginnt der Unterricht für Sully. Neytiri amüsiert sich dabei über Sullys erste Misserfolge ermuntert ihn aber weiterzumachen,
auch wenn andere Mitglieder ihres Stammes ihn auslachen[686] und im weiteren Verlauf des
Unterrichts verlieren sich Ablehnung und Skepsis von Seiten Neytiris, während die beiden
langsam Zuneigung zueinander entwickeln und sich schließlich ineinander verlieben.

Forrest Gump trifft im gleichnamigen Film im Schulbus auf seine lebenslange Freundin
und spätere Ehefrau Jenny Curran. Bei dieser ersten Begegnung stellt auch Jenny zunächst
einige bohrende Fragen, z. B. ob Forrest dumm sei. Das heißt, auch sie begegnet Forrest
mit einer gewissen Skepsis, die sich aber schnell verflüchtigt, als Forrest auf die Frage antwortet: „Dumm ist, wer Dummes tut"[687]. Im Fortgang erweist sich Jenny als Mentorin
für Forrest, die ihm das Klettern zeigt, beim Lesen lernen hilft, und sie gibt ihm auch die
entscheidenden Hinweise fürs Leben (z. B. „Lauf Forrest, lauf"[688]).

In sämtlichen Fällen von lehrerzentriertem Unterricht im Blockbusterfilm fällt ins Auge,
dass diese Form des Unterrichts am Anfang des Lehr-Lern-Prozesses steht. Die Begegnung zwischen Lehrendem und Lernenden ist dabei im ersten Anlauf fast durchgängig
durch einen tendenziell negativen Charakter geprägt. Erst im Laufe des Lehr-Lern-Prozesses wird dieser negative Charakter abgebaut.

Der Lehr-Lern-Prozess auf der Schwelle beginnt also zumeist mit Ablehnung oder
zumindest Skepsis des Lehrenden, und die äußere Form, die dafür im Blockbuster gewählt
wird, ist die Sozialform des lehrerzentrierten Unterrichts. Dabei werden die Fachkennt-
nisse der Mentoren kaum je einen Augenblick in Frage gestellt, und auch ihr Auftreten ist
durch Selbstsicherheit geprägt.

Welchen Grund gibt es dafür, dass die ersten Lektionen der Lehrenden in der Narration zunächst tendenziell negativ inszeniert werden? Und welchen Grund gibt es, sie
dabei zu einer lehrerzentrierten Form des Unterrichtens greifen zu lassen, wodurch der
Frontalunterricht im Blockbuster als Sozialform diskreditiert wird?

In der Pädagogik zählt Herbert Gudjons (2007) beispielsweise zehn Contra-Argumente
gegen den Frontalunterricht auf, die eine gewisse Bandbreite abdecken: Der Lehr-/Lern-Kurz-
schluss; Vernachlässigung sozialer Fähigkeiten und der Lerner-Selbstorganisation; Betonung
der Lehrerautorität statt des demokratischen Umgangs; Lernen im Gleichschritt; Rezeptives
und passives Lernen; Billiger Massenunterricht; Macht- und Kontrollbedürfnis der Lehrenden;

---

685 Vgl. Cameron, 2009 (44:38 – 47:10)
686 Vgl. Cameron, 2009 (00:52:08 – 00:54:09)
687 Zemeckis, 1994 (00:13:12 – 00:14:47)
688 Zemeckis, 1994 (00:15:00 – 00:15:48)

Narzisstische Bedürftigkeit der Lehrkräfte; Frontalunterricht spiegelt die Zwänge der Institution Schule; bloß äußere Unterrichtsdisziplin[689]. Dennoch hält auch Gudjons am Frontalunterricht fest, sofern er in den Unterrichtsablauf integriert wird. Frontalunterricht wird von ihm „[…] grundsätzlich nur als eine Phase im Gesamtablauf einer größeren Einheit verstanden"[690]. Nun ist aber nicht ersichtlich, warum Hollywoods Autoren an einer Kritik des Frontalunterrichts gelegen ist und weshalb sie diese Sozialform des Unterrichts in ein entsprechendes Licht rücken. Was ist also der Grund dafür? Die Antwort auf diese Frage wirft ein erhellendes Licht auf die Beziehung von Lehrenden und Lernenden, und sie bietet sogar ein Argument dafür, warum an dieser Sozialform trotz aller Kritik als alleinige Unterrichtsform, oftmals sogar wider besseren Wissens, nach wie vor festgehalten wird.

VIII.4.2 Die Skepsis spricht von der Macht der Lernenden

Auf den Schwellen befinden sich die Lerngruppen im Gruppenprozess im Übergang von der Phase des Storming zur Phase des Norming. Die Übergänge zwischen den einzelnen Phasen erscheinen fließend. Wenn das Norming beginnt, ist das Storming noch nicht in Gänze abgeschlossen und umgekehrt, erste Norming Phänomene bedeuten noch nicht, dass kein Storming mehr stattfindet. Vielmehr kann die Gruppe in dieser Phase immer wieder in frühere Phasen zurückschlagen, besonders, wenn die Mitglieder der Lerngruppen variieren, neue hinzukommen oder andere weggehen. Dies gilt besonders für die Lehrenden, denn zur Lerngruppe zählen in dieser Phase der Narration sowohl die Lernenden als auch die Lehrenden. Aufgabe der Lehrenden ist es, die Lernenden gemäß ihres Lernstandes zu unterrichten. Für die Lehrenden gilt es also in dieser Phase, zunächst die Lernvoraussetzungen ihrer Lernenden zu entdecken, das heißt sie diagnostizieren den Lernstand der Lernenden. Dies bedeutet, die Lehrenden müssen in dieser Phase etwas lernen. Damit unterliegt ihr eigenes Weltbild potenziell einer Veränderung, weil es durch das, was sie über die Lernenden herausfinden, verändert werden kann. Dies ist wenig überraschend, denn, wie Jank/Meyer (2008) zu berichten wissen: „Das Lernen ist seiner Struktur nach revolutionär"[691]. Um bei diesen eigenen Lernprozessen ihr Selbstbild im Blick zu haben und nicht aus ihrem Rahmen zu fallen, müssen die Lehrenden selbst achtsam sein. Den Autoren der Blockbuster scheint bewusst zu sein, dass es eine schmerzhafte Erfahrung bedeutet, wenn der Lehrende diese Selbstachtsamkeit aus den Augen verliert, weil die Lernenden die Unachtsamkeit ihrer Mentoren ausnutzen.

So ziemlich alle Mentoren haben, wie die weitere Narration der Filme zeigt, in ihrer Biographie einen Fall, bei dem ihnen ein Lehr-Lern-Prozess aus den Fingern gelaufen ist, weil sie es an Achtsamkeit mangeln ließen. Der jeweilige Fall wird kürzer oder länger im

---

689 Vgl. Gudjons, 2007, 27ff.
690 Gudjons, 2007, 36. Diese Ansicht teilt Gudjons mit vielen Pädagogen, vgl. Jank/Meyer (2008), Mattes (2007), Wiechmann (2006), Klippert (2010).
691 Jank/Meyer, 2008, 49

Lauf der Narration erklärt. Meister Shifu in *Kung Fu Panda* unterrichtete einst Tai-Lung, der nun zu seiner Nemesis mutiert, in *Star Wars Episode IV – Eine neue Hoffnung* erzählt Obi Wan Kenobi, dass Darth Vader sein Schüler war, ehe er dem Bösen verfiel. Der spätere Lord Voldemort in der *Harry Potter Reihe* war einst der Schüler Tom Riddle, der von Albus Dumbledore unterrichtet wurde. Die Na'vi hatten die Schule der Wissenschaftler in *Avatar* ihrer Mitte akzeptiert, wurden aber von den Militärs der RDA hintergangen. Der Hutmacher aus *Alice im Wunderland* musste miterleben, wie die weiße Königin von der roten Königin besiegt wurde. Jack Sparrow sah die Black Pearl in *Fluch der Karibik* mit seiner meuternden Mannschaft davon segeln usw.

Die Lehrenden haben regelmäßig in ihrer Vergangenheit Fehler gemacht, aus denen sie gelernt haben wollen. Wenn sie nun einen jungen Helden auf eine Heldenreise begleiten, legen sie eine umfassendere Achtsamkeit an den Tag und die drückt sich im ersten Schritt darin aus, dass sie als Lehrende eine Sozialform wählen, die ihnen eine gewisse Distanz zu ihren Schützlingen ermöglicht: den lehrerzentrierten Unterricht. Dies hat zweierlei Folgen: Die aus dieser Unterrichtsform resultierende Distanz führt dazu, dass ihre Diagnostik gegenüber ihren Schützlingen ‚objektiver' ausfallen kann, und andererseits können sie sich persönlich vor übergroßer Nähe und unangemessenen Vertraulichkeiten schützen. Denn der lehrerzentrierte Unterricht nimmt eine Kommunikationsrichtung ein, die tendenziell mehr vom Lehrenden zum Lernenden orientiert ist, als umgekehrt. Durch den Frontalunterricht schützen sich die Lehrenden also selbst vor dem potenziellen Einfluss der Lernenden, über die sie mindestens während der Phase der Diagnose etwas in Erfahrung bringen müssen. Damit dies ohne Verlust des Selbst vonstatten geht, wählen sie die Methode des lehrerzentrierten Unterrichts, weil sie sich hierbei auf Fachfragen konzentrieren können.

Somit lässt sich festhalten, die Skepsis der Lehrenden, der in Form des lehrerzentrierten Unterrichts Ausdruck verliehen wird, spricht von der Macht der Lernenden. Die Lernenden scheinen offensichtlich dazu in der Lage, das Selbstbild des Lehrenden zu erschüttern.[692]

Ein bemerkenswertes Beispiel für diesen Umstand in einem Blockbusterfilm ist die Figur Professor Severus Snape in der *Harry Potter Reihe*. Snape erscheint zwar im Laufe der Narration lange Zeit als äußerst zwielichtige Person, und es wird auch erst im letzten Teil der gesamten Reihe geklärt, welche Rolle er wirklich spielt. Zugleich wird dann auch

---

692 Die Absicherung der eigenen Rolle hat nicht selten in allgemeinen Lehr-Lernszenarien zur Folge, dass die Lehrenden ihre distanzierte Rolle beibehalten und diese ausnutzen, um auf diesem Weg Macht zu demonstrieren und auch zu zementieren. Die so einmal entwickelte Distanz wird damit zum Steigbügelhalter für den Machtausbau. Hier berufen sich dann Lehrende auf die Autorität ihrer Rolle, die nur eine verliehene Autorität ist. Echte Autorität resultiert aus den Kompetenzen.

erst geklärt, weshalb er diese Rolle spielt und weshalb er sich gegenüber Harry so verhält, wie er sich verhält[693].

Zur Fortsetzung des Lehr-Lernprozesses gilt es für die Lehrenden, in der Narration ihre anfänglichen Skepsis abzulegen. Es ist die Tragik der Geschichte von Professor Snape, der über die gesamte Reihe hinweg stets die Form des Frontalunterrichts beibehält, die illustriert, wie wichtig es ist, weitere Sozialformen und Unterrichtsformen in den Lehr-Lern-Prozess zu integrieren. Ehe ich nun die Nutzung der weiteren Sozialformen in Blockbusterfilmen zeige, sei noch kurz auf das lehrerzentrierte Feedback eingegangen.

VIII.4.3 Lehrerzentriertes Feedback

In einem Feedback spiegelt der Feedbackgeber dem Feedbacknehmer sein individuelles Erleben der Handlungen des Feedbacknehmers wider. Das Feedback durch die Mentoren auf den Schwellen folgt diesem Prinzip, erweitert es aber noch um einen Aspekt.

Bei ihrem Feedback wird tendenziell die Zugewandtheit der Mentoren zu ihren Schützlingen herausgehoben. Ihr Feedback auf den Schwellen erfolgt zumeist dann, wenn die lernenden Helden eine erste kleinere Lernerfahrung durchlaufen haben:

Nachdem Luke Skywalker in *Star Wars Episode IV – Eine neue Hoffnung* seine Lichtschwert-Übungen mit einer Trainingsdrohne erfolgreich absolviert und seine Begeisterung darüber zum Ausdruck gebracht hat, lobt Kenobi ihn, erwähnt aber beiläufig auch, welcher Weg noch vor Luke liegt: „Das ist gut. Du hast den ersten Schritt in eine größere Welt getan"[694].

Als Harry Potter und Ron Weasley in *Harry Potter und der Stein der Weisen* einen Troll besiegt haben, der es auf Hermine Granger abgesehen hat, kommt die Lehrerin Miss McGonagall hinzu und verteilt Punkte für die erbrachten Leistungen im Kampf mit dem

---

693 Severus Snape war als junger Mann in Harry Potters Mutter Lily verliebt, die später aber James Potter, Harrys Vater, heiratete. Obwohl Snape schwer enttäuscht war, hatte er Lily aus Liebe ewige Treue geschworen und sah sich gebunden, sich daran zu halten. In Harry sah Snape daher die Frucht einer ihm entgangenen Liebe, da er in Harry immer auch dessen Vater James erkannte, gleichzeitig aber war er an seine Treue zu Lily gebunden. Dies führte, besonders nach der Ermordung Lilys, zu seiner Verbitterung, weil er sich verpflichtet sah, ein unfreies Leben zu führen, an das ihn auch Dumbledore immer wieder erinnerte. Wenn jemand also einen Grund hat, skeptische Distanz zu einem Lernenden aufzubauen, dann ist es Professor Snape. All das bringt Snape in die erste Unterrichtsstunde in Harry Potter und der Stein der Weisen mit, wenn er, wie oben gezeigt, Harry mit Fragen drangsaliert. Trotzdem stellt sich im Lauf der Reihe heraus, dass Snape immer im Sinne von Harry Potters Wohlergehen gehandelt hat.

Seine Skepsis gegenüber dem jungen Zauberlehrling bezahlt Snape schließlich mit seinem Leben und erst seine allerletzte Erinnerung in Harry Potter und die Heiligtümer des Todes Teil 2 klärt über diese Umstände und sein damit verbundenes Opfer auf. Der Fall Snape ist allerdings in den Blockbustern eher die Ausnahme als die Regel.

694 Vgl. Lucas, 1977, 1997, 2004 (01:00:00 – 01:00:12)

Troll.[695] Zunächst zieht sie Punkte ab, weil Hermine so unvernünftig gehandelt hat, dann addiert sie aber umso mehr Punkte hinzu, weil Harry und Ron den Troll besiegt haben, der die ganze Schule in helle Aufregung versetzt hat. Allerdings unterstreicht sie dies mit der Bemerkung, dass die beiden „unverschämtes Glück hatten"[696]. Im selben Film bekräftigt Schulleiter Albus Dumbledore Harry Potter ebenfalls in dessen Handeln, nachdem er Harry beim Spiegel der Wünsche entdeckt hat. Er unterstellt Harry, dass er wohl bereits herausgefunden habe, was der magische Spiegel vermag. Als Harry die Antwort aber nicht sofort weiß, unterstützt Dumbledore den Jungen durch seine Hilfestellung und weist ihn dann darauf hin, dass das Leben nicht nur aus Träumen bestehen dürfe, sondern auch handfeste Dinge warten, denen er sich zuwenden müsse.[697]

Meister Shifu lobt den Panda Bären Po nach ihrem Training in *Kung Fu Panda* ebenfalls, nicht jedoch ohne eine weitere Belehrung folgen zu lassen: „Das hast Du gut gemacht Panda. […] Die Zierde eines wahren Helden ist: Bescheidenheit"[698].

Bei seinem ersten Besuch an seinem neuen Arbeitsplatz in *Nachts im Museum* wird Larry Daleys von Cecil Fredericks begrüßt, der seinen festen Händedruck lobt und dazu bemerkt, dass solch ein Händedruck viel über einen Mann aussagt. Anschließend klärt der alte Nachtwächter Fredericks seinen potenziellen Nachfolger darüber auf, dass er mitsamt seinen Kollegen wegrationalisiert wird, um Geld zu sparen, und nur deshalb bekommt Larry den Job[699].

Auf dem Weg zur weißen Königin stellt der Hutmacher fest, dass *Alice im Wunderland* nicht mehr diejenige ist, die sie in der Vergangenheit einmal war, betont aber auch, dass mehr in ihr schlummert als sie sich aktuell gewahr wird. Alice reagiert auf dieses lehrerzentrierte Feedback und fordert den Hutmacher auf, ihr mehr Informationen zu geben. Dazu erklärt der Hutmacher sich bereit und stellt die Geschichte der Taten der roten Königin vor, wodurch die Dringlichkeit der Aufgabe, die auf Alice wartet, extrapoliert wird.[700]

Jedes Feedback durch die Mentoren, das in dieser frühen Phase der Heldenreise auf den Schwellen auftaucht, ist also in zwei Teile unterteilt: zuerst das Lob für die Helden für ihre Leistungen und dann das in Aussichtstellen von weiteren Herausforderungen, die aber nur selten genauer präzisiert werden. Mit anderen Worten, die weiteren Lehr-Lern-Situationen werden für die lernenden Protagonisten offen gehalten und die Mentoren stellen mehr oder weniger

---

695　Zur Narration der Harry Potter Reihe gehört die Idee des Hauspokals, um den die vier Häuser in jedem Jahr aufs Neue streiten. Der Hauspokal wird an das Haus, also Gryffindor, Slytherin, Ravenclaw oder Hufflepuff vergeben, dessen Schüler im laufenden Schuljahr die meisten Punkte gesammelt haben. Punkte werden für herausragende Leistungen der Schüler verteilt bzw. bei negativen Fällen abgezogen.
696　Vgl. Columbus, 2001 (01:09:27 – 01:10:30)
697　Vgl. Columbus 2001 (1:31:08 – 01:32:45)
698　Vgl. Stevenson/Osborne, 2008 (00:59:33 – 00:59:47)
699　Levy, 2006 (0011:34 – 00:12:22)
700　Burton, 2010 (00:35:22 – 00:37:12)

deutlich heraus, dass die Helden bislang noch nicht die zentrale Lernerfahrung auf ihrer Heldenreise erlebt haben.[701] Vielmehr dient dieses singuläre Feedback der Mentoren einer ersten groben Orientierung der Helden in der Szenariowelt und weist gleichzeitig auf Dinge hin, die der Held noch zu lernen hat. Mit diesem Feedback wird schon in dieser relativ frühen Phase der Narration die prinzipielle Unabschließbarkeit des Lernprozesses angedeutet.

Das direkte Unterrichten durch die Mentoren auf der Heldenreise verfolgt also mehrere Ziele: Einerseits dient es der Instruktion, die oft durch den Ruf oder die Berufung eingeleitet wird. Sodann beginnen die Mentoren damit, den Lernstand der Helden zu diagnostizieren, und gleichzeitig müssen sie ihren eigenen Standpunkt reflektieren und bewahren, um im Lauf der Ereignisse den Überblick zu bewahren. Sie werden so in Szene gesetzt, dass sie sich über die laufende Entwicklung des Lehr-Lern-Prozesses bewusst sind und wissen auch, dass sie selbst von der Prozessualität der Ereignisse betroffen werden. Daher bewahren die Mentoren anfänglich mittels des lehrerzentrierten Unterrichts eine Distanz zu ihren Schützlingen, um in der ständigen Bewegung, in der sie sich befinden, Standpunkte zu finden, von denen aus sie objektiv und reflektiert operieren können. Der fragend-entwickelnde Unterricht, sofern er überhaupt zum Tragen kommt, dient in erster Linie der Betonung eines Machtgefälles zwischen Lehrendem und Lernendem. Er wird im Blockbuster grundsätzlich in ein negatives Licht gerückt. Das lehrerzentrierte Feedback, das die Mentoren den Helden zukommen lassen, erfüllt wiederum die Funktion der Motivation. Die Mentoren spiegeln den Helden darin zurück, wie sie deren Lernentwicklung erleben und koppeln an dieses Feedback den Umstand, dass damit keinesfalls das Ende der Heldenreise bzw. des Lernprozesses erreicht ist.

VIII.5 Kooperative Lernformen

Auch im weiteren Verlauf der Heldenreise tauchen zuweilen durchaus Momente auf, in denen die Mentoren den Helden ein Feedback für ihre Leistungen geben, aber zu dem Zeitpunkt wenn das geschieht, sind die Mentoren als direkt Instruierende aus dem Fokus des Lehr-Lern-Prozesses bereits herausgetreten und andere Lern- und Sozialformen bestimmen den Prozess: die Partnerarbeit, die Gruppenarbeit und die Einzelarbeit. Diese Sozialformen kommen auf den Schwellen regelmäßig zum Einsatz. Sie setzen ein „[…] Verständnis von Lernen als Prozess der aktiven Aneignung und Gestaltung der Lebenswelt [voraus], in dem der Mensch sich selbst entwickelt und verändert. Dieses Verständnis basiert auf einem interaktionstheoretischen Ansatz, wonach der Mensch ein sozial eingebundenes und handelndes Wesen, also ein Subjekt ist. […]

---

701 Hieraus abzuleiten, dass die zentrale Lernerfahrung der Lernenden nicht von den Mentoren begleitet und/oder sogar angeleitet wird, ist möglicherweise eine zu starke Interpretation an dieser Stelle, aber letztlich verhält es sich später in der Narration genau so. Die zentrale Lernerfahrung müssen die Helden fast immer alleine durchleben. Zumindest erfolgen ihre Handlungen dann in Einzelarbeit.

In diesem Sinne kann Lernen nur in der handelnden Auseinandersetzung mit anderen und mit Gegenständen der Lebensrealität erfolgen. Nur durch Handeln konstituieren sich Denken und Wissen, die wiederum auf das Handeln zurückwirken, d.h. Wissen und Handeln stehen in einem interdependenten Verhältnis. […] [So wird deutlich] dass Lernen insbesondere in autonomen und selbstbestimmten Formen zum Erfolg führen kann"[702].

Hilbert Meyer (2010) bietet eine sehr konkrete Definition für kooperative Lernformen an: „Als kooperatives Lernen werden Varianten von Tandem- und Gruppenarbeit bezeichnet, bei denen (1.) zwei, höchstens vier bis fünf Lernende zusammenarbeiten, die (2.) gleichberechtigte Interaktionspartner sind und (3.) keine direkte Beaufsichtigung durch den Lehrer erfahren, sondern (4.) mithilfe vorbereiteter Lernmaterialien und nach präzise abgesprochenen Spielregeln selbständig arbeiten."[703] Die Lerngruppe der Helden im Blockbuster entspricht zumeist genau dieser Gruppengröße, die in gewisser Weise gleichberechtigte Interaktionspartner sind. Die unter viertens von Meyer genannten Punkte treffen auf der Heldenreise nur teilweise zu. Dass die Helden und die Mitglieder ihrer Lerngruppen auch auf den Schwellen weitgehend selbstständig arbeiten, ist selbstverständlich, und sicherlich lässt sich der Ruf entfernt als „vorbereitetes Lernmaterial" interpretieren, aber nach „abgesprochenen Spielregeln" wird im Blockbuster nicht gespielt, es sei denn man legt etwa Jack Sparrows Aussage zu Grunde: „Die einzige Regel, die wirklich eine Rolle spielt, ist Folgende: was ein Mann kann und was ein Man nicht kann"[704]. Aus didaktischer Perspektive stellt sich hier die Frage, inwiefern es auf dem Weg zur Wissensgesellschaft sinnvoll ist, nur mit abgesprochenen Spielregeln zu arbeiten. Ist es ein realistisches Szenario, das die Lehrenden in allen aktuellen Lernszenarien immer alles unter Kontrolle haben können und müssen?[705] Wird nicht die Selbstwirksamkeit der Lernenden unter Umständen erhöht, wenn sie die Spielregeln auf einem Spielfeld erst zu entdecken haben?

Abgesehen davon fällt Meyers Definition auch etwas zu spezifisch aus, da er die Prozessualität des Gruppenprozesses aus seiner Definition ausspart. Folgte man der Definition von Meyer buchstäblich, fände kooperatives Lernen nur statt, wenn die Phasen des Gruppenprozesses bereits den Zustand des ‚Performing' erreicht hätten. Eine solche Engführung der Definition entbehrt allerdings jeder Erfahrung in der Praxis. Gudjons hingegen rechnet sämtlichen Phasen des Gruppenprozesses auch die kooperativen Lernformen bzw. ihre Erarbeitung zu, oder zumindest ist ihre Reflexion selbst Teil einer Gruppenarbeit[706]. Auch Huber führt eine weichere Definition als Meyer an: „Kooperatives Lernen ist als spezifische Form der Kollaboration anzusehen: Während in Kollaborationssitua-

---

702 Schell, 2008, 587
703 Meyer, 2010, 82
704 Vgl. Verbinski, 2003 (00:47:48 – 00:47:55)
705 Man denke nur an digitale Lerngelegenheiten, die sich in der jüngeren Vergangenheit massenhaft eröffnen. Kollaboratives Lernen auf der Grundlage des Konnektivismus stellt hierfür ein aktuelles Beispiel dar.
706 Gudjons, 2003, 153f.

tionen die ‚Beteiligten gemeinsames Engagement für koordinierte Lernanstrengungen' aufbringen (Roschelle & Teasley, 1995, 70), bearbeiten kooperativ Lernende Teile einer umfassenderen Aufgabe selbständig oder in kleineren Gruppen, um am Ende ihrer Lernbemühungen die neu erworbenen Kenntnisse und Fertigkeiten mit andern wechselseitig auszutauschen (Slavin, 1995)"[707]. Kooperative Lernformen betonen also das gemeinsame Lernen, die Wechselseitigkeit der Lernerfahrungen, den Austausch unter den Lernenden und die Vorbereitung des Lernsettings. Vor diesem Hintergrund stelle ich im Folgenden die Partner- und Gruppenarbeit auf den Schwellen der Heldenreise vor, ehe ich dann abschließend für die Phase der Schwellen die Einzelarbeit thematisiere.

VIII.5.1 Partnerarbeit

Wenn die Helden die Schwelle betreten haben, dann steht in den meisten Blockbustern zuerst die Sozialform der Partnerarbeit auf dem Plan. Didaktisch erscheint dies wenig verwunderlich: „Partnerarbeit ist gleichsam die Grundlage und Vorstufe funktionierender Gruppenarbeit"[708], weiß Klippert (2010) zu berichten. Die Gründe für diese Grundlegung liegen auf der Hand: Partnerarbeit bedeutet die kleinste Form der Gruppenarbeit und in der Folge ist Abstimmungsarbeit bzw. sind die Aushandlungen unter den Gruppenmitgliedern in der Storming- und Norming-Phase am geringsten.

> „1. Je kleiner die Gruppe, desto größer ist der Zeitanteil des Einzelnen, um seine Ideen offen darlegen zu können und beurteilen zu lassen.
>
> 2. Je kleiner die Gruppe, desto weniger genau muß [!] das Problem definiert werden, um damit umgehen zu können.
>
> 3. Je kleiner die Gruppe, desto größer ist für den Einzelnen die Verpflichtung mitzuarbeiten, und desto offensichtlicher wird eine Nichtteilnahme.
>
> 4. Je kleiner die Gruppe, desto leichter für den Einzelnen, seine geheimen und privaten Gedanken und Meinungen auszudrücken.
>
> 5. Je kleiner die Gruppe, desto geringer die potentiellen Möglichkeiten, aber desto größer die Motivation.
>
> 6. Je kleiner die Gruppe, desto größer ist der Einfluß [!] des Einzelnen, zu denen auch Hemmschuhe, Bremsklötze (blockers) und Zerstörer (wreckers) gehören.
>
> 7. Je klarer die Gesamtvorstellungen der Gesamtgruppe in bezug [!] auf ein gegebenes Problem sind, desto stärker wird sich die Untergruppe bei der Lösung desselben engagieren.

707 Huber, 2006, 262f.
708 Klippert, 2010, 148

8. Der Status der Lerngruppe innerhalb einer Gesamtgruppe hat keine direkte Bedeutung, aber die Wünsche der Untergruppe nach Mobilität und Verbesserung des Status sind bedeutsame motivierende oder hemmende Faktoren"[709].

Dass die Partnerarbeit während der Heldenreise nicht automatisch ganz spannungsfrei abläuft, sie sich aber trotzdem als effizient erweisen kann, lässt sich in diversen Blockbustern lesen, da auch die Partnerarbeit mit einer Storming-Phase beginnt.

Auf der Reise zum alles entscheidenden Pokerduell mit seinem Widersacher Le Chiffre begegnet James Bond in *Casino Royale* Vesper Lynd, einer Agentin des Schatzamtes, die Bond für das Spiel mit den entsprechenden finanziellen Mitteln ausstatten soll. Die beiden beginnen auf dieser Schwelle stante pede damit, soziales Schach miteinander zu spielen. Dabei will Lynd herausfinden, ob sie Bond das Geld anvertrauen kann, während Bond sie mit seiner lässigen Machoart davon überzeugen will, dass er genau der richtige Mann für den Job ist. Immerhin wurde er ja auch von M für diese Mission ausgewählt. Der Zug nähert sich unaufhaltsam seinem Ziel und Bond und Vesper taxieren sich weiterhin, wobei sie sich gegenseitig beweisen, wie gut sie im ‚Profiling' ihres Gegenüber sind[710]. An ihrem Zielort angekommen, setzen die beiden ihr Schachspiel fort, explorieren aber dabei partiell auch ihren Einsatzort und beginnen in Ansätzen mit dem Performing, doch darüber bekommen sie sich nur umso mehr in die Haare[711]. Beide Charaktere versuchen sich in diesen Sequenzen ständig, ihre Kompetenzen zu präsentieren, ohne wirklich aufeinander einzugehen, weshalb es an diesem Punkt des Films noch sehr offen bleibt, ob ihre Partnerarbeit von Erfolg gekrönt sein wird. In dieser mit ‚freundschaftlichem Feuer' geführten Auseinandersetzung findet sich ein Schlüssel zu Bonds Mission, der aber zu diesem Zeitpunkt des Films beim ersten Anschauen noch unentdeckt bleibt. Das Eingreifen eines Mentors könnte hier möglicherweise hilfreich sein, um die Partnerarbeit erfolgreicher werden zu lassen. Da dies aber nicht der Fall ist, entwickeln die beiden ihre kooperativen Kompetenzen erst jenseits der Schwellen in der Abenteuerwelt.

Ähnlich holperig, aber aus ganz anderen Motiven, beginnt die Partnerarbeit zwischen Katniss Everdeen und Peeta Mellark in *Die Tribute von Panem*. Angesichts des Rufs, der sie ereilt hat, nämlich in der Arena um ihr Leben zu kämpfen, verwundert ihre zurückhaltende Interaktion nicht sonderlich. Eine der ersten Aufgaben, die sie im Kapitol angekommen, lösen müssen, ist es, sich dem Publikum zu präsentieren. Auf einem römischen Streitwagen fahren die beiden, bekleidet mit Anzügen, die den Eindruck vermitteln als stünden sie lichterloh in Flammen, an der geifernden Menge vorbei. Die Anzüge hat ihr Stylist Cinna für sie ausgewählt, und damit erzielen sie große Aufmerksamkeit. Die völlige Begeisterung des Publikums erhalten sie jedoch erst, als Peeta die Hand von Katniss greift und sie ihre

---

709 Thelen, 1954, 63 zit. nach Schell, 1972, 11
710 Vgl. Campbell, 2006 (00:55:32 – 0059:39)
711 Vgl. Campbell, 2006 (00:59:40 – 01:01:57)

beiden so verbundenen Hände nach oben in die Luft reißen. Katniss, die dieser Aktion zunächst ratlos bis skeptisch gegenüber steht, streckt am Ende beide Arme in die Luft und lässt sich, wenn auch nicht mit letzter Begeisterung, feiern[712]. Anschließend performen die beiden während ihres Trainings für die Arena besser miteinander. Katniss rät Peeta beispielsweise, eine schwere Metallkugel zu werfen, um Respekt gegenüber ihren Konkurrenten zu gewinnen. Im Gegenzug zeigt Peeta Katniss, wie man sich in der Wildnis tarnen kann[713]. Schließlich offenbart Peeta Katniss in der letzten Nacht, ehe es in die Arena geht, seine größte Angst: sich selbst zu verlieren. Während sie in den ersten beiden Sequenzen einen symbolischen Ausdruck ihrer Selbste finden, dehnt Peeta dann die bisherige Grenze ihres gegenseitigen Vertrauens stetig weiter aus, nachdem Katniss sich bei ihm entschuldigt hat. Das soziale Interagieren ist also das zentrale Thema ihres Lernprozesses auf den Schwellen.

Schwierigkeiten mit der Partnerarbeit können auch entstehen, wenn gewisse Diffusionen zwischen Lehrendem und Lernendem auftauchen und sie sich gegenseitig nicht ernst nehmen. In *Indiana Jones und das Königreich der Kristallschädel* ist die Titelfigur Indiana Jones zwar der mit dem Titel des Films designierte Held, aber der lernende Held in diesem Film ist Henry ,Mutt' Williams. Für den alten Archäologen scheinen die Informationen des jungen Mutt, der an wunderliche Legenden glaubt, eher belustigend. Umgekehrt ist der alte Archäologe für Mutt nur ein weltfremder Lehrer. Auch nachdem sie erste Informationen ausgetauscht haben und vor den Agenten des KGB fliehen müssen, bleiben sie sich selbst treu und nehmen ihr Gegenüber nur wenig ernst. Bei der anschließenden Verfolgungsjagd mit feindlichen Agenten unterlässt Jones es nicht, Mutt bei jeder sich bietenden Gelegenheit zurechtzuweisen und Mutt nennt Indiana Jones unaufhörlich Opa[714]. Dennoch gelingt es den beiden, auf ihren jeweiligen Feldern zu performen, ohne aber miteinander in echte Kooperation zu treten. Sie befinden sich in einem Aushandlungsprozess, also dem Norming, wobei sie allerdings auch schon gezwungen sind, ein Performing einfließen zu lassen.

Nachdem Larry Daley seinen neuen Job als Nachtwächter in *Nachts im Museum* angenommen hat, führt ihn sein Vorgänger Cecil Fredericks durch das Museum und zeigt ihm dabei kurz, was alles ausgestellt wird. Attila der Hunnenkönig, eine Statue von den Osterinseln, afrikanische Säugetiere und zuletzt den Tempel des Pharao Ahkmenrah, hinter dem eine wertvolle goldene Tafel ausgestellt wird. Diese Ausstellungsstücke sind die einzigen, auf die Fredericks etwas genauer eingeht. Larry folgt den Erläuterungen jedoch nur mit wenig Interesse.[715] Für ihn handelt es sich um einen Job, nicht um einen Beruf, den er letztlich nur deshalb angenommen hat, um den Kontakt zu seinem Sohn Nick nicht zu verlieren. Ein tieferes Interesse für den Job lässt er nicht erkennen und entsprechend

---

712 Ross, 2012 (00:30:53 – 00:32:43)
713 Ross, 2012 (00:39:20 – 00:41:20)
714 Vgl. Spielberg, 2008 (00:27:33 – 00:35:28)
715 Vgl. Levy, 2006 (00:14:42 – 00:16:03)

tangieren ihn die, zugegeben recht oberflächlichen Einführungen von Cecil Fredericks auch nur peripher. Auch hier steht ein sozialer Aushandlungsprozess im Zentrum der Interaktion, bei dem der Held sich nur bedingt kooperativ zeigt.

Nachdem der Hutmacher in *Alice im Wunderland* von den Soldaten der roten Königin verhaftet wurde, wird Alice von dem Hund Bayard gefunden. Der Hutmacher befahl Alice zur weißen Königin zu gehen, was der Hund weiß. Aber entgegen dem, was der Hund verlangt, beharrt Alice darauf, dass sie nicht zur weißen Königin, sondern zur roten Königin gebracht werden will, um den Hutmacher zu befreien. Bayard ist dagegen, aber Alice bleibt hartnäckig, so dass er sich nach einem Disput ihrem Willen beugt[716]. Hier stellt Alice ihre eigenen Interessen im Rahmen der Partnerarbeit in den Vordergrund. Dies aber nicht, weil sie wirklich ureigenste Interessen verfolgt, auf denen sie beharrt, sondern vielmehr deshalb, weil sie ihren Mentor befreien will. Sie setzt damit ihren Kopf gegen ihr angebliches Schicksal durch. Alice dominiert insofern diesen Aushandlungsprozess. Sie hat sich einen Weg in den Kopf gesetzt, dem sich ihr Interaktionspartner unterordnen muss. Nachdem das geschieht, zeigt sie sich allerdings auch wieder lerninteressiert.

Dass es auch anders geht und die Partnerarbeit harmonisch beginnen kann, demonstrieren sowohl Frodo Beutlin und Samweis Gamdschie in *Der Herr der Ringe* als auch Harry Potter und Ron Weasley in *Harry Potter und der Stein der Weisen*. Beide Paarungen kooperieren von vorn herein problemlos miteinander.

Frodo und Sam marschieren in *Der Herr der Ringe* die erste Wegstrecke einträchtig miteinander. Sie campieren im Wald, Sam grillt einige Würstchen und beide rauchen Pfeife, bis Bilbo den Gesang eines Elbenzugs vernimmt. Den Zug beobachten sie neugierig und tauschen sowohl ihr Wissen, wie auch ihre Gefühle für die Elben miteinander aus. Als Sam sich über sein Nachtlager unter freiem Himmel beschwert, versucht Frodo ihn mit einer Visualisierung seines Bettes zu Hause aufzumuntern, und als Sam daraufhin feststellt, dass das nicht funktioniert und er nicht draußen schlafen könne, gesteht Frodo, dass es ihm genauso geht.[717] Die Szenerie ist trotz der widrigen Umstände von der Harmonie unter den beiden Hobbits geprägt. Sie ergänzen und bestärken sich sowohl in kognitiver wie in haptischer und emotionaler Hinsicht und versuchen, gemeinsam das Beste aus ihrer ungelegenen Situation zu machen.

Ähnlich harmonisch agieren Harry Potter und Ron Weasley von Beginn an in *Harry Potter und der Stein der Weisen*. Sie lernen sich auf dem Bahnsteig 9 ¾ kennen, der zum Hogwarts-Express führt und Rons Mutter erklärt Harry, wie er zum entsprechenden Gleis gelangt[718]. Im Zug teilen die beiden dann ein Abteil, indem sie sich neugierig einander nähern. Ron kann seine Bewunderung nicht verhehlen, und Harry kauft für beide Süßigkeiten.

716 Vgl. Burton, 2010 (00:41:01 – 00:43:30)
717 Vgl. Jackson, 2001, 2002 (00:42:10 – 00:44:40)
718 Vgl. Columbus, 2001 (00:30:28 – 00:32:23)

Danach kann Ron mit seinem Wissen über die Zaubererwelt Harrys Interesse gewinnen[719], bis Hermine Granger hinzutritt und aus der Partnerarbeit für einen Moment eine Kleingruppe wird. Bis dahin bestimmt die gegenseitige Neugierde das Geschehen und die Bereitschaft, das eigene Wissen und Geld in die neue Beziehung zu investieren.

Später im Film erhalten Ron und Harry nochmals Gelegenheit, ihre Kompetenzen in der Partnerarbeit unter Beweis zu stellen. Ein Troll ist in Hogwarts eingedrungen und bedroht Hermine, die sich auf dem Mädchenklo eingeschlossen hat. Ebendort wütet nun der Troll und Ron und Harry versuchen, ihn gemeinsam zu bändigen. Zunächst lenken sie den Troll gemeinsam von seinem Opfer ab. Als das nicht wirklich funktioniert, springt Harry dem Troll in den Nacken, bis der ihn abschüttelt, und im nächsten Augenblick zaubert Ron dem Troll die Keule aus der Hand, so dass dieser nicht weiter auf Harry einschlagen kann. Die Keule fällt dem Troll auf den Kopf, der Troll in Ohnmacht und Hermine ist gerettet[720]. Die beiden ergänzen sich hier beinahe unausgesprochen und entsprechend gelingen auch ihre Aktionen.

In beiden Fällen sind die Protagonisten stets einander zugewandt und bilden prinzipiell das Komplement zum Anderen, wodurch ihre Handlungen ein Ganzes ergeben und die jeweiligen Aufgaben in diesem frühen Stadium auf den Schwellen gelöst werden können.

Für gelingende Partnerarbeit existieren im Blockbuster auch Belege für die kollaborative Arbeit zwischen Mentoren und Helden, also Lehrenden und Lernenden auf den Schwellen. Dies ist beispielsweise in *E.T, Mamma Mia!* und *Avatar* der Fall.

Elliott muss in *E.T.* am Tag, nachdem E.T. bei ihm einzog, wieder in die Schule. Zwischen ihm und E.T. existiert eine telepathische Verbindung, die dafür sorgt, dass E.T. alles mitbekommt, was Elliott erlebt. Umgekehrt agiert Elliott alles aus, was E.T. widerfährt. In einigen Szenen, die gegeneinander geschnitten sind, wird abwechselnd gezeigt, wie Elliott im Unterricht einen Frosch sezieren soll, während E.T. zugleich das Haus erkundet. Schließlich lässt Elliott in der Schule alle Frösche frei und E.T. findet eine Möglichkeit, wie er mit seinem Raumschiff Kontakt aufnehmen kann[721]. Zwischen Elliott und E.T. wird also in dieser Sequenz eine telepathische Verbindung inszeniert, die die beiden auch über die Distanz miteinander agieren und Erfahrungen austauschen lässt. Die Sequenz mündet in einer Lösung des jeweiligen Problems des Anderen, wobei festzustellen ist, dass E.T. eher Elliott auf die Sprünge hilft als umgekehrt. E.T. lernt in Windeseile, mit den Informationen, die ihm vor Ort gegeben sind, welche Teile er benötigt, um sich verständlich zu machen. Insgesamt agieren die beiden jedoch auch über die Entfernung hinweg auf partnerschaftlicher Ebene, auch wenn es vermutlich E.T. ist, der die telepathische Verbindung initiiert hat.

Während ihres Junggesellinnenabends in *Mamma Mia!* ist Sophie sich inzwischen sicher, dass sie weiß, wer ihr Vater ist: Bill Anderson. Aber auf der Tanzfläche treten auch

---

719 Vgl. Columbus, 2001 (00:32:58 – 00:35:03).
720 Vgl. Columbus, 2001 (00: 01:06:43 – 01:09:10)
721 Vgl. Spielberg, 1982, 2002 (00:44:09 – 00:51:30)

Sam und Harry an Sophie heran und erklären ihr jeweils unabhängig voneinander, dass sie ihr Vater sind.[722] Die potenziellen Väter treten hier immer noch in derselben Rolle auf, sie performen auf Augenhöhe und wollen kooperativ sein, gleichzeitig melden sie aber auch ihre Sicht der Dinge an, indem sie Sophie keine Wahl lassen zu verstehen, wer nun wirklich ihr Vater ist, da alle nacheinander den Anspruch für sich reklamieren.

In *Avatar* ist das partnerschaftliche Lehr-Lern-Setting zwischen Lehrendem und Lernendem noch strukturierter. Neytiri deutet Jake Sully zunächst das Lernziel an, nämlich einen der Flugdrachen von Pandora reiten zu können[723]. Anschließend wird in mehreren Ghosting-Sequenzen[724] gezeigt, wie der Lernprozess von Jake Sully verläuft. Er lernt die Sprache des Stammes, das Bogenschießen, in luftigen Höhen über Bäume zu laufen, reiten, Fährten lesen, den spirituellen Rahmen der Na'vi usw. Kurz: Neytiri führt Jake in die Kultur ihres Volkes ein. Dabei beobachtet sie ihn aufmerksam, korrigiert ihn, lobt ihn aber auch, und je mehr Jake lernt, desto mehr wachsen die beiden zu gleichberechtigten Partnern heran. Es gelingt dem Ex-Marine sogar, dafür zu sorgen, dass Grace Augustine wieder in das Dorf der Na'vi darf. Schließlich jagen Sully und Neytriti gemeinsam und am Ende der Jagd stellt Neytiri fest, dass Jake endlich so weit ist, die große Prüfung zu bestehen und den fliegenden Drachen zu reiten[725]. Die Lehr-Lern-Partner in dieser Sequenz sind also nicht von vorn herein auf Augenhöhe, aber Neytiri gibt sich alle Mühe, ihren anfänglich unbeholfenen Schüler zu stützen. Dabei diagnostiziert Neytiri die Handlungen ihres Schützlings genau, um seine Leistungen dann entsprechend zu optimieren. Und je weiter Sully in seinem Lernprozess voranschreitet, desto mehr begegnen sie sich auf Augenhöhe.

Ein besonderes Beispiel für die Partnerarbeit stellt der Film *Spider-Man* dar. Peter Parker wird von Norman Osborne ein wissenschaftliches Genie genannt[726]. Parkers Forscherdrang wird auf den Schwellen während seines Transformationsprozesses zum Superhelden ausufernd dargestellt. Die Lernpartnerschaft ist dabei etwas ungewöhnlich, denn es ist im ersten Schritt Peter Parker selbst, der mit seinem zukünftigen Alter-Ego Spider-Man eine Lernpartnerschaft eingeht. Seine Aufgabe in dieser Phase ist es zu lernen, mit seinen neuen Spinnenkräften umzugehen. Am Morgen nach dem Spinnenbiss hat sich Peter physisch verändert. Er stellt fest, dass sein Körper muskulöser ist, seine Sehkraft sich verbessert hat, weshalb

---

722 Vgl. Lloyd, 2008 (00:56:46 – 00:58:45)
723 Vgl. Cameron, 2010 (00:58:03 – 01:00:16)
724 Ghosting-Sequenz bedeutet, dass mehrere unterschiedliche Bilder als übergreifende Sequenz durch ein Thema inszeniert werden. Beispielsweise lernt sich ein junges Liebespaar kennen und unternimmt verschiedene Aktivitäten. Gerahmt wird die Sequenz dann beispielsweise durch einen Song. In Avatar wird der Lehr-Lernprozess von Jake Sully und Neytiri zu einer solchen Sequenz, die gerahmt wird von dem Video-Logbuch, das Sully währenddessen führt.
725 Vgl. Cameron, 2010 (01:00:15 – 01:05:42)
726 Vgl. Raimi, 2002, 2004 (00:05:35 – 00:06:13)

er seine Brille nicht mehr braucht, und an seiner flachen Hand bleibt Papier kleben[727]. Im zweiten Schritt erweitert er sein Experimentierfeld in Richtung seiner Peer-Group. In der Mensa der Schule registriert er mittels seines ‚Spinnensinns' frühzeitig, dass Mary Jane auf einer Pfütze ausrutschen wird und fängt mit übermenschlichen Reflexen erst Mary Jane und anschließend ihr Tablett auf. Dann stellt er fest, dass aus seinem Arm Spinnweben schießen, und es gelingt ihm spielerisch, den Schläger Flash Thompson auszuknocken[728]. Im dritten Schritt sind die Dächer von New York das Terrain, in dem er seine neuen Fähigkeiten testet. Er krabbelt senkrecht die Wände hoch, springt von einem Hochhaus zum nächsten und vermag es schließlich, seine Spinnweben gezielt einzusetzen, wenngleich sein erster Versuch, sich an seinem Netz über größere Abhänge zu schwingen nur teilweise von Erfolg gekrönt ist[729]. Auch in sozialer Hinsicht macht Peter Parker unterdessen Fortschritte. Er führt mit Mary Jane ein Gespräch über ihre Zukunft nach dem Abschluss am College.[730] Dann beginnt er ein Kostüm zu entwerfen, nachdem er in der Zeitung eine Anzeige für ein Wrestling-Match entdeckt hat, bei dem es US $ 3.000 zu gewinnen gibt[731].

Überrascht möglicherweise sogar überrumpelt von seinen neuen Fähigkeiten startet Peter Parker zum Teil absichtlich und zum Teil unabsichtlich in diesen Sequenzen eine Reihe von Versuchen, um herauszufinden, wo seine neuen Grenzen sind. Die Erforschung seiner Kräfte setzt bei ihm Strahlungseffekte frei, die sich auch auf andere Aspekte seines Lebens auswirken, so dass er beispielsweise gegenüber Mary Jane nicht mehr nur stammelt. Aus ihrem Gespräch schöpft er genug Motivation, um sich als Kostümdesigner in eigener Sache zu versuchen. Kurz gesagt, die explorative Partnerarbeit mit sich selbst wirkt sich in dieser Transformationsphase auf den Schwellen auf Peters ganzes Dasein zunächst positiv aus.

Partnerarbeit wird im Blockbuster also überwiegend positiv inszeniert. Die positive Erfahrung mit der Partnerarbeit deckt sich auch mit Studienergebnissen von Schell (1972). „Die Überlegenheit der kooperativen Arbeitsform kann für den Leistungsbereich uneingeschränkt bestätigt werden; dieser Befund lässt sich auf der Basis sowohl der wahrscheinlichkeitstheoretischen Modelle als auch der motivationalen Theorie der sozialen Erleichterung erklären"[732].

Exkurs – Reflexionen

Der Lernprozess von Jake Sully in *Avatar* wird durch seine persönlichen Reflexionen in einem Video-Log gerahmt. Sully erhält von Grace Augustine den Auftrag, seine Erfahrungen im Dorf der Na'vi mit reflexiver Distanz in eine Kamera in ihrem Labor zu sprechen. Reflexive Distanz

---

727 Vgl. Raimi, 2002, 2004 (00:17:07 – 00:20:03)
728 Vgl. Raimi, 2002, 2004 (00:21:00 – 00:23:54)
729 Vgl. Raimi, 2002, 2004 (00:24:30 – 00:26:46)
730 Vgl. Raimi, 2002, 2004 (00:27:34 – 00:30:24)
731 Vgl. Raimi, 2002, 2004 (00:31:07 – 00:32:27)
732 Schell, 1972, 84

kann in diesem Falle mit Meyer (2010) als Fähigkeit verstanden werden, die eigene Praxis aus der Distanz zu betrachten[733]. Sie dient der „[…] abstrahierenden Anstrengung des Begriffs, zum Vergleich und zum Rückgewinnen der inneren Ruhe"[734]. Somit hat eine solche Reflexion mehrfache Effekte: einerseits vergegenwärtigt der Lernende sich auf diese Weise noch einmal seine Erlebnisse und bestätigt sich sein Handeln als gelungen, oder er kann aus der Reflexion Strategien für sein zukünftiges Vorgehen ableiten, die für die Situation adäquater sind. Andererseits können aber auch, weil die Reflexion aufgezeichnet wurde, Außenstehende die gesammelten Erfahrungen auswerten und Schlüsse für weiteres Vorgehen entwickeln[735].

Die Reflexion der Lernerfahrung wird aber in anderen Filmen auch als Dialog zwischen Lehrendem und Lernendem inszeniert. In dem Film *Matrix* stellen virtuelle Trainingsräume die Schwellen dar, die Neo überschreiten muss. Nachdem er seine ersten Lernerfahrungen im virtuellen Raum gesammelt hat und bei dem Versuch gescheitert ist, den Sprung von einem Wolkenkratzer zum anderen zu schaffen, stellt er fest, dass er in der ‚realen Welt' real blutet, obwohl der Erfahrungshorizont im Trainingsraum virtuell war. Daraufhin folgt ein kurzer Dialog mit seinem Mentor Morpheus über die Effekte seines Erlebens in der Matrix. Dabei erfährt Neo von Morpheus, dass sein Körper die Konsequenzen dessen tragen muss, was sein Geist erlebt. Mit anderen Worten, wenn sein Geist in der Matrix stirbt, stirbt sein Körper in der ‚realen Welt'[736]. Morpheus bringt in dieser Sequenz also die Erfahrungen, die Neo im virtuellen Raum gemacht hat, auf den Begriff.

Als Elliott in *E.T.* von der Schule zurückkehrt, hat der Außerirdische bereits mit Hilfe der Sesamstraße und Elliotts kleiner Schwester Gertie gelernt, in der Landessprache zu kommunizieren. Elliott ist begeistert und E.T. präsentiert seinen Wunsch, mit seinem Heimatplaneten zu kommunizieren.[737] E.T. adaptiert die sprachlichen Codes, die er im Zimmer von Elliott gefunden hat und nutzt sie zur Kommunikation seiner Bedürfnisse.

In *Kung Fu Panda* erkennt Shifu, mit welchen Mitteln er den Panda Bär zum Kung Fu Kämpfer ausbilden kann. Und das kommt so zustande, dass Po sich allein und unbeobachtet in der Vorratskammer des Jade-Tempels wähnt. Er plündert aufgrund seines beinahe unstillbaren Appetits die Vorräte, wobei Shifu ihn ertappt. Po rechtfertigt sich, aber Shifu, der Pos Schlachtfeld einen Moment verwundert betrachtet, weist den Panda ausnahmsweise nicht zurecht, sondern gibt ihm noch einen Tipp, wo der Affe Monkey seine Kekse versteckt

---

733 Vgl. Meyer, 2010, 138
734 Meyer, 1992, 168
735 Die Reflexion per Video hat sich beispielsweise im Sportunterricht in den letzten Jahren eingebürgert. Die Lernenden berichten immer wieder davon, dass sie durch die Anschauung der eigenen Handlung viel besser verstünden, welche Fehler sie machen, und können dies anschließend umsetzen. Insofern scheint die Videoreflexion ein durchaus probates Mittel für einen vielfältigen Einsatz als Reflexionsinstrument zu sein. Ein anderes Beispiel dafür ist das sogenannte Life-log. Hierbei zeichnen die Life-Logger ihre gesamten alltäglichen Verrichtungen auf und fotografieren beispielsweise permanent ihre Umwelt (vgl. Thompson, 2013. 29ff.).
736 Vgl. Wachowski Brothers, 1999 (00:52:50 – 00:53:22)
737 Vgl. Spielberg, 1982, 2002 (00:54:13 – 55:45)

hat. Dann wendet er sich ab, um scheinbar seines Weges zu ziehen. Im gleichen Augenblick erstürmt Po das Keksversteck, wobei er die Geschicklichkeit an den Tag legt, die er braucht, um ein Kung Fu Kämpfer zu werden. Darauf hat Shifu gesetzt, als er den Panda nun das zweite Mal ertappt. Po hat keine Ahnung, wie er es auf das oberste Regal geschafft hat, aber Shifu weiß nun endlich, wie er Po ausbilden muss, damit er möglicherweise doch noch der Drachenkrieger wird, den Oogway in ihm gesehen hat. Po hält es für einen Zufall, aber Shifu stellt fest: „Es gibt keine Zufälle." In der nächsten Szene beginnt endlich die Ausbildung des Pandas[738]. Hier wird einmal mehr dargestellt, dass die Diagnostik einen Lernprozess für den Lehrenden bedeutet, der immer eine Reflexion beinhaltet. Die Diagnose des Lernstandes gelingt, zumindest laut Hollywoods Autoren dann am besten, wenn die Distanz zwischen Lehrendem und Lernendem verkürzt wird.

In diesem Sinne legen die Blockbuster Filme nahe, dass die individuelle Beziehung zwischen Lehrendem und Lernendem partnerschaftlich organisiert sein sollte, um zu gelingen. Der Lehrende übernimmt dabei auch immer wieder die Rolle des Lernenden. Reflexionsphasen oszillieren wechselseitig zwischen Lehrendem und Lernendem. Dabei übernehmen sie eine wichtige Funktion: während der Lehrende grundsätzliches über die Welt vermittelt, lernt er aus den Aktionen seines Lernenden etwas über diesen. Kurz, er diagnostiziert den Lernenden, in einer wechselnden Dialogschleife.

Wie Mattes (2007) feststellt bietet Partnerarbeit einige Vorteile an, da sie mit geringstem organisatorischem Aufwand durchgeführt werden kann. „Die Methode verbindet Vorzüge der Einzelarbeit mit Vorzügen der Gruppenarbeit"[739]. Ein Moment des Gelingens von Partnerarbeit führt Mattes auf das Moment der gegenseitigen sozialen Kontrolle der Lernenden zurück. Die gegenseitige soziale Kontrolle hält die Lernenden davon ab, sich individuell dafür zu entscheiden, dass sie ihre Lernaufgabe nicht bearbeiten. Ausdruck findet die soziale Kontrolle in Form der Reflexion der Lernerfolge.

Das Moment sozialer Kontrolle ist ebenfalls in der Gruppenarbeit enthalten, erstreckt sich dann aber auf mehrere Gruppenmitglieder, wodurch die Kontrolle etwas durchlässiger werden kann. Die Größe der Gruppe hat auch Einfluss auf die Entwicklung des Gruppenprozesses. Aufgrund der größeren Anzahl heterogener Charaktere in einer Gruppe fallen die Phasen des Storming und Norming in der Gruppenarbeit komplexer aus als bei der Partnerarbeit. Dies wird in den Blockbusterfilmen entsprechend berücksichtigt, wie ich im folgenden Abschnitt zeige.

VIII.5.2 Gruppenarbeit

Als Prototyp für die Darstellung der Gruppenarbeit im Blockbusterfilm bietet sich *Der Herr der Ringe I – Die Gefährten* an. Schon im Titel führt der Film einen Begriff der Grup-

---

738 Vgl. Stevenson/Osborne, 2008 (00:49:50 – 00:51:22)
739 Mattes, 2007, 30

pe: Nicht irgendeiner Gruppe, sondern einer Gruppe von Gefährten (griech.: hetaìroi)[740]. Es geht in dieser Gruppe also darum, dem anderen sein Leben anzuvertrauen. Genau das ist auch Kernthema in *Der Herr der Ringe*. Alle Helden in dem Film, was nicht gerade wenige sind[741], verfolgen ein Stück weit diese Lernaufgabe: sich in die Lage zu versetzen, seinem Nächsten sein Leben anzuvertrauen.

Wenn Frodo und Sam auf ihrer ersten Heldenreise die erste Schwelle überschritten haben, stoßen sie buchstäblich mit Meriadoc Brandybock (kurz: Merry) und Peregrin Tuck (kurz: Pippin) zusammen, die auf der Flucht vor Bauer Maggot sind, weil sie sein Gemüse gestohlen haben. Da Frodo und Sam fürchten, selbst unter Tatverdacht zu geraten, fliehen sie gemeinsam mit Merry und Pippin, gelangen an einen Abhang, kullern herunter und landen übereinander gestapelt auf einer Straße. Die gesamte Szenerie ist von den Momenten der Storming-Phase im Gruppenprozess geprägt. Sam weist Frodo zunächst auf das Versprechen hin, dass er Gandalf gab, nämlich auf ihn aufzupassen. Als dann Merry und Pippin auf sie fallen, ist Frodo einigermaßen verwirrt und sucht Orientierung. Sam reißt Merry und Pippin laut schimpfend von Frodo herunter. Merry und Pippin begrüßen Frodo hingegen freudig und beachten Sam nicht wirklich. Sam wiederum versucht, die Führung der Gruppe zu übernehmen, was ihm aber mit seinem Befehlston nicht gelingt, zumal er selber noch die Fakten sortieren muss. Als ihm das gelungen ist, hat Merry Frodo bereits gepackt und sie fliehen gemeinsam durchs Feld. Sam stürzt hinterdrein und als alle am Abgrund stehen und sich gerade noch abfangen können, ist Sam derjenige, der das Fass zum Überlaufen bringt, und alle stürzen den Abhang herunter. Während Pippin und Merry unten zunächst eine Zustandsbeschreibung von sich geben, teilt Sam bereits wieder verbal aus. Dann entdeckt Pippin Pilze und der gemeinsame Verzehr lässt einen kurzen Burgfrieden einkehren. Auch hierbei stürzen, zumindest Pippin, Merry und Sam übereinander, während Frodo unbeteiligt erscheint. Sam verfügt jedenfalls nicht über die Autorität, den anderen beiden Einhalt zu gebieten, obwohl er eine Führungsrolle beansprucht. Die Szenerie ist turbulent, es geht wild durcheinander und das ihnen aus ihrer gewohnten Welt bekannte Wissen und Sozialverhalten finden Anwendung.

In dem Augenblick hat Frodo eine Eingebung und fragt beiläufig nervös, ob sie nicht die Straße verlassen wollen, dann werden von einem Vertigo Effekt[742] begleitet einige Blätter aufgewirbelt. Frodos Nervosität steigt und er ruft die anderen dringend und hoch emotionalisiert an, die Straße zu verlassen. Daraufhin springen die vier Hobbits unter einer

---

740 Im griechischen ist der Gefährte der Kampfgefährte. Der Begriff des Hetairoi taucht zuerst bei Homer auf und er meint laut Schinkel die Freundschaft, die im Kampf gefordert ist. Vgl. Schinkel, 2003, 161f.

741 Vgl. Vossen, 2004, 13

742 Beim Vertigo-Effekt bleibt das fokussierte Objekt während der Kamerafahrt durch eine gegenläufige Anpassung der Brennweit der Kamera in unveränderter Größe im Bild, während um das Objekt herum alles in Bewegung gerät. Dieser Effekt wurde das erste Mal in Alfred Hitchcocks ‚Vertigo – Aus dem Reich der Toten' (1958) eingesetzt.

Wurzel in Deckung und schon betritt ein schwarzer Reiter, ein so genannter Ringgeist, die Bühne, der offensichtlich ihre Witterung aufgenommen hat. In ihrer Panik beginnen die Hobbits plötzlich zusammenzuarbeiten: Frodo will den Ring aufstecken, Sam hindert ihn daran, Merry wirft einen Beutel zur Ablenkung in die entgegengesetzte Richtung, der Ringgeist wird davon abgelenkt und die vier stürzen von dannen. Bei ihrer anschließenden Flucht durch den nächtlichen Wald gelingt es ihnen, die schwarzen Reiter zu verwirren und schließlich mit der Bockenburger Fähre unbehelligt zu fliehen[743].

In dieser Szenerie funktioniert die Zusammenarbeit der Gruppe aufgrund oder trotz der Panik viel besser als in den ungefährlicheren Situationen zuvor. Die Hobbits können sich notdürftig miteinander koordinieren, aktivieren dabei erneut ihre Wissensbestände und können sie für sich gewinnbringend nutzen. Hier lässt sich eine Form von Freiarbeit konstatieren und es gelingt den Protagonisten hier also die ersten Momente der Gruppenphase des Storming zu überwinden. Sie lassen das Norming quasi außer Acht und ein erstes Performing ist in dieser Sequenz zu erkennen. Damit handeln die Hobbits im Prinzip so, wie Meyer es erklärt: „Freiarbeit steht für selbst organisiertes Lernen. Sie ist gut geeignet, um individuelle Lernschwerpunkte herauszubilden. Sie hilft, Methodenkompetenzen aufzubauen"[744].

Noch evidenter werden die Lernpotenziale der Gruppenarbeit auf der Schwelle rund zehn Jahre später in der *Hobbit* (2012) dargestellt. Zauberer Gandalf will den Hobbit Bilbo Beutlin in dessen gewohnter Welt überreden, bei einem Abenteuer mitzumachen, was dieser entrüstet ablehnt. Nachdem der Hobbit den Zauberer mehr oder weniger hat stehen lassen, sorgt der Zauberer dafür, dass die Schwelle zur Abenteuerwelt quer durch Bilbo Beutlins Höhle verlegt wird. Aus dem Kontext der Sequenz wird ersichtlich, dass Gandalf 13 Zwergen mitteilte, dass Bilbo Beutlin bereit wäre, mit ihnen auf ihre Abenteuerreise zu gehen und er sie alle zum Essen eingeladen hätte. Daher treffen die Zwerge nacheinander bei Bilbo ein und veranstalten ein Festmahl, an dem Gandalf schließlich auch noch teilnimmt[745]. Bilbo gerät während des Zwergenauflaufs in Verzweiflung, nicht nur über seine geplünderte Speisekammer, sondern mehr noch über die Unordnung und die anstehende Arbeit des Abspülens. Doch dann beweisen sich die Zwerge als geschickte Teamworker, die im Handumdrehen die Ordnung wieder herstellen, sämtliches Geschirr mit teils akrobatischen Einlagen abspülen, trocknen und sortieren, so dass Bilbo nicht mehr mäkeln kann[746]. Dann steht der letzte fehlende Zwerg in der Gruppe vor der Tür und die Zwerge versammeln sich zur Beratung um den großen Tisch in Bilbos Höhle. Hierbei leitet Gandalf zunächst die Diskussion und informiert alle Anwesenden, im Prinzip in der Form des lehrerzentrierten Unterrichts. Gandalf zieht sich aber sogleich aus dem Fokus zurück, nachdem er die Fakten berichtet hat und die Beratung der Zwerge einsetzt, denn

---

743 Jackson, 2001, 2002 (00:49:14 – 00:55:07)
744 Meyer, 2010, 79
745 Vgl. Jackson, 2012 (00:13:04 – 00:23:05)
746 Vgl. Jackson, 2012 (00:23:06 – 00:25:01)

für Entscheidungen ist der Zauberer hier nicht zuständig. Entscheidungen sind Produkt des Lernprozesses der Gruppe. Die Zwerge diskutieren eigenständig über die Sinnhaftigkeit ihres Plans und die Möglichkeiten ihn auszuführen, bis sie zu dem Schluss kommen, ihn tatsächlich ausführen zu wollen, obwohl sie noch nicht wissen, ob sie überhaupt über die erforderlichen Ressourcen verfügen. Deshalb stoßen sie auf Schwierigkeiten und geraten darüber in Streit, bis Gandalf interveniert, indem er Bilbo als Meisterdieb vorstellt, der das fehlende Mitglied der Gruppe wäre. Die Zwerge schenken Gandalfs Worten Gehör und Glauben: für sie ist dieser unscheinbare Hobbit der richtige Mann. Bilbo selbst glaubt hingegen nicht, dass er der geeignete Kandidat für solch ein Unternehmen ist. Trotzdem verhandelt er plötzlich mit den Zwergen über eine Kontraktierung, die alle möglichen Umstände negativer wie positiver Art hinsichtlich der Abenteuerfahrt führt, was letztlich dazu führt, dass Bilbo in Ohnmacht fällt. Der Hobbit wird von der Gruppendynamik anscheinend förmlich überrollt. Die Gruppe will ihm einen Status aufdrücken, der jedoch seinem Naturell widerspricht.

Als Bilbo kurz darauf aus seiner Ohnmacht wieder erwacht, ist es wiederum Gandalf, der ihm den Kopf zurechtzurücken versucht, indem er Bilbo an die Biographie seiner Familie erinnert. Bilbo hört Gandalfs Argumente, bleibt aber trotzdem unerbittlich und lehnt den Auftrag rundheraus ab. Daraufhin versammeln sich die bis dahin sehr quirligen Zwerge um den Kamin und singen gemeinsam das Lied ‚Misty Mountain', wie um sich auch ohne den Zuspruch des Hobbits auf ihre Reise einzuschwören[747]. Die bis dahin selten geordnete Chaostruppe demonstriert mit dem Lied Besinnung auf Sinn, Grund und Zweck ihrer Gemeinschaft und zeigt einmal mehr, dass sie in der Lage ist zusammenzuarbeiten. Damit entschwindet die Szene in den klaren Sternenhimmel. Prinzipiell scheint in dieser Szene Gandalfs Idee zu sein, die Zwerge für das Abenteuer Werbung machen zu lassen, in dem er dafür sorgt, dass Bilbo die Zwerge mit ihren grundlegenden Kompetenzen kennenlernt. Doch so einsichtig ist Bilbo zunächst nicht. Als er aber am nächsten Morgen erwacht, sind die Zwerge fort. Es ist wieder still in Bilbos Leben, zu still, und als sein Blick auf den Vertrag fällt, zögert er keine Sekunde, unterzeichnet ihn und stürzt hinter der Gruppe her, um sich ihr anzuschließen[748].

Was ist geschehen? Wieso bricht Bilbo auf? Offensichtlich ist, zumindest in den Augen des Autors, die Gruppenvorstellung der Zwerge bei Bilbo auf fruchtbaren Boden getroffen. Als Erklärung dafür bieten sich zwei Möglichkeiten an, die durchaus komplementär zueinander sein können. Entweder ist Bilbo so plötzlich aufgebrochen, weil ihm die Stille im Haus unerträglich wurde, nachdem die Zwerge nicht mehr da waren oder, die zweite Möglichkeit, über Nacht haben sich die Informationen in seinem Gehirn so weit zusammengesetzt, dass ihm die Möglichkeit ins Abenteuer aufzubrechen als tatsächlich sinnvolle Möglichkeit erscheint. Ungewöhnlich wäre das nicht. „Ein großer Teil der Informationen werden vom

---

747 Jackson, 2012 (00:25:02 – 00:38:26)
748 Vgl. Jackson 2012 (00:38:27 – 00:40:45)

Gehirn im Schlaf (weiter-) verarbeitet (z. B. das Prozedurale und Semantische Lernen)"[749]. Die Gruppenarbeit der Zwerge, die von Gandalf inszeniert wurde, erscheint somit pädagogisch nachvollziehbar. „Gruppenunterricht ist eine Sozialform des Unterrichts, bei der […] arbeitsfähige Kleingruppen […] gemeinsam an der von der Lehrerin gestellten oder selbst erarbeiteten Themenstellung arbeiten und deren Arbeitsergebnisse in späteren Unterrichtsphasen für den Klassenverband nutzbar gemacht werden können"[750].

Ähnliche Beispiele für Gruppenarbeit auf der Schwelle finden sich in der einen oder anderen Form in vielen Blockbustern. Auffällig ist dabei, dass das Aufeinandertreffen der heterogenen Charaktere fast immer humoristisch in Szene gesetzt wird. Angesichts der Herausforderung, die mit dem Ruf oder der Berufung einhergeht, scheinen die Schwierigkeiten beim Einstieg in die Gruppenarbeit in Hollywood als klein angesehen zu werden. Das individuelle Beharren der Charaktere auf ihren Eigenheiten bietet eher den Raum zur Ent- als zur Anspannung.

In *Kung Fu* Panda findet sich gleich zu Beginn von Pos Ausbildung eine Szene, in der die Lerngruppe frei arbeitet, nachdem Shifu eine lehrerzentrierte Einheit durchgeführt hat. Die Szene beginnt damit, dass Po Ehrgeiz beweist. Obwohl er am Tag zuvor schmerzhaft erfahren musste, dass zwischen seiner Fantasie und der Realität eines Kung Fu Kämpfers ein nicht zu vernachlässigender Unterschied besteht, beginnt er früh morgens unbemerkt mit dem Training. Shifu und die Furiosen Fünf frohlocken nach dem Erwachen, dass der Panda aufgegeben hat, als sie ihn nicht in seiner Schlafkammer finden. Doch dann entdecken sie ihn im Trainingsbereich des Tempels. Meister Shifu übernimmt daraufhin die Leitung einer weiteren Lektion, die er Po nun erteilt. Alle Mitglieder der Furiosen Fünf erhalten den Auftrag, gegen Po anzutreten und ihn im Sparring zu vermöbeln. Zuletzt legt auch Shifu noch Hand an und versetzt Po einen Tritt, der ihn aus dem Jade-Palast herausfliegen und die Treppe hinab stürzen lässt. Shifus Intention ist es nach wie vor, den störrischen Panda loszuwerden. Dies misslingt aber, da Po trotz aller Schläge und Schmerzen motiviert bleibt[751]. Shifus Lektion misslingt sogar in doppelter Hinsicht, da sich zwei der Furiosen Fünf, Viper und Mantis, mitleidig zeigen, sich des Panda Bären annehmen und ihn mit einer Akkupunktur-Behandlung wieder einzurenken versuchen. Dann kommen Crane, Monkey und Tigress hinzu und Tigress erzählt Po die Geschichte von Shifu und Tai Lung, um ihm klar zu machen, weshalb Shifu sich so verhält[752].

Die Mitglieder der Furiosen Fünf übernehmen somit ein Stück weit Verantwortung für ihr neues Gruppenmitglied, indem sie ihn heilen wollen. Gleichzeitig übernimmt Tigress es, Po zu lehren, indem sie Shifus Geschichte erzählt, um auf diese Weise Shifus Handeln zu plau-

---

749 Pallasch/Hameyer, 2012, 53
750 Meyer, 1991, 242
751 Vgl. Stevenson/Osborne, 2008 (00:34:50 – 00:36:56)
752 Vgl. Stevenson/Osborne, 2008 (00:37:00 – 00:40:09)

sibilisieren[753]. All das unternehmen die Gruppenmitglieder, wenn auch aus unterschiedlichen Motiven, freiwillig, ohne Auftrag ihres Mentors. Po revanchiert sich mit selbst gekochter Suppe, für die er ein positives Feedback aller Gruppenmitglieder erhält, abgesehen von Tigress, die weiterhin gegen ihn stichelt. Po übernimmt den Ball, den ihm Tigress durch das Sticheln zuwirft, und führt eine Parodie auf Shifu auf, die in der Gruppe ebenfalls gut ankommt.

In diesen Sequenzen scheinen die Gruppenprozessphasen des Stormings und Normings bereits durchschritten und ein erstes Performing der Gruppe als Gruppe beginnt. Anscheinend akzeptiert die Gruppe, abgesehen von Tigress, den voluminösen Panda. In dieser Szene haben die Gruppenmitglieder sich gegenseitig ihre Kompetenzen präsentiert und ein zumeist positives Feedback gegeben, wodurch der Weg für weitere Aufgaben geebnet wird.

Nachdem sich in *Harry Potter und der Stein der Weisen* die Kleingruppe aus Harry, Hermine und Ron bereits im Zug das erste Mal getroffen hat, bedarf es in Hogwarts einiger Anläufe, bis die drei als Gruppe wirklich zusammenfinden. Hermine, die durch ihr überbordendes Wissen auffällt und den Jungs damit zuweilen auf die Nerven geht, teilt Harry zunächst mit, dass sein Vater Quidditch-Spieler war. Zu diesem Zweck führt sie Ron und Harry zu einer Vitrine mit Quidditch-Memorabilia. Darin findet sich eine Medaille, die beweist, dass Harrys Vater ebenfalls ein Quidditch-Spieler war[754]. Anschließend entdecken die drei zufällig den geheimen Flur im dritten Stock. Auch hier ist es Hermine, die weiß, dass Dumbledore angeordnet hat, dass dieser Flur von niemandem betreten werden darf. Im selben Augenblick taucht unvermittelt die Katze des Hausmeisters Filch auf, und die drei fliehen den geheimen Flur entlang, um nicht vom Hausmeister entdeckt zu werden. Sie gelangen an eine verschlossene Tür, die aber, wiederum von Hermine, mittels eines Zauberspruchs geöffnet werden kann[755]. Filch sind sie auf diesem Wege zwar entkommen, aber nun sind sie in eine Kammer mit einem dreiköpfigen Hund eingedrungen. Dem entkommen sie nur mit knapper Not, wobei Hermine entdeckt, dass der Hund auf einer Falltür steht. Daraus schließt sie, dass der Hund irgendetwas bewacht[756].

Lernen durch Lehren scheint Hermines Motto in diesen Sequenzen zu sein, um Anschluss zu finden. Freiwillig übernimmt sie die Leitung einer kleinen Exkursion, um empirisches Wissen zu demonstrieren. Allerdings überspannt sie mit der Demonstration ihres Wissens bewusst oder unbewusst die Kooperationsbereitschaft ihrer Gruppenmitglieder. Die Gruppe befindet sich also mitten in der Phase des Storming, zeigt aber ebenfalls schon Anklänge eines Performing. Die Koordination ihrer Rollen fehlt allerdings noch. Hermine besticht durch ihr Wissen und fährt Ron und Harry damit so über den Mund, dass sie nicht viel zu melden haben, weshalb Ron sich nach Professor Flitwicks Unterricht über sie lustig macht. Das wiederum kränkt Hermine zutiefst, so dass sie sich weinend zurückzieht[757]. Har-

---

753 Dabei wird erkennbar, dass Tigress mit Shifu und seinen Ansichten sympathisiert. Auch für sie ist Po keinesfalls der Drachenkrieger.
754 Vgl. Columbus, 2001 (00:58:06 – 00:58:26)
755 Vgl. Columbus, 2001 (00:58:33 – 00:59:53)
756 Vgl. Columbus, 2001 (00:59:56 – 01:01:08)
757 Vgl. Columbus, 2001 (01:04:47 – 01:05:02)

ry und Ron müssen die tief gekränkte Hermine schon vor dem Troll retten, ehe die Wogen geglättet sind[758]. Dann aber scheinen die drei sich gefunden zu haben und beginnen fortan mit der Aufklärung ihres ersten Falles, bei dem, zumindest nach Harrys Annahme, Professor Snape eine gewichtige Rolle spielt[759]. Über einige weitere Nachforschungen und soziale Verwicklungen finden die drei schließlich den Hinweis, der sie an den Punkt führt, an dem sie die Schwelle verlassen und die Konfrontation mit ihren Prüfungen aufnehmen.

Die Arbeitsweise dieser Kleingruppe lässt sich als explorative Freiarbeit interpretieren. Die drei haben ein Problem erkannt, dass sie induktiv erkunden. Dazu werden zunächst immer wieder Thesen aufgestellt, die sie in Reflexionsschleifen daraufhin prüfen, ob sie zutreffend sind. Erweist sich eine Spur als zutreffend, gehen sie ihr nach, wenn nicht, lassen sie sie fallen. Dabei werden sie zusehends als hochmotivierte Gruppe inszeniert, deren Komplexität stetig wächst.

In *Die Tribute von Panem* findet die Gruppenarbeit in erster Linie dialogisch statt, da die Mentoren in den konkreten Vorbereitungsprozess nur am Rande einbezogen werden. Die Tribute Katniss und Peeta wurden dem Publikum präsentiert. Effi Trinkett, Haymitch Abernathy und Stylist Cinna geben ihr Feedback zu ihrem Auftritt im Streitwagen. Mentor Haymitch, der von Katniss ironisch verspottet wird, setzt zu einem Return an, als er aber sieht, dass sie beobachtet werden, beschließt er einen Burgfrieden zu wahren. Er geleitet die Gruppe in ihr Appartement[760]. Für Haymitch gehört das Feedback offenbar nicht in die Öffentlichkeit, besonders dann nicht, wenn potenzielle Gegner mitbekommen, dass Unfrieden in der Gruppe herrscht. Beim Abendessen im Appartement diskutiert die Gruppe dann gemeinsam über die Tribute anderer Bezirke und deren Kampferfahrung sowie ihre Chancen, die Arena zu überleben. Peeta und Katniss präsentieren gegenseitig ihre speziellen Fähigkeiten, aber Peeta sieht für sich keine Chance, die Arena mit heiler Haut zu verlassen. Die Gesprächsführung hat zunächst Haymitch, aber sobald Peeta und Katniss beginnen sich zu öffnen, wird er zum interessierten Beobachter[761]. Bei nachfolgenden Gruppentreffen gibt Haymitch Hinweise für die nächste Präsentation vor den potenziellen Sponsoren[762]. Nachdem Katniss bei der Präsentation Haymitchs Hinweis beachtet hat, zeigt der sich bei der anschließende Reflexion der Aktion sehr locker und lobt sie überschwänglich[763].

Der Lehrende gibt hier also auf ein anfängliches Input hin zumeist nur noch Feedback auf die Leistungen seiner Lernenden. Er übernimmt somit die Rolle eines Coaches, der sei-

---

758 Vgl. Columbus, 2001 (01:06:43 – 01:09:10)
759 Vgl. Columbus, 2001 (01:10:51 – 01:11:48)
760 Vgl. Ross, 2012 (00:33:27 – 00:34:22)
761 Vgl. Ross, 2012 (00:37:11 – 38:50)
762 Vgl. Ross, 2012 (00:41:40 – 00:42:03)
763 Vgl. Ross, 2012 (00:45:28 – 00:47:50)

nen Spielern vom Spielfeldrand aus Tipps gibt[764]. Gruppenarbeit findet hier also in erster Linie in Form eines Reflexionszirkels statt, während die Ausbildung ansonsten in Einzelarbeit stattfindet. Dies korrespondiert mit der Aufgabe in diesem Film, in der Arena zu überleben.

Alice schart im Schloss der roten Königin in *Alice im Wunderland* nach einer Weile eine Gruppe aus der Haselmaus, dem weißen Kaninchen McTwisp sowie Diedeldum und Diedeldei um sich, die ihr mittelbar wie unmittelbar dabei behilflich sind, aus dem Schloss der roten Königin zu entkommen. Dabei gewinnt Alice auch den Igel als Freund, der ihr bereitwillig Hilfestellung leistet und zuletzt kann Alice sogar den Bandersnatch als Freund gewinnen, der ihr in der Folge hilft[765]. Alice bleibt in diesen Szenen sehr zielfokussiert, zeigt aber zugleich Mitgefühl für die Interessen ihrer Gruppenmitglieder, denen sie weitgehend entgegenzukommen sucht. Alice performt also sowohl kooperativ als auch initiativ und ist insofern die Leistungsträgerin ihrer Lerngruppe.

Auf dem Junggesellinnenabschied in *Mamma Mia!* haben sich alle Protagonisten auf der Tanzfläche versammelt und bilden einen Kreis um Sophie. Das auf sie einprasselnde Stimmengewirr und Durcheinander der Tanzenden wird ihr schließlich zu viel. Sie verliert die Besinnung[766]. Obwohl es sich auf der Tanzfläche um eine ‚koordinierte' Groß-Gruppenarbeit zu handeln scheint, ist diese für die Heldin viel weniger klärend als bestürzend. Alles dreht sich im wahrsten Sinne des Wortes um sie und überfordert sie damit völlig. Am nächsten Morgen planen sowohl Sophie als auch Donna in Kleingruppenarbeit, mit ihren jeweiligen beiden Freundinnen Klarheit in die verfahrene Situation zu bringen[767]. Das Performing der Großgruppe unterliegt hier offensichtlich einer Störung, weshalb zurück in die Kleingruppen gewechselt wird, die die Störung reflexiv aufarbeiten und dabei reibungslos funktionieren.

Auch in *Avatar* bedeutet die erste Gruppenarbeit einen Fehlschlag, wenngleich es sich hierbei um eine Kleingruppenarbeit handelt. Die knapp zehn minütige Sequenz zeigt Jake Sully unter anderen mit Dr. Grace Augustine an Bord eines Helikopters. Sie sind aufgebrochen zu einer Erkundung des pandoranischen Dschungels. Ziel der Mission ist die ehemalige Schule von Augustine. Die Schule schien den Auftrag zu haben, einen kulturellen Austausch zwischen den Menschen und den Na'vi zu ermöglichen. Die Forscherin war Leiterin der Schule und zeigt sich über ihre pädagogische Leistung und ihre Entdeckungen immer noch begeistert. Sie wird hier auch als Expertin für die Flora und Fauna von Pandora inszeniert. Von ihrem bewaffneten Geleitschutz ist sie weniger begeistert. Da sie das Ziel der Exkursion kennt, hat sie eine Führungsrolle in der Gruppe. Aber diese Rolle erfüllt sie nur unzureichend, weil sie Sully mit

---

764 „Coaching bedeutet eine personenorientierte Förderung von Menschen in ihrer professionellen Rolle, bezogen auf ihr konkretes Aufgaben- und Arbeitsfeld, eine Verbindung zwischen Prozess begleitender Beratung und ergebnisorientierter Unterstützung, individuelle Beratung, zielorientierte Anleitung, […]" (Pallasch/Hameyer, 2012, 21).

765 Vgl. Burton, 2010 (00:44:50 – 01:03:50)

766 Vgl. Lloyd, 2008 (00:58:46 – 00:59:25)

767 Vgl. Lloyd, 2008 (00:59:26 – 01:00:06)

seinen Bedürfnissen und Interessen nicht beachtet, sondern ihn ausgrenzt. Die Gruppenarbeit scheitert also, wie sich zeigen wird, weil die Leiterin der Exkursion ihre Rolle als Mentorin für Sully nicht anerkennt. Sie folgt ihren Interessen, und für sie ist der ehemalige Marine im Na'vi-Avatar nur ein Klotz am Bein. Sie ignoriert seine Fragen und beachtet ihn zunächst auch nicht, wenn er auf eigene Faust Erkundungen in der multivitalen Welt anstellt. Erst als Sully sich so weit in Schwierigkeiten bringt, dass er mit verschiedenen kräftigeren Lebensformen von Pandora Bekanntschaft schließt, schaltet sich Grace Augustine ein. Sie gibt Sully Tipps, die dazu führen, dass er Hals über Kopf fliehen muss und nur ein Sprung über eine Felsklippe ihn davor retten kann, von einem Raubtier gefressen zu werden. Danach ist Sully von der Gruppe getrennt und im Dschungel auf sich allein gestellt, wo er bald auf Neytiri trifft[768].

Durch den Führungsanspruch von Grace Augustine in der Gruppe wurde ein Machtverhältnis zwischen Augustine und Sully produziert, in dem Augustine als Lehrende, im Sinne eines gelingenden Lehr-Lernprozesses, eigentlich dazu verpflichtet wäre, die Sorge für die individuellen Bedürfnisse ihres Lernenden zu übernehmen. Dies unterläuft sie durch ihre Ablehnung des ehemaligen Marine als Kooperationspartner. Die Ausgrenzung erfolgt bewusst, denn gegenüber ihrem wissenschaftlichen Mitarbeiter Norm Spellmann verhält sie sich anders. Ihn akzeptiert sie als Mitarbeiter ihres Teams.

Sully und Augustine begegnen sich in diesen Sequenzen nicht nur nicht auf Augenhöhe, wie es eine didaktisch konsistente Gruppenarbeit verlangt, sondern Augustine spielt sich zudem, aufgrund ihres Expertenstatus, als Gruppenführerin auf. Dabei kommt sie aber den Aufgaben einer Gruppenleitung nicht nach und initiiert zugleich ein Herrschafts- bzw. Machtverhältnis, das zum Auseinanderbrechen der Gruppe führt. Sie zeigt also einige Entwicklungspotenziale, denn nach Schell (2008) bedeutet Gruppenarbeit:

> „- Lernen als zielgerichtete Aktivität, die durch gemeinsame Reflexion und handelnde Auseinandersetzung mit eigenen Erfahrungen und sozialer Realität gleichermaßen auf die Entfaltung individueller Fähigkeiten, wie auf die solidarische Veränderung gesellschaftlicher Bedingungen, die diese Entfaltung be- und verhindern gerichtet ist; ,
> - adressatenorientiertes Lernen, das von vorhandenen Einstellungen und Erfahrungen ausgeht und auf Erweiterung des Bewusstseins und der sozialen Handlungsfähigkeiten zielt;
> - Lernen in einem herrschaftsarmen Raum, in dem sich alle Mitglieder gleichberechtigt mit ihren Kompetenzen einbringen können und in die die Freiheit von Abhängigkeiten und Zwängen zumindest partiell erlebbar wird"[769].

In *Star Wars Episode IV – Eine neue Hoffnung* erfolgt die Darstellung der Gruppenarbeit auf den Schwellen in gelingender Form. Unterwegs von Tatooine nach Alderaan gibt Obi Wan Kenobi Luke Skywalker eine Lehrstunde mit der Trainingsdrohne und erweist sich, anders als

---

768 Vgl. Cameron, 2009, 2010 (00:23:05 – 00:32:01)
769 Schell, 2008, 591

Grace Augustine in Avatar, als guter Gruppenarbeiter und Kooperationspartner. Die Flucht vom Raumhafen Tatooine verläuft turbulent, was nicht zuletzt daran liegt, dass die Rollen in der Gruppe nicht geklärt sind [770].. Zunächst werden die Helden während ihrer Abflugvorbereitungen von Soldaten des Imperiums überrascht. Doch Han Solo und Chewbacca sind ein eingespieltes Team und Chewbacca kann einen Alarmstart hinlegen. Damit ist die Gefahr nicht gebannt, denn der Rasende Falke wird sogleich von imperialen Sternenzerstörern attackiert. An diesem Punkt schalten sich Ben und Luke in das Geschehen ein, und eine zentrifugale Dialogschleife entsteht, die daraus besteht, dass Han Solo unter Stress seine Sach-Kompetenz zum Ausdruck bringt, der ‚Held‘ Luke Skywalker ständig in Panik ausbricht, und während die beiden streiten, hält sich Mentor Kenobi weitgehend zurück. Er stellt lediglich eine Frage zum weiteren Prozedere ehe es Han Solo gelingt, mit dem Rasenden Falken in den Hyperraum zu springen, um der Gefahr zu entkommen [771]. In dieser Sequenz übernimmt Solo die Führung der Gruppe, wird aber immer wieder von Skywalker in Frage gestellt. Der Pilot erscheint recht autoritär, befindet sich allerdings auch in höchster Anspannung und muss Lösungen aus dem Handgelenk improvisieren, während er die anderen Gruppenmitglieder beruhigt und dabei noch individuell auf sie eingeht. Es wird deutlich, Han Solo ist ein Profi, der mit seinem Co-Piloten blindlings zusammenarbeitet. Doch die Lerngruppe steckt noch im Norming fest. Der Mentor stört hier aber trotz allem nicht den Gruppenprozess, in dem er aktiv in das Geschehen eingreifen will, sondern er vertraut auf die Kompetenzen der Gruppenmitglieder, so dass die Flucht gelingt. Kenobi lässt es aber gleichzeitig zu, dass Luke Skywalker durch den Piloten zurechtgewiesen wird, wodurch einmal mehr verdeutlicht wird, dass Luke noch nicht von allen Mitgliedern der Gruppe vollwertig akzeptiert wird.

Im Hyperraum erhält Luke Skywalker dann die Lehrstunde von Obi Wan Kenobi, die bereits im Kapitel Mentoren vorgestellt wurde. Als die Gruppe ihr Ziel erreicht und wieder aus dem Hyperraum fällt, ist der Planet Alderaan zerstört und der Rasende Falke fliegt durch ein Trümmerfeld. In dieser Situation wiederholt sich das Vorgehen, das während der vorherigen Fluchtsequenz von Tatooine gezeigt wurde, nahezu analog. Allerdings sind hier graduelle Unterschiede auszumachen: Als sie aus dem Hyperraum zurück springen, ist ihr Zielplanet verschwunden. Han Solo kommentiert die Situation mit gewohnt professionellem Habitus. Lukes erste Fragen hingegen erscheinen, verglichen mit der Fluchtsituation regelrecht gelassen. – Die Trainingseinheit mit Ben Kenobi scheint erste Früchte bei ihm zu tragen [772]. – Der alte Mentor schaut zunächst ruhig zu und greift erst in dem Moment ein, in dem sein Schützling erneut in Panik zu geraten droht [773]. Zu diesem Zweck stellt Kenobi die These

---

770 Tatsächlich verlässt die Gruppe die Phase des Storming bis zum Ende der Trilogie niemals so ganz, da ein gewisses Statusgerangel zur Grundausstattung der Serie zu gehören scheint.
771 Lucas, 1977, 1997, 2004 (00:52:20 – 00:54:41)
772 Vgl. Kapitel ‚Der Mentor‘
773 In der Romanversion ist die feine Entwicklung von Luke Skywalker an dieser Stelle noch weiter ausgearbeitet (vgl. Lucas, 1981, 128ff.).

auf, dass der Planet, der das ursprüngliche Ziel ihrer Reise war, vom Imperium vernichtet wurde. Dem widerspricht Solo argumentativ, bis sie plötzlich von einem Raumjäger angegriffen werden. Nun setzt erneut die zentrifugale Dialogschleife ein, bis der Rasende Falke vom Todesstern verschluckt wird. Die drei führen, vom gelegentlichen Knurren Chewbaccas begleitet, eine Diskussion auf ungefährer Augenhöhe, bei der Kenobi und Solo sachliche Argumente austauschen, während Skywalker gewagte und stets unzutreffende Hypothesen aufstellt. Alle Meinungen in dieser Diskussion werden als ernst gemeinte Beiträge angesehen. Luke Skywalker scheint insofern durch die Trainingseinheit mit Ben Kenobi an Akzeptanz in der Gruppe gewonnen zu haben. Dies legt die Interpretation nahe, dass dadurch, dass Kenobi seine Leitungsfunktion in der Gruppe immer weiter herunterschraubt, der Integrationsprozess von Luke Skywalker während dieser Gruppenphase gelingt.

Angesichts dieser Szenen lässt sich festhalten, dass hier eine gelingende Gruppenarbeit didaktisch zutreffend dargestellt zu sein scheint. Denn, „[b]ei der Realisierung des gruppendidaktischen Modells handelt es sich – zusammenfassend – u.a. um einen entscheidenden Beitrag

1. zur Erhöhung der Interaktionschancen des einzelnen […]
2. zur Entwicklung der Fähigkeit des kritischen Überprüfens von Inhalten und Gegebenheiten,
3. zur Verstärkung produktiver, kreativer Denkprozesse
4. zur Ermöglichung wechselnder Identifikation und zur Entwicklung der Sensibilität für den anderen"[774].

Der Wert sozialer Interaktionen lässt sich auch mit den Erkenntnissen der Neurobiologie stützen. „Was die Motivationssysteme des menschlichen Gehirns aktiviert, ist die Beachtung, das Interesse, die Zuwendung und die Sympathie anderer Menschen; was sie inaktiviert, ist soziale Ausgrenzung und Isolation. […] Die stärkste Motivationsdroge für den Menschen ist der andere Mensch!"[775].

Mit dem Verschlucken des Rasenden Falken durch den Todesstern hat die Gruppe um Luke Skywalker in *Star Wars Episode IV – Eine neue Hoffnung* auch die letzte Schwelle zur Abenteuerwelt überschritten. „Nachdem der Held einmal die Schwelle überquert hat, bewegt er sich in einem Traumland, erfüllt von seltsam fließenden, mehrdeutigen Formen, wo er eine Reihe von Prüfungen zu durchstehen hat"[776].

Ob die Lerngruppen in den Blockbustern auch weiterhin didaktisch schlüssig entworfen sind, steht im nächsten Kapitel zu überprüfen an. Ehe ich jedoch die Phase der Prüfungen interpretiere, werde ich zunächst die Sozialform der Einzelarbeit vorstellen, die

---

774 Meyer, 1973, 79
775 Bauer, 2009, 110
776 Campbell, 1999, 97

in einigen Blockbustern schon auf den Schwellen zum Einsatz kommt. Die Einzelarbeit ist die letzte hier noch fehlende Sozialform.

VIII.5.3 Einzelarbeit

Einzelarbeit wird von Mattes (2007) für den schulischen Unterricht wie folgt definiert: „Einzelarbeit ist eine Phase im Unterricht, in der die Schülerinnen und Schüler allein eine Aufgabenstellung bearbeiten. Oft wird sie auch als Stillarbeit bezeichnet, weil in dieser Phase in der Regel nicht gesprochen werden darf"[777]. Aus Sicht konstruktivistischer Lerntheorien spricht auf den ersten Blick einiges dafür, der Einzelarbeit einen hohen Stellenwert im Lehr-Lern-Setting einzuräumen, da das Lernen dort als ein aktiver Prozess verstanden wird, in dem sich die Lernenden den Lernstoff aktiv aneignen. Wissen wird nicht durch Konsum erworben, sondern durch aktive Auseinandersetzung mit und Bearbeitung des Stoffes. „Indem es den Fluss seines Erlebens segmentiert und Teilstücke aufeinander bezieht und verkettet, schafft das Subjekt sich Modelle von >>Dingen<< und kategorisiert das Erlebensfeld, in dem sie isoliert wurden, als >>Umwelt<<. Insofern diese Dinge sich dann als mehr oder weniger dauerhaft erweisen und ihrerseits aufeinander bezogen und verkettet werden können, erwächst die Konstruktion einer kohärenten Wirklichkeit"[778]. Wenn die Konstruktion individueller Wissensnetzwerke zentrales Moment des Lernens ist, müsste die Einzelarbeit, die die aktive Aneignung von Wissen ermöglichen soll, in jeder Phase der Heldenreise zentrales Moment für die Entwicklung der Helden und im Blockbuster entsprechend repräsentiert sein. Tatsächlich erscheint die Einzelarbeit aber ähnlich dem lehrzentrierten Lernen auf den Schwellen eher unterrepräsentiert. Im Gegensatz zum lehrerzentrierten Lernen erlebt die Einzelarbeit jedoch in der Phase der Prüfungen, insbesondere während der entscheidenden Prüfung, noch ihre Konjunktur. Der Einzelarbeit wird auf der Heldenreise also nicht eine nachrangige Position zugeschrieben, sondern sie nimmt vielmehr eine ganz zentrale Position ein, die allerdings erst auf dem Höhepunkt des Lernprozesses der Helden zum Tragen kommt. Die Schwellen lassen sich insofern als eine Vorbereitung auf die anstehenden Einzelarbeiten interpretieren[779]: für Hollywoods Autoren bedarf die zentrale Lernerfahrung, die auf die Lernenden im Höhepunkt der Heldenreise stattfindet, anscheinend einer ausgiebigen Vorbereitung. Eine der Grundlagen für die Neuverschaltung der Wissensbestände der Lernenden im Blockbusterfilm ist hierbei der Erwerb kooperativer Kompetenzen. Wenn dieser Erwerb nicht zuerst

---

777 Mattes, 2007, 28
778 Von Glasersfeld, 2003, 34
779 Krützen stellt zum Betreten der Schwellen fest: „Dem Grenzübertritt folgt eine erste Prüfung, die beispielhaft für alle folgenden Prüfungen des zweiten Aktes ist" (Krützen, 2011, 192). In pädagogisch-didaktischer Lesart kann ich der These von Krützen nicht uneingeschränkt folgen, da die Aufgaben der Helden schon auf den Schwellen und, wie sich zeigen wird, in der Phase der Prüfungen deutlich differenzierbare Formen annehmen.

erfolgt, bleibt die Einzelarbeit wenig erfolgreich oder wird zumindest von negativen Erfahrungen geprägt, wie anhand einiger Beispiele deutlich gemacht werden kann:

Peter Parker alias *Spider-Man* operiert mit seinen neuen Superkräften auf den Schwellen. Für ihn ist es ausgemachte Sache, dass er, will er Mary Jane Watson beeindrucken, ein Auto benötigt. Um das Geld für ein Auto aufzutreiben, meldet er sich für ein Wrestling Match an, bei dem er US $ 3.000 erhält, wenn er drei Minuten im Ring bleibt. Bei diesem Match tritt Peter erstmals als Spider-Man auf. Er besiegt seinen Gegner im Ring, Bone Saw, mit Leichtigkeit[780]. Peter erhält aber nicht das versprochene Preisgeld, da er laut dem Veranstalter keine drei Minuten im Ring gekämpft hat, wie es vereinbart war. Nun setzt die weiter oben geschilderte Handlung ein, in deren Verlauf Peter seine Transformation zum Superhelden abschließen wird. Nachdem Peter das Büro des Veranstalters verlassen hat, wird der ausgeraubt und Peter, der die Chance hätte, den Dieb aufzuhalten, lässt diesen vorsätzlich entkommen. Dann wird sein Onkel Ben, der Peter abholen wollte, von dem Dieb erschossen. Peter nimmt die Verfolgung auf und stellt den Mann. Als Peter den Dieb wieder erkennt, stolpert der und stürzt in den Tod. Peter zieht sich daraufhin auf ein Hochhausdach zurück und scheint, die Ereignisse noch einmal Revue passieren zu lassen. Schließlich kehrt er nachts zu seiner Tante zurück, die ihn schluchzend in den Arm nimmt. In der folgenden Szene erfolgt Peters Collegeabschluss, und abends führt er ein Gespräch mit seiner Tante, die ihn noch einmal daran erinnert, dass er für ‚Großes' bestimmt sei. Begleitet von den letzten Worten seines Onkels, dass aus großer Kraft große Verantwortung erfolgt, nimmt Peter sich nun noch einmal sein Superhelden-Kostüm vor[781]. Für den Superhelden, der in Peter Parker schlummert, ist die Einzelarbeit hier essentiell. Durch sie gelingt es ihm, seine Transformation zum Superhelden abzuschließen, zumindest hinsichtlich seiner eigenen Moralvorstellungen. Seine Heldenreise ist damit aber noch nicht abgeschlossen, denn Peters sozial-emotionale Entwicklung birgt auch weiterhin Entwicklungspotenziale, die er aber nicht mehr auf den Schwellen bewältigen wird, da er fortan als Spider Man ins Licht der Öffentlichkeit tritt. Die eingangs dieser Sequenz selbst verordnete Einzelarbeit, nämlich in den Ring zu steigen, um selbstsüchtigen Zielen nachzujagen, birgt für den Lernenden hier einige Rückschläge. Auf die Moralpredigt von seinem Mentor wollte der Lernende nicht hören. Deshalb muss er erfahren, dass die strikte Verfolgung und Verwirklichung eigener Interessen zu herben Rückschlägen führen kann.

Es gibt auch ein Beispiel, in dem der lernende Held zwar einen Auftrag erhält, der aber für ihn keinen ersichtlichen Sinn ergibt. Und deshalb wird auch die Lernerfahrung nicht wirklich sichtbar. In *Fluch der Karibik* erhält William Turner von Jack Sparrow in einer Spelunke den Auftrag „Pass gut auf, Junge!" Obwohl es sich hierbei um eine direkte Instruktion handelt, scheint sie keinen anderen Sinn zu haben, als den, dass Jack sich unge-

---

780 Vgl. Raimi, 2002, 2004 (00:35:15 – 00:40:01)
781 Vgl. Raimi, 2002, 2004 (00:40:02 – 00:52:13)

stört mit Joshamee Gibbs unterhalten kann. Während die beiden miteinander sprechen, beobachtet Will indigniert das wüste Treiben in der Spelunke, wird dabei noch von einer kräftigen Dame belästigt und hat ansonsten nichts zu tun[782]. Gegenüber dem vorherigen Beispiel nehmen sich die Einzelarbeit und ihre Effekte hier recht harmlos aus. Hier wird aber auch deutlich, dass sich für den Lernenden hier keine sinnvolle Handlungsoption findet, da er nicht über das Vorwissen verfügt, um in dieser Situation handeln zu können. So bleibt die Situation für ihn nur unangenehm.

Alice im Wunderland variiert dieses Thema. Alice soll den Jabberwocky erschlagen. Dafür benötigt sie das Schwert der weißen Königin. Um an das Schwert zu kommen, muss Alice sich dem Bandersnatch stellen, wie ihr McTwisp, das weiße Kaninchen, verraten hat. Dies übernimmt Alice auch, und es gelingt ihr sogar, den Bandersnatch für sich zu gewinnen, doch gleichzeitig weigert sie sich weiterhin anzuerkennen, dass sie den Jabberwocky erschlagen soll[783]. In diesem Sinne erscheint Alices' Handeln prinzipiell nicht sonderlich zweckorientiert, da sie von allen zugetragen bekommt, dass sie diejenige sein soll, die den Jabberwocky erschlägt. Obschon sie sich permanent mit anderen Charakteren solidarisiert, handelt sie im Grunde ohne Auftrag, da sie es auch weiterhin ablehnt, ihrem Ruf zu folgen. Trotzdem lässt sich am Beispiel von Alice gut nachvollziehen, wie die Helden sukzessive auf die entscheidende Prüfung vorbereitet werden. Zug um Zug wird Alice mehr Wissen enthüllt, bis sie sich dem Kern ihrer Aufgabe zuwendet.

Etwas anders stellt sich die Einzelarbeit auf den Schwellen dar, wenn die Helden bereits ein Ruf ereilt hat, dem sie auch folgen, wie im Falle von Katniss Everdeen in *Die Tribute von Panem*. Die so genannten Tribute werden dazu angehalten, in einem Trainingsraum ihre persönlichen körperlichen Fähigkeiten und Kompetenzen zu trainieren, um hinterher in der Arena bestehen zu können. Zwar trainieren alle Tribute gleichzeitig, tatsächlich trainiert aber jeder für sich. Katniss durchbricht diese Einzelarbeit, indem sie in dieser Sequenz ihrem Freund Peeta empfiehlt, einen schweren Metallball zu werfen.[784] In einer weiteren Sequenz im Trainingsraum sollen die Tribute gemäß ihrer Kompetenzen von Sponsoren bewertet werden. Aufgrund dieser Bewertung ihrer Überlebenschancen in der Arena erhalten die Tribute Bonuspunkte für ihren Überlebenskampf. Katniss gelingt es in dieser Sequenz dadurch Aufmerksamkeit zu erregen, dass sie einem gegrillten Schwein, das auf der Tribüne der Jury als Teil des Buffets platziert ist, mit Pfeil und Bogen den Apfel aus dem Maul schießt[785].

In diesem Film verfügen die Lernenden von vornherein über einen Auftrag, nämlich den, später möglichst lange in der Arena zu überleben. Dadurch hat ihre Einzelarbeit immerhin eine Richtung bekommen, derer sie bedarf, um für die Protagonisten sinnvoll zu erscheinen. Da das Überleben des Einen in der Arena aber das Sterben des Anderen

---

782 Vgl. Verbinski, 2004 (00:50:12 – 00 :51 :50)
783 Vgl. Burton, 2010 (00:57:42 – 01:03:27)
784 Vgl. Ross, 2012 (00:39:21 – 00:40:49)
785 Vgl. Ross, 2012 (00:41:42 – 00:45:27)

implementiert, darf durchaus die Frage gestellt werden, inwieweit der erteilte Auftrag tatsächlich sinnvoll ist. Immerhin, auf der Schwelle sorgt er bei den Protagonisten für eine einigermaßen zielgerichtete Aktivität bei ihrer Einzelarbeit.

Die Einzelarbeit hat eine didaktische Verortung: „Am häufigsten wird die Einzelarbeit in Phasen der Anwendung, Wiederholung und der Sicherung im Unterricht gemeinsam erworbener Kenntnisse angewendet"[786]. Sie bedarf also entweder eines Fundaments, das heißt der Inhalt der Einzelarbeit muss für die Lernenden an ihre Wissensbestände anschlussfähig sein, oder es muss einen konkreten Auftrag für die Lernenden geben, damit sie zumindest eine Richtung wissen. In der Phase auf den Schwellen existieren aus der Logik der Narration heraus nicht sonderlich viele anschlussfähige Wissensbestände, die in Einzelarbeit vertieft werden können. Deswegen wird die Einzelarbeit in dieser Phase, sofern sie überhaupt Anwendung findet, so in Szene gesetzt, als handle es sich dabei um sinnlose Tätigkeiten.

 Daher lässt sich festhalten, dass die Einzelarbeit im Blockbusterfilm offensichtlich durch Partner- und Gruppenarbeit, also kooperative Arbeitsformen, vorbereitet werden muss, sofern sie sinnvoll sein soll.

VIII.6 Schlussfolgerungen

Die Inszenierung der verschiedenen Sozialformen auf den Schwellen der Heldenreise fördert einige Erkenntnisse über den Lernprozess im Blockbuster ans Tageslicht. So wird die Form des lehrerzentrierten Unterrichtens prozentual betrachtet wenig in Szene gesetzt. Es gibt kurze Sequenzen der Darbietung, die der Information der Lernenden, aber auch in narrativer Hinsicht der Information der Rezipienten des Films dienen. Daneben wird die lehrerzentrierte Form auch für ein persönliches Feedback genutzt. Die Feedbackfunktion kommt in diesem Kontext zum Tragen, wenn das soziale Verhältnis zwischen Lehrendem und Lernenden durch größere soziale und emotionale Nähe gekennzeichnet ist. Die fragend-entwickelnde Form des lehrerzentrierten Unterrichts wird in den Filmen tendenziell in ein negatives Licht gerückt. Die Untersuchung deutete dabei aber an, dass die fragend-entwickelnde Form als ein Instrument genutzt werden kann, um eine Distanz zwischen Lehrenden und Lernenden aufzubauen. Mittels dieser Distanz schützen sich die Lehrenden vor zu großen Veränderungen ihres jeweiligen Selbstbildes. Deshalb ist mindestens die fragend-entwickelnde Form des lehrerzentrierten Unterrichtens auch dazu angetan, als Machtinstrument gegenüber den Lernenden im Lehr-Lern-Setting missbraucht zu werden.

 Die Partnerarbeit mit ihrem niederschwelligen Zugang für die Lernenden erweist sich dagegen für den Einstieg in den Lehr-Lernprozess als probates Mittel, um beispielsweise potenziell problematische Phasen des Gruppenprozesses, beispielsweise das Storming, möglichst gering zu halten. Auch wenn die Partnerarbeit zuweilen holperig in Gang gesetzt wird,

---

786 Mattes, 2007, 28

wird sie grundsätzlich viel positiver inszeniert als die lehrerzentrierte Form. Die Partnerarbeit erweist sich dabei auch aufgrund des Moments der gegenseitigen sozialen Kontrolle der Partner als vielversprechende Arbeitsform. Sie erscheint hier als eine Art vertrauensbildender Maßnahme hinsichtlich der Entwicklung individueller Kompetenzen der Helden.

Bei der Inszenierung der Gruppenarbeit wird der Schwerpunkt etwas anders gelagert: In ihr geht es zuvorderst um die Entwicklung sozialer Kompetenzen. Hinsichtlich des Gruppenprozesses weist sie auf den ersten Blick größere Probleme auf, weil mehr Charaktere mit jeweils individuellen Interessen aufeinander treffen, die sich miteinander arrangieren müssen. Dies nimmt Zeit in Anspruch, wobei der effektive Lernerfolg der Helden hinsichtlich ihrer Aufgabe zunächst scheinbar in den Hintergrund tritt. Demgegenüber scheint Hollywoods Autoren ein sich stetig entwickelndes soziales Miteinander der Heldengruppen wichtig zu sein, das die Motivation der Gruppenmitglieder anregt[787]. Die Gruppenarbeit wird in der Folge ebenfalls tendenziell positiv in Szene gesetzt, wobei oftmals humoristische Inszenierungen auf der Tagesordnung stehen. Hier wird eine Relativierung der Verhältnisse zwischen Ruf bzw. Berufung und der sozialen Situation in der Gruppe erzeugt. Augenscheinlich wird hier darauf aufmerksam gemacht, dass der soziale Kleinkrieg, der bei Gruppenarbeiten zuweilen auftaucht, am besten mit Humor zu nehmen ist, um die Gruppe zu einem erfolgreichen Lernen zu bringen. Zugleich scheint aber auch gerade (die mit Humor betriebene) Auseinandersetzung in den Gruppen eine Triebfeder dafür zu sein, dass die Helden erfolgreich auf ihren Lernfeldern operieren können.

Grundsätzlich erfolgt die Entwicklung des Gruppenprozesses auf den Schwellen der Heldenreise in den Filmen relativ analog zu den von Gudjons oder Klippert skizzierten Phasen des Gruppenprozesses. Zwar greifen die Lernenden ab und zu vor, indem sie bereits in dieser frühen Phase zu performen beginnen, aber in keinem der vorgestellten Beispiele finden sich die Lernenden zu diesem Zeitpunkt der Narration bereits vollkommen jenseits der Storming- oder Normingphase. Sie kehren immer wieder zu den Aushandlungsprozessen zurück, die der Vorbereitung der Einzelarbeit in der entscheidenden Phase der Prüfung dient. Die Phasen des Gruppenprozesses erscheinen auf den Schwellen didaktisch konsistent weiter entwickelt. Inwieweit solcherart entwickelte Gruppen tatsächlich erfolgreich miteinander interagieren können, welche Lernergebnisse die Helden damit erzielen und ob, und wenn ja, wie die Phasen des Gruppenprozesses konsistent noch weiter entwickelt werden, wird Thema des nächsten Abschnitts sein.

---

787 Motivation stellt für das Lernen einen wesentlichen Erfolgsfaktor dar, der neurobiologisch begründbar ist. Die Gruppe stellt dafür ein wesentliches, grundlegendes Element dar. „Wahrgenommen und >>gesehen<< zu werden, setzte verbindliche zwischenmenschliche Beziehung des Kindes bzw. des Jugendlichen zu seinen Eltern und Lehrern/Lehrerinnen voraus. Wesentliche Komponenten von >>Beziehung<< sind Spiegelungsakte" (Bauer, 2009, 115).

IX Die Prüfungen der Helden –
Lernprozesse in der Abenteuerwelt

„Warum fallen wir?
Damit wir lernen wieder aufzustehen."
Alfred Pennywise, Batman Begins

Jenseits der Schwelle wartet auf die Helden die ihnen unbekannte Welt der Abenteuer. „Der erste Schritt in die Landschaft der Prüfungen stellt nur den Anfang eines langen und im Ernst gefahrvollen Weges von Eroberungen und Augenblicken der Erleuchtung dar"[788]. Hier sammeln die Helden neue Erfahrungen und wenden ihr Wissen an. Sie tauschen sich mit ihren Gruppenmitgliedern aus und suchen schwierige Probleme zu lösen. Damit beginnt für die lernenden Helden die Phase echter Lernzeit, wie Hilbert Meyer (2010) dies nennen würde. „Die ‚echte Lernzeit' (time on task) ist die vom Schüler tatsächlich aufgewendete Zeit für das Erreichen der angestrebten Ziele"[789]. Gelernt wird jedoch nicht allein durch Pauken, also stupides auswendig lernen, sondern „Lernen ist ein aktiver Prozess der Bedeutungserzeugung […]"[790]. Die Lernenden müssen also aktiv werden und das neue Wissen mit eigenen Erfahrungen kreuzen, um dann neues Wissen zu generieren. Damit neue Wissensbestände sich verankern können, bedarf es einer gewissen Zeit, die sich auch als Inkubationsphase bezeichnen lässt. „Wenn Sie alle relevanten Aspekte in Ihre Überlegungen einbezogen haben und an die Grenzen ihrer Vernunft gestoßen sind, dann können Sie das Problem sich selbst überlassen. Das ist die Inkubationsphase, in der Sie alles, was Sie aufgenommen haben, verdauen"[791].

Doch so weit sind die Helden zu Beginn der Prüfungsphase noch nicht. Sie müssen nun erst einmal Wissen sammeln. Dabei bleibt die Vielfalt der Sozialformen, die auf den Schwellen zu erkennen war, über weite Strecken erhalten. Der lehrerzentrierte Unterricht tritt mehr und mehr in den Hintergrund und taucht nur noch in Einzelfällen auf. Allerdings nehmen sich die Lehrenden in diesen Fällen noch weiter zurück als bisher und überlassen es nun in erster Linie den Helden, Entscheidungen zu treffen. Schließlich ziehen sich die Lehrenden in dieser Phase ganz zurück. Demgegenüber nimmt nun die Handlungsorientierung der Heldenfiguren weiter zu. Dieser Prozess läuft in maximal fünf

---

788 Campbell, 1999, 106
789 Meyer, 2010, 40
790 Roth, 2009, 64
791 Goleman, 1997, 19

Schritten ab: Sammlung, Sondierung, Aktion und Reaktion, Initiation und Inkubation und gegebenenfalls Zirkularität. Diese fünf Schritte stelle ich nun nacheinander vor.

IX.1 Sammlung

Die Phase der Prüfungen in der Abenteuerwelt wird im ersten Schritt dadurch eingeläutet, dass die Gruppen ihre jeweilige aktuelle Lage reflektieren. Dabei vergewissern sie sich über ihre vorhandenen Potenziale und setzen dann die Reise in der Abenteuerwelt fort.

In *Star Wars Episode IV – Eine neue Hoffnung* gelingt es der Heldengruppe weitgehend unbemerkt, ein kleines Kommandobüro im Todesstern, von dem ihr Raumschiff – der Rasende Falke – verschluckt wurde, zu besetzen. Dort setzt sogleich eine Diskussion darüber ein, wie sie vom Todesstern wieder entkommen können. Während Luke Skywalker und Han Solo noch über ihre Lage streiten, führt die Expertise des Astro-Droiden R2-D2, übersetzt vom Protokoll-Droiden C-3PO, Obi Wan Kenobi zu der Entscheidung, die Aufgabe eigenständig zu erledigen. Luke will Kenobi zwar begleiten, doch der Mentor gemahnt den unbedarften Helden dazu, seinen eigenen Weg zu finden. Verbunden mit einem letzten weisen Ratschlag ist der alte Mann auch schon aus der Tür[792]. Kaum ist Kenobi verschwunden, flammt der Streit zwischen Han und Luke erneut auf, bis sie von R2's aufgeregtem Piepen unterbrochen werden. Die Prinzessin, die den Hilferuf aufgab, der Luke überhaupt zu Kenobi führte, wird auf dem Todesstern gefangen gehalten. Sofort beginnt Skywalker übereifrig, einen Plan für ihre Befreiung zu entwickeln. Solo ist zunächst gar nicht begeistert von der Idee, bis Luke ihn mit einer Belohnung für die Befreiung der Prinzessin lockt. Zögerlich willigt Solo in Lukes Plan ein und gemeinsam mit dem Wookie Chewbacca brechen sie Richtung Gefängnistrakt auf, während die Droiden an Ort und Stelle warten sollen[793]. Die schon aus der Schwellenphase für diesen Film bekannte Dialogkonstellation der heterogenen Gruppe bleibt hier zunächst beibehalten: Skywalker ist impulsiv, Solo bestimmt, Kenobi weise. Erweitert wird die Dialogspirale durch die Roboter mit ihrer Sachkompetenz. Das Spiel wiederholt sich in leicht abgewandelter Form, wenn Kenobi den Saal verlassen hat, aber gleichzeitig entwickeln die Protagonisten nun auch eine Handlungsperspektive. In Skywalkers Argumentation zeichnet sich hierbei eine erste Lernerfahrung ab. Er kennt die Bedürfnisse von Solo und kann entsprechend auf sie eingehen, um den Schmuggler für seine Pläne zu gewinnen. In dieser Sequenz lässt sich demnach der Wandel vom Norming zum Performing nachvollziehen und ein Teil der lernenden Gruppe setzt ihre gefassten Pläne in der Folge in die Praxis um. Anzumerken ist, dass nach Kenobis Abgang so etwas wie Freiarbeit zustande kommt. Der Lehrende hatte seinem Lernenden vor seinem Aufbruch in Aussicht gestellt, dass andere Aufgaben

---

792 Vgl. Lucas, 1977, 1997, 2004 (01:06:09 – 01:07:23)
793 Lucas, 1977, 1997, 2004 (01:07:23 – 01:09:35)

auf ihn warten, und wie es aussieht, bestätigt sich diese Annahme. Da der Lehrende keine weiteren Angaben hinterlassen hat, beginnt die Gruppe aus freien Stücken zu performen, ohne die Momente des Norming hinter sich gelassen zu haben. Gudjons (2003) merkt an, dass dieses Vorgehen zur Gruppendynamik durchaus dazu gehört. „Nach den bisherigen mühsamen Phasen ist die Gruppe in der Lage, an ihrer Aufgabe produktiv zu arbeiten. Die Energie wird nicht mehr primär für die Klärung der Beziehungsebene verbraucht, sondern kann in die Findung von Lösungen investiert werden. Doch Vorsicht: Es kann jederzeit passieren, dass Themen der vorausgegangenen Phasen wieder auftreten"[794]. Insofern erweist sich der Film auch hier im Hinblick auf didaktische Konsistenz als schlüssig.

Die in Star Wars inszenierte Form der dialogischen Sammlung findet sich auch in der Welt von Mittelerde wieder. In *Der Hobbit* beginnt der Film mit dem Gelage der Zwerge und der anschließenden Darlegung ihrer Mittel und ihres Plans in der Höhle von Bilbo Beutlin[795]. Die Inszenierung des ersten Nachtlagers der Gruppe um Bilbo Beutlin wiederholt das Spiel im Prinzip noch einmal. Dabei steht die Geschichte des Zwergenprinzen Thorin Eichenschild und seine Erfahrungen mit den Orks im Mittelpunkt[796]. Wenn die Gruppe das zweite Mal ein Lager aufschlägt, gerät Gandalf mit Thorin in einen Streit über dessen zwergentypische Dickköpfigkeit und verlässt die Gruppe vorerst[797].

Im *Herrn der Ringe* wird in Elronds Haus in Bruchtal regelrecht Kriegsrat gehalten. Elben, Zwerge, Menschen, ein Hobbit und ein Zauberer beratschlagen über das Schicksal des einen Rings[798]. In beiden Filmen wird die jeweilige Diskussion heftig geführt, es kommt zu Uneinigkeit und Streitereien. Die Lernenden befinden sich also noch in ihrer Storming- und Norming-Phase. Aber in keinem Fall bestimmt Mentor Gandalf, wie es weitergehen soll. Der Lehrende beginnt also schon mit dem Rückzug aus dem Fokus. Am Ende steht jeweils eine Gruppe, die bereit ist, auf die Heldenreise zu gehen, und die Bildung dieser Gruppe ist ihr erstes Performing. Danach betreten die Gruppen die fremde Abenteuerwelt. Im *Herrn der Ringe* brechen die neun Gefährten Richtung Mordor auf, und es dauert noch eine kleine Weile, bis Gandalf die Gruppe, wenn auch unfreiwillig, in den Minen von Moria verlässt. Aber wiederum in beiden Fällen lässt der Lehrende die Gruppe alleine weiter arbeiten.

In *Harry Potter und der Stein der Weisen* spekulieren Harry, Ron und Hermine im Gemeinschaftsraum von Gryffindor über die Machenschaften von Professor Snape und die Rückkehr von Voldemort aus. Dabei tauschen sie all ihre Gedanken auf Augenhöhe aus und ermutigen sich gegenseitig[799]. Schließlich finden sie sich bei Hagrid ein, um weitere Informationen einzuholen. Der Halbriese verplappert sich, und nun wollen die drei Professor Dumbledore über ihre Einsichten informieren. Da der Schuldirektor aber abwesend

---

794 Gudjons, 2003, 183
795 Siehe auch Abschnitt Gruppenarbeit
796 Vgl. Jackson, 2012 (00:43:40 – 00:49:52)
797 Vgl. Jackson, 2012 (00:55:18 – 00:57:02)
798 Vgl. Jackson, 2001, 2002 (01:33:32 – 01:41:18)
799 Vgl. Columbus, 2001 (01:44:39 – 01:45:36)

ist, beschließen sie autonom durch den Raum mit der Falltür zu gehen, der von dem dreiköpfigen Hund bewacht wird, um Professor Snape aufzuhalten[800]. Da die Lehrenden entweder abwesend sind oder sich für die Belange des Trios nicht zuständig fühlen operieren
Harry, Ron und Hermine in Form von autonomer Freiarbeit. Dabei gerieren sie sich des
Öfteren, wie Detektive in einem klassischen ‚Whodunit?‘[801] Krimi. Immer wieder finden
sie sich zusammen und tauschen Argumente aus. Die Art und Weise, wie sie sich immer
wieder gegenseitig informieren, instruieren und reflektieren, erinnert in diesen Sequenzen
an eine Form des Lernens durch Lehren. Damit befinden sich die drei ebenfalls in der
Phase des Performing und auch sie werden im nächsten Schritt ihre Handlungsoptionen
erweitern und den verbotenen Raum betreten.

Die Beispiele für dieses dialogische Vorgehen lassen sich fortsetzen:

Nachdem Panda Bär Po von Meister Shifu in *Kung Fu Panda* seine Lektionen gelernt
hat, treffen die furiosen Fünf ein. Sie wollten Tai Lung aufhalten, unterlagen ihm aber. Nun
beratschlagen sie gemeinsam, wie sie weiter vorgehen sollen. Shifu übergibt Po die Drachenrolle, damit dieser endlich zum Drachenkrieger wird. Auf der Rolle steht aber nichts
weiter, so dass Po davon ausgeht, dass er nicht der Drachenkrieger ist. Daraufhin fordert
Shifu die Fünf plus Po auf, die Evakuierung des Dorfes zu übernehmen, während er sich
Tai Lung allein entgegenstellt[802].

Scheinbar ganz in diesem Sinne performt auch die Lerngruppe, die sich um *E.T.* herum gebildet hat. Elliott hat mit seinen Geschwistern scheinbar einen Plan geschmiedet, wie sie E.T.'s
Funkgerät installieren können, ohne von den Regierungsbeamten, die Elliott in der Nähe des
Hauses beobachtet hat, erwischt zu werden. Diesen Plan reflektiert Elliott noch einmal mit seiner Schwester Gertie, ehe er realisiert wird[803]. Die eigentliche Planung wird in dieser Sequenz
ausgespart und stattdessen eine kurze Reflexion zwischen Gertie und Elliott gezeigt, die einen
wesentlichen Kernpunkt des Plans thematisiert. Wie es mit E.T. weiter geht, ist zwar das Thema
des Plans, aber als Lehrender tritt er hier nicht mehr in Erscheinung.

Auch bei Konstellationen, die nur aus Lehrendem und Lernendem bestehen, wie in
Avatar, zieht sich der Lehrende aus der lehrerzentrierten Position zurück, nachdem eine
dialogisch angelegte Reflexion stattgefunden hat[804]. Die letzte Stufe seiner Ausbildung, das
Reiten des Flugdrachens Banshee, oder in der Sprache der Na'vi Ikran genannt, muss Jake
Sully ohne Neytiri bestehen. Alle jungen Kriegeranwärter der Na'vi haben diese Prüfung
eigenständig zu bewerkstelligen. Sie müssen die fliegenden Berge hinaufklettern, bis sie zu
den Ruheplätzen der Drachen kommen. Oben angekommen gesellt sich Neytiri zwar wieder

---

800 Vgl. Columbus, 2001 (1:46:00 – 1:48:43)
801 Vgl. Alewyn, 1971, 381
802 Vgl. Stevenson/Osborne, 2008 (00:59:53 – 01:04:06)
803 Vgl. Spielberg, 1982, 2002 (01:00:48 – 01:01:13)
804 Vgl. Cameron, 2010 (01:05:44 – 01:08:21)

hinzu und gibt Sully Tipps, aber sie darf in die folgende Handlung nicht einschreiten. Den Drachen auswählen, ihn zähmen und den ersten Rundflug starten, muss Sully allein[805]. Rose De Witt Bukater findet Jack Dawson am Bug der Titanic. Die beiden beginnen eine Romanze, die mit einem Kuss eröffnet wird, gefolgt von der Szene, in der Jack eine Aktzeichnung von Rose in ihrer Kabine anfertigt[806]. Rose entdeckt in diesen Szenen ihre Welt neu, beginnend mit einem Körpergefühl, das ihrer viktorianischen Erziehung völlig fremd ist.

Zu Beginn von Larry Daleys erster *Nacht im Museum* erhält er von seinen drei Vorgängern einige Tipps sowie einen Plan mit Aufgaben, die er zu bewältigen hat, ehe die drei Ex-Nachtwächter sich verabschieden und Larry seinem Schicksal überlassen[807]. Auch sein späterer eigentlicher Mentor Teddy Roosevelt bleibt nicht dauerhaft bei ihm. Er erklärt ihm nur, welche Aufgaben er im Museum zu bewerkstelligen hat und hilft ihm auch beim ersten Mal, weist ihn aber auch darauf hin, dass er ihm nur dieses eine Mal helfen wird[808]. Die Lehrenden stehen den Lernenden also zunächst während einer dialogischen Sammlung als Dialogpartner mit Entscheidungsbefugnis zur Verfügung, ziehen sich dann aber zurück, um den Lernenden das Feld zu überlassen.

Sogar Helden, die ganz auf sich gestellt sind, bedienen sich einer kurzen Sammlung, ehe sie die Abenteuerwelt erkunden. Katniss Everdeen hat sich in *Die Tribute von Panem* von ihren Mentoren Haymitch Abernathy und Cinna bereits verabschiedet, wenn sie die Arena betritt. Dort ist sie auf sich allein gestellt. Dem Gemetzel am Füllhorn weicht sie aus und schlägt sich in den Wald. Nachdem sie einigermaßen Abstand zu ihren Kontrahenten in der Arena gewonnen hat, beginnt sie sich zu sammeln und zu orientieren, wobei sie ihre Ausrüstung überprüft und die Umgebung näher in Augenschein nimmt bzw. erste Fallen aufstellt, d.h. sie besinnt sich auf Fähigkeiten, die sie aus ihrer gewohnten Welt mitgebracht hat[809]. In dieser Form der Reflexion als Einzelarbeit scheint Katniss Everdeen allerdings eine Ausnahme zu bedeuten.

Die Besinnung auf die eigenen Kompetenzen aus der gewohnten Welt wird ansonsten in Form einer dialogischen Sammlung präsentiert. Sie findet sogar dann statt, wenn nicht die Helden, sondern die Mentoren im Mittelpunkt des Films stehen, wie z.B. bei *Indiana Jones und das Königreich des Kristallschädels* und *Fluch der Karibik*. Indiana Jones entschlüsselt die Dokumente, die ihm sein Schützling ‚Mutt' gegeben hat, und in der folgenden Szene holt der alternde Archäologe in Südamerika Erkundigungen ein, die er anschließend dem jungen Mann mitteilt[810].

---

805 Vgl. Cameron, 2010 (01:09:26 – 01:12:12)
806 Vgl. Cameron, 1997 (01:17:11 – 01:26:05)
807 Vgl. Levy, 2006 (00:16:41 – 00:17:50)
808 Vgl. Levy, 2006 (00:34:13 – 00:36:51)
809 Vgl. Ross, 2012 (01:04:42 – 01.09:25)
810 Vgl. Spielberg, 2008 (00:36:14 – 00:38:07)

Jack Sparrow inspiziert im Beisein von Will Turner die Crew, die Joshamee Gibbs für ihn zusammengestellt hat. Dabei holt er sich Jacks Zustimmung zur Crew ein. Turner darf in dieser Szene sogar Vorschläge machen, aber in der nächsten Szene, in der sie sich bereits in einem Sturm auf hoher See befinden, ist der junge Turner nur ein einfacher Seemann, der sich bei Gibbs über den Kurs erkundigt, den ihr Captain eingeschlagen hat, und darüber wie sie sich orientieren können. Gibbs kennt die Antworten auf Turners Fragen und nach dem Sturm verrät er dem neugierigen Helden einiges mehr über den Captain, bis dieser sich in das Gespräch einschaltet und verkündet, dass er mit Will an Land gehen will[811]. In diesen beiden Fällen überlässt der Lehrende dem Lernenden nicht das Feld, sondern bleibt die zentrale Figur. In beiden Fällen wird der Lernende aber auch weiterhin ein wenig sperrig inszeniert, der immer wieder mit seinem Lehrer aneinander gerät, und der Lehrer zeigt sich nicht ausnehmend begeistert von seinem Lernenden. Grundsätzlich wird in beiden Filmen in diesen Sequenzen die Lage reflektiert und das weitere Vorgehen besprochen.

Auf den ersten Schritten in der Abenteuerwelt findet also auf jeden Fall zunächst einmal eine Besinnung auf die aktuelle Lage und die eigenen Kompetenzen statt. Diese wird zumeist in dialogischer Form präsentiert. In der unbekannten Welt des Abenteuers greifen die Helden also zunächst auf das Bekannte zurück. Meistens zieht sich der Mentor am Ende dieser Besinnung aus dem Lehr-Lern-Prozess weit zurück, so dass er nur noch ganz selten als Berater auftaucht. Dies erscheint didaktisch konsequent: „Die Lehrkraft sollte den Mut haben, auch für längere Zeit die Gruppen wirklich allein arbeiten zu lassen, d.h. vorne sitzen zu bleiben und nicht ständig von Gruppe zu Gruppe zu laufen"[812]. Sofern Lerngruppen in den Filmen existieren, befinden sie sich in dieser Phase im Übergang vom Storming und Norming zum Performing. Sie haben ihre Statuskämpfe noch nicht völlig abgeschlossen, zeigen aber bereits erste Performingqualitäten. Nun folgen die ersten eigenen Schritte in der Welt der Abenteuer. „Etwas in dieser Art muß [sic!] von jedem ernsthaften Kunstschüler begriffen und bewältigt werden. Wenn er zu einem Meister studieren und die Techniken erlernen geht, befolgt er eifrig alle Anweisungen, die der Meister ihm auferlegt. Aber dann kommt die Zeit, die Regeln nach eigenem Gutdünken anzuwenden und sich nicht von ihnen begrenzen zu lassen. […] Er kann die Regeln im Grunde vergessen, weil er sie sich angeeignet hat"[813].

IX.2 Unauffälliges Sondieren

Die Helden starten ihre ersten Gehversuche in der Abenteuerwelt unterschiedlich. Bei manchen war die Lernphase auf den Schwellen kurz. Sie haben nun einige Bewährungs-

---

811 Vgl. Verbinski, 2003 (00:58:32 – 01:05:06)
812 Gudjons, 2003, 149
813 Campbell, 1994, 180

proben zu absolvieren, ehe sie zur tiefsten Höhle vordringen. Zu diesen zählen: z. B. Luke Skywalker, Bilbo und Frodo Beutlin, Katniss Everdeen, Neo Thomas Anderson, William Turner, Forrest Gump, Spider-Man usw. Andere dagegen haben bereits auf den Schwellen eine ausgedehnte Lernphase erlebt und diverse Bewährungsproben absolviert, so dass sie nun relativ zielstrebig zur tiefsten Höhle vordringen. Zu diesen lassen sich z. B. Harry Potter, Panda Bär Po, James Bond etc. hinzurechnen.

So oder so, die ersten eigenen Gehversuche in der Abenteuerwelt haben explorativen Charakter. Entsprechend unauffällig verhalten sich die Helden. Alles andere wäre auch absurd, denn in der Abenteuerwelt werden die Helden und ihre Begleiter auf unbekannte Wesen und Gefahren treffen, denen sie zum Teil nur mit größter Mühe standhalten können. Die Helden erforschen auf diesen ersten Schritten ihre individuellen Grenzen. „Im Vokabular der Mystiker ist dies die zweite Phase des Weges, die der >>Reinigung vom Selbst<<, wo die Sinne >>gereinigt und erniedrigt werden<< und die Energie und Aufmerksamkeit >>auf jenseitige Dinge sich konzentriert<<; oder, in moderneren Worten, es ist der Prozeß [sic!], in dem die infantile Bilderwelt unserer inneren Vergangenheit aufgelöst, überwunden oder umgewandelt wird"[814].

In dieser Phase lernen die Helden, dass ihr bisheriges Wissen, ihre bisherigen Vorstellungen von der Welt höchst zerbrechlich sind und auch zerbrochen werden[815], um später neu zusammengesetzt werden zu können. Mit anderen Worten, die Helden werden in dieser Phase darauf vorbereitet, ,wirklich' lernen zu können, im Sinne eines „intelligenten Wissens"[816].

Die Lern- und Sozialformen, durch die diese ,Vorbereitung zur Lernkompetenz' realisiert werden, sind dabei höchst unterschiedlich, und sie fallen, durchaus abhängig von der individuellen Ausgestaltung des zentralen Lernziels der jeweiligen Helden, auch ganz unterschiedlich aus. Das zentrale Lernziel der Helden wird erst bei der ,Entscheidenden Prüfung'[817] erreicht. Die Herausforderungen, die auf dem Weg bis dahin zu bewältigen sind, zielen darauf ab, die entscheidende Prüfung auch bewältigen zu können, wenn sie ansteht.

Nachdem die Helden sich während der Phase der Sammlung zunächst noch einmal ihrer Kompetenzen und Ressourcen, der Lage und ihrer bevorstehenden Aufgabe vergewissert haben, sondieren sie unauffällig ihre Abenteuerwelt:

Luke Skywalker, Han Solo und Chewbacca sind in *Star Wars Episode IV – Eine neue Hoffnung* in den Tiefen des Todessterns als Kleingruppe unterwegs, um Prinzessin Leia zu befreien. Zu diesem Zweck hat Luke einen abenteuerlichen Plan ausgeheckt, der prinzipiell zum Scheitern verurteilt ist. Luke und Han maskieren sich in den Farben des Gegners und führen Chewbacca als Gefangenen zum Gefängnistrakt. So lange sie niemand anspricht,

---

814 Campbell, 1999, 100
815 Vgl. Campbell, 1999, 106
816 Vgl. Klippert, 2010, 60
817 Vgl. Vogler, 2010, 276

geht ihr Plan wunderbar auf[818]. Luke, Han und Chewie harmonieren in diesen Sequenzen als Kleingruppe miteinander. Sie befinden sich also in der Phase der Performanz. Dies ist auch in den meisten anderen Filmen der Fall ist, und es wird sich zeigen, dass es nur ganz wenige Helden gibt, die in dieser Phase allein performen:

Nachdem Gandalf in *Der Hobbit* wutentbrannt das Weite gesucht hat, richten sich die Zwerge und Bilbo Beutlin für die Nacht ein. Bilbo bringt den Zwergen Fili und Kili, die zur Wache eingeteilt wurden, etwas Suppe. Die beiden Zwerge stellen fest, dass einige ihrer Ponys fehlen. Fili entdeckt einen Lichtschein. Als sie näher an das Licht heranschleichen, wird ihnen klar, dass es sich um ein Lager von Trollen handelt, die ihre Ponys gestohlen haben und nun beabsichtigen, sie zu verzehren. Daraufhin fordern Fili und Kili Bilbo dazu auf, die Ponys zu befreien, und Bilbo schleicht sich in das Lager der Trolle hinein[819].

Die Gefährten in *Der Herr der Ringe* wandern entlang des Nebelgebirges in Richtung Süden, um dieses Gebirge im Süden zu umrunden. Ihr Plan ist es, zunächst nicht entdeckt zu werden. Während einer kurzen Rast entdecken sie Späher des Zauberers Saruman, vor denen sie schnell in Deckung gehen. Weil sie nun aber befürchten, trotzdem entdeckt zu sein, ändern sie kurzerhand ihren Plan und versuchen zuerst über das Gebirge weiter vorzudringen, und als auch dieser Versuch fehlschlägt, lässt Gandalf Frodo über den weiteren Weg entscheiden. Der entscheidet, dass ihr nächster Versuch unter dem Gebirge hindurch führen soll, durch die Minen von Moria. Nach einer unheilvollen Begegnung mit einem krakenartigen Monster, das die Tore von Moria bewacht, starten sie ihren Weg durch die Minen in aller Heimlichkeit zunächst bei gedämpfter Beleuchtung[820].

Auch Neo Thomas Anderson performt in einer Kleingruppe. Das Exkursions-Team, das ihn in die *Matrix* begleitet, als er zum Orakel aufbricht, muss unter allen Umständen vermeiden, entdeckt zu werden, da sonst die Gefahr besteht, dass die feindlichen Agenten sie ausfindig machen. Dasselbe gilt später für den Rückweg vom Orakel[821].

Nachdem *Forrest Gump* es trotz seiner Einfältigkeit aufgrund seiner phänomenalen Lauffähigkeiten bis ans College geschafft hat, dort ins All American Football Team aufgenommen wurde und seinen Abschluss machte, landet er bei der Army. Er wird nach Vietnam geschickt und geht mit seinem Platoon auf Patrouille. Wenn Lt. Dan Taylor befiehlt, in Deckung zu gehen und die „Schnauze zu halten" senkt sogar die Off-Stimme des Erzählers die Stimme zu einem Flüstern[822]. Man könnte sagen, Gruppenarbeit par Excellence, da das inszenatorische Stilmittel des Erzählers sein Verhalten an das der Gruppe im Plot[823] anpasst.

Harry, Ron und Hermine haben erfolglos versucht, den Schulleiter Albus Dumbledore in *Harry Potter und der Stein der Weisen* über die Vorgänge in Hogwarts zu informieren.

---

818 Vgl. Lucas, 1977, 1997, 2004 (01:09:36 – 01:10:33)
819 Jackson, 2012 (00:57:30 – 1:00:15)
820 Vgl. Jackson, 2001, 2002, Disc II (00:02:54 – 00:26:38)
821 Vgl. Wachowski Bros., 1999 (01:05:00 – 01:05:17 und 01:14:54 – 01:15:18)
822 Vgl. Zemeckis, 1994 (00:20:15 – 00:44:05)
823 Plot ist das Geschehen, das auf der Leinwand zu sehen ist (vgl. Mikos, 2008, 134).

Deshalb brechen sie selber auf, um das Geheimnis um den Stein der Weisen zu lüften. Sie betreten heimlich, verborgen unter Harrys Mantel der Unsichtbarkeit, den verbotenen Flur und die dahinter liegende Kammer, in der der dreiköpfige Hund die Falltür bewacht. Dort angekommen stellen sie fest, dass der Hund schlummert, weil schon jemand vor ihnen dort war und den Hund eingeschläfert hat[824].

Pi Patel hat sich in *Life of Pi* ein kleines Floß gebaut, auf dem er sich vor dem Tiger mit Namen Richard Parker in Sicherheit bringt, während der Tiger das Rettungsboot als sein Revier betrachtet. Das Floß hat er mit einem langen Tampen am Heck des Rettungsbootes befestigt. Dennoch kehrt er gelegentlich zum Rettungsboot zurück, um seine Ausrüstung und seine Vorräte aufzufrischen, die der dann mit auf sein Floß nimmt. Nachdem er ein Handbuch für Schiffbrüchige gefunden hat, beginnt er die Anweisungen dort zu befolgen, die besagen, dass das vorhandene Material sowie die Vorräte gesichtet und katalogisiert werden sollen.[825]

In *König der Löwen* beobachtet die Kleingruppe aus Pumba, Timon, Simba und Naala zunächst die Situation auf dem Königsfelsen, auf dem sich die Hyänen breit gemacht haben. Dann entscheidet Simba, dass sich die Gruppe aufteilen muss. Pumba und Timon lenken die Hyänen ab, während Simba und Naala weiter zum Königsfelsen schleichen. Dort fordert Simba Naala dazu auf, dass sie die anderen Löwenfrauen holen soll, während er sich alleine Scar stellen will[826]. Die Gruppe performt hier in ihrer Heimlichkeit problemlos miteinander. Zwar ist Pumba nicht begeistert von Simbas Idee, als lebender Köder zu fungieren, aber er und Timon übernehmen die Aufgabe dennoch. Offensichtlich ist das Vertrauen in die Leistungsfähigkeit der performenden Gruppe hier sehr hoch.

Elliott, Michael und *E.T.* realisieren ihren Plan beim abendlichen Halloweenumzug. E.T. wird als Gespenst verkleidet, so dass nicht einmal die Mutter merkt, dass sie E.T. und nicht Gertie, wie sie erwartet, vor sich hat. Dann brechen die drei auf, und ziehen durch die von kostümierten Menschen gespickten Straßen, ohne dass irgendwer merkt, wer da als Geist verkleidet an ihnen vorüber geht, bis sie Gertie am geheimen Treffpunkt treffen. Von da ausgehend ziehen E.T. und Elliott alleine weiter[827].

Eine Variante des unauffälligen Sondierens findet sich im Film *Kung Fu Panda*. Da Panda Bär Po nicht davon überzeugt ist, dass er der Drachenkrieger ist, der Tai Lung bezwingen könnte, entscheidet Shifu, dass das Dorf durch die furiosen Fünf evakuiert werden soll, während er sich dem übermächtigen Gegner stellt. Die Evakuierung der Dorfbewohner erfolgt konzentriert in aller Stille und damit so unauffällig wie möglich[828].

---

824 Vgl. Columbus, 2001 (01:49:45 – 01:51:37)
825 Vgl. Lee, 2012 (00:51:00 – 00:57:51)
826 Vgl. Allers Minkhoff, 1994 (01:09:00 – 01:09:44)
827 Vgl. Spielberg, 1982, 2002 (01:01:13 – 01:04:17)
828 Vgl. Stevenson/Osborne, 2008 (01:04:07 – 01:04:47)

Von der Planung bis zur Durchführung performen die Lerngruppen in diesen Sequenzen harmonisch miteinander. Jeder weiß, was er zu tun hat und kann die an ihn gerichtete Aufgabe erfüllen. In diesen Sequenzen bringt sich jeder in die Planung und Durchführung der jeweiligen Aktion ein. Die Gruppen haben also die Phase des Norming größtenteils hinter sich gelassen und die unauffällige Sondierung der Abenteuerwelt verläuft reibungslos.

Ähnlich reibungslos verläuft diese Phase auch in *Fluch der Karibik*. Will Turner und Jack Sparrow performen nun zunächst in der kleinsten Form der Gruppenarbeit als partnerschaftliches Gespann. Sie erreichen in einem Ruderboot die Isla de Muerta und damit das Versteck des verfluchten Schatzes. Dort soll Elisabeth Swann den notwendigen Blutzoll entrichten, durch den der Fluch über die Piraten aufgehoben wird. Will und Jack schleichen sich an die Schatzhöhle heran und beobachten kurz das Geschehen. Nun will Jack das weitere Vorgehen übernehmen und fordert Will auf, da zu bleiben, wo er ist. Doch Will schlägt Jack nieder und schleicht selbst weiter, um Elisabeth zu befreien, was ihm auch, in aller Heimlichkeit gelingt[829]. Die Partnerarbeit wurde hier erst einmal einseitig gekündigt, da die Protagonisten bei ihrer weiteren Zusammenarbeit nicht auf einen gemeinsamen Nenner kommen. Der Lehrende will das weitere Geschehen bestimmen, doch der Lernende meldet Zweifel an, ob dieses Vorgehen wirklich zielführend sei. Sein Misstrauen gegenüber dem Lehrenden bleibt anscheinend weiterhin groß. Auf diese Weise wird der Lehrende nun wohl oder übel dazu gezwungen, den Lernenden seine eigenen Lernerfahrungen machen zu lassen.

Auch Jake Sully kehrt in *Avatar* nach einem Moment der Einzelarbeit zur Partnerarbeit mit seiner Mentorin zurück, um dann erneut seinen Weg in Einzelarbeit fortzusetzen. Nachdem er die fliegenden Felsen erklommen hat und Neytiri ihm erklärt hat, woran er seinen Bungee erkennt, schiebt Sully sich auf der Suche nach seinem Drachen vorsichtig Schritt für Schritt durch den Nistplatz der Bungees voran, bis er seinem persönlichen Bungee gegenüber steht[830].

In *Casino Royale* wird das Moment des unauffälligen Sondierens invertiert. James Bond soll mit einer Tarnung operieren. Diese sabotiert er aber kaltschnäuzig, weil er davon ausgeht, dass sein Gegner Le Chiffre die Tarnung sowieso durchschaut. Bond ist damit derjenige, der die scheinbar goldene Regel dieser Phase durchbricht, nämlich unsichtbar zu operieren. Dafür erntet er auch entsprechende Kritik von Vesper Lynd, die ihn und sein Verhalten für leichtsinnig hält[831].

Die Inversion, die hier in Szene gesetzt wird, macht aber nur einmal mehr deutlich, dass für Bond prinzipiell dasselbe Prinzip bei seinen ersten Gehversuchen in der Abenteuerwelt gilt wie für alle anderen Helden: nämlich sich zunächst einmal unauffällig in der Abenteuerwelt zu verhalten. Hätte man bislang gedacht, dass der Agent ihrer Majestät eher ein Einzelgänger ist, wird man hier eines besseren belehrt. Bond performt in diesen Szenen nicht als Einzelarbeiter. Er arbeitet vielmehr mit Lynd in Partnerarbeit zusammen,

829 Vgl. Verbinski, 2004 (01:06:54 – 01:10:59)
830 Vgl. Cameron, 2010 (01:09:26 – 01:10:26)
831 Vgl. Campbell, 2006 (01:00:00 – 01:01:57)

wenn dies auch oft zu Unstimmigkeiten führt, die als Kennzeichen für ein Norming gewertet werden können. Zudem zieht er gelegentlich auch Rene Mathis hinzu, wodurch sie sogar punktuell als Kleingruppe performen. Denn egal wie Bond bzw. seine Lerngruppe sich verhält, sie nähern sich ihrem Ziel immer weiter an.

Es spielt in dieser Phase also keine wesentliche Rolle, ob die Helden in Kleingruppen, in Partnerarbeit oder einzeln performen, ob sie sich maskieren, durch das Unterholz, Gebirge, Stadt, Schatzinsel, Vietnam usw. schleichen, wesentlich ist in dieser Phase der Habitus der Unauffälligkeit.

Übertragen auf einen Lernprozess lässt sich hier durch die Bank festhalten, dass die Lernenden in dieser Phase mit ihren Lerngruppen ihr jeweiliges Lernfeld sondieren. Dabei kommen sie durchaus mit ihrem Lernstoff in Berührung, behalten sich aber die Bewahrung ihres eigenen Wissens vor. Eine Änderung ihrer Haltung gegenüber dem neuen Wissen ist noch nicht zu erkennen. Man könnte sagen, das neue Wissen erreicht nur das Kurzzeitgedächtnis, ohne dort anschlussfähig zu sein. Eine Einspeicherung in das Langzeitgedächtnis erfolgt hier demzufolge noch nicht. Neurobiologisch gewendet, lässt sich dies auch interpretieren: „Alle wahrgenommenen Informationen (Impulse) gelangen zunächst ins Ultrakurzzeitgedächtnis […] Finden die Informationen innerhalb weniger Sekunden keinen Anschluss (keine Verbindungen, Bahnen) zu bereits vorhandenen oder ähnlichen Informationen, gehen sie verloren. Das sensorische Gedächtnis ist also nur für eine sehr begrenzte Zeit impulsspezifisch (informationsspezifisch) erregt, das heißt es werden nur in diesem Zeitfenster Assoziationen im Kurzzeitgedächtnis gesucht"[832]. In manchen Fällen wirkt das Verhalten der Helden gerade so, als ob sie nur Stichproben des Wissens nähmen, die möglichst keinen weiteren Effekt für sie zeitigen sollen. Ungewöhnlich ist das nicht, da die Aneignung von neuem Wissen ihrer Struktur nach revolutionär ist, wie Jank/Meyer schreiben[833]. Die lernenden Individuen setzen sich in dieser Phase des Lernprozesses, ähnlich ihren Mentoren[834], der Gefahr aus, ihr Selbst aufs Spiel zu setzen, ohne zu wissen, was dabei herauskommt. Allerdings ist die Gefahr in dieser Phase für die Helden relativ, denn ihre ersten Schritte in der Abenteuerwelt, ihr erster Umgang mit einem neuen Wissensgebiet wird in den Blockbusterfilmen erst einmal konservativ inszeniert, frei nach dem Motto: Schuster bleib bei Deinen Leisten. Dem zu erarbeitenden Wissen wird sich auf diese Weise sukzessive genähert, ohne, dass die Lernenden sich sogleich überfordern. Und die ersten Gehversuche der Helden sind eben nur die ersten Gehversuche. Nach diesen ersten Schritten werden die Helden mutiger: Sie greifen zu, tasten umher, werden neugieriger und auf die Aktionen der Helden und ihre Präsens in der Abenteuerwelt folgen alsbald Reaktionen.

---

832 Pallasch, Hameyer 2012, 41
833 Vgl. Jank/Meyer, 2008, 49
834 Vgl. Abschnitt ‚Die Skepsis spricht von der Macht der Lernenden'.

IX.3 Aktionen und Reaktionen

So lange die Helden die Abenteuerwelt nur sondieren, geschieht ihnen nichts. Aber Taten-
drang oder Neugierde der Helden überwiegen früher oder später die reine Betrachtung,
und die Helden beginnen in der Abenteuerwelt zu agieren, nicht folgenlos. In dieser Phase
lässt sich beobachten, dass die Helden weiterhin in unterschiedlichen Sozialformen performen. Ich werde hier zunächst die Aktion der Helden und ihrer Lerngruppen vorstellen
und dann im zweiten Schritt auf die Reaktionen der Abenteuerwelt eingehen.

Wenn Luke Skywalker, Han Solo und Chewbacca in *Star Wars Episode IV – Eine neue Hoffnung* im Zellentrakt ankommen, ist es mit ihrem unauffälligen Sondieren vorbei. Noch im
Fahrstuhl tauschen sich Skywalker und Solo darüber aus, dass ihr Plan vermutlich nicht
funktionieren wird, als sich auch schon die Türen zum Zellentrakt öffnen[835].

Der Hobbit Bilbo Beutlin schleicht zu dem Gehege, in dem die Trolle die Ponys eingesperrt haben und will das Gatter öffnen. Die dicken Knoten, mit denen die Balken verknotet
sind, vermag er jedoch nicht von Hand zu öffnen. Da entdeckt er, dass einer der Trolle einen
langen Säbel bei sich trägt, den er für diesen Zweck gut gebrauchen kann[836].

Die Gefährten aus dem *Herrn der Ringe* entdecken in den Minen von Moria die Stadt
Zwergenbinge und das Grab des letzten Zwergenherrschers. Dabei entdecken sie ein Tagebuch, in dem die Zwerge ihre letzten Tage festgehalten haben, ehe sie von Orks überrannt
wurden. Während Gandalf die letzten Einträge aus dem Tagebuch vorliest, untersucht Peregrin das Skelett eines Zwerges, das auf dem Rand eines alten Brunnens sitzt[837].

Forrest Gump ist einmal mehr mit seinem Platoon in Vietnams Dschungel unterwegs,
als plötzlich von einem Augenblick auf den anderen der Monsunregen aufhört, der zuvor
vier Monate unaufhörlich über das Land zog. Schlagartig ist es, abgesehen von den Geräu-
schen, die die Soldaten verursachen, still[838].

Während seines ersten Rundgangs in seiner ersten *Nacht im Museum* stellt Larry Daley fest, dass das Skelett des Tyrannosaurus Rex nicht länger an seinem Platz steht, und er
spürt ihm nach[839].

Um in *Harry Potter und der Stein der Weisen* durch die Falltür zu gelangen, schieben
Harry, Hermine und Ron die Pfote des dreiköpfigen Hundes beiseite und öffnen die Falltür. Im selben Augenblick stoppt das Harfenspiel, das Fluffy, den dreiköpfigen Hund, hatte
einschlummern lassen[840].

Wenn Pi Patel in *Life of Pi* zum Rettungsboot zurückkehrt, um Vorräte zu sammeln,
ist der Tiger Richard Parker stets äußerst wachsam. Aus seinem Handbuch erfährt er, dass

---

835 Vgl. Lucas, 1977, 1997, 2004 (01:11:12 – 01:11:11).
836 Vgl. Jackson, 2012 (01:00:16 – 01:01:40).
837 Vgl. Jackson, 2001, 2002 Disc II (00:23:17 – 00:25:47).
838 Vgl. Zemeckis, 1994 (00:44:38 – 00:47:10).
839 Vgl. Levy, 2006 (00:19:18 – 00:20:30).
840 Vgl. Columbus, 2001 (01:50:23 – 01:51:02).

er ein eigenes Revier beanspruchen muss, um sich gegen das Raubtier im Rettungsboot zu behaupten. Hierzu bedient er sich der Methode der klassischen Konditionierung, indem er das Boot so in die Dünung dreht, dass der Tiger seekrank wird. Diese Aktion flankiert er mit einem Signalton. Um seinen Anspruch auf einen Platz im Rettungsboot zu unterstreichen, markiert Pi sein Revier auf dem Boot[841].

Spider-Man beginnt in New York das Verbrechen zu bekämpfen. Daily Bugle Chefredakteur J.J. Jameson wird auf die Story, die dahinter steckt, aufmerksam. Gleichzeitig gewinnt Peter Parker an Selbstvertrauen im Privatleben und verkauft von sich als Spider-Man fotografierte Selbstporträts an den Bugle[842]. Allerdings verheimlicht Harry Osborn im selben Zeitraum auch seine Beziehung zu Mary Jane vor Peter. Einerseits wächst also Peters Selbstvertrauen, während sein Vertrauen in seinen Freund auf eine harte Probe gestellt wird, als er von der Beziehung zwischen Harry und Mary Jane erfährt. Dies bekommt auch Harrys Vater, Norman Osborne, zu spüren, denn Peter lehnt dessen großzügiges Jobangebot ab. Dann wird Osborne von seinem Vorstand gekündigt und er nimmt als Kobold Rache, indem er das World Unity Festival sabotiert. Dabei gerät MJ in Lebensgefahr, aber Peter kann sie als Spider-Man retten[843].

In *Indiana Jones und das Königreich des Kristallschädels* folgen Indiana Jones und Mutt Williams in Peru weiteren Hinweisen, die sie zu einem alten Friedhof führen, auf dem die Konquistadoren beerdigt sein sollen. Dort wollen sie heimlich nachts nach weiteren Hinweisen suchen, werden dabei aber beobachtet[844].

Nachdem Katniss Everdeen in *Die Tribute von Panem* ihre erste Nacht in der Arena geschützt auf einem Baum verbracht hat, bricht sie am nächsten Morgen auf, um den Rand der Arena zu erreichen und das ‚Spielfeld' zu verlassen[845].

E.T. installiert mit Hilfe von Elliott seinen Transponder im Wald. Hierbei gibt Elliott zu verstehen, dass er es lieber sehen würde, wenn E.T. nicht wieder im Weltraum verschwindet, sondern mit ihm aufwächst. Sie verbringen die Nacht im Wald. Da Elliott nicht zur verabredeten Zeit nach Hause zurückkehrt, macht sich die Mutter auf die Suche nach ihren Kindern und findet zumindest Michael und Gertie, die Elliott aber decken[846].

---

841 Vgl. Lee, 2012 (00:58:20 – 01:01:18)
842 Vgl. Raimi, 2002, 2004 (00:52:20 – 01:00:10)
843 Vgl. Raimi, 2002, 2004 (01:00:11 – 01:07:53)
844 Vgl. Spielberg, 2008 (00:40:21 – 00:43:05)
845 Vgl. Ross, 2012 (01:12:00 – 01:13:13)
846 Vgl. Spielberg, 1982, 2002 (01:05:42 – 01:09:47)

Sophie teilt ihrem Verlobten Sky in *Mamma Mia!* mit, dass sie die Tagebücher ihrer Mutter gelesen hat, weshalb die drei potenziellen Väter nun vor Ort sind[847].

Am Morgen nachdem Alice im Schloss der weißen Königin eintraf, haben sich alle ihre Untertanen in *Alice im Wunderland* versammelt. Die Königin fragt einmal mehr, wer denn ihr Kämpfer sein wolle. Tatsächlich melden sich einige Freiwillige: der Hutmacher, die Grinsekatze, Diedeldum und Diedeldei sowie die Haselmaus. Alice äußert sich nicht. Das weiße Kaninchen rollt daraufhin das Orakulum aus, auf dem aber immer noch Alice als Kämpferin angegeben ist[848].

Simba sieht in *König der Löwen*, wie seine Mutter von Scar niedergeschlagen wird und reagiert sofort, indem er zunächst zu ihr stürzt und sich dann Scar entgegenstellt. Er fordert seinen Onkel auf zurückzutreten, der beruft sich allerdings auf seine Armee aus Hyänen, die Simba böse anknurren[849].

Nachdem James Bond in *Casino Royale* der Agentin Vesper Lynd das passende Kleid und sie ihm den passenden Anzug für die entscheidende Pokerpartie herausgelegt haben, betritt der Agent im Dienst ihrer Majestät das dem Film den Titel gebende Casino, wo er auf Le Chiffre trifft. Der gibt sogleich zu erkennen, dass er Bonds wahre Identität kennt. Bond bleibt gelassen. Das Spiel wird erklärt und die Spieler versammeln sich[850].

Die Helden operieren nun also in der Abenteuerwelt. Ihre Aktivitäten rufen Situationen und Begegnungen hervor, die nicht folgenlos bleiben werden, denn die Charaktere in der Abenteuerwelt reagieren nun auf das Agieren der Helden und ihrer Lerngruppen.

Die wachhabenden Offiziere im Gefängnistrakt in *Star Wars Episode IV – Eine neue Hoffnung* stellen Fragen, auf die die Helden keine Antworten haben. Stattdessen ballern sie mit ihren Blastern wild umher, zerstören sämtliche Überwachungsanlagen und töten die anwesenden Offiziere und Soldaten. Tatsächlich findet Luke die Prinzessin kurz darauf in ihrer Zelle, aus der er sie auch befreit. Doch da sie mit dieser Aktion für viel Aufmerksamkeit gesorgt und sie sich zudem auch keinen Plan für ihren Rückweg überlegt haben, sperren eintreffende Sturmtruppen ihnen den Fluchtweg ab[851]. Zunächst performen die Helden hier als Kleingruppe, doch dann wechseln sie in der Gruppe die Sozialform. Han

---

847 Vgl. Lloyd, 2008 (01:12:31 – 01:14:03). Interessant ist besonders in dieser Sequenz dieses Films, dass Sky, der Verlobte von Sophie, danach fragt, ob Sophie die ganze Hochzeit nur veranstaltet, weil sie ihren Vater finden wolle. Für Campbell ist das Finden des Vaters eine der wichtigsten Aufgaben, die die Heldenreise erfüllen soll (vgl. Campbell, 1994, 164). Sophie erwidert, dass sie dadurch, dass sie ihre Väter eingeladen hat, hoffte sich selbst zu finden. Hierauf entgegnet Sky, dass er selbst auf Reisen war, aber wenn man sich selbst sucht, muss man in sich selbst suchen. Diese Szene verdichtet das Thema der Heldenreise auf wenige Sätze, kehrt sie dabei aber gegen den Strich, als sei sie ein Statement für die weibliche Darstellung der Heldenreise.
848 Vgl. Burton, 2010 (01:15:38 – 01:16:26)
849 Vgl. Allers, Minkhoff, 1994 (01:10:32- 01:11:28)
850 Vgl. Campbell, 2006 (01:04:42 – 01:08:27)
851 Vgl. Lucas, 1977, 1997, 2004 (01:11:12 – 01:15:13)

und Chewbacca halten Luke, in Partnerarbeit, den Rücken frei, während der in Einzelarbeit die Prinzessin aus ihrer Zelle befreit. Die Gruppe bleibt zwar bestehen, gleichzeitig weisen sich die Mitglieder aber gegenseitig unterschiedliche Aufgabenschwerpunkte zu.

Der Hobbit Bilbo Beutlin wird von den Trollen entdeckt, und sie beratschlagen sogleich darüber, wie sie Bilbo am besten kochen können. Plötzlich greifen die Zwerge an und versuchen Bilbo zu befreien. Das Ergebnis dieser Aktion ist, dass alle Zwerge von den Trollen gefangen werden und die ersten bereits am Spieß über dem Feuer rösten[852]. Auch Bilbo performt hier, im Auftrag von Kili und Fili, zunächst allein, bis die Zwerge angreifen und alle zusammen als Gruppe performen.

Peregrin Tucks Untersuchung des Zwergenskeletts in *Der Herr der Ringe*, in den Minen von Moria, am Grab des Zwergenkönigs Balin, zeigt durchschlagende Wirkung. Zuerst löst sich der Schädel und fällt durch den Brunnenschacht hinab. Der Schädel zieht eine Kette mit sich und diese wiederum das gesamte Skelett, dass nun durch die Tiefen des Brunnenschachts poltert. Daraufhin tönen Kriegstrommeln aus der Tiefe zu den Gefährten hinauf und kurze Zeit später greifen sie die Orks die an[853]. Peregrin Tuck operiert hier vorwitzig allein, aber das Gruppengefüge wird – trotz der Zurechtweisung durch Gandalf – nicht in Frage gestellt.

Als der Regen im Dschungel von Vietnam so plötzlich aufhört, bricht die Hölle los. *Forrest Gumps* Platoon gerät unter schweren Beschuss. Lieutenant Dan befiehlt den Rückzug und Forrest läuft los, bis ihm auffällt, dass er ganz alleine und sein Freund Bubba nicht bei ihm ist. Daraufhin dreht er um und kehrt zurück zur Front und sammelt seine Kameraden ein[854].

Nachts im Museum findet Larry Daley das Skelett des Tyrannosaurus. Der Dinosaurier trinkt einen Schluck Wasser. Als Larry vor Schreck die Taschenlampe aus der Hand fällt bemerkt der Dino den neuen Nachtwächter und beginnt, ihn durch das Museum zu jagen. Es gelingt Daley, sich im letzten Augenblick hinter dem Informationstisch zu verstecken. Panisch greift er zum Telefon und ruft seinen Vorgänger, den Nachtwächter Cecil Frederiks an, der sich von Larrys Anruf allerdings wenig beeindruckt zeigt. Frederiks empfiehlt dem in Bedrängnis geratenen Larry, nur das Regelheft zu lesen[855].

In *Harry Potter und der Stein der Weisen* performen Harry, Hermine und Ron weiterhin als Kleingruppe mit gleichberechtigten Mitgliedern. Es gelingt ihnen, mit einem beherzten Sprung durch die Falltür knapp dem dreiköpfigen Hund zu entkommen und sie landen in einem Raum mit Schlingpflanzen, die sofort beginnen sie zu umschlingen[856].

---

852 Vgl. Jackson, 2012 (01:01:40 – 01:04:42)
853 Vgl. Jackson, 2001, 2002, Disc II (00:25 :47 – 00:27:30)
854 Vgl. Zemeckis, 1994 (00:47:11 – 00:49:04)
855 Vgl. Levy, 2006 (00:20:31 – 00:22:02)
856 Vgl. Columbus, 2001 (01:51:05 – 01:52:10)

Richard Parker begegnet Pi Patels Versuchen in *Life of Pi*, an Bord des Rettungsbootes ein eigenes Revier zu markieren mit Missachtung, indem er dem Jungen eine Ladung Urin ins Gesicht schleudert, wodurch dieser von Bord geworfen wird[857]. Daraufhin ändert er seine Strategie im Umgang mit dem Tiger. Er beginnt, für sie beide zu fischen und Wasser zu sammeln. Eines Tages gewinnt Pi die Oberhand und hat die Chance, den Tiger zu erschlagen, der hilflos im Wasser paddelt. Doch der junge Mann bringt es nicht über sich, sondern baut dem Tiger eine Rampe, mit der er wieder ins Rettungsboot zurückkehren kann. Er selbst richtet sich wieder auf seinem Floß ein und versorgt von dort aus den Tiger weiter. Tage vergehen, ohne dass die Lage sich ändert, jedoch gehen die Vorräte zur Neige. Irgendwann gelingt es Pi, sich gegenüber Richard Parker zu behaupten, und sie gehen eine Art Kooperation an Bord des Rettungsbootes ein. Richard Parker hält Pis Aufmerksamkeit wach, während Pi ihn weiter versorgt[858]. Pi Patel entwickelt in diesen Sequenzen enorme Kompetenzen im explorativen Lernen. Er beobachtet seine kleine Umwelt, die aus dem schier unendlichen Ozean, über und unter Wasser sowie dem Tiger, dem Rettungsboot und seinem Floß besteht und sucht darin ein ausgeglichenes Miteinander zu etablieren, was ihm sogar – mal mehr, mal weniger – gelingt.

Neo Thomas Anderson hat in Matrix auf dem Rückweg vom Orakel ein Deja Vu Erlebnis. Als er dies anmerkt, sind die übrigen Gruppenmitglieder sofort alarmiert. Die feindlichen Agenten der Matrix greifen an, weil ein Deja Vu in dem Szenario bedeutet, dass etwas am Programm geändert wurde. Die Gruppe wurde von Cypher verraten und im nächsten Moment greifen die feindlichen Agenten an. Mit knapper Not gelingt Neo und Trinity die Flucht, Morpheus wird jedoch von den Agenten überwältigt und gefangen genommen. Daraufhin beschließen Neo und Trinity, in die Matrix zurückzukehren und Morpheus zu befreien. Der spektakuläre Fluchtversuch gelingt auch, zumindest für Trinity und Morpheus. Neo hingegen bleibt in der Matrix zurück, weil sein Ausgang von einem Agenten zerstört wird, als er soeben passieren will[859]. Die Einzelerfahrung von Neo wird hier sofort in der Gruppe analysiert und das weitere Vorgehen darauf abgestimmt. Auch in dieser Performanz werden den Gruppenmitgliedern verschiedene Aufgaben zugewiesen und die Gruppe operiert in unterschiedlichen Sozialformen, die stets auf das Wohl der Individuen der gesamten Gruppe angelegt sind.

Auge in Auge mit seinem Bungee in *Avatar*, versucht der Ex-Marine den Flugdrachen zu packen, ihm eine Art Halfter überzustreifen und auf seinem Rücken Platz zu nehmen. Der Drache wehrt sich jedoch mit Nachdruck und schüttelt Sully ab. Im zweiten Anlauf gelingt es ihm, den Kopf des tobenden Drachen zu fixieren, so dass er sich mit ihm durch das in der Na'vi Sprache so genannte Tsaheylu verbinden kann. Als der Drache sich wieder erhebt, hat Sully ihn gezähmt und startet seinen ersten Flug mit dem Drachen. Der Flug

---

857 Vgl. Lee, 2012 (01:01:24 – 01:01:34)
858 Vgl. Lee, 2012 (01:01:35 – 01:22:58)
859 Vgl. Wachowski Bros., 1999 (01:15:32 – 01:49:48)

beginnt zwar holperig, aber nach einiger Zeit hat Sully den Bogen raus. Er fliegt gemeinsam mit Neytiri auf ihren jeweiligen Bungees gewagte Manöver sowie in Formation mit
einer ganzen Gruppe von Na'vi.[860]

Auf der Titanic befinden sich Rose DeWitt Bukater und Jack Dawson auf der Flucht
vor Spicer Lovejoy, dem Sicherheitsbeauftragen von Rose' Verlobtem Caledon Hockley.
Dabei dringen sie immer tiefer in das Schiff vor und finden schließlich auf einem Fracht-
deck Unterschlupf[861].

Indiana Jones und Mutt Williams finden sich in *Indiana Jones und das Königreich des
Kristallschädels* nachts auf dem Friedhof ein und beginnen, ihn zu erkunden. Dabei werden
sie von geheimnisvollen Indios angegriffen, die der alternde Archäologe allerdings abzuwehren vermag. Daraufhin dringen sie zu den Grabkammern vor[862]. Die Form der dialogischen
Partnerarbeit zwischen Indy und Mutt Williams bleibt hier wie bislang aufrecht erhalten.

Katniss Everdeens geplante Flucht aus der Arena in *Die Tribute von Panem* wird durch
eine künstliche Feuersbrunst verhindert, die von der Spielleitung verursacht wird. Dabei
wird Katniss verletzt und durch das Feuer zurück in Richtung des Zentrums der Arena
gedrängt. Dort wird sie von einer anderen Gruppe von Tributen aufgespürt, die Jagd auf
sie machen, um sie zu töten, doch es gelingt Katniss, auf einen Baum zu flüchten. Cato, der
Anführer der Gruppe, schafft es nicht den Baum zu erklimmen, um an Katniss heranzu-
kommen. Daraufhin schlägt Peeta vor, den Baum zu belagern. Die Gruppe ist einverstanden und die Belagerung beginnt. Katniss sitzt in der Falle.[863] Katniss Everdeen bleibt also
weiterhin noch Einzelarbeiterin. Aber ihre Aktionen haben sowohl bei der ‚Spielleitung'
als auch bei ihren Kombattanten Reaktionen hervorgerufen.

Dasselbe gilt für Peter Parker. Für seinen Gegner war *Spider-Man* bis zur Rettung von
Mary Jane nicht existent. Aber nachdem der in Einzelarbeit den Angriff des grünen Kobolds
abgewehrt hat, versucht der über J.J. Jameson im Daily Bugle mit rabiaten Methoden mehr
über die Identität des Superhelden zu erfahren. Spider-Man trifft gerade rechtzeitig ein, um
das Schlimmste zu verhindern. Aber der Kobold betäubt ihn mit Schlafgas, nimmt ihn gefangen und bietet ihm auf einem Hochhausdach an, sich mit ihm zu verbünden[864].

Während Elliott mit *E.T.* im Wald auf Antwort aus dem Weltraum wartet und seine
Mutter die Kinder sucht, dringen die Regierungsbeamten heimlich in das Haus ein und
untersuchen es mit einem Geigerzähler. Elliott kehrt erst am nächsten Morgen zurück und
hat E.T. aus den Augen verloren. Auf Aufforderung von Elliott begibt sich Michael auf die
Suche nach E.T. und muss dabei unterwegs die Regierungsvertreter abhängen, die ihm
folgen. Michael findet E.T. tatsächlich, der geschwächt an einem Flussufer liegt, und bringt

---

860 Vgl. Cameron, 2010 (01:10:27 – 01:15:12)
861 Vgl. Cameron, 1997 (01:27:11 – 01:30:01)
862 Vgl. Spielberg, 2008 (00:43:06 – 00:44:46)
863 Vgl. Ross, 2012 (01:13:14 – 01:18:10)
864 Vgl. Raimi, 2002, 2004 (01:11:18 – 01:18:36)

ihn in das Haus der Familie, dort weiht er ihre Mutter ein und präsentiert ihr E.T. Elliott weist seine zutiefst erschrockene Mutter darauf hin, dass sie, d.h. er und E.T., krank sind[865]. Die Mutter reagiert verängstigt.

Nachdem das Orakulum in *Alice im Wunderland* Alice verkündet, dass sie, Alice Kingsleigh, die Kämpferin gegen den Jabberwocky sein muss, fasst sich die weiße Königin ein Herz und stellt Alice direkt vor die Wahl, ob sie die Kämpferin sein will oder nicht. Bis zu diesem Punkt hatte sie sich immer zurückgehalten und nur Andeutungen gemacht, dass es einen Kämpfer bräuchte. So unmittelbar mit der Entscheidung konfrontiert, entflieht Alice der Entscheidung, indem sie davon läuft[866].

Nach der Auseinandersetzung mit Sky kommt Sam in *Mamma Mia!* zu Sophie und will von ihr wissen, ob sie glücklich sei, wenn sie ihn heiratet. Er könne sie schließlich nur zum Traualtar führen, wenn er wisse, dass dem so sei. Sophie entgegnet ihm, dass sie dies auch schon von ihrer Mutter gehört habe und beharrt aber auf ihrer Liebe und der Absicht zu heiraten[867].

Im *König der Löwen* schreiten die Löwendamen ein, um Simba zu unterstützen. Scar fordert daraufhin Simba auf, sein Geheimnis zu verraten, nämlich, dass er Mufasa getötet habe[868].

James Bond spielt in *Casino Royale* eine riskante Poker Partie. Zwischenzeitlich hat er noch eine Auseinandersetzung mit Le Chiffres Auftraggebern, die mit deren Tod endet. Vesper Lynd, die diesen Kampf unmittelbar mitbekommt, erleidet einen Schock, und Bond muss sie trösten. Am folgenden Tag geht die Pokerpartie weiter, die Bond mit hohen Einsätzen spielt. Er glaubt erkennen zu können, wann sein Kontrahent Le Chiffre blufft. Tatsächlich hat der allerdings Bond durchschaut und Bond verliert sein gesamtes Budget. Vesper Lynd, die die Möglichkeit hätte, ihn mit weiterem Kapital auszustatten, weigert sich dies zu tun, weil sie Bonds Art zu spielen für zu riskant hält. Daraufhin will Bond mit Le Chiffre kurzen Prozess machen und ihn töten. Er wird aber von Felix Leiter gestoppt, der sich als CIA Agent zu erkennen gibt und ihm weiteres Geld zur Verfügung stellen will[869]. Bond performt in dieser Sequenz als Einzelarbeiter wenig erfolgreich, wofür er denn auch in der Partnerarbeit kritisiert wird. Die Kritik nimmt Bond aber nicht für sich an, und er will weiter als Einzelgänger agieren, bis ihm eine andere Partnerschaft angeboten wird, die seiner Mission größere Erfolgschancen verspricht.

Die Analyse dieser Phase der Heldenreise zeigt, dass die Helden mit ihren Lerngruppen, wenn sie anfangen in der Abenteuerwelt zu agieren, unerwartete Reaktionen ernten. Auf diese Reaktionen reagieren die Helden und ihre Lerngruppen wiederum mit Standardwissen, das sie aus ihrer gewohnten Welt mitbringen. Dieses Wissen erweist sich aber als nicht

---

865 Vgl. Spielberg, 1982, 2002 (01:09:48 – 01:17:25)
866 Vgl. Burton, 2010 (01:16:26 – 01:16:58)
867 Vgl. Lloyd, 2008 (01:14:05 – 01:14:40)
868 Vgl. Allers, Minkhoff, 1994 (01:11:29 – 01:12:05)
869 Vgl. Campbell, 2006 (01:08:29 – 01:29:10)

ausreichend. Entsprechend führen sie Suchbewegungen durch, die auch mit einem wenig koordinierten Wechsel der Sozialformen und einen Rückfall in das Norming in dieser Phase einhergehen. Kurz gesagt, es geht viel durcheinander.

Lerntheoretisch lässt sich das so interpretieren, dass die Operationen der Lernenden im Lernfeld nicht folgenlos bleiben. Ihre Aktionen sorgen für Reaktionen des Lernfeldes, die wiederum bei ihnen für Irritationen sorgen, da das neue Wissen nicht anschlussfähig ist. Diese Irritation lässt sich ebenfalls neurobiologisch begründen: „Neue Informationen bilden […] auch neue Synapsen bzw. neue neuronale Verschaltungen und damit neue Lernspuren. Passen die neuen Informationen in nicht bereits vorhandene Muster oder Regel [sic!] (‚Spuren'), entstehen Irritationen"[870]. Die neuen Wissensbestände bleiben also beim Lernenden nicht wirkungslos. Sie zeigen aber auch dann Wirkung, wenn sie nicht anschlussfähig sind, denn das Lernfeld fordert die Lernenden zur aktiven Auseinandersetzung mit den Wissensbeständen heraus. Die neuen Wissensbestände sorgen jedoch nicht für Klarheit, sondern für Irritation und deshalb werden sie seitens der Lernenden und ihrer jeweiligen Lerngruppen mit Abwehrhaltungen oder Rückzug quittiert. Ihr Wissen und ihre Kompetenzen, die sie aus der gewohnten Welt mitbringen, sowie das, was sie bereits auf den Schwellen gelernt haben, erweisen sich hier noch nicht als anschlussfähig. Hier zeigt sich, dass der Prozess der Einspeicherung von neuem Wissen sehr störanfällig ist. „Das Kurzzeitgedächtnis verfügt nur über eine begrenzte Verarbeitungszeit (ca. 20 Minuten) und über eine begrenzte Speicherkapazität. Es ist das Bindeglied […] zwischen Ultrakurzzeit- und Langzeitgedächtnis und sorgt für die Weiterleitung der Informationen. Zu viele neue und vor allem zu schnell empfangene Informationen führen zur Verwirrung und finden somit keinen Anschluss im Langzeitgedächtnis und werden daher nicht gespeichert[…]"[871]. Der Aufenthalt im neuen Lernfeld muss also verlängert und intensiviert werden. Der erfolgreiche Lernprozess braucht mehr Zeit.

IX.4 Inkubation, der erste Teil der entscheidenden Prüfung

Bis zu diesem Punkt ihrer Reise verhalten sich die Helden, bildlich gesprochen, wie ein volles Glas Wasser. Angefüllt mit Wissen, Halbwissen, Vorurteilen, Gewohnheiten und Glaubenssätzen. Gießt man noch mehr Wasser in das Glas hinein, läuft es über. Das Bild will sagen, dass die Helden in einen Zustand versetzt werden müssen, in dem sie bereit sind, altes Wissen abzulegen, um dem neuen Platz zu bieten. Ihr bisheriges Verhalten hilft den Helden nicht mehr weiter, sie müssen ihr gewohntes Verhalten ablegen, um ihre Heldenreise erfolgreich zu absolvieren. Dazu steigen sie in die bei Campbell so bezeichnete „tiefste Höhle", „den Bauch des Walfischs" hinab. Denn „[d]er Bauch ist der dunkle Ort, an

---

870 Pallasch/Hameyer, 2012, 52
871 Pallasch/Hameyer, 2012, 43

dem die Verdauung geschieht und neue Energie erzeugt wird"[872]. Auch die Helden in den Blockbustern kommen nun an diesen Punkt der Reise:

Einen Plan für den Rückweg aus dem Zellentrakt hatten sich Luke, Han und Chewbacca in *Star Wars Episode IV – Eine neue Hoffnung* nicht überlegt. Da die Sturmtruppen ihnen nun den Weg abschneiden, sitzen sie mit der soeben befreiten Prinzessin fest. Das neue Mitglied der Gruppe, die Prinzessin, zeigt sich aber weniger hilflos als erwartet. Sie reißt Luke den Blaster aus der Hand und sprengt ein Loch in die Wand, wodurch ein Zugang zu einem Müllschacht frei wird. Durch diesen fliehen sie vor den heranstürmenden Sturmtruppen. In der Müllkippe angekommen, stellen sie fest, dass sie in einer weiteren Sackgasse gelandet sind, aus der es keinen Ausweg gibt. Luke wird dort von einem Tentakelwesen, das ihn umschlingt und unter die Wasseroberfläche zieht, beinahe erstickt. Es gibt ihn aber plötzlich frei, doch scheinbar nur deshalb, weil der Müllschacht sich als Müllpresse erweist, die die Heldengruppe zu zerquetschen droht. In letzter Sekunde fallen Luke die Droiden ein, die er per Intercom verständigt. R2-D2 gelingt es, die Wände zu stoppen und die Tür zu öffnen[873]. Durch die Erweiterung der Kleingruppe mit Prinzessin Leia rückt das Norming des Gruppenprozesses wieder in den Vordergrund. Trotzdem performt die Kleingruppe in dieser Szenerie zwar ungestüm, aber einigermaßen effektiv.

Die Szenerie in der Müllpresse ist für Vogler (2010) wesentlich zum Verständnis der entscheidenden Prüfung. „Für uns war er [Luke Skywalker] gestorben, doch nun ist er wieder da; vor seinen Gefährten, die ihm nun auf die Füße helfen, ist er wieder geboren worden. Und die Zuschauer fühlen sich plötzlich wie erhoben. Die Erschütterung weicht schlagartig einer ungeahnten Hochstimmung. Erlebnisse wie diese sind ein wichtiger Schlüssel zum Erfolg der Trilogie über den *Krieg der Sterne*. Großartige Special Effects, amüsante Dialoge und Sexszenen können das nicht bewirken. Das Publikum ist mitgerissen, wenn sein Held dem Tod ein Schnippchen schlägt; wie gerne würden sie das selbst einmal tun"[874]. Wenn Luke Skywalker in dieser Szene in der tiefsten Höhle, im Bauch des Walfischs, wie Campbell es auch nennt[875], angekommen ist, beginnt die Phase der entscheidenden Prüfung. „Dieses Motiv bezeugt die Lehre, dass die Überschreitung der Schwelle einer Selbstvernichtung gleichkommt. Seine Ähnlichkeit mit dem Abenteuer zwischen den zusammenprallenden Felsen ist offenkundig, nur dass der Held hier nicht nach außen, über die Schranken der sichtbaren Welt hinausgelangt, sondern nach innen, um neu geboren zu werden"[876]. Dieser Wechsel von Tod und Wiedergeburt ist selbstverständlich symbolischer Natur, da die Helden nicht wirklich sterben. Was stirbt, ist ein Teil von ihnen, eine bestimmte Haltung gegenüber ihrer Per-

---

872 Vgl. Campbell, 1994, 172
873 vgl. Lucas, 1977, 1997, 2004 (01:15:13 – 01:21:32)
874 Vogler, 2010, 284f.
875 Vgl. Campbell, 1999, 237
876 Campbell, 1999, 93

sönlichkeit, die aus dem Wissen aus der gewohnten Welt gespeist ist. Mit anderen Worten, hier findet sich der Ausgangspunkt, von dem aus die Helden wirklich Neues lernen. Dieser Punkt ist der Punkt der eigentlichen Initiation der Helden, der in sämtlichen Blockbustern, wenn auch mit unterschiedlichen Graduierungen, gegeben ist:

Um den *Hobbit* Bilbo Beutlin und die Zwerge ist es im Lager der Trolle schlecht bestellt. Die Trolle wollen Zwerg am Spieß oder Zwerg als Fleischeinlage im Kochtopf zubereiten. Es gelingt Bilbo über die beste Art der Zubereitung einen Streit unter den Trollen auszulösen, und er kann diesen Streit so lange ausdehnen, bis die Trolle vom Sonnenlicht des neuen Tages, mit Gandalfs Hilfe, getroffen werden und versteinern[877]. Etwas später steigt Bilbo in eine tiefere Höhle hinab, in der er das Geschöpf Gollum trifft. Er besiegt Gollum in einem Rätselspiel, und dieser zeigt ihm unfreiwillig den Ausgang aus der Höhle. Das Prinzip, wie er sich aus der Gefahr befreit, ist mit seinem dialogischen Charakter grundsätzlich dasselbe wie bei dem Zwischenfall mit den Trollen. Bilbo wird in beiden Sequenzen als Einzelarbeiter tätig, der dann gemeinsam mit Gandalf in Partnerarbeit die Trolle besiegt, während die Zwerge nur Zaungäste des Geschehens sind. In der Höhle ist Bilbo jedoch ganz allein und muss Gollum und der Höhle ohne Hilfe entkommen. In beiden Fällen gelingt ihm die Rettung mittels des Wissens, das ihm schon in der gewohnten Welt zur Verfügung stand. Aber er nimmt aus der Höhle etwas mit.

Im *Herrn der Ringe* sieht die Lage für die Heldengruppe in den Minen von Moria bedrohlicher aus. Ein Strom von Orks inklusive einem Höhlentroll greifen Frodo und seine Gefährten an. Die Helden wissen sich ihrer Haut zu erwehren und können die erste Welle Orks sowie den Höhlentroll niederstrecken. Frodo überlebt den Angriff nur aufgrund des Kettenhemdes aus Mithril Silber, das er von seinem Onkel Bilbo bekommen hat[878]. Die Gefährten setzen eilig ihren Weg durch die unterirdische Stadt Zwergenbinge fort, wobei die Zahl der Orks, die sie schließlich umzingelt, endlos ist. Plötzlich fliehen die Orks jedoch, als sich ein Balrog, ein riesiger Dämon aus der Unterwelt, nähert. Die Gefährten fliehen über die Brücke von Khazad-Dûm, während Gandalf sich dem Balrog entgegenstellt. Gandalf gelingt es, den Dämon von der Brücke stürzen zu lassen, doch der zieht den Zauberer mit sich in die Tiefe. Die übrigen Gefährten können aus den Minen von Moria entkommen[879]. Durch den

---

877 Vgl. Jackson, 2012 (01:05:12 – 01:07:39)

878 Die Szene, in der Frodo von dem Troll niedergestreckt wird, nutzt dasselbe Schockmoment beim Zuschauer wie im Falle von Star Wars. Für den weiteren Verlauf ist an dieser Stelle festzuhalten, dass Frodo von Gandalf in einem Gespräch eine letzte Lektion erhält, ehe sie Zwergenbinge erreichen. An einer Stelle mit drei möglichen Ausgängen, legen die Gefährten eine Pause ein, weil Gandalf nicht weiter weiß, welchen Weg er gehen soll. Während der Pause entdeckt Frodo das Geschöpf Gollum in der Ferne, und er teilt Gandalf mit, dass er dieses Geschöpf am liebsten töten würde. Daraufhin mahnt Gandalf Frodo zur Besonnenheit, da es leichter ist, ein Leben zu nehmen, als eines zu geben (vgl. Jackson, 2001, 2002, Disc II (00:20:12 – 22:50).

879 Vgl. Jackson, 2001, 2002 (00:27:31 – 00:40:45)

Verlust von Gandalf hat Frodo seinen Mentor für den Rest seiner Reise verloren. Fortan wird er dazu angehalten, seine Entscheidungen eigenständig zu treffen.[880]

Die Sozialform der Gruppenarbeit bleibt für die Gefährten in diesen Sequenzen weiterhin aufrecht erhalten. Sie performen weitgehend harmonisch. In dem Moment als Gandalf verschwindet, verarbeitet jedes Mitglied der Gruppe den Verlust ganz allein für sich, und trotzdem bleibt die Struktur der Gruppe aufrecht erhalten.

Forrest Gump will seinen Freund Bubba an der Front finden, stößt aber zunächst nur auf weitere Verwundete. Er rettet einen nach dem anderen, indem er sie aus der Schusslinie trägt und an einem ruhigen Ufer niederlegt. Schließlich findet er auch Bubba, der allerdings so schwer verwundet ist, dass er in Forrests Armen stirbt. Auch Forrest wurde bei der Rettungsaktion angeschossen und folglich von der Front abgezogen. Im Lazarett lernt er Ping Pong spielen und wird außergewöhnlich gut darin. Unter den von Forrest geretteten Soldaten ist auch Lieutenant Dan, den er im Lazarett wiedertrifft. Der Lieutenant verlor bei dem Einsatz beide Beine und macht Gump schwere Vorwürfe dafür, dass er ihn vor dem sicheren Tod gerettet hat. Einige Szenen später wird Forrest in Washington vom Präsidenten die Tapferkeitsmedaille überreicht. Dort gerät er in eine Friedensdemo und trifft Jenny wieder. Jenny hat sich in der Zwischenzeit mit den Black Panthern eingelassen. Als einer der Männer Jenny schlägt, rastet Forrest aus und schlägt den Mann zusammen. Am nächsten Tag reist Jenny mit den Panthern weiter und lässt Forrest zurück[881]. Diese Sequenzen starten für Forrest Gump mit einer Gruppenarbeit, bei der er sich als Einzelarbeiter hervortun kann. Dann wechselt die Szenerie, und beim Tischtennis erscheint der Held als Einzelarbeiter, der aber auch mit einem Tischtennisteam um die Welt reist. Am Washington Memorial hält Forrest sogar kurz einen Vortrag vor einem großen Plenum. Der Vortrag ist zwar für die Rezipienten aufgrund eines technischen Defekts unverständlich, aber Forrest leistet hier offensichtlich einen Input. Wenn Jenny auftaucht, springt das Setting wieder zur dialogischen Partnerarbeit und ist am Ende dieser Sequenzen wieder bei der Form der Einzelarbeit angelangt. Forrest Gump wechselt in diesen Sequenzen fließend zwischen den Sozialformen hin und her und lernt dabei unterschiedliche Möglichkeiten des Ausdrucks kennen. Allerdings ist Forrest nie der Initiator der Settings, sondern sie stoßen ihm zu.

Larry Daley beginnt damit, die Liste, die er von seinem Amtsvorgänger, dem Nachtwächter Cecil Fredericks, erhalten hat, abzuarbeiten, um *Nachts im Museum* für Ordnung zu sorgen. Dies wird allerdings durch die Exponate so lange verhindert, bis Teddy Roosevelt sein Mentor wird, der ihm hilft, das Museum in den Griff zu kriegen, nachdem er es alleine nicht geschafft hat. Roosevelt kündigt allerdings an, dass er Larry nur dieses eine Mal hilft. Larry ist nach der Nacht so bedient, dass ihn nur seine Sorge um seinen Sohn

---

880 In der Narration des Films Der Herr der Ringe – Die Gefährten erfolgt das Abtreten des Mentors erst relativ spät. Hierbei ist allerdings zu berücksichtigen, dass andere Blockbuster-Trilogien wie z. B. Spider-Man, Matrix etc. ihre Story in mehr oder minder in sich abgeschlossenen Episoden erzählen. Dies ist beim Herrn der Ringe nicht der Fall. Die Trilogie erstreckt Frodos erste Heldenreise auf drei Filme. Auf die ganze Trilogie bezogen erscheint das Verschwinden des Mentors recht früh.

881 Vgl. Zemeckis, 1994 (00:49:04 – 01:10:32)

davon abhalten kann, seinen Job zu kündigen. Um sich besser für die nächste Nacht zu wappnen, beginnt Larry damit Geschichte aus Büchern zu lernen. So vorbereitet startet er in die zweite Nacht. Das Wissen hilft ihm zwar zunächst weiter, aber er schafft sich auch Feinde im Museum. Ein Affe ist so erbost über Larrys Handlungen, dass er ein Fenster im Museum öffnet, durch das ein Steinzeitmensch nach draußen steigt und es nicht rechtzeitig vor Sonnenaufgang zurück ins Museum schafft. Als das Sonnenlicht auf das Exponat trifft, zerfällt es zu Staub. Daraufhin wird Larry am nächsten Morgen vom Direktor gefeuert[882]. In der zweiten Nacht versucht Larry im Prinzip sein Bücherwissen in Partner- oder Gruppenarbeit im Museum anzubringen. Aber nicht alle ‚Lernpartner‘ sind mit seiner Art das neue Wissen einzusetzen einverstanden und sieh gehen in Opposition.

Der Raum mit den Schlingpflanzen, in dem Harry, Hermine und Ron in *Harry Potter und der Stein der Weisen* landen, nachdem sie durch die Falltür gesprungen sind, ist eine tödliche Falle. Hermine weiß jedoch aus dem Unterricht in Kräuterkunde, wie sie der Gefahr entgehen können. Danach betreten die drei einen Raum, in dem Harrys Kompetenzen im Besenreiten gefragt sind. Er muss einen fliegenden Schlüssel finden, der in die nächste Tür passt. Harry gelingt der Ritt. Im dahinterliegenden Raum wartet zwischen ihnen und dem nächsten Raum ein Schachbrett mit lebensgroßen Figuren und in diesem Raum muss Ron seine Fähigkeiten im Zauberschach unter Beweis stellen. Der letzte Zug zum Schachmatt bedeutet, dass Ron sich bzw. seine Figur opfern muss, damit Harry weiter kommen kann. Widerwillig willigt Harry in den Plan ein. Rons Figur wird geschlagen, und er selber stürzt ohnmächtig zu Boden. Hermine bleibt bei dem ohnmächtigen Ron, fordert Harry aber auf, weiterzugehen[883]. Harry, Ron und Hermine performen als Gruppe, in der jeder der Beteiligten mit seinen individuellen Kompetenzen einmal glänzen kann, bis Harry die letzte Kammer alleine betreten muss.

Nachdem Jake Sully in *Avatar* seinen eigenen Bungee, einen Flugdrachen, gefunden hat, geht er gemeinsam mit den Na'vi auf die Jagd. Die Na'vi jagen im großen Team, und Jake bringt sich positiv in das Team ein. Nach der Jagd fliegt er mit Neytiri weiter, und sie werden von einem Leonopterix, einem noch größeren Flugsaurier als ihre Bungees verfolgt, können aber entkommen. Zwischenzeitlich muss Sully Colonel Quarritch Bericht erstatten, der die Mission abbrechen will. Sully überzeugt ihn aber, dass er seinen Auftrag erledigen kann und Quarritch gewährt ihm die Zeit. Daraufhin kehrt der Ex-Marine in seinem Na'vi Körper zurück ins Dorf und wird in den Stamm aufgenommen. Neytiri führt ihn daraufhin zum Baum der Stimmen, wo sie miteinander intim werden. Als Sully später wieder, zurück in der Station in seinem menschlichen Körper aufwacht, weiß er nicht mehr, was er genau will und wo genau er hingehört[884]. Am folgenden Tag pflügt ein Truck durch den Dschungel, wobei er rücksichtslos Bäume niederwalzt. Daraufhin stürmt Sully auf den fern gesteuerten Truck und vernichtet dessen Kameras, weshalb der

---

882 Vgl. Levy, 2006 (00:22:02 – 01:04:34)
883 Vgl. Columbus, 2001 (01:51:38 – 02:01:40)
884 vgl. Cameron, 2010 (01:15:37 – 01:26:30)

Truck nicht weiterfahren kann. Quarritch analysiert am Bildschirm die letzten Bilder, die der Truck lieferte und erkennt auf ihnen Sully in seinem Na'vi-Körper. Nun ist Quarritch entschlossen, den Angriff auf den Heimatbaum der Na'vi durchzuführen, was Sully und die übrigen Mitarbeiter aus Grace Augustines Team bei der RDA ohne Erfolg zu verhindern versuchen. Auch die Na'vi glauben ihnen nicht, als sie sie warnen. Quarritch befiehlt den Angriff selbst und der Heimatbaum der Na'vi wird zerstört. Viele Na'vi sterben, andere fliehen. Sully und Augustine, deren Na'vi Avatare noch in dem Chaos der Zerstörung umherirren, werden zurück auf die Basis geholt und gefangen gesetzt[885]. Nach seiner Initiation als Jäger der Na'vi wechselt Sully problemlos von der Kleingruppenarbeit zur Partnerarbeit. Von der lehrerzentrierten Partnerarbeit zurück zur Großgruppenarbeit mit dem Stamm der Na'vi. Dann greift er als Einzelarbeiter den Truck an, versucht im Rahmen einer Kleingruppenarbeit den Angriff von Quarritchs Kommando zu verhindern, und zuletzt sinkt sein Avatar auf sich allein zurückgeworfen im Chaos des gestürzten Baums zu Boden. In seinem menschlichen Körper ist Sully inzwischen fest in die Gruppe um Dr. Augustine integriert und erweist sich als produktiver Teamplayer. Allerdings sind die Bemühungen der Gruppe nicht von Erfolg gekrönt, da Quarritch ihre Pläne durchkreuzt.

Niedergeschlagen kehrt Panda Bär Po während der Evakuierung in *Kung Fu Panda* in den heimischen Hof zurück, wo er seinem Vater, Mr. Ping, begegnet. Mr. Ping hat bereits alles für die Evakuierung gepackt und Pläne für einen neuen Laden in der Fremde geschmiedet. Doch Po bezweifelt, dass er überhaupt Pings Sohn ist. Aufgrund dessen, dass Po ein Panda ist und sein Vater ein Graureiher, liegt die Vermutung nahe, dass Pos Beobachtung zutrifft. Mr. Ping geht jedoch nicht auf Pos Verdacht ein, sondern will ihm die geheime Zutat zu seiner Nudelsuppe verraten, die die Suppe so unverwechselbar macht[886]. Mr. Ping bietet Po den partnerschaftlichen Dialog an, geht dabei aber auf den ersten Blick nicht auf die Bedürfnisse seines Sohnes ein.

Das Rettungsboot von Pi Patel und dem Tiger Richard Parker in *Life of Pi* gerät in einen weiteren Sturm, der droht das Rettungsboot zu verschlucken. Im tosenden Sturm macht Pi eine Gotteserfahrung, die ihn aus seiner sterblichen Hülle zu befreien scheint. Er hat alles verloren, Familie, Freunde zu Hause, teilt sein Rettungsboot mit einem Tiger, aber er stirbt nicht. Obwohl beide völlig entkräftet sind, kümmert Pi sich weiter um den Tiger und bettet schließlich dessen Kopf auf seinem Schoß. Er erklärt, dass er jetzt bereit ist zu sterben, schläft ein und erwacht am Strand einer Insel, die der Tiger bereits erkundet[887]. Pi lernt in diesen Sequenzen einiges über die Grenzen seiner Existenz, die hier mit der Welt ineinander zu verschwimmen beginnt. Er fühlt sich Gott näher als dem Leben und sieht sich doch dazu gezwungen seine Existenz zu sichern, obwohl die Lage trostlos ist.

In *Spider-Man* fällt die Initiationsphase für Peter Parker recht umfangreich aus. Der Kobold alias Norman Osborne, fordert den Helden einmal mehr dazu auf, sich zu ent-

---

885 Vgl. Cameron, 2010 Disc II (00:00:00 – 00:23:32)
886 Vgl. Stevenson/Osborne, 2008 (01:04:45 – 01:06:18)
887 Vgl. Lee, 2012 (01:23:10 – 01:30:54)

scheiden, aber Peter lehnt das Angebot erneut ab. Bei der Auseinandersetzung wird er durch einen Schnitt verletzt. Diese Schnittwunde verrät ihn etwas später bei einem gemeinsamen Abendessen mit seiner Tante May, Norman Osborne, Mary Jane Parker und Harry Osborne. Harry will Mary Jane mit seinem Vater bekannt machen. Bei dieser Gelegenheit erfährt Norman Osborne, wer hinter der Maske von Spider-Man steckt. Dieses Wissen nutzt er aus, um Peter Parker aus der Reserve zu locken: er erschreckt Peters Tante so sehr, dass sie daraufhin ins Krankenhaus muss. Glück im Unglück für Peter. Er verweilt neben seiner Tante im Krankenhaus, als MJ zu Besuch kommt und ihm ihr Leid mit ihrer Beziehung zu Harry klagt. Daher nutzt Peter die Gelegenheit, um ihr durch die Blume seine Gefühle für sie zu schildern. Doch plötzlich steht Harry in der Tür und unterbricht ihr Gespräch[888]. Peter Parker performt als Einzelarbeiter in wechselnden Szenarien. Obwohl die Bedrohung durch seinen Gegner wächst, gelingt ihm gleichzeitig immer mehr: Er kann die Bevölkerung davon überzeugen, dass er nicht – wie vom Bugle dargestellt – ein Verbrecher ist, und er kann Mary Jane becircen, so dass sie größeres Interesse an ihm entwickelt. Somit gelingt ihm der partnerschaftliche Dialog mit Mary Jane, doch sobald ihre Gruppe wieder wächst, indem Harry hinzu kommt, ist die Performanz gestört.

Mutt Williams glaubt in *Indiana Jones und das Königreich der Kristallschädel*, der Weg, der in die Grabkammer führt, ist zu Ende, ehe sie sie überhaupt betreten haben. Indiana Jones ist da weniger überzeugt von, und findet auch sogleich den Eingang. In der Folge stolpert Mutt stets unbedarft hinter Jones hinterher. Sie finden die Grabkammer sowie den gesuchten Kristallschädel, werden dann allerdings von den sie verfolgenden Sowjets gestellt, die sie gefangen nehmen und in ihr Lager im Dschungel bringen. Dort treffen sie auf Indys alte Freundin Marian, mit der sie gemeinsam fliehen. Auf der Flucht erfährt zuerst Indiana Jones, dass Mutt sein leiblicher Sohn ist. Dann werden sie erneut von den Sowjets geschnappt und auf einen Laster geworfen. Dort klären Marian und Indy nun Mutt darüber auf, wer sein wirklicher Vater ist, auch wenn der Junge es nicht wahrhaben will[889]. Die Partnerarbeit von Indiana Jones und Mutt Williams weitet sich durch Marian zur Kleingruppenarbeit aus. Bis zu dem Punkt herrscht ein eindeutiges Gefälle zwischen Indiana Jones und Mutt Williams. Erst durch die Erweiterung der Partnerarbeit zur Kleingruppenarbeit gerät Mutt aus dem Fokus und kann freier agieren, während zwischen Indiana und Marian ein Normingprozess entsteht. Als Gefangene der Sowjets stecken sie aber in Schwierigkeiten.

Katniss Everdeen erhält in *Die Tribute von Panem* unerwartete Schützenhilfe von der kleinen Rue, während sie auf ihrem Baum belagert wird. Rue hat ein Wespennest entdeckt, dass Katniss auf die Belagerer stürzen lässt. Als die Wespen sie angreifen, verziehen die Belagerer sich. Aber auch Katniss kommt nicht ungestochen davon und fällt ins Delirium. Rue pflegt sie gesund. Die beiden tun sich zusammen und planen einen Angriff auf das Vorratslager von Catos Bande. Mittels Pfeil und Bogen legt Katniss das Lager in Schutt und Asche. Auf dem

---

888 Vgl. Raimi, 2002, 2004 (01:19:02 – 01:31:58)
889 Vgl. Spielberg, 2008 (00:44:46 – 01:10:46)

Rückweg entdeckt sie Rue, die in eine Falle getappt ist. Als Katniss sie befreit, wird sie angegriffen. Der Angreifer wird zwar von Katniss durch einen Pfeil getötet, zuvor schleudert er aber seinen Speer, der Rue tödlich verwundet. Katniss bettet Rue daraufhin in einem Blumenbett zur letzten Ruhe. Während der Tod von Rue und das Mitgefühl von Katniss in manchen Distrikten von Panem einen Aufstand auslösen, verfällt Katniss in Trauer und Verzweiflung und versucht sich das Blut von den Händen zu waschen[890]. Ausgerechnet Katniss, die in erster Linie in der Sozialform der Einzelarbeit performte, wird kurzzeitig zur erfolgreichen Partnerarbeiterin. Gemeinsam erarbeiten Katniss und Rue einen Plan und können diesen auch realisieren. Ihre Phase der Partnerschaft ist jedoch nur von kurzer Dauer. Dass ihre Bemühungen trotz der Tragödie um Rue auf fruchtbaren Boden gefallen sind, weiß Katniss nicht. Sie steht nach dem kurzen Intermezzo erneut als Einzelarbeiterin da, die sich nun neu orientieren muss.

Es gibt auch Beispiele, die deutlicher zeigen, dass die Gruppen nicht unbedingt unmittelbar miteinander arbeiten müssen. Die Gruppe kann auch über eine Distanz Einfluss auf den Lernprozess der Helden nehmen, wie die Beispiele *E.T.*, *Alice im Wunderland*, *Matrix* und *Casino Royale* zeigen. Sie erleidet dabei aber auch immer wieder Rückschläge.

E.T. liegt im Badezimmer der Familie kraftlos am Boden. Als Elliotts Mutter ihren Sohn panisch von dem Außerirdischen fortträgt und Michael mit Gertie auf dem Arm die Haustür öffnet, dringen die Regierungsbeamten in Astronautenanzügen in das Haus ein und stellen das Haus sowie alle Personen darin unter Quarantäne. Das Haus wird von einer ganzen Armee Beamter belagert und einige beginnen damit, die Familie zu befragen und E.T. zu untersuchen[891]. Elliotts Familienmitglieder zeigen sich genauso schockiert von den Eindringlingen wie Elliott selber. Sie beantworten die Fragen, die sie gestellt bekommen, stärken dabei aber aus der Distanz heraus Elliott und E.T. den Rücken, auch wenn sie angesichts der Umstände zunächst machtlos erscheinen.

In *Alice im Wunderland* hat Alice der Versammlung der weißen Königin den Rücken gekehrt und ist auf die Terrasse des Palastes geflüchtet. Dort vergießt sie einige Tränen, ehe die Raupe Absolem, die sich gerade verpuppt, daraufhin hinweist, dass Tränen niemandem helfen. Alice bittet Absolem zu bleiben, doch er erklärt, dass er nicht helfen könne, wenn sie nicht weiß, wer sie ist. Daraufhin wiederholt Alice noch einmal alle Informationen, die über den ganzen Film verteilt Auskunft über ihre Person geben. Anschließend erwidert Absolem, dass Alice bei ihrem ersten Besuch ebenfalls einfältig gewesen wäre und die Welt Wunderland genannt hätte[892]. Absolem gibt Alice also unabhängig, aber scheinbar in Übereinkunft mit allen anderen Mitgliedern aus Alice Lerngruppe, eine wichtige Erinnerung mit auf den Weg. In dieser Sequenz performen die Mitglieder der Lerngruppe also zumindest mittelbar miteinander. Trotzdem oder vielleicht auch gerade deswegen bleiben die Probleme im Wunderland vorerst ungelöst.

---

890 Vgl. Ross, 2012 (01:21:32 – 01:41:02)
891 Vgl. Spielberg, 1982, 2002 (01:17:26 – 01:22:00)
892 Vgl. Burton, 2010 (01:16:59 – 01:18:03)

Neo liefert sich mit Agent Smith einen ausgiebigen Schlagabtausch, der die Kombattanten aus der U-Bahn herausführt. Neo flieht und entwendet einem Passanten in der *Matrix* ein Handy. Damit nimmt er Kontakt mit seinem Basisschiff auf, die ihm einen neuen Ausgang zuweisen. Verfolgt von drei Agenten flieht Neo zu dem Ausgang. Dort angekommen wird er von Agent Smith gestellt, der ein ganzes Magazin auf ihn abfeuert, woraufhin Neo blutend zusammensackt[893]. Neo performt hier als Einzelarbeiter, der aber virtuell von seiner Kleingruppe beobachtet und angeleitet wird, ohne dass sie die Möglichkeit hätte, direkt in das Geschehen einzugreifen. Trotz der Distanz performt die Gruppe in dieser Sequenz so harmonisch, wie unter den Umständen möglich, wenngleich Neo am Ende scheitert.

Zur Verwunderung von Le Chiffre kehrt Bond mit neuem Kapital zurück an den Spieltisch im *Casino Royale*. Bond spielt nun Le Chiffre um den Verstand, da alle verräterischen Zeichen enttarnt sind. Daraufhin lässt Le Chiffre den Agenten ihrer Majestät vergiften, doch Bond gelingt es mit Hilfe seines Netzwerks beim MI6 und Vesper Lynd, diesen Anschlag zu durchkreuzen. Schließlich besiegt der Agent ihrer Majestät Le Chiffre im Pokerspiel. Den Sieg feiert Bond mit Vesper Lynd, die jedoch am Ende des Abends entführt wird. Bond nimmt die Verfolgung auf, tappt in eine Falle und wird ohnmächtig gefangen genommen. Als Bond wieder erwacht, befindet er sich im Bauch eines großen Frachtschiffes, wo er von Le Chiffre gefoltert wird. Bond soll dem Schurken die Safe-Kombination für das Geld aus dem Pokerspiel verraten. Im Nebenraum wird Lynd gefoltert, was Bond zwar zur Kenntnis nimmt, was aber nicht bedeutet, dass er Le Chiffre die gewünschte Safe-Kombination verrät. Plötzlich sind Schüsse aus dem Nebenraum zu hören, dann wird die Tür aufgestoßen, ein Mann tritt ein, erschießt Le Chiffre und um Bond wird es schwarz[894].

Bond startet in die zweite Runde der Pokerpartie mit verdeckten Teamplayern. Als Le Chiffre ihn vergiftet, kann er auf die Unterstützung aus dem Hauptquartier des MI6 zählen. Gebannt wird die Gefahr, in der er schwebt, jedoch wieder durch konkrete Partnerarbeit. Auch ihm kommt alsbald die Partnerin abhanden, die er dann versucht in Einzelarbeit zurück zu bekommen, was allerdings scheitert, so dass er mit seiner Nemesis Le Chiffre aufeinander trifft, bis dieser liquidiert wird und Bond wieder allein ist. Bond wechselt in diesen Sequenzen ebenfalls souverän durch die Sozialformen, um seine Lernziele zu erreichen. Hierbei greift er ebenfalls auf sein bisheriges Wissen zurück, das er in den verschiedenen Szenarien zum Einsatz bringt. Doch seine Anstrengungen sind nicht von Erfolg gekrönt.

Auch in dieser Phase performen die Helden und ihre Lerngruppen also in verschiedenen Sozialformen und wenden unterschiedliche Methoden an. Dabei wird deutlich, dass die Gruppenmitglieder, sofern vorhanden, auf die ein oder andere Weise ihre persönlichen Kompetenzen mit in die jeweilige Arbeit einfließen lassen, um sie einigermaßen erfolgreich

---

893 Vgl. Wachowski Bros., 1999 (01:49:55 – 01:58:12)
894 Vgl. Campbell, 2006 (01:29:16 – 01:49:25)

werden zu lassen[895]. Der durchschlagende Erfolg bleibt ihnen aber mit diesem Rückgriff auf altbewährtes Wissen verwehrt und die Reaktionen der Abenteuerwelt werfen sie zurück.

Unterdessen stützen die sozialen Interaktionen in den verschiedenen Sozialformen die Lernfähigkeit der Gruppenmitglieder. „Sozialbeziehungen mit dem Schwerpunkt, angenommen und anerkannt zu sein, verstanden und beachtet zu werden, tragen alle zum Zustand von entspannter Aufmerksamkeit (relaxed alertness) bei"[896]. Es hat ganz den Anschein, als wollen Hollywoods Autoren genau diesen Zustand entspannter Aufmerksamkeit bei den Helden in dieser Phase hervorrufen, denn am Ende dieser Phase finden sich fast alle Helden mit der Sozialform der Einzelarbeit wieder. Das ist kein Zufall, denn der Moment rückt näher, in dem die entscheidende Prüfung abgeschlossen werden muss.

Bis dahin gilt, dass das anhaltende Operieren in der Abenteuerwelt in dieser Phase alle Helden an eine Grenze führt, die in den Blockbustern mittels der Metapher einer (Nah) toderfahrung dargestellt wird. Damit befinden sich die Helden in einer Zwischenwelt. Das alte Wissen erweist sich als nicht ausreichend und das neue Wissen ist noch nicht wirklich inkorporiert worden. Die Helden schweben quasi in einem Kokon durch einen luftleeren Raum, doch an den Durchgängen lauern bereits die nächsten Gefahren. Dies ist die Phase der Inkubation[897] und mit ihr hat, zumindest aus der Perspektive des Lernprozesses, die entscheidende Prüfung begonnen. Denn die entscheidende Prüfung bedeutet den Umschlag von Nicht-Wissen in Wissen. „[…] [I]rgendwann kommen Sie an den Punkt, an dem Sie keine neuen Informationen mehr benötigen. Sie können Fach- und Praxiswissen anhäufen und *intelligent* anwenden, doch damit werden Sie ein Problem nicht unbedingt *kreativ* lösen. Nachdem Sie Ihr Gehirn mit lauter wichtigen und notwendigen Informationen gefüttert haben, muss es diese nämlich auch verdauen, bevor es eine kreative Idee ausscheidet. Inkubation bedeutet wortwörtlich so viel wie „Ausbrüten", denn das Gehirn macht jetzt genau das: Es bearbeitet die Ideen immer wieder, kombiniert sie neu und schafft so neue Ideen. Das passiert unbewusst, aber unterschätzen Sie nie, dass das Gehirn immer weiter arbeitet, auch wenn Sie gerade nicht an ein Problem denken"[898].

Mit der Inkubation ist also der ‚Punkt' erreicht, an dem die Blockbusterfilme den Blick in die Black Box des Lernens riskieren und zumindest als Metapher eine Interpretation des Vorgangs beim Lernen zu zeigen wagen.

Neurowissenschaftlich lässt sich der anstehende Prozess, der auf der Heldenreise die ‚entscheidende Prüfung' genannt wird, so formulieren, dass sich die eingehenden Informationen als anschlussfähig erweisen müssen. Dann werden die Informationen „[…] mit bereits vor-

---

895 Wenn die Auswahl der Sozialformen auf den ersten Blick auch immer noch willkürlich ausschaut, bieten sie doch Fingerzeige dafür, wie die entscheidende Prüfung beschaffen sein wird und welche Lösung die Helden finden müssen.

896 Arnold, 2009, 190

897 Laut Duden Fremdwörterbuch bedeutet Inkubation in historischer Bedeutung: „Tempelschlaf in der Antike (um Heilung od. Belehrung durch den Gott zu erfahren)" (Müller u.a., 1982, 345).

898 Beck, 2013, 172

handenen verknüpft [...]. Das ist die großartige Leistung des Gehirns, nämlich immer wieder neue Informationen (Impulse) mit bereits vorhandenen zu einem einzigartigen Netzwerk zu verbinden. Das macht die Substanz des Lernens aus. Je mehr und variationsreicher Informationen bereits vorhanden sind, je mehr Andockstationen es also gibt, desto leichter aber auch verzweigter laufen die Verknüpfungen. Lernen, genauer: ‚Neu-hinzu-lernen', bedeutet dann, das Verändern von Gedächtnisinhalten"[899]. Dass es für diese Veränderung der Gedächtnisinhalte wichtig erscheint, so viele Informationen wie möglich zu sammeln, ist auch den Autoren in Hollywood offensichtlich nicht unbekannt. Denn in vielen Filmen erfolgt nach der ‚Nahtoderfahrung' der Helden eine Phase, in der sie ihren bisherigen Erfahrungen noch einige hinzufügen ohne ihren Status quo zu verändern. Ehe nun also der Höhepunkt der Heldenreise die „Heilige Hochzeit" oder „Apotheose", wie Campbell (1999) es nennt, in Angriff genommen wird, werde ich noch kurz auf die Blockbuster eingehen, in denen die Inkubationszeit ausgeweitet wird. Diese Phase bezeichne ich als Phase der Zirkularität.

IX.5 Zirkularität

Die Helden sind bis zu dem Punkt vorgedrungen, an dem sie ihr altes Wesen ‚ablegen' mussten, um bereit dafür zu werden, neues Wissen aufnehmen zu können. „Schritt um Schritt werden die Widerstände gebrochen. Ablegen muß [sic!] er seinen Stolz, seine Tüchtigkeit, seine Schönheit, sein Leben und sich dem Unerträglichen beugen"[900]. Für Vogler bedeutet diese Phase der Reise das Vordringen zur tiefsten Höhle, wo die entscheidende Prüfung auf die Helden wartet. „In ihrem Verlauf gerät der Held oft in eine Hochburg seiner Widersacher, ein wohlverteidigtes Zentrum, in dem alles bisher Gelernte und alle Verbündeten noch einmal ins Spiel kommen"[901]. Aber während manche Helden nun direkt zu ihrer entscheidenden Prüfung durchmarschieren, haben andere noch Widrigkeiten auf dem Weg zu bewältigen und ihre Lernerfahrungen zu vertiefen.

In *Star Wars Episode IV – Eine neue Hoffnung* will die frisch befreite Prinzessin nun das Kommando über die Kleingruppe übernehmen, während sie den Weg zurück zu Han Solos Raumschiff suchen. Das sorgt für erneutes Norming im Gruppenprozess, insbesondere zwischen Han Solo und Leia Organa. Auf ihrem weiteren Weg zum Schiff kreuzen dann Sturmtruppen ihren Weg, denen sich Han Solo todesmutig entgegen wirft und die er mit Gebrüll in die Flucht schlägt. Chewbacca folgt ihm. Luke und Leia suchen einen eigenen Weg. Sie geraten, ebenfalls verfolgt von Sturmtruppen, in eine Sackgasse, an deren Ende die Brücke fehlt, die ihre weitere Flucht ermöglichen würde. Während Luke ein Seil vorbereitet, mit dem sie sich über den Abgrund schwingen, hält ihm Leia den Rücken vor den nahenden Sturmtruppen frei. Das Husa-

---

899 Pallasch/Hameyer, 2012, 45
900 Campbell, 1999, 106
901 Vogler, 2010, 270

renstück der beiden gelingt und wenig später treffen sie im Haupthangar, in dem Solos Schiff wartet, erneut auf Solo und Chewbacca[902]. Die Kleingruppe spaltet sich an diesem Punkt auch in zwei Tandems auf, bei dem Luke und Leia perfekt miteinander harmonieren. Luke Skywalker legt in dieser Sequenz ein leicht verändertes Verhalten an den Tag. Er ist weniger impulsiv, dafür scheint er zumindest etwas bedächtiger und wacher zu sein, es gelingt ihm den passenden Winkel kognitiv zu erfassen und er hat das Geschick, um den Plan in die Tat umzusetzen.

Nachdem die Trolle versteinerten, plündern die Zwerge mit Zauberer Gandalf und *Hobbit* Bilbo Beutlin deren Höhle. Anschließend flüchten sie mit Schützenhilfe des Zauberers Radagast vor der sie verfolgenden Übermacht von Orks und landen in Bruchtal. Dort im Hain der Elben entziffert Elrond die Schatzkarte der Zwerge, die daraufhin weitermarschieren. Sie suchen einen Weg über das Nebelgebirge. Dann findet die Gruppe Unterschlupf vor dem tosenden Sturm in einer Höhle. Hier stellt Oberzwerg Thorin Eichenschild fest, dass Bilbo nicht zu ihnen gehört. In der Nacht plant der Hobbit, die Gruppe zu verlassen. Doch bevor er seinen Plan in die Tat umsetzen kann, wird die Gruppe von Orks gefangen genommen und verschleppt. Bilbo entkommt jedoch durch einen schlichtweg ‚genialen Trick‘ und stürzt mit einem Ork kämpfend in die Tiefen der Höhle, wo er auf Gollum trifft. Gollum möchte den Hobbit gerne auf seine Speisekarte setzen, doch Bilbo kann ihn davon abhalten. Sie starten ein Rätselspiel, das Bilbo gewinnt. Als Sieger darf Bilbo unversehrt gehen, doch Gollum, der seinen Ring vermisst, fühlt sich betrogen und stellt sich Bilbo in den Weg. Da Bilbo aber in der Höhle einen Ring fand, der ihn unsichtbar werden lässt, vermag Gollum ihn nicht aufzuspüren. Am Ausgang der Höhle hätte Bilbo die Chance, Gollum zu töten. Stattdessen setzt er aber, von Mitleid bewegt, mit einem beherzten Sprung über das Geschöpf hinweg und stürzt den Zwergen hinterher, die den Orks mit Gandalfs Hilfe ebenfalls entkommen sind[903]. In dieser Sequenz findet ein steter Wechsel zwischen allen Sozialformen statt. Sogar der lehrerzentrierte Unterricht findet hier noch Anwendung, wenngleich Gandalf sich auch immer schnell wieder aus dem Fokus zurückzieht. Bilbo geht demgegenüber in Einzelarbeit mit stetig wachsender Zuversicht an seine Aufgaben heran und seine Kompetenzen als Dieb, oder allgemeiner gesprochen als Trickster, wachsen zusehends mit den Herausforderungen, die er zu bewältigen hat. Er wird in der Höhle zu einem entdeckenden Lerner. „Entdecken setzt voraus, dass sich der ‚Entdecker‘ für neues Wissen öffnet. Spannung drückt sich in der Neugierde aus, auch in der Angst vor Unbekanntem, in der Freude über Entdeckungen. Ungewöhnlichem Nachgehen, für Überraschungen aufgeschlossen sein, einem merkwürdigen Sachverhalt nachgehen"[904].

Im *Herrn der Ringe* sind Frodo und seine Gefährten den Minen von Moria entkommen. Sie landen im Wald der Elbenkönigin Galadriel, die sie schützend aufnimmt, Trost spendet, Frodo eine mögliche Zukunft zeigt und die Gefährten für den weiteren Weg u.a. mit Booten

---

902 Lucas, 1977, 1997, 2004 (01:22:15 – 01:27:58)
903 Vgl. Jackson, 2012 (01:16:07 – 02:20:05)
904 Hameyer, 2002, I – 6f.

ausrüstet, mit denen sie auf dem großen Fluss Anduin schneller nach Süden vorankommen. Während ihrer Bootstour rastet die Gruppe am Ufer von Amon Hen. Dort kommt es zu einem folgenschweren Konflikt zwischen Frodo und Boromir. Boromir will Frodo überreden, ihm den Ring zu überlassen, doch der Hobbit erkennt, dass Boromir vom Ring besessen ist und flieht. Im selben Augenblick greifen Uruk-Khai, eine Art Orks im Dienste des Zauberers Saruman, die Gruppe an. Während sich Aragorn, Legolas und Gimli den Angreifern entgegenstellen, ermöglichen Merry und Pippin Frodo die Flucht, indem sie die Uruk-Khai ablenken. Sie werden bald darauf trotz des Beistands von Boromir, der wieder bei Sinnen zu sein scheint, gefangen genommen. Frodo flieht unterdessen unentdeckt durch den Wald zum Ufer des Flusses[905]. Auch in diesen Sequenzen wechselt die Gruppe fortwährend ihre Sozialformen. Beginnend mit Kleingruppenarbeit bei der Ankunft in Lothlorien wechselt das Setting zu einer partnerschaftlichen, aber lehrerzentrierten Demonstration durch Galadriel. Galadriel stellt es Frodo frei, sich auf diese Lektion einzulassen, weshalb er sie auch annimmt. Danach teilt sich die Gruppe in Kleingruppen auf, die in Booten den Anduin herunterfahren. Schließlich folgt, während ihrer Rast am Flussufer, eine Phase der Einzelarbeit. Jeder hat eine Aufgabe. Boromir wechselt allerdings mit Frodo zu einer lehrerzentrierten Partnerarbeit. Dies geht schief, weil der Krieger Frodos Autonomie nicht anerkennen will und ihn mittels direkter Instruktion zu einem bestimmten Handeln drängen will. Wenn dann die Uruk-Khai angreifen, agieren einige Gefährten in Form von Einzelarbeit, wohingegen Merry, Pippin und Frodo eine koordinierte Untergruppe bilden, die es wiederum Frodo als Einzelarbeiter ermöglicht zu entkommen.

Forrest Gump steigt zum Tischtennis-Star auf, tritt im Fernsehen auf und trifft dann wieder auf dem in Vietnam verwundeten Lieutenant Dan Taylor, mit dem er Weihnachten und Neujahr zusammen verbringt. Dann wird Gump erneut ins Weiße Haus eingeladen und deckt en passant den Watergate Skandal auf. Nach seiner Dienstzeit in der Army schafft er sich einen Shrimp-Kutter an und wird gemeinsam mit Lieutenant Dan erfolgreicher Shrimpfischer. Bald darauf stirbt jedoch seine Mutter, und Forrest kehrt zurück nach Hause. Dort wird er Rasenpfleger im örtlichen Footballverein, während Lieutenant Dan die Firma ‚Apple' gründet, wodurch sowohl er als auch Forrest für alle Zeiten genug Geld verdienen. Forrest wohnt zwar wieder im Haus seiner Mutter, fühlt sich aber ohne Jenny dort einsam[906]. Wie bisher wechselt Forrest unablässig zwischen Gruppen- Partner- und Einzelarbeit wie eine Feder im Wind. Er übernimmt jede Aufgabe, ohne sie je zu hinterfragen und zeigt sich dabei völlig anspruchslos; das Leben fliegt Forrest quasi nur zu und er lässt sich davon tragen. Damit macht er nichts verkehrt, muss aber auch die Erfüllung individueller Bedürfnisse zurückstellen.

Larry Daleys Sohn Nick beobachtet, wie sein Vater im Museum gefeuert wird. Doch Larry kann den Direktor überreden, ihm noch eine Chance zu geben. Um seinen Sohn dann zu überzeugen, dass er immer noch *Nachts im Museum* arbeitet, nimmt Larry ihn in der folgenden Nacht mit zum Dienst. Als er seinem Sohn bei Schichtbeginn allerdings

---

905 Vgl. Jackson, 2001, 2002 (00:40:52 – 01:17:28)
906 Vgl. Zemeckis, 1994 (01:10:33 – 01:39:05)

zeigen will, dass alles im Museum bei Nacht lebendig wird, geschieht nichts. Ursache dafür ist, dass die drei ehemaligen Nachtwächter dabei sind, das Museum auszurauben. Sie stehlen auch die geheimnisvolle ägyptische Tafel, aufgrund derer die Exponate des Museum nachts zum Leben erwachen. Larry stellt sich ihnen entgegen, wird aber von ihnen überwältigt. Sie sperren ihn mitsamt seinem Sohn in die ägyptische Kammer ein. Dort werden Larry und Sohn Nick von den Anubis Statuen angegriffen, die den Pharao in seinem Sarkophag bewachen[907]. In dieser Sequenz wird in erster Linie mit dem partnerschaftlichen Dialog gearbeitet, wobei Larry zuversichtlich die Methode des Lernens durch Lehren im Umgang mit seinem Sohn anwendet, während er versucht die ehemaligen Nachtwächter aufzuhalten. Dabei ist Larry immer nur der Spielball aller anderen Figuren, wenngleich er fortwährend zu beweisen versucht, dass er genau das nicht ist.

Die Familie Jones findet sich in *Indiana Jones und das Königreich des Kristallschädels* wider Erwarten schnell als schlagkräftiges Team zusammen, das die feindlichen Sowjetsoldaten im Dschungel ordentlich auf Trab hält, während sie versuchen den Kristallschädel zurückzuerobern. Das gelingt ihnen auch, wobei ihre Gruppe noch um Harold Oxley und George McHale erweitert wird. Mutt steckt im Laufe des Kampfes ordentlich Prügel ein und erwischt schließlich eine Liane, die ihn aus dem fahrenden Jeep hebt. Er landet zwischen einer Horde Affen, mit denen er sich wie dereinst Tarzan von Ast zu Ast schwingt, bis sie die Jeeps eingeholt haben. Dort springt er unterstützt von den Affen in den Jeep der feindlichen Agentin Irina Spalko, entwendet ihr den Kristallschädel und setzt über in den Jeep mit den anderen Mitgliedern seiner Gruppe. Hier erntet er das erste anerkennende Lächeln von Indiana Jones[908]. In dieser turbulenten Sequenz performt die Gruppe sowohl als Gruppe wie auch mit Untergruppen und in Einzelarbeit, wobei jeder mit seinen individuellen Kompetenzen zum Gelingen des Ganzen beiträgt. Wenngleich zu Beginn der Sequenz das Norming noch im Vordergrund steht, nimmt das Performing doch einen weit größeren Raum in diesen Sequenzen ein.

James Bond erwacht in einem Lazarett. Zunächst nimmt er seine Umwelt nur schemenhaft wahr, erholt sich aber bald wieder. Er glaubt, Mathis als Verräter entlarvt zu haben und lässt ihn verhaften. Kurz darauf erhält Bond den Gewinn aus seiner Pokerpartie im *Casino Royale*, und er gesteht Vesper seine Liebe. Anschließend reist er mit ihr zusammen wild romantisch in einem Segelboot nach Venedig und plant seinen Dienst zu quittieren. Bond und Lynd wollen stattdessen mit dem Boot um die Welt segeln und den Gewinn verprassen. Zu diesem Zweck will Vesper das Geld von der Bank holen, und er soll Vorräte beschaffen. Erst als M sich telefonisch meldet und fragt, wo das Geld aus dem Pokerspiel denn bleibe, realisiert Bond, dass Vesper Lynd ihn hereingelegt hat[909]. Den größten Teil der Sequenz bildet eine dialogische Partnerarbeit, allerdings kommt hier auch immer wieder das erweiterte Team des Geheimagenten zum Einsatz.

---

907 Vgl. Levy, 2006 (01:05:04 – 01:15:55)
908 Vgl. Spielberg, 2008 (01:10:47 – 01:20:10)
909 Vgl. Campbell, 2006 (01:49:27 – 02:01:53)

Alle Helden wechseln in diesen Sequenzen problemlos durch die verschiedenen Sozialformen und bringen damit zum Ausdruck, dass sie als Teamplayer in der Abenteuerwelt performen können. Hierzu tragen ihre wachsenden sozialen Kompetenzen einen wesentlichen Anteil bei. Insofern haben die Helden also bereits angefangen sich zu verändern. Dies lässt den Schluss zu, dass sie auch bereits damit begonnen haben, neues Wissen, nämlich das Wissen um die Notwendigkeit einer sozialen Gemeinschaft, zu inkorporieren. Die Phase, in der sich die Helden auf ihrer Reise damit befinden, lässt sich als Metapher für die Inkubation lesen, „[…] in der Ideen unterhalb der Schwelle der bewussten Wahrnehmung in heftige Bewegung geraten. In dieser Phase sind ungewöhnliche Verknüpfungen besonders häufig. Wenn wir uns bewusst um die Lösung eines Problems bemühen, verarbeiten wir Informationen auf lineare, logische Weise. Aber wenn die Gedanken frei in unseren Köpfen herumschwirren können, ohne dass wir sie in eine konkrete, genau festgelegte Richtung zwängen, können ganz neue und unerwartete Kombinationen entstehen"[910]. Die individuellen Mitglieder der Lerngruppen stellen in diesem Bild die Knoten für die Verknüpfungen dar. Diese Phase nimmt notwendig, auch neurologisch betrachtet einen gewissen Zeitraum für die Verarbeitung des neuen Wissens in Anspruch. „Das Gehirn benötigt seine individuelle Zeit, um die Informationen vom Ultrakurzzeitgedächtnis über das Kurzzeitgedächtnis ins Langzeitgedächtnis zu transportieren"[911].

Das Wissen, das die Helden in dieser Phase erfahren drückt sich unter anderem in der größeren Zuversicht aus, mit der sie ihre Aufgaben nun angehen. Hollywoods Autoren scheinen sich darin einig zu sein, dass die Fähigkeit der Helden, in sozialen Kontexten erfolgreich operieren zu können, entscheidend dazu beiträgt, die entscheidende Prüfung bewältigen und neues Wissen generieren zu können.

Die Relevanz von Lernerfahrungen in sozialen Kontexten erscheint mir nachvollziehbar, da ein gutes Harmonieren in verschiedenen Sozialformen voraussetzt, dass der jeweilige Protagonist seinen Gruppenmitgliedern gegenüber ein gewisses Empathievermögen an den Tag legen kann. Ein solches Empathievermögen ermöglicht die erforderliche Offenheit für neue Erfahrungen. Man könnte daher sagen: Die Fähigkeit zu lernen speist sich auch aus der Fähigkeit, unterschiedliche Standpunkte annehmen und zulassen können, diese aber auch selbst gegebenenfalls einnehmen zu können. Damit wird deutlich, dass die Bewältigung der Phasen des Gruppenprozesses und das Operieren in unterschiedlichen Sozialformen für das erfolgreiche Bewältigen der entscheidenden Prüfungen im Blockbuster konstitutiv sind. Mit anderen Worten, der Andere, das Gegenüber ist eine signifikante Voraussetzung für den Erfolg eines Lernprozesses und Lernen ist damit für Hollywoods Autoren ein durch und durch sozialer Prozess.

Das die soziale Komponente des Lernens, das Lernen in kooperativen Sozialformen, einen wesentlichen Aspekt des Lernens bedeutet, stellte schon Okon (1973) fest: „Die Vorteile der Gruppenarbeit […] kann man mit Hilfe einiger Argumente erklären. Erstens erweist sich als besonders günstig die demokratische Struktur der Klassengruppe (bei der

---

910 Csikszentmihalyi, 2003, 119
911 Pallasch/Hameyer, 2012, 109

differenzierten Arbeit) und die Struktur der kleinen vierköpfigen Gruppe; jeder Schüler steuert seine Fähigkeiten und seine Anstrengung gemäß dem Prinzip der Mitarbeit und Mitverantwortung bei. Zweitens, die Realisierung einer gemeinsamen Aufgabe, deren wichtiger Bestandteil jene Aufgaben sind, die durch kleine Gruppen oder Einzelpersonen realisiert werden, schafft ein Gemeinschaftsgefühl, anstelle des egoistischen ‚Ich' erscheint das gesellschaftliche ‚Wir', was die Identifikation der einzelnen Schüler der Klasse fördert. Drittens, die Atmosphäre der gemeinsamen Arbeit und der gemeinsamen Verantwortung schafft eine Überlegenheit der positiven Verhältnisse in der Klasse, die sich auf der Zufriedenheit der Einzelpersonen aus den gemeinsamen Errungenschaften resultierend, auf der Stillung der Interessen und Bedürfnisse der Anerkennung der reellen Erfolge durch den Lehrer und die Klasse stützt"[912].

In der Phase der Inkubation lernen die Helden in der Gruppe, harmonisch miteinander zu performen und rücken dadurch dem Höhepunkt der Heldenreise sukzessive näher.

Aber die Vernetzung oder das Lernen in sozialen Kontexten allein bedeuten noch nicht die entscheidende Phase des Lernprozesses der Helden. Keiner der Helden kann sich schon auf seinen bis hierher erworbenen Lorbeeren ausruhen, denn die entscheidende Prüfung haben die Helden mit ihrer ‚Nahtoderfahrung' noch nicht zu Ende absolviert. Vielmehr wartet auf sie noch der entscheidende Schritt, in dem die ‚Aufnahme' von Wissen in die Produktion von Wissen umschlagen muss. Erst dieser Umschlag bedeutet die Absolvierung der entscheidenden Prüfung, die dann schließlich zu den neuen Kompetenzen der Helden führt. Um aber diese neuen Kompetenzen erwerben zu können, müssen die Helden die entscheidende Prüfung zumeist allein bewältigen. Der Abschluss der entscheidenden Prüfung, die den Höhepunkt der Heldenreise bildet, erfolgt somit fast immer in der Sozialform der Einzelarbeit. Die lernenden Helden müssen beweisen, dass sie sich selbständig aktivieren können, sie müssen selbst aktiv handeln, das heißt, sie müssen produktiv werden.

Neurowissenschaftlich gesprochen, lässt sich die Vorbereitung auf die entscheidende Prüfung so interpretieren, dass das anhaltende Operieren der Lernenden im Lernfeld dazu führen soll, dass die Verschaltungen für neues Wissen eingerichtet werden, indem dann altes Wissen beginnt, sich mit neuem Wissen zu vernetzen. „Erst die Vernetzung macht ‚Denken' [...] möglich; und die Art der Vernetzung bestimmt und erklärt die Art und Weise des Denkens, die Denkstrukturen und die Denkweise"[913].

Die Helden mussten im ersten Teil der entscheidenden Prüfung ihr altes Ich ‚ablegen', d.h. ihr bisheriges Wissen mindestens revidieren. Um diese ‚Negation' ihres Selbstverständnisses erträglich zu gestalten, sind die Helden lange in ihnen gewogene soziale Kontexte eingebettet. Im abschließenden Teil der entscheidenden Prüfung gilt es nun für die Helden, auf sich selbst zurückgeworfen, die rezipierten Fäden aktiv zusammenzuführen und zu erkennen, dass sie selbst es sind, die die losen Fäden miteinander verknüpfen müssen.

---

912 Okon, 1973, 64
913 Pallasch/Hameyer, 2012, 47

X Illumination – Die entscheidende Prüfung Teil 2

> „Wichtig ist, was wir mit der Zeit
> anfangen, die uns gegeben ist."
> Gandalf, *Der Herr der Ringe – Die Gefährten*

„Die mühselige Überwindung der individuellen Grenzen ist mit geistigem Wachstum unabdingbar verknüpft. Kunst und Dichtung, Mythos und Kultus, Philosophie und asketische Exerzitien kann man als Instrumente verstehen, die dem Individuum dabei helfen und es über seinen begrenzten Horizont in Bereiche immer umfassenderer Selbstverwirklichung geleiten sollen"[914].

Die Helden haben sich auf ihren Reisen bis zu einem Punkt vorgearbeitet, an dem es um mehr geht, als um die Summe der Teile. Die eigene ‚Nahtoderfahrung' haben sie durchlebt und bewältigt, nun geht es um sie *und* um die Fortexistenz ihrer Welt, kurz, es geht um Emergenz. Diesen Anspruch können die Helden nur erfüllen, indem sie die entscheidende Prüfung absolvieren und dabei eine entscheidende Lernerfahrung erleben, die auch als Illumination bezeichnet werden kann: Sie müssen die Gefahr überstehen, indem sie differente Wissensfelder miteinander verknüpfen und aus den Feldern ein neues Feld und daraus schließlich eine neue Wirklichkeit entstehen lassen.

Es gibt unterschiedliche Darstellungsweisen des Abschlusses der entscheidenden Prüfung. In einigen Filmen wird der Abschluss der entscheidenden Prüfung – das Lernen – der Helden relativ knapp, ohne weiteren Dialog und nur mittels ihrer Handlungen inszeniert.

Luke Skywalker, Han Solo, Chewbacca und Prinzessin Leia treffen in *Star Wars Episode IV – Eine neue Hoffnung* am Rande des Hangars, in dem der Rasende Falke wartet, erneut zusammen. Ihr Raumschiff wird von einigen Sturmtrupplern bewacht. Obi Wan Kenobi ist es gelungen, den Fangstrahl, durch den das Raumschiff im Todesstern festgehalten wird, zu lösen. Auf dem Rückweg begegnet er dem schwarzen Lord, Darth Vader. Dieser tritt Kenobi mit gezücktem Lichtschwert in den Weg. Zwischen den beiden beginnt ein Duell auf Leben und Tod, das sie ebenfalls bis an den Rand des Hangars führt, in dem der Rasende Falke wartet. Die Sturmtruppler, die den Falken bewachen, sehen die Kontrahenten und stürmen auf sie zu. Diesen Moment der Ablenkung nutzen sowohl Luke und die anderen, wie auch die beiden Droiden C-3PO und R2-D2, um zum Rasenden Falken

---

914 Campbell, 1999, 182

zu laufen. Auf halbem Weg zu ihrem Raumschiff entdeckt Luke, dass Obi Wan sich mit Vader duelliert und dass ihm der Fluchtweg durch die Sturmtruppen abgeschnitten ist. Obi Wan Kenobi sieht Luke aus den Augenwinkeln, hebt sein Lichtschwert zum Gruß und wird von Darth Vader niedergestreckt. Als Luke dies sieht, rastet er aus, rennt auf die Sturmtruppen zu, wobei er blindlings um sich schießt. Alle Warnungen seiner Begleiter schlägt er in den Wind, doch plötzlich erklingt die Stimme von Kenobi aus dem Off und gemahnt Skywalker zu laufen. In diesem Augenblick setzt die kreative Lernerfahrung bei Luke Skywalker ein. Er muss es für möglich halten, dass Obi Wan Kenobi zu ihm spricht, obwohl er Zeuge davon war, dass der alte Jedi Meister gerade erschlagen wurde. Das heißt, Luke muss seine physisch erfahrene Welt mit einer metaphysisch erfahrbaren Welt verknüpfen. Kurz gesagt, er muss nun das glauben, was sein Mentor Obi Wan Kenobi ihm über die Macht erzählt hat. Tatsächlich hält Luke in seinem Tun inne und läuft an Bord des Falken. Solo startet die Triebwerke und sie fliegen aus dem Hangar hinaus in den Weltraum[915]. Die Verknüpfung der beiden Wissensfelder durch Luke Skywalker findet in dieser Sequenz innerhalb von weniger als einer Sekunde statt, aber, wie sich zeigen wird, mit weitreichenden Konsequenzen. Indem Luke Skywalker das scheinbar Unmögliche akzeptiert, nämlich dass ein Toter zum ihm spricht, rettet er in diesem Augenblick sein Leben, was für den weiteren Verlauf der Story von entscheidender Bedeutung ist.

Frodo Beutlin ist im *Herrn der Ringe* während des Angriffs der Uruk-Khai zurück zu ihren Booten am Ufer des Anduin geflohen. Dort steht er, tränenüberströmt, allein und starrt auf das Wasser. Dabei fällt ihm die letzte Lektion ein, die Gandalf ihm während ihrer Rast in den Minen von Moria erteilte. In dem lehrerzentrierten aber partnerschaftlich organisierten Gespräch ging es darum, dass Frodo wünschte nicht die Verantwortung tragen zu müssen, die mit dem Ring einherging. Auslöser für diesen Ausbruch von Frodo war, das der Zauberer den jungen Hobbit zurechtgewiesen hatte, nachdem der sich den Tod von Gollum wünschte. Gandalf erklärte in jener Sequenz, dass es leichter sei, ein Leben zu nehmen, als eines zu geben. Die Worte von Gandalf klingen in dieser Sequenz mit viel Hall unterlegt aus dem Off. Dabei nimmt Gandalfs Aussage eine doppeldeutige Form an. Er sagt: „Du musst nur entscheiden, was Du mit der Zeit anfangen willst, die Dir gegeben ist." Die Aussage, das ‚Leben zu geben' wird hier nun deshalb doppeldeutig, weil ‚Leben geben' ursprünglich als Akt des Gebärens zu verstehen gewesen ist. An dieser Stelle des Films muss Frodo allein eine Entscheidung dahingehend treffen, wie es mit ihm und dem Ring weiter gehen soll. Dies unternimmt er auch und die Inszenierung mit der Off-Stimme legt nahe, dass er dies in Gedanken unternimmt: Er verknüpft die offenen Fäden miteinander und kommt zu dem Schluss, dass er seine Freunde nicht weiter gefährden will. Deshalb ‚gibt' er sein Leben, indem er den gefährlichen Weg nach Mordor alleine weiter gehen will[916].

---

915 Vgl. Lucas, 1977, 1997, 2004 (01:27:54 – 01:29:27)
916 Vgl. Jackson, 2001, 2002, Disc II (01:25:05 – 01:26:30)

Wie jeden Tag mäht *Forrest Gump* den Rasen, als unerwartet Jenny vor ihm steht. Sie verleben von dem Moment an eine unschuldige Romanze miteinander, die Forrest im Off-Text als die glücklichste Zeit seines Lebens bezeichnet. Er scheint sich mehr zu erhoffen, doch Jenny bleibt distanziert. Als Forrest ihr einmal mehr eine gute Nacht wünscht, um ins Bett zu gehen, scheint er zu realisieren, dass ihm in diesem einem Fall das Leben nicht wie sonst einfach zufliegt und er nun selbst aktiv handeln muss. Deshalb folgt er Jenny und macht ihr einen Heiratsantrag. Jenny lehnt diesen Antrag ohne Begründung ab. Forrest fragt sie daraufhin, warum sie ihn nicht liebt und konstatiert dabei, dass er zwar nicht klug ist, aber doch weiß, was Liebe ist. Jenny reagiert nicht unmittelbar, doch in der Nacht kommt sie in sein Bett, erklärt ihm ihre Liebe und sie schlafen miteinander[917]. Forrest artikuliert in diesen Szenen mit seinem Heiratsantrag das bis dahin erste Mal im ganzen Film einen eigenen Willen. Die Gleichung ist simpel: Er will Jenny, Jenny reagiert nicht von allein, also muss er aktiv handeln und deshalb macht er ihr den Heiratsantrag. Das Problem ist nur, dass Forrest nicht auf Sex aus war, sondern auf eine Beziehung.

Larry Daley sitzt mit Sohn Nick *Nachts im Museum* in der Falle. Die ehemaligen Nachtwächter haben sie in die ägyptische Kammer gesperrt, Teddy Roosevelt erklärt, dass er als Wachsfigur nicht helfen könne, die Anubis Statuen richten ihre Speere auf Larry und seinen Sohn und der Pharao randaliert furchterregend in seinem Sarkophag. Im selben Moment hat Larry eine Eingebung, er stürmt zum Sarkophag, um den darin eingesperrten Pharao zu befreien und ihn um Hilfe zu bitten. Genau das geschieht auch. Dann entmumifiziert sich der Pharao und entpuppt sich als freundlicher und gebildeter junger Mann, der sich zunächst standesgemäß vorstellt[918]. Was hier ebenfalls in allerkürzester Zeit abgearbeitet wird, ist das Larry die Brücke schlägt zwischen der Tafel, dem Pharao und dem, was er über Ägypten und die Anubis-Statuen gelernt hat. Seine Schlussfolgerung wird zwar nur kurz angedeutet, erscheint aber völlig logisch: Die Tafel gehört dem Pharao, wenn ein Feld auf der Tafel bewegt wird, werden alle Exponate im Museum lebendig und wenn alles lebendig wird, werden die Statuen genauso lebendig wie der Pharao. Die Statuen dienen aber dem Pharao auf dem Weg ins Reich der Toten, folglich unterstehen sie seinem Befehl. Diesen Umstand macht Larry sich zunutze, indem er den Pharao um Hilfe bittet.

An Bord der *Titanic* haben sich Rose DeWitt Bukater und Jack Dawson auf den Rücksitz eines Autos zurückgezogen, wo sie miteinander schlafen[919]. Deutlicher und knapper lässt sich das Bild der „Heiligen Hochzeit"[920] kaum darstellen. Die Heldin ist mit ihrem Mentor in Liebe vereint und nach diesem Erlebnis auch sofort schwanger.

Neo Thomas Anderson wurde von Agent Smith in der *Matrix* erschossen. Ein weiterer Agent stellt seinen Tod fest. An Bord der Nebukadneeza gesteht Trinity dem Körper von

---

917 Vgl. Zemeckis, 1994, (01:39:05 – 01:46:09)
918 Vgl. Levy, 2006 (01: – 01:15:55 – 01:17:35)
919 Vgl. Cameron, 1997 (01:30:05 – 01:32:39)
920 Vgl. Campbell, 1999, 115 u. 237

Neo, dass sie ihn liebt und dass das Orakel ihr prophezeite, dass derjenige, in den sie sich verliebt, der Auserwählte sei. Deshalb könne Neo nicht tot sein. Als sie ihm zur Bestätigung dessen einen Kuss gibt, atmet Neo ein und wacht in der Matrix wieder auf. Die feindlichen Agenten feuern daraufhin erneut auf ihn, doch Neo vermag die auf ihn zufliegenden Kugeln zu stoppen und er erkennt die Matrix als Code. Agent Smith greift Neo wutentbrannt an, aber Neo wehrt seinen Angriff gelassen ab, taucht in den Agenten ein und zerreißt ihn von innen. Die beiden anderen Agenten ergreifen die Flucht[921]. Reichlich suspekt wird in dieser Sequenz die Kraft der Liebe als Mittel herangezogen, das in der Lage ist, die Grenzen zwischen ‚Realität' und ‚Virtualität' zu überschreiten. Sobald Neo diese Verbindung spürt, gelingt es ihm in der Folge, die kalte Realität der Welt und die illusionäre Wirklichkeit der Matrix zu transzendieren. Er beherrscht nun die digitalen Gesetze innerhalb der Matrix mit seinem Willen, wodurch er zu dem im Film oft beschworenen Auserwählten wird.

Simba muss im *König der Löwen* auf Drängen der Löwenfrauen, die von Scar angestachelt wurden, Farbe bekennen. Er spricht aus, dass er die Verantwortung für Mufasas Tod übernimmt, schränkt aber ein, dass er nicht schuld daran war. Das jedoch lässt Scar nicht gelten, gemeinsam mit den Hyänen drängt er Simba auf den Abgrund zu. Ein Blitz schlägt ein und setzt unten das Gelände in Brand. Simba hängt bereits an der Klippe, als Scar es in seiner Selbstherrlichkeit nicht mehr verbergen kann, dass er selbst es war, der Mufasa getötet hat. Simba hat im selben Augenblick eine Vision des Tathergangs, mobilisiert alle Kräfte und stürzt sich auf Scar. Er zwingt ihn, die Wahrheit laut zu gestehen. Scar gibt tatsächlich nach[922]. Das Hängen an der Klippe, der Einschlag des Blitzes sowie die Vision von dem Mord an seinem Vater, kurz das erneute Durchleben der damaligen Situation, lassen Simba neue Kräfte schöpfen. Nachdem Scar gestanden hat, schreiten die Löwenfrauen sofort ein und stehen Simba im Kampf gegen die Hyänenarmee zur Seite. Timon und Pumba sind ebenfalls mit von der Partie und gemeinsam gelingt es ihnen, die Hyänen und Scar in die Flucht zu schlagen.[923] Simba hat hier im letzten Akt des Films eine Eingebung, wie sie Hamlet in Shakespeares Stück bereits im ersten Akt erlebt.

Während der Untersuchung durch das Ärzteteam des Militärs verschlechtert sich *E.T.*'s Zustand zusehends, und er löst das telepathische Band zwischen sich und Elliott auf, damit der Junge nicht mit ihm stirbt. Elliott bittet den Außerirdischen, bei ihm zu bleiben, doch E.T. fordert ihn auf, nicht mit ihm zu gehen. Dann verlassen E.T. die Lebensgeister und Elliott und seine Familie können nur hilflos zuschauen. Als die Beamten E.T. für Tod erklären, konservieren sie ihn in einem Sarg. Der Beamte Keys gibt Elliott die Gelegenheit, mit E.T. einen Moment allein zu sein. Elliott stellt fest, dass E.T. Tod sein muss, weil er sel-

921 Vgl. Wachowski Bros., 1999 (01:58:25 – 02:01:44)
922 Vgl. Allers, Minkhoff, 1994 (01:12:06 – 01:13:38)
923 Vgl. Allers, Minkhoff, 1994 (01:13:38 – 01:14:56)

ber nichts mehr fühlt. Aber als der Junge sich resigniert abwendet, erwacht E.T. plötzlich wieder zu neuem Leben, weil sein Raumschiff zurückkehrt und sich der Erde nähert.[924]

Elliott musste in Einzelarbeit lernen, dass er *E.T.* gehenlassen muss und dass er durch seine Gefühle für den Außerirdischen den Tod transzendieren kann. Diesen Schritt vollzieht Elliott, indem er E.T. mitteilt, dass er ihn liebt, obwohl er für ihn gestorben zu sein scheint: Elliott hat sich bereits zum Gehen gewandt. Nicht E.T.'s Herz, das wieder anfängt zu schlagen, sondern die Blume, die wieder erblüht sieht er zuerst und begreift in dem Augenblick, dass E.T. nicht gestorben ist. Er selbst hatte aber tatsächlich von dem Außerirdischen Abschied genommen. Elliott lernt in dieser Sequenz, dass man loslassen können, und dass eine Trennung nicht das Ende einer emotionalen Beziehung bedeuten muss.

Nachdem Katniss Everdeen die kleine Rue bestattet hat, bricht in Distrikt 11 von Panem eine Revolte aus, für die Katniss verantwortlich gemacht wird. Haymitch Abernathy setzt sich hinter den Kulissen der Arena der *Tribute von Panem* sehr für Katniss Everdeen ein. Er schlägt vor, Katniss nicht töten zu lassen, wie es der eigentliche Plan der Spielmacher ist, sondern dem Publikum ein Liebespaar anzubieten, um die Menschen zu beruhigen. Als Katniss, die eben noch in Verzweiflung über Rues Tod und darüber, dass sie jemanden getötet hat, ausgebrochen ist, diese Veränderung des Regelwerks hört, erwacht sie aus Verzweiflung und Lethargie und handelt augenblicklich. Sie bricht auf, um Peeta zu suchen, den sie auch kurze Zeit später am Flussufer findet. Peeta ist schwer verletzt, und Katniss bringt ihn fort vom Fluss.[925] Seitdem sich Katniss Everdeen für die Arena zur Verfügung stellte, hatte sie zu lernen, wie sie ihre Sozialkompetenzen optimieren kann, um dem Publikum zu gefallen. In dem Teamwork mit Rue ist ihr dies auch gelungen. Aber nachdem die Allianz mit Rue dadurch beendet wurde, dass das kleine Mädchen getötet wurde und Katniss in der Situation gezwungen war, selber einen Menschen zu töten, erscheint sie paralysiert. Ihr ist klar, dass keine Form der Allianz im Regelwerk der Arena vorgesehen ist. Durch die von Abernathy initiierte Regeländerung verschieben sich jedoch grundlegende Parameter für Katniss, die sie sofort realisiert. Sie schöpft erneut Hoffnung und Vertrauen in die Sinnhaftigkeit ihrer im Zusammenspiel mit Rue gewonnenen sozialen Kompetenzen, die durch deren Tod zunichte gemacht worden sind.

Die *Titanic* sinkt, die Rettungsboote werden zu Wasser gelassen. Rose De Witt Bukater lässt sich überreden, einen Platz anzunehmen. Jack Dawson und Cal Hockley schauen zu, wie das Boot abgefiert wird. Plötzlich entscheidet sich Rose, doch an Bord der Titanic zu bleiben. Zwei Decks unter Jack und Cal springt sie zurück auf das sinkende Schiff. Jack eilt ihr entgegen, sie fallen sich in die Arme und bestätigen sich ihre unverbrüchliche Liebe. Von Eifersucht zerfressen, verfolgt Cal das Paar wild um sich schießend durch das sinkende Schiff[926]. Rose hat die Wahl sicher gerettet zu werden und ein mondänes Leben in der neuen Welt zu führen, aber sie will es anders. Das Verknüpfen der Wissensbestände lassen

---

924 Vgl. Spielberg, 1982, 2002 (01:22:00 – 01:34:02)
925 Vgl. Ross, 2012 (01:39:44 – 01:44:41)
926 Cameron, 1997 (02:10:50 – 02:16:00)

sie offensichtlich zu dem Schluss kommen, dass es besser ist ein Leben mit Jack Dawson zu führen als ihr Prinz ist für sie da ist. Hier überwindet ihre Entscheidung für die ‚große' Liebe die gesellschaftlichen Schranken, koste es sie, was es wolle.

Die Insel auf der Pi Patel und Richard Parker in *Life of Pi* stranden, ist voller Erdmännchen. Pi ernährt sich von Algen und findet Wasser, Richard Parker ernährt sich von den Erdmännchen. Dann wird Pi klar, dass ihre Zuflucht eine fleischfressende Insel ist und er weiß, dass er noch nicht gerettet ist. Daher belädt er das Boot mit Vorräten für sich und den Tiger, sammelt ihn ein und verlässt die Insel wieder[927]. Die Insel, auf der Pi und Richard Parker stranden, ist Fluch und Segen zugleich. Sie ernährt sie einerseits, ist aber auch andererseits dazu in der Lage, ihnen das Leben zu nehmen. Der Kreislauf des Lebens von Werden und Vergehen und von Fressen und Gefressen werden, wird hier in wenige Bilder gekleidet. Ich interpretiere diese Sequenzen so, dass Pi etwas über die Ungeheuerlichkeit des Lebens in seiner Ganzheit aus Materie und Geist und Wirklichkeit und Fiktion und wie es gelingt, lernt[928].

Allein im Hotelzimmer in Venedig überprüft James Bond den Nachrichteneingang in Vespers Handy. Zur selben Zeit ist sie damit beschäftigt, Bonds Gewinn aus dem *Casino Royale* von der Bank abzuheben. Als der Agent ihrer Majestät das Spiel durchschaut, stürmt er in die betreffende Bank am Markusplatz, aber Lynd ist bereits verschwunden. Suchend schiebt er sich durch die Menschenmenge und sieht sie von dannen eilen. Er nimmt die Verfolgung durch die Gassen Venedigs auf. In einem Hinterhof übergibt Lynd das Geld an einen Mittelsmann. In einer Stadtvilla kommt es zum Showdown zwischen Bond und Lynds Auftraggebern. Bei diesem Showdown ist Vesper Lynd nur Beobachterin des Geschehens, die in einen Fahrstuhl eingesperrt ist, während Bond reihenweise Gegner aus dem Verkehr zieht und dafür Sorge trägt, dass das Haus in der Lagune versinkt. Während dieser Aktion verschwindet der Koffer mit dem Geld in den Fluten. Bond interessiert sich jedoch nicht für das Geld, sondern versucht Vesper aus dem Fahrstuhl zu befreien, selbst dann noch, als Haus und Fahrstuhl mitsamt Vesper darinnen untergehen. Sie unterbindet seine Bemühungen und wählt den Freitod durch Ertrinken[929]. Durch das Thema der Inversion, das den Film durchzieht, ist Bonds tiefste Höhle nicht der Bauch des Walfischs, sondern ein Himmelbett in Venedig. Bond muss in dieser Sequenz lernen, dass er den Gefühlen, die er Vesper entgegenbrachte nicht trauen kann. Da er es aber doch tat, konnte er von Lynd verraten werden. Dies hindert ihn nun jedoch nicht daran, um sie zu trauen. Der kalte Auftragskiller im Dienst ihrer Majestät musste also erst seine ihm bis dahin unentdeckte Gefühlswelt kennen lernen, um sich fortan nicht mehr von dieser mitreißen zu lassen.

---

927 Vgl. Lee, 2012 (01:30:55 – 01:39:10)
928 Im Interview zu diesen Sequenzen befragt, zeigt sich selbst Regisseur Ang Lee überfragt (vgl. Bundeszentrale für politische Bildung (12/12), online verfügbar.
929 Vgl. Campbell, 2006 (02:01:45 – 02:11:15)

Nicht alle Heldenreisen thematisieren die Illumination implizit. Im Gegensatz zu den bisherigen Beispielen existiert auch ein Fundus an Exempeln, in denen das Verknüpfen der Wissensinhalte durch die Helden dialogisch aufbereitet wird. In den folgenden Filmbeispielen handeln die Helden und erklären parallel dazu, welches Licht ihnen gerade aufgeht.

Relativ unspektakulär wird dieser Prozess in *Fluch der Karibik* inszeniert. Nachdem William Turner die von ihm geliebte Elisabeth Swann aus den Händen der Piraten befreit hat, begeben sie sich an Bord der Interceptor. Dort erklärt Will, dass Jack auf der Isla de Muerta zurückgeblieben sei und die Piraten ihn nun gemäß ihres Kodex zurückzulassen haben[930]. In der Folgeszene befinden sich Will und Elisabeth in der Kajüte der Interceptor und Will verbindet Elisabeths Hand. Er fragt sie, wieso sie sich bei Captain Barbossa als Elisabeth Turner ausgegeben hat, und sie kommen sich näher. Dann hält Elisabeth Will das Medaillon aus dem Piratenschatz unter die Nase, das sie ihm bei seiner Bergung in der ersten Szene des Films abgenommen hatte. Will erinnert sich, dass er dieses Medaillon von seinem Vater geschenkt bekommen hat. In dem Augenblick fällt es ihm wie Schuppen von den Augen. Nicht Elisabeth ist es, die die Piraten wollten, sondern den eigentlichen Besitzer dieses Medaillons, Wills Vater. Und da Wills Vater tot ist, wollen sie seinen Sohn. In der Logik dieses Films ist der Sohn eines Piraten ebenfalls ein Pirat und Will Turner wird nun bewusst, dass er selbst ein Pirat ist[931]. Damit ist William genau das, gegen das er sich zu Beginn des Films, beispielsweise während der Konfrontationen mit Jack so nachdrücklich gesträubt hat, nämlich ein Pirat. Da Will bislang in diesem Film keine Erfahrungen in der Nähe des Todes gesammelt hat, lässt die Inszenierung den Groschen bei Will in diesen Szenen eher in halben, denn in ganzen Pfennigen fallen. Dadurch wird hervorgehoben, wie schwer es für Will ist, diese neue ‚Wahrheit' zu akzeptieren, die aber offensichtlich alternativlos für ihn ist[932]. Die Wissensgebiete, die Willam Turner miteinander verknüpfen muss, erarbeitet er sich hier dialogisch mit Elisabeth Swann.

Die Zwerge, Gandalf und *Hobbit* Bilbo Beutlin fliehen Hals über Kopf durch den Wald, nachdem sie die Trollhöhle im Gebirge hinter sich gelassen haben. Bilbo ist durch den Ring noch unsichtbar, so dass die anderen nicht wissen, dass er in ihrer Nähe ist. Als Gandalf durchzählt, fällt ihm auf, dass Bilbo fehlt und er drängt zu erfahren, wo Bilbo ist. Thorin erklärt, dass Bilbo für dieses Abenteuer zu weich wär und zu seinem Bett und seiner warmen Höhle zurückgekehrt sei. Dies hört Bilbo, immer noch unsichtbar, mit an, weiß im ersten Augenblick jedoch nicht zu reagieren. Dann aber fasst er sich, tritt hinter einem Baum sichtbar hervor und

---

930 Vgl. Verbinski, 2004 (01:12:54 – 01:13:23)

931 Vgl. Verbinski, 2004 (01:14:24 – 01:16:23)

932 Dass Will Turner die ‚Prinzessin' befreien und sie fast für sich gewinnen kann, dabei aber stattdessen letztlich eine Selbsterkenntnis gewinnt, ist sicherlich auch dem Umstand zuzurechnen, dass die zentrale Figur dieses Films eher Jack Sparrow als William Turner ist. Das heißt, hier steht die Geschichte des Lehrenden im Mittelpunkt, nicht die des Lernenden. Dafür spricht auch, dass Jack Sparrow am Ende des zweiten Teils der Trilogie seine Erfahrung mit dem Tod macht und im dritten Teil der Serie wieder aufersteht.

widerspricht dem Anführer der Zwerge. Thorin fragt daraufhin, wie es Bilbo gelungen sei, den Orks zu entkommen. Bilbo deutet Thorins Frage jedoch dahingehend um, dass er erklärt, wieso er überhaupt zu ihnen zurückgekehrt sei. Er greift Thorins Faden für sein angebliches Verschwinden auf und erklärt, dass er gerne zu Hause in seiner Höhle wäre, weil das seine Heimat ist. Und weil er weiß, wie es ist eine Heimat zu haben, will er den heimatlosen Zwergen helfen, ihre Heimat zurückzugewinnen[933]. Bilbo Beutlin überwindet seine Grenzen hier in mehrfacher Hinsicht. Einerseits beweist er seinen Mut, indem er seinen Gefährten gegenübertritt, um ihnen zu widersprechen und er überzeugt durch eine rhetorische Brücke, die er baut, um sein Verhalten zu erklären. Eine solche Form der Problemlösung ist in erster Linie Tricksterfiguren vorbehalten. Da Bilbo von Gandalf als Dieb engagiert wurde, beweist er mit diesem Dreh, dass er die Trickserei, die ein Dieb beherrschen muss, inzwischen ein Stück weit erlernt hat. Und er zelebriert seinen Lernerfolg in einem kurzen Monolog.

Peter Parker wird am Krankenhausbett von seiner Tante May geweckt, weil er eingeschlafen ist. Sie rät ihm nach Hause zu gehen, da sie sich gut genug fühlt, um allein zurechtzukommen. Er habe sich, ihrer Meinung nach, zu viel zugemutet. Sie gesteht ihm aber zugleich, dass sie sein Gespräch mit Mary Jane belauscht habe und sie erinnert ihn daran, wie er reagierte, als er MJ als kleiner Junge zum ersten Mal sah. Peter relativiert die Aussage seiner Tante dadurch, dass Mary Jane mit Harry zusammen sei und ihn gar nicht wirklich kennen würde. Daraufhin eröffnet Tante May ihm, dass er zu geheimnisvoll sei und sie fragt, ob es denn wirklich so schlimm sei, wenn er seiner großen Liebe eröffnete, welche Gefühle er für sie hege, da doch alle anderen Bescheid wüssten. In dem Augenblick realisiert Peter Parker, dass nicht nur das Geheimnis seines Doppellebens gelüftet ist, sondern durch Mays Worte wird ihm auch klar, dass der Kobold weiß, dass er durch seine Gefühle für Mary Jane verwundbar ist. Damit wähnt er Mary Jane in Gefahr. Er eilt zum Telefon, ruft MJ an, doch der Kobold ist ihm zuvorgekommen und verlangt *Spider-Man* zu sprechen.[934] Mit seiner anhaltenden Gegenwart im Krankenzimmer seiner Tante zeigt Peter, dass er inzwischen soziale Verantwortung übernehmen kann. Peters Tante übernimmt in dieser Sequenz in sozialer Hinsicht die Rolle der Mentorin für ihn. Dies scheint ihr notwendig, da sie seine Erschöpfung bemerkt, die sie auf Peters Überarbeitung zurückführt. Durch ihre Worte wird Peter allerdings die entscheidende Erweiterung seines Verantwortungsbereichs deutlich: derjenige, der hinter die Maske seines Superheldenkostüms schauen kann, kann seine Schwächen erkennen. Norman Kobold Osborne hat Peters Maskerade durchschaut. Dies realisiert Peter nun und wird im nächsten Augenblick von dem Kobold gezwungen zu handeln, da er Mary Jane entführt hat.

Der Raupe Absolem in *Alice im Wunderland* gelingt es, während sie sich gerade verpuppt, bei Alice die richtigen Verschaltungen zu triggern, so dass sie sich an ihren ersten Besuch im Wunderland erinnert. Nun fällt ihr ein, dass sie das alles nicht träumt, sondern, dass alle Figuren in dieser Welt real sind. Und auch Absolem erinnert Alice noch einmal

---

933 Vgl. Jackson, 2012 (02:20:06 – 02:22:45)
934 Vgl. Raimi, 2002, 2004 (01:33:33 – 01:35:33)

an den Jabberwocky, ehe seine Verpuppung gänzlich abgeschlossen ist. Diese Erinnerung trägt Früchte und Alice übernimmt die ihr zukommende Verantwortung. In ihrer nächsten Szene taucht sie aus den Toren des Palastes, auf dem Bandersnatch reitend, auf. An den dort wartenden Soldaten, die in die Schlacht marschieren wollen, reitet sie vorbei, bis sie an der Spitze des Heeres auf die weiße Königin und den Hutmacher trifft. So ziehen schließlich alle gemeinsam auf das Feld, wo Alice sich dem Jabberwocky stellen muss[935]. Als Alice endlich bemerkt, dass ihre Erinnerungen nicht Erinnerungen an einen Traum, sondern reale Erinnerungen sind, ändert sich ihre Einstellung schlagartig. Diese Entscheidung musste sie ganz alleine treffen, sogar so alleine, dass die Kamera nur das Ergebnis dieser Transformation abbildet: die kampfbereite Alice taucht in voller Rüstung auf, bereit, dem Jabberwocky entgegenzutreten. Aber die Erfahrung, die dazu führte, dass sie diese Entscheidung fällt, wird in dem Gespräch mit der Raupe Absolem inszeniert. Letztlich ist es die Verknüpfung der losen Enden ihrer Erinnerung, die Alice handlungsfähig werden lassen.

Für Vater und Sohn der Familie Jones währt das Familienglück in *Indiana Jones und das Königreich des Kristallschädels* nur kurz, da sie sich immer noch ihrer Gegner zu entledigen suchen, während sie die Goldene Stadt suchen. Begleitet von andauernden familiären Unstimmigkeiten können sie ihre Gegner schließlich abschütteln, verlieren dabei aber ihr Fluchtauto. Harold Oxley verbleibt weiterhin in seiner spinnerten Trance und redet unablässig. Obwohl Oxley scheinbar wirres Zeug redet, beschreibt er tatsächlich mythisch verklausuliert den Weg zur Goldenen Stadt. Als die Gruppe dem Eingang zur Stadt endlich – ohne es zu wissen – gegenübersteht, gelingt es Mutt, das Gebrabbel von Ox zu dekodieren und dadurch den anderen den Weg zu weisen[936]. Mutt Williams kombiniert also in dieser Szene, den Ort, an dem sie sich befinden, mit dem mythischen Gerede von Oxley und zieht daraus den Schluss, wohin ihr weiterer Weg führen muss. Mit dieser Verknüpfung hat Mutt einen entscheidenden Schritt auf der Karriereleiter eines Archäologen vom Format eines Indiana Jones geleistet.

In *Mamma Mia!* hat sich die Hochzeitsgesellschaft bereits versammelt, als Sam noch einmal Donna die Frage stellen will, wer denn nun Sophie zum Traualtar führe da es doch auch um sie beide ginge. Donna erklärt jedoch eindringlich, dass ihre Beziehung beendet sei. In der Kapelle beginnt die Zeremonie wie geplant, wird dann aber von Donna unterbrochen, die Sophie nun ihren Vater vorstellen will. Es kommt zur finalen Aussprache zwischen Donna und Sophie in dieser Frage, bei der die beiden sich damit versöhnen, dass es ungeklärt bleibt, wer nun genau Sophies Vater sei. Schließlich werden alle drei Bewerber als Väter von Sophie akzeptiert. Sophie gibt daraufhin zu verstehen, dass sie doch noch nicht heiraten wolle, sondern sich lieber mit Sky die Welt angucken will. Damit ist die Hochzeit geplatzt. Weil aber schon einmal alles vorbereitet ist, nutzt Sam die Gelegenheit, um Donna einen Antrag zu machen. Sie willigt ein und alle sind zuckerwattenglücklich[937].

---

935 Vgl. Burton, 2010 (01:18:03 – 01:20:11)
936 Vgl. Spielberg, 2008 (01:20:10 – 01:27:36)
937 Vgl. Lloyd, 2008 (01:25:55 – 01:32:15)

In diesen Szenen werden die Beziehungen der Protagonisten explizit geklärt, und es wird auch deutlich gemacht, welche Lernerfahrungen sowohl Sophie als auch Donna gemacht haben. Bei beiden bedeuten diese Lernerfahrungen Konsequenzen, die ihren Einstellungen zu Beginn des Films diametral entgegenstehen: Sophie, die unbedingt heiraten wollte, heiratet nicht, dafür heiratet Donna, die sich nicht vorstellen konnte, jemals zu heiraten. Aber beide verknüpfen ihre jeweiligen individuellen Wünsche und Erfahrungen, die sie im Laufe der Narration gesammelt haben, miteinander, um zu diesem Schluss zu gelangen.

Jake Sully und dem übrigen Team von Grace Augustine gelingt die Flucht aus der Zelle des RDA, so dass Sully wieder in seinen *Avatar* schlüpfen kann. Während der Flucht wurde Grace Augustine allerdings tödlich verwundet. Als Sully im Dschungel von Pandora wieder erwacht, stapft er allein durch das niedergebrannte Gelände, bis sein Flugdrache neben ihm landet. Er steigt auf den Drachen und sucht einen Leonopterix, den größten Drachen auf Pandora. Als er ihn findet, stürzt er sich auf den Riesendrachen, und das Bild blendet mit einer Schwarzblende ab[938]. Explizit wird die Lernerfahrung in diesen Sequenzen dadurch, dass Sullys Erzählstimme seine Handlungen begleitet, so als ob er immer noch das Videolog führen würde. Die Stimme erläutert reflexiv seine Handlungen und führt dabei aus, welche Wissensfelder er miteinander verknüpft und warum.

Während der Evakuation des Dorfes in *Kung Fu Panda* erklärt Mr. Ping seinem Sohn dem Pandabär Po, dass zu seiner Suppe überhaupt keine geheime Zutat existiert. Er sagt, man müsse nur glauben, dass es etwas Besonderes ist, damit es tatsächlich etwas Besonderes ist. Daraufhin zieht Po die unbeschriebene Drachenrolle hervor, schaut hinein und erblickt sein eigenes Gesicht, das sich darin spiegelt. Er wiederholt den Satz, dass es keine geheime Zutat gebe und wendet sich dem Jadepalast zu[939]. Die Nudelsuppe ohne Zutat als Metapher für den Drachenkrieger, der sich selbst erblickt und nicht mehr können muss, als er selbst zu sein, wird hier plakativ in Szene gesetzt, und Po spricht es auch aus. Er verknüpft die Nudelsuppen-Metapher mit seinen neuen Fähigkeiten und gewinnt daraus den Glauben daran, dass er, so wie er ist, ohne jede weitere Zutat, bereits der Drachenkrieger ist.

Alle Helden durchlaufen beim Abschluss ihrer entscheidenden Prüfungen also eine Lernerfahrung, die so zu erklären ist, dass die Helden aktiv werden, indem sie verschiedene Aspekte oder Wissensfelder miteinander verknüpfen, wodurch sie etwas Neues generieren. Dieses Neue war weder ihnen noch ihren Kontrahenten vorher bewusst. Der Punkt, an dem sie die Verknüpfung vornehmen, lässt sich auch als Illumination oder der Moment des Geistesblitzes bezeichnen. Nur in ganz seltenen Fällen kommt der Held nicht selbst zu dieser Illumination. Ein Beispiel dafür sei hier mit *Harry Potter und der Stein der Weisen* angeführt. Harry Potter verknüpft nicht von selbst seine Wissensfelder miteinander, besteht aber seine entscheidende Prüfung trotzdem. Nachdem Ron und Hermine sich in den vorherigen Kam-

---

938 Vgl. Cameron, 2010, Disc II (00:23:33 – 00:30:25)
939 Vgl. Stevenson/Osborne, 2008 (01:06:18 – 01:07:00)

mern verausgabt haben, steigt der Zauberlehrling nun ganz allein die Stufen der nächsten Kammer herab. Unten angekommen, trifft er zu seiner Verwunderung auf Professor Quirrell. Im Stile des englischen ‚Whodunit' Krimis werden dort zuerst Harrys Fragen geklärt, dann wendet sich Quirell dem verzauberten Spiegel zu, den Dumbledore, wie angekündigt, in diese Kammer hat bringen lassen. Quirell erkennt sofort die Fähigkeiten des Spiegels, nämlich die Sehnsüchte desjenigen abzubilden, der hineinschaut, aber er durchschaut nicht den Zweck, den der Spiegel an diesem Ort mit dem Versteck des Steins der Weisen verbindet. Plötzlich erklingt eine zischelnde Stimme, die den turbantragenden Professor anweist, Harry zu benutzen. Harry leistet widerspruchlos Folge. Im Spiegelbild erkennt Harry, dass er den Stein der Weisen in der Hosentasche hat. Er versucht, seine Entdeckung zu verbergen, doch die Stimme hält Quirell dazu an, selbst mit Harry reden zu wollen. Daraufhin nimmt Quirell seinen Turban ab und enthüllt auf seinem Hinterkopf das Antlitz von Lord Voldemort. Der durchschaut Harry sofort und kennt das Versteck des Steins. Er versucht, Harry auf seine Seite zu locken, aber als Harry ihm den Stein nicht überlässt, befiehlt er Quirell, Harry zu töten. Doch Quirell scheitert bei dem Versuch, weil er in dem Moment zu Staub zerfällt, in dem er den Zauberlehrling berührt. Einzig Voldemorts Geist bleibt zurück und flieht, alldieweil Harry in Ohnmacht fällt. Erst auf der Krankenstation kommt Harry wieder zu sich. Dort besucht ihn Dumbledore, und Harry löchert den Schulleiter mit Fragen zu den Ereignissen, die er sich selber nicht erklären kann. Dumbledore erläutert Harry seine drängendsten Fragen und erklärt ihm insbesondere, warum Quirell ihn nicht töten konnte[940]. Harry stellt in diesen Sequenzen zwar die richtigen Fragen, aber die entsprechenden Schlüsse kann er noch nicht ziehen. Was ihn gerettet hat, war, wie Dumbledore erläutert, die Liebe. Harry sollte anscheinend lernen, den Wünschen, Träumen und Verlockungen des Bösen zu widerstehen, die ihm auch oder aber eben gerade in Hogwarts begegnen können. Als Gegengewicht zu diesen Verlockungen sollte er die Kraft der Liebe kennen lernen, die in dieser Filmreihe in der Lage ist, das Böse zu überwinden. Da Harry aber in diesem Film aufgrund seines Alters die Erfahrungen und die Reife fehlen, muss Dumbledore ihm den Sachverhalt darlegen. Harry bleiben aber noch sieben weitere Filme und Heldenreisen Zeit, um auf diesem Gebiet seine Erfahrungen zu sammeln. Insofern wird es zumindest nachvollziehbar, warum Harrys Illumination in diesem Film nicht aus eigener Kraft erfolgt.

X.1 Die Produktion von Emergenz – Illumination

Die Heldenreise führte die Helden bis an den tiefsten Punkt der Höhle, in den „Bauch des Walfischs"[941], an dem sie mit der entscheidenden Prüfung eine Selbstvernichtung und eine Wiederauferstehung, also eine Transformation erlebten. Diese erfolgt, wie die Beispiele aus den Filmen zeigen, nicht immer auf die gleiche Weise. Und das ist kein Zufall, denn die Be-

---

940 Vgl. Columbus, 2001 (02:01:45 – 02:11:15)
941 Vgl. Campbell, 1999, 91ff.

wältigung der entscheidenden Prüfungen der Helden auf ihren Heldenreisen kann laut Campbell durchaus unterschiedlich ausfallen und so unterschiedlich diese Bewältigung ausfällt, so unterschiedlich fallen auch die auf die Helden wartenden Belohnungen aus. Zur Bewältigung der Aufgabe gehört nämlich, dass die Helden eine Belohnung erhalten. „Der Triumph kann sich darstellen als sexuelle Vereinigung mit der göttlichen Weltmutter (heilige Hochzeit), seine Anerkennung durch den Schöpfervater (Versöhnung mit dem Vater), Vergöttlichung des Helden selbst (Apotheose) oder aber, wenn die Mächte ihm feindlich geblieben sind, der Raub des Segens, den zu holen er gekommen war (Brautraub, Feuerraub); seinem Wesen nach ist er eine Ausweitung des Bewusstseins und damit des Seins (Erleuchtung, Verwandlung, Freiheit)"[942]. Die Belohnung ist für die hier angestellten Überlegungen von wesentlicher Bedeutung. Bei aller Unterschiedlichkeit der Belohnungen ist jedoch das *Wesen* dieser Belohnung, wie Campbell sagt, gleich. Die von ihm angesprochene Ausweitung des Bewusstseins und damit des Seins bedeutet letztlich eine Erweiterung der persönlichen Kompetenzen der Helden. Entsprechend stellt auch Vogler (2010) fest: „Die meisten Helden werden feststellen, dass ihnen aus dem Überstehen tödlicher Gefahren neue Kräfte oder neue Fähigkeiten zuwachsen"[943]. Das ist das Entscheidende. Mit der Bewältigung der Aufgabe wurde nicht nur ein Problem gelöst, sondern es kommt auch etwas Neues in die Welt, dessen Träger die Helden sind. Anders formuliert, die Verknüpfung von zwei oder mehr Wissensfeldern durch die Helden bewirkt eine Emergenz. Die Helden haben (für sich) durch das Verknüpfen der einzelnen Teile etwas Neues geschaffen.

Pädagogisch gewendet kann man nun auch sagen, die Helden haben etwas gelernt. Allerdings haben sie eben nicht nur Wissen rezipiert, dass sie nun reproduzieren können. Das auch! Sie haben aber dieses Wissen so fruchtbar gemacht, dass es zugleich auch über sich hinaus zu weisen vermag, dass es eine neue ‚Gestalt' annimmt und sie mit neuen Kompetenzen ausstattet. In mythologischer Terminologie haben die Helden mit diesem Lernschritt einen schöpferischen Akt geleistet und eben dieser schöpferische Akt ist es, auf den die ganze Heldenreise von vornherein zusteuert. In der Bereicherung ihrer Welt durch eine Emergenz liegt die höchste Qualität des Lernprozesses der Heldenreise.

Die Bereicherung der Welt lässt sich nicht en passant bewältigen, sondern fordert zunächst eine Phase des freien Operierens und dann eine Phase die zwischen gesteigerter Konzentration und Entspannung wieder und wieder oszilliert. Das heißt, um diese Qualität realisieren zu können, ist es erforderlich, dass die Helden in den Lernschritten vor dieser entscheidenden Prüfung möglichst befreit von allen Zwängen operieren. „Man kann nichts Schöpferisches zustande bringen, solange man nicht das Begrenzte, das Feste alle Regeln hinter sich lässt"[944]. Deshalb müssen sich die Mentoren nach einer ersten Orientierungsphase zurückziehen. Deshalb wechseln die Helden vor der entscheidenden Prüfung die Sozialformen und Arbeitsmethoden im freien Spiel. Hollywoods Autoren scheinen die Auffassung zu vertreten, dass ein schöpferi-

---

942 Campbell, 1999, 237f.
943 Vogler, 2010, 314
944 Campbell, 1994, 182

sches Lernen essentiell für die Lernenden ist und dass ein solches Lernen sowohl Orientierung wie auch Freiheiten, insbesondere freies Spiel, und damit Zeit benötigt.

Während Institutionen des Lernens sich oftmals damit zufrieden geben, wenn die Lernenden dazu in der Lage sind, Wissen reproduzieren zu können, postuliert die Heldenreise diesen entscheidenden Schritt mehr, in dem die Helden dazu in die Lage versetzt werden, sich selbst auszuweiten. Inwieweit das eine pädagogisch sinnvolle Frage ist, sei noch einen Augenblick zurückgestellt. Fakt ist jedenfalls, dass Millionen junger Menschen tagtäglich mit diesem hohen Anspruch an einen Bildungsprozess konfrontiert werden, indem sie diese Filme rezipieren. Es mag durchaus der Fall sein, dass dies nicht bewusst geschieht und die Filme vornehmlich der Unterhaltung dienen, aber das narrative Schema der Heldenfahrt ist in den Blockbustern so frappant und hält sich so hartnäckig, dass es als strukturelle Normalität der Umwelt der Rezipienten akzeptiert ist und damit durchaus in der Lage sein kann, sich in deren Sozialisationen bemerkbar zu machen. „Unsere Wirklichkeitsbestimmung vollzieht sich […] vor dem Hintergrund einer Welt, die schweigend für gewiß [sic!] gehalten wird"[945].

Die Frage, die sich nun eröffnet, ist daher, ob nicht alle Institutionen des Lernens gut daran täten, den Schwung mitzunehmen, den Blockbusterfilme ihren Rezipienten u.U. geben. Scheint es nicht sinnvoll, die schöpferische Entwicklung Lernender zu fördern, um auch so zur Entwicklung von Gesellschaften beizutragen? Zuweilen kann man sich des Eindrucks nicht erwehren, als herrsche in den Institutionen des Lernens die Meinung vor, dass eine gesellschaftliche Entwicklung auch ohne diese schöpferische Bildung möglich sei. Campbell ist hier entschieden anderer Ansicht: „[…] eine Gesellschaft sollte nach unserer Idealvorstellung kein völlig statisches Gebilde sein, das zu Urväterzeiten gegründet wurde und nun ein für allemal unverändert zu bleiben hat. Sie sollte eher ein Prozeß [sic!] sein, der nach Verwirklichung bislang noch unausgeschöpfter Möglichkeiten strebt, und in diesem lebendigen Prozeß [sic!] muss jeder ein initiierendes und doch kooperierendes Zentrum sein. Wir stehen folglich bei der Erziehung unserer Kinder vor dem vergleichsweise komplizierten Problem, wie wir ihnen beibringen sollen, nicht einfach die Schemata der Vergangenheit unkritisch zu übernehmen, sondern ihre eigenen schöpferischen Möglichkeiten zu erkennen und auszubilden; nicht auf dem altbewährten Stand einer früheren Biologie und Soziologie zu verharren, sondern zu lebendigen Zeugen für eine Vorwärtsbewegung der Menschheit zu werden"[946]. Mit dieser Zielperspektive befindet sich Campbell in guter Gesellschaft. Für Berger/Luckmann (2003) ist die Entwicklung von Gesellschaft ebenfalls konstitutiv für die Gesellschaft. Gesellschaft ist „[…] Teil einer menschlichen Welt, geschaffen von Menschen, bewohnt von Menschen und in unaufhörlichem historischem Prozeß [sic!] wiederum an Menschen schaffend"[947]. Und auch im pädagogischen Feld bedeutet Lernen nicht nur die Reproduktion von Wissensbeständen. „Lernen ist Aneignung und Anpassung. Der Mensch

---

945 Berger/Luckmann, 2003, 163
946 Campbell, 1991, 56f.
947 Berger/Luckmann, 2003, 201

war schon stets in der Lage, sich unterschiedlichsten Umgebungen und auch neuen Situationen anzupassen. Hierzu entwickelte er seine Fähigkeiten zur Prüfung und Analyse des Neuen, trainierte seine Kompetenzen, aus Fehlern zu lernen, und er verstand es auch, seine Erfahrungen weiterzugeben, um seine Nachkommen auf das Leben vorzubereiten. Und auch das Infragestellen, Sich-die-Dinge-anders-Vorstellen und Erproben geeigneterer Wege sind wesentliche Lernbewegungen, die menschliche Kultur und soziales Zusammenleben erst möglich werden ließen"[948]. Auch Jank/Meyer (2010) wissen, dass das Lernen zu lernen ein Emanzipationsprozess ist[949]. Die Grundlage dafür findet sich bereits in Kants Diktum, „[…] sich aus der selbstverschuldeten Unmündigkeit zu befreien".[950]

Entkleidet man die Belohnung der Helden von ihrer mythologischen Aufladung und betrachtet den schöpferischen Akt pragmatisch, dann lässt er sich auch als kreativer Akt begreifen. Die Inkubationszeit mit dem freien Spiel vor der entscheidenden Prüfung ist hier genauso notwendig wie die entscheidende Prüfung selbst. „Denn der Inhalt des bewussten Denkvorgangs wird vom Unterbewußten [sic!] aufgegriffen, und dort, außer Reichweite der Bewußtseinszensur [sic!], hat das abstrakte wissenschaftliche Problem die Chance, sich selbst als das zu zeigen, was es ist – als Versuch, einen sehr persönlichen Konflikt zu verarbeiten"[951]. Die entscheidende Prüfung bedeutet im Anschluss an Csikszentmihalyi dann nichts anderes als die Illumination (Graham Wallas)[952] oder das ‚Aha-Erlebnis' der Helden im kreativen Prozess. Damit ist der Moment gemeint, „[…] in dem Archimedes ins Bad stieg und >>heureka!<< rief, weil die Teile des Puzzles plötzlich ein Ganzes ergaben"[953]. So erscheint es auch durchaus sinnvoll, wenn die Helden ihr bewusstes Selbst ablegen, um zu einer Lernerfahrung zu gelangen. „Aus Sicht der Kognitionswissenschaften folgen Ideen, wenn sie nicht mehr bewusst gesteuert werden, einfach den Gesetzen der Assoziation. […] Wenn man bewusst über eine Frage nachdenkt, werden die Ideen durch erlernte Denkweisen und durch das Streben nach einer Lösung in eine lineare Richtung gedrängt und bewegen sich in vorhersagbaren oder vertrauten Bahnen. Aber im Unbewußten funktioniert diese Intentionalität nicht. Frei von rationaler Steuerung können die Gedanken sich mischen und in jede beliebige Richtung wandern. Dieser Freiheit ist es zu verdanken, dass originelle Verknüpfungen, die vom rationalen Denken zunächst abgelehnt werden, sich schließlich durchsetzen können"[954].
Dieser Prozess des kreativen Denkens wird auch neurowissenschaftlich bestätigt. „Kreatives Denken ist mehr als divergentes Denken. Es kombiniert verschiedene Denkmuster –

948 Arnold, 2012, 15
949 Vgl. Jank/Meyer, 2008, 49
950 Doch selbst Kant ist nicht der Ursprung dieses Anspruchs an das Lernen, stand doch schon über dem Apollon Tempel von Delphi das Diktum ‚Erkenne Dich selbst'. Hier deutet sich an, dass sich der Kreis zwischen klassischen und modernen Mythen schließen lässt.
951 Csikszentmihalyi, 2003, 149
952 Vgl. Rehn, 2012, 26f.
953 Csikszentmihalyi, 2003, 119
954 Csikszentmihalyi, 2003, 150f.

konvergentes, divergentes, assoziatives, fokussiertes oder eben kein Denken (Stichwort: weniger Konzentration), damit etwas wirklich Neues entsteht. Denn was ist letztendlich ein Geistesblitz? Die neuartige Erregung von einem Verbund aus Nervenzellen. Die Hirnforschung legt nahe, dass das Gehirn bestimmte Tricks auf Lager hat, um ganz gezielt solche Geistesblitze hervorzubringen. Sie sind kein Zufallsprodukt (auch wenn sie einem so vorkommen), sondern das Ergebnis eines geordneten geistigen Prozesses"[955]. Das geschieht aber auch im Gehirn des Lernenden, denn dort findet der Prozess von Verknüpfung, Neubildung und Umbildung von Synapsen statt, wenn gelernt wird: „Informationen abrufen bedeutet hirnphysiologisch, unendlich viele synaptische Verbindungen zwischen den Neuronen zu schalten"[956]. Die Voraussetzung dafür ist, dass „[...] der Lerner in der Lage ist, bereits vorhandene Informationen für eine weitere Verwertung zur Verfügung zu haben. Abrufinformationen als Impulse werden über das Ultrakurz- und Kurzzeitgedächtnis lanciert, um dort die gewünschten Anschlussinformationen zu finden, die für die weitere Verwertung benötigt werden. Ist der Anschluss gelungen, können die Informationen abgerufen werden"[957]. Beck (2013) fasst den Prozessverlauf zusammen: „Der Geistesblitz, was für ein schöner Begriff – und doch gründet er sich auf recht simplen Vorgängen an den Nervenzellmembranen. Ein Nervenimpuls kann dabei zum einen als elektrisches Aktionspotential mit über 400 km pro Stunde ein Axon entlangsausen. Zum anderen wird er an der Synapse in ein chemisches Signal umgewandelt. Die Neurotransmitter überbrücken diesen schmalen Spalt zwischen zwei Neuronen und bieten allerlei Kontroll- und Verrechnungsmöglichkeiten für die Nervenzellen. Erst durch die Synapsen werden diese zu den ‚Rechnern im Miniaturformat' und können Netzwerke plastisch umformen"[958]. Beck stellt darüber hinaus fest, dass die Qualität der neuen Verknüpfungen sofort einsichtig wird. „Normalerweise hat der Geistesblitz eine seltsame Besonderheit: Man weiß sofort, dass er stimmt."[959]. Damit rückt der Geistesblitz in die Nähe der Abduktion, wie sie von Reichertz im Anschluss an Peirce dargestellt wird. „Die Abduktion ist, so Peirce, ein mentaler Prozess, ein geistiger Akt, ein gedanklicher Sprung, der das zusammenbringt, von dem man nie dachte, dass es zusammengehört. Abduktionen ereignen sich, sie kommen so unerwartet wie ein Blitz („flash"), sie lassen sich nicht willentlich herbei zwingen, und sie stellen sich nicht ein, wenn man gewissenhaft einem operationalisierten Verfahrensprogramm folgt. Begleitet wird die Abduktion von einem angenehmen Gefühl, das überzeugender ist als jede Wahrscheinlichkeitsrechnung".

Die Produktion eines Geistesblitzes ist dabei das Ergebnis eines längeren Arbeitsprozesses und der Geistesblitz selber ist nichts anderes als das neu entstandene, emergierte Wissen. Neues Wissen bedeutet aber eben nicht nur die Reproduktion von bestehendem Wissen und

955 Beck, 2013, 195
956 Pallasch/Hameyer, 2012, 49
957 Pallasch/Hameyer, 2012, 48
958 Beck, 2013, 213
959 Beck, 2013, 193

insofern ist auch der Lernprozess nicht mit der Reproduktion von Wissen abgeschlossen, sondern die Reproduktion von Wissen durch die Lernenden ist nur die Voraussetzung für das eigentliche Lernen. Klippert formuliert (2010) diese Differenz als Differenz zwischen trägem und intelligentem Wissen. Träges Wissen spiegelt nur „[…] das Durchnehmen und Wiederkäuen des jeweils anstehenden Lernstoffs[…]"[960] wider. Intelligentes Wissen zeichnet sich für Klippert im Anschluss an Weinert hingegen dadurch aus, „[…] dass es aktiv erschlossen wird. Es ist vernetzt, wohlorganisiert, interdisziplinär ausgerichtet und lebenspraktisch verortet und umfasst sowohl fachspezifische Kenntnisse und Fertigkeiten als auch fachübergreifende Kompetenzen im methodischen und sozialen Bereich"[961]. Genau diese Aspekte lassen sich in den entscheidenden Prüfungen und Belohnungen der Heldenreise, sozusagen im beglückenden Moment kreativer Illumination wiederfinden.

X.2 Schlussfolgerungen

Betrachtet man die Heldenreise also bis zu diesem Punkt der entscheidenden Prüfung mit pädagogischem Blick, erscheint das Handeln der Helden als eine Metapher für das Lernen selbst. Protagonisten, Antagonisten, ihre Aufgaben, Widerstände, Probleme usw. lassen sich als Elemente des Lernprozesses lesen. Der Held ist selbst der Lernende. Bei allen anderen Figuren und Begebenheiten handelt es sich nach dieser Lesart um Netzwerke aus potenziellen neuen Wissensgebieten, Vor- und Halbwissen, Vorurteile und schlechte Ratgeber des Lernenden sowie Ablenkungen, Erschöpfung, Desinteresse, aber auch um ex- und intrinsische Motivationsfaktoren, Begeisterung, inneren Antrieb, Unterstützer usw.

Aus pädagogischer Sicht erscheint es letztlich sogar unerheblich, wie groß oder klein das bearbeitete Lernfeld, wie groß oder klein die kreative Schöpfung, die Verknüpfung oder Vernetzung ist, die dazu führt, dass dem Individuum etwas klar wird. Sei es, ob Einstein die Relativitätstheorie entdeckt oder Schüler Matthias versteht, wie ein Dreisatz gerechnet wird, Schülerin Hanna eine chemische Reaktion beobachtet und versteht, dem kleinen Kevin die Bedeutung eines Gedichts einleuchtet, Silke die Funktion eines Widerstands in einem technischen System versteht oder Ihnen aufgrund der Lektüre dieser Seiten möglicherweise die Funktionsweise des Lernens bewusster wird. Neuronal dürften in allen Fällen ähnliche ‚Gewitterstürme' im Gehirn entbrennen, die bedeuten, dass das Individuum aktiv lernt.

Wenn auch nicht bis ins letzte Detail geklärt ist, was im Gehirn genau geschieht, wenn das Individuum lernt, wagen Hollywoods Autoren mit den Heldenreisen doch zumindest eine große Auswahl an anschaulichen Metaphern anzubieten, die darstellen, was in dieser Black-Box geschieht, welche Prozesse im Gehirn stattfinden, wenn gelernt wird.

---

960 Klippert, 2010, 60
961 Klippert, 2010, 60

XI Der Rückweg – Anwendung neuer Wissensfelder

„Du willst irgendwas zerreißen, okay.
Und vielleicht willst Du das tun,
weil Dich jemand zerrissen hat."
Larry Daley – Nachts im Museum

„Wenn der Held seine Aufgabe gelöst hat, zur Quelle vorgedrungen ist oder den Beistand der männlichen oder weiblichen, menschlichen oder tierischen Personifikation gefunden hat, bleibt ihm noch der Rückweg mit der Trophäe, die das Leben verwandeln soll"[962]. Die Helden haben ihre zentrale Aufgabe gelöst, aber trotzdem warten noch Herausforderungen auf sie. Ehe sie die Abenteuerwelt final verlassen können, müssen sie an den Schwellen weitere Kämpfe bestehen. Im Blockbuster kommt es erst während der Rückkehr über die Schwelle zur Klimax, dem dramaturgischen Höhepunkt der Narration. Die Klimax ist nach der entscheidenden Prüfung ein „[…] weiterer Knotenpunkt, der am Ende der Geschichte angesiedelt ist"[963]. Abhängig von dem Zeitpunkt der entscheidenden Prüfung in der Narration fällt die Rückkehr unterschiedlich aus. In manchen Filmen müssen die Helden sich auf ihrem Rückweg zunächst bei einer längeren Flucht bewähren oder bestimmte Aufgaben lösen, ehe sie an die Schwelle und zur finalen Auseinandersetzung kommen. Dies ist zum Beispiel in *Star Wars Episode IV – Eine neue Hoffnung, Der Herr der Ringe, Fluch der Karibik, Die Tribute von Panem, Nachts im Museum, Titanic, E.T.* und *Indiana Jones und das Königreich des Kristallschädels* der Fall. In anderen Filmen steht der letzte Kampf, die Rückkehr über die Schwelle, unmittelbar nach der entscheidenden Prüfung an. Beispiele dafür finden sich mit *Der Hobbit, Avatar* und *Kung Fu Panda*. In wieder anderen Filmen bedeutet bereits die entscheidende Prüfung die finale Auseinandersetzung, so z.B. in *Harry Potter und der Stein der Weisen, Life of Pi, Matrix* und *Casino Royale*. Im letzten Fall kommen die Helden also nach der entscheidenden Prüfung direkt wieder in der gewohnten Welt an.

Um die Kontinuität der Narration wieder aufzunehmen, ziehe ich zunächst die Filme als Beispiele heran, in denen die Helden erst fliehen bzw. bestimmte Aufgaben lösen müssen.

In diesen Filmen wird den Helden nach ihrer entscheidenden Prüfung eine kurze Ruhepause gegönnt, ehe sie den Rückweg aus der Abenteuerwelt antreten.

---

962 Campbell, 1999, 188
963 Vogler, 2010, 276

Luke Skywalker hängt in *Star Wars Episode IV – Eine neue Hoffnung* an Bord des Rasenden Falken im Frühstadium ihrer Flucht seinen Gedanken nach. Er trauert um Obi Wan Kenobi. Prinzessin Leia Organa spendet ihm Trost. Dann springt Han Solo dazwischen und fordert ihn auf, ihm bei ihrer weiteren Flucht zu helfen. Kommentarlos springt Luke auf, Leia hastet zu Chewie ins Cockpit und gemeinsam gelingt ihnen die Flucht vorbei an den Wachschiffen des Todessterns[964]. Im ersten Moment verfällt Luke hier in sein altes Muster. Ziellosigkeit und Trauer bestimmen sein Handeln. Doch Luke hat sich verändert. Sein Mentor gibt ihm jetzt keine Ratschläge, aber wenn Luke gebraucht wird, handelt er nun ohne zuerst eine Diskussion anzustrengen, wie das in den vorherigen Szenen immer wieder der Fall war. Er kooperiert jetzt reibungslos mit Solo, so dass ihnen die Flucht gelingt.

Nachdem die Gefahr gebannt ist, bricht das für diesen Film typische Norming des Gruppenprozesses sich wieder Bahn: Leia Organa ist zwar davon überzeugt, dass das Gelingen ihrer Flucht von ihren Kontrahenten beabsichtigt war, aber Solo schenkt ihren Worten kein Gehör. Er stellt seine Leistung in den Vordergrund und erwartet nun die versprochene Belohnung. Die Prinzessin ist empört, hat dem Piloten aber nichts entgegenzusetzen, teilt dies Luke mit, als er das Cockpit betritt und verschwindet im Frachtraum. Luke reagiert auf Leias Ausbruch zumindest interessiert und erkundigt sich dann bei Han über dessen Meinung zu der Prinzessin. Solo ist verärgert, was Luke beruhigt, da er sich scheinbar Hoffnungen auf die Prinzessin macht. Dies bemerkt Solo und beginnt zu sticheln[965]. An dieser Stelle wird deutlich, dass Luke gelernt hat, seine Interessen zurückzustellen und trotzdem einen Standpunkt einnehmen zu können. Nun ist er ein Teamworker, der seinen Platz im Team kennt und die damit verbundenen Aufgaben intuitiv bewältigen kann. Dennoch oder gerade deswegen verfügt er noch über Entwicklungspotenziale. Denn gegen die subversiven Spitzfindigkeiten und selbstbezüglichen Interessen der Trickster-Figur Han Solo ist er nicht gewappnet. Doch auf Solos höhnisches Gelächter entgegnet er nichts mehr, obwohl ihm Solos Verhalten offensichtlich nicht zusagt. So leicht wie zu Beginn ihrer Reise lässt sich der junge Skywalker nicht mehr aus der Ruhe bringen.

Nach ihrer Liebesnacht verlässt Jenny morgens in aller Frühe das Haus, während *Forrest Gump* noch schläft. Als er später erwacht, inspiziert er zunächst alle Orte, an denen er Jenny vermutet, und dann wartet er[966]. Für Forrest scheint Jennys Verhalten unerklärlich. Zunächst scheint er noch Hoffnung auf ihre Rückkehr zu hegen, doch nach einer Weile gibt er es auf. Er begibt sich auf einen Lauf, der ihn mehrfach quer durch Amerika führt und ihm zahllose Anhänger verschafft, die mit ihm pilgern, ohne zu wissen, warum sie dies tun. Auch Forrest besinnt sich also auf Kompetenzen, über die er schon vor Antritt seiner Heldenreise verfügte und die durch Jenny geweckt wurden. Während er nun Amerika durchquert, denkt er an die wichtigsten Personen seines Lebens: Mama, Bubba, Lieutenant Dan und selbstverständ-

---

964 Vgl. Lucas, 1977, 1997, 2004 (01:29:38 – 01:32:29)
965 Vgl. Lucas, 1977, 1997, 2004 (01:32:44 – 01:34:05)
966 Vgl. Zemeckis, 1994 (01:46:10 – 01:47:40)

lich Jenny[967]. Einerseits erscheint der Lauf von Forrest ziellos zu sein, aber andererseits wird betont, dass er es sich selber ausgesucht hat, immer weiter zu laufen. Insofern praktiziert Forrest hier noch einmal seine alten und neu gewonnenen Kompetenzen: Er trifft selbst eine Entscheidung, nämlich diejenige zu laufen und läuft dann los.

Nachdem der von Larry Daley befreite Pharao sich *Nachts im Museum* vorgestellt hat, stellt auch Larry sich und seinen Sohn etwas ungelenk vor. Der Pharao bekräftigt, dass er für immer in Larrys Schuld steht und fordert dann die Tafel zurück, die seine Herrschaft über die Ausstellungsstücke im Museum sichert. Da die drei ehemaligen Nachtwächter die Tafel gestohlen haben, kann Larry sie dem Pharao allerdings nicht zurückgeben[968]. Die Ruhepause für Larry Daley besteht darin, dass sich in dieser Szene die Zeit für förmliche Vorstellungen genommen wird, während die Diebe möglicherweise längst über alle Berge sind. Aber so viel Zeit muss eben sein für Larry Daley, denn das ist, was er gelernt hat. Sich Zeit zu nehmen, um den Respekt gegenüber anderen und auch gegenüber sich selber zu gewinnen und zum Ausdruck zu bringen. Dass er seine Lektion wirklich gelernt hat, beweist er in der nächsten Sequenz, wenn Dschinghis Khan mit seinen Männern auf ihn zustürmt. Larry läuft nicht mehr davon, sondern rennt dem cholerischen Fürsten sogar entgegen, und die beiden schreien sich sinnlos an, bis der Pharao Übersetzungshilfe leistet. Auf diesem Umweg kann Larry dem Hunnenfürst psychologische Hilfe bieten. Er erklärt Dschinghis dessen Kindheitstrauma, und der bricht in Tränen aus, wird aber von Larry getröstet[969]. Larry Daley hat augenscheinlich seine (Geschichts)lektionen insoweit gelernt, dass er nun genug Selbstbewusstsein entwickelt, um den Problemen und Sorgen der Museums Exponate ernsthaft begegnen zu können, so dass er auch den lautesten Schlagetot zu beruhigen vermag. Die Sequenzen zeigen, dass Larry seine Charaktereigenschaften mit neuem Wissen und dem erforderlichen Rückgrat paart und sein neu erlerntes Wissen in das jeweilige Problem einbringen kann.

Elliott brütet innerhalb kürzester Zeit mit seinem Bruder Michael einen Plan aus, um *E.T.* vor dem Zugriff der Regierungsagenten zu schützen und ihn zum Landeplatz seines Raumschiffs zu bringen. Sie entführen kurzerhand den Van, in dem E.T. abtransportiert werden soll, requirieren die Nachbarjungs, sie mit den Fahrrädern abzuholen und fliehen dann vom Haus in Richtung eines Spielplatzes. Verfolgt von einem Heer von Beamten sowie ihrer Mutter und der Schwester Gertie gelingt es ihnen, den Van loszuwerden und auf ihre BMX Räder umzusteigen, mit denen sie gemeinsam mit E.T. unter der Führung von Elliott weiter fliehen[970]. In diesen Szenen wird ganz deutlich, dass es Elliott ist, der die Initiative ergreift, den Plan schmiedet und die Gruppe anführt. Elliott verfügt nun über das notwendige Selbstbewusstsein, um nicht nur seinen älteren Bruder, sondern auch dessen Freunde anführen

967 Vgl. Zemeckis, 1994 (01:47:42 – 01:50:08)
968 Vgl. Levy, 2006 (01:17:35 – 01:18:13)
969 Vgl. Levy, 2006 (01:18:14 – 01:21:17)
970 Vgl. Spielberg, 1982, 2002 (01:34:03 – 01:39:10)

zu können. Dabei greift er sowohl auf seine rasche Auffassungsgabe, als auch auf seinen Einfallsreichtum zurück, die er zielstrebig miteinander kombiniert.

Katniss schafft ihren verletzten Freund Peeta in *Die Tribute von Panem* in eine Höhle, in der sie damit beginnt ihn zu pflegen. Vor der Höhle wartet plötzlich eine Schale Suppe, verbunden mit dem Hinweis, dass die beiden in der Höhle weder unbeobachtet sind noch, dass die Intensität der sozialen Beziehung, die sich zwischen ihnen entwickelt, schon ausreichend wäre. Nachdem Katniss den Hinweis gelesen hat, beginnt sie Peeta mit der Suppe zu füttern. Hierbei arbeiten sie ihre gemeinsame Vergangenheit auf und Katniss legt ihren Kopf auf Peetas Brust, wohl wissend, dass sie fortwährend beobachtet werden. Plötzlich schaltet sich die Stimme des Spielleiters ein und verrät, dass am Füllhorn Dinge auf die Tribute warten, die sie persönlich benötigen. Katniss ahnt sofort, dass es sich dabei um Medizin für Peeta handelt und will sogleich aufbrechen, doch Peeta hält sie aus Sorge zurück. Katniss beharrt jedoch darauf, dass Peeta für sie dasselbe tun würde. Peeta antwortet nicht und Katniss küsst ihn. Danach will Peeta Katniss auf gar keinen Fall mehr zum Füllhorn gehen lassen und Katniss bleibt die Nacht über bei Peeta in der Höhle. Doch am nächsten Morgen bricht sie auf, während Peeta noch schläft. Am Füllhorn wird die junge Frau beinahe getötet, aber ein anderer Tribut, der wusste, dass sie sich um Rue gekümmert hat, rettet sie. So kann sie unversehrt zu Peeta zurückkehren und dessen Verletzung heilen[971]. Die Ruhepause für Katniss Everdeen und Peeta Mellark fällt länger aus als in den anderen Beispielen. Katniss vermengt in der Höhle altes und neues Wissen. Sie bleibt in diesen Szenen sowohl kühl und pragmatisch, lässt aber auch Wärme erkennen. Dabei wird nicht eindeutig klar, ob sie die Szenen für die Kamera spielt oder ob sie tatsächlich Gefühle für Peeta hegt. Die ersten Szenen dieser Sequenz scheinen durchaus davon geprägt zu sein, dass sie ihre Gefühle für die Kamera spielt. Gegen Ende der Sequenz lässt sich dies wiederum weniger eindeutig feststellen. Sofern Katniss eine Rolle spielt, wirken ihre neuen Kompetenzen nun nach außen professionell, aber zugleich wirken sie gegen Ende der Sequenz auch schon wieder so professionell, dass es scheint, als ob Katniss auf ein Dilemma zusteuert. Dies resultiert nicht zuletzt daher, dass in einigen Szenen, die sie mit Peeta zeigen, ihr Freund Gale, der im Distrikt zurück bleiben musste, gegengeschnitten wird. Durch diese Inszenierung wird zumindest der Eindruck erweckt, dass Gale über die Entwicklung zwischen Peeta und Katniss nicht wirklich erfreut ist. Die Ereignisse in der Arena beeinflussen damit auch Katniss weiteres Leben, sofern sie die Arena überlebt.

Obwohl Mutt Williams voller Inbrunst in *Indiana Jones und das Königreich des Kristallschädels* den Weg gewiesen hat, verkündet Indiana Jones, dass er den titelgebenden Schädel allein zurück an seinen Platz bringen will. Mutt wie auch Marion versuchen ihn aufzuhalten, doch der alte Archäologe zieht ein unschlagbares Argument aus der Tasche: der Kristallschädel hat ihm befohlen, dass er ihn zurückbringen soll. Schließlich macht sich die gesamte Gruppe auf den Weg. Sie finden den Weg durch die Höhlen, entkommen den Eingeborenen,

971 Vgl. Ross, 2012 (01:44:42 – 01:54:05)

die den Tempel bewachen, und haben auch den passenden Schlüssel dabei, um in den Tempel einzudringen. Die Ruhepause für die Helden fällt in dieser Sequenz sehr kurz aus. Im Prinzip handelt es sich um eine Schrecksekunde, die ihnen gegönnt wird, um sich nach der Rutschpartie über die Wasserfälle wieder zu sammeln. Danach setzt ein Bäumchen- wechsel-Dich-Spiel ein, bei der immer ein anderer die zentrale Position in der Gruppe einnimmt. Indiana Jones übernimmt zunächst die Führung der Gruppe. Mutt stellt fest, dass sie nicht allein in der Höhle sind. Indy lässt dann Oxley vorangehen, da der den Weg kennt. Als Eingeborene angreifen, flieht die Gruppe Hals über Kopf. Hier bemüht sich Mutt, seiner Mutter Marion Schutz zu bieten, doch erst Indiana Jones kann die Eingeborenen mit der Hilfe von Oxley und dem Schädel in Schach halten. Um eine Idee dafür zu bekommen, wie sie in den Tempel zu gelangen, ist wieder die Hilfe von Oxley gefragt. Die körperliche Arbeit, um das Schloss zu öffnen, leistet die Gruppe dann wieder gemeinsam. Als Indy und Marion sich im Tempel erleichtert in die Arme fallen, unterbricht sie Mutt zwar, aber immerhin mit der Ausrede, dass er den Schädel wieder gefunden hat, den Oxley hat fallen lassen, als sie eine Treppe hinabstürzten. Den Vorschlag, den Mutt für den weiteren Weg macht, nimmt Indy an[972]. In diesen Szenen performt die Gruppe überraschenderweise weitgehend harmonisch miteinander und derjenige, dessen Kompetenzen gerade am besten der Herausforderung entgegenkommen, übernimmt die Führung, ohne, dass dies diskutiert werden muss. Somit wird in kurzen Abständen jedem Mitglied der Gruppe die Gelegenheit geboten, seine individuellen Kompetenzen an den Tag zu legen. Mutt Williams ist in diesem Sinne auch ein Teamplayer geworden, der zudem von der Gruppe akzeptiert wird.

In *Fluch der Karibik* geht die Metamorphose William Turners vom einfachen Passagier zum Kapitän des Schiffes in wenigen Szenen vonstatten, nachdem er akzeptiert hat, dass er ein Pirat ist. Als er nach der entscheidenden Prüfung das nächste Mal an Deck erscheint, wird die Interceptor bereits von der Black Pearl verfolgt, obwohl Barbossa sich zuerst in aller Ruhe mit Jack Sparrow über das weitere Vorgehen beratschlagt hat. Es muss also Zeit verstrichen sein, die Will offensichtlich in der Kajüte verbracht hat. Ehe er an Deck kommt, übernimmt Elisabeth Swann kurz das Kommando, um zu versuchen, der Black Pearl zu entkommen. Als Will etwas später an Deck zurückkehrt, sondiert er mit zwei Blicken die Lage, schlägt die Strategie der Konfrontation vor, und die Mannschaft schenkt ihm Gehör. Doch es nützt nichts, die Interceptor wird geentert und versenkt. Jack und Elisabeth werden auf einer Insel ausgesetzt, Will wird gefangen, um auf der Isla de Muerta endlich den Blutzoll zu entrichten, den Barbossas Piraten für die Aufhebung des Fluchs bedürfen. Elisabeth gelingt es am folgenden Tag auf der Insel, die Royal Navy auf sich aufmerksam zu machen. Sie und Jack werden von Commodore Norrington gerettet, der es gar nicht abwarten kann, die Piraten auf der Isla de Muerta gefangen zu nehmen. Währenddessen kann sich Will Turner an Bord der Black Pearl nur tatenlos die Geschichte

---

972 Vgl. Spielberg, 2008 (01:27:07 – 01:36:40).

vom Tod seines Vaters anhören[973]. Will Turners Erholungspause scheint recht lang zu sein und danach performt seine Arbeitsgruppe zwar harmonisch, aber nicht wirklich effektiv. Er hat akzeptiert, ein Pirat zu sein und er kann durchaus eine Mannschaft befehligen, doch deshalb ist er noch lange kein mit allen Wassern gewaschener Pirat wie Jack Sparrow. Da er sich gegenüber Jack Sparrow und seinen Ratschlägen immer noch lernresistent zeigt, gerät er in Gefangenschaft. In der Folge tendieren seine Handlungsoptionen zunächst gegen null und so sieht er sich wieder der Situation gegenüber, in der er sich die Welt erklären lassen muss. Dennoch verzweifelt er noch nicht an seinem Schicksal.

Die Helden haben die Lektion ihrer entscheidenden Prüfung offensichtlich weitgehend gelernt. Sie bekommen Zeit, die sie benötigen, um die gelernten Inhalte zu verinnerlichen und erscheinen anschließend deutlich weniger selbstbezüglich. Sie integrieren sich fast ausnahmslos kommentarlos in ihre jeweiligen Gruppen, kennen ihre Kernkompetenzen und können diese auch mindestens in Ansätzen in neuen Situationen integrieren und anwenden. Insofern entsprechen die hier beispielhaft vorgestellten Narrationen auch in diesem Punkt durchaus den Ansprüchen an das Lernen, wie sie in den Neurowissenschaften formuliert werden: „Entspannung während des Lernens ist eine wichtige Maßnahme, dem Gehirn die notwendige Zeit für die Konsolidierung (Speicherung) von Informationen und Bedeutungszusammenhängen zu geben"[974]. Mit der Speicherung von Wissensinhalten geht in diesen Beispielen auch eine optimierte Form der sozialen Interaktion einher. In den jeweiligen Gruppen herrscht, auch unter Stress, ein angenehmes Arbeitsklima, das das weitere Lernen offensichtlich begünstigt. „Das Gehirn ist auf Sozialverhalten hin ausgerichtet, wodurch die enge Verbindung zwischen sozialer Interaktion und Lernen begründet wird"[975]. Diese Phase lässt sich durchaus als Vertiefungsphase der neuen Wissensfelder interpretieren. Diese werden nämlich von den Lernenden in der Praxis getestet. Und damit erfüllen ihre Handlungen die Voraussetzungen, um Informationen im Gedächtnis vertiefend einzuspeichern. „Neue Informationen werden im Gehirn auf schon bereits vorhandene Engramme abgesucht und in den entsprechenden abgelegt (in der Regel als Muster oder Prinzipien) oder es werden andere Anschluss-Engramme gesucht. […] Mit dem Ablegen der Informationen in unterschiedlichen Engrammen […] vollzieht das Gehirn seine eigene Vernetzung. Muster und Prinzipien (auch Regeln) sind wie Trampelpfade […], sie werden durch gleiche oder ähnliche Informationen verstärkt oder bei Nichtbeachtung vernachlässigt"[976].

So gerüstet sind die lernenden Helden nun bereit für ihre letzte Abschlussprüfung und die Rückkehr über die Schwelle. Hier müssen sie alle noch einmal unter Beweis stellen, was sie bei ihrer entscheidenden Prüfung gelernt haben.

---

973 Vgl. Verbinski, 2004 (01:16:25 – 01:38:49)
974 Herrmann, 2009, 151
975 Braun, 2009, 144
976 Pallasch/Hameyer, 2012, 52

XII Rückkehr über die Schwelle –
Klimax oder die abschließende Prüfung

> „Sie waren zur falschen Zeit am falschen Ort, natürlich wurden sie zu Helden"
>
> Prinzessin Leia Organa – Tagebuch der Whills

Die Verinnerlichung ihrer Lerninhalte haben die Helden entweder während der entscheidenden Prüfung oder auf der Flucht vollzogen. Sie haben ihren Lernprozess so weit vorangetrieben, dass sie nun genügend darauf vorbereitet sind, die Rückkehr über die Schwelle zu wagen. Hier wartet die vorerst letzte große Herausforderung auf sie, die von Vogler als dramaturgischer Höhepunkt gesehen wird: „Damit die Geschichte wirklich rundum befriedigt, braucht das Publikum noch ein zusätzliches Erlebnis von Tod und Wiedergeburt, das der entscheidenden Prüfung ähnelt. Der Unterschied liegt im Wesentlichen darin, dass wir es hier nicht mit einer Krise, sondern mit der Klimax, der letzten und gefährlichsten Begegnung mit dem Tod, zu tun haben. Ehe der Held wieder die gewohnte Welt betreten darf, hat er ein letztes läuterndes Fegefeuer zu durchstehen"[977].

Im Gegensatz zu den bisherigen Prüfungen und Bewährungsproben geht es bei der Rückkehr über die Schwelle nicht darum, noch etwas Neues zu lernen, sondern vielmehr darum, das erfahrene Wissen in einer umfassenden Prüfung unter Beweis zu stellen. „Dies ist das Zeichen der Aufforderung, die an den Heros ergeht, nämlich nun seine beiden Welten miteinander zu verknüpfen"[978]. Die Helden werden in der Klimax dazu angehalten quasi öffentlich unter Beweis zu stellen, dass sie ihre während der Heldenreise erworbenen Kompetenzen tatsächlich beherrschen. Daher geht es im Blockbuster an dieser Stelle auch um Alles: um die Existenz der Helden und um die weitere Existenz ihrer sozialen Gemeinschaft und nicht nur die. Wenn die Helden diese Prüfung nicht bestehen, bleibt am Ende keine Welt übrig, in der sie existieren könnten. Die Einsätze sind also für die Helden hoch, jetzt geht es um Alles oder Nichts[979].

Die Einstiege in diese Abschlussprüfung fallen durchaus unterschiedlich aus. In *Star Wars Episode IV – Eine neue Hoffnung*, *Avatar*, *Fluch der Karibik* und *Nachts im Museum*

---

977 Vogler, 2010, 335. „Hier steht der Held, die Heldin, einem in der Regel besser ausgerüsteten Feind gegenüber, der ihm oder ihr zumeist nach dem Leben trachtet" (Krützen, 2011, 244f.).
978 Campbell, 1999, 220
979 Vgl. Vogler, 2010, 339

wird der lehrerzentrierte Plenumsunterricht herangezogen, um Gruppen zu instruieren[980].
Hierbei beginnen die Helden teilweise im kleineren, teilweise im größeren Rahmen da-
mit, das Prinzip des Lernens durch Lehren selbst in die Tat umzusetzen. Während Luke
Skywalker Teil eines Auditoriums ist, erscheinen viele andere bereits als Redner vor dem
Plenum. In anderen Filmen existiert kein Plenum, wie z. B. *Der Herr der Ringe, Der Hobbit,
Spider-Man, Die Tribute von Panem* usw. In diesen Filmen wird die Lerngruppe zum Feld,
in dem das Lernen durch Lehren als eine Methode unter anderen zum Tragen kommt.

Das Versteck der Rebellen-Allianz befindet sich in *Star Wars Episode IV – Eine neue Hoffnung* auf einem der Monde des Planeten Yavin. Luke, Han Leia Chewbacca und die beiden
Droiden flüchten hierhin, werden dabei allerdings vom Todesstern verfolgt, da Darth Vader
einen Funkpeilsender am Rasenden Falken hat anbringen lassen. Mit Hilfe der Daten, die in
R2-D2 eingespeichert wurden, finden die Rebellen eine Schwachstelle des Todessterns, die es
ihnen ermöglichen soll, den Todesstern zu zerstören. General Dodonna erklärt in der Basis
der Rebellen den versammelten Piloten den Plan, wie der Todesstern besiegt werden könnte.
Diesen Plan scheint so ziemlich jeder der Piloten für unmöglich zu halten. Lediglich Luke
Skywalker bildet die Ausnahme. Er erinnert sich daran, dass er auf seinem Heimatplaneten
ähnliche Leistungen vollbracht hat, wie sie für diesen Einsatz vonnöten sind. Han Solo hingegen hält den Plan für ein Selbstmordkommando und will sich absetzen. Während sich die
Piloten für den Angriff bereitmachen, versucht Luke den Schmuggler zu überreden, doch
auf der Seite der Rebellen mitzukämpfen, aber Solo hat für den Augenblick eigene Pläne.
Die Prinzessin vermag Luke aufzumuntern, der über Solos Entscheidung wenig erfreut ist
und als er an Bord seines X-Wing Flüglers geht, ist er bereits wieder hochmotiviert. Die Geschwader starten und beginnen den Angriff auf den Todesstern[981]. In diesen Sequenzen ist
zu erkennen, dass Luke sich verändert hat. Er hat die oppositionelle Haltung, die er bisher an
den Tag legte, aufgegeben und stellt sich fraglos in den Dienst der Sache der Rebellen. Beim
Briefing der Piloten, das als lehrerzentrierte Plenumsveranstaltung stattfindet, versucht er
die Zweifel seines Sitznachbarn zu zerstreuen. Im anschließenden Vier-Augen-Gespräch
mit Han Solo drängt er den Piloten fast verzweifelt dazu, mit den Rebellen zu kämpfen. Er
selbst übernimmt hier quasi die Funktion eines Lehrenden, der in erster Linie seine Ge-

---

980 Bis allerdings Frodo im Herrn der Ringe endlich zu diesem Punkt seiner Reise vorgedrungen
    ist, vergehen noch fast zwei Filme mit reichlich Überlänge, in denen manche Helden geboren
    werden, während andere zugrunde gehen, nur damit Frodo unbeirrt seinen Weg fortsetzen kann.
    Der Herr der Ringe ist einer der Filme in diesem Kontext, dessen Buchvorlage in der Narration
    über drei Bände bzw. drei Filme aufrechterhält. Daher taucht die Klimax
    für Frodo auch erst im dritten Film der Reihe ,Die Rückkehr des Königs' auf. Ähnlich verhält es
    sich in Der Hobbit. Auch die Heldenreise von Bilbo Beutlin erstreckt sich über drei Filme. Bilbos
    entscheidende Lernerfahrung findet jedoch bereits im ersten Teil Eine unerwartete Reise statt
    (vgl. Kapitel Illumination – Die entscheidende Prüfung Teil 2).
981 Vgl. Lucas, 1977, 1997, 2004 (01:34:08 – 01:42:00)

sprächspartner zu motivieren versucht. Ob dies aber schon ein Lehren oder noch ein Lernen ist, lässt sich nur durch die Verortung des Geschehens in der Struktur der Narration der Heldenreise festlegen. „Was anderen erklärt wird, wird vergleichsweise gut durchdacht und begriffen; was mit anderen diskutiert wird, kann sich deutlich besser im Gedächtnis absetzen als das, was man lediglich hört oder liest"[982]. Luke unternimmt hier nichts anderes als seine ersten Gehversuche darin, die Methode des Lernens durch Lehren anzuwenden. Das heißt er sucht Wege um zu vermitteln, was er gelernt hat und indem er es auszusprechen sucht, lernt er es. Das ist auch nötig, denn das, was er zu vermitteln hat, ist keine Kleinigkeit, wie Campbell (1999) festhält: „Wie aber kann man wieder das lehren, was tausend- und aber tausend Mal richtig gelehrt und falsch gelernt wurde in all den Jahrtausenden der närrischen Gescheitheit der Menschen? Das eben ist die letzte, abschließende Aufgabe des Helden. Wie soll er die Laute der Finsternis, die die Sprache verschlagen, zurückübersetzen in die Sprache des Alltags? Wie auf einer zweidimensionalen Fläche eine dreidimensionale Form, in einem dreidimensionalen Bild eine vieldimensionale Bedeutung darstellen?"[983]. Trotz der Größe der Aufgabe wählt Luke Skywalker einen Weg: Wo er vorher nur aufbrausend war, wenn etwas nicht gleich funktionierte, will er nun mit stichhaltigen Argumenten diskutieren. Han Solo kann er damit zwar nicht überzeugen, aber immerhin zeigt der sich von Lukes Worten und Vorhaben bewegt. „Han is clearly hurt. When Luke chides him for refusing to join the Rebel attack on the Death Star, Han looks obviously guilty, and Chewie reproaches him as only he can"[984]. Die Enttäuschung darüber, dass der Schmugglerpilot seinem Drängen nicht nachgibt, lässt Luke missmutig wirken, und es ist Leia mit ihrem diplomatischen Geschick, von der die Luke sich auf andere Gedanken bringen lässt. Rückschläge werden hier durch verstärkte Solidarität der verbleibenden Gruppenmitglieder nivelliert, wie sich spätestens dann zeigt, wenn Luke seinen Jäger besteigt. In dieser Sequenz wird noch einmal deutlich, dass der Lernprozess mit der entscheidenden Prüfung nicht abgeschlossen ist, sondern das Lernen auch nach dem Punkt der Illumination noch weiter geht und weiter gehen muss[985].

Dann beginnt die ‚Luft'schlacht über dem Todesstern. Sie zeitigt zunächst kleine Erfolge für die Rebellen. Dabei erweist sich Luke als recht kompetenter Pilot für das erste Mal, dass er einen solchen Jäger fliegt. Als das Imperium jedoch eigene Kampfschiffe unter der Führung von Darth Vader in die Schlacht sendet, werden die Geschwader der Rebellen nach und nach aufgerieben. Zuletzt scheint nur noch Luke mit zwei Flügelmännern übrig zu sein. Er setzt zum entscheidenden Angriff an, wird aber von feindlichen Jägern unter Vaders Führung attackiert. Nun geht es um die nackte Existenz. Lukes erster Flügelmann wird abgeschossen, der zweite

---

982 Klippert, 2010, 68
983 Campbell, 1999, 209
984 Dees, 2005, 41
985 Luke Skywalker wird in der bisherigen Filmreihe mit den Episoden IV – VI, die 1983 abgeschlossen wurde, nicht als Lehrender initiiert. In den Romanen des Expanded Universe, die die Time- und Storyline der Filme ab 1992 weiterführen, wird Luke von vornherein die Position eines Lehrenden zugewiesen (vgl. z. B. Zahn, 1992)

muss fliehen, so dass Luke auf sich allein gestellt ist. Plötzlich erklingt erneut Obi Wan Kenobis Stimme aus dem Off, die Luke auffordert, der Macht zu vertrauen. Daraufhin schaltet der junge Pilot den Zielcomputer seines Raumjägers aus. Doch trotz aller Bemühungen dem feindlichen Angriff auszuweichen, hat Vader Luke schließlich im Visier, aber im selben Augenblick erscheint Han Solo mit dem Rasenden Falken und wirft Vader aus der Bahn, so dass Luke doch noch ein freies Schussfeld hat. Er feuert seine Protonentorpedos ab und der Todesstern explodiert. Keinen Augenblick zu früh, war der Todesstern doch seinerseits nur Sekundenbruchteile später bereit dazu, die Rebellenbasis zu zerstören[986].

Einige Aspekte sind an dieser Sequenz bemerkenswert: Die neue Lerngruppe performt hier stante pede als gut eingespieltes Team, dem es mühelos gelingt, Neulinge zu integrieren. Version ‚Luke Skywalker1.1' lässt sich im Gegenzug auch gut integrieren. Bei Erhöhung des Stresslevels behält er die Nerven und ergreift im richtigen Augenblick die Initiative. Die kostet ihn zwar einen Mitstreiter, rettet aber gleichzeitig die Rebellenbasis. Sein ohne Zielcomputer aber mit unterstützenden Worten von Obi Wan Kenobi abgefeuerter Millionentreffer unterstreicht noch einmal, dass Luke das Glauben gelernt hat. „Und als er das tat, hatte er [Luke Skywalker] Erfolg und das Publikum brach in Applaus aus"[987]. Zudem zeigt sich in dieser Sequenz auch, dass es Luke mit seiner Predigt im Rebellenstützpunkt tatsächlich gelungen ist, Han Solo zu berühren, denn der Schmuggler kehrt zurück und greift entscheidend in die Schlacht ein, obwohl er genügend, für Jedermann nachvollziehbare, rationale Gründe aufweisen konnte, um diesem Ereignis fernzubleiben. Zuletzt aber nicht weniger wichtig ist es, dass das Ergebnis dieser Abschlussprüfung das Ergebnis der Gruppenleistung einer heterogenen Gruppe ist, bei der die Gruppenmitglieder an ganz unterschiedlichen Orten und auch über größere Distanzen hinweg ihre ganz unterschiedlichen Kompetenzen in die Gruppenarbeit einbringen und dabei harmonisch miteinander operieren, wie es in der Gruppenphase der Performanz üblich ist.

Jake Sullys *Avatar* ist es tatsächlich gelungen, einen Leonopteryx, den größten Flugsaurier auf Pandora zu zähmen und ihn zu reiten. Mit diesem landet er mitten in der Trauerfeier, die die Na'vi für ihre Toten nach dem Angriff der Ressources Development Administration (RDA) halten. Obwohl er für die Zähmung des Leonopteryx sprachlose Bewunderung der Na'vi erntet, stellt er zunächst klar, dass er dem Volk der Omaticaya, den Na'vi, dienen will. Ganz anders als Luke Skywalker übernimmt Sully dann allerdings sogleich eine Führungsrolle, die ihm auch gewährt wird. Er fordert die Anwesenden Na'vi bei einer Rede dazu auf, dass sich alle Stämme Pandoras für den anstehenden Kampf gegen die RDA miteinander vereinen. Anschließend kommt er in seinem menschlichen Körper zu einer Krisensitzung mit dem menschlichen Forscher-Team zusammen, um die Lage zu besprechen. Auch hier übernimmt er die Führung: Sicherheitschef Quaritch plant die Na'vi mit allen zur Verfügung stehenden Kräften am Baum der Seelen anzugreifen und

---

986 Vgl. Lucas, 1977, 1997, 2004 (01:42:01 – 01:52:38)
987 Campbell, 1994, 171

den Baum zu vernichten. Sully hat einen Plan entwickelt, wie er Quaritch und die Teams der RDA aufhalten kann, wobei er den Standortvorteil als Argument anführt. Schließlich wird der Ex-Marine dabei gezeigt, wie er sein Glaubensbekenntnis am Baum der Seelen abgibt. Dieses wird jedoch von Neytiri zurechtgerückt, da Sully ihrer Meinung nach eine inadäquate Vorstellung vom Wirken Eywas hat[988].

Auch Sully wird nun weniger selbstbezüglich inszeniert. Vielmehr stellt er sich in den Dienst der Sache. Zudem greift er, genau wie Luke Skywalker, in diesen Sequenzen auf die Methode des Lernens durch Lehren zu. Dabei übernimmt er allerdings einerseits eine Führungsposition und bestreitet selbst eine lehrerzentrierte Einheit, lässt sich aber trotzdem im Dialog noch durch Neytiri belehren.

Der Angriff der RDA erfolgt generalstabsmäßig mit hohem Aufwand an technischem Gerät. Sully setzt mit den Na'vi auf die Quantität an Kämpfern und deren ungestümen Idealismus. Trotz ihrer (waffen-)technischen Unterlegenheit erzielen sie zunächst erste Erfolge, nicht zuletzt, weil sie gut miteinander harmonieren, werden dann aber von Quaritchs Truppen zurückgedrängt und beinahe vollständig aufgerieben. Kurz vor knapp greifen die Tiere Pandoras in die Schlacht ein und wenden das Blatt. Neytiri erklärt dies damit, dass Eywa doch von Sully erhört wurde und in dem Kampf nun Position bezieht. Schließlich steht Sully Quaritch im Duell gegenüber und es gelingt ihm, den Sicherheitschef der RDA gemeinsam mit Neytiri zu besiegen[989]. Wie auch in Star Wars performt die erweiterte Lerngruppe zunächst ideal miteinander. Hier integriert sich allerdings die Gruppe unter die Anweisungen von Ex-Marine Sully. Sully behält ebenfalls den Überblick über die Schlacht und schließlich zeigt sich, dass sein Glaube weit genug entwickelt zu sein scheint, als Eywa in die Schlacht eingreift und das Blatt zugunsten der Na'vi wendet. Um aber letztlich erfolgreich zu sein, muss Sully alles geben und nur im Wechselspiel mit Neytiri gelingt es ihm, Quaritch zu besiegen. In Avatar wird, genau wie in *Star Wars*, deutlich, dass der Erfolg nur durch eine konzentrierte Aktion der gesamten sehr heterogenen Lerngruppe erzielt werden kann. Dabei erweist sich Sully als jemand, der inzwischen in sämtlichen Sozialformen beheimatet ist. Dies gilt sowohl für die Lehrerzentrierung, mit der er den Angriff vorbereitet, als auch für die kooperativen Sozialformen der Gruppenarbeit, wenn es darum geht, den Angriff der Na'vi zu koordinieren, während der Schlacht auszuhelfen, wo es nötig ist und dabei stets den Überblick zu behalten. Auch die Form der Einzelarbeit, wenn er Quaritchs Schiff angreift und schließlich die Partnerarbeit mit Neytiri, wenn es an den letzten Kampf mit Quaritch geht beweisen die umfassenden Kompetenzen, die Sully inzwischen als Na'vi erworben hat.

Jack Sparrow spinnt in *Fluch der Karibik* weiterhin seine Fäden, um seine Interessen wahrzunehmen, während der lernende Held Will Turner in den Händen der Piraten ist. Norrington gewährt Sparrow mit den Piraten zu verhandeln, in der stillen Hoffnung gewitzter zu sein als der Pirat. Sparrow hat Norrington jedoch verschwiegen, dass die Piraten verflucht sind und

---

988 Vgl. Cameron, 2010 (00:30:26 – 00:44:19)
989 Vgl. Cameron, 2010 (00:44:20 – 01:04:25)

nicht sterben können. Diese führen soeben die Zeremonie durch, mit der sie den Fluch aufheben, als Jack hineinplatzt und sie davon überzeugt, die Zeremonie noch einen Moment aufzuschieben. Er erzählt Barbossa und seinen Männern von Norrington, der vor der Insel auf die Piraten wartet und einigt sich mit Barbossa auf einen Deal, mit dem er wieder Captain der Black Pearl wird und Barbossa zum Admiral einer Flotte aufsteigt. Alldieweil versteht Will Turner nur Bahnhof und macht Jack Vorwürfe. Die verfluchten Piraten entern die Dauntless, und es kommt zu einem erbitterten Gefecht, mit Norringtons Männern, bei dem die Piraten zunächst klar überlegen sind[990]. Bis zu diesem Punkt liegt die Rückkehr einzig und allein in den Händen von Jack Sparrow. Will Turner ist hier scheinbar nur eine Spielfigur, die um ihre Rolle nicht weiß und sich ausgenutzt fühlt. Ein Lehr- oder Lernprozess ist nicht wirklich zu erkennen. Ganz anders hingegen der Mentor und Trickster Jack Sparrow, der hier ein hochkomplexes Gebilde spinnt, das allerdings nicht hundertprozentig wasserdicht ist. Dabei nutzt er aber, wie stets, die Methode des Lernens durch Lehren. Kurz gefasst: Jack Sparrow verfolgt immer einen Plan, der zuweilen aber auch erst zu entstehen scheint, während er ihn ausspricht. Wenn Sparrow seinen Plan vorstellt, ist es ihm gleichgültig, ob er dies in der Sozialform der Partner-, Gruppenarbeit oder in Form des lehrerzentrierten Unterrichts unternimmt. Er beherrscht sämtliche Sozialformen und weiß sie sich persönlich zunutze zu machen.

So gelingt es Jack, auch Barbossa auf der Isla de Muerta zu täuschen. Nachdem er selbst eine Münze des verfluchten Schatzes entwendet hat, ist er nun selber unsterblich. Dies zeigt sich im Duell mit Barbossa, das Jack vom Zaun bricht, nachdem er Will darüber aufgeklärt hat, auf wessen Seite er wirklich steht. Nun ist Jack Sparrow zwar ebenfalls unsterblich, aber Unsterblichkeit garantiert noch keine Loyalität. Will hingegen hat seine Loyalität deutlich zum Ausdruck gebracht, weshalb Jack sich nun auf seine Seite stellt. Ein Duell beginnt, in dem Will sich sowohl als geschickter Fechter behauptet, wie schon zu Anfang des Films gezeigt wurde, aber eben auch zu erkennen gibt, dass er einige Tricks von seinem Mentor gelernt hat. Als Elisabeth Swann sich in das Geschehen einmischt, operieren die beiden als perfektes Team, das mit unfairen Mitteln einige untote Piraten besiegen kann. Schließlich kommt es zum Mexican Stand Out zwischen den Hauptcharakteren, bei dem es Jack, Will und Elisabeth mit vereinten Kräften gelingt, Barbossa zu besiegen, weil Will im rechten Augenblick den Fluch aufhebt. Obwohl Will im Anschluss daran die Gelegenheit hat, Elisabeth seine Liebe zu gestehen, verpatzt er diesen Moment, indem er sie auf ihre bevorstehende Hochzeit mit Norrington hinweist. Jack muss Will einmal mehr darüber aufklären, welchen Fehler er nun wieder begangen hat[991]. In dieser Sequenz treten Wills neue Kompetenzen deutlicher hervor. Er ist sowohl als Einzelarbeiter wie auch als Partnerarbeiter gereift. Mit Elisabeth harmoniert er perfekt und schließlich performt er auch im Rahmen der Kleingruppe hervorragend. Lediglich die Form des lehrerzentrierten Unterrichtens gehört noch nicht zu seinem Repertoire. Will kann also

---

990 Vgl. Verbinski, 2004 (01:38:51 – 01:47:12)
991 Vgl. Verbinski, 2004, (01:47:12 – 01:59:27)

zwischen den Sozialformen problemlos hin und herswitchen, nachdem er Jack endlich Vertrauen schenkt. Allerdings bleibt Jack ihm auch weiterhin einen Schritt voraus und kann ihn im partnerschaftlichen Dialog ein weiteres Mal vorführen.

Doch auch Jack ist nicht unfehlbar, wie sich daran zeigt, dass seine Crew, entgegen seinem Plan, mit der Black Pearl durchgebrannt ist. So landet Jack Sparrow schließlich in Port Royal vor dem Henker. Alle Honoratioren und die Bevölkerung des Hafenstädtchens sind versammelt und Will nutzt die Chance, um Elisabeth vor ihrem Verlobten Norrington und ihrem Vater dem Gouverneur seine Liebe zu gestehen. Dann macht er auf dem Absatz kehrt und rettet Will vor dem Galgen. In einer gemeinsamen Aktion gelingt es den beiden, den Soldaten ein Stück weit zu entkommen. Trotzdem werden die beiden Helden von den Truppen gestellt[992].

In dieser letzten Sequenz hat Will letztlich doch noch den Punkt gefunden, auch einmal die Form des lehrerzentrierten Unterrichts anzuwenden. Gleich anschließend demonstriert er seine Fähigkeiten als Einzelarbeiter und stellt dann unter Beweis, dass er es gelernt hat, als Kooperationspartner sogar mit Jack Sparrow perfekt zu harmonieren und entsprechend zu performen. Trotzdem bleibt ihm noch etwas zu lernen übrig, da die Flucht mit Jack zunächst scheitert.

Auch Larry Daley kommt *Nachts im Mus*eum nicht um die Methode des lehrerzentrierten Lernens herum. Nachdem er Dschinghis Khan von seinem Traum geheilt hat, ruft er die miteinander im Clinch liegenden Exponate zur Ordnung. Er hält eine Rede, bei der er sich in den Dienst des Pharaos stellt und jedes der streitenden Exponate mit einer positiven Botschaft bedenkt. Auf diese Weise ruft er sie zur Einheit auf, um die magische Tafel des Pharaos von den Nachtwächtern zurückzubekommen. Dazu teilt er die Exponate in kleine Gruppen auf, die jeweils eine spezifische Aufgabe bei der Wiederbeschaffung der magischen Tafel übernehmen. Schnell erzielen die Exponate erste Erfolge und es gelingt ihnen, zwei der drei Nachtwächter festzusetzen. Nachtwächter Nummer drei, Cecil Fredericks, kann jedoch entkommen und erst nach einer längeren Verfolgungsjagd gestellt werden, an der sich viele Exponate des Museums beteiligt haben. Andere wiederum haben die Möglichkeit zu einem Freigang genutzt. Dem Pharao gelingt es dennoch, sämtliche Exponate rechtzeitig vor Sonnenaufgang mittels der Tafel ins Museum zurückzurufen[993]. Larry Daley übernimmt hier ebenfalls eine Schlüsselposition, in der er sich des lehrerzentrierten Unterrichts annimmt. Auch er beherrscht inzwischen sämtliche Sozialformen. So übernimmt er zwar auch eine Führungsrolle, steht aber insgesamt im Dienst der Sache. Aber Larry kann nicht nur zwischen den Sozialformen hin und herswitchen. Er beherrscht die Methoden und letztlich sogar die Aufgabe so weit, dass er die gesamte Gruppe dirigieren und in Kleingruppen einteilen kann, die trotzdem autark zwischen Klein- und Großgruppe wechseln. Larry bleibt dabei stets kooperativer Partner auf Augenhöhe.

---

992 Vgl. Verbinski, 2004 (01:59:30 – 02:02:29)
993 Vgl. Levy, 2006 (01:21:18 – 01:34:50)

Bilbo Beutlin hat in *Der Hobbit* kaum seine entscheidende Prüfung abgelegt und die Bewunderung der Zwerge dafür geerntet, als auch schon die Orks auf wolfsähnlichen Wesen,
Warge genannt, angreifen. Die Zwerge, der Zauberer und Bilbo fliehen auf umstehende Bäume, doch die Warge werfen alle Bäume um, bis die gesamte Zwergengruppe auf einem Baum
landet, der am Rand einer Klippe steht und der ebenfalls langsam umstürzt. In diesem Moment fällt Gandalf ein, dass er mit brennenden Tannenzapfen Verwirrung unter den Wargen
stiften könnte. Er entzündet die Zapfen und wirft sie auf die Warge. Bilbo und die Zwerge
tun es ihm gleich. Die Warge ergreifen daraufhin die Flucht. Der Baum, auf dem die Zwerge,
Bilbo und Gandalf Zuflucht gefunden haben, droht trotzdem in die Tiefe zu stürzen, daher
entschließt sich Thorin zu einem Gegenangriff. Dieser Angriff scheitert und Thorin scheint
dem Tod geweiht, doch Bilbo stellt sich mit dem Mut der Verzweiflung dem Ork entgegen,
der Thorin angreift. Ehe die Orks wissen, was geschieht, greifen nun auch die anderen Zwerge ein und es gelingt ihnen, die Orks kurz aufzuhalten. Dann erscheinen Riesen-Adler, die
Gandalf mittels eines Nachtfalters herbeibeordert hat. Die Adler lichten die Reihen der Orks
und Warge, sammeln die Zwerge, den Zauberer und den Hobbit ein und bringen sie in Sicherheit[994]. Bilbo Beutlin beweist hier vordergründig seine Tüchtigkeit als Einzelarbeiter, indem er einen Warg niederstreckt und sich schützend vor dem verletzten Thorin aufbaut. Bei
genauerem Hinsehen entpuppt er sich aber auch als ein guter Kooperationspartner, der mit
den anderen Zwergen Tannenzapfen zielgenau einzusetzen versteht und der sich im Falle
von Thorin für ein Gruppenmitglied selbstlos einsetzt. Dabei formuliert er keine Ansprüche
auf eine Führungsposition, sondern er ergreift da die Initiative, wo es notwendig erscheint.

Frodo Beutlin hat sich im *Herrn der Ringe* dazu entschieden, seinen Weg allein fortzusetzen, um das Leben seiner Gefährten nicht weiter zu gefährden. Er ist bereits auf den
See hinaus gerudert, doch Samweis Gamdschie macht ihm plötzlich einen Strich durch die
Rechnung, indem er zu Fuß hinter ihm herkommt, obwohl er nicht schwimmen kann. Frodo will zuerst nicht auf Sam hören, doch der geht einfach immer tiefer ins Wasser und droht
zu ertrinken. Frodo rettet ihn schließlich und Sam erklärt Frodo triefend nass im Boot, dass
er Frodo nicht allein gehen lassen wird. Schließlich setzen die beiden den Weg nach Mordor
gemeinsam fort[995]. Frodo bleibt in dieser Sequenz zunächst unbeirrt, lässt dann aber doch
sein Mitgefühl für Sam die Oberhand gewinnen. Sams selbstloses Opfer zwingt ihn dazu,
seinen Entschluss zu überdenken. Frodo beharrt somit auf seiner Opferbereitschaft, muss
sie aber im Umgang mit seinem Lernpartner relativieren. Die Beziehung zwischen Sam und
Frodo wird im Verlauf der beiden weiteren Filme der Trilogie noch der ein oder anderen
Bewährungsprobe ausgesetzt werden, ehe Frodo am Schicksalsberg seine wirklich allerletzte
Prüfung bestehen muss. Dabei bleibt das Thema Selbstaufgabe bzw. das Leben zu geben,
um die Aufgabe zu bewältigen, stets Co-präsent. In dieser Sequenz auf dem See muss Frodo
erkennen, dass die Bereitschaft sein Leben zu geben, nicht allein ihm gegeben ist, sondern,

---

994 Vgl. Jackson, 2012 (02:23:00 – 2:33:51)
995 Vgl. Jackson, 2001, 2002, Disc II (01:26:23 – 01:28:28)

dass mindestens auch Sam dazu bereit ist. Zudem wäre die Durchsetzung seines Entschlusses, die anderen zu schützen unvereinbar damit, wenn er dafür Sams Tod in Kauf nähme. Deshalb setzen sie ihren Weg gemeinsam fort. Wenn auf der Heldenreise an dieser Stelle von einer Rückkehr gesprochen werden kann, dann nur in der Form, dass Frodo aus seiner selbst gewählten Einsamkeit durch Sam zurückgeholt wurde. Somit lässt Frodo die Einzelarbeit vorerst hinter sich und kehrt mit Sam zur Partnerarbeit zurück.

Der grüne Kobold hat Mary Jane Parker entführt und sie auf einen der Pfeiler der Brooklyn Bridge gebracht. Außerdem bringt er eine vollbesetzte Gondel, die entlang der Brücke führt, in seine Gewalt. Nun erwartet er *Spider-Man*s Ankunft, um ihm zu zeigen, warum es sinnlos ist ein Held zu sein. Der Kobold droht sowohl Mary Jane als auch die Gondel in die Tiefe stürzen zu lassen, wobei Peter nur Mary Jane oder die Passagiere in der Gondel retten könnte. Dann lässt der Kobold los und Peter muss eine Entscheidung treffen, wen er rettet. Superheld, der er ist, fällt seine Entscheidung auch superheldenmäßig aus: Er fängt Mary Jane *und* die Gondel auf. Als der Kobold dies erkennt, beginnt er Spider-Man zu bedrängen. Daraufhin schalten sich die Bürger auf der Brooklyn Bridge in die Auseinandersetzung ein und lenken den Kobold ab. Durch diesen kurzen Moment der Ablenkung gelingt es Spider-Man, die Gondel auf einem Frachter im Fluss abzusetzen und so Mary Jane und die Passagiere zu retten. Nun kommt es zum finalen Kampf zwischen dem Kobold und Spider-Man. Während der Auseinandersetzung gibt sich Norman Osborn als Mann im Anzug des Kobolds zu erkennen und fleht um Mitleid, gleichzeitig startet er seinen mit Messern bewehrten Gleiter, um Peter Parker aufzuspießen. Der kann der Gefahr jedoch ausweichen und der Gleiter trifft stattdessen Osborne. Im Augenblick seines Todes bittet Osborne Peter darum, seinem Sohn Harry nichts von seiner Doppelexistenz zu verraten[996]. Peter Parker und Spider-Man sind nun zu einem perfekten Team als Superheld verschmolzen. In seinem Ringen die Opfer vor dem Anschlag des Kobolds zu schützen erhält Spider-Man die Unterstützung einer erweiterten Lerngruppe, ehe er den Kobold in Einzelarbeit besiegt. Obwohl der Superheld als Sieger aus dem Duell hervorgeht, ist der Sieg tragisch, da er nun die Last eines weiteren Toten auf seine Schultern geladen sieht und dabei zum Geheimnisträger um die geheime Identität des Toten wird.

Katniss und Peeta beginnen die entscheidende Prüfung mit Partnerarbeit. Sie sorgen am Morgen in der Arena in *Die Tribute von Panem* zunächst einmal für etwas zu essen. Peeta sammelt Beeren, von denen sie allerdings schnell herausfinden, dass sie giftig sind. Katniss nimmt trotzdem welche an sich, um eventuell einen ihrer Opponenten zu vergiften. Spielleiter Seneca Crane lässt mehrere Monsterhunde auf die Fährte von Katniss und Peeta ansetzen, um die beiden zu töten. Doch Katniss vermag, einige Hunde zu töten, ehe sie mit Peeta auf das Füllhorn entkommen kann. Hier kommen die Hunde zwar nicht herauf, aber sie treffen auf ihren letzten Gegner Cato, den Katniss in einer konzentrierten Aktion mit Peeta besiegt. Cato stürzt dann vom Füllhorn und wird von den Hunden zerrissen. Peeta

---

996 Vgl. Raimi, 2002, 2004 (01:35:34 – 01:45:12)

und Katniss haben die Hungerspiele gewonnen, doch die Spielleitung, die zuvor noch die Möglichkeit von zwei Siegern ausgelobt hat, sofern sie aus demselben Distrikt kommen, widerruft diese Aussage. Daraufhin entscheidet Katniss, dass weder sie noch Peeta überleben dürfen, damit es überhaupt keinen Sieger gibt. Katniss holt die giftigen Beeren hervor, aber Peeta lehnt das ab. Doch Katniss drängt ihn dazu, ihr zu vertrauen und gleichzeitig die Beeren zu schlucken. Ehe sie die Beeren jedoch in den Mund nehmen können, widerruft die Spielleitung den Widerruf und verkündet, dass es bei den diesjährigen Spielen doch zwei Sieger gibt[997]. Katniss Everdeen übernimmt zwar nicht die Leitung einer Gruppe, aber in ihrer Partnerarbeit ist sie die führende Kraft. Sie erklärt Peeta verschiedentlich, was er zu tun hat. Auch sie glänzt als Kooperationspartnerin in der Partnerarbeit und vermag sich auch in der Einzelarbeit zu behaupten. Lediglich hinsichtlich der Gruppenarbeit könnte man vermuten, dass Katniss sich keinerlei Kompetenzen erarbeiten konnte, weil die Gruppe fehlte. Doch der Eindruck täuscht. Denn Katniss gibt zu erkennen, dass sie einen Plan hat, als sie Peeta drängt ihr zu vertrauen, ehe sie die Beeren nehmen. Scheinbar hat sie die Grammatik der Hungerspiele verstanden und hofft nun, dass sie richtig liegt: die Spielleitung kann es sich nicht leisten, keinen Sieger zu haben. Insofern agiert Katniss, wenn auch nur über die Distanz mit ihrer Lerngruppe, genauer gesagt, mit dem, was ihr Haymitch Abernathy über die Hungerspiele und das Publikum sowie die Spielleitung beigebracht hat. Aber erst die Probe aufs Exempel zeigt, ob sie damit richtig liegt.

Die Kleingruppe um Mutt Williams in *Indiana Jones und das Königreich des Kristallschädels* entdeckt in dem Tempel die Schatzkammer. Während sie die Kammer durchstöbern, stößt Oxley auf ein Tor, das tiefer in den Tempel hineinführt. Mutt erkundigt sich, wie man die Tür öffnet, Indiana Jones hat die Antwort parat. Dahinter verbirgt sich ein Raum in dem dreizehn Skelette im Kreis angeordnet auf Thronen sitzen. Hier holt die Sowjetagentin Irina Spalko die Kleingruppe wieder ein, nimmt den Schädel an sich und übergibt ihn dem kopflosen Skelett. Das wird daraufhin lebendig. Oxley spricht mit dem Skelett in der Maya-Sprache, das ihnen zum Dank etwas schenken möchte. Spalko verlangt, von dem Skelett alles wissen zu wollen. Alle Skelette werden daraufhin lebendig und der Tempel beginnt einzustürzen. Mutt fragt, ob es sich bei den Skeletten um Mars-Männchen handelt, Oxley kennt die Antwort. Es handelt sich um interdimensionale Wesen, die nun eine Pforte in eine andere Dimension öffnen. Dies erscheint der Gruppe, allen voran Indiana Jones, suspekt, und sie fliehen angeführt von Matt durch einen Seitenausgang aus dem inneren des Tempels. Irina Spalko wird unterdessen ihr Wunsch erfüllt, aber die Menge an Informationen übersteigt ihr Fassungsvermögen. Währenddessen erreicht die Lerngruppe, immer noch angeführt von Mutt, einen zylindrischen Schacht, dessen einziger Ausgang viele Meter über ihnen ist. Doch der Schacht wird von eindringenden Wassermassen geflutet, so dass die Helden aus dem Tempel hinaus ins Freie gespült werden. Von der Spitze einer Pyramide aus können sie beobachten, wie der Tempel mit den interdimensionalen Wesen sich auflöst und

---

997 Vgl. Ross, 2012 (01:54:06 – 02:04:27)

eine Art Raumschiff anhebt und gleich darauf verschwindet. In der anschließenden Reflexion gibt Mutt zu erkennen, dass er nicht versteht, wieso von einer Stadt aus Gold die Rede ist. Indiana Jones kann ihm erklären, dass mit Schatz nicht unbedingt Gold gemeint sein muss und dass es sich in diesem Fall bei dem Schatz nicht um etwas Materielles, sondern um Erkenntnis handelt. Mutt hat genug gehört und will sogleich wieder aufbrechen, was Indy für keine gute Idee hält, da es bald dunkel wird. Davon lässt Mutt sich nicht beirren und will weiter gehen. In diesem Kontext spricht er Indiana Jones aber das erste Mal mit dem Wort Vater an[998]. Auch Mutt Williams greift nicht auf die Form des lehrerzentrierten Unterrichts zurück. Es ist deutlich zu erkennen, dass er in seinen Handlungen inzwischen sehr viel kooperativer ist, aber auch kooperativer damit umgehen kann, wenn andere ihm erklären, was zu tun ist. Gelegentlich darf Mutt sogar die Führung der Gruppe übernehmen oder auch einmal in Einzelarbeit glänzen, doch bleibt dabei stets deutlich, dass Mutt noch lange nicht ausgelernt hat. Auch wenn er zusehends selbständiger als Mitglied einer Gruppe zu performen vermag, steht Mutt Williams weiterhin grundsätzlich, ganz im Sinne des Indiana Jones Franchise, im Schatten von Jones senior.

Als Panda Bär Po in *Kung Fu Panda* den langen Weg die Treppe hinauf zum Jadepalast bezwungen hat, ist sein Meister Shifu bereits von Tai Lung besiegt. Po stellt sich dem Panther als Drachenkrieger vor, der über die Schriftrolle verfügt, die Tai Lung gerne hätte. Zwischen den beiden entbrennt ein Kampf um die Schriftrolle, bei dem Po immer wieder durch den (nicht immer gewollten) Einsatz seines Körpers Tai Lung in Schach halten kann. Dann erweist der Panda sich als exzellenter Stelzenläufer, als gewiefter Feuerwerker und Fassadenkletterer. Trotzdem gelingt es Tai Lung, während des Duells in den Besitz der Schriftrolle zu kommen. Er versteht jedoch die Message der Rolle nicht, also erklärt Po sie ihm. Nachdem Tai Lung die Erklärung angehört hat, schlägt er wutentbrannt auf Po ein, der sich darüber aber nur kaputt lacht und seinen Gegner eher aus Versehen zurück schlägt. Damit setzt ein Kung Fu Kampf zwischen den beiden ein, der von Po dominiert wird und bei dem Tai Lung kräftig Prügel bezieht. Aufgeben will Tai Lung deswegen noch lange nicht, zumal er davon überzeugt ist, dass Po ihn nicht besiegen könne, weil er ja nur ein Panda ist. Po widerspricht ihm gelassen, nimmt den Panther in den Wuxi-Finger-Griff und wendet ihn an. Die Folgen der Anwendung dieses Griffes spüren die Fantastischen Fünf, die mit der Dorfbevölkerung auf der Flucht sind, noch Kilometer entfernt. Daraufhin kehren die evakuierten Dorfbewohner neugierig in ihr Dorf zurück[999]. Auf den ersten Blick erscheint Panda Bär Po hier nicht als Teamplayer, da er nur gegen Tai Lung kämpft. Tatsächlich erweist er sich als kompetenter Einzelarbeiter, erklärt aber seinem Gegner auch das, was er in seiner entscheidenden Prüfung gelernt hat. Somit zeigt er sogar Kooperationsbereitschaft mit seinem Gegner. Gleichzeitig erlangt er durch dieses Lernen durch Lehren genug Courage, um Tai Lung anschließend in einem partnerschaftlichen Duell zu

---

998 Vgl. Spielberg, 2008 (01:36:54 – 01:49:40).
999 Vgl. Stevenson/Osborne, 2008 (01:11:00 – 01:16:57)

besiegen. Sogar vor dessen endgültiger Niederlage erklärt er ihm noch ganz entspannt, dass er den Griff anwenden kann und woher er das Wissen hat: er hat es sich selbst ausgedacht. Po wechselt insofern nicht ganz beliebig zwischen allen Sozialformen her, aber die Sozialformen, die er in diesem Kontext benötigt, beherrscht er zu 100 Prozent.

E.T., Elliott, sein Bruder und dessen Freunde fliehen auf ihren BMX-Rädern vor der Polizei. Die Beamten versuchen ihnen mit allen Mitteln den Weg abzuschneiden, doch die Jungs entwischen immer wieder durch waghalsige Manöver. Schließlich errichtet die Polizei eine Straßensperre, aus der es kein Entkommen mehr geben soll. Als die Jungen die Sperre erkennen, nimmt Elliott telepathische Verbindung zu E.T. auf, woraufhin der sämtliche BMX-Räder in die Luft erhebt, so dass die Jungs doch noch entkommen können[1000]. Elliott hat auch hier noch die Führung über die Gruppe, gibt sie aber auch ab, wenn es ihm ratsam scheint und die anderen Jungs eine bessere Idee haben. Jedoch ist er es, der nun auch eine telepathische Verbindung zu E.T. aufbauen kann. Der Jump-Cut[1001] auf sein Gesicht kündigt hier ganz deutlich an, dass nun etwas Besonderes geschieht. Somit gelingt es Elliott also sowohl die Gruppenarbeit voranzutreiben, sie anzuleiten, sich aber auch zurückzunehmen und schließlich sogar das Wissen einzusetzen, das er von E.T. gelernt hat. Er kombiniert somit seinen ohnehin schon vorhandenen Einfallsreichtum mit großem Selbstbewusstsein und den metaphysischen Fähigkeiten von E.T.

In *Alice im Wunderland* versammeln sich die Armeen der weißen und der roten Königin auf einem überdimensionierten Schachfeld. Beide Königinnen rufen ihre Kämpfer aus, die weiße Königin ruft Alice in den Kampf, die rote Königin den Jabberwocky. Es kommt zum Duell, bei dem Alice sich an sechs unmögliche Dinge erinnert, ehe sie morgens aufsteht. Nummer sechs ist, dass sie den Jabberwocky besiegen kann. Danach sieht es aber bei dem Duell zunächst nicht aus und der Hutmacher liefert Alice Schützenhilfe. Daraufhin fühlen sich die Kämpfer der roten Königin alarmiert und beide versammelten Heere gehen aufeinander los, während Alice immer noch mit dem Jabberwocky kämpft, bis sie diesem Drachen schließlich den Kopf abschlägt[1002]. Alice besinnt sich in dieser Szene auf ihre Kompetenzen bzw. Erinnerungen, die sie bereits aus ihrer gewohnten Welt mitbringt, verknüpft sie mit ihrer neuen Erkenntnis, dass das Wunderland real und sie die ausgewählte Kämpferin gegen den Jabberwocky ist. Sie performt in diesen Szenen mit ihrer Kleingruppe genauso wie die mit ihr reibungslos. Auch die gesamte Armee der weißen Königin performt harmonisch mit Alice und ihrer Gruppe. In diesen Szenen werden also die Lerngruppen gewinnbringend miteinander verknüpft, so dass es Alice schließlich gelingt, den Jabberwocky zu besiegen und damit der weißen Königin wieder zu ihrer Krone zu verhelfen.

1000 Vgl. Spielberg, 1982, 2002 (01:39:41 – 01:42:21)
1001 Bei einem Jump Cut wird die Kontinuität des Films unterbrochen. In diesem Fall ‚springt' die Kamera näher an das Gesicht heran. Der räumliche Anschluss wird dabei missachtet und hebt dadurch die Bedeutung der Szene heraus.
1002 Vgl. Burton, 2010 (01:20:20 – 01:27:47)

Simba, *Der König der Löwen,* stürzt hinter dem fliehenden Scar her und stellt ihn auf dem Gipfel des Königsfelsens. Rundherum brennt es lichterloh. Scar fleht um Gnade. Er beschuldigt die Hyänen, die eigentlichen Feinde zu sein, und Simba gewährt ihm Gnade. Dies nutzt Scar dazu, um Simba mit glühender Kohle zu blenden, und es entbrennt ein Kampf auf Leben und Tod zwischen den beiden, bei dem Simba schließlich Scar über die Klippen schleudert. Scar rappelt sich wieder auf, doch die Hyänen haben genug von ihrem ehemaligen Anführer und zerfleischen ihn[1003]. Simba beweist hier, dass er von seinem Vater gelernt hat und nun seine neue Rolle als König sowohl physisch als auch psychisch ausfüllen kann.

Pi Patel hat es nach dem Zwischenstopp auf der fleischfressenden Insel tatsächlich an die mexikanische Küste geschafft. Der Tiger Richard Parker verschwindet im Dschungel, während Pi von Einheimischen in ein Krankenhaus gebracht wird. Zwei Männer der japanischen Reederei des Schiffes interviewen Pi im Krankenhaus zum Untergang des Schiffes. Obwohl er verzweifelt und erschöpft ist, erzählt er ihnen seine Geschichte mit allen Ausschmückungen. Damit geben sich die Männer aber nicht zufrieden. Sie wollen eine einfachere Geschichte, die glaubwürdiger klingt. Pi erklärt sich dazu bereit und erzählt eine nüchterne Version seiner Geschichte. Richard Parker wird zum bösen Selbst von Pi, der Orang Utan zu seiner Mutter, die Hyäne zum Koch, das Zebra ein Seemann. Nachdem Pi diese Version erzählt hat, wissen die Versicherungsvertreter zwar immer noch nicht, wie das Schiff gesunken ist, stellen aber keine weiteren Fragen mehr[1004]. Pi zeigt in dieser Sequenz, dass er die traumatisierenden Erlebnisse seines Schiffbruchs zu transzendieren gelernt hat. Er bietet verschiedene Versionen derselben Geschichte an, wodurch er die nüchterne Prüfung im Krankenhaus besteht.

Forrest Gump joggt seit mehr als zwei Jahren immer wieder quer durch Amerika. Dadurch wird er zum Medienstar, der auch von Jenny an ihrem neuen Arbeitsplatz als Kellnerin in einem Café wahrgenommen wird, als sie ihn im Fernsehen sieht. Immer mehr Läufer schließen sich Forrest mit der Zeit an. Unterwegs inspiriert er Leute zu Slogans und Logos wie ‚Shit happens‘ oder dem berühmten ‚Smiley‘. Nachdem er über drei Jahre gelaufen ist, hört Forrest einfach damit auf, weil er sich im Andenken an seine Mutter daran erinnert, dass man die Vergangenheit hinter sich lassen muss. Er lässt seine Anhänger stehen und kehrt nach Hause zurück[1005]. Forrest ist eine Ausnahme unter den Helden an dieser Stelle. Er ist zwar ein Teamplayer, aber dies ist er nicht wirklich intentional. Forrest greift erst dann zur lehrerzentrierten Methode, wenn er sich zu einem eigenen Entschluss durchringt, über den er seine Läufergemeinschaft informieren will. In diesem Falle ist es der Umstand, dass er das Laufen aufgeben will. Im Prinzip nutzt er die lehrerzentrierte Methode also deshalb, um im Schatten der dadurch entstehenden Distanz[1006] seine eige-

---

1003 Vgl. Allers, Minkhoff, 1994 (01:14:59 – 01:17:29)
1004 Vgl. Lee, 2012 (01:40:20 – 01:50:51)
1005 Vgl. Zemeckis, 1994 (01:50:09 – 01:54:10)
1006 Vgl. Abschnitt Frontalunterricht oder auch lehrerzentrierter Unterricht

nen Bedürfnisse auszuagieren und wieder nach Hause gehen zu können. Forrest hatte aber weder in seiner Zeit als Läufer noch zu dem Zeitpunkt, als er beschließt den Lauf abzubrechen, je den Gedanken, die Rolle eines Anführers in einer Sozialform zu spielen. Auch in dieser Sequenz fällt ihm diese Rolle eher zu und seine Aufgabe ist es, wie weiter oben angemerkt, zu lernen, seine eigenen Bedürfnisse zu artikulieren. Insofern wiederholt er auch in dem Moment, in dem er den Lauf abbricht, die Erfahrung aus seiner entscheidenden Prüfung, als er Jenny seinen Heiratsantrag macht. Denn auch in dem Moment hat er wieder eine eigene Entscheidung getroffen und sich zu dieser Entscheidung bekannt.

XII.1 Rückkehr pädagogisch

„Die beiden Welten, die göttliche und die menschliche, können nur als unterschiedene dargestellt werden, verschieden wie nur Leben und Tod, Tag und Nacht. Der Held wagt sich aus der vertrauten Landschaft hinaus in die Finsternis, besteht dort sein Abenteuer oder geht uns einfach verloren, wird festgehalten oder gerät in Gefahr, und seine Rückkehr wird als ein Wiederkommen aus dieser jenseitigen Zone beschrieben. Dennoch aber – und darin liegt der große Schlüssel für das Verständnis der Mythen und Symbole – sind die beiden in Wahrheit eins"[1007]. Die gewohnte Welt und die Welt des Abenteuers sind also Teil einer Welt, eben der eingangs beschriebenen Szenariowelt. Mit der in dieser Arbeit vorgeschlagenen Argumentation sind nun Wissen und Nicht-Wissen analog Teil der alltäglichen Lebenswelt[1008].

Die beglückenden Erfahrungen, die die Lernenden während der Illumination erlebt haben, bleiben nicht von Dauer. Dieser Lernprozess ist noch nicht abgeschlossen, sondern hält an. Jetzt müssen die Lernenden ihr neues Wissen und ihre neuen Kompetenzen praktisch handelnd unter Beweis stellen, um Erfahrungen mit diesem neuen Wissen und diesen neuen Kompetenzen zu erfahren. Denn, wie Jank und Meyer (2008) im Rekurs auf John Dewey schreiben: „Handeln und Erfahren bilden [...] einen Zirkel, in dem Handlungen und Erfahrungen immer wieder auf einem neuen Niveau miteinander vermittelt und integriert werden"[1009]. Dies sei für eine „Vernünftige Selbstbestimmung" notwendig. „Sie erfordert Einsicht in die Funktionen des Gelernten und in die gesellschaftlichen Interessen und Verwertungszusammenhänge des in der Schule angeeigneten. Diese Einsicht ist nicht allein durch theoretisches Überlegen zu erreichen, sondern bedarf der konkreten Erfahrung zielgerichteten und solidarischen Handelns an gemeinsam vereinbarten Handlungsprodukten"[1010]. Hollywoods Autoren realisieren diesen Zirkel in der Phase der Rückkehr. Dabei ist zu berücksichtigen, dass, so unterschiedlich die verschiedenen Rückkehren auch ausfallen, sich bei allen Helden vier Momente nachzeichnen lassen:

1007 Campbell, 1999, 208f.
1008 Vgl. Schütz/Luckmann, 2003
1009 Jank/Meyer, 2008, 325
1010 Jank/Meyer, 2008, 326

1. Ihre Persönlichkeit ist so gefestigt, dass sie
2. im Rahmen ihres sozialen Kontextes zwischen den Sozialformen nach Belieben und Erfordernis wechseln können.
3. Die Zweckmäßigkeit ihrer individuellen Fähigkeiten und neuen Kompetenzen wird ihnen deutlich und
4. sie müssen diese unter den Augen einer breiteren Öffentlichkeit präsentieren.

Für die Phasen des Gruppenprozesses heißt diese Phase bei Gudjons (2003) „Informing (Ergebnisse werden andern [sic!] vorgestellt, Gruppenidentität ist gefestigt)"[1011]. Die Lernenden müssen nun handeln und in diesem Handeln wiederum Erfahrungen sammeln.

Auch aus neurobiologischer Sicht ist dieses oszillierende Bewegen des Lernenden unvermeidbar: „Informationsspeicherung bedeutet […] die Vernetzung von Kognitionen (überwiegend im präfrontalen und medialen Cortex), von Emotionen (überwiegend im Nucleus accumbens und im Limbischen System) und von Körperempfindungen (als Somatische Marker in besonders sensiblen Körperregionen). Der Körper lernt mit […]"[1012].

Wenn diese Vernetzung des lernenden Gehirns als kreativer Prozess verstanden wird, ist dieser Prozess eben nicht mit der Illumination beendet, sondern es bedarf noch ihrer Realisation. „Nachdem eine Erkenntnis aufgetaucht ist, muß [sic!] man überprüfen, ob die Verknüpfungen tatsächlich einen Sinn ergeben"[1013]. Damit dies gelingt, knüpft Csikszentmihalyi diesen Prozess an vier Bedingungen. „Erstens muß [sic!] die Person die Entwicklungsarbeit sehr aufmerksam beobachten, damit sie bemerkt, wann sich neue Ideen, neue Probleme und neue Einsichten aus der Interaktion mit dem Gegenstand ergeben. […] Zweitens muß [sic!] man sorgsam auf die eigenen Ziele und Gefühle achten, damit man erkennt, ob die Arbeit tatsächlich wie geplant voranschreitet. Die dritte Bedingung ist, dass man den Kontakt mit dem Wissen der Domäne aufrecht erhält […] Und schließlich ist es vor allem in den späteren Phasen des Prozesses sehr wichtig, den Kollegen im Feld zuzuhören"[1014]. Goleman fasst diese Phase des kreativen Prozesses noch pragmatischer zusammen: „[…] der Gedanke allein – und mag er noch so brilliant sein – ist noch nicht der kreative Akt. In der abschließenden Phase der Umsetzung müssen Sie Ihre Erkenntnis ins Handeln überführen. Erst wenn Sie Ihre Idee in die Wirklichkeit transportieren, machen Sie aus Ihrem brillanten Einfall mehr als einen flüchtigen Gedanken – Sie machen daraus etwas Nützliches für sich und andere"[1015].

1011 Gudjons, 2003, 153
1012 Pallasch/Hameyer, 2012, 53
1013 Csikszentmihaly, 1995, 155
1014 Csikszentmihaly, 1995, 155
1015 Goleman u.a., 1993, 23

XII.2 Schlussfolgerungen

Mit den Herausforderungen bei der Rückkehr über die Schwelle unterstreichen Hollywoods Autoren, dass die neu gewonnen Kompetenzen und das neue Wissen der Lernenden gefördert wird, indem gefordert wird, dass die Lernenden unter Beweis stellen müssen, was sie in ihren jeweiligen Lernfeldern gelernt haben. Das durch die entscheidende Prüfung erweiterte Selbst der lernenden Helden wird hier aktiviert, um auch für neue Herausforderungen bereit zu sein. Für Campbell bedeutet diese Aufgabe, „[…] in der Zeit für die Ewigkeit zu zeugen und die Ewigkeit in der Zeit zu sehen"[1016]. Und wenn die lernenden Helden diesen Schritt bewältigt haben, dann dürfen sie tatsächlich erst einmal einen Moment verweilen, das Bestehen aller Prüfungen feiern, ihre Erfahrungen reflektieren oder sich einfach mal ausruhen. Doch selbst das Ausruhen wird im Blockbuster von Lernerfahrungen begleitet, wie ich im letzten Kapitel zur Heldenreise zeigen werde.

1016 Campbell, 1999, 210

XIII Herr der zwei Welten – Mehrperspektivistisches Feedback

„Möge die Macht mit Dir sein, immer."

Obi Wan Kenobi – *Star Wars Episode IV – Eine neue Hoffn*ung

„Der Held ist der Günstling nicht der gewordenen Dinge, sondern der werdenden, weil er selber *ist*"[1017]. Die Helden haben alle ihre Prüfungen bestanden und kehren in ihre gewohnte Welt zurück. Sie haben einen gelingenden Lernprozess durchlaufen, indem sie neues Wissen internalisiert, dieses neue Wissen in der Praxis angewendet und dabei Selbstwirksamkeit erfahren haben. Die Helden verfügen nun über ein echt erweitertes Selbst, das mit neuem Wissen existentiell verwoben ist und sowohl für sie als auch für ihre soziale Bezugsgruppe relevant ist. „Was sie auch tun, sie tun es in dem Wissen, dass für sie ein neues Leben beginnt, dass der gerade zurückgelegte Weg ihr Leben auf immer verändert hat"[1018].

Während im klassischen Mythos die Rückkehr auch tatsächlich zumeist eine Rückkehr zum Ursprung der Helden bedeutet, verhält sich dies im Blockbuster nicht unbedingt so. Die gewohnte Welt muss, wie sich zeigen wird, nicht automatisch identisch mit dem Herkunftsort der Helden sein. Aber der Ort, an den die Helden nun kommen, ist ein Ort, an dem sie sich heimisch fühlen können, an dem sie sich sammeln und an dem sie unter Umständen auch mit ihrem neuen Wissen und ihren neuen Kompetenzen glänzen können. Umgangssprachlich wird für diese Phase der Reise der Begriff des ‚Happy Ends‘ gebraucht. Tatsächlich, in der Liste der Top 100 Blockbusterfilme enden die Filme zu 99 % mit einem Happy End[1019], aber das Happy End beinhaltet trotz aller positiven Eindrücke einige kleinere Überraschungen. „Die Rückkehr ist wenig beeindruckend, wenn sich hier alles gar zu glatt oder den Erwartungen gemäß auflöst. Eine gute Rückkehr sollte zwar die im Plot geschnürten Knoten auflösen, aber dabei noch ein gewisses Überraschungsmo-

---

1017 Campbell, 1999, 235 (Hervorh. im Original)

1018 Vogler, 2010, 361

1019 Hierin unterscheiden sich die modernen Mythen aus Hollywood von klassischen Mythen, Gleichnissen, Questen oder Aventurien. Agamemnon wird von seiner Frau umgebracht. Der Mann, der in Platons Höhlengleichnis aus der Höhle zum Sonnenlicht hinaufsteigt, wird bei seiner Rückkehr und dem Versuch seine Mitgefangenen zu befreien getötet, König Artus hält den heiligen Gral nie in den Händen und wird von seinem Sohn Mordred verraten, Robin Hood stirbt durch einen Aderlass, D'Artagnan verliert seine geliebte Constance usw. Allerdings ist anzumerken, dass die mittleren Teile einer Trilogie oder auch einzelne Teile einer längeren Serie (wie beispielsweise bei Harry Potter) nicht unbedingt ein Happy End verbuchen, sondern zuweilen mit einem Cliffhanger schließen.

ment bieten"[1020]. Überraschungsmomente enthält die Rückkehr in jedem der Filme, die ich in dieser Untersuchung beobachtet habe, denn die Helden erhalten an diesem Zeitpunkt ihrer Reise von vielen Seiten Rückmeldungen zu ihren bisherigen Leistungen. Diese Rückmeldungen fallen jedoch zum Teil schon innerhalb der Filme, aber ganz deutlich von Film zu Film unterschiedlich aus.

Luke Skywalker wird in *Star Wars Episode IV – Eine neue Hoffnung* bei seiner Rückkehr auf dem 4. Mond des Planeten Yavin begeistert in Empfang genommen. Zunächst fliegt ihm die Prinzessin in die Arme und anschließend Han Solo, der erklärt, dass er Luke nicht die Belohnung und Ehre allein überlassen wollte. Dann wird der angeschossene R2 aus Lukes Jäger geborgen. Roboter C-3PO zeigt große Sorge und Spendenbereitschaft, damit R2-D2 repariert wird. Luke tröstet ihn zuversichtlich und zieht mit Han und Leia im Arm ab. In der abschließenden Thronsaal-Szene des Films durchqueren Luke, Chewbacca und der leicht nervöse Han Solo den Saal entlang der Spalier stehenden Rebellen. Am Kopfende des Saales erwartet sie die festlich dekorierte Prinzessin Leia, um ihnen Medaillen umzuhängen, die von der letzten Olympiade inspiriert scheinen. Ein auf Hochglanz polierter R2-D2 vervollständigt das Ensemble, alle grinsen wie Honigkuchenpferde, die angetretenen Rebellen applaudieren den Helden, die sich artig zum Familienfoto aufstellen und der Film ist aus[1021]. Im Falle von *Star Wars* fällt die Rückkehr des Helden auf den ersten Blick tatsächlich recht glatt aus. Luke erhält von allen Seiten positiven Zuspruch für seine Leistung und bringt auch selbst seine Freude und Zuversicht deutlich zum Ausdruck. Andererseits lässt das von Riefenstahl inspirierte Szenario des Thronsaals in der Abschlussszene mit seiner plakativen Symbolik im Kontext der Rebellenallianz Raum für Interpretationen offen. Die Begründung von Han Solo, warum er überhaupt zurückgekehrt ist, obwohl er den Angriff doch für puren Selbstmord hielt, gibt ebenfalls Anlass zu Spekulationen. Hat Han sich doch von Luke überzeugen lassen oder spielen andere Gründe eine Rolle? Warum ist Solo in der Thronsaal-Szene sichtlich nervös, blinzelt dann aber nassforsch der Prinzessin zu, während sie offiziell ihre Pflicht erfüllen muss? Zurück bleiben durchaus einige ungeklärte Fragen, wenngleich sämtliche Rückmeldungen in Richtung der zentralen Heldenfigur des Films, Luke Skywalker, durch die Bank positiv ausfallen.

Jake Sullys *Avatar* hat den Kampf mit Colonel Quaritch nicht ohne Blessuren überstanden, und sein menschlicher Körper wird der pandorianischen Atmosphäre ausgesetzt, in der er ohne entsprechende Atemmaske nicht überleben kann. Sully erreicht die Atemmaske nicht rechtzeitig und droht zu ersticken, doch in letzter Sekunde kann Neytiri ihm die Maske überziehen. Anschließend streift Sully in seinem Avatarkörper mit Neytiri über das Schlachtfeld, und er findet seinen vormaligen Gegner Tsu'tey unter den Na'vi, der ihm am meisten misstraut hat. Tsu'tey, der der Anführer der Na'vi war, ist schwer verletzt und

---

1020 Vgl. Vogler, 2010, 368
1021 Vgl. Lucas, 1977, 1997, 2004 (01:53:00 – 01:55:20)

übergibt sein Amt an Sully, der fortan die Na'vi anführen soll. Zu diesem Zweck muss Sully dafür sorgen, dass Tsu'tey in die ewigen Jagdgründe eingeht, was ihm zwar nicht behagt, er aber trotzdem ausführt. In der darauf folgenden Szene wird die Station der Resources Development Administration (RDA) zwangsevakuiert und Sully spricht sein letztes Videolog ein. Zuletzt erhält Sully's Geist bei einer feierlichen Zeremonie – übrigens dieselbe, mit der versucht wurde, Grace Augustine zu retten – in seinen Avatarkörper übertragen, damit er fortan als Na'vi leben kann. Die Transformation gelingt, Sully schlägt als Avatar die Augen auf und der Film endet mit einer Schwarzblende[1022]. Nachdem Jake Sullys Blessuren versorgt sind, die er sich bei der Rückkehr über die Schwelle zugezogen hat, erfährt er den Respekt der Na'vi für seine Leistung und sein Handeln wird fortan durch die Sitten und Gebräuche der Na'vi bestimmt. Ihm wird gewährt, als Na'vi in das Volk der Omaticaya aufgenommen zu werden. Im selben Zuge führt er sein Videolog zu Ende, wodurch das Ende seiner humanoiden Existenz signalisiert wird. Die Zerrissenheit, die er zeitweilig in seinem Videolog thematisiert hat, ist damit aufgehoben, und er ist in einem gesunden Körper wieder in einem Zustand der Ganzheit, freilich als Na'vi angelangt. Die Rückmeldungen für Sully fallen hier weitgehend positiv aus, wenngleich Leben und Sterben auf Pandora sehr eng nebeneinander zu liegen scheinen. Der Beginn seines Lebens als Na'vi trägt jedoch eher die inszenatorische Färbung eines Anfangs, als die eines Endes.

Will Turner und Jack Sparrow, soeben dem *Fluch der Karibik* entkommen, sitzen erneut in der Falle. Sie sind umzingelt von Soldaten. Entkommen ist unmöglich. Norrington und Gouverneur Swann lassen ihren Unmut über Wills Handeln erkennen, bis Elisabeth Swann sich ebenfalls zu den beiden stellt. Daraufhin fordert der Gouverneur seine Männer auf, die Waffen sinken zu lassen. Norrington steht fassungslos vor seiner Verlobten, doch ehe er irgendwie agieren kann, ergreift Jack das Wort. Ganz der Trickster, der er ist, nutzt er die Patt-Situation für einen großen Abgang, indem er den Zustand in ein positives Licht rückt. Schließlich seien alle weitergekommen: spirituell, dramatisch und menschlich. Zuletzt erklärt er Norrington, dass er ihn immer unterstützt habe, was tatsächlich den Tatsachen entspricht, und Elisabeth, dass aus ihnen kein gutes Paar geworden wäre, lobt Wills neuen Hut, um währenddessen in Richtung der Mauer der Festungsanlage zu tänzeln und in die Karibik zu springen. Dort wartet die Black Pearl mitsamt Mannschaft auf ihn. Derweil lässt Norrington Will wieder frei, akzeptiert, dass Elisabeth und Will zusammengehören und gewährt Sparrow und den Seinen in gespielter englischer Arroganz einen Tag Vorsprung. Hoch über dem Meer im Schatten eines Glockenturms küsst Will seine Elisabeth, nachdem auch Vater Swann seinen Segen dazu gegeben hat, und die Kamera gleitet zurück, um den Blick auf dieses karibische Breitwandkitschgemälde frei zu geben. Aber der Film ist noch nicht ganz zu Ende, es folgt ein Umschnitt auf die Black Pearl, wo Jack an Bord gehievt und als Captain wieder eingesetzt wird. Liebevoll streicht er einen Moment über das Ruder, ehe er die Mannschaft in die Wanten schickt, einen neuen

---

1022 Vgl. Cameron, 2010 (01:04:25 – 01:10:45)

Kurs setzt und erst dann ist der Film aus[1023]. Die Situation für Will Turner ist brenzlig und
mit Hilfe seines Mentors, der die Situation vorläufig zum Guten zu wenden weiß, entkommt er dem sicheren Galgen. Danach wandelt sich die Situation komplett. Will erhält
plötzlich von allen Seiten positiven individuellen Zuspruch für die Art und Weise, wie er
sich verhalten hat, wobei jeder, der etwas dazu zu sagen hat, einen anderen Schwerpunkt
aufgreift und diesen mit Wills Interessen abgleicht. Das Schlussbild wäre hier tatsächlich
ein Abschlussbild, wenn nicht noch gezeigt würde, wie die Black Pearl in See sticht. Verbunden mit den Aussagen von Norrington und Gouverneur Swann deutet sich hier an,
dass dies aber noch nicht das Ende ist[1024].

Die heimkehrenden Dorfbewohner erkennen, wie sich aus dem Staub der Explosion die
Gestalt des Drachenkriegers abzeichnet, der niemand anderes ist als ihr *Kung Fu Panda* Po,
der ehemalige Suppenservierer. Als sie ihn erkennen, brechen die Bewohner in Jubel aus und
stürmen auf ihn zu, um ihn zu feiern. Plötzlich treten die Furiosen Fünf versammelt vor Po
auf und geben zu erkennen, dass sie ihn nun als Meister akzeptieren. Po ist durch diese Ehr-
erbietung etwas peinlich berührt und im gleichen Moment fällt ihm Shifu wieder ein. Daher
stürmt er die kräftezehrende Treppe zum Jadepalast erneut hinauf, wo er den ohnmächtigen
Shifu findet. Shifu kommt wieder zu sich, lobt Po für seinen Erfolg, bedankt sich mehrfach
und schließt die Augen. Es entsteht der Eindruck als würde Shifu sterben, woraufhin Po
aufgeregt zu plappern beginnt. Shifu weist Po darauf hin, dass er nicht stirbt, sondern nur
seinen Frieden gefunden hat. Po erkundigt sich, ob er seinen Mund halten solle, was Shifu
bejaht, sofern Po es könne. Po legt sich neben seinen ausgestreckt liegenden Meister und
hält tatsächlich für fast zwanzig Sekunden den Mund. Dann aber fragt er ungeduldig, ob sie
etwas essen können, Shifu stimmt knapp zu und der Film blendet aus[1025]. Auch Po erhält von
allen Seiten positive Rückmeldungen, sowohl von den Leuten, die er beschützt hat, als auch
von seiner Lerngruppe und schließlich von seinem Mentor. Aber das Happy End in diesem
Film kommt nicht ohne das Moment aus, kurz anzudeuten, Shifu sei gestorben. Tatsächlich ist er das nicht und nachdem Shifu dies gegenüber Po und damit auch gegenüber den
Rezipienten zurecht gerückt hat, zeigt er sich sogar bereit, dem primären Anliegen von Pos
früherem Dasein, namentlich dem Essen, nachzugeben. Sie weisen auf eine Handlung hin,
die, so alltäglich sie sein mag, außerhalb der filmischen Narration liegt.

Über New York bricht ein neuer Morgen an und die *Nacht im Museum* ist vorüber. Teddy
Roosevelt lobt die Leistung von Larry Daley, insbesondere vor dessen Sohn. Der Direktor des
Museums verfolgt im Anschluss daran mit Larry die Nachrichten, die von besonderen Vor-
kommnissen in dem Museum im Zusammenhang mit seinen Exponaten sprechen. Da Larry
keine Erklärung dafür zur Verfügung hat, wird er vom Direktor einmal mehr gekündigt. Als

---

1023 Vgl. Verbinski, 2004 (02:02:29 – 02:07:46)

1024 In einem Nachklapp des Films, nach dem Abspann, erwacht sogar der untote Affe von Captain
     Barbossa wieder zum Leben.

1025 Vgl. Stevenson/Osborne (01:16:58 –

der Direktor ihn hinaus begleiten will, quillt das Museum jedoch vor Besuchern über. Mit dieser Wendung hat der Direktor nicht gerechnet und er stellt Larry kommentarlos wieder ein. Larrys Sohn Nick hält in der Folgeszene sichtlich stolz ein Referat über den Beruf seines Vaters und in der nächsten Szene wird *Nachts im Museum* eine Party von den Exponaten gefeiert, an der auch Nick teilnimmt[1026]. Larry Daley erfährt in diesen Sequenzen durch die Exponate des Museums sowie seinen Sohn uneingeschränkten Zuspruch, wird aber dann vom Direktor des Museums gekündigt. Erst als der den wirtschaftlichen Erfolg von Larrys unfreiwilliger, nächtlicher Werbung für das Museum erkennt, akzeptiert auch er Larry als Nachtwächter und setzt ihn wieder ein, so dass auch in diesem Film letztlich alle Rückmeldungen positiv ausfallen. Die abschließende Party, die *Nachts im Museum* stattfindet, kann allerdings auch als Auftakt für Larrys weitere Tätigkeit als Nachtwächter interpretiert werden.

Offensichtlich haben alle Beteiligten der Lerngruppe in *Indiana Jones und das Königreich des Kristallschädels*, den Dschungel Südamerikas mit heiler Haut hinter sich gelassen. Indiana Jones und Marion Ravenwood stehen frisch vermählt vor dem Traualtar und küssen sich. Die anwesenden Gäste feiern diesen Anlass breit grinsend und mit einer Standing Ovation. Einzig Mutt Williams steht neben dem Brautpaar ein wenig und ungelenk und hilflos, bis Indiana Jones ihn beim Auszug des Brautpaars unterhakt und mit sich zieht. Für Harold Oxleys Kommentar bedanken sich Henry sr. und Henry jr. wie aus einem Munde. Dann beeilt Mutt sich, um etwas schneller als die anderen zu sein und greift nach einer Kamera, um ein Foto des Brautpaares zu machen. Im selben Augenblick weht eine Sturmbö die Eingangstür zur Kirche auf, Indiana Jones Hut, der auf einem Garderobenständer hängt, wird vom Wind heruntergeweht und vor Mutts Füße gerollt. Mutt hebt ihn auf, aber als er ihn gerade aufsetzen will, greift Jones Senior nach dem Hut und setzt ihn sich selbst auf den Kopf, während er mit Marion die Kirche verlässt. Die gesamte Gesellschaft folgt ihnen, bis Mutt allein zurückbleibt. Er kämmt sich durch die Haare, wirft sich seine Lederjacke über die Schulter, folgt den anderen hinaus und der Film ist aus[1027]. Wie schon den ganzen Film über, steht auch in dieser letzten Sequenz der lernende Held im Schatten seines Mentors. Nichtsdestotrotz erhält er positive Rückmeldungen, auf die er adäquat zu reagieren vermag. Allerdings ließen es sich die Autoren des Films nicht nehmen darauf hinzuweisen, dass der Hut eines Indiana Jones für Mutt Williams noch eine Nummer zu groß ist, um zu passen. Mutt Williams muss erst noch weiter lernen, ehe der Staffelstab, in diesem Falle der Hut, an ihn weitergegeben wird.

1026 Vgl. Levy, 2008 (01:34:51
1027 Vgl. Spielberg, 2008 (01:49:40 – 01:52:05)

In *Harry Potter und der Stein der Weisen* hat Albus Dumbledore Harry Potter im Krankenzimmer darüber aufgeklärt, weshalb Voldemort ihn nicht bezwingen konnte[1028]. In der Folgeszene hat Harry das Krankenlager verlassen und trifft auf Ron und Hermine. Sie erkundigen sich gegenseitig nach ihrem Wohlbefinden, wobei alle feststellen, dass es ihnen gut geht. Während der anschließenden Jahresabschlusszeremonie werden die Punkte, die die Schüler der einzelnen Häuser in Hogwarts in diesem Schuljahr erworben haben, vorgestellt. Eigentlich hat das Haus Slytherin den internen Schulwettbewerb bereits gewonnen, aber Dumbledore lässt es sich nicht nehmen, auch noch die jüngsten Ereignisse in Hogwarts hinzuzurechnen und deshalb gewinnt schließlich Gryffindor, das Haus in dem Harry, Hermine und Ron untergebracht sind, das erste Mal den Hauspokal. Hierbei werden sowohl Hermine als auch Ron und Harry extra hervorgehoben und zuletzt wird auch noch Neville Longbottom als Leistungsträger genannt. Die Nachricht wird, von den Schülern aus Slytherin abgesehen, von der gesamten Schülerschaft begeistert aufgenommen. Bei der anschließenden Abreise am Bahnhof von Hogwarts überreicht Hagrid Harry ein Fotoalbum und gibt ihm noch einen Tipp zum weiteren Umgang mit seinem Cousin Dudley, falls der ihn wieder ärgert. Dann steigt Harry in den Zug, reflektiert mit Hermine kurz über den Umstand nach Hause zu fahren, Hagrid winkt, Harry winkt, der Zug fährt ab und der Film ist zu Ende[1029]. Harry Potter bringt das Thema Rückmeldung zunächst in seine Kleingruppe ein, wobei sich alle gegenseitig Rede und Antwort stehen. Anschließend erfolgt eine positive Rückmeldung im Plenum der gesamten Lehrer- und Schülerschaft. Die dabei durch Dumbledore verliehenen Punkte werden jeweils mit einer individuellen Begründung für die Leistung der jeweiligen Akteure versehen. Schließlich gibt Hagrid bei seiner Verabschiedung von Harry am Bahnhof eine individualisierte Rückmeldung und Harry deutet im Wortwechsel mit Hermine daraufhin an, dass sein Zuhause nicht der Ort ist, zu den sie nun fahren. Insofern fallen die Rückmeldungen für den Helden zwar positiv aus, aber er selbst scheint nicht gänzlich zufrieden mit der Situation.

Auf der griechischen Insel in *Mamma Mia!* ist es Abend geworden. Die Hochzeitsgesellschaft feiert in Donnas Hotel ausgelassen die Eheschließung zwischen Sam und Donna. Zunächst gibt Sam eine Rückmeldung an Donna. Dies unternimmt er in Form eines weiteren Songs, in dessen Refrain wie zur Bestätigung die gesamte Gesellschaft einstimmt.

1028 Als Argument führt Dumbledore die bedingungslose Liebe von Harrys Mutter an, die den Sohn schon kurz nach seiner Geburt vor dem Zugriff von Voldemort geschützt habe. Mit dem Motiv der Liebe wird im Blockbuster immer wiederkehrendes Motiv angesprochen. Dies mag zwar kitschig anmuten, lässt sich aber in diesen Kontexten auch als ein Zeichen dafür interpretieren, dass die Liebesfähigkeit des Menschen ihn dazu befähigt, über seine natürlichen Anlagen hinauszureichen. Die Autoren der Blockbuster scheinen hiermit den Gedanken zu verfolgen, dass der Mensch nicht darauf angewiesen ist, nur auf das Recht des Stärkeren zu pochen. Damit erfüllen die Narrationen der Blockbuster insbesondere die gesellschaftliche und pädagogische Funktion, die Campbell für Mythen reklamiert hat (vgl. Campbell, 1991, 229f., und Campbell, 1996, 15ff.).

1029 Vgl. Columbus, 2001 (02:11:15 – 02:18:11)

Auch Donnas Freundin Rosie nutzt die Chance, um Bill zu einer Eheschließung zu überreden. Dann springt ein Steinmosaik im Boden auf, eine Quelle sprudelt Wassermassen über die Gäste, Donna teilt Sophie mit, dass dies das Werk von Afrodite sei, alle Paare reißen sich in diesem orgiastischen Szenario die Hemden vom Leib und tanzen ausgelassen. Zuletzt verabschiedet sich Sophie nachts von ihren Vätern und ihrer Mutter und tuckert mit Sky in einem kleinen Boot dem Mondlicht entgegen und der Film ist aus[1030]. Die Rückmeldungen an die Protagonisten fallen durch das Lied an dieser Stelle recht ausführlich aus, und auf die eine oder andere Weise wird jeder der Protagonisten in sie involviert. Die Eheschließung und die Anbahnung einer weiteren Ehe deuten dabei allerdings auch auf den Beginn eines neuen Lebensabschnitts hin.

Als Simba als *König der Löwen* vom Gipfel des Felsens heruntersteigt, löscht ein Regenguss die Feuer. Die Löwendamen nehmen ihn freundlich in Empfang und Rafiki verbeugt sich vor ihm. Simba nimmt ihn in den Arm, doch der Affe fordert ihn auf, die Plattform zu besteigen, von der aus schon Simbas Vater Mufasa seine Audienzen gehalten hat. Simba erklimmt die Plattform und präsentiert sich als neuer Herrscher, der von allen Tieren anerkannt wird. Der Himmel reißt auf, über dem Land ziehen Nebelschwaden des verdunstenden Regens auf, eine Überblende und das Land ist wieder grün. Auf der Plattform sind Timon, Pumba, Simba und Naala zum Familienfoto aufgestellt. Zazu fliegt herbei, Rafiki kommt ebenfalls dazu und präsentiert den neuen Nachwuchs. Der Kreislauf des Lebens ist geschlossen und der Film ist aus[1031]. Simba versichert sich zunächst persönlich der Akzeptanz derjenigen, die ihm am nächsten stehen und folgt erst dann dem Ratschlag seines Mentors Rafiki, seinen Platz als Herrscher einzunehmen. Danach erhält er aus dem kompletten Tierreich den Segen für seine Herrschaft, die ihn als ihren Anführer auf dem Thron akzeptieren.

Die Jungs um den Außerirdischen *E.T.* landen auf ihren BMX-Rädern sicher im Wald. Kurz darauf landet das Raumschiff, um E.T. abzuholen. Gertie, ihre Mutter und Keys treffen gerade noch rechtzeitig ein, um dies mitzuerleben. Gertie will E.T. unbedingt verabschieden, was ihr auch gelingt. E.T. ermahnt sie, brav zu sein. Bei Michael bedankt er sich für die Streicheleinheiten. Als die Reihe an Elliott ist, lädt E.T. ihn ein, mit ihm zu kommen und Elliott wiederholt im Gegenzug noch einmal, dass E.T. nicht gehen soll. Doch beide scheinen zu wissen, dass sie in ihrer jeweiligen Welt bleiben müssen. Ihr Abschied voneinander schmerzt sie, aber E.T. betont, dass er immer bei Elliott sein wird, wenn auch nur im Geiste. Elliott wünscht „Leb wohl", E.T. nimmt die Topfpflanze, die Gertie ihm geschenkt hat, geht an Bord, die Tür des Raumschiffs verschließt sich, es hebt ab, fliegt davon, die Kamera blendet auf die Zurückgebliebenen, fokussiert Elliott in einer Close-Up Aufnahme und der Film ist aus[1032]. In dieser Sequenz verteilt E.T. an die Geschwister ein kurzes, aber individuelles Feedback. Dadurch, dass Elliott die Einladung von E.T., mit ihm zu kommen,

---

1030 Vgl. Lloyd, 2008 (01:32:16)
1031 Vgl. Allers, Minkhoff, 1994 (01:17:34 – 01:20:00)
1032 Vgl. Spielberg, 1982, 2002 (01:42:23 – 01:49:32)

ablehnt und E.T. ihm im Gegenzug zu verstehen gibt, dass er mental immer bei ihm ist, gibt er Elliott die Rückmeldung, tatsächlich zu so etwas wie ein Herr der zwei Welten geworden zu sein: E.T. trägt die Erinnerung an Elliott mit sich, wie auch Elliott umgekehrt die Erinnerung an E.T. für den Rest seines Lebens mit sich trägt.

Das Happy End von *Life of Pi* findet sich in der Rahmenhandlung, mit der der Film auch beginnt. Pi stellt dem Reporter, dem er seine Geschichten erzählt, die Frage, welche Geschichte ihm besser gefiele. Dieser antwortet, dass ihm die Geschichte mit dem Tiger mehr zusage. Daraufhin entgegnet Pi, dass es sich genauso mit Gott verhalte. Man könne sich entscheiden, welche Geschichte einem gefällt. Hierdurch erhält der Film eine unvermutete konstruktivistische Wende. Da Pi seine Geschichte in der Rahmenhandlung einem Reporter erzählt, ist er ohnehin schon ein Lehrender. Hierbei wird er noch dazu mit einer Kompetenz zum Headfake ausgestattet. In diese Rahmenhandlung hält dann noch Pis neue Familie Einzug, so dass deutlich wird, dass er nach seinem Schiffbruch ein neues Leben anfangen konnte, das ihn trotz aller Verluste glücklich macht.

Wurde in den bisherigen Beispielen eher subtil angedeutet, dass das Leben nach den Rückmeldungen zu der erlebten Heldenreise weitergeht, entweder im Alltag oder auf einer neuen Reise, gibt es auch Beispiele, in denen diese Subtilität deutlich geringer ausfällt. Die nun ausgesprochenen Rückmeldungen lassen sich zwar durchaus positiv interpretieren, aber die Inszenierung der Szenen zeigt deutlich, dass der Prozess der Heldenreise fortgesetzt werden wird.

Hobbit Bilbo Beutlin, die Zwerge sowie Zauberer Gandalf erhalten von den Adlern einen Freiflug. Die Adler setzen die Abenteurer auf einem Felsen jenseits des Nebelgebirges ab. Gandalf hastet nach der Landung zum schwer verletzten Thorin herüber und heilt ihn mittels seiner Zauberkräfte. Daraufhin erholt sich der Zwergenchef sehr schnell und entschuldigt sich bei Bilbo dafür, dass er sich in ihm getäuscht hat. Bilbo ist verlegen und betont, er sei kein Held, aber Thorin blickt bereits an ihm vorbei, weil er in der Ferne den Einsamen Berg erkennt, der das eigentliche Ziel ihrer Reise bedeutet. Eine Drossel fliegt an der Gruppe vorbei in Richtung des Berges, was die Zwerge als positives Vorzeichen deuten. Bilbo meint, dass dann ja wohl das Schlimmste hinter ihnen liege. Die Drossel fliegt tatsächlich zum Einsamen Berg. Dort zerschlägt sie eine Nuss. Durch dieses Geräusch wird der im Berg hausende Drache Smaug geweckt und der Film ist zu Ende[1033]. Bilbo erhält von Zwergenchef Thorin Eichenschild, der ihn kurz zuvor noch einen Weichling geschimpft hat, ein sehr emotionales Feedback, das auch von den übrigen Gruppenmitgliedern goutiert wird. Aber Thorin hält sich nicht lange mit seiner Rückmeldung auf, sondern fixiert gleich wieder das Ziel ihrer Reise. Bilbo wiederum, der von Gandalf schon einige Szenen vorher gelobt wurde, betrachtet ihre weitere Reise nun nur noch als einen Katzensprung. Er wird aber, ohne es wissen zu können, sogleich berichtigt, denn der Drache Smaug wird in einer Art Nachklapp eingeführt. Hier ist einerseits eine Verschnaufpau-

---

1033 Vgl. Jackson, 2012 (02:33:58 – 02:39:24).

se für die Heldengruppe eingebaut, die als ein ein wenig künstliches Happy End verstanden werden kann. Zugleich deutet sie aber auch darauf hin, dass die Verschnaufpause an diesem Punkt der Reise für die Helden nicht sonderlich lang sein wird.

Frodo Beutlin und Samweis Gamdschie haben sich im *Herrn der Ringe* von ihren Gefährten getrennt und setzen den Weg nach Mordor zu zweit fort. Meriadoc Brandybock und Peregrin Tuk wurden von den Uruk-Khai entführt und Legolas will hinter Frodo und Sam hinterher, um sie weiter zu schützen, doch Waldläufer Aragorn hält ihn zurück. Während Gimli darüber das Versagen der Lerngruppe beklagt, stellt Aragorn fest, dass Frodo allein weiter will und sie sich daher nun um das Schicksal von Meriadoc und Peregrin zu kümmern haben. Das sehen Legolas und Gimli ein, und sie brechen auf. Im nachfolgenden Abschlussbild erkennen Sam und Frodo von einem Bergrücken aus in der Ferne das Gebirge von Mordor und sprechen sich gegenseitig Mut zu, ehe sie ihren Weg fortsetzen und der Film abgeblendet wird[1034]. Die Rückmeldung einiger Mitglieder der Lerngruppe in Richtung Frodo erfolgt in diesem Film nur mittelbar, indem beispielsweise Aragorn Frodos Entscheidung akzeptiert und sie gegenüber Legolas und Gimli begründet. Gleichzeitig übernimmt der Waldläufer es aber auch, ihnen eine neue Perspektive für ihr weiteres Vorgehen zu eröffnen, die auch im Interesse des Hobbits liegt. Ähnlich verfahren auch Frodo und Sam auf dem Gebirgskamm. Sie sprechen über ihre ehemaligen Weggefährten und bekräftigen einander in ihrem Vorhaben, während sie der vor ihnen liegenden Herausforderung gewahr werden.

Bei allen Beispielen fiel bislang die explizite Rückmeldung für die Helden tendenziell positiv aus und die Inszenierung ließ in manchen Beispielen zudem darauf schließen, dass die Reise der Helden noch nicht beendet ist. Es gibt allerdings auch Exempel, in denen die Rückmeldungen für die Helden ganz explizit weniger positiv, wenn nicht sogar zwiespältig ausfallen, wodurch ebenfalls betont wird, dass der eingeleitete Prozess noch nicht beendet ist.

Peter Parker wird in *Spider-Man* in einer solch zwiespältigen Variante in Szene gesetzt. Bei der Beerdigung des Vaters von Harry Osborne erklärt Harry seinem Freund Peter, dass er sich an Spider-Man rächen wird. Am Grab seines Onkels Ben gesteht ihm Mary Jane etwas später, dass sie ihn liebt, und sie küsst ihn. Peter aber erwidert, dass er nur ihr Freund sein könne. Danach wird Mary Jane gezeigt, wie sie sich durch Peters Kuss scheinbar an ihren Kuss mit Spider-Man erinnert fühlt, doch Peter lässt sie stehen. Die Szenen am Grab werden von Peters Off-Stimme unterfüttert, in der er seine widerstreitenden Gefühle erklärt, die schließlich darin münden, dass er den Worten seines Onkels Gehör schenkt und seine Verantwortung als Superheld akzeptiert. In der letzten Szene schwingt sich Spider-Man durch die Schluchten New Yorks, macht einen pathetischen Zwischenstopp an den Stars and Stripes, schwingt in Richtung Kamera und der Abspann beginnt[1035].

1034 Vgl. Jackson, 2001, 2002 (01:28:48 – 01:31:05)
1035 Vgl. Raimi, 2002, 2004 (01:45:56 – 01:51:09)

Die Tragik entlädt ihr ganzes Gewicht auf den Lernenden: seinem besten Freund kann er nicht die Wahrheit sagen, seiner großen Liebe muss er aufgrund der sich selbst gestellten Verantwortung entsagen und Trost muss er in den Schluchten der Megalopolis und in den Symbolen seines Landes finden. Peter Parker lernt, sich in Freiheit zu beugen bedarf großer Opferbereitschaft, aber er muss weiter machen, auch wenn dies bedeutet, dass die Rückmeldungen seiner Freunde nur teilweise positiv ausfallen und er sie zu allem Überfluss im Gegenzug teilweise auch noch vor den Kopf stoßen muss.

Wieder zu Hause in Alabama erhält *Forrest Gump* einen Brief von Jenny, in dem sie ihn einlädt, sie zu besuchen. Jenny ist hoch erfreut, Forrest zu sehen, als er vor ihrer Tür steht. Sie präsentiert ihm ein Album mit Zeitungsausschnitten von ihm und entschuldigt sich dafür, dass sie ihn hat sitzen lassen. Dann klopft es an der Tür und Jennys Sohn wird hereingebracht. Jenny stellt ihn unter dem Namen Forrest vor, ehe sie ihm erklärt, dass es sein eigener Sohn ist. Forrest ist sichtlich überwältigt, freundet sich aber schnell mit Forrest junior an. Ganz uneigennützig scheint Jennys Einsatz nicht zu sein, denn in der nächsten Sequenz eröffnet sie Forrest, dass sie unheilbar erkrankt sei. Forrest bietet ihr sofort an, bei ihm zu leben und sie fragt ihn nun ihrerseits, ob er sie heiraten würde. Zur Hochzeit erscheint Lieutenant Dan auf künstlichen Beinen und stellt seine Verlobte vor. Anschließend verbringt die Kleinfamilie Gump noch einige Zeit miteinander. Jenny erkundigt sich bei Forrest über seine Zeit in Vietnam, und Forrest erzählt davon sowie auch von seinen Erfahrungen, als er durch Amerika lief. Sie bedauert, nicht dabei gewesen zu sein, aber er sagt, dass sie für ihn dabei war. In dieser Szene gesteht Jenny ihm endlich, dass sie ihn liebt und in der darauf folgenden Szene ist Jenny bereits verstorben. Forrest erzählt der verstorbenen Jenny an ihrem Grab, wie er sie beerdigt habe, dass er ihr verhasstes Elternhaus hat einreißen lassen sowie von seinem Zusammenleben mit Forrest junior und wie sehr er sie vermisst. Trotz aller Umstände kümmert Forrest sich aufopferungsvoll um seinen Sohn, dem er Zuverlässigkeit und Beständigkeit garantiert, als der in den Schulbus steigt. Während der Schulbus abfährt, setzt Forrest sich auf einen Baumstumpf und starrt ins Leere. Zu seinen Füßen steigt eine Feder auf, schwebt zwischen Himmel und Erde hin und her und der Film ist aus[1036]. Die Feder wird als die zentrale Metapher für Forrest Gumps Leben inszeniert. Allerdings ist Forrest an diesem Punkt nicht nur eine Feder, die hin und her geweht wird. Er ist das auch, aber er hat sich weiterentwickelt und trifft nun auch aktiv Entscheidungen. Für sein So-Sein bekommt er von ganz unterschiedlichen Interaktionspartnern positive Rückmeldungen. Dadurch, dass Forrest seine große Liebe Jenny verloren hat, erhält das Ende des Films aber auch, nicht zuletzt für die Figur des Forrest Gump eine gewisse Tragik. Forrest muss sich fortan um seinen Sohn Forrest jr. als alleinerziehender Vater kümmern, der das Grab seiner geliebten Frau nur beweinen kann.

Haymitch Abernathy und Katniss Everdeen blicken in *Die Tribute von Panem* vom Dach eines Hauses auf das so genannte Kapitol herab und besprechen die Lage. Haymitch

---

1036 Vgl. Zemeckis, 1994 (01:54:11 – 02:09:52)

weist Katniss darauf hin, dass sie von nun an vorsichtig sein müsse, weil sie die Führung des Kapitols mit ihrer Art der Lösung beim Spielausgang in der Arena verspottet hat. Diese Hinweise von Haymitch nimmt Katniss an, wie sich bei dem Interview, das sie anschließend vor den Kameras des Fernsehsenders, der auch die Spiele überträgt, zeigt. Das Publikum feiert sie und Peeta als Sieger der Hungerspiele und Katniss wird vom Präsidenten gekrönt. Sie kehren mit dem Zug in ihren Heimatdistrikt 12 zurück und werden dort begeistert empfangen. Aus der jubelnden Menge ragt Katniss' Schwester Primrose hervor, die auf den Schultern ihres Freundes Gale sitzt. Auch Katniss' Mutter ist in einer kurzen Einstellung zu sehen. Dann springt das Bild, und Präsident Snow beobachtet die Ankunft von Katniss und Peeta am Bildschirm, wendet sich dann abrupt ab, steigt eine Treppe hinauf, das Bild friert ein und der Film ist aus[1037].

Katniss und Peeta haben ihre Heldenreise zwar erfolgreich absolviert, aber wie schon die Umstände, unter denen ihre Reise zustande kam, zwiespältiger Natur waren, ist das Ergebnis erst recht offen. Da Katniss sich von den Spielmachern nicht hat vereinnahmen lassen, fallen auch die Rückmeldungen unterschiedlich aus und oszillieren zwischen Sorge um die Zukunft durch ihren Mentor und begeisterter Zustimmung des Publikums. Daher stellt sich bei Katniss auch weniger Freude ein als vielmehr ein besorgter Blick in die Zukunft.

Im Gegensatz zu den vorherigen Beispielen erhalten die Helden der folgenden Beispiele ihre Rückmeldung nur durch eine Person, wobei der Blick auch hier auf eine Fortsetzung des begonnenen Prozesses gerichtet ist.

James Bond führt in *Casino Royale* ein Telefonat mit seiner Chefin M, bei dem sie einzelne Aspekte des Falls noch einmal durchsprechen. M gibt Bond ein nüchternes, aber positives Feedback, hinsichtlich der Lektion, die er ihrer Meinung nach zu lernen hatte, nämlich kein Vertrauen zu irgendjemandem zu haben. Außerdem bietet M ihrem Geheimagenten an, noch Urlaub für sich in Anspruch zu nehmen, was Bond allerdings ablehnt. Daraufhin erläutert sie ihm noch einmal mögliche Beweggründe für Vespers Handeln, und er wirft einen letzten Blick auf ihre Handtasche. Darin findet er einen Hinweis auf den Drahtzieher des Verrats, den Vesper ihm hinterlassen hat. In der nachfolgenden Szene steuert eine teure Limousine in die Einfahrt einer mondänen Villa. Ein Mann steigt aus. Er erhält einen Anruf, zückt sein Handy, meldet sich und wird im selben Augenblick angeschossen. Der angeschossene Mann kriecht auf den Hauseingang zu, während sich neben ihm ein anderer Mann aufbaut, von dem zunächst nur der Schatten zu sehen ist. Im Gegenschnitt erscheint der Mann hinter dem Schatten und stellt sich mit der seit über vierzig Jahren geprägten Grußformel – untermalt von der die Filmreihe begleitenden Standardmelodie – vor: „Mein Name ist Bond, James Bond". Dann blendet der Film mit einer Schwarzblende ab[1038]. Die positive Rückmeldung für James Bond ist in ein detailliertes Gespräch eingebettet, in dem alle Strän-

---

1037 Vgl. Ross, 2012 (02:04:30 – 02:08:21)
1038 Vgl. Campbell, 2006 (02:11:15 – 02:14:46)

ge und Möglichkeiten des Falles noch einmal durchgespielt werden. Letztlich führt es dazu, dass Bond Vespers persönliche Sachen noch einmal begutachtet, und er stößt auf diesem Wege auf eine bislang unbekannte Spur, die ihn sofort zurück in den Einsatz führt, anstatt ihn in die wohlverdienten Ferien zu entlassen. Insofern könnte man ergänzen, dass auch Vesper ihm mittelbar aus dem Reich der Toten ein Feedback gibt: sie hat ihn zwar verraten, war aber bereit, für diesen Verrat in den Tod zu gehen, um ihn zu schützen. Gleichzeitig wird auch hier angedeutet, dass die Mission noch nicht beendet ist.

Ähnlich verhält es sich im Film *Matrix*, in dem ebenfalls nur eine Person direkt Rückmeldung gibt. Neo Thomas Anderson erwacht in den Armen von Trinity, und sie küssen sich wortlos. Auf dem Screen erfolgt eine Schwarzblende, gefolgt von einer Aufblende mit grünem Cursor. Eine Offstimme erklingt, während auf dem Screen grüne Zahlenkolonnen vorüber scrollen. Die Stimme spricht im Verkündermodus von der Zukunft. Die Zahlenkolonnen scrollen nun am Auge des Betrachters in einer 3D-Optik vorbei und blenden über zu Neo, der in einer Telefonzelle in ein Telefon spricht. Er legt den Hörer auf, verlässt die Zelle, setzt eine Sonnenbrille auf und schaut zum Himmel. Das Bild springt in die Satellitenperspektive, Neo fliegt wie Superman in seinen besten Tagen an der Kamera vorbei und der Film ist aus[1039].

Im Falle von Matrix fällt die Rückmeldung durch den Kuss sehr knapp, aber wenn man so möchte, ebenfalls positiv aus. Danach ist Neo allerdings sofort einen Schritt weiter. Er mutiert selbst bereits zum Lehrenden und adressiert seinen Monolog – den Blick auf die Zukunft gerichtet – an ein nicht näher bestimmtes Publikum.

Auch die Protagonistin des letzten hier genannten Films tritt in ihrer gewohnten Welt sogleich als die Person auf, die Rückmeldungen gibt, nachdem sie im Wunderland noch Rückmeldungen erhalten hat. Aber im Einzelnen: Nachdem *Alice im Wunderland* den Jabberwocky besiegt hat, die rote Königin sowie ihr Gefolgsmann verbannt wurden, führt der Hutmacher seinen anfangs versprochenen Futter-Waken-Tanz auf und die weiße Königin übergibt Alice eine Phiole mit dem Blut des Jabberwockys, das sie nach Hause bringen kann. Die gesamte Heldengruppe versammelt sich vor Alice Augen zum ‚Familienfoto‘, während sie das Blut trinkt. Einzig der Hutmacher legt ihr nahe, dass sie nicht fortgehen müsse, aber Alice weiß, dass sie noch einiges zu erledigen hat, wenn sie auch gerne bliebe. Sie verspricht dem Hutmacher, dass sie sich immer an ihn erinnern werde und kehrt durch das Loch unter dem Baum aus dem Wunderland zurück in ihre gewohnte Viktorianische Welt. Dort regt sich ihr Verlobter in spe immer noch darüber auf, dass sie ihn hat stehen lassen. Der Blick und die Haltung von Alice lassen jedoch bereits bei ihrer Rückkehr in dem Garten erkennen, dass sie sich verändert hat und genau dies meldet sie der wartenden Gesellschaft in einer langen Kette zurück: sie weist den Antrag von Hamish Ascot entschuldigend zurück, ihrer Schwester Margaret gibt sie liebevoll zu verstehen, dass sie selbst entscheidet, wie sie ihr Leben führen will, Lowell, Margarets Mann, verwarnt sie sehr bestimmt hinsichtlich seiner

---

1039 Vgl. Wachowski Bros., 1999 (02:02:15 – 02:04:08)

Affären, Tante Imogene befreit sie mitfühlend von deren Illusion, es warte noch ein Prinz auf sie, Lady Ascot erklärt sie, dass sie (Alice) selbstbestimmt ist, außerdem, dass sie weiße Kaninchen liebt und ihre Mutter tröstet sie damit, dass sie schon etwas Nützliches findet, was sie mit ihrem Leben anfangen wird. Lord Ascot erkundigt sich, ob Alice ihn vergessen habe, doch das hat sie nicht, aber mit ihm will sie nun geschäftlich reden. Sie erklärt ihm unter vier Augen, dass der Traum ihres Vaters von einer Handelsroute bis nach China hätte gehen sollen, woraufhin Lord Ascot sie in seinem Unternehmen aufnimmt. In der letzten Szene geht Alice an Bord eines Schiffes, während ihre Familie am Hafen zurückbleibt. An Deck des Schiffes setzt sich ein blauer Schmetterling auf ihre Schulter, den sie als Absolem begrüßt. Dann steigt der Falter in den Himmel, die Kamera folgt ihm und die Narration ist beendet[1040]. Alice erhält wie die meisten anderen Helden zuvor auch, unterschiedliche Rückmeldungen, sie verteilt aber auch selbst ein individualisiertes Feedback an die Charaktere ihrer gewohnten Welt. Ihr Feedback ist auf jeden einzelnen, entsprechend seiner Charakterisierung in der Narration, abgestimmt. Dabei zeigt Alice, dass sie ihren Willen durchzusetzen vermag, ohne dabei andere zu brüskieren, obwohl sie sie zurückweist. Sie argumentiert hier logisch, liebend, machtvoll, mitfühlend und emanzipiert. Dies wird akzeptiert und mittels der Person von Lord Ascot sogar wertgeschätzt. Ganz deutlich wird das, wenn Alice am Ende als ‚Geschäftsfrau' verhandelt und an Bord des Schiffes geht. Sie verlässt erneut ihre gewohnte Welt, aber wenn sie das unternimmt wird sie von allen geachtet und ihre Wünsche werden respektiert. Schließlich wird dieses Bild durch den blauen Schmetterling vervollständigt, der zum Ausdruck zu bringen scheint, dass die beiden Welten, also die Viktorianische Welt und das Wunderland, zusammengehören und ein Übersetzen zwischen den Welten möglich und erstrebenswert ist. Damit ist Alice im wahrsten Sinne des Wortes Herrin der zwei Welten, wie es in leichter Abwandlung von Campbell heißt, die über die „Freiheit zum Leben" verfügt[1041].

XIII.1 Das mehrperspektivische Feedback

„Wir leben einen großen Teil unseres Lebens unter dem Blick der Anderen, und wer wir sind, hat viel damit zu tun, wie wir diesen Blick erleben und wie wir ihm begegnen"[1042]. Zum so genannten ‚Happy End' erhalten sämtliche Helden Rückmeldungen oder Feedbacks, die mindestens andeuten, dass der bisher eingeschlagene Weg noch nicht beendet ist. Somit zeigt sich das Feedback in den hier vorgestellten Heldenreisen als vorerst letzte, aber keinesfalls gering zu schätzende Äußerung der Lernprozesse. Pädagogisch betrachtet dient das Feedback als didaktisches Mittel dazu, die Effektivität der Lernprozesse zu optimieren. Allerdings wird eine Feedbackkultur erst seit kurzem methodisch kontrolliert,

1040 Vgl. Burton, 2010 (01:29:34 – 01:35: 57
1041 Campbell, 1999, 221ff.
1042 Bieri, 2011, 70

weshalb der Stand der Forschung noch recht übersichtlich ist[1043]. Was verbirgt sich hinter dem Begriff Feedback?

„Feedback ist
- jede Mitteilung, die andere darüber informiert, wie ihr Verhalten von mir wahrgenommen, verstanden und erlebt wurde.
- jede Mitteilung, die andere darüber informiert, welche Absichten, Ziele, Wünsche, Gefühle ich in einer bestimmten Situation habe.
- Jede Rückmeldung (verbal, nonverbal) über die Wirkung meines Verhaltens auf andere"[1044].

Die Vermittlung des Feedbacks ist in den Filmen stets getragen von einem wertschätzenden Miteinander und erfüllt damit ebenfalls den pädagogischen Anspruch. „Feedback soll nicht wertend sein, nicht verletzend, und soll auch das Positive hervorheben"[1045]. Die gegenseitige Wertschätzung beim Feedback ist deshalb wichtig, weil es auf die individuellen Leistungen der Lernenden zugeschnitten ist. Denn über das Feedback erhalten „[w]ichtige Persönlichkeitsanteile [...] aus der Umwelt Rückmeldungen, die wiederum die Persönlichkeit verändern können"[1046]. In Blockbusterfilmen scheint dieser Aspekt berücksichtigt, denn es ist auffällig, dass das Feedback immer wertschätzend ist, zumeist das Positive betont, selten von den Lehrenden und nur in Ausnahmen von nur einer Person stammt. Man kann daher sagen, dass es sich bei dem Feedback im Blockbusterfilm in der Tendenz zumeist um ein mehrperspektivisches Feedback handelt, da fast in allen Fällen u.a. die Mitglieder der jeweiligen Lerngruppen der Helden ihr Feedback verteilen, wobei die Lehrenden sich sehr zurückhalten bzw. gar nicht auftauchen. Das scheint kein Zufall zu sein, denn auch dies lässt sich pädagogisch-didaktisch begründen: „Die Schüler/innen können auftretende Denkfehler und/oder Lernschwierigkeiten sehr viel rascher erkennen und beheben, als das unter den Vorzeichen einer gelegentlichen Lehrerrückmeldung möglich ist"[1047]. Hier zeigt sich denn auch noch einmal die besondere Qualität der Gruppenarbeit auf der Heldenreise, denn die Gruppe wird „[...] zum ‚Resonanzboden' nicht nur für den gemeinsamen Lernprozess, sondern auch für alle wichtigen Einzelleistungen. Dieses kollektive Korrektiv kann ein hoch wirksamer ‚Verstärker' und somit ein besonders wichtiges Instrument für gelingende Lernprozesse sein: durch Anregung, konstruktive Kritik, und Motivation"[1048]. Damit bildet das in der Gruppe durchgeführte mehrperspektivische Feedback die Grundlage für eine potenzielle Qualitätssteigerung der Wissensbestände der Lernenden. „Im Idealfall wird ‚Feed-back' so zum ‚Feed-forward'! Damit wird die diagnostische Arbeit zu einem ganz wesentlichen

---

1043 Vgl. Meyer, 2010, 70ff.
1044 Bender, 2002, 258
1045 Gudjons, 2003, 238
1046 Migge, 2005, 113
1047 Klippert, 2010, 205
1048 von der Groeben, 2008, 62

Hilfsmittel für sinnvolle pädagogische Entscheidungen, die an den Lernfortschritten und den Entwicklungsmöglichkeiten des Kindes orientiert sind. Sie soll helfen, individuelles Lernen zu optimieren"[1049]. Durch Feedback wird also der Grundstein für eine Fortsetzung des Lernprozesses gelegt. „Ohne eine Rückmeldung über den IST-Zustand kann ein gewünschter SOLL-Zustand nicht erreicht werden. Ohne Feedbackschleifen ist ein System nicht lebensfähig"[1050]. Das mehrperspektivische Feedback am Ende der hier vorgestellten Filme lässt sich also als das Moment etikettieren, in dem das Lernen des Lernens induziert wird.

Auch aus neurologischer und psychologischer Perspektive lässt sich das mehrperspektivische Feedback dahingehend interpretieren, dass es im Lernprozess der ‚Heldenreise' den Schritt realisiert, der das Lernen des Lernens tatsächlich wirksam werden lässt. Denn dieses Feedback wird selbst ein motivierender Faktor, dadurch dass es im Lernenden positive und daher motivierende Emotionen freisetzt. „Es muss eine Verbindung, eine neuronale ‚Leitung' zwischen dem Selbstsystem und dem System hergestellt werden, das die Gefühle entstehen lässt, dem Emotionssystem"[1051]. Das ‚Happy' im ‚Happy End' dient somit der positiven Verstärkung im Lernprozess. „Das Selbstsystem wird z. B. aktiviert, wenn jemand seine Gefühle äußert. Selbstäußerungen von Körperwahrnehmungen, Bedürfnissen und Gefühlen sind schon von Geburt an die ersten Funktionen des späteren Selbstsystems. Es wird später aber auch immer dann aktiviert, wenn jemand sich persönlich angesprochen fühlt, z. B. wenn er sich ‚verstanden' fühlt. Das Emotionssystem wird zur Bildung positiver, motivierender Gefühle angeregt, dadurch, dass jemand gute Laune verbreitet, vielleicht auch ganz gezielt Mut macht"[1052].

Das Mehrperspektivische Feedback ist somit ein wesentlicher und integraler Bestandteil des Lernprozesses, der bereits darauf hindeutet, dass der Lernprozess nur vorläufig abgeschlossen ist und in der Zukunft fortgesetzt wird.

Die Fortsetzung des Lernprozesses muss auch geschehen, damit Welt und Gesellschaft internalisierend mit Sinn aufgeladen werden können. „Daher gibt es für jedes Leben eine Spanne, in deren zeitlichem Verlauf der Mensch in eine Teilhaberschaft an der gesellschaftlichen Dialektik eingeführt wird. Dieser Prozeß [sic!] ist die Internalisierung: das unmittelbare Erfassen und Auslegen eines objektiven Vorgangs oder Ereignisses, das Sinn zum Ausdruck bringt, eine Offenbarung subjektiver Vorgänge bei einem Anderen also, welche auf diese Weise für mich subjektiv sinnhaft werden"[1053]. Gesellschaften, die sich dem Postulat des lebenslangen Lernens anschließen, müssen für diesen Prozess sinnvollerweise mehr als nur *eine* „Spanne" bereitstellen.

1049 Schlag, 2013, 109
1050 Hennlein/Jöns, 2008, 118
1051 Martens/Kuhl, 2004, 106
1052 Martens/Kuhl, 2004, 106
1053 Berger/Luckmann, 2003, 139

XIII.2 Schlussfolgerungen

Diesem Anspruch werden die Produzenten der Blockbusterfilme (nicht zuletzt aus wirt-schaftlichen Interessen) gerecht und auf diese Weise wird mit dem Feedback, oft auch der Blick auf die Möglichkeit einer Fortsetzung des potenziellen Blockbusters gerichtet[1054]. Der lernende Held, der all diese Abenteuer durchlaufen hat, hat nun das Lernen des Lernens gelernt und wird diese Kompetenz in diversen Fortsetzungen unter Beweis stellen müssen. In diesem Sinne wird die Betrachtung des Lebens „[…] als Meditation auf die eigene innere Göttlichkeit unternommen […], nicht als Vorspiel zu genauer Imitation. Die Lehre dabei wäre nicht >>Tue so und sei gut<<, sondern >>Wisse dies und sei Gott<<[1055]. Der Lernen-de, der sich ‚intelligentes‘ oder ‚produktives‘ Wissen angeeignet hat, wird dazu ermuntert, dieses neue Wissen kreativ zu nutzen und konstruktiv in die Gesellschaft einzubringen. Intelligentes oder produktives Wissen wird damit zum Gefäß neuer Schöpfungen.

1054 Dieser Blick zeigt denn auch, wie weit das Hollywood-System kalkuliert. Ein Blockbuster ist kein Zufallstreffer, sondern wird mit einer Gewinnerwartung produziert, die die ökonomischen Poten-ziale zum Aufbau und der Erweiterung eines Franchise immer von Anfang an mit im Blick hat.
1055 Campbell, 1999, 304

Teil 3

Epilog

> „Also eigentlich finde ich das alles sehr hübsch.
> Wir sind doch schließlich alle irgendwie weitergekommen.
> Spirituell, dramatisch, menschlich."
>
> Jack Sparrow – *Fluch der Karibik*

Die Reise ist vorüber, die Helden sind zurückgekehrt. Aber wohin sind sie zurückgekehrt? Bedeutet die Rückkehr, die Campbell beschreibt, auch für die Helden im Blockbusterfilm eine Rückkehr an den Ursrprungsort? Für klassische griechische Sagenhelden mag dies zutreffen, Theseus kehrt zurück nach Athen, Odysseus nach Ithaka etc. Im Blockbuster-film finden sich dafür ebenfalls einige Beispiele. William Turner ist wieder in Port Royal, Katniss Everdeen kehrt in District 12 zurück, Forrest Gump wohnt mit seinem Sohn wieder in Greenbow, Alabama. Alice Kingsleigh kehrt zwar zurück zu ihrer Verlobungsfeier, jedoch nur, um gleich wieder aufzubrechen. Harry Potter kehrt in den Ligusterweg, betrachtet das Haus der Dursleys aber nicht als sein zu Hause. In anderen Filmen kehren die Helden gar nicht zurück. Beispielsweise befindet sich Luke Skywalker nun auf einem Rebellenstützpunkt auf dem 4. Mond des Yavin, Sam und Frodo wandern durch die Gebirge Mittelerdes genauso Richtung Osten wie zehn Jahre später Bilbo mit den Zwergen[1056], Jake Sully lebt nicht nur auf Pandora, er mutierte auch gleich zum Na'vi (einem Wesen mit ökologischem Weltbewusstsein), James Bond hat den nächsten Bösewicht schon an der Angel, Katniss Everdeen steht unter Beobachtung usw.

Diese Rückkehren mögen unterschiedlich ausfallen, ihnen sind aber zwei Dinge gemeinsam: die Helden sind aus der Abenteuerwelt zurückgekehrt und treten nun anders auf bzw. werden anders wahrgenommen. „Den Abschluss des Kindheitszyklus bildet die Rückkehr oder die Anerkennung des Helden, der Zeitpunkt, wo nach der langen Periode der Finsternis sein wahres Wesen offenbart wird. Das kann zu einer ernsthaften Krise führen. Denn es ist nicht weniger als ein Auftauchen von Kräften, die seither vom menschlichen Leben ausgeschlossen waren. Frühere Ordnungen zersplittern oder lösen sich auf, und Verheerung bietet sich dem Auge dar. Doch nach einem Augenblick scheinbaren Durcheinanders kommt der schöpferische Kern der neuen Kraft in Sicht, und die Welt nimmt in ungeahntem Glanz wie-

---

1056 Der Unterschied ist der, dass es Sam und Frodo nach Südosten zieht, während Bilbo mit den Zwergen nach Nordosten strebt.

der Gestalt an"[1057]. Campbell ist also der Auffassung, dass die Helden nach ihrer Rückkehr ihre jeweilige Lebenswelt umgestalten und dabei verbessern können. Damit sie dazu in der Lage sind, mussten sie etwas lernen. Was aber haben die Helden im Blockbuster gelernt? Luke Skywalker fand beispielsweise den Glauben daran, dass es die Macht gibt und gewann dadurch überragende Kräfte als Pilot. William Turner sah ein, dass er ein Pirat ist, gewann dadurch Elisabeth Swann als Geliebte und rettete Jack Sparrow vor dem Galgen. Forrest Gump muss als Vater eines minderjährigen Kindes nun eigenständig Entscheidungen treffen. Sophie verreist in *Mamma Mia!* lieber statt zu heiraten, dafür heiratet ihre Mutter Donna, Panda Po versteht, dass auch in einem dicken Panda der Drachenkrieger beheimatet sein kann, Neo Thomas Anderson weiß, dass er der Auserwählte ist und verfügt über Kompetenzen in der Matrix, über die kein anderer verfügt, Larry Daley kann im Museum mit seinen Ideen seinen Mann stehen, Henry Mutt Jones jr. weiß nun, dass der Hut von älteren Leuten ihm noch zu groß sein kann, James Bond hat gelernt zu lieben und die Liebe wieder zu verlieren und somit tatsächlich niemandem mehr zu trauen usw.

Alle haben ihre eigenen Kompetenzen mit neuen Wissensbeständen verknüpft und dieses Wissen in die Tat umgesetzt. Sie mussten diese Kompetenzen in der Klimax der Geschichte unter Beweis stellen und haben dies auch getan. Damit haben sie sowohl Campbells als auch Voglers Postulate erfüllt, dass der Held jemand ist, der sich in Freiheit beugt und „schützen und dienen" soll.

Zu dieser Einsicht sind sie nicht von allein gekommen. Gemeinsam mit ihren Mentoren, Freunden und Gefährten mussten sie in verschiedenen Konstellationen unterschiedliche Aufgaben bewältigen. Sie erprobten in unterschiedlichen Stadien ihrer Reise in einer breit angelegten Projektarbeit sämtliche Sozialformen, die es in Lehr-Lernszenarios gibt. Sie haben ihr bisheriges Wissen und ihre bisherigen Kompetenzen in Frage stellen müssen, um Neues Wissen zu generieren, dass sie in der Praxis angewendet haben und am Ende dafür ein überwiegend positives Feedback erhalten, das sie für weitere Aufgaben wappnet bzw. zeigt, dass sie dafür gewappnet sind. Basis ihres Lernprozesses ist also die Bewusstwerdung eigener Kompetenzen durch die Mitglieder ihrer Lerngruppe und später die Herausforderungen in der Abenteuerwelt bis zu dem Zeitpunkt, an dem alte Gewissheiten in Frage gestellt und sogar über Bord geworfen werden. Die Mitglieder der Lerngruppe haben dabei alle Phasen des Gruppenprozesses vom Storming bis zum Performing und Informing durchlaufen. Nur ältere Mentoren hielten sich aus dem Entwicklungsprozess in den verschiedenen Phasen raus. Sie wurden von vornherein als Autoritäten aufgrund ihrer Persönlichkeit und Erfahrung anerkannt. Dafür warfen sie im Gegenzug auch erste diagnostizierende Blicke auf die Helden, wiesen sie theoretisch in das zu erforschende Wissensgebiet ein und formulierten in diesem Zuge eine lösungsorientierte Problemstellung. Das Ergebnis aller Bemühungen ist die Produktion emergenter Lösungen, in deren Folge ein selbstorganisiertes Lernen möglich wird.

1057 Campbell, 1999, 312f.

Campbell nennt den Kern der Heldenreise auch ‚Rites des passages'. Die Übergänge der Reise gliedert er grob in Trennung, Initiation und Rückkehr. Genauso grob lässt sich dieser Dreischritt auch pädagogisch interpretieren als lösungsorientierte Problemstellung, Bewusstwerdung eigener Kompetenzen und Verknüpfung und Anwendung eigener Kompetenzen mit neuen Wissensfeldern. Dieser Dreischritt erfüllt den Anspruch, das Lernen des Lernens zu le(h)r(n)en, wie er von Humboldt ausgeht, u.a. von Klafki übernommen wurde und bis in aktuelle Bildungsdebatten hineingetragen wird. Dabei erwerben die Lernenden Lernkompetenzen, die sie dazu befähigen, ihre Lernprozesse zukünftig selbst initiieren, organisieren und steuern zu können. „Eine steigende Lernkompetenz geht einher mit einem höheren Grad an Bewusstheit über den Verlauf von Lernprozessen und mehr willentlichem Einfluss in Hinblick auf immer umfangreichere, komplexere Lerngegenstände sowie mit steigender Erfolgswahrscheinlichkeit und Effizienz der Lernprozesse. Und auch je besser die Anschlussfähigkeit von neuen Informationen an bestehende Informationen ausfällt, desto höher ist die Lernkompetenz des Lerners einzuschätzen"[1058].

Lehnt man die beiden unterschiedlichen Terminologien gegeneinander, dann zeigt sich, dass der Lernprozess ein schöpferischer Prozess und der schöpferische Prozess ein Lernprozess ist. Aus neurowissenschaftlicher Perspektive lässt sich der Lernprozess analog lesen: Beim Lernen werden im Gehirn Muster gebildet. „Musterbildung ist ein konstruktiver Ordnungsprozess im Gehirn, der zugleich Sinn konstituiert. Das Gehirn wehrt sich gegen sinnlose Inanspruchnahme"[1059]. Diese Musterbildung ist aber nicht nur ein konstruktiver, sondern zugleich auch ein kreativer Prozess, der in einer bestimmten Reihenfolge verläuft:

„1. Das Problem wird erfasst und im präfrontalen Cortex präzisiert.

2. Reicht diese Aktivität des präfrontalen Cortex nicht aus, um das Problem schnell zu lösen, wird es aufgeteilt. Viele verschiedene Hirnbereiche können dabei in die Problemfindung mit einbezogen werden, je nachdem, um welche Art es sich handelt. Bei sprachlichen Fragestellungen werden mit Sicherheit Sprachzentren hinzugezogen werden. Die Entwicklung eines neuen Produktdesigns erfordert wahrscheinlich räumlich/visuelle Regionen. Aber ganz egal welche Regionen aktiviert werden, das Problem wird immer verteilt und parallel im Gehirn verarbeitet.

3. Im Laufe der Zeit geben diese verteilten Zentren ihr Feedback zurück in den präfrontalen Cortex. Dieser schaut sich alle diese Rückmeldungen an. Anders ausgedrückt: Alle eintreffenden Aktivitätsmuster werden zu einem neuen Aktivitätsmuster zusammengebastelt. Dabei nutzt der präfrontale Cortex auch gleich seine Überprüfungsmuster, um zu bewerten, ob die vorgeschlagenen Muster in ihrer Kombination auch Sinn machen. Werden die Aktivitätsmuster dadurch zu schwach, verschwinden sie wieder.

1058 Pallasch/Hameyer, 2012, 96
1059 Herrmann, 2009, 165

4. Wenn die Kombination der eintreffenden Gedankenmuster jedoch ein stabiles Muster im präfrontalen Cortex ergeben, so wird uns dieser neue Gedanke bewusst. Er hat schon alles, was wir von einem Geistesblitz erwarten: Er ist neu und richtig zugleich"[1060].

Wenn diese Analogiebildung zutreffend ist, bedeutet das, dass der Lernprozess ein kreativer Prozess ist, bei dem „Intelligentes Wissen"[1061] produziert wird. Damit ist Lernen ein genauso schöpferischer wie kreativer Akt. Die Entfaltung von Kreativität „[…] wird traditionell als Abfolge von fünf Schritten oder Phasen definiert. Zunächst gibt es eine Vorbereitungsphase, in der man sich bewußt [sic!] oder unbewußt [sic!] mit mehreren problematischen Fragen beschäftigt, weil sie das Interesse und die Neugier wecken. […] Die zweite Phase im kreativen Prozeß [sic!] ist die Inkubations- oder Reifungsphase, in der Ideen unterhalb der Schwelle der bewußten [sic!] in heftige Bewegung geraten. In dieser Phase sind ungewöhnliche Verknüpfungen besonders häufig. Wenn wir uns bewußt [sic!] um die Lösung eines Problems bemühen, verarbeiten wir Informationen auf lineare, logische Weise. Aber wenn die Gedanken frei in unserem Kopf herumschwirren, können, ohne daß [sic!] wir sie in eine konkrete, genau festgelegte Richtung zwängen, können ganz neue und unerwartete Kombinationen entstehen.
    Die dritte Komponente des kreativen Prozesses ist die Einsicht, manchmal auch als >>Aha-Erlebnis<< bezeichnet, […]
    Die vierte Komponente ist die Bewertung, bei der die Person entscheiden muß, [sic!] ob es sich um eine wertvolle und lohnende Einsicht handelt. Das ist häufig die emotional aufwühlendste Phase des Prozesses, in der Zweifel und Unsicherheit am größten sind. […]
    Der fünfte und letzte Schritt ist die Ausarbeitung"[1062].
    Das Prozessieren lässt sich also sowohl lerntheoretisch wie auch aus Perspektive der Kreativitäts- und neurowissenschaftlichen Forschung analog lesen. Daraus lässt sich ableiten, dass Lernen einen schöpferisch, kreativen Prozess bedeutet. Die Abfolge der Schritte, die bei dem Prozess durchlaufen werden, lassen sich aber auch genauso analog auf die „Rites de passage", die Abfolge der Schritte auf der Heldenreise übertragen und damit auch auf die erfolgreichsten Blockbusterfilme aller Zeiten[1063]. Wenn die Einspielergebnisse dieser Blockbusterfilme nur annähernd die Besucherzahlen einzelner Filme widerspiegeln, lässt sich die These formulieren, dass Menschen ganz offensichtlich anderen Menschen gerne beim Lernen zuschauen.
    Nun ist es nicht verkehrt zu behaupten, dass Blockbusterfilme der Unterhaltung dienen, aber man kann nicht mehr sagen, dass diese Filme unbedingt *nur* der Unterhaltung dienen. Auf unterschiedlichen Ebenen entwickeln Blockbuster unterschiedliche Potenziale: Storyinhärent sind die Lernerfahrungen der Helden äußerst zweckmäßig, da es

1060 Beck, 2013, 201
1061 Vgl. Klippert, 2010, 60
1062 Csikszentmihalyi, 2003, 119f.
1063 Vgl. [URL]: http://www.filmsite.org/boxoffice.html (Zugriff am: 17.11.2013)

meistens darum geht, großes Unheil abzuwenden, das Leben in einer Gemeinschaft oder Gesellschaft zu bewahren oder es überhaupt erst zu ermöglichen. Über die Story hinaus fällt der erste Blick, wie beispielsweise bei Mikos (2007 u. 2008) auf die wirtschaftliche Verwertbarkeit der Filme. Die Umsatzzahlen, die mit den verschiedenen Franchises erwirtschaftet werden, sprechen ihre eigene Sprache und sie stützen sicherlich die Argumentation der Filmstudios, dass hier durch kommerzielle Unterhaltung eine ganze Industrie geschaffen wird, die viele Menschen in Lohn und Brot hält[1064].

Unter pädagogischer Perspektive lässt sich jedoch festhalten, dass Blockbusterfilme Lernprozesse abbilden, die deutlich machen, wie gelernt werden kann, wenn ein Lernprozess ideal verläuft. Sie zeigen, dass ein idealer Lernprozess ein kreativer Prozess ist und dass ein so durchlaufener Prozess automotivierend ist sowie dieser Prozess das Lernen des Lernens fördert.

Hilbert Meyer sagt, „[…] man kann das Lernen nicht sehen, riechen oder hören. Es ist ein grundsätzlich nicht bewusstseinsfähiger interner Vorgang. Man sieht oder merkt nur, dass einzelne Schüler mehr oder weniger plötzlich eine Leistung erreichen, die vorher noch nicht erreichbar war"[1065]. Das man Lernen nicht riechen und hören kann, erscheint beim gegenwärtigen Stand der Forschung nachvollziehbar, aber dass man Lernen nicht sehen kann, hat die Hirnforschung der jüngeren Vergangenheit zumindest in Ansätzen widerlegt (Kandel, 2007, Herrmann, 2009, Roth, 2011, Beck, 2013). Mit den bildgebenden Verfahren aus den Kernspintomographen lässt sich inzwischen die Neuroplastizität des Gehirns[1066] (z. B. das Wachsen von Dendriten während des Lernprozesses) mindestens in stilisierter Form abbilden. Während für die Abbildung des Lernens derzeit zwar nur die stilisierten Bilder aus dem Kernspintomographen existieren, steht für die Abbildung von Lernprozessen jedoch mehr zur Verfügung: die hochauflösenden und ästhetischen Bilder der Blockbusterfilme im narrativen Gewand der Heldenreise. Die Struktur der Heldenreise im Blockbusterfilm zeichnet in metaphorischer Form recht anschaulich nach, durch welche Voraussetzungen ein Lernprozesses gekennzeichnet ist, welche Akteure einen gelingenden Lernprozess bedingen, welche Stationen während des Prozesses durchlaufen werden und wie die Ergebnisse des Lernprozesses gesichert und in den Alltag überführt werden können. Kurz: die Heldenreise zeichnet einen gelingenden Lernprozess nach, bei dem es um ein subjektorientiertes Lernen zur Entfaltung von Kompetenzen, Erfahrungs- und Lebensmöglichkeiten geht. Damit lässt sich die Heldenreise im Blockbusterfilm als ein Sinnbild aktuellen Lernens interpretieren.

1064 Ob dieser Zustand allein durch Filmproduktionen mit gigantischen Budgets erreicht werden
     kann, soll an dieser Stelle nicht diskutiert werden.
1065 Meyer, 2010, 168
1066 Vgl. Anmerkung 328

Dieses Sinnbild kann als ein pädagogisches Instrument dreierlei Funktionen erfüllen: Es dient der Veranschaulichung, Orientierung sowie Navigation in Lernprozessen. Dabei birgt die Heldenreise objektive und subjektive Zugänge zu Lernprozessen. Mit ihr lässt sich erstens objektiv veranschaulichen, wie ein gelingender Lernprozess ablaufen kann. Zweitens bietet sie Lehrenden Orientierung, indem sie zu zeigen vermag, welche didaktischen Instrumente für welche Phase eines Lernprozesses sinnvoll erscheinen können. Sie kann aber auch drittens den Lernenden als Navigationsinstrument dienen, wenn sie nach Orientierung in eigenen unübersichtlich gewordenen Lernprozessen suchen. Aufgrund dieser verschiedenen Zugangs- und Einsatzmöglichkeiten, verstehe ich die Heldenreise im Blockbusterfilm als ein metadidaktisches Prinzip, also als ein Instrument, das in der Lage ist, Zugänge zu Lernprozessen zu transzendieren und sie dabei anschaulich für jedermann werden zu lassen. Aufgrund der großen Verbreitung der Blockbusterfilme setzt sie zudem auf ein weit verbreitetes Wissen auf und bietet somit breite Anschlussmöglichkeiten für die pädagogische Arbeit.

Die Didaktik der Heldenreise im Blockbusterfilm ist dabei, wie jede Didaktik, nicht frei von Voraussetzungen und impliziten Zielvorstellungen. Sie ist insofern kein Selbstzweck. Um einen prägnanten Begriff für diese Form der Didaktik zu finden, wähle ich den Begriff der **Hollywoodpädagogik**. Nimmt man die Blockbusterfilme in den Blick, dann lässt sich ein bestimmter Zweck skizzieren: ein pädagogisches Ziel von Hollywoodpädagogik scheint, im Lichte der Narration der Heldenreise, grundsätzlich der Punkt zu sein, dass Lernende gesellschaftliche Herausforderungen als Orientierungspunkte eigener Persönlichkeitsentwicklung begreifen lernen. In diesem Licht interpretiere ich Blockbusterfilme als Medien, denen eine Sozialisationsfunktion für das Individuum in postindustriellen, flexiblen Gesellschaften inne wohnt. „Der Mensch ist biologisch bestimmt, eine Welt zu konstruieren und mit anderen zu bewohnen. Diese Welt wird ihm zur dominierenden und definitiven Wirklichkeit. Ihre Grenzen sind von der Natur gesetzt. Hat er sie jedoch erst einmal konstruiert, so wirkt sie zurück auf die Natur. In der Dialektik zwischen Natur und gesellschaftlich konstruierter Welt wird noch der menschliche Organismus umgemodelt. In dieser Dialektik produziert der Mensch Wirklichkeit – und sich selbst"[1067].

Hier eröffnet sich m.E. ein Forschungsfeld mindestens für die Medienpädagogik, bei dem es herauszufinden gilt, inwieweit die hier präsentierten Thesen viabel sind, d.h. inwiefern diese mediatisierten Welten schon in soziale Umwelten eingebettet sind und, sofern sich die Thesen als viabel erweisen, inwieweit diese den sozialen Institutionen konkret zugänglich gemacht werden könnten, damit die Spracharmut, mit der Blockbustern begegnet wird, aufgelöst wird. Denn: „Medienpädagogik umfaßt [sic!] alle sozialpädagogischen, sozialpolitischen und sozialkulturellen Überlegungen und Maßnahmen sowie Angebote für Kinder, Jugendliche und Erwachsene, die ihre kulturellen Interessen und Entfaltungsmöglichkeiten, ihre persönlichen Wachstums- und Entwicklungschancen sowie ihre sozialen

---

1067 Berger/Luckmann, 2003, 195

und politischen Ausdrucks- und Partizipationsmöglichkeiten betreffen, sei es als einzelne, als Gruppen oder als Organisationen und Institutionen"[1068]. Dazu erscheint die Entwicklung von Medienkompetenz im Sinne einer ‚medialen Literalität' erforderlich. Das heißt, dass nicht nur das lineare Lesen von Texten Teil eines Bildungs- und Ausbildungsprozesses von Lehrenden und Lernenden ist, sondern auch das Lesen von komplex aggregierten Medien, wie beispielsweise dem Film, in den Kanon implementiert sein soll. Dadurch soll es beispielsweise ermöglicht werden, das Lernen des Lernens anschaulich illustriert zu schulen[1069]. Ein erster Schritt in diese Richtung wäre eine Operationalisierung von Medienkompetenz und auch der Dimension der Medienkritik, wie sie Ganguin (2004) vorschlägt, indem sie Baacke's Dimension der Medienkritik neu konzeptualisiert. Sie differenziert dieses Konstrukt in die Wahrnehmungs-, Decodierungs-, Analyse-, Reflexions- und Urteilsfähigkeit. Erste entsprechende Vorschläge zur Kompetenzmodellierung tauchen in jüngeren erziehungswissenschaftlichen Debatten bereits auf[1070], und ihre Übertragbarkeit auf Baacke's Medienkompetenzmodell wäre zu prüfen. Eine solche Übertragung könnte beispielsweise an Modellen zur Analysekompetenz angelehnt werden, wie sie Plöger und Scholl (2014) anbieten[1071].

1068 Baacke, 1997, 5

1069 „Die Kulturtechnik »Film verstehen« wird also ebenso wie die Kulturtechnik »Lesen« als eine Art Schlüsselkompetenz der Medien- bzw. Wissensgesellschaften im 21. Jahrhundert interpretiert: Filmerziehung als Schlüsselkompetenz nicht nur zum Verständnis von Gewalt verherrlichenden Computerspielen und von Gefahren des Internets, von »Schulen ans Netz« und einer dementsprechend entwickelten Medienkompetenz etc., sondern als grundsätzlich verfügbare ästhetische Kompetenz" (Wiedemann, 2003. Online: http://www.gmk-net.de/index.php?id=315// [Zugriff am 17.11.2013].

1070 Fleischer u.a., 2013, 5ff.

1071 Plöger/Scholl, 2014, 88f.

Nachklapp

Was bleibt für die Helden zu tun, nachdem sie ihre Heldenreise beendet haben? Bedeutet das Ende ihrer Reise das Ende ihrer Heldenreise, dass sie nun ausgelernt haben? Die marktwirtschaftliche Verwertungslogik widerspricht diesem Gedanken und Hollywoods Filmschaffende zeigen sich generös darin, ihren Helden ein Leben am heimischen Herd zu ersparen. Sie schicken die Helden wieder und wieder auf Reisen. Das Format der Trilogie hat sich bewährt, wie z.B. *Der Herr der Ringe*, *Der Hobbit*, *Iron Man*, *Batman*, *Spider-Man* usw. veranschaulichen. Allerdings erstrecken sich manche Reisen inzwischen auch über eine Hexalogie, wie z.B. *Star Wars* das sich bislang aus zwei Trilogien zusammensetzt. *Harry Potter* hat es in Buchform auf eine Heptalogie gebracht und in der Filmversion auf eine Oktologie. *Die Tribute von Panem* erscheinen in ihrer Buchversion als Trilogie und in der Filmfassung wird daraus eine Tetralogie. *Fluch der Karibik* bildet mit der Geschichte von William Turner und Elisabeth Swann eine Trilogie, dennoch wurde ein vierter Film nachgeschoben, in dem als einziger Hauptcharakter der Serie Kapitän Jack Sparrow übrig bleibt. Fortsetzungen von *Avatar*, *Thor*, *James Bond*, den *Avengers*, *Star Wars* usw. sind geplant bzw. stehen bereits in den Startlöchern und auch *Indiana Jones* steht vor einem Re-Boot. Das Interesse an einer weiteren marktwirtschaftlichen Verwertung von am Markt etablierten Marken ist offensichtlich groß. Aber was können die Helden in ihren weiteren Abenteuern unternehmen? Wiederholen sie ihre bisherigen Erfahrungen? Das Lernen des Lernens müssen sie nicht mehr lernen, da sie das im ersten Teil einer Reihe gelernt haben, wie ich in dieser Arbeit hoffentlich deutlich machen konnte. Was geschieht also in den Fortsetzungen? Gehen die Helden dort immer noch auf Helden-Reisen? Ich meine ja. Und die Fortsetzungen bauen didaktisch konsistent auf ihre Vorläufer auf. Im zweiten Teil einer Reihe müssen die Helden lernen, mit ihren erweiterten Kompetenzen in ihren Szenariowelten zu operieren. Dabei kommen sie regelmäßig an den Punkt, an dem sie sich selbst in Frage stellen. Im dritten Teil werden sie zu Lehrenden, die ihre Kompetenzen, das Lernen des Lernens zu beherrschen, in stabile Persönlichkeiten integriert haben. Sollte eine Reihe noch mehr Fortsetzungen aufweisen, wie z.B. bei *Harry Potter*, werden die zu erwerbenden Kompetenzen ausdifferenziert. Im Falle von *Fluch der Karibik* erfolgt für Jack Sparrow, als Tricksterfigur auf der Suche nach der Unsterblichkeit, eine Entzeitlichung, indem quasi ein Neustart lanciert wird. Wie auch immer es konzipiert wird, der Lernprozess der Helden scheint unabschließbar.

„Der Mythos ist tot, es lebe der neue Mythos!" schreiben Möller und Sander (2003) und meinen damit den Mythos der Jugendkultur. Sie sagen: „Alle Religionen geben sich als Mythos so eine spezifische narrative Metaphorik, und die übrigen Mythen sind genauso gestrickt. Heilige, sogar Götter, werden in Geschichten eingebettet, aus denen man lernen kann; [...]"[1072]. Global erfolgreiche Blockbusterfilme sind mit dem Erzählkonzept der Heldenreise in ein Gewand gestrickt, mit dem schon die Mythen aller Kulturen und Zeiten ausgestattet sind. Diese Filme gehören fraglos zur sozialen Umwelt der Individuen in pluralen und flexiblen, postindustriellen Gesellschaften. In diesen Gesellschaften verlieren vorgefertigte Lebensentwürfe ständig an Zuspruch. Dies birgt einerseits Chancen auf Zugewinn an individuellen Freiheiten, birgt aber auch die Gefahr der Orientierungslosigkeit für den Einzelnen, d.h. Orientierungen sind gefragt. „Mythen erfreuen sich einer immer noch >>ungebrochenen Konjunktur<<. Das >>postmoderne Klima<< erweist sich als >>mythophil<<"[1073]. Sind vielleicht Blockbusterfilme neue oder auch moderne Mythen?

Wie auch immer, die Frage, die sich angesichts der boomenden Konjunktur von Blockbustern aufdrängt muss eigentlich weniger lauten, ob Blockbusterfilme zur Veranschaulichung pädagogisch-didaktischer Fragestellungen etwas beitragen können. Vielmehr muss sie lauten, ob es sich wertvermittelnde Instanzen wie Schule, Kirche, Politik oder Elternhaus weiterhin leisten können, mediale Erzeugnisse wie Blockbusterfilme mit diskreditierenden Blicken aus ihrem Bildungskanon auszuschließen? Ohne diese Frage hier abschließend beantworten zu können, sei in Anlehnung an Hesse formuliert: Jedem Zauber wohnt ein Anfang inne.

1072 Möller/Sander, 2003, 387
1073 Barnert u.a., 2003, 8

Literaturverzeichnis

Alewyn, Richard (1971). Anatomie des Detektivromans. In: Vogt, Jochen (1971). Der Kriminalroman. Wilhelm Fink Verlag. München

Altenmüller, Eckart (2009). Musik hören – Musik entsteht im Kopf. In: Sentker, Andreas / Wigger, Frank (Hg.). Schaltstelle Gehirn – Denken, Erkennen, Handeln. Spektrum Akademischer Verlag Heidelberg und Zeitverlag Gerd Bucerius. S. 83 – 106

Aristoteles (1998). Politik. Deutscher Taschenbuch Verlag. München

Armstrong, Karen (2005). Eine kurze Geschichte des Mythos. Berlin Verlag. Berlin

Arnold, Margaret (2009). Brain-based Learning and Teaching – Prinzipien und Elemente. In: Hermann, Ulrich (2009). Neurodidaktik – Grundlagen und Vorschläge für gehirngerechtes Lehren und Lernen. Beltz Verlag. Weinheim und Basel. 2. Auflage. S. 182 – 195

Arnold, Rolf (2012). Wie man lehrt, ohne zu Belehren. Carl Auer Verlag. Heidelberg

Bassham, Gregory u. Bronson, Eric (Hg.) (2011). Der Herr der Ringe und die Philosophie. Piper. München, Zürich

Bassham, Gregory (2011). Tolkiens sechs Schlüssel zum Glück. In: Bassham, Gregory u. Bronson, Eric (Hg.) (2011). Der Herr der Ringe und die Philosophie. Piper. München, Zürich. S. 83 – 101

Bauer, Joachim (2009). Erziehung als Spiegelung. Die pädagogische Beziehung aus dem Blickwinkel der Hirnforschung. In: Hermann, Ulrich (2009). Neurodidaktik – Grundlagen und Vorschläge für gehirngerechtes Lehren und Lernen. Beltz Verlag. Weinheim und Basel. 2. Auflage. S. 109 – 115

Baacke, Dieter (1997). Medienpädagogik. Max Niemeyer Verlag. Tübingen

Barner, Wilfried u.a. (Hg.) (2003). Texte zur modernen Mythentheorie. Philip Reclam jun. Stuttgart

Baumert, Jürgen u.a. (Hg.) (2014). Zeitschrift für Erziehungswissenschaft. 17. Jahrgang, Heft 1, 2014. Springer Fachmedien Wiesbaden. Wiesbaden

Beck, Henning (2013). Biologie des Geistesblitzes – Speed up your mind! Springer Verlag. Heidelberg

Bender, Susanne (2002). Teamentwicklung. Der effektive Weg zum „Wir". Deutscher Taschenbuch Verlag. München

Bieri, Peter (2011). Wie wollen wir leben? Residenz Verlag. St. Pölten, Salzburg

Biskind, Peter (2004). Easy Riders, Raging Bulls – Wie die Sex Drugs und Rock'n Roll Generation Hollywood rettete. Wilhelm Heyne Verlag. München

Blanchet, Robert (2003). Blockbuster Ästhetik, Ökonomie und Geschichte des Postklassischen Hollywoodkinos. Schüren Verlag. Marburg

Böhm, Andreas (2000). Theoretisches Codieren: Textanalyse in der Grounded Theory. In: Flick, Uwe / Kardorff, Ernst von/Steinke, Ines (Hg.) (2000). Qualitative Forschung. Ein Handbuch. Rowohlt Taschenbuch Verlag. Reinbek bei Hamburg. S. 475 – 485

Braun, Anna Katharina (2009). Wie Gehirne laufen lernen, oder >>Früh übt sich, wer ein Meister werden will<<. In: Hermann, Ulrich (2009). Neurodidaktik – Grundlagen und Vorschläge für gehirngerechtes Lehren und Lernen. Beltz Verlag. Weinheim und Basel. 2. Auflage.

Buer, Ferdinand, Schmidt-Lellek, Christoph (2008). Life-Coaching. Vandenhoeck & Ruprecht, Göttingen.

Buer, Ferdinand (2008). Verantwortung übernehmen. In: Buer, Ferdinand, Schmidt-Lellek, Christoph (2008). Life-Coaching. Vandenhoeck & Ruprecht. Göttingen. S. 135 – 169

Campbell, Joseph (1991). Lebendiger Mythos. Wissenschaft Musik Poesie. Gedanken über die inneren Horizonte. Goldmann Verlag

Campbell, Joseph (1994). Die Kraft des Mythos. Bilder der Seele im Leben des Menschen. Patmos Verlag Artemis & Winkler.

Campbell, Joseph (1996). Schöpferische Mythologie. Die Masken Gottes. Band 4. Deutscher Taschenbuch Verlag. München

Campbell, Joseph (1999). Der Heros in tausend Gestalten. Insel Verlag. Frankfurt, 1999

Csikszentmihalyi, Mihaly (2003). Kreativität – Wie Sie das Unmögliche schaffen und Ihre Grenzen überwinden. Klett-Cotta, Stuttgart, 6. Auflage

Davidson, Cathy N. (2011). Now you see it. Penguin Books. New York

Decker, Kevin S. und Eberl, Jason T. (2005). Star Wars and Philosophy. More Powerful than you can possibly imagine. Carus Publishing Company, Chicago and La Salle, Illinois

Dees, Richard H. (2005). Moral Ambiguity in a Black-and-White Universe. In: Decker, Kevin S. und Eberl, Jason T. (2005). Star Wars and Philosophy. More Powerful than you can possibly imagine. Carus Publishing Company, Chicago and La Salle, Illinois

Denker, Oliver (1997). Star Wars – Luke und Leia. Wilhelm Heyne Verlag. München.

Diederich, Jürgen (1995). Der Lehrer. In: Lenzen, Dieter (1995). Erziehungswissenschaft – Ein Grundkurs. Rowohlt Taschenbuch Verlag, Reinbek bei Hamburg. 2. Auflage

Drosdowski, Günter (1997). Duden Bd. 7. Das Herkunftswörterbuch. Dudenverlag. Mannheim, Leipzig, Wien, Zürich. 2. Auflage

Ehrenspeck, Yvonne u. Schäffer, Burkhard (Hg.) (2003). Film- und Fotoanalyse in der Erziehungswissenschaft. VS Verlag für Sozialwissenschaften. Opladen

Faulstich, Werner (2002). Grundkurs Filmanalyse. Wilhelm Fink Verlag. München

Faulstich, Werner (2005). Filmgeschichte. Wilhelm Fink Verlag. Paderborn

Feldmann, Alexander (Hg.) (1997). Star Wars – 20 Jahre Star Wars – Offizielles Souvenirmagazin. Blue Man Publishing. München.

Fleischer, Jens u.a. (2013). Kompetenzmodellierung: Struktur, Konzepte und Forschungszugänge des DFG-Schwerpunktprogramms. In: Leutner, Detlev u.a. (2013). Kompetenzmodelle zur Erfassung individueller Lernergebnisse und zur Bilanzierung von Bildungsprozessen. Zeitschrift für Erziehungswissenschaft. Sonderheft 18/2013. Springer Fachmedien Wiesbaden. Wiesbaden

Flick, Uwe u.a. (Hg.) (2000). Qualitative Forschung – Ein Handbuch. Rowohlt Taschenbuch Verlag, Reinbek

Flick, Uwe u.a. (2000). Was ist qualitative Forschung? Einleitung und Überblick. In: Flick, Uwe u.a. (Hg.) (2000). Qualitative Forschung – Ein Handbuch. Rowohlt Taschenbuch Verlag, Reinbek. S. 13 – 29

Friedrich, Gerhard (2009). >>Neurodidaktik<< – eine neue Didaktik? In: Hermann, Ulrich (2009). Neurodidaktik – Grundlagen und Vorschläge für gehirngerechtes Lehren und Lernen. Beltz Verlag. Weinheim und Basel. S. 272 – 285

Ganguin, Sonja (2004). Medienkritik – Kernkompetenz unserer Mediengesellschaft. In: Imort, Peter u.a. (Hg.) (2004). Ludwigsburger Beiträge zur Medienpädagogik 6 / 2004. Online erhältlich. URL: http://www.ph-ludwigsburg.de/fileadmin/subsites/1b-mpxx-t-01/user_files/Online-Magazin/Ausgabe6/Ganguin6.pdf, (Stand: 04.04.02104)

Gillies, Constantin (2005). Die Macht mit uns. Star Wars und die Folgen. Rowohlt Taschenbuch Verlag. Reinbek bei Hamburg

Glaser, Barney G. und Strauss, Anselm L. (1998). Grounded Theory. Strategien qualitativer Forschung. Verlag Hans Huber. Bern

Glasersfeld, Ernst von (2003). Konstruktion der Wirklichkeit und des Begriffs der Objektivität. In: Gumin, Heinz u. Meier, Heinrich (Hg.)(2003). Einführung in den Konstruktivismus. Pieper Verlag, München. 7. Auflage

Goethe, Johann Wolfgang (1998). Goethes Werke – Hamburger Ausgabe. Verlag C.H. Beck, München

Goleman, Daniel u.a. (1997). Kreativität entdecken. Carl Hanser Verlag, München, Wien.

Göttlich, Udo und Kurt, Ronald (Hg.) (2012). Kreativität und Improvisation. Soziologische Positionen. Springer Fachmedien. Wiesbaden

Groeben, Norbert (2002). Medienkompetenz Voraussetzungen, Dimensionen, Funktionen. Juventa Verlag. Weinheim und München

Gudjons, Herbert (2003). Didaktik zum Anfassen. Lehrer/in-Persönlichkeit und lebendiger Unterricht. Klinkhardt, Regensburg

Gudjons, Herbert (2007). Frontalunterricht – Neu entdeckt. Verlag Julius Klinkhardt, Bad Heilbrunn. 2. durchgesehene Auflage

Gumin, Heinz u. Meier, Heinrich (Hg.)(2003). Einführung in den Konstruktivismus. Piper Verlag GmbH, München. 7. Auflage

Hahn, Ronald M. u. Jansen, Volker (1984). Lexikon des Science Fiction Films – 720 Filme von 1902 bis 1983. Wilhelm Heyne Verlag. München. 2. Auflage

Hameyer, Uwe u. Schlichtung, Frank (Hg.) (2002). Entdeckendes Lernen. IMPULSE-Reihe – Band 3. Körner Verlag. Kronshagen

Hameyer, Uwe (2002). Entdeckendes Lernen – ein Prozess explorativen Verstehens. In: Hameyer, Uwe u. Schlichtung, Frank (Hg.) (2002). Entdeckendes Lernen. IMPULSE-Reihe – Band 3. Körner Verlag. Kronshagen, S. I – 5 – I – 9.

Hameyer, Uwe (2002). Entdeckende Lerntätigkeit. In: Hameyer, Uwe u. Schlichtung, Frank (Hg.) (2002). Entdeckendes Lernen. IMPULSE-Reihe – Band 3. Körner Verlag. Kronshagen, S. III – 27 – III – 37

Hammann, Joachim (2007). Die Heldenreise im Film. Zweitausendeins. Frankfurt am Main

Harari, Yuval Noah (2013). Eine kurze Geschichte der Menschheit. Deutsche Verlags Anstalt, München

Hartmann, Britta (2009). Aller Anfang. Zur Initialphase des Spielfilms. Schüren Verlag, Marburg

Hearn, Marcus (2005). Das Kino des George Lucas. Schwarzkopf & Schwarzkopf Verlag. Berlin

Hennlein, Svenja u. Jöns, Ingela (2008). Entwicklung durch Feedback. In: Jöns, Ingela (Hg.) (2008). Erfolgreiche Gruppenarbeit. Verlag Dr. Th. Gabler. Wiesbaden. S. 117 – 128

Hepp, Andreas, Krotz, Friedrich, Thomas, Tanja (Hg.) (2009). Schlüsselwerke der Cultural Studies. VS Verlag für Sozialwissenschaften. Wiesbaden.

Hepp, Andreas, Krotz, Friedrich, Thomas, Tanja (2009). Einleitung. In: Hepp, Andreas, Krotz, Friedrich, Thomas, Tanja (Hg.). Schlüsselwerke der Cultural Studies. VS Verlag für Sozialwissenschaften. Wiesbaden. S. 7 – 20

Hermann, Ulrich (2009). Neurodidaktik – Grundlagen und Vorschläge für gehirngerechtes Lehren und Lernen. Beltz Verlag. Weinheim und Basel. 2. Auflage.

Hermann, Ulrich (2009). Neurodidaktik – neue Wege des Lehrens und Lernens. In: Neurodidaktik – Grundlagen und Vorschläge für gehirngerechtes Lehren und Lernen. Beltz Verlag. Weinheim und Basel. 2. Auflage. S. 9 – 16

Herrmann, Ulrich (2009). Gehirnforschung und die neurodidaktische Revision schulisch organisierten Lehrens und Lernens. In: Hermann, Ulrich (2009). Neurodidaktik – Grundlagen und Vorschläge für gehirngerechtes Lehren und Lernen. Beltz Verlag. Weinheim und Basel. 2. Auflage. S. 148 – 181

Hesse, Hermann (1974). Demian. Suhrkamp Verlag. Frankfurt

Hesse, Hermann (1972). Das Glasperlenspiel. Suhrkamp Verlag. Frankfurt

Hickethier, Knut (2001). Film- und Fernsehanalyse. J.B. Metzlersche Verlagsbuchhandlung und Carl Ernst Poeschel Verlag. Stuttgart.

Höfer, Renate , R. u. Keupp, Heiner (Hg.) (1997). Identitätsarbeit heute – Klassische und aktuelle Perspektiven der Identitätsforschung. Suhrkamp Verlag, Frankfurt

Holzkamp, Klaus (1995). Lernen: subjektwissenschaftliche Grundlegung. Campus Verlag. Frankfurt/New York

Homer (1999). Ilias. Philipp Reclam jun. Stuttgart

Huber, Günther L. (2006). Lernen in Gruppen/Kooperatives Lernen. In: Mandl, Heinz u. Friedrich, Helmut Felix (Hg.) (2006). Handbuch Lernstrategien. Hogrefe Verlag, Göttingen, Bern, Wien, Toronto, Seattle, Oxford, Prag. S. 261 – 272

Hüther, Gerald, (2001, 2004). Bedienungsanleitung für ein menschliches Gehirn. Vandenhoeck & Ruprecht, Göttingen, 4. Auflage

Hüther, Gerald (2009 a). Die Bedeutung sozialer Erfahrungen für die Strukturentwicklung des menschlichen Gehirns. In: Neurodidaktik – Grundlagen und Vorschläge für gehirngerechtes Lehren und Lernen. Beltz Verlag. Weinheim und Basel. 2. Auflage. S. 41 – 48

Hüther, Gerald (2009 b). Die Ausbildung von Metakompetenzen und Ich-Funktion während der Kindheit In: Neurodidaktik – Grundlagen und Vorschläge für gehirngerechtes Lehren und Lernen. Beltz Verlag. Weinheim und Basel. 2. Auflage. S. 99 – 108

Hüther, Gerald (2011). Was wir sind und was wir sein können. S. Fischer Verlag GmbH, Frankfurt am Main, 4. Auflage

Hüther, Gerald u. Hauser, Uli (2012). Jedes Kind ist hoch begabt. Die angeborenen Talente unserer Kinder und was wir mit ihnen machen. Albrecht Knaus Verlag, München. 3. Auflage

Hugger, Kai Uwe (2008). Medienkompetenz. In: Sander, Uwe u.a. (Hg.) (2008). Handbuch Medienpädagogik. VS Verlag für Sozialwissenschaften, Wiesbaden

Hyde, Lewis (2008). Trickster makes this world – How disruptive imagination creates culture. Cannongate. Edinburgh/London/New York/Melbourne

Jank, Werner und Meyer, Hilbert (2008). Didaktische Modelle. Cornelsen Verlag Scriptor. 10. Auflage

Johnson, Steven (2006). Neue Intelligenz. Warum wir durch Computerspiele und TV klüger werden. Kiepenheuer & Witsch. Köln

Jöns, Ingela (Hg.) (2008). Erfolgreiche Gruppenarbeit. Verlag Dr. Th. Gabler. Wiesbaden.

Jullier, Laurent (2007). Star Wars. Anatomie einer Saga. UVK. Konstanz.

Keupp, Heiner (1999). Identitätskonstruktionen – Das Patchwork der Identitäten in der Spätmoderne. Rowohlt Taschenbuch Verlag GmbH, Reinbek bei Hamburg

Kiesel, Andrea u. Koch, Iring (2012). Lernen. Grundlagen einer Lernpsychologie. VS Verlag für Sozialwissenschaften. Wiesbaden.

Kilb, A. (2005). 30 Jahre Cinema sind auch 30 Jahre Filmgeschichte. In: Cinema – Europas größte Filmzeitschrift' (2005). Cinema Verlag. Hamburg. 2005

Klippert, Heinz (2010). Heterogenität im Klassenzimmer. Wie Lehrkräfte effektiv und zeitsparend damit umgehen können. Beltz Verlag, Weinheim und Basel

Krause, Ulrike-Marie u. Stark, Robin (2006). Vorwissen aktivieren. In: Mandl, Heinz u. Friedrich, Helmut Felix (Hg.) (2006). Handbuch Lernstrategien. Hogrefe Verlag. Göttingen, Bern, Wien, Toronto, Seattle, Oxford, Prag. S. 38 – 49

Krotz, Friedrich (2009). Stuart Hall: Encoding/Decoding und Identität. In: Hepp, Andreas, Krotz, Friedrich, Thomas, Tanja (Hg.) (2009). Schlüsselwerke der Cultural Studies. VS Verlag für Sozialwissenschaften. Wiesbaden. S. 210 – 223

Kuhl, Julius (u.a.) (2011). Wer sich angenommen fühlt lernt besser: Begabungsförderung und Selbstkompetenzen. In: Kuhl, Julius (u.a.) (Hg.) (2011). Bildung braucht Beziehung. Selbstkompetenz stärken – Begabungen entfalten. Verlag Herder, Freiburg im Breisgau

Kuhl, Julius (u.a.) (Hg.) (2011). Bildung braucht Beziehung. Selbstkompetenz stärken – Begabungen entfalten. Verlag Herder, Freiburg im Breisgau

Landesanstalt für Medien Nordrhein Westfalen (LfM) (Hg.) (2010). Medienkompetenzbericht 2009. Düsseldorf

Lenzen, Dieter (1995). Erziehungswissenschaft – Ein Grundkurs. Rowolth Taschenbuch Verlag, Reinbek bei Hamburg. 2. Auflage.

Leutner, Detlev u.a. (2013). Kompetenzmodelle zur Erfassung individueller Lernergebnisse und zur Bilanzierung von Bildungsprozessen. Zeitschrift für Erziehungswissenschaft. Sonderheft 18/2013. Springer Fachmedien. Wiesbaden

Lucas, George (1981). Krieg der Sterne, Wilhelm Goldmann Verlag, München, 11. Auflage

Mandl, Heinz u. Friedrich, Helmut Felix (Hg.) (2006). Handbuch Lernstrategien. Hogrefe Verlag. Göttingen, Bern, Wien, Toronto, Seattle, Oxford, Prag

Manguel, Alberto (1998). Eine Geschichte des Lesens, Verlag Volk und Welt, Berlin, 4. Auflage

Martens, J. U. u. Kuhl, J. (2004). Die Kunst der Selbstmotivierung, W. Kohlhammer GmbH, Stuttgart.

Mattes, Wolfgang (2007). Methoden für den Unterricht. Schöningh Verlag im Westermann Schulbuch Verlag, Braunschweig, Paderborn, Darmstadt

Meyer, Ernst u. Forsberg, Börje (Hg.) (1973). Einführung in die Praxis der schulischen Gruppenarbeit. Quelle & Meyer, Heidelberg

Meyer, Ernst (1973). Das Modell der Gruppendidaktik. In: Meyer, Ernst u. Forsberg, Börje (Hg.) (1973). Einführung in die Praxis der schulischen Gruppenarbeit. Quelle & Meyer, Heidelberg. S. 66 – 80

Meyer, Hilbert (1992). UnterrichtsMethoden I: Theorieband. Cornelsen Scriptor, Frankfurt am Main, 5. Auflage

Meyer, Hilbert (1991). UnterrichtsMethoden II: Praxisband. Cornelsen Scriptor, Frankfurt am Main, 4. Auflage

Meyer, Hilbert (2010). Was ist guter Unterricht? Cornelsen Verlag Scriptor, Berlin, 7. Auflage

Migge, Björn (2005). Handbuch Coaching und Beratung. Beltz Verlag. Weinheim und Basel

Mikos, Lothar (2007). Die „Herr der Ringe"-Trilogie. UVK. Konstanz.

Mikos, Lothar (2008). Film- und Fernsehanalyse. UVK. Konstanz. 2. Auflage

Möller, Renate u. Sander, Uwe (2003). Jugendmythen im Spielfilm. In: Ehrenspeck, Yvonne u. Schäffer, Burkhard (Hg.) (2003). Film- und Fotoanalyse in der Erziehungswissenschaft. Leske + Budrich. Opladen. S. 381-394.

Montaigne, Michel de (1998). Essais. Erste Moderne Gesamtübersetzung von Hans Stilett. Eichborn Verlag. Frankfurt am Main.

Mühlhausen, Ulf u. Wegner, Wolfgang (2006). Erfolgreicher Unterrichten?! Eine erfahrungsfundierte Einführung in die Schulpädagogik. Schneider Verlag Hohengehren, Baltmannsweiler

Müller, Wolfgang u.a. (1982). Duden Band 5. Fremdwörterbuch. Bibliographisches Institut. Mannheim/ Wien Zürich. 4. neu bearbeitete und erweiterte Auflage

Müller Hansen, Ines (2014) Konzepte zur Vermittlung von Filmbildungsstandards in der Lehrerbildung. In: Aßmann, Sandra u.a. (Hg.) (2014). School's out? Informelle und formelle Medienbildung. kopaed. München

Münker, S. und Roesler, A. (Hg.) (1997). Mythos Internet. edition suhrkamp. Frankfurt am Main

Niesyto, Horst (2008). Medienkritik. In: Sander, Uwe u.a. (Hg.) (2008). Handbuch Medienpädagogik. VS Verlag für Sozialwissenschaften, Wiesbaden. S. 129 – 135.

Nietzsche, Friedrich (1988). Menschliches, Allzumenschliches I und II. Deutscher Taschenbuch Verlag GmbH & Co. KG. München. 2. Durchgesehene Auflage

Okon, Wincenty, Warschau (1973). Die bildende und erzieherische Wirkung der Gruppenarbeit. In: Meyer, Ernst u. Forsberg, Börje (Hg.) (1973). Einführung in die Praxis der schulischen Gruppenarbeit. Quelle & Meyer, Heidelberg

Oswald, Hans (1995). Der Jugendliche. In: Lenzen, Dieter (1995). Erziehungswissenschaft – Ein Grundkurs. Rowolth Taschenbuch Verlag, Reinbek bei Hamburg

Paul, Gregor (2010). Konfuzius und Konfuzianismus. Eine Einführung. Wissenschaftliche Buchgesellschaft. Darmstadt.

Pausch, Randy (2010). Last Lecture. Die Lehren meines Lebens. Wilhelm Goldmann Verlag. München. 2. Auflage

Peltzer, Anja (2011). Identität und Spektakel. Der Hollywood Blockbuster als global erfolgreicher Identitätsanbieter. UVK. Konstanz

Piaget, Jean (1973). Einführung in die genetische Erkenntnistheorie. Suhrkamp Taschenbuch Verlag, Frankfurt.

Piaget, Jean (1974). Biologie und Erkenntnis. S. Fischer Verlag. Frankfurt am Main

Platon (1991). Die großen Dialoge. Deutscher Taschenbuch Verlag. München

Platon (1994). Sämtliche Werke. Band 2. Rowohlt Taschenbuch Verlag. Reinbek bei Hamburg

Plöger, Wilfried u. Scholl, Daniel (2014). Analysekompetenz von Lehrpersonen – Modellierung und Messung. In: Baumert, Jürgen u.a. (Hg.) (2014). Zeitschrift für Erziehungswissenschaft. 17. Jahrgang, Heft 1, 2014. Springer Fachmedien. Wiesbaden

Pörksen, Bernhard (2008). Die Gewissheit der Ungewissheit. Gespräche zum Konstruktivismus. Carl-Auer Verlag. Heidelberg. 2. Auflage

Pörksen, Bernhard (2014). Konstruktivismus. Medienethische Konsequenzen einer Theorie-Perspektive. Springer Fachmedien. Wiesbaden.

Pollock, Dale (1983). Sternenimperium – Das Leben und die Filme von George Lucas. Verlag Monika Nüchtern, München.

Rauscher, Andreas u.a. (Hg.) (2007). Mythos 007. Die James-Bond-Filme im Fokus der Popkultur. Ventil Verlag. Mainz

Rehn, Alf (2012). Gefährliche Ideen. Von der Macht des ungehemmten Denkens. Campus Verlag, Frankfurt, New York.

Reich, Kersten (2008). Konstruktivistische Didaktik. Beltz Verlag. Weinheim und Basel. 4. durchgesehene Auflage

Reichertz, Jo (2012). Was bleibt vom göttlichen Funken. Über die Logik menschlicher Kreativität. In: Göttlich, Udo und Kurt, Ronald (Hg.) (2012). Kreativität und Improvisation. Soziologische Positionen. Springer Fachmedien. Wiesbaden. S. 63 – 78

Rittelmeyer, Christian (1995). Der Erzieher. In: Lenzen, Dieter (1995). Erziehungswissenschaft – Ein Grundkurs. Rowolth Taschenbuch Verlag, Reinbek bei Hamburg

Ritzer, Ivo (2007). All the time in the world. Modernität, Wissenschaft und Pop in den James Bond Filmen der 1960er-Jahre. In: Rauscher, Andreas u.a. (Hg.) (2007). Mythos 007. Die James-Bond-Filme im Fokus der Popkultur. Ventil Verlag. Mainz. S. 198 – 210

Rizzolatti, Giacomo u. Sinigaglia, Corrado (2008). Empathie und Spiegelneurone. Die biologische Basis des Mitgefühls. Suhrkamp Verlag. Frankfurt am Main.

Röll, Franz Josef (1998). Mythen und Symbole in populären Medien: der wahrnehmungsorientierte Ansatz in der Medienpädagogik. Gemeinschaftswerk der Evangelischen Publizistik e.V.– Abt. Verlag. Frankfurt am Main

Röll, Franz Josef (2014). Zum Spannungsverhältnis von organisierter Bildung und neuen Lernformen. In: Aßmann, Sandra u.a. (Hg.) (2014). School's out? Informelle und formelle Medienbildung. kopaed. München

Rosenthal, Gabriele (1995). Erlebte und erzählte Lebensgeschichte – Gestalt und Struktur biographischer Selbstbeschreibungen. Campus Verlag. Frankfurt, New York.

Rosenthal, Gabriele (2005). Interpretative Sozialforschung – Eine Einführung. Juventa Verlag. Weinheim und München

Roth, Gerhard (2009). Warum sind Lehren und Lernen so schwierig? In: Herrmann, Ulrich 2009. Neurodidaktik – Grundlagen und Vorschläge für gehirngerechtes Lehren und Lernen. Beltz Verlag. Weinheim und Basel. 2. Auflage. S. 58 – 68

Roth, Gerhard (2011). Bildung braucht Persönlichkeit. Wie lernen gelingt. J. G. Cotta'sche Buchhandlung Nf. Stuttgart

Sandbothe, Mike (1997). ‚Interaktivität – Hypertextualität – Transversalität – Eine medienphilosophische Analyse des Internet. In: Münker, S. und Roesler, A. (Hg.) (1997). Mythos Internet. edition suhrkamp. Frankfurt am Main

Sander, Uwe (2001). Wir wird man eigentlich medienkompetent? In: Lauffer, Jürgen, Gesellschaft für Medienkompetenz und Kommunikationskultur im Rahmen des Projekts: „Mediengeneration – kompetent in die Medienzukunft" (Hg.) (2001). Medienkompetenz in Theorie und Praxis. S. 92 – 95

Sander, Uwe u.a. (Hg.) (2008). Handbuch Medienpädagogik. VS Verlag für Sozialwissenschaften, Wiesbaden

Sandel, Michael J. (2012). Was man für Geld nicht kaufen kann – Die moralischen Grenzen des Marktes. Ullstein Buchverlage. Berlin

Schell, Christa (1972). Partnerarbeit im Unterricht. Psychologische und pädagogische Voraussetzungen. Ernst Reinhard Verlag. München. 2. Auflage

Schell, Fred (2008). Projektorientierung. In: Sander, Uwe u.a. (Hg.) (2008). Handbuch Medienpädagogik. VS Verlag für Sozialwissenschaften. Wiesbaden. S. 587 – 591

Schenk, Irmbert u.a. (Hg.) (2006). Experiment Mainstream? Differenz und Uniformierung im populären Kino. Bertz + Fischer. Berlin

Schinkel, Andreas (2003). Freundschaft. Von der gemeinsamen Selbstverwirklichung zum Beziehungsmanagement – Die Verwandlungen einer sozialen Ordnung. Verlag Karl Alber. Freiburg. München

Schirp, Heinz (2009). Wie >>lernt<< unser Gehirn Werte und Orientierungen? In: Hermann, Ulrich (2009). Neurodidaktik – Grundlagen und Vorschläge für gehirngerechtes Lehren und Lernen. Beltz Verlag. Weinheim und Basel. 2. Auflage. S. 246 – 260

Schlag, Bernhard (2013). Lern- und Leistungsmotivation. Springer Fachmedien. Wiesbaden. 4. überarbeitete Auflage. S. 109

Schneider, Norbert (2010). Medien. Nutzen. Leben und Lernen mit Medien. In: Landesanstalt für Medien Nordrhein Westfalen (LfM) (Hg.) (2010). Medienkompetenzbericht 2009. Düsseldorf

Schreckenberg, Ernst (2006). Die Reise des Helden. Schenk, Irmbert u.a. (Hg.) (2006). Experiment Mainstream? Differenz und Uniformierung im populären Kino. Bertz + Fischer. Berlin

Schröder, Hartwig (2001). Didaktisches Wörterbuch. Oldenbourg Wissenschaftsverlag. München. 3. Auflage

Schütz, Alfred u. Luckmann, Thomas (2003). Strukturen der Lebenswelt. UVK. Konstanz

Schulz, Wolfgang (1997). Ästhetische Bildung – Beschreibung einer Aufgabe. Zit. nach: Jank, Werner und Meyer, Hilbert (2008). Didaktische Modelle. Cornelsen Verlag Scriptor GmbH & Co. KG. 10. Auflage

Sennett, Richard (2000). Der flexible Mensch. Die Kultur des neuen Kapitalismus. Siedler Taschenbücher, Berlin Verlag, Berlin, 3. Auflage

Siebert, Horst (2002). Der Konstruktivismus als pädagogische Weltanschauung. Entwurf einer konstruktivistischen Didaktik. VAS Verlag für Akademische Schriften. Frankfurt am Main

Siemens, George (2006). Knowing Knowledge. Amazon Distribution. Leipzig

Solzbacher, Claudia, Behrensen, Birgit, Sauerhering, Meike (2011). Individuelle Förderung und Selbstkompetenzentwicklung aus pädagogischer Perspektive. In: Kuhl, Julius (u.a.) (Hg.) (2011). Bildung braucht Beziehung. Selbstkompetenz stärken – Begabungen entfalten. Verlag Herder. Freiburg im Breisgau

Stefanides, Menelaos (2009). Die Götter des Olymp. Verlag Sigma. Athen. 5. Neuauflage

Thompson, Clive (2013). Smarter than you think. How technology is changing our minds for the better. Harper Collins Publishers. London

Tolkien, John Ronald Reuel (1966). Der Herr der Ringe. Band 3. Die Rückkehr des Königs. J.G. Cotta'sche Buchhandlung Nf, Stuttgart

Tolkien, John Ronald Reuel (2011). Der kleine Hobbit. Deutscher Taschenbuch Verlag. 19. Auflage. München

Toms, Michael (1988). An open life. Joseph Campbell in conversation with Michael Toms. Larson Publications. New York.

Truffaut, Francois (2003). Mr. Hitchcock, wie haben Sie das gemacht? Wilhelm Heyne Verlag. München

Vogler, Christopher (2010). Die Odyssee des Drehbuchschreibers. Zweitausendeins. Frankfurt. 6. Auflage

Vogt, Jochen (1971). Der Kriminalroman II. Wilhelm Fink Verlag. München

Vollbrecht, Ralf, (2001). Einführung in die Medienpädagogik. Beltz Verlag. Weinheim und Basel.

Vollbrecht, Ralf (2008). Konstruktivismus und Sozialphänomenologische Handlungstheorie. In: Sander, Uwe u.a. (Hg.) (2008). Handbuch Medienpädagogik. VS Verlag für Sozialwissenschaften. Wiesbaden. S. 149 – 155

von der Groeben, Annemarie (2008). Verschiedenheit nutzen. Besser lernen in heterogenen Gruppen. Cornelsen Verlag. Berlin

von Gehlen, Dirk (2011). Mashup. Lob der Kopie. Suhrkamp Verlag. Berlin.

von Glasersfeld, Ernst (2003). Konstruktion der Wirklichkeit und des Begriffs der Objektivität. In: Gumin, Heinz u. Meier, Heinrich (Hg.)(2003). Einführung in den Konstruktivismus. Pieper Verlag. München. 7. Auflage

von Humboldt, Wilhelm (1996). Werke in fünf Bänden IV. Schriften zur Politik und zum Bildungswesen. Der Königsberger und der Litauische Schulplan. Wissenschaftliche Buchgesellschaft. Darmstadt.

Vossen, Ursula (Hg.) (2004). Von Neuseeland nach Mittelerde: Die Welt des Peter Jackson. Schüren Verlag, Marburg

Watzlawick, Paul (2010). Wir wirklich ist die Wirklichkeit? Wahn, Täuschung, Verstehen. Piper Verlag. München. 8. Auflage

Wendling, Eckhard (2008). Filmproduktion – Eine Einführung in die Produktionsleitung. UVK. Konstanz

Wiechmann, Jürgen (Hg.) (2006). Zwölf Unterrichtsmethoden. Beltz Verlag. Weinheim und Basel

Wiedemann, Dieter (2008). Kino. In: Sander, Uwe u.a. (Hg.) (2008). Handbuch Medienpädagogik. VS Verlag für Sozialwissenschaften. Wiesbaden

Wood, Bob (1997). Für immer und ewig. In: Feldmann, Alexander (Hg.) (1997). Star Wars – 20 Jahre Star Wars – Offizielles Souvenirmagazin. Blue Man Publishing. München. S. 50 – 59

Wünsche, Konrad (1995). Der Schüler. In: Lenzen, Dieter (1995). Erziehungswissenschaft – Ein Grundkurs. Rowolth Taschenbuch Verlag. Reinbek bei Hamburg. 2. Auflage.

Zahn, Timothy (1992). Star Wars. Krieg der Sterne. Erben des Imperiums. Wilhelm Goldmann Verlag. München

Webliste

Bundeszentrale für politische Bildung (Hg.) (2012). Film des Monats 12/ 2012:

Life of Pi: Schiffbruch mit Tiger. Bonn. URL: http://www.google.de/url?sa=t&rct=j&q=&esrc=s&source=web&cd=8&ved=0CHcQFjAH&url=http%3A%2F%2Fwww.kinofenster.de%2Fdownload%2Fmonatsausgabe-life-of-pi-schiffbruch-mit-tiger.pdf&ei=KpdGU9fHN8aTOLObgLgL&usg=AFQjCNG6Uk4NdoR9cl8NQDZSKPNLweDTUg&bvm=bv.64507335,d.ZWU [Stand: 05.10.2013]

Filmsite. Box-Office Top 100 Films of all. URL: http://www.filmsite.org/boxoffice.html [Stand: 21.03.2013]

Filmsite. Box-Office Top 100 Films of all, URL: http://www.filmsite.org/boxoffice.html [Stand, 17.11.2013]

Box Office Mojo, Online. URL: http://www.boxofficemojo.com/alltime/world/ [Stand: 25.11.2013]

Box Office Mojo, ADJUSTING FOR TICKET PRICE INFLATION. URL: http://boxofficemojo.com/about/adjuster.htm [Stand: 18.03.2014]

Bieri, Peter (2005), Wie wäre es gebildet zu sein? Festrede an der Pädagogischen Hochschule Bern, URL: http://www.hwr-berlin.de/fileadmin/downloads_internet/publikationen/Birie_Gebildet_sein.pdf [Stand: 06.01.2014]

Hall, Sheldon (2011). Blockbusters. URL: www.shura.shu.ac.uk/3620/1/Blockbusters.pdf [Stand: 24.11.2013]

IMDB (International Movie Data Base), ‚Der weiße Hai', URL: http://www.imdb.de/title/tt0073195/business [Stand: 16.11.2012]

Imort, Peter u.a. (Hg.) (2004). Ludwigsburger Beiträge zur Medienpädagogik 6 / 2004. Online erhältlich. URL: http://www.ph-ludwigsburg.de/fileadmin/subsites/1b-mpxx-t-01/user_files/Online-Magazin/Ausgabe6/Ganguin6.pdf [Stand: 20.11.2013]

International Movie Database, URL: http://www.imdb.com/news/ni55894224/ [Stand: 23.11.2013]

Kahl, Reinhard (2008). Pädagogische Bulimie. In: Zeit online 09.02.2008. URL: http://www.reinhard-kahl.de/pdfs/23%20Bulimie.pdf [Stand, 12.01.2013]

Kant, Immanuel (1784). Beantwortung der Frage: Was ist Aufklärung? (online) Universität Potsdam, URL: http://www.uni-potsdam.de/u/philosophie/texte/kant/aufklaer.htm, [Stand, 03.03.2013]

Kultusministerkonferenz (Hg.) (2012). Medienbildung in der Schule. Online. URL: http://www.kmk.org/fileadmin/veroeffentlichungen_beschluesse/2012/2012_03_08_Medienbildung.pdf [Stand: 12.05.2013)

Lexikon für Psychologie und Pädagogik. Peergroup. Online. URL: http://lexikon.stangl.eu/161/peergroup/ [Stand, 15.02.2013]

Lucasfilm Ltd. (2013). New Animated Series Star Wars Rebels Coming Fall 2014. Online. URL: http://starwars.com/news/new-animated-series-star-wars-rebels-coming-fall-2014.html [Stand: 27.11.2013]

MMB-Institut für Medien- und Kompetenzforschung (2013). MMB Trendmonitor I/2013. Online erhältlich. URL: http://www.mmb-institut.de/monitore/trendmonitor/MMB-Trendmonitor_2013_I.pdf [Stand, 04.04.2014]

Murphy, A.D.. Review: Star Wars. Variety. Online. URL: http://www.variety.com/index.asp?layout=Variety100&reviewid=VE1117795168&content=jump&jump=review&category=1935&cs=1 [Stand: 25.11.2013]

New Media Consortium (2013). Horizon Report 2013 Higher Education. Texas. Online erhältlich. URL: http://www.google.de/url?sa=t&rct=j&q=&esrc=s&source=web&cd=1&ved=0CDAQFjAA&url=http%3A%2F%2Fwww.mmkh.de%2Ffileadmin%2Fdokumente%2FPublikationen%2F2013-horizon-report-HE-German.pdf&ei=fqhDU-OSG4TrswbWxIHYDg&usg=AFQjCNFmTbTjem2I4R2J9zBK_nBhmzvoKQ&bvm=bv.64367178,d.Yms (Stand: 02.04.2014).

Rousseau, Jean-Francois (2013). How Movie Marketing Works. URL: http://howmoviemarketingworks.com/2013/01/15/what-was-the-hobbit-promotion-plan/ [Stand: 24.11.2013]

Statistic Brain (2012). Star Wars Total Franchise Revenue. URL: http://www.statisticbrain.com/starwars-total-franchise-revenue [Stand: 24.11.13]

YouTube (2013). Happy Hobbits reacts to desolation of Smaug Trailer. URL: http://www.youtube.com/watch?v=52ktuLmy8pM [Stand: 24.11.2013]

YouTube (2013). Lee, Orlando and Evangeline watching fan reactions to The Hobbits DOS Trailer. URL: http://www.youtube.com/watch?v=mECcfjehOTU [Stand: 24.11.2013]

Walter, Dierk (2011). Gute Frage. Woher stammt der Begriff Blockbuster? URL: http://www.abendblatt.de/ratgeber/wissen/article1803466/Woher-stammt-der-Begriff-Blockbuster.html [Stand: 25.02.2014]

Liste der in dieser Arbeit untersuchten Blockbusterfilme

1. Lucas, George (1977, 1997, 2004). Star Wars Episode IV – Eine neue Hoffnung (Autor: George Lucas). 20th Century Fox. Los Angeles/California (DVD)

2. Verbinski, Gore (2003). Fluch der Karibik (Autoren: Ted Elliott, Terry Rossio, Stuart Beattie, Jay Wolpert). Walt Disney Pictures. Burbank/California (DVD)

3. Jackson, Peter (2001). Der Herr der Ringe – Die Gefährten. (Autoren: Fran Walsh, Philippa Boyens, Peter Jackson). New Line Cinema. New York/New York (DVD)

4.   Columbus, Chris (2001). Harry Potter und der Stein der Weisen. (Autor: Steven Kloves). Warner bros. Hollywood/Los Angeles/California (DVD)
5.   Ross, Gary (2012).Die Tribute von Panem. (Autoren: Gary Ross, Suzanne Collins, Billy Ray). Lionsgate. Vancouver/ Kanada (DVD)
6.   Raimi, Sam. (2002). Spider Man. (Autor: David Koepp). Columbia Pictures. Culver City/California (DVD)
7.   Stevenson, John Wayne u. Osborne, Mark (2008). Kung Fu Panda (Autoren: Jonathan Aibel, Glenn Berger). Dreamworks. Universal City/California (DVD)
8.   Cameron, James (2009). Avatar (Autor: James Cameron). 20th Century Fox. Los Angeles/California (DvD)
9.   Campbell, Martin (2006). James Bond 007: Casino Royale. (Autoren: Neal Purvis, Robert Wade, Paul Haggis). Metro Goldwyn Mayer. Los Angeles/California (DVD)
10. Lee, Ang (2012). Life of Pi (2012) (Autor: David Magee). 20th Century Fox. Los Angeles/California (DVD)
11. Zemeckis, Robert (1994). Forrest Gump (1994) (Autor: Eric Roth). Paramount Pictures. Los Angeles/California (DVD)
12. Jackson, Peter (2012). Der Hobbit. Eine unerwartete Reise. (Autoren: Fran Walsh, Philippa Boyens, Peter Jackson, Guillermo del Toro). Warner bros. Hollywood/Los Angeles/California (Blu-Ray)
13. Wachowski Bros. (1999). Matrix (Autoren: Wachowski Bros.). Warner bros. Hollywood/Los Angeles/California (DVD)
14. Burton, Tim (2010). Alice im Wunderland (2010) (Linda Woolverton). Walt Disney Pictures. Burbank/California (DVD)
15. Spielberg, Steven (1982, 2002). E.T. – Der Außerirdische. (Autorin: Melissa Mathison). Universal Studios. Universal City/California (DVD)
16. Spielberg, Steven (2008). Indiana Jones und das Königreich der Kristallschädels (Autor: David Koepp, George Lucas, Jeff Nathanson). Lucasfilm Ltd./San Francisco (DVD)
17. Nolan, Christopher (2005). Batman Begins (Autoren: Christopher Nolan, David S. Goyer). Warner bros. Hollywood/Los Angeles/California (DVD)
18. Levy, Shawn (2006). Nachts im Museum (Autor: Robert Ben Garant, Thomas Lennon). 20th Century Fox. Los Angeles/California (DVD)
19. Lloyd, Phylida (2008). Mamma Mia! (Autorin: Catherine Johnson). Universal Studios. Universal City/California (DVD)
20. Minkoff, Rob u. Allers, Roger (1994). Der König der Löwen (Autoren: Jonathan Roberts, Irene Mecchi, Linda Woolverton). Walt Disney Pictures. Burbank/California (DVD)
21. Cameron, James (1997). Titanic (Autor: James Cameron). 20th Century Fox. Los Angeles/California (DVD)

Anhänge

Anhang I: Im Text zusätzlich erwähnte Filme

1. Lucas, George (1999). Star Wars Episode I – Die dunkle Bedrohung. 20th Century Fox. Los Angeles/California (DVD)
2. Kershner, Irvin (1980). Star Wars Episode V – Das Imperium schlägt zurück. 20th Century Fox. Los Angeles/California (DVD)
3. Marquand, Richard (1983). Star Wars Episode VI- Die Rückkehr der Jedi Ritter. 20th Century Fox. Los Angeles/California (DVD)
4. Columbus, Chris (2002). Harry Potter und die Kammer des Schreckens. Warner bros. Hollywood/Los Angeles/California (DVD)
5. Yates, David (2011). Harry Potter und die Heiligtümer des Todes Teil 2. Warner bros. Hollywood/Los Angeles/California (DVD)
6. Mendes, Sam (2012). James Bond. Skyfall. Metro Goldwyn Mayer. Los Angeles/California (Blu-Ray)
7. Forster, Marc (2008). James Bond – Ein Quantum Trost. Metro Goldwyn Mayer. Los Angeles/California (DVD)
8. Burns, Kevin u. Becker, Edith (2004). Empire of dreams. Making of Star Wars Trilogy. Lucasfilm Ltd. San Francisco/California (DVD)
9. Verbinski, Gore (2007). Fluch der Karibik – Am Ende der Welt. Walt Disney Pictures. Burbank/California (DVD)
10. Spielberg, Steven (1995). Jurassic Park. Universal Studios. Universal City/California (DVD)
11. Verbinski, Gore (2013). Lone Ranger. Walt Disney Pictures. Burbank/California (DVD)
12. Zemeckis, Robert (1997). Contact. Warner bros. Hollywood/Los Angeles/California (DVD)
13. Reynolds, Kevin (1995). Waterworld. Universal Studios. Universal City/California (DVD)

Anhang II: Listen der Filme mit den global höchsten Einspielergebnissen 2011, 2012, 2013

Zugriff 2011

1. Avatar (2009)
2. Titanic (1997)
3. Harry Potter and the Deathly Hallows, Part 2 (2011)
4. The Lord of the Rings: The Return of the King (2003)
5. Transformers: Dark of the Moon (2011)
6. Pirates of the Caribbean: Dead Man's Chest (2006)
7. Toy Story 3 (2010)
8. Pirates of the Caribbean: On Stranger Tides (2011)
9. Alice in Wonderland (2010)
10. The Dark Knight (2008)
11. Harry Potter and the Sorcerer's Stone (2001)
12. Pirates of the Caribbean: At World's End (2007)
13. Harry Potter and the Deathly Hallows, Part 1 (2010)
14. Harry Potter and the Order of the Phoenix (2007)
15. Harry Potter and the Half-Blood Prince (2009)
16. The Lord of the Rings: The Two Towers (2002)
17. Star Wars: Episode I – The Phantom Menace (1999)
18. Shrek 2 (2004)
19. Jurassic Park (1993)
20. Harry Potter and the Goblet of Fire (2005)
21. Spider-Man 3 (2007)
22. Ice Age: Dawn of the Dinosaurs (2009)
23. Harry Potter and the Chamber of Secrets (2002)
24. The Lord of the Rings: The Fellowship of the Ring (2001)
25. Finding Nemo (2003)
26. Star Wars: Episode III – Revenge of the Sith (2005)
27. Transformers: Revenge of the Fallen (2009)
28. The Lion King (1994)
29. Inception (2010)
30. Spider-Man (2002)
31. Independence Day (1996)
32. Shrek the Third (2007)
33. Harry Potter and the Prisoner of Azkaban (2004)
34. E. T. The Extra-Terrestrial (1982)

35. Indiana Jones and the Kingdom of the Crystal Skull (2008)
36. Spider-Man 2 (2004)
37. Star Wars: Episode IV – A New Hope (1977)
38. 2012 (2009)
39. The Da Vinci Code (2006)
40. Shrek Forever After (2010)
41. The Chronicles of Narnia: The Lion, the Witch and the Wardrobe (2005)
42. The Matrix Reloaded (2003)
43. Up (2009)
44. The Twilight Saga: New Moon (2009)
45. Transformers (2007)
46. The Twilight Saga: Eclipse (2010)
47. Forrest Gump (1994)
48. The Sixth Sense (1999)
49. Kung Fu Panda 2 (2011)
50. Ice Age: The Meltdown (2006)
51. Pirates of the Caribbean: The Curse of the Black Pearl (2003)[1074]

Zugriff 2012

1. Avatar (2009)
2. Titanic (1997)
3. Marvel's The Avengers (2012)
4. Harry Potter and the Deathly Hallows, Part 2 (2011)
5. Transformers: Dark of the Moon (2011)
6. The Lord of the Rings: The Return of the King (2003)
7. The Dark Knight Rises (2012)
8. Pirates of the Caribbean: Dead Man's Chest (2006)
9. Toy Story 3 (2010)
10. Pirates of the Caribbean: On Stranger Tides (2011)
11. Star Wars: Episode I – The Phantom Menace (1999)
12. Alice in Wonderland (2010)
13. The Dark Knight (2008)
14. Harry Potter and the Sorcerer's Stone (2001)
15. Pirates of the Caribbean: At World's End (2007)
16. Harry Potter and the Deathly Hallows, Part 1 (2010)
17. The Lion King (1994)

1074 Vgl. Box-Office Top 100 Films of all Time, [URL]: http://www.filmsite.org/boxoffice.html, (Stand: 28.09.2011)

18. Harry Potter and the Order of the Phoenix (2007)
19. Harry Potter and the Half-Blood Prince (2009)
20. The Lord of the Rings: The Two Towers (2002)
21. Shrek 2 (2004)
22. Finding Nemo (2003)
23. Jurassic Park (1993)
24. Harry Potter and the Goblet of Fire (2005)
25. Spider-Man 3 (2007)
26. Ice Age: Dawn of the Dinosaurs (2009)
27. Harry Potter and the Chamber of Secrets (2002)
28. The Lord of the Rings: The Fellowship of the Ring (2001)
29. Ice Age: Continental Drift (2012)
30. Star Wars: Episode III – Revenge of the Sith (2005)
31. Transformers: Revenge of the Fallen (2009)
32. Inception (2010)
33. Spider-Man (2002)
34. Independence Day (1996)
35. Shrek the Third (2007)
36. Harry Potter and the Prisoner of Azkaban (2004)
37. E. T. The Extra-Terrestrial (1982)
38. Indiana Jones and the Kingdom of the Crystal Skull (2008)
39. Spider-Man 2 (2004)
40. Star Wars: Episode IV – A New Hope (1977)
41. 2012 (2009)
42. The Da Vinci Code (2006)
43. Shrek Forever After (2010)
44. The Amazing Spider-Man (2012)
45. The Chronicles of Narnia: The Lion, the Witch and the Wardrobe (2005)
46. The Matrix Reloaded (2003)
47. Up (2009)
48. The Twilight Saga: New Moon (2009)
49. Transformers (2007)
50. The Twilight Saga: Breaking Dawn, Part 1 (2011)
51. The Twilight Saga: Eclipse (2010)
52. Mission: Impossible – Ghost Protocol (2011)
53. The Hunger Games (2012)
54. Madagascar 3: Europe's Most Wanted (2012)
55. Forrest Gump (1994)
56. The Sixth Sense (1999)

57. Kung Fu Panda 2 (2011)

58. Ice Age: The Meltdown (2006)

59. Pirates of the Caribbean: The Curse of the Black Pearl (2003)

60. Star Wars: Episode II – Attack of the Clones (2002)

61. Kung Fu Panda (2008)

62. The Incredibles (2004)

63. Fast Five (2011)

64. Hancock (2008)

65. Men in Black 3 (2012)

66. Iron Man 2 (2010)

67. Ratatouille (2007)

68. The Lost World: Jurassic Park (1997)

69. The Passion of the Christ (2004)

70. Mamma Mia! (2008)

71. Madagascar: Escape 2 Africa (2008)

72. Casino Royale (2006)[1075]

Zugriff 2013

1. Avatar (2009)

2. Titanic (1997)

3. Marvel's The Avengers (2012)

4. Harry Potter and the Deathly Hallows, Part 2 (2011)

5. Iron Man 3 (2013)

6. Transformers: Dark of the Moon (2011)

7. The Lord of the Rings: The Return of the King (2003)

8. Skyfall (2012)

9. The Dark Knight Rises (2012)

10. Pirates of the Caribbean: Dead Man's Chest (2006)

11. Toy Story 3 (2010)

12. Pirates of the Caribbean: On Stranger Tides (2011)

13. Star Wars: Episode I – The Phantom Menace (1999)

14. Alice in Wonderland (2010)

15. The Hobbit: An Unexpected Journey (2012)

16. The Dark Knight (2008)

17. Harry Potter and the Sorcerer's Stone (2001)

18. Jurassic Park (1993)

1075 Vgl. Box-Office Top 100 Films of all Time, [URL]: http://www.filmsite.org/boxoffice.html, (Stand: 23.10.2012)

19. Pirates of the Caribbean: At World's End (2007)
20. Harry Potter and the Deathly Hallows, Part 1 (2010)
21. The Lion King (1994)
22. Harry Potter and the Order of the Phoenix (2007)
23. Harry Potter and the Half-Blood Prince (2009)
24. The Lord of the Rings: The Two Towers (2002)
25. Finding Nemo (2003)
26. Shrek 2 (2004)
27. Harry Potter and the Goblet of Fire (2005)
28. Spider-Man 3 (2007)
29. Ice Age: Dawn of the Dinosaurs (2009)
30. Harry Potter and the Chamber of Secrets (2002)
31. Ice Age: Continental Drift (2012)
32. The Lord of the Rings: The Fellowship of the Ring (2001)
33. Star Wars: Episode III – Revenge of the Sith (2005)
34. Transformers: Revenge of the Fallen (2009)
35. The Twilight Saga: Breaking Dawn, Part 2 (2012)
36. Inception (2010)
37. Spider-Man (2002)
38. Independence Day (1996)
39. Shrek the Third (2007)
40. Harry Potter and the Prisoner of Azkaban (2004)
41. E. T. The Extra-Terrestrial (1982)
42. Indiana Jones and the Kingdom of the Crystal Skull (2008)
43. Fast & Furious 6 (2013)
44. Spider-Man 2 (2004)
45. Despicable Me 2 (2013)
46. Star Wars: Episode IV – A New Hope (1977)
47. 2012 (2009)
48. The Da Vinci Code (2006)
49. Shrek Forever After (2010)
50. The Amazing Spider-Man (2012)
51. The Chronicles of Narnia: The Lion, the Witch and the Wardrobe (2005)
52. The Matrix Reloaded (2003)
53. Madagascar 3: Europe's Most Wanted (2012)
54. Up (2009)
55. The Twilight Saga: Breaking Dawn, Part 1 (2011)
56. The Twilight Saga: New Moon (2009)
57. Transformers (2007)

58. The Twilight Saga: Eclipse (2010)
59. Mission: Impossible – Ghost Protocol (2011)
60. The Hunger Games (2012)
61. Forrest Gump (1994)
62. The Sixth Sense (1999)
63. Kung Fu Panda 2 (2011)
64. Monsters University (2013)
65. Ice Age: The Meltdown (2006)
66. Pirates of the Caribbean: The Curse of the Black Pearl (2003)
67. Star Wars: Episode II – Attack of the Clones (2002)
68. Man of Steel (2013)
69. Kung Fu Panda (2008)
70. The Incredibles (2004)
71. Fast Five (2011)
72. Hancock (2008)
73. Men in Black 3 (2012)
74. Iron Man 2 (2010)
75. Ratatouille (2007)
76. The Lost World: Jurassic Park (1997)
77. The Passion of the Christ (2004)
78. Mamma Mia! (2008)
79. Life of Pi (2012)
80. Madagascar: Escape 2 Africa (2008)
81. Casino Royale (2006)
82. War of the Worlds (2005)
83. Tangled (2010)
84. Men in Black (1997)
85. The Hangover Part II (2011)
86. Quantum of Solace (2008)
87. I Am Legend (2007)
88. Iron Man (2008)
89. The Croods (2013)
90. Night at the Museum (2006)
91. The Smurfs (2011)
92. Monsters, Inc. (2001)
93. Cars 2 (2011)
94. Puss in Boots (2011)
95. Armageddon (1998)
96. King Kong (2005)

97. Ted (2012)
98. Mission: Impossible II (2000)
99. Sherlock Holmes: A Game of Shadows (2011)
100.100. The Day After Tomorrow (2004)[1076]

1076 Vgl. Box-Office Top 100 Films of all Time, [URL]: http://www.filmsite.org/boxoffice.html, (Stand: 02.10.2013)

Anhang III: Fragen zum Kodieren der Filme

Fragen zum Kodieren der Filme

1. Wie wendet sich der Regisseur seiner Geschichte zu?
    d.h. wie wird die Anfangssequenz inszeniert? z. B.:
    » zuerst Pro- oder Antagonisten?
    » ein Schwenk über Raum und/oder Zeit?
    » Dunkelheit / Nichts?
    » Text?
    » Off-Stimme (Ich-Erzähler/Allwissender)
    » Bild mit Stimme oder ohne / etc.

2. Wie lässt sich die Ausgangssituation der Narration des Films gesellschaftlich und politisch verorten?

3. In was für einer Situation befinden sich jeweils die Pro- und Antagonisten?

4. Welche potenziellen Geschichten liegen vor den Pro- und Antagonisten?
    » durch Rückgriff auf die Beobachtung der Fragen 2 + 3 beantworten

5a. Welche Handlungsprobleme treten in der aktuellen Situation auf?
5b. Welche Handlungsmöglichkeiten sind denkbar?
5c. Welche Handlungslösungen sind denkbar?

6. Wie können sich Handlungsprobleme, -möglichkeiten, -lösungen später manifestieren?

7. Wie haben sich Handlungsprobleme, -möglichkeiten, -lösungen bis zur aktuellen Szene manifestiert?
    » 7a. Welche Struktur zeichnet sich ab?

8. Warum wird so über das Thema gesprochen, warum wird es so gezeigt?

9. Warum ausgerechnet dieses Thema in dieser Art und Weise?

Hollywoodpädagogik – Eine Metadidaktik des Lernens

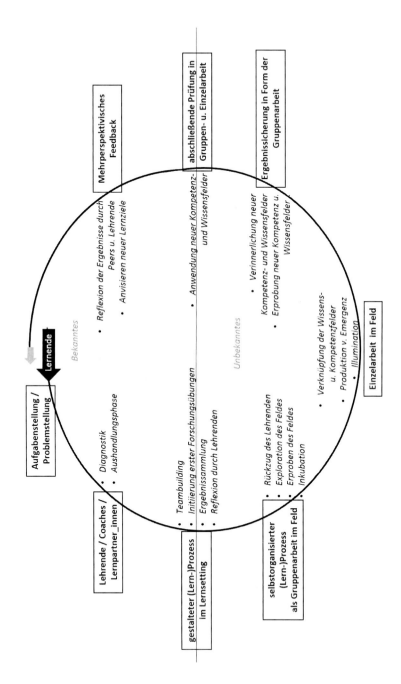